P9-AFM-648

LOS SEÑORES DEL NARCO

ANABEL HERNÁNDEZ

Los señores del narco

Grijalbo

Los señores del narco

Primera edición: noviembre, 2010
Décima tercera reimpresión: enero, 2012
Décima cuarta reimpresión: febrero, 2012
Décima quinta reimpresión: abril, 2012
Décima sexta reimpresión: junio, 2012
Décima séptima reimpresión: octubre, 2012

www.megustaleer.com.mx

Comentarios sobre la edición y contenido de este libro a:
megustaleer@rhmx.com.mx

ISBN 978-607-310-104-2

Impreso en México / *Printed in Mexico*

Índice

A todas las fuentes de información que me dieron acceso a sus conocimientos, testimonios y expedientes, pese al riesgo que eso implicaba. Algunas de ellas hoy son parte de la pavorosa cifra de ejecutados y desaparecidos en México.

A Héctor, mis hijos, mi familia y mis amigos por su infinita comprensión para publicar esta investigación.

Presentación

Me involucré en el conocimiento de la vida de Joaquín Guzmán Loera a las 6:30 de la mañana del 11 de julio de 2005. A esa hora abordé un camión en la estación de autobuses de Parral, Chihuahua, que nos llevaría a mí y al fotógrafo Ernesto Ramírez a las borrascosas tierras de Guadalupe y Calvo, un municipio enclavado en el corazón del llamado "triángulo dorado" y la imponente Sierra Madre Occidental. Era el inicio de un viaje de cinco días a las tierras de Joaquín *El Chapo* Guzmán, Eduardo Quintero Payán, Ernesto Fonseca Carrillo, Rafael Caro Quintero, Ismael *El Mayo* Zambada, Juan José Esparragoza Moreno, *El Azul*, y tantos otros tristemente célebres narcos mexicanos. Aún conservo la bitácora de aquel recorrido que cambió para siempre mi perspectiva sobre el fenómeno del narcotráfico, que en nuestros días es el eje rector del crimen organizado en México.

La mayor parte del camino hacia Guadalupe y Calvo está bordeada por un paisaje de ensueño, pino tras pino se forman espesos bosques. A bordo del autobús contemplamos el azul intenso del cielo, ese que uno adivina en las fotos en blanco y negro de Manuel Álvarez Bravo. A las 10:50 de la mañana llegamos a Río Verde, donde la carne de res se cuelga en tendederos como si se tratara de calcetines. Por desgracia, actualmente en esa comunidad cuelga no sólo la carne de res, sino los cuerpos de las víctimas de la "guerra contra el narcotráfico".

La carretera serpenteada comenzó a ir de subida como en una montaña rusa. El avezado chofer sorteaba las curvas encomendado al papa Juan Pablo II, a la Virgen de Guadalupe y a san Juan Diego, cuyas imágenes estaban pegadas en el parabrisas del vehículo. En una parada subió al autobús un repartidor de periódicos llamado Federico Chávez. El joven es amigo de todo el mundo. La mayoría de los pasajeros, oriundos del lugar, lo saludaba con gran familiaridad. Nosotros éramos los únicos ajenos a un código de comunicación muy distinto al que empleamos en el centro del país. Antes de partir de la ciudad de México, Iván Noé Licón, el coordinador estatal de Educación a Distancia de Chihuahua, me advirtió vía telefónica que fuéramos discretos con nuestra identidad. "La gente de la región es muy suspicaz respecto a los forasteros porque piensan que son policías", me dijo el profesor. Así que cuando algunos paseantes pensaron que Ernesto era un sacerdote, no dijimos nada. Al parecer, los curas y los maestros son los únicos desconocidos a los que saludan sin recelo en esa comarca.

Después de ocho horas de viaje, finalmente llegamos a nuestro destino: la cabecera municipal de Guadalupe y Calvo, desde ahí nos desplazaríamos con discreción por los poblados cercanos, y esto es un decir, porque las brechas de terracería que comunican a una localidad con otra hacen que uno tarde hasta cinco o seis horas en trasladarse. Hicimos contacto con *Chava*, un funcionario del lugar que fue nuestro guía y amigo en ese entorno que ignorábamos por completo. Fue imposible no conmoverse ante la impactante belleza de la zona y, al mismo tiempo, ante la tragedia de sus habitantes. Fueron cinco días de un viaje imborrable.

Como periodista, iba tras la historia de explotación de los niños de la región, que periódicamente son llevados por sus padres a la pizca de amapola y a la cosecha de mariguana. Se trata de niños delincuentes que no tienen conciencia de serlo. Muchos pequeños, desde los siete años, mueren intoxicados por los pesticidas que se utilizan en esos plantíos; los que sobreviven, entrando en la adolescencia ya se pasean con un cuerno de chivo al hombro.

Nos internamos en el universo de la sierra por sus angostos caminos de terracería, sus cañadas, sus costumbres, su pobreza, sus sueños y sus leyendas. Visitamos las localidades de Baborigame, Dolores, El Saucito de Araujo y Mesa del Frijol, donde más de 80 por ciento de los habitantes se dedica a la siembra de enervantes. En esos pueblos, siempre olvidados en los programas sociales del gobierno federal o estatal, lo común son las camionetas Cadillac Escalade, las antenas parabólicas y los hombres con un radio y una pistola colgados del cinturón.

En aquella zona de Chihuahua conocí al padre Martín, un peruano de piel oscura y brillante, de extraordinario humor y gran corazón, que prefirió quedarse en Guadalupe y Calvo que irse a El Paso, Texas. El sacerdote cumple su labor con vigor, aunque sus sermones para que la gente deje de sembrar sus yerbitas resulten infructuosos. Su testimonio me permitió entender la problemática desde una perspectiva humana, alejada de los operativos militares y policiacos.

La gente se ha dedicado a lo mismo durante décadas, no conocen otro modo de vida, tampoco alguien se los ha enseñado. Sin duda en las húmedas cañadas se podría cultivar guayaba, papaya y otras frutas, pero la falta de caminos transitables hace imposible el traslado de ese tipo de productos. Por si esto fuera poco, de acuerdo con algunos pobladores, hay lugares, como Baborigame, donde la energía eléctrica llegó hasta el año 2001. Muchos sembradíos ilegales han sido auspiciados por los gobiernos de México y Estados Unidos. Lo que las autoridades no entienden es que ahí crecen no sólo los plantíos de droga, sino los capos del futuro: los pequeños no quieren ser bomberos o doctores, más bien aspiran a convertirse en narcotraficantes, ésa es la única escala de éxito que conocen.

Las anécdotas de *El Chapo* recorriendo las calles de Guadalupe y Calvo custodiado por guardias personales vestidos de negro se escuchan por doquier. Los pobladores han adoptado el mito del hombre generoso que apadrina bautizos, primeras comuniones y bodas, como si fuera el testigo de Dios.

Subí hasta la cima del cerro Mohinora, de tres mil 307 metros de altura, el más elevado de Chihuahua, ubicado al sur de la Sierra Tarahumara. Desde ahí se puede contemplar el verde valle que en época de siembra está cubierto de amapolas rojas, cuya belleza hace llorar, y las consecuencias de su tráfico también.

Había viajado tras una historia de explotación infantil, y regresé con algo mucho más profundo: el conocimiento de un modo de vida que para esa gente es tan indispensable como la sangre que corre por sus venas.

A finales de 2005 el abogado Eduardo Sahagún me llamó a la redacción de *La Revista* del periódico *El Universal*, donde entonces colaboraba, para saber si me interesaba la historia de su cliente. Se trataba de Luis Francisco Fernández Ruiz, ex subdirector del penal de máxima seguridad de Puente Grande, Jalisco, quien deseaba platicar conmigo sobre su caso. No dudé en responder afirmativamente.

Fernández Ruiz estaba siendo procesado junto con otros 67 servidores públicos que trabajaban en el Centro Federal de Readaptación Social número 2 de Puente Grande, cuando la noche del 19 de enero de 2001 *El Chapo* no fue localizado dentro del penal. A todos ellos los acusaban de cohecho y de haber participado en la evasión de Guzmán Loera. Fernández Ruiz iba a cumplir cinco años en prisión y aún no recibía una sentencia. "La PGR siempre negó una inspección y una reconstrucción de la fuga en el penal, para deslindar responsabilidades y ver por dónde salió *El Chapo*", me dijo el abogado. Lo único que yo conocía acerca del caso eran las noticias que circularon después de la fuga del capo y la peliculesca historia de que había huido en un carrito de lavandería. A fuerza de repetirse en medios nacionales e internacionales, parece que esa versión inverosímil se convirtió en una verdad irrefutable, como ha sucedido con tantas otras historias del narcotráfico en México.

Finalmente me reuní con Fernández Ruiz en los locutorios del Reclusorio Oriente, fue un encuentro breve que giró principalmente en torno a su argumento de inocencia respecto a la salida de Guzmán Loera del penal. El ex subdirector de Puente Grande me habló sobre su trato con el capo y lo describió desde su propio punto de vista, dijo que "era un hombre introvertido, con actitud seria y retraída, no dado a ser prepotente ni grosero, y que era inteligente, muy inteligente". En las palabras de Fernández Ruiz no había admiración, sino más bien una especie de respeto hacia el capo, con quien tuvo que lidiar desde 1999 hasta el día en que el narcotraficante se marchó de Puente Grande.

"Después de que se dio la alerta por la fuga, la Policía Federal tomó el control del penal, nos encerraron a todos en un salón, y entró gente armada con pasamontañas", comentó Fernández Ruiz. Al paso de los años, ese dato se volvió fundamental.

Al poco tiempo de que publiqué mi entrevista con Fernández Ruiz en *La Revista*, el funcionario obtuvo su amparo y salió de prisión. Hoy prácticamente ya no hay ningún detenido relacionado con "la fuga de *El Chapo*", como la llaman las autoridades. Inclusive el director del penal de máxima seguridad, Leonardo Beltrán Santana, con quien me crucé un par de veces en el dormitorio VIP del Reclusorio Oriente, fue liberado en 2010.

En mayo de 2006, en el hotel Nikko de la ciudad de México, conocí a un agente de la DEA que terminó de convencerme de que el tema de Guzmán Loera y el narcotráfico era imprescindible para entender otra faceta de la corrupción en México, quizás la más significativa, la que acontece cuando los hombres del gobierno le ponen precio a los millones de habitantes de un país como si fueran reses.

El agente me confió que informantes de la DEA infiltrados en la organización de Ignacio Coronel Villarreal le aseguraron que Guzmán Loera salió del penal de Puente Grande luego de pagar una suma millonaria de dólares como soborno a la familia del presidente panista Vicente Fox. Y que el acuerdo incluía la protección sistémica del gobierno federal a él y su grupo: la todopoderosa organización del Pacífico. Actualmente Vicente Fox es uno de los principales promotores de la legalización no sólo del consumo de todas las drogas, sino de su producción, distribución y comercialización.

Este libro es el resultado de una ardua investigación que duró aproximadamente cinco años, a lo largo de ese tiempo me adentré poco a poco en el conocimiento de un mundo oscuro, lleno de trampas, mentiras, traiciones y contradicciones. Para respaldar su contenido accedí a un cúmulo de expedientes judiciales y a testimonios de viva voz de quienes presenciaron varios de los hechos aquí narrados. Por cuestiones profesionales, hablé con gente involucrada con los cárteles de la droga en México. Conversé con policías, militares, funcionarios del gobierno de Estados Unidos, sicarios y curas. También entrevisté a conocedores del narcotráfico desde sus entrañas, que incluso en su momento fueron acusados de ser parte de su red de protección, como es el caso del general Jorge Carrillo Olea, quien me concedió una entrevista exclusiva para este libro.

Leí con avidez las miles de hojas del expediente de la "fuga de *El Chapo*". Gracias a decenas de testimonios de cocineras, lavanderas, internos, custodios y comandantes que forman parte del juicio 16/2001, pude conocer la afición de Guzmán Loera por pintar paisajes al óleo, la nostalgia por su madre, su lado "romántico", su inmisericordia como violador, su necesidad de usar Viagra, su gusto por las golosinas y el volibol, pero sobre todo, su infinita capacidad para corromper todo lo que encuentra a su paso. De igual forma, los cientos de fojas de documentos oficiales me permitieron comprobar que en 2001 *El Chapo* no se fugó del penal de Puente Grande en el famoso carrito de lavandería, sino que funcionarios públicos del más alto nivel lo sacaron vestido de policía.

Por otro lado, obtuve documentos de la CIA y la DEA, desclasificados apenas en la última década, sobre el caso Irán-*contra* —del que actualmente nadie parece tener memoria—, que fue el detonador para que los narcos mexicanos dejaran de ser simples sembradores de mariguana y amapola y se convirtieran en sofisticados traficantes de cocaína y drogas sintéticas.

Rescaté copias de expedientes eliminados de los archivos de la PGR sobre dos empresarios que a principios de la década de 1990 guardaban en su hangar los aviones de *El Chapo* Guzmán, Amado Carrillo Fuentes y Héctor *El Güero* Palma. Hoy en día, esos ilustres hombres de negocios son dueños de cadenas hoteleras, hospitales y periódicos.

Encontré una versión diferente sobre el avionazo donde murió el ex secretario de Gobernación, Juan Camilo Mouriño, el 4 de noviembre de 2008, en la que se afirma que el percance se debió no a un accidente sino a una venganza del narco por acuerdos no cumplidos.

Asimismo, descubrí quiénes son los empresarios que se presentan como dueños de una supuesta compañía de *El Mayo* Zambada que opera en un hangar del Aeropuerto Internacional de la Ciudad de México (AICM) para el trasiego de dinero y droga, con el conocimiento y la tolerancia tanto de la Secretaría de Comunicaciones y Transportes como de la propia administración de la terminal aérea.

La historia sobre cómo se convirtió Joaquín Guzmán Loera en un gran capo, en el rey de la traición y el soborno, en el jefe de los principales comandantes de la Policía Federal, está íntimamente ligada con un proceso de descomposición en México donde hay dos constantes: la corrupción y la ambición desmedida de dinero y poder.

Campesinos casi analfabetas como Caro Quintero, *Don Neto*, *El Azul*, *El Mayo* y *El Chapo* no hubieran llegado muy lejos sin el contubernio de empresarios, políticos y policías, esas personas que todos los días ejercen el poder desde un falso halo de legalidad. Siempre vemos sus rostros no en las fotos de los carteles de los delincuentes más buscados de la PGR, sino en las notas de ocho columnas, en las páginas de negocios y en las revistas de sociales. Todos ellos son *los señores del narco*.

Muchas veces la protección a los capos se agota hasta que éstos cometen graves errores, cuando son traicionados por quienes ansían ocupar su lugar, o porque dejaron de ser útiles para el negocio. Ahora también existe la modalidad de la jubilación voluntaria, como la de *Nacho* Coronel Villarreal o la de Edgar Valdez Villarreal, *La Barbie*. Cuando eso ocurre siempre hay reemplazos que serán apoyados para continuar con la industria criminal. Así le llegó su momento a Ernesto Fonseca Carrillo, Rafael Caro Quintero, Miguel Ángel Félix Gallardo, Amado Carrillo Fuentes. Por su parte, Joaquín Guzmán Loera se retirará del negocio cuando le dé la gana, no cuando la autoridad quiera o pueda, incluso hay quienes dicen que ya está preparando su despedida.

La actual guerra contra el narcotráfico emprendida por la administración del presidente Felipe Calderón es tan falsa como la del gobierno de Vicente Fox. En ambos casos la "estrategia" se ha limitado a brindar protección al cártel de Sinaloa. El garante de la continuidad de esa protección ha sido el tenebroso jefe policiaco Genaro García Luna, actual secretario de Seguridad Pública federal, y su corrupto equipo de colaboradores, así lo comprueban irrefutablemente los expedientes inéditos que aquí se muestran. Hoy por hoy, García Luna es el hombre que aspira, con el apoyo de Calderón, a ser el jefe único de todas las policías del país. El impune funcionario incluso ha llegado a afirmar que no hay más salida que dejar que *El Chapo* opere libremente y que "ponga orden" sobre los otros grupos criminales, ya que así al gobierno le resultará más fácil negociar con un solo cártel que con cinco. El sangriento resultado de la guerra entre los cárteles enemigos ya lo conocemos.

Actualmente todas las viejas reglas entre los capos del narcotráfico y los órganos de poder económico y político están rotas. Los narcos imponen su ley, los empresarios que les lavan dinero son sus socios y los funcionarios públicos locales y federales son vistos como empleados a quienes se les paga por adelantado, por ejemplo, con el financiamiento de campañas políticas.

La cultura del terror alentada por el propio gobierno federal y las bandas criminales, por medio de su grotesca violencia, provoca que el miedo paralice a la sociedad en todos los ámbitos. Llevar este libro a término representó una lucha constante contra ese temor. Nos han querido hacer creer que esos narcos y sus cómplices son inexpugnables e intocables, pero ésta es una pequeña prueba de que no es así. Bajo ninguna circunstancia, los ciudadanos y los periodistas podemos aceptar como política pública que el Estado renuncie a su obligación de brindar seguridad y entregue el país a un grupo de delincuencia organizada formado por capos, empresarios y políticos, para que ellos nos impongan a todos los mexicanos su *invivible* ley de plata o plomo.

Octubre de 2010

CAPÍTULO 1

Un pobre diablo

Eran cerca de las 11 de la mañana. Los dos generales estaban parados bajo el intenso sol de junio en un paraje desierto a unos cinco o seis kilómetros de la frontera con Guatemala, en la carretera que va hacia Cacahoatán, Chiapas. El ambiente era tenso como la cuerda de un violín. A cien metros a la redonda la Séptima Región Militar había colocado un pelotón de fusileros que conformaban un perímetro de seguridad. Haciendo un círculo más reducido se encontraba un grupo de paracaidistas. Todos iban armados hasta los dientes.

Los minutos se hicieron eternos. Por radio ya habían sido notificados que el convoy había cruzado la frontera mexicana sin problemas. La entrega estaba perfectamente planeada y acordada, pero no descartaban una emboscada y que el paquete llegara arruinado.

Parado sobre un montículo de tierra a un costado de la carretera, el general Jorge Carrillo Olea finalmente divisó a lo lejos una pequeña polvareda. Todos se quedaron atónitos cuando hasta ellos llegó una vieja *pick up* custodiada por otras dos en iguales condiciones. A bordo de la camioneta que lideraba el grupo sólo venían un chofer, un joven copiloto y, en la caja del vehículo, la valiosa carga.

Del vejestorio bajó un joven capitán del Ejército de Guatemala de no más de 26 años que saludó con resplandeciente gallardía: "Mi general, traigo un encargo muy delicado para entregarlo solamente a usted", dijo ceremonioso dirigiéndose a Carrillo Olea, quien era el coordinador general de Lucha Contra el Narcotráfico y el encargado especial de esta importante misión por parte del gobierno de México.

Ante el capitán, Jorge Carrillo Olea no pudo evitar sentirse ridículo. El gobierno mexicano había enviado a dos generales: Guillermo Álvarez Nahara, jefe de la Policía Judicial Militar, y a él. Además dos batallones apoyaban la operación. En cambio, el gobierno de Guatemala había optado por un joven militar para que entregara a un casi perfecto desconocido, a quien entonces se culpaba, junto con los hermanos Arellano Félix, de haber matado al cardenal Posadas Ocampo en medio de una supuesta balacera que había ocurrido entre ellos. Hacía menos de un mes, el 24 de mayo de 1993, el prelado había muerto en medio de una espectacular balacera ocurrida en el estacionamiento del Aeropuerto Internacional de Guadalajara, Jalisco. En ese momento, Carrillo Olea, un militar que desde hacía décadas se había alejado con desdén del ámbito castrense, juzgó que el Ejército mexicano era absurdamente pretencioso.[1]

Sin más preámbulos ni dilaciones, el capitán guatemalteco abrió la caja de la *pick up* y mostró su preciada carga. Sobre la lámina caliente, amarrado de pies y manos con una cuerda como si fuera un cerdo, se encontraba Joaquín Guzmán Loera, cuyo cuerpo había rebotado como fardo durante las tres horas del viaje de Guatemala a México.

En aquella época, Joaquín *El Chapo* Guzmán —miembro de la organización criminal comandada por Amado Carrillo Fuentes,

[1] Jorge Carrillo Olea accedió a dar a la autora una amplia entrevista para esta investigación el 16 de octubre de 2009, en su residencia de Cuernavaca, Morelos. La conversación está grabada. El militar afirma que México tiene el cuarto Ejército del mundo con el mayor número de generales después de Estados Unidos, China y Rusia.

mejor conocido como *El Señor de los Cielos*— era casi nadie, casi nada en su actividad como narcotraficante. Apenas había tenido una fama pasajera con el caso de la balacera en la discoteca Christine de Puerto Vallarta en 1992, cuando intentó matar a Javier Arellano Félix para vengarse de que meses antes los hermanos de éste, integrantes del cártel de Tijuana, habían puesto una bomba en una de sus casas de Culiacán, Sinaloa.

Los pleitos entre los Arellano Félix, Guzmán Loera y su amigo Héctor *El Güero* Palma eran como de chicos de preparatoria con metralletas; ya habían aparecido algunas veces en las páginas rojas pero sin mucha relevancia. Joaquín Guzmán Loera poseía una suma considerable de dinero, como cualquier capo, pero carecía de poder propio, el que tenía era el que le llegaba usando el nombre de Amado Carrillo Fuentes. Tal vez por esa razón el gobierno de Guatemala lo había enviado a México como un preso de quinta. Sin embargo, el valor político coyuntural de *El Chapo* parecía esencial para el gobierno de Carlos Salinas de Gortari. Aquel hombre tumbado en la cajuela de la vieja *pick up* era un excelente pretexto para justificar el homicidio del cardenal Juan Jesús Posadas Ocampo.

Supuestamente, los hermanos Arellano Félix y *El Chapo* se habían enfrentado a balazos y en medio del fuego cruzado habían matado al cardenal. De acuerdo con la pugna que ya se había difundido en la prensa, la historia tenía cierta lógica, pero la posterior "autopsia" de los hechos ocurridos en el aeropuerto de Guadalajara puso en tela de juicio esa versión.

Al verlo en esas condiciones, insignificante e indefenso, el 9 de junio de 1993 nadie hubiera pensado que aquel sujeto de 36 años de edad, de baja estatura y poca personalidad, que apenas había estudiado hasta tercero de primaria, en 16 años se convertiría en el jefe del cártel de Sinaloa, la organización delictiva más poderosa del continente americano; mucho menos que sería considerado por la revista *Forbes* como uno de los hombres más ricos y, por tanto, más poderosos del mundo. Nadie hubiera imaginado tampoco que, 16 años después, Jorge Carrillo Olea, vituperado y públicamente degradado por su presunta protección a narcotraficantes cuando fue gobernador de Morelos (1994-1998), estaría describiendo con tenaz memoria la captura de *El Chapo* en una cordial entrevista en su residencia de Cuernavaca, donde vive prácticamente ignorado por todos aquellos a quienes brindó servicio.

El Chapo Guzmán, encapuchado, y Carrillo Olea, impresionado con el joven capitán guatemalteco, no sospecharon que desde ese día sus historias estarían cruzadas para siempre.

Carrillo Olea se colgó la medalla de haber detenido al capo exitosamente. Siete años, siete meses y 10 días después del 9 de junio de 1993, Jorge Enrique Tello Peón, un hombre de toda la confianza y hechura del general, su álter ego, sería quien ayudaría a *El Chapo* a evadirse del penal de máxima seguridad de Puente Grande, Jalisco, el 19 de enero de 2001, según sostiene el propio narcotraficante y consignan los expedientes de su fuga. En México, el mundo de los narcotraficantes y el de los policías son muy similares, quizás por ello se entienden bien. En ese mundo de complicidades y traiciones, un día tu mejor amigo es tu cómplice y al otro se convierte en tu peor enemigo.

La captura

Jorge Carrillo Olea asegura que después de la balacera del Aeropuerto Internacional de Guadalajara, gracias al Centro de Planeación para el Control de las Drogas (Cendro), creado por él en 1992, se pudo seguir la ruta que tomó el narcotraficante desde Guadalajara hasta Guatemala.

Carrillo Olea recuerda:

> A partir del momento en que aborda un coche desconocido en la carretera Chapala-Guadalajara, digo desconocido porque nunca supimos si lo estaban esperando, si era para protegerlo o se trataba de un particular; no sé, se desaparece. Pero el sistema lo detecta en Morelia y lo vamos siguiendo. Viene a la ciudad de México, se medio pierde y vuelve a aparecer.
>
> Tenía un radio. Tenía no sé cuántas, cuatro, cinco, seis, tarjetas de crédito, y nosotros las teníamos [identificadas]. Entonces venía el reporte de una tarjeta en Coyoacán, en Puebla [...] A veces cometía un error, o no le quedaba de otra y tenía que hacer una llamada. Así se le buscaba, y así se le detecta llegando hasta San Cristóbal. Pasa por la sierra, donde hay una serie de carreteras de segundo orden que parten de los Altos de Chiapas hacia Tapachula. Es ahí donde están las fincas cafetaleras.

Carrillo Olea afirma que el Cendro fue el que le avisó al gobierno de Guatemala que Guzmán Loera había cruzado la frontera, y que de ahí se había dirigido hacia El Salvador:

> Creo que alcanzó a pasar por Honduras. Total, llega a El Salvador. Nos comunicamos con [el gobierno de] El Salvador, y a ellos les tiemblan las piernas. Las autoridades informan: "Sí, aquí está detectado". Nosotros les decimos: "Deténganlo". Y no lo detienen, nada más lo asustan, como si fuera una rata. Le hacen notar que ya lo vieron. Después se regresa a Guatemala.

Carrillo Olea informó sobre la detención al entonces procurador Jorge Carpizo McGregor, así como a Carlos Salinas de Gortari, con quien tenía comunicación directa desde que éste tomara posesión como presidente de la República.

Se trataba de una excelente noticia, el caso del homicidio del cardenal estaba muy caliente y la opinión pública demandaba una cabeza. "Ahora hay que traerlo de Guatemala, sin líos judiciales de extradición", le ordenó Salinas de Gortari a Carrillo Olea. De esta forma se pactó la entrega del prisionero, sin tramitología diplomática de por medio, en la frontera entre México y Guatemala.

Al principio, recuerda Carrillo Olea, con la candidez de un académico y sin tener la más remota idea de dónde estaba Tapachula, Jorge Carpizo quería ir a recoger al buscado narco con uno de sus jóvenes asesores, como si fuera correspondencia enviada por Federal Express. No obstante, a las 11 de la noche del 8 de junio de 1993, el inestable procurador cambió de opinión:

—Mi querido Jorge, creo que es mejor que tú te hagas cargo del tema aquel que ya sabemos —le comunicó por teléfono Carpizo a Carrillo Olea.

—Sí, Jorge, a tus órdenes, cambiaste de opinión. Muy bien, voy a hacerlo y te voy informando paso a paso —respondió Carrillo Olea.

Jorge Carpizo, ex rector de la Universidad Nacional Autónoma de México (UNAM), fue el primer titular de la Comisión Nacional de los Derechos Humanos (CNDH) en México, y en aquel entonces era el tercer procurador del sexenio de Salinas de Gortari en tan sólo cinco años de gobierno.

El primer procurador había sido Enrique Álvarez del Castillo,[2] quien ocupaba el puesto a pesar de su mala fama por proteger al cártel de Guadalajara (que después sería conocido como cártel de Sinaloa) y su mala relación con Estados Unidos a raíz del homicidio del agente de la DEA Enrique Camarena, ocurrido durante su mandato en Jalisco. En efecto, lo más destacado del currículum de

[2] Carlos Salinas de Gortari nombró a Enrique Álvarez del Castillo como procurador general de la República antes de que éste concluyera su cargo como gobernador de Jalisco (1983-1988).

Álvarez del Castillo es que ante sus narices se había extendido el cártel de Guadalajara inyectando dinero al Estado por medio de inversiones inmobiliarias y empresariales. Aquéllos fueron los años dorados de Miguel Ángel Félix Gallardo, así como de Ernesto Fonseca Carrillo, *Don Neto,* y sus protegidos: su sobrino Amado Carrillo y su hijo putativo Rafael Caro Quintero.

Carlos Salinas de Gortari mantuvo a Álvarez del Castillo en el cargo durante los tres primeros años de su administración, pese a las pruebas que el gobierno norteamericano le había enviado sobre el presunto involucramiento del procurador con el narcotráfico. En mayo de 1991 Álvarez del Castillo dejó la Procuraduría General de la República (PGR) y fue sustituido por Ignacio Morales Lechuga, quien renunciaría súbitamente al cargo en 1993. De esta forma, Jorge Carrillo Olea fue la única constante en materia policiaca e información sobre narcotráfico durante el sexenio de Salinas de Gortari.

Aún en pijama, y desde la cama, Carrillo Olea se comunicó con Antonio Riviello Bazán, el secretario de la Defensa Nacional.

—Llamo para molestarle con algo bastante extraño. Si usted tiene la menor duda, por favor llame al señor presidente —dijo Carrillo Olea.

—¿Pues de qué se trata? —preguntó inquieto Riviello Bazán.

—Necesito, mi general, un 727, un pelotón de fusileros, y que el comandante de la zona militar en Chiapas me haga el favor de escuchar lo que yo le pida y lo cumpla.

—¿Tan delicado es?

—Sí, mi general, y perdóneme que no le pueda dar todavía mayor explicación.

—No tenga usted cuidado, así lo vamos a hacer —aseguró el secretario.

Jorge Carrillo Olea llegó a las 5:45 de la mañana a la plataforma militar en el aeropuerto de la ciudad de México. Ahí ya estaban los paracaidistas y después apareció Guillermo Álvarez Nahara con dos o tres personas más.

—Me dijo mi general que te acompañara, ¿tienes problema? —le preguntó directamente Álvarez Nahara a Carrillo Olea.

—Al contrario, entre más testigos haya, mejor —respondió Carrillo Olea.

Varias horas después, ambos tendrían en su poder a Joaquín Guzmán Loera.

Cuando vio a *El Chapo* amarrado en la cajuela de la *pick up*, Carrillo Olea sintió lástima: "Me dio pena, después de todo se trataba de un ser humano", recuerda. Guzmán Loera estaba encapuchado. El cuerpo de paracaidistas lo cargó en vilo y lo metió en uno de los vehículos del Ejército mexicano.

"Capitán, muchas gracias —dijo Carrillo Olea dándole un abrazo al militar guatemalteco—, yo hubiera querido establecer una hermandad, siquiera saber cómo te llamas o dónde te puedo hablar por teléfono." La juventud de Carrillo Olea ya era lejana, pero alguna vez tuvo la brillantez de ese joven capitán cuando logró sacar de Ciudad Universitaria al presidente Luis Echeverría Álvarez de entre una multitud que lo insultaba.

El convoy mexicano se alejó del lugar a toda prisa hacia el cuartel militar. Ahí ya los esperaba un médico y un laboratorista para saber en qué condiciones habían entregado a Guzmán Loera. Carrillo Olea dio instrucciones para que permitieran que el detenido se bañara y le dieran de comer.

A continuación, el hombre de todas las confianzas del presidente Salinas se dispuso a hablar por teléfono con el procurador Carpizo, pero sus intentos fueron en vano. Carrillo Olea había dejado encargado en México a su joven aprendiz, el ingeniero

Jorge Enrique Tello Peón, quien comenzó a trabajar con él en la paraestatal Astilleros Unidos cargándole el portafolio. Se lo había recomendado el general Álvaro Vallarta Ceceña.

Carrillo Olea realmente apreciaba a Tello Peón, quien a sus 37 años ya era el titular del Cendro, aunque al parecer no era muy eficaz. Antes de salir rumbo a Chiapas, Carrillo Olea le había ordenado a Tello Peón que dejara libres tres líneas telefónicas para que pudiera darle el parte informativo al procurador. Cuando Carrillo Olea marcó, las tres líneas estaban ocupadas, y eso le provocó un enojo de los "recontra diablos".

Entonces Carrillo Olea llamó al teléfono directo de su oficina, que estaba a 20 metros de la sala de juntas donde se habían instalado las tres líneas que nadie debía utilizar.

—Vayan y díganle al pendejo que esté hablando por teléfono que cuelgue —ordenó el general.

Al instante, las líneas fueron liberadas.

—Jorge, ¿no te dije que no...? —le reclamó Carrillo Olea al director del Cendro.

—Pues sí, pero me descuidé.

—Comunícame con el procurador...

—¿Qué pasó, mi querido Jorge? ¿Cómo van las cosas? —preguntó Carpizo del otro lado del auricular.

—Pues, Jorge, el paquete está en nuestras manos, y ya vamos rumbo a México —informó Carrillo Olea.

—Qué felicidad. Le voy a informar a nuestro jefe.

El jefe de *El Chapo*

El 9 de marzo de 1999, José Alfredo Andrade Bojorgez,[3] de 37 años de edad, abogado litigante con maestría en criminología,

[3] José Alfredo Andrade Bojorgez es autor del libro *Historia secreta del narco. Desde Navolato vengo* (Océano, 1999). Se trata de una investigación acerca de

expuso ante el ministerio público federal Gerardo Vázquez Alatriste una versión muy diferente a la proporcionada por Carrillo Olea sobre cómo la PGR supo del paradero de *El Chapo* Guzmán.

Andrade Bojorgez es una pieza clave para entender los pormenores del mundo del narcotráfico en aquellos días. Bojorgez tenía una amistad muy cercana y trabajaba con Sergio Aguilar Hernández, abogado de *El Señor de los Cielos*. En 1989, cuando Aguilar Hernández era subdelegado de la PGR en Sinaloa, fue despedido y encarcelado. Sin embargo, gracias a Andrade Bojorgez, que era su amigo desde la infancia, salió libre y comenzó a trabajar con el narcotraficante.

Tiempo después, Andrade Bojorgez tuvo una relación directa con *El Señor de los Cielos* cuando se desempeñó como abogado defensor de Sósimo Leyva Pérez, un cuñado del capo que estuvo preso en la cárcel de Morelia, Michoacán, en 1994 y 1995. El licenciado era un hombre peculiar: en su cartera de clientes había desde narcotraficantes hasta integrantes del Ejército Zapatista de Liberación Nacional (EZLN) capturados en 1995, pasando por el Sindicato de Trabajadores de la Universidad Nacional Autónoma de México (STUNAM). Quienes lo conocieron afirman que era un buen litigante, un hombre brillante y también un buen soplón. En 1993 cobraba una modesta iguala en la PGR.

La declaración de José Alfredo Andrade Bojorgez quedó asentada en la investigación sobre el asesinato del cardenal Juan Jesús Posadas Ocampo. Gracias a su testimonio se pudo conocer, por ejemplo, lo que había ocurrido el 24 de mayo de 1993 en la casa de Amado Carrillo Fuentes cuando murió el cardenal.

Amado Carrillo Fuentes y sus redes de socios en los negocios del narcotráfico, así como de sus protectores en el ámbito de la política, la seguridad pública y la justicia. Para el presente trabajo se obtuvo el borrador original del libro antes de que fuera editado y publicado.

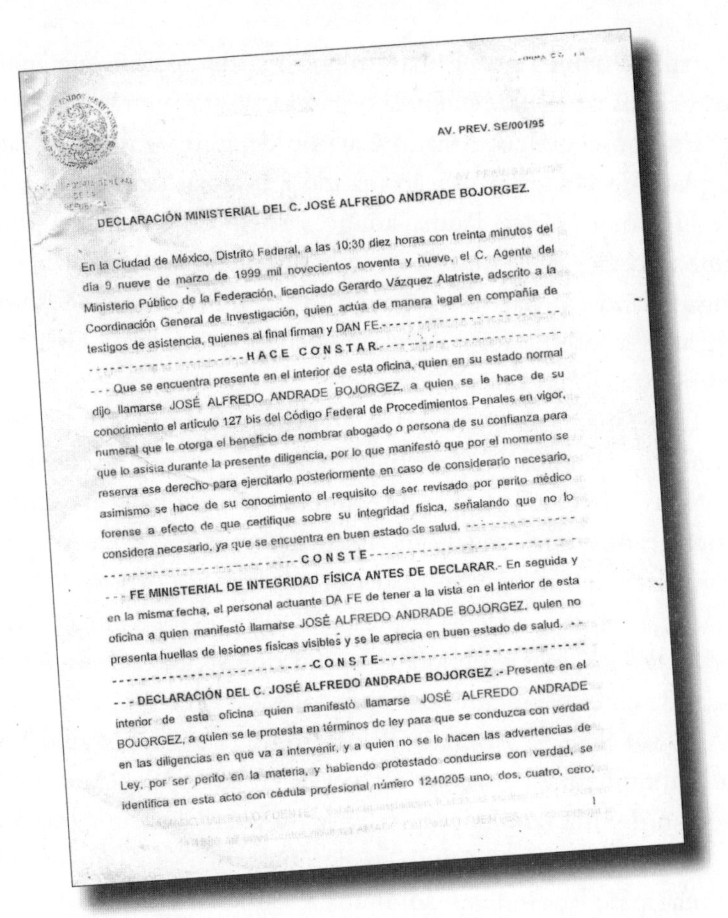

AV. PREV. SE/001/95

DECLARACIÓN MINISTERIAL DEL C. JOSÉ ALFREDO ANDRADE BOJORGEZ.

En la Ciudad de México, Distrito Federal, a las 10:30 diez horas con treinta minutos del día 9 nueve de marzo de 1999 mil novecientos noventa y nueve, el C. Agente del Ministerio Público de la Federación, licenciado Gerardo Vázquez Alatriste, adscrito a la Coordinación General de Investigación, quien actúa de manera legal en compañía de testigos de asistencia, quienes al final firman y DAN FE.-----------------------

------------------HACE CONSTAR.---------------------

--- Que se encuentra presente en el interior de esta oficina, quien en su estado normal dijo llamarse JOSÉ ALFREDO ANDRADE BOJORGEZ, a quien se le hace de su conocimiento el artículo 127 bis del Código Federal de Procedimientos Penales en vigor, numeral que le otorga el beneficio de nombrar abogado o persona de su confianza para que lo asista durante la presente diligencia, por lo que manifestó que por el momento se reserva ese derecho para ejercitarlo posteriormente en caso de considerarlo necesario, asimismo se hace de su conocimiento el requisito de ser revisado por perito médico forense a efecto de que certifique sobre su integridad física, señalando que no lo considera necesario, ya que se encuentra en buen estado de salud. ---------------

--------------------------CONSTE---------------------------

--- FE MINISTERIAL DE INTEGRIDAD FÍSICA ANTES DE DECLARAR.- En seguida y en la misma fecha, el personal actuante DA FE de tener a la vista en el interior de esta oficina a quien manifestó llamarse JOSÉ ALFREDO ANDRADE BOJORGEZ, quien no presenta huellas de lesiones físicas visibles y se le aprecia en buen estado de salud. --

--------------------------CONSTE---------------------------

--- DECLARACIÓN DEL C. JOSÉ ALFREDO ANDRADE BOJORGEZ.- Presente en el interior de esta oficina quien manifestó llamarse JOSÉ ALFREDO ANDRADE BOJORGEZ, a quien se le protesta en términos de ley para que se conduzca con verdad en las diligencias en que va a intervenir, y a quien no se le hacen las advertencias de Ley, por ser perito en la materia, y habiendo protestado conducirse con verdad, se identifica en este acto con cédula profesional número 1240205 uno, dos, cuatro, cero,

1

Carátula de la declaración ministerial de Andrade Bojorgez.

En 1993, Guzmán Loera trabajaba para Amado Carrillo Fuentes en la plaza de Guadalajara. En aquellos días, *El Chapo* significaba un auténtico dolor de cabeza. Amado estaba muy molesto por la desorganización de su subalterno, así como por su afición al alcohol, las drogas, el escándalo y la violencia; le enojaba en particular que conviviera mucho con su escolta y ocupara pisos completos en hoteles de lujo llamando la atención. Trabajar con *El Chapo* era más riesgoso que trabajar en un polvorín. La preocupación de

Carrillo Fuentes no era para menos: la discreción que preferían los grupos de la delincuencia organizada estaba en peligro.

En consecuencia, Amado Carrillo decidió sacar a *El Chapo* de la plaza de Guadalajara y lo mandó a Nayarit bajo la supervisión de Héctor *El Güero* Palma, amigo y socio de Guzmán Loera. Sin embargo, *El Chapo* no obedeció la orden, tenía otros planes: en su lugar mandó a Martín Moreno Valdés a Tepic; al mismo tiempo le encargó a José de Jesús Alcalá Castellón que fuera a Guatemala a comprar algunas fincas.

El asesinato de Juan Jesús Posadas Ocampo "llamó poderosamente" la atención de Amado Carrillo cuando escuchó en las noticias que el cardenal había muerto en una balacera entre narcotraficantes en Guadalajara. Inmediatamente comenzó a realizar llamadas telefónicas a autoridades militares y corporaciones policiacas, asimismo ordenó la presencia de Héctor Palma Salazar. *El Señor de los Cielos* no podía concebir que su gente estuviera involucrada en el homicidio del prelado. Estaba furioso.

Al ver llegar a *El Güero* Palma como si nada, Carrillo Fuentes se tranquilizó. *El Señor de los Cielos* sabía que los Arellano Félix venían de una familia muy religiosa y guardaban una relación directa con Posadas Ocampo desde que estuvo en Tijuana; además la madre de los Arellano admiraba al cardenal y jamás les perdonaría algo así a sus hijos (de hecho, mientras la señora tuvo la duda, no les dirigió la palabra). Por su parte, Amado Carrillo no tenía vínculo alguno con la jerarquía católica. Su mayor acercamiento con la Iglesia fue la construcción del templo de Guamuchilito, en el municipio de Navolato, Sinaloa, de donde era originario.

—*El Chapo* tiene marcaje personal, no pudo ser él —le dijo *El Güero* Palma a Amado para tranquilizarlo.

—¿Quién tiene las armas y los huevos para hacer esto? —se preguntó Amado.

—Y el interés... —completó la frase Palma Salazar.

Después de recibir respuesta a sus llamadas telefónicas, Amado Carrillo les dijo a sus allegados que ni los Arellano Félix ni Guzmán Loera habían participado en la balacera, sino que se trataba de un tercer grupo cuyos integrantes no eran del norte del país, pero que sí iban vestidos como norteños: "Eran personas con pelo corto, vestidas con pantalón de mezclilla, camisa a cuadros y botas nuevas con las que se les dificultaba correr", señaló, añadiendo que su fuente de información eran el general Jesús Gutiérrez Rebollo[4] y su yerno Horacio Montenegro.

—Que diga el testigo quién le informó que Amado Carrillo se enteró de la balacera en el aeropuerto de la ciudad de Guadalajara a las 16:40 horas del día 24 de mayo de 1993 —inquirió el ministerio público a Andrade Bojorgez en su declaración de marzo de 1999.

—Ese día se encontraba el señor Sergio Aguilar Hernández [el amigo de Andrade Bojorgez] con Amado Carrillo en el estado de Morelos en una de las casas de su propiedad; y también se encontraba ahí el arabito Jesús Bitar Tafich —respondió Andrade Bojorgez.

Jesús Bitar fue el operador financiero más conocido de Carrillo Fuentes en Sudamérica. Lo detuvieron en julio de 1997 tras la muerte de *El Señor de los Cielos*, y se acogió al programa de testigos protegidos. Hoy es un próspero ganadero y poseedor de franquicias de gasolineras de Pemex en la Laguna, Durango. No sólo eso, también es uno de los proveedores del sistema de la Alianza para el Campo pagado con recursos públicos. Cuatro años después del asesinato del cardenal Juan Jesús Posadas Ocampo, Bitar Tafich declaró en la PGR que Jorge Carrillo Olea era amigo de Amado Carrillo Fuentes. A pregunta expresa, el general lo niega.

[4] Varios años después de estar al frente del Instituto Nacional de Combate a las Drogas (INCD), Jesús Gutiérrez Rebollo fue preso y sentenciado por sus vínculos con Carrillo Fuentes.

A las tres de la mañana del 25 de mayo de 1993, Amado Carrillo recibió una llamada en una de sus residencias de Cuernavaca, Morelos.

—¿El señor está despierto? —dijo ni más ni menos que Javier Coello Trejo, ex subprocurador de Lucha Contra el Narcotráfico en la gestión del procurador Enrique Álvarez del Castillo—. Pregúntele si puede recibirme mañana.

—Dile que venga ahorita —pidió Amado.

Entretanto, *El Señor de los Cielos* le ordenó a *El Güero* Palma que detuviera dos toneladas de cocaína en El Salvador que iban a traer a México por ferrocarril, y que se comunicara con la gente

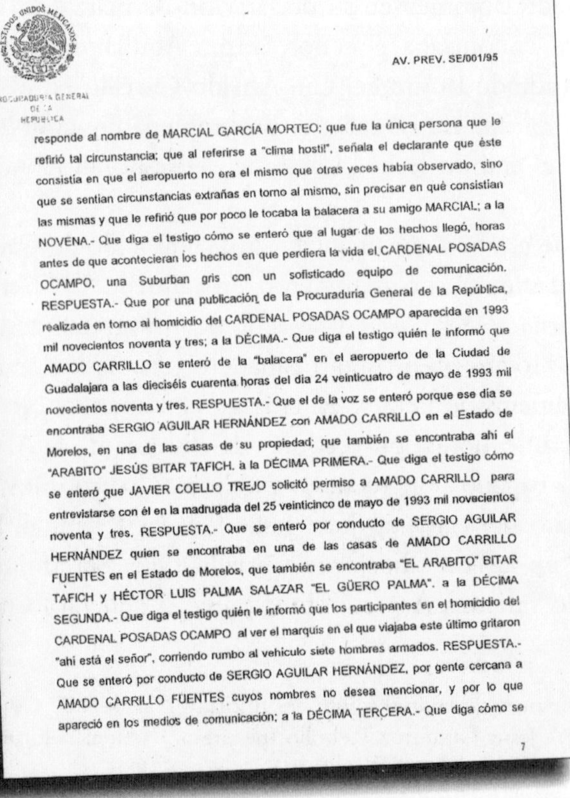

ESTADOS UNIDOS MEXICANOS

PROCURADURÍA GENERAL DE LA REPÚBLICA

AV. PREV. SE/001/95

responde al nombre de MARCIAL GARCÍA MORTEO; que fue la única persona que le refirió tal circunstancia; que al referirse a "clima hostil", señala el declarante que éste consistía en que el aeropuerto no era el mismo que otras veces había observado, sino que se sentían circunstancias extrañas en torno al mismo, sin precisar en qué consistían las mismas y que le refirió que por poco le tocaba la balacera a su amigo MARCIAL; a la NOVENA.- Que diga el testigo cómo se enteró que al lugar de los hechos llegó, horas antes de que acontecieran los hechos en que perdiera la vida el CARDENAL POSADAS OCAMPO, una Suburban gris con un sofisticado equipo de comunicación. RESPUESTA.- Que por una publicación de la Procuraduría General de la República, realizada en torno al homicidio del CARDENAL POSADAS OCAMPO aparecida en 1993 mil novecientos noventa y tres; a la DÉCIMA.- Que diga el testigo quién le informó que AMADO CARRILLO se enteró de la "balacera" en el aeropuerto de la Ciudad de Guadalajara a las dieciséis cuarenta horas del día 24 veinticuatro de mayo de 1993 mil novecientos noventa y tres. RESPUESTA.- Que el de la voz se enteró porque ese día se encontraba SERGIO AGUILAR HERNÁNDEZ con AMADO CARRILLO en el Estado de Morelos, en una de las casas de su propiedad; que también se encontraba ahí el "ARABITO" JESÚS BITAR TAFICH. a la DÉCIMA PRIMERA.- Que diga el testigo cómo se enteró que JAVIER COELLO TREJO solicitó permiso a AMADO CARRILLO para entrevistarse con él en la madrugada del 25 veinticinco de mayo de 1993 mil novecientos noventa y tres. RESPUESTA.- Que se enteró por conducto de SERGIO AGUILAR HERNÁNDEZ quien se encontraba en una de las casas de AMADO CARRILLO FUENTES en el Estado de Morelos, que también se encontraba "EL ARABITO" BITAR TAFICH y HÉCTOR LUIS PALMA SALAZAR "EL GÜERO PALMA". a la DÉCIMA SEGUNDA.- Que diga el testigo quién le informó que los participantes en el homicidio del CARDENAL POSADAS OCAMPO al ver el marquís en el que viajaba este último gritaron "ahí está el señor", corriendo rumbo al vehículo siete hombres armados. RESPUESTA.- Que se enteró por conducto de SERGIO AGUILAR HERNÁNDEZ, por gente cercana a AMADO CARRILLO FUENTES cuyos nombres no desea mencionar, y por lo que apareció en los medios de comunicación; a la DÉCIMA TERCERA.- Que diga cómo se

7

Hoja 7 de la declaración ministerial de Andrade Bojorgez, donde se refiere a Bitar Tafich.

que estaba vigilando a *El Chapo*. A las cinco de la mañana, Coello Trejo llegó solo. Amado seguía en compañía de su abogado Aguilar Hernández, Bitar Tafich y Héctor Palma Salazar.

—Acabo de hablar con el subprocurador de la PGR en Jalisco [Antonio García Torres], es sumamente urgente entregar a *El Chapo* —dijo Coello Trejo.

No habría mejor momento para deshacerse de *El Chapo* Guzmán sin derramar sangre. Era una buena oportunidad, pero Amado Carrillo Fuentes sabía que Guzmán Loera no había matado al cardenal ni había tenido nada que ver en el asunto de acuerdo con la información que había recabado. Sólo quería saber una cosa antes de entregar a su hombre:

—¿Quien mató al Cardenal? —le preguntó Amado a Coello Trejo.

No hubo respuesta, sólo el buen consejo de que era mejor no averiguarlo.

—Ahora es tiempo de contestar lisa y llanamente: ¿sí o no? —lo apresuró Coello Trejo.

La suerte de *El Chapo* Guzmán estaba echada.

Amado, *El Chapo* y *El Güero*

Amado Carrillo Fuentes se incorporó al mundo del narcotráfico en la década de 1970 gracias a la conducción de su tío Ernesto Fonseca Carrillo. *Don Neto* era socio y amigo de Pedro Avilés Pérez, un capo de Sinaloa mejor conocido como *León de la Sierra*, el primer mexicano en traficar cocaína de Sudamérica hacia Estados Unidos: en pocas palabras, el primer jefe de jefes del narco mexicano.

Pedro Avilés Pérez fue asesinado en 1978 y su relevo fue Miguel Ángel Félix Gallardo, quien se desempeñaba como coordinador general de la organización. Los principales integrantes de este grupo criminal eran: el propio Félix Gallardo, *Don Neto*, Manuel Salcido Uzueta *El Cochiloco*, Juan José Quintero Payán, Pablo Acosta Villarreal y Juan José Esparragoza Moreno, *El Azul*. En un escalafón menor se encontraban Amado Carrillo, Rafael Caro Quintero e Ismael Zambada García, *El Mayo*. Muy por debajo de ellos, apenas como pequeños sembradores, traficantes de enervantes y pistoleros, estaban Héctor Palma Salazar, Joaquín Guzmán Loera, los hermanos Arellano Félix y los hermanos Beltrán Leyva. Aunque prácticamente todos los integrantes de la organización liderada por Félix Gallardo eran originarios de Sinaloa, el grupo delictivo fue bautizado como el grupo de Guadalajara, porque esa ciudad era su centro de operaciones y su lugar de residencia.

En aquellos años todavía no se empleaba con regularidad el término de "cártel" ni los narcotraficantes tenían dividido al país en cotos de poder como si fuera propiedad privada. La Policía Judicial Federal (PJF) y la Dirección Federal de Seguridad (DFS) los tenían identificados como "clicas" o bandas. Había dos grandes organizaciones: la que traficaba droga en la zona del Pacífico (el grupo de Guadalajara) y la que traficaba a lo largo del Golfo de México (el grupo del Golfo). A principios del sexenio de Miguel de la Madrid Hurtado, la fuerte actividad del narcotráfico en Jalisco, reflejada en grandes inversiones en hoteles, restaurantes, desarrollos inmobiliarios, casas de cambio y lotes de autos, era solapada por el gobernador del estado, Enrique Álvarez del Castillo, y tolerada por la sociedad: no existía reflector alguno que hiciera visible el fenómeno; tampoco había violencia.

En 1981 Amado Carrillo trabajaba en Guadalajara muy cerca de su tío *Don Neto* y de Félix Gallardo. Sin embargo, la estancia de Carrillo Fuentes en la capital jalisciense se tornó insostenible debido a ciertas disputas que tenía con Rafael Caro Quintero, quien también era pupilo y protegido de *Don Neto*. La causa del conflicto era una mujer. Caro Quintero buscaba los favores de la bella

Sara Cosío de 17 años de edad. Por su parte, la joven —perteneciente a una de las familias más encumbradas de la perla tapatía— coqueteaba con Amado Carrillo en cada oportunidad. Antes de que sus protegidos terminaran en pleito, *Don Neto* prefirió mandar a su sobrino muy lejos; lo envió hasta Ojinaga, Chihuahua, a trabajar con Pablo Acosta Villarreal. Sin quererlo, Ernesto Fonseca le hizo un favor a Carrillo Fuentes.

El ascenso de Amado Carrillo

El 24 de abril de 1987 llegó a Ojinaga un agente de la PJF, Guillermo González Calderoni, uno de los policías más corruptos en la historia de México. Su misión consistía en detener a Pablo Acosta, a quien por cierto solía proteger a cambio de una millonaria cuota. El capo ya no salió por su propio pie, dicen que murió quemado entre las cuatro paredes de su búnker. Algunos compañeros del ex policía afirman que el mismo González Calderoni lo mató. Para los narcotraficantes sólo hay algo peor que la muerte: la cárcel.

Tras la muerte de Pablo Acosta, Rafael Aguilar Guajardo —otro ex comandante de la DFS— se quedó con la franquicia del territorio conservando el apoyo de Amado Carrillo Fuentes, quien para entonces ya había escalado peldaños en la jerarquía de la mafia.

Amado tuvo una visión: en 1987 dejó Ojinaga y se mudó a Torreón, donde comenzó a formar su flota aérea conformada por aviones Saberliner, Learjet y Cessna. Sus sueños de adolescente de ser piloto se concretaron de una extraña manera, pero aún le faltaba mucho camino por recorrer para convertirse en una leyenda llamada *El Señor de los Cielos*.

El 21 de agosto de 1989 Amado Carrillo fue detenido por elementos de la Novena Zona Militar con sede en Culiacán, Sinaloa, que encabezaba un general llamado Jesús Gutiérrez Rebollo, cuya carrera militar apenas despegaba. El camino volvería a reunir años después al capo y al hombre de las tres estrellas doradas en las hombreras. El responsable de integrar su proceso judicial por parte de la PGR fue el subprocurador Javier Coello Trejo, incondicional de Carrillo Fuentes por los cañonazos de dinero que recibía periódicamente en pago a su amistad.

Meses antes, en abril, el comandante Guillermo González Calderoni había detenido a su propio compadre Miguel Ángel Félix Gallardo. Nadie podía confiar en nadie.

Era el primer año del sexenio de Carlos Salinas de Gortari. Dada la pública relación entre su padre Raúl Salinas Lozano y su tío Carlos con Juan Nepomuceno Guerra, líder emblemático del cártel del Golfo, los estudiosos del fenómeno del narcotráfico en México vieron en esas detenciones la intención de favorecer a la organización criminal cercana a la familia del presidente. Pero los hechos ocurridos durante los años siguientes demostrarían que, pese a la buena relación con los capos del Golfo, los familiares de Carlos Salinas de Gortari tenían mayor inclinación por hacer negocios con los del Pacífico.

"No hay gordo malo"

Cuando en 1988 Carlos Salinas de Gortari nombró como procurador general de la República a Enrique Álvarez del Castillo, éste designó como subprocurador de combate al narcotráfico a un hombre llamado Javier Coello Trejo, cuya característica emblemática era su extrema gordura, casi tan voluminosa como su corrupción.

Durante los dos primeros años del sexenio de Salinas, Jorge Carrillo Olea estaba en la Secretaría de Gobernación, con Fernando Gutiérrez Barrios, recomponiendo los sistemas de inteligencia del

Estado por instrucciones directas del presidente de la República. Carrillo Olea tenía vasta experiencia en la materia, incluso se podría afirmar que es el padre de la "inteligencia" en México, si es que hay alguna. Con Miguel de la Madrid Hurtado desmanteló la Dirección Federal de Seguridad tras el escándalo del homicidio del agente de la DEA, Enrique Camarena. En su lugar creó la Dirección de Investigación y Seguridad Nacional (Disen), que posteriormente se transformaría en el Centro de Investigación y Seguridad Nacional (Cisen); en esas tareas lo acompañó su pupilo Jorge Enrique Tello Peón. Fue justo en aquella época cuando el sistema dio cabida a un joven ingeniero mecánico egresado de la Universidad Autónoma Metropolitana (UAM) que años después se convertiría en una pesadilla: Genaro García Luna, el poderoso secretario de Seguridad Pública del sexenio de Felipe Calderón.

A Jorge Carrillo Olea le tocó ver la caótica transformación del gordo Coello Trejo. En 1989, varios de los escoltas del subprocurador fueron detenidos acusados de integrar una gavilla que tenía asoladas las calles de la zona sur de la ciudad de México. El grupo protegido con la charola de la PGR cometía violaciones tumultuarias contra mujeres jóvenes de las delegaciones Coyoacán y Benito Juárez. Viajaban en una camioneta Suburban y llevaban un auto como escolta. Levantaban a sus víctimas y posteriormente las trasladaban a las zonas verdes de Fuentes Brotantes, donde eran abusadas sexualmente de manera inmisericorde.

En dos ocasiones los escoltas del impune Coello Trejo quedaron en libertad porque su propio jefe abogaba por ellos afirmando que eran inocentes pese a que las víctimas los habían identificado plenamente. Los violadores fueron ayudados por la pésima integración de las averiguaciones previas, conducidas en la Procuraduría General de Justicia del Distrito Federal (PGJDF) por Federico Ponce Rojas. Fue gracias a las diversas presiones del Congreso de la Unión que la procuraduría capitalina, comandada por

Ignacio Morales Lechuga, se vio obligada a actuar, y finalmente varios hombres de Coello Trejo pisaron el Reclusorio Oriente.

Sobre el conflictivo Coello Trejo, Jorge Carrillo Olea comenta: "Ya desde el Cisen veía que las cosas iban para mal, porque el gordo ése es un animal en la pelea, pues como muchos animales de pelea no funcionan para nada. Lo conocía muy bien, porque siendo yo subsecretario [de la Secretaría de Gobernación en el sexenio de Miguel de la Madrid], él era secretario de Gobierno de Chiapas. Entonces llegaban muchas quejas de ese estado".

Hacia los últimos meses de ese sexenio, Carrillo Olea llamaba muy seguido a Coello Trejo para transmitirle las reclamaciones que recibía, y él contestaba:

—No, señor subsecretario, ésos son cuentos, no hay gordo malo, ¿cómo cree usted?

—Oiga, licenciado, se quejan de que usted se sienta sobre los detenidos, eso es tortura mayor —respondía Carrillo Olea con filosa ironía.

—No, señor subsecretario, los gordos somos buenos por naturaleza.

Carrillo Olea conocía muy bien las prácticas y los métodos de trabajo de Coello Trejo. En 1989, el peso completo de Coello cayó sobre su amigo Amado Carrillo Fuentes, quien fue encarcelado en el Reclusorio Sur. El capo compartió el módulo de la prisión con Miguel Ángel Félix Gallardo y Juan José Esparragoza Moreno, *El Azul*, detenido tres años antes en el Pedregal de San Ángel con droga. Fue como estar en casa.

Después de la detención de su escolta, el subprocurador Coello Trejo quedó debilitado. Sabía que sus días en la PGR estaban contados y cuando saliera de ahí necesitaba buenos amigos, por lo que antes de ser removido de su cargo ayudó a Amado Carrillo Fuentes a salir libre de cargos ante la sorpresa de sus compañeros. A los pocos meses, Esparragoza Moreno y Félix Gallardo fueron unos de los primeros huéspedes de los penales de máxima seguridad. El primero logró dejar la cárcel en 1992, mientras que el segundo sigue recluido hasta la fecha en el penal de máxima seguridad de Puente Grande.

En 1990, Carlos Salinas de Gortari mandó llamar a Jorge Carrillo Olea y le dijo: "Jorge, Coello nos está generando muchos asuntos desagradables de opinión internacional. Enrique [Álvarez del Castillo] está cansado. Ayúdalo. Te necesita mucho, necesita una persona de toda confianza. Tú puedes ser un gran apoyo para el procurador". Como Carrillo Olea no era abogado, estaba impedido para ocupar exactamente el mismo puesto de Coello Trejo. De tal manera que Salinas de Gortari le inventó *ex profeso* un cargo a la medida: coordinador general de Lucha Contra el Narcotráfico.

Álvarez del Castillo recibió bien a Carrillo Olea. Al tercer día de la llegada del general a la PGR, el procurador lo mandó llamar:

—Yo me acostumbré, siendo ministro de la Corte, a llevarme mucho trabajo a mi casa. Entonces yo no vengo por las tardes, ahí le encargo la procuraduría —le dijo el ex gobernador de Jalisco al nuevo funcionario.

—Señor procurador, usted no tenga cuidado... aquí estaremos.

En realidad, Álvarez del Castillo estaba harto y su debilidad por el alcohol ya era poco controlable, así que en los hechos el país contaba con dos procuradores: en el turno matutino trabajaba Álvarez del Castillo, y en los turnos vespertino y nocturno estaba a cargo Jorge Carrillo Olea, quien paulatinamente fue tomando el control de la PGR.

En 1991, Carrillo Olea nombró como jefe de la PJF a Rodolfo León Aragón, mejor conocido como *El Chino*, un sujeto de muy mala reputación. El nuevo jefe policiaco dependía totalmente de él y según dijo Carrillo Olea su relación era muy buena pese a los altos índices de corrupción de *El Chino*. En la Policía Judicial, León Aragón comenzó a trabajar con un comandante con el que pudo entenderse en todo a las mil maravillas: Guillermo González Calderoni. Igual de corruptos los dos.

Después llegaría Ignacio Morales Lechuga.

Los reacomodos

Cuando Amado Carrillo Fuentes salió de prisión la estructura del crimen organizado estaba desarticulada por la detención de Félix Gallardo. Los únicos que tenían la fuerza real para competir por ese liderazgo eran Manuel Salcido Uzueta, *El Cochiloco*, amo y señor de Sinaloa, que contaba con el apoyo de Benjamín Arellano Félix y sus hermanos, establecidos en Tijuana.

Por su parte, Juan y Humberto García Ábrego, líderes de la organización del Golfo y protegidos de Juan Nepomuceno, no tenían en la mira el territorio ajeno. Con el suyo, suficientemente vasto, era suficiente. Además, en aquel momento existía cooperación entre todos, había una especie de pacto tácito de paz. En esos tiempos, Ismael *El Mayo* Zambada —siempre independiente— y Juan José Esparragoza Moreno, *El Azul,* no tenían influencia más allá de Sinaloa ni habían desarrollado sus organizaciones tal y como las conocemos ahora. También en esa época Joaquín Guzmán Loera, Héctor *El Güero* Palma y los hermanos Beltrán Leyva eran incipientes cabecillas a quienes sólo les tocaban las migajas. De hecho, algunos de ellos —como *El Chapo*, *El Güero* Palma y los hermanos Arellano Félix— compartían ciertos intereses, y eso los hizo entenderse y realizar negocios juntos. No obstante, los lazos que los unían eran débiles ante los golpes de la traición y surgió el odio entre ellos. Un odio que puede contarse con los miles de muertos que ellos han aportado a la cruenta guerra entre cárteles que se ha librado durante las dos últimas décadas prácticamente en todo el país.

Joaquín y Héctor tenían una personalidad ambiciosa y violenta que demandaba más dinero y más poder. No tenían la fuerza pero le peleaban a *El Cochiloco* y a los Arellano Félix la "franquicia" de Guadalajara.

Amado Carrillo tuvo un ambicioso sueño. Aliado con Rafael Aguilar Guajardo, decidió apoderarse del liderazgo del negocio del narcotráfico a lo largo del Pacífico norte. Guzmán Loera y Palma Salazar se sumaron a esa sociedad criminal para hacerse fuertes.

El Cochiloco fue ejecutado en octubre de 1991. Guzmán Loera acusa que quienes lo mataron fueron sus propios subalternos, los irredimibles Arellano Félix. La guerra por el codiciado territorio había comenzado. Los que antes convivían en un mismo territorio emprendieron una pelea a muerte: los enanos querían crecer e iniciaron la disputa por la plaza de Guadalajara. Fue entonces cuando *El Chapo* comenzó a generarle muchos problemas a la organización de Amado Carrillo Fuentes, su falta de experiencia lo hizo cometer graves errores.

El amigo más cercano te traiciona

De 1990 a junio de 1993, Joaquín *El Chapo* Guzmán gozó de la misma protección que la mafiocracia o la delincuencia disimulada le había otorgado a *El Señor de los Cielos*, quien jamás hubiera podido crear su imperio sin la ayuda de empresarios de abolengo, banqueros, militares, policías y políticos, incluyendo a ex presidentes de la República y sus familiares. Esa red de vínculos es indisoluble, todos se unen en torno a un mismo interés: el dinero y el poder.

Rafael Aguilar Guajardo, el líder de la organización criminal de Juárez, la frontera más prolífica para el narcotráfico, fue asesinado en Cancún, Quintana Roo, en abril de 1993, y Amado Carrillo Fuentes se convirtió en el heredero natural de la organización delictiva. En el mundo de la mafia se afirmó que el autor intelectual de la ejecución de Aguilar Guajardo fue precisamente el principal beneficiado de la misma.

Amado comenzó a convertirse en una leyenda. Tomó sus primeras decisiones y resolvió hacer una limpia al interior del grupo: Joaquín Guzmán encabezó la lista; a causa de su estúpida violencia había caído de la gracia de su jefe. Amado lo entregó a la PGR no porque pensara que estaba involucrado en el homicidio del cardenal Posadas Ocampo, sino porque era en ese momento o nunca. Si Guzmán Loera supo o no quién lo traicionó es algo que él nunca mencionó en sus declaraciones ni durante los siete años de cárcel.

El 9 de marzo de 1999, en el interrogatorio ministerial que le hicieron a José Alfredo Andrade Bojorgez cualquier duda al respecto desapareció:

—Que diga el testigo si sabe a través de qué personas proporcionó Amado Carrillo Fuentes la información para la captura de Joaquín Guzmán Loera —preguntó a bocajarro el ministerio público Vázquez Alatriste.

—A través de *El Güero* Palma —respondió Andrade Bojorgez sin titubear.

Cuatro meses después de su declaración, Andrade Bojorgez desapareció del mapa. Se lo tragó la tierra. Su última aparición pública fue en la Feria Internacional del Libro realizada en febrero de 1999, en el Palacio de Minería de la ciudad de México. El abogado llegó al lugar vestido de negro, iba acompañado por un mariachi vestido de blanco que en los pasillos de la feria entonaba "El Sinaloense", la canción favorita de Amado Carrillo Fuentes. Ese mismo día presentó su libro.[5]

[5] El 29 de septiembre de 1999 el periódico *Reforma* publicó la crónica de la presentación del libro de Andrade Bojorgez. Según algunas entrevistas, el abogado desapareció el 20 de julio de ese año.

FORMA CG - 1 A

AV. PREV. SE/001/95

PROCURADURIA GENERAL DE LA REPUBLICA

nunca externó las razones y motivos de dicho homicidio, aún cuando se consideraba como una persona bien informada. Que a raíz del citado homicidio, el señor AMADO CARRILLO dio instrucciones de "estacionar" dos toneladas de cocaína en el Salvador y de filtrar a la policía el lugar en donde se encontraba el "CHAPO GUZMÁN", sin dar explicación alguna. A preguntas especiales de la Representación Social de la Federación el testigo manifestó: a la PRIMERA.- Que diga cuáles fuerón los argumentos esgrimidos para afirmar que en el homicidio del CARDENAL POSADAS OCAMPO no participaron los hermanos ARELLANO FÉLIX ni JOAQUÍN GUZMÁN LOERA "EL CHAPO GUZMÁN". RESPUESTA.- Que desea aclarar que al señalar que los hermanos ARELLANO FÉLIX y "EL CHAPO GUZMÁN" no participaron en los hechos no quiere decir que no estuvieran en el aeropuerto de la Ciudad de Guadalajara el día de los acontecimientos. De hecho, tanto los hermanos ARELLANO FÉLIX como JOAQUÍN GUZMÁN LOERA "EL CHAPO GUZMÁN" se encontraban físicamente en el lugar de los hechos; que desea aclarar que por conducto del licenciado SERGIO AGUILAR HERNÁNDEZ, abogado de AMADO CARRILLO FUENTES, el de la voz se enteró de la versión de AMADO CARRILLO FUENTES, misma que consiste en lo siguiente: que un tercer grupo vestido de norteños, sin ser de un estado del norte de la República, atentaron directamente en contra del CARDENAL JUAN JESÚS POSADAS OCAMPO; que esta versión la manifestó AMADO CARRILLO el mismo día de los hechos después de realizar diversas llamadas telefónicas a autoridades militares, corporaciones policiacas y a grupos delictivos de dicha entidad federativa. Que reitera que dicha versión le fue comentada por el señor SERGIO AGUILAR HERNÁNDEZ quien el día del homicidio del CARDENAL POSADAS OCAMPO se encontraba con AMADO CARRILLO FUENTES en una de las propiedades de este último en el Estado de Morelos concretamente en Cuernavaca, cerca de la casa del señor JORGE CARRILLO OLEA; a la SEGUNDA.- Que diga el testigo si el señor SERGIO AGUILAR HERNÁNDEZ le comentó las características que presentaba el tercer grupo a que ha hecho referencia en su respuesta inmediata anterior. RESPUESTA.- Que eran personas con pelo corto, vestidas con pantalón de mezclilla, camisa a cuadros y botas nuevas, y que se les dificultaba correr con ellas, sin que el señor AGUILAR

4

Hoja 4 de la declaración ministerial de Andrade Bojorgez, donde se refiere a la presencia de Guzmán Loera y los Arellano Félix en el aeropuerto de Guadalajara.

De acuerdo con entrevistas realizadas a sus conocidos para esta investigación, hay ideas diferentes acerca de cómo José Alfredo Andrade Bojorgez consiguió la información para su libro, pero todos coinciden en un punto: la información que publicó sobre Amado Carrillo Fuentes era auténtica. Tan auténtica que un amigo de José Alfredo Andrade afirma que la madre del propio Amado Carrillo Fuentes le reclamó la publicación del libro. Estaba muy molesta con él.

Del paradero de Andrade Bojorgez no volvió a saberse nada. Sus conocidos lo dan por muerto.

Pese a todas las pruebas acumuladas en su contra, cuando se le pregunta a Carrillo Olea acerca del posible involucramiento de Coello Trejo con el narco, lo niega de una manera contundente: "Coello era un tipo sensato para ese tipo de cosas; sabía que si él metía las manos se derrumbaba todo". Igualmente niega que Álvarez del Castillo haya tenido alguna conexión de este tipo; y cuando se le insiste en que testigos protegidos en Estados Unidos habrían mencionado sus nombres, a modo de explicación afirma: "Yo también [fui mencionado] por un testigo protegido, [que me acusó] de haber mandado asesinar al cardenal Posadas". Y es cierto: el general Jorge Carrillo Olea carga muchos sambenitos sobre su espalda. No sólo el rumor de que fue el responsable de haber orquestado el ataque contra el prelado, sino también la especie de que tuvo una relación directa con *El Señor de los Cielos*. La sombra de esa duda quedará adherida a su nombre por siempre, pero nadie podrá arrebatarle ese efímero momento de gloria cuando el 9 de junio de 1993 "capturó" a Joaquín Guzmán Loera.

El preso del 727 y la recompensa

De regreso a la ciudad de México, con la explosiva carga a bordo, el general Jorge Carrillo Olea ordenó que se subieran cuatro paracaidistas para proteger la cabina. Dos paracaidistas subieron a *El Chapo* Guzmán en uno de los asientos traseros y lo esposaron. El resto del batallón se encargó de proteger la salida, mientras que el general Guillermo Álvarez Nahara, jefe de la Policía Judicial Militar, se quedó sentado al lado de Carrillo Olea.

El avión 727 aterrizó a las siete de la noche en el aeropuerto de la ciudad de Toluca, Estado de México. El director de seguridad lo recibió. *El Chapo* Guzmán descendió del avión encapuchado.

—Aquí está tu preso —dijo Carrillo Olea.

—Licenciado, qué responsabilidad la suya.

—No diga nada... ni mi nombre.

Carrillo Olea subió al automóvil que ya lo esperaba y le informó vía telefónica al procurador Jorge Carpizo: "El avión está despegando rumbo a su base. El cuate ya va rumbo a su celda". Finalmente la operación había terminado.

Hay quienes afirman, como el abogado de la arquidiócesis de Guadalajara, José Antonio Ortega, que el homicidio del cardenal Posadas Ocampo fue una operación de Estado en la que presuntamente participó Carrillo Olea como autor de la logística. Aunque se dice que los Arellano Félix y *El Chapo* Guzmán sí estuvieron ese día en el aeropuerto de Guadalajara, citados por el titular de la PJF Rodolfo León Aragón, ninguno de los grupos participó en la balacera. Dicen que la muerte del cardenal Posadas Ocampo ocurrió tal como se lo comentó Amado Carrillo Fuentes a su gente.

Días antes de la captura de Guzmán Loera, el procurador Jorge Carpizo anunció que había una recompensa de un millón de dólares para quien facilitara información que llevara a la aprehensión de *El Chapo*. Oficialmente, quienes proporcionaron esa información fueron oficiales del Cendro, así como funcionarios de El Salvador y Guatemala.

Jorge Carrillo Olea propuso enviar una parte del dinero a las autoridades extranjeras que habían participado en la captura. En El Salvador se entregaron 300 mil dólares en efectivo al entonces presidente Alfredo Félix Cristiani, para que en su caso los repartiera entre las personas que habían hecho que *El Chapo* huyera de ahí hacia Guatemala.

El mismo Carrillo Olea fue a entregarles otros 300 mil dólares al recién llegado presidente de Guatemala, Ramiro de León Carpio, y a aquel joven capitán que tanto lo había impresionado.

"México es un gran país, siempre atento y siempre justo", señaló el mandatario guatemalteco mientras recibía el dinero. Sin embargo, nadie sabe qué pasó con los otros 400 mil dólares de la recompensa. Hay quienes insinúan que Jorge Carpizo se los quedó.

En 2010 la recompensa por la captura de Guzmán Loera se septuplicó. El gobierno de Estados Unidos ofrece cinco millones de dólares a quien proporcione información sobre su paradero, y desde 2009 el gobierno de México ofrece 2.5 millones de dólares. Así, Guzmán Loera dejó de ser un narco de bajo pelo al que habían usado como chivo expiatorio, y se convirtió en el gerente de una compañía de talla mundial. Actualmente es el rostro más conocido de la industria del crimen en México.

En esas dos horas de vuelo desde Chiapas hasta el Estado de México, *El Chapo* Guzmán aprendió la primera gran lección de la que sería una prolífica carrera delictiva. El 727 despegó, y a los pocos minutos el jefe de la Policía Judicial Militar y otros dos personajes —el teniente coronel Enrique Soto Padilla, así como el mayor Silvio Isidro de Jesús Hernández Soto— ya estaban sentados a su lado.

"Y bien...", le dijo Álvarez Nahara a *El Chapo*.

Había llegado la hora de confesar.

CAPÍTULO 2

Vida o muerte

Cuando el general brigadier Guillermo Álvarez Nahara, jefe de la Policía Judicial Militar, se sumó al operativo para capturar a *El Chapo* Guzmán, tenía una orden precisa: interrogarlo.

A sus 54 años, Álvarez Nahara estaba acostumbrado a tratar con delincuentes tercos. Jamás hubiera esperado la reacción que tuvo el narcotraficante cuando se pasó a la parte trasera del 727 y se sentó a su lado para someterlo a un interrogatorio.

—¿Me permites interrogar al detenido? —le preguntó Álvarez Nahara a Jorge Carrillo Olea, coordinador general de Lucha Contra el Narcotráfico de la PGR, recién despegó el avión del aeropuerto de Tapachula rumbo a Toluca.

"A ver —pensó Carrillo Olea sin pronunciar palabra—, en las prácticas militares éste tiene que rendir un informe. ¿De qué va a rendir un informe? ¿Del viaje? ¿De cómo fue el viaje? Merece carnita." A pesar de estas consideraciones, Carrillo Olea, quien formalmente era responsable del detenido, no podía soslayar los antecedentes de Álvarez Nahara y los métodos que había empleado en la década de 1970 para "interrogar" a los guerrilleros.

—Toma en cuenta que lo que tú digas, él puede hacerlo constar en actas —advirtió Carrillo Olea—. Si percibe algún tipo de amenaza, algún mínimo de maltrato, alguna mala palabra, él la va a explotar. Él te va a decir todo lo que deseas, pero tú también le das autoridad a que mañana valga tu renuncia. Entonces vete despacito. Sácale todo lo que quieras, pero que no vaya a percibir ninguna agresividad de tu parte.

—¡Ah!, qué bueno que me lo dices —respondió el jefe de la Policía Judicial Militar.

Después de una hora aproximadamente, Álvarez Nahara regresó a su asiento al lado de Carrillo Olea.

—Ya hablé con él —informó el militar.

—Está bien —contestó sucintamente Jorge Carrillo.

Si había nerviosismo en Carrillo Olea es algo que él nunca mencionó. No obstante, debió de haber existido cierta preocupación por la calidad de la información con la que contaba *El Chapo* Guzmán sobre quiénes le brindaban protección. Entre esas personas había altos funcionarios de la PGR muy cercanos a Carrillo Olea.

EL GENERAL DE LA BRIGADA BLANCA

Guillermo Álvarez Nahara es originario de la ciudad de México. Pasó por las aulas del Heroico Colegio Militar (1955-1958) y por la Escuela de Aplicación de las Armas y Servicios. A simple vista, el récord laboral de este hombre fuerte y robusto, de piel morena y mejillas prominentes, es engañoso. Pareciera un burócrata más de la Sedena.

En el currículum que usó en sus últimos años de servicio se consignaba: comandante del Cuarto Regimiento de Artillería, subdirector general de Educación Física y Deportes, y director de Seguridad Social Militar. Su último puesto fue como director de Personal de la Sedena en 2004. Desde diciembre de ese año está retirado.

Sin embargo, Álvarez Nahara es mucho más que eso. Durante la década de 1970 formó parte de la llamada Brigada Blanca, que ganó triste fama a causa de la llamada "guerra sucia". A este grupo se le atribuía el exterminio de los movimientos sociales armados de aquella época, como el Movimiento Armado Revolucionario, el Frente Revolucionario Armando del Pueblo y la Brigada de Ajusticiamiento de los Pobres. Asimismo, Guillermo Álvarez hizo su carrera militar bajo el cobijo de Humberto Quiroz Hermosillo. De él aprendió mucho.

En los tiempos de la Brigada Blanca, Álvarez Nahara era coronel y pertenecía a la Policía Judicial Federal Militar; cuando le tomó la declaración a Guzmán Loera era jefe de esa misma policía.[1] Dicen que lo que bien se aprende jamás de olvida, pero en aquel momento Álvarez Nahara tuvo suerte: *El Chapo* Guzmán, notablemente inexperto en los menesteres de la detención —según se tiene registro era la primera vez en su carrera delictiva que era aprehendido—, se puso muy lenguaraz sin necesidad de que el militar ejerciera la menor presión.

Uno de los pasajeros del 727 comentó que los militares de Guatemala no sólo le habían robado a *El Chapo* un millón y medio de dólares —como el mismo narcotraficante se quejó en su primera declaración ante la Policía Judicial Militar—, sino que además le habían dado una golpiza. Según esa versión, *El Chapo* Guzmán estaba tan agradecido por el trato que le habían dado —a diferencia del que recibió en Guatemala— que no opuso ninguna resistencia a las preguntas del general Álvarez Nahara.

"Al contrario, había que madrearlo para callarlo, ya no sabíamos como cerrarle la boca, quería contar todo", comentó el pasajero.

El Chapo Guzmán fue un bocón: sin duda, aquélla había sido la declaración más espontánea de su trayectoria criminal. Sólo volvería a ser tan indiscreto 15 años después, en 2008, cuando tuvo una conversación con otro general en el pináculo de su poder como el gran capo de México.

[1] *Proceso*, núm. 166, enero de 1980.

Las confesiones de *El Chapo*

Las declaraciones hechas por Joaquín Guzmán Loera el 9 de junio de 1993 quedaron asentadas en el oficio número 1387 de la Procuraduría General de Justicia Militar, de la Subjefatura Operativa, titulado "Informe sobre el interrogatorio a Joaquín Guzmán Loera (a) *El Chapo* Guzmán".

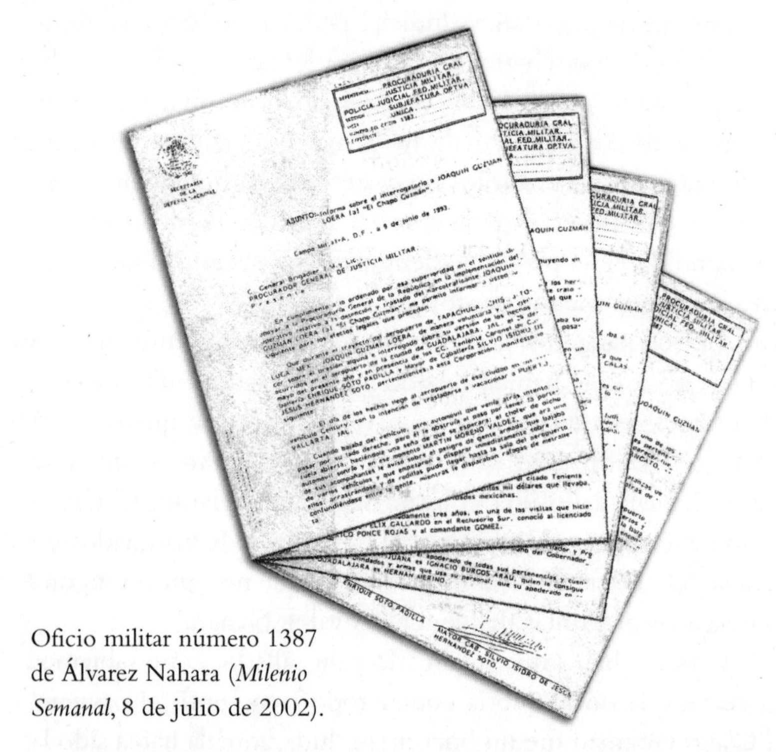

Oficio militar número 1387 de Álvarez Nahara (*Milenio Semanal*, 8 de julio de 2002).

El oficio de cuatro cuartillas, dirigido al entonces procurador general de Justicia Militar, el general brigadier Mario Fromow García, fue elaborado por Guillermo Álvarez Nahara y estaba firmado por los testigos de asistencia: el teniente coronel de caballería Enrique Soto Padilla, y el mayor de caballería Silvio Isidro de Jesús Hernández Soto.

En 2008, el gobernador de Sinaloa, Jesús Aguilar Padilla, nombró como director de la Policía Ministerial del estado a Hernández Soto, quien para ese entonces ya tenía el grado de teniente coronel. El militar quedaría bajo las órdenes de Alfredo Higuera Bernal, el polémico procurador de Sinaloa que ha sido señalado como integrante del reducido grupo de invitados que asistieron a la "boda" de Joaquín Guzmán Loera, celebrada en 2007.

Por su parte, la carrera de Soto Padilla también tuvo un desarrollo próspero. En 2010 se desempeña como comisario de las Fuerzas Federales de Apoyo de la Policía Federal de la Secretaría de Seguridad Pública Federal, una de las corporaciones donde se ha detectado la mayor penetración del crimen organizado.

Mientras escuchaba a *El Chapo* Guzmán, Álvarez Nahara comprendió que aquel testimonio era dinamita pura y causaría una gran sacudida dentro del gobierno federal. Guzmán Loera comenzó con la narración de lo que había ocurrido el 24 de mayo de 1993 en el Aeropuerto Internacional de Guadalajara y terminó por echar de cabeza a sus cómplices.

El Chapo dijo que ese 24 de mayo él iba llegando al aeropuerto de Guadalajara con las maletas hechas para irse de paseo a Puerto Vallarta, uno de sus lugares de recreo preferidos.[2]

En el estacionamiento del aeropuerto se detuvo un Century azul obstruyendo el paso. Era el automóvil en el que viajaba *El Chapo*, quien se bajó con toda calma. Otro vehículo intentó pasar por el costado derecho, pero el capo le hizo una seña de que se esperara y bloqueó el camino abriendo la puerta de su coche —el chofer

[2] En el antiguo hotel Sheraton Bugambilias del puerto jalisciense aún se recuerda cuando el capo alquilaba un piso entero para hospedarse; en aquellas estancias normalmente provocaba los desmanes que tanto le molestaban a su superior Amado Carrillo Fuentes.

que quería pasar simplemente le sonrió—. De pronto, el contador Martín Moreno Valdez, su compañero de viaje, le avisó a *El Chapo* que había gente armada en el estacionamiento que estaba bajando de varios vehículos. Con extraordinarios reflejos, Guzmán Loera se puso pecho tierra y se fue arrastrando en el suelo hasta llegar a la sala del aeropuerto. Escuchaba las ráfagas de bala, pero ni una sola le dio.

De las ocho personas que lo acompañaban, dos murieron, otras dos fueron detenidas en Guatemala, y cuatro más fueron aprehendidas por la Policía Judicial Federal días después de la balacera.

"Ninguno de mis hombres disparó porque sus armas se fueron en las maletas que ya habían sido documentadas", le explicó *El Chapo* Guzmán a Álvarez Nahara. De esta manera, el narcotraficante echaba por tierra la versión que Jorge Carpizo y Jorge Carrillo Olea se habían esmerado en hacer creer a la opinión pública, es decir, que el cardenal Juan Jesús Posadas Ocampo había sido víctima del fuego cruzado entre la banda de los Arellano Félix y la de Guzmán Loera.

A los pocos días del homicidio, en el noticiero estelar nocturno de Televisa —siempre oficial y oficioso— se presentó una reconstrucción de los hechos por medio de una llamativa animación electrónica elaborada entre el Cisen y el Cendro. Los colaboradores del Cisen fueron Wilfrido Robledo Madrid, director de Protección, y José Luis Figueroa, subdirector de la misma área. Por parte del Cendro participaron Jorge Tello Peón, director general, y Alejandro Alegre, director de Información Táctica.[3]

Todos ellos tenían un punto en común: Jorge Carrillo Olea. Como el propio general lo ha reconocido: Tello Peón era su álter ego. En tanto que Robledo Madrid y Figueroa habían sido sus

[3] José Alberto Villasana y Héctor Moreno Valencia, *Sangre de mayo*, México, Océano, 2002.

compañeros en el Estado Mayor Presidencial durante el sexenio de Luis Echeverría Álvarez. En este grupo hay una poderosa amalgama que con el paso de los años ha seguido sumando a nuevos integrantes, como el tenebroso secretario actual de la SSP: Genaro García Luna.

A la postre, con la prueba de los balazos a quemarropa contra el cardenal Posadas, la versión del fuego cruzado resultó ridícula por inverosímil. Según lo narrado por Guzmán Loera en el Boeing 727, después de huir del aeropuerto se dirigió a la ciudad de México y se escondió en la casa de su administrador Martín Moreno Valdez. Ahí un tal comandante "Gómez" le ayudó a conseguir un pasaporte falso y lo llevó en una camioneta Suburban hasta San Cristóbal de las Casas, Chiapas, donde contactó a Manuel Castro Meza, "para que [éste] a su vez me contactara con el teniente coronel del Ejército guatemalteco Carlos Humberto Rosales, que nos iba a ayudar allá", continuó *El Chapo* con su confesión.

Sin embargo, el teniente coronel del Ejército de Guatemala no ayudó a *El Chapo*, sino que lo entregó a las autoridades mexicanas después de robarle un millón y medio de dólares. Al final, acaso el joven "capitán" que Carrillo Olea recuerda con admiración por su gallardía no era tan honorable como aparentaba.

En su confesión ante Álvarez Nahara, Guzmán Loera admitió que trabajaba para el cártel de Cali, entonces comandado por los hermanos Rodríguez Orejuela. Aunque sus verdaderos vínculos estaban con el cártel de Medellín de Pablo Escobar Gaviria. Asimismo, declaró que él y Héctor *El Güero* Palma habían sido responsables del tiroteo ocurrido en la discoteca Christine en noviembre de 1992: "Soy responsable, junto con *El Güero* Palma, de las matanzas de Puerto Vallarta y de Iguala, pero no participé en otras cosas de las que la prensa me hace responsable", dijo en el interrogatorio del avión. Pareciera que en ese momento había un pudor en el aprendiz de capo. Sí era medio asesino, pero no asesino y medio. Sin duda, tiempo después ese pudor se evaporaría como agua al fuego.

Conforme pasaban los minutos, las confesiones de *El Chapo* subían de tono.

LA PRIMERA NÓMINA DE *EL CHAPO*

A bordo de la aeronave, Joaquín Guzmán Loera reveló que contaba con protección de la PGR al más alto nivel. Confesó que hacía aproximadamente tres años, en 1990, durante una de las visitas que le hizo a Miguel Ángel Félix Gallardo en el Reclusorio Sur de la ciudad de México, conoció a un "licenciado" que ahora trabajaba en la procuraduría. *El Chapo* aseguró que gracias a los contactos de ese "licenciado" había obtenido un pasaporte falso para entrar en Guatemala.

Cuando Guzmán Loera trabó relación con el licenciado Federico Ponce Rojas, éste trabajaba como encargado de Averiguaciones Previas en la PGJDF, que en ese momento presidía Ignacio Morales Lechuga. Ponce Rojas era uno de los hombres de mayor confianza del procurador.

"Al licenciado Federico Ponce Rojas le daba un millón y medio de dólares cada dos meses, cuando había entregas de cocaína o mariguana, para que me protegieran", declararía Guzmán Loera. De la misma manera, de acuerdo con *El Chapo*, Ponce Rojas le presentó en el Reclusorio Sur al comandante "Gómez", quien se convirtió en su contacto. En el informe elaborado por Álvarez Nahara, el narcotraficante no especificó durante cuánto tiempo supuestamente le había pagado sobornos a Ponce Rojas, ni en qué consistía la "protección".

Ignacio Morales Lechuga fue procurador del Distrito Federal de 1988 a 1991. En mayo de 1991, tras la salida de Enrique Álvarez del Castillo, el presidente Carlos Salinas de Gortari lo nombró titular de la PGR, cargo que ocupó hasta enero de 1993. Cuando se fue a la PGR se llevó a Ponce Rojas, el supuesto contacto de *El Chapo*

Jorge Carrillo Olea e Ignacio Morales Lechuga nunca tuvieron una buena relación. El ex procurador capitalino siempre se quejó de que todos los asuntos de narcotráfico Carrillo Olea los hablaba directamente con Carlos Salinas de Gortari, por lo que él tuvo muy poca injerencia en la materia.

Sin duda, una de las cosas que más lastimó la relación entre Carrillo Olea y Morales Lechuga fue la pronta salida de Ponce Rojas de la PGR, quien abandonó la dependencia meses después de la balacera ocurrida el 7 de noviembre de 1991 en Tlalixcoyan, Veracruz, entre militares y elementos de la PJF. La versión oficial sobre ese enfrentamiento es que un avión de la PGR en el que viajaban 10 agentes judiciales aterrizó en una pista clandestina donde acababa de descender una avioneta cargada de droga. La pista era vigilada por militares. Jamás quedó claro quién protegía a los narcotraficantes y quiénes querían atraparlos, si es que alguno de los dos grupos tenía esa intención. El hecho es que ocurrió un enfrentamiento entre militares y policías con un saldo de siete policías muertos y un soldado herido.

Cuando *El Chapo* Guzmán hizo su declaración ante el jefe de la Policía Judicial Militar, Ponce Rojas ya no estaba oficialmente en la PGR; trabajaba para Banamex con Roberto Hernández, quien compró dicha institución en 1991, durante la ola de privatización bancaria de Salinas de Gortari. Sin embargo, según *El Chapo*, Ponce Rojas no era su único contacto en la PGR.

"Tuve tratos con el comandante de la Policía Judicial Federal José Luis Larrazolo en Sonora. En una ocasión le di 500 mil dólares para que me dejara cultivar un plantío de mariguana", le reveló

Guzmán Loera al general Álvarez Nahara. También confesó haberle entregado dinero a cambio de protección al comandante de la PJF Guillermo Salazar Ramos, adscrito a Guadalajara a finales de la década de 1980.

Cuando *El Chapo* rindió su declaración en el avión, Salazar Ramos era nada más y nada menos que director operativo de la Policía Judicial, uno de los hombres más cercanos a Jorge Carrillo Olea y a Rodolfo León Aragón, el jefe de la PJF.

La última revelación significativa que hizo *El Chapo* durante aquel vuelo fue que el primer gobernador panista en la historia de México, Ernesto Ruffo Appel, era el mejor ejemplo de que un cambio de partido en el gobierno no implica una transformación en la estructura de una bien aceitada red de complicidad, en todos los niveles, con el narcotráfico: "A los hermanos Arellano Félix los protege el gobernador y el procurador de Baja California. Un hermano del gobernador es socio de ellos en una empresa", espetó con ardor *El Chapo*, concluyendo su declaración.

Guzmán Loera tardó algún tiempo en asimilar que con su abundante confesión en el eterno viaje de Tapachula a Toluca se había jugado no la libertad, sino la vida misma.

El Chapo de arriba abajo

Joaquín Archivaldo Guzmán Loera —su nombre completo, aunque sólo le gusta usar el primero— nació el 4 de abril de 1957 en el rancho La Tuna, ubicado en Badiraguato, Sinaloa. Esta localidad está enclavada en la Sierra Madre Occidental en una zona llamada "Triángulo Dorado", conformada por un grupo de municipios de los estados de Sinaloa, Durango y Chihuahua, que tienen frontera entre sí. En esta región el oficio más popular es ser narcotraficante.

En la época que florea la amapola, el paisaje es un espectáculo para los ojos. Si el lugar se recorre desde el aire, todo luce como un inmenso jardín. Igualmente, resulta un espectáculo contemplar el aterrizaje de avionetas y pequeños aviones en las pistas cortas situadas en la sierra; por momentos da la impresión de que las aeronaves no alcanzarán a frenar y se irán al precipicio.

Joaquín es hijo de Emilio Guzmán Bustillos y Consuelo Loera Pérez. Sus abuelos paternos fueron Juan Guzmán y Otilia Bustillos; sus abuelos maternos Ovidio Loera Cobret y Pomposa Pérez Uriarte. Guzmán Loera es el mayor de seis hermanos que apenas se llevan un año de edad entre sí: Armida, Bernarda, Miguel Ángel, Aureliano, Arturo y Emiliano. Tuvo otros tres hermanos mayores que él pero murieron de la enfermedad de la pobreza cuando era muy pequeño; ni sus nombres recuerda. Durante varias generaciones su familia ha vivido y muerto en el rancho La Tuna.

El Chapo, como les dicen de cariño a los niños pequeños en esa zona, mide aproximadamente 1.68 metros, una estatura que se halla por debajo del promedio de los hombres de la región. Apenas estudió el tercer grado de primaria, y eso es algo que arrastra con vergüenza. Incluso en algunos documentos ministeriales ha dicho que terminó la preparatoria mientras estuvo preso. De acuerdo con la información solicitada oficialmente a la Secretaría de Educación Pública por medio de la Ley Federal de Transparencia y Acceso a la Información Pública, no existe ningún registro oficial al respecto.

No es raro que Joaquín Guzmán Loera no haya podido terminar la primaria. Todos los años, cientos de niños de esa región tienen que abandonar la escuela porque sus padres los llevan a la colecta de mariguana o a la pizca de amapola. Cuando regresan al colegio repiten el grado escolar hasta que se hartan y se convencen de que sólo hay un futro certero: "O te vuelves narco o te matan".

Joaquín Guzmán Loera comenzó desde cero su itinerario delictivo siguiendo la tradición familiar de sembrar mariguana y amapola en las cañadas y colinas de la Sierra Madre Occidental. En aquel entonces *El Chapo* representaba el eslabón más frágil de una cadena criminal.

Hay quienes afirman que posteriormente Guzmán Loera se enlistó en las filas policiacas, donde conoció a Miguel Ángel Félix Gallardo, un miembro de la Policía Judicial de Sinaloa desde 1963 que trabajaba como escolta del entonces gobernador Leopoldo Sánchez Celis. A mediados de la década de 1970, Miguel Ángel Félix Gallardo ingresó en el mundo del narcotráfico.

El primer registro que se tiene de Joaquín Guzmán Loera en el ámbito criminal es como chofer de Félix Gallardo. En aquella época el propio Félix Gallardo, Pedro Avilés, Manuel Salcido, *El Cochiloco*, Emilio Quintero Payán, Ernesto Fonseca Carrillo y Rafael Caro Quintero eran los jefes de la organización de Guadalajara que luego adquirió el mote de cártel de Sinaloa.

Guzmán Loera fue escalando posiciones porque era "inventivo", siempre estaba pensando en nuevas formas de extender el negocio. No obstante, tenía un gran defecto: era impulsivo, violento, caprichoso, parrandero y le gustaba tomar de más. Igual asistía a las discotecas de moda de la Zona Rosa en la ciudad de México, que a las de Acapulco, Puerto Vallarta y Mazatlán.

Cuando Félix Gallardo fue detenido en abril de 1989, Guzmán Loera se quedó trabajando en mancuerna con su amigo Héctor *El Güero* Palma. Ese mismo año, Amado Carrillo fue detenido, y cuando salió libre en 1990, *El Chapo* y *El Güero* se fueron a trabajar con él. De los tres, Guzmán Loera era sin duda el más débil: tenía 33 años, poca presencia física y apenas era letrado.

Amado Carrillo era originario de Guamuchilito, Sinaloa. Se distinguía como un hombre alto, fornido, carismático, inteligente y ordenado. De cabello negrísimo y barba cerrada, contaba con

34 años de vida y todo un futuro para delinquir. Su padrino era el legendario Ernesto Fonseca, mejor conocido como *Don Neto*. A diferencia de Guzmán Loera, él nunca fue un empleado más en la industria del crimen.

Héctor Palma Salazar tenía apenas 28 años, era alto, blanco, y había terminado la preparatoria. A pesar de ser el más joven, en la organización criminal poseía un mayor rango que *El Chapo*.

Todo el "poder" que Guzmán Loera tenía en esa época se sujetaba a la voluntad de Amado Carrillo Fuentes. Algunos policías judiciales aún recuerdan que Joaquín Guzmán Loera y Héctor Palma Salazar llegaban a las viejas oficinas de la PJF ubicadas en la calle de Jaime Nunó, y entraban en el despacho de Rodolfo León Aragón, el titular de la dependencia, para llevarle noticias de parte de su jefe Amado Carrillo.

Desde 1991, como jefe de la PJF, León Aragón había estado bajo las órdenes de Jorge Carrillo Olea. En 1999 se giró una orden de aprehensión en su contra por su presunta protección a Amado Carrillo Fuentes pero nunca se ejecutó. Posteriormente, en 2007 la investigación se volvió a activar, pero León Aragón permanece intocable.

La protección a *El Chapo* por parte de las autoridades de la PGR duró hasta que Carrillo Fuentes lo quiso. Cuando Joaquín Guzmán Loera llegó a la cárcel de máxima seguridad de Almoloya de Juárez, en el Estado de México (también conocida como penal de La Palma o del Altiplano), le cayó el veinte de que esa protección se había terminado.

Bajo amenaza

Una vez que el Boeing 727 aterrizó en el aeropuerto de Toluca, el general Álvarez Nahara se comunicó directamente con el secretario de la Defensa, Antonio Riviello Bazán, y le dio un resumen de la declaración de *El Chapo* que horas después se formalizó en el oficio número 1387 de la Procuraduría General de Justicia Militar.

De inmediato, el titular de la Sedena comunicó su reporte a la Presidencia de la República, con el tiempo suficiente para que cuando Guzmán Loera pasara por la puerta de ingreso al penal de máxima seguridad tuviera una inesperada bienvenida. *El Chapo* fue amenazado por un alto funcionario del gobierno federal, quien le advirtió que lo matarían si no modificaba la declaración que había hecho durante el vuelo. Guzmán Loera no tenía alternativa: o cooperaba o se moría.

A las ocho de la noche del interminable 9 de junio de 1993, con el pelo recién rapado, vestido de color caqui reglamentario y visiblemente cansado, Joaquín Guzmán Loera rindió su primera declaración ministerial ante Leticia Gutiérrez Sánchez, agente del Ministerio Público Federal. Ésta fue la única versión que contó de ahí en adelante para las instituciones de impartición de justicia de México.

"Mi nombre es Joaquín Guzmán Loera, tengo 36 años y me dicen *El Chapo*", inició el capo su confesión acordada. Hablaba con un muy marcado acento norteño que nunca perdió.

"Soy casado, estudié hasta el tercer año de primaria, soy originario de Culiacán, Sinaloa, soy mexicano y me dedico a la agricultura y el comercio", añadió. "Soy católico y padre de cuatro hijos. Soy hijo de Emilio Guzmán Bustillos y Consuelo Loera Pérez, y tengo ingresos mensuales de casi 20 mil pesos nuevos sin entradas extras."

En aquel momento la esposa de *El Chapo* Guzmán era Alejandrina Salazar Hernández. Sin embargo, como mujeriego empedernido que es, en Guatemala no fue encontrado con ella, sino con su "novia" María del Rocío del Villar Becerra.

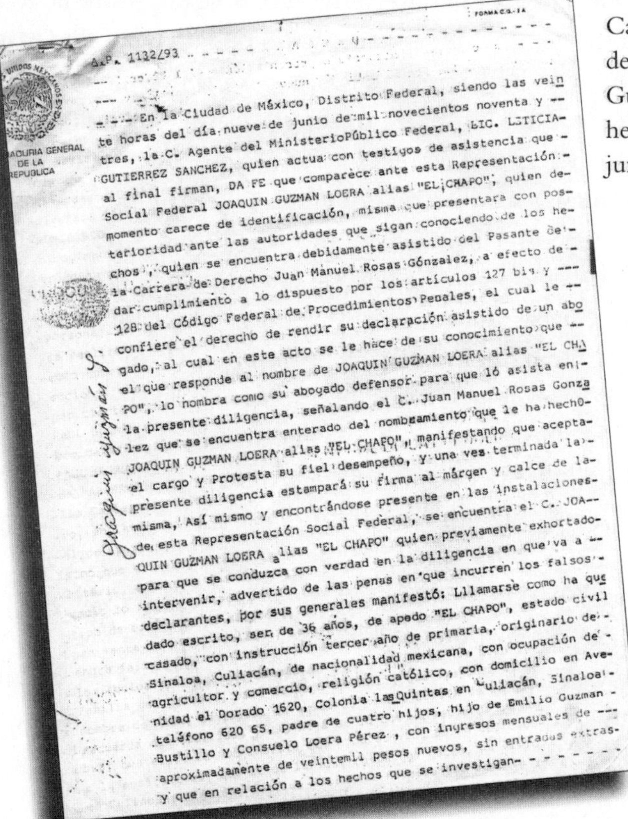
FORMA C.G.-1A

PROCURADURIA GENERAL DE LA REPUBLICA

A.P. 1132/93

---En la Ciudad de México, Distrito Federal, siendo las vein
te horas del día nueve de junio de mil novecientos noventa y --
tres, la C. Agente del Ministerio Público Federal, LIC. LETICIA-
GUTIERREZ SANCHEZ, quien actua con testigos de asistencia que -
al final firman, DA FE que comparece ante esta Representación -
Social Federal JOAQUIN GUZMAN LOERA alias "EL CHAPO", quien de-
momento carece de identificación, misma que presentara con posterioridad ante las autoridades que sigan conociendo de los hechos, quien se encuentra debidamente asistido del Pasante de -
la Carrera de Derecho Juan Manuel Rosas Gónzalez, a efecto de -
dar cumplimiento a lo dispuesto por los artículos 127 bis y ---
128 del Código Federal de Procedimientos Penales, el cual le --
confiere el derecho de rendir su declaración asistido de un abo
gado, al cual en este acto se le hace de su conocimiento que --
el que responde al nombre de JOAQUIN GUZMAN LOERA alias "EL CHA
PO", lo nombra como su abogado defensor para que lo asista en -
la presente diligencia, señalando el C. Juan Manuel Rosas Gonza
lez que se encuentra enterado del nombramiento que le ha hecho-
JOAQUIN GUZMAN LOERA alias "EL CHAPO", manifestando que acepta-
el cargo y Protesta su fiel desempeño, y una vez terminada la -
presente diligencia estampará su firma al márgen y calce de la-
misma, Así mismo y encontrándose presente en las instalaciones-
de esta Representación Social Federal, se encuentra el C. JOA--
QUIN GUZMAN LOERA alias "EL CHAPO" quien previamente exhortado-
para que se conduzca con verdad en la diligencia en que va a --
intervenir, advertido de las penas en que incurren los falsos -
declarantes, por sus generales manifestó: Llamarse como ha que
dado escrito, ser de 36 años, de apodo "EL CHAPO", estado civil
casado, con instrucción tercer año de primaria, originario de -
Sinaloa, Culiacán, de nacionalidad mexicana, con ocupación de -
agricultor y comercio, religión católico, con domicilio en Ave-
nidad el Dorado 1620, Colonia las Quintas en Culiacán, Sinaloa -
teléfono 620 65, padre de cuatro hijos, hijo de Emilio Guzman -
Bustillo y Consuelo Loera Pérez , con ingresos mensuales de ---
aproximadamente de veintemil pesos nuevos, sin entradas extras-
y que en relación a los hechos que se investigan- - - - - - -

Carátula de la declaración de Guzmán Loera hecha el 9 de junio de 1993.

Sus hijos con Alejandrina son: César, Iván (*El Chapito*), Giselle (Claudete) y Alfredo. Entonces tenían catorce, diez, once y siete años respectivamente.

De igual forma quedó asentado que cuando fue detenido, *El Chapo* llevaba consigo un pasaporte a nombre de Jorge Ramos Pérez, que es el nombre que usaba cuando viajaba, pero que el nombre que utilizaba como comerciante y agricultor era el de Raúl Guzmán Ruiz, su socio asesinado en noviembre de 1992, cuando salía de su negocio en una sencilla tienda de abarrotes llamada

Abarrotera La Tapatía. El establecimiento, ubicado sobre la avenida Mariano Otero, una de las principales de la ciudad de Guadalajara, Jalisco, se dedicaba a comercializar todo tipo de productos, dijo el detenido. De todo, excepto droga, ¡claro!

Con todo, *El Chapo* era demasiado ignorante para que su declaración cuadrara y fuera coherente. Guzmán Loera aseguró que uno de sus acompañantes, Antonio Mendoza Cruz, con el que también fue detenido en Guatemala, era su escolta y chofer, y le pagaba 10 mil pesos nuevos mensuales. Las matemáticas no eran su fuerte. Si supuestamente ganaba 20 mil pesos "sin entradas extra", ¿cómo le podía pagar a su empleado la mitad de todo lo que él ganaba? Antonio Mendoza Cruz había sido militar destacado en Tepic, Nayarit, y era uno de sus lugartenientes más fieles.

Joaquín Guzmán continuó con su declaración ante la ministerio público:

"Toda mi vida me he dedicado a la agricultura. Desde que nací he vivido en Culiacán, Sinaloa, y hasta 1984 me fui a vivir a Guadalajara. Ahí viví hasta 1992, hasta que me regresé a vivir a Culiacán porque me quiso matar una familia de apellido Arellano Félix."

Los atentados

Era principios de noviembre de 1992. Pasaban de las tres de la tarde cuando Guzmán Loera paseaba tranquilamente por la ciudad de Guadalajara en un automóvil Cutlass color negro último modelo con placas del Distrito Federal. Circulaba por Periférico e iba a tomar Mariano Otero cuando una camioneta Ram color blanco con cinco sujetos a bordo se impactó contra la parte trasera de su auto.

Tres de los pasajeros de la camioneta bajaron del auto y comenzaron a rafaguear el coche de *El Chapo* a plena luz del día. El ruido de los cuernos de chivo era ensordecedor. Como un gato con siete vidas Guzmán Loera logró sobrevivir al atentado sin un solo rasguño, a pesar de que su Cutlass recibió 12 impactos de bala. El capo logró identificar a los tres hombres que lo atacaron: Ramón Arellano Félix, Lino Portillo —su pistolero— y Armando Portillo.

El Chapo se fue a refugiar y más tarde le llamó a Benjamín Arellano Félix, hermano de Ramón, para reclamarle airadamente la balacera. Benjamín negó que él hubiera sido autor del atentado. Ese día inició una guerra entre los dos que cobraría decenas de vidas.

"Antes de eso los Arellano Félix y yo teníamos una gran amistad", recordó *El Chapo* en su declaración ministerial casi en tono de nostalgia.

Guzmán Loera testificó que los Arellano Félix mataron a Manuel Salcido, *El Cochiloco*, a su socio Armando López, a *El Chapo Caro*, a Onofre Landey y a Jaime Payán.

"Todas mis diferencias con los Arellano Félix y con [Miguel Ángel] Félix Gallardo es porque mataron a Armando López. Era como un hermano para mí." Armando López también participaba con Miguel Ángel Félix Gallardo cuando Guzmán Loera trabajaba para él.

El segundo atentado en su contra ocurrió el 24 de mayo de 1993 en el Aeropuerto Internacional de Guadalajara, dijo el narcotraficante ajustándose al guión oficial de la PGR. Iban con él su primo Héctor Guzmán Leyva y su amigo Pancho Beltrán.

"Todo lo que declaré sobre la balacera en el aeropuerto fue igualito como lo presentaron en televisión cuando lo explicó la PGR", dijo el obediente capo para librarse de las amenazas y no meterse en los líos del detalle. Ahora sí, su declaración ministerial se amoldaba perfectamente con la versión Nintendo hecha por los muchachos de Carrillo Olea.

Guzmán Loera reconoció que conocía sólo de vista a Emilio Quintero Payán —uno de los capos más antiguos de México y cofundador del cártel de Juárez—; sabía de quién se trataba porque era de Culiacán y coincidían en algunas fiestas del pueblo. Alegó también que conoció a Rafael Caro Quintero —una de las cabezas de la organización de Guadalajara— en un restaurante de la Perla Tapatía llamado La Langosta, pero que nunca fue su amigo:

"Yo no sabía a qué se dedicaban Emilio Quintero Payán ni Rafael Caro Quintero, me enteré por las noticias", mintió Guzmán Loera hasta rayar en lo irrisorio.

Respecto a su relación con *El Güero* Palma, *El Chapo* cambió toda la confesión hecha a Álvarez Nahara:

"No conozco a *El Güero* Palma, sé que vive en Culiacán, Sinaloa, pero no sé a qué se dedica", dijo Guzmán Loera. Y por supuesto negó sus actividades de narcotráfico y sus primeras matanzas.

"No tengo ninguna relación con ninguna persona en Colombia y no es verdad que me dedico al tráfico de droga", insistió varias veces.

"No sé qué pasó con la matanza de Iguala en la que murieron nueve personas, se dice que el autor fue *El Güero* Palma, no lo digo yo, lo dijeron los periódicos, y me llamó mucho la atención el hecho porque murieron muchas personas", señaló hipócritamente.

"Tampoco sé qué pasó en la discoteca Christine, me enteré de lo ocurrido a través de las noticias, aunque se comenta que el autor de ese hecho fue *El Güero* Palma. Yo leo todos los días el periódico y así me entero de todo lo que sucede", justificó.

La parte más difícil del interrogatorio estaba por venir.

El Chapo se dobló

Cuando Riviello Bazán informó a la Presidencia de la República el contenido de las revelaciones hechas por Guzmán Loera, un foco de alerta se encendió no sólo en Los Pinos, sino en la PGR y la PJF.

Si *El Chapo* estaba realmente dispuesto a contarlo todo, la inmundicia también salpicaría a los hombres de cuello blanco. Especialmente a unos hermanos que iniciaron su exitosa carrera de negocios en el sexenio de Luis Echeverría, pero que en el sexenio de Carlos Salinas de Gortari estaban viviendo su mejor momento gracias a su cercanía con la familia del presidente.

En una investigación realizada en la PGR, casi por accidente se descubrió el vínculo de esos hermanos empresarios con Amado Carrillo Fuentes, Héctor Palma Salazar y Joaquín Guzmán Loera.

Convencer a *El Chapo* de retractarse de su declaración hecha en el vuelo de Tapachula a Toluca debía servir de una buena vez para lavarles la cara a todos.

—¿Conoce al licenciado Jesús Alcalá Castellón? —le preguntó la ministerio público al narcotraficante.

—No.

—¿Conoce a Federico Ponce Rojas?

—No.

—¿Conoce a Luis Alberto Gómez López?

—No.

—¿Conoce a tres personas que llevan el apellido Larrazolo?

—No los conozco, pero sé que el comandante que está en Sinaloa se llama Juan Larrazolo.

—¿Conoce al comandante Cristian Peralta?

—No.

—¿Conoce a Guillermo Salazar Ramos?

—No.

Después la ministerio público le hizo las preguntas que deslindaban a los hermanos empresarios amigos de la familia Salinas de Gortari.

—¿Es accionista o propietario de las empresas Galce Construcciones, Aeroabastos o Servicios Aéreos Ejecutivos Poblanos, S.A.?

—No.

—¿Conoce a las personas que responden a los nombres de Miguel, Carlos y Laura Segoviano Barbosa [*sic*]?

—No.

Guzmán Loera se dobló. Quedó hecho un guiñapo. Ya no sostuvo prácticamente ninguna de sus acusaciones en contra de los funcionarios de la PGR a quienes denunció por recibir pagos a cambio de protección. Tampoco reconoció su participación en las empresas que tenía de fachada o las que le daban servicios.

Después de horas de declaración, *El Chapo* Guzmán firmó con letra manuscrita las 12 hojas escritas por ambos lados de su confesión en el penal de máxima seguridad de Almoloya de Juárez.

Él ya había cumplido con su parte del trato. Y con ello no sólo había salvado su vida, sino que demostró que era un delincuente en el que sus cómplices podían confiar.

EL PRIMER GOBERNADOR DEL PAN, PROTECTOR DE NARCOS

De toda la declaración realizada en el avión 727 de Tapachula a Toluca, el único elemento sustantivo que Guzmán Loera mantuvo era el que le convenía al gobierno federal, por su carga política, y que implicaba directamente a un connotado panista. En la primera confesión hecha ante el general Guillermo Álvarez Nahara, *El Chapo* Guzmán afirmó que el gobernador de Baja California les brindaba protección a los hermanos Arellano Félix.

El funcionario en cuestión era Ernesto Ruffo Appel, el primer candidato panista en la historia de México en conquistar una gubernatura estatal. Ruffo Appel tenía cuatro años de gobernar Baja California cuando Guzmán Loera declaró ante el Ministerio Público.

A diferencia de sus otras confesiones, *El Chapo* Guzmán no sólo se mantuvo en esta acusación, sino que fue prolífico en los detalles.

"Sé que el hermano del gobernador de Baja California Norte, que al parecer se llama Roberto Ruffo Apel [*sic*], es socio de una constructora propiedad de los hermanos Arellano Félix, y me consta porque así me lo dijo hace año y medio [a mediados de 1991] Benjamín Arellano Félix", afirmó Guzmán Loera refiriéndose a la época en que tenía una muy buena relación con ellos.

"Inclusive estaban construyendo muchas casas en Guadalajara, Jalisco, en un fraccionamiento denominado Puerta de Hierro. Incluso Benjamín me ofreció en venta algunas casas", agregó *El Chapo*.

Guzmán Loera afirmó que el hermano del gobernador también figuraba como socio en unas farmacias que los Arellano Félix tenían en Tijuana.

> Hace año y medio, cuando Benjamín y yo teníamos muy buena amistad, me dijo que él tenía muy buena amistad con el gobernador Ruffo Appel, inclusive Benjamín me ofreció que si quería algunas credenciales de la policía judicial de Baja California las podía conseguir con el procurador, ya que también con él tenía una gran amistad.
>
> Benjamín —continuó Guzmán Loera— me mostró una credencial de la Judicial Estatal en la que aparece con el cargo de comandante, y me mostró un oficio de comisión dirigido al director de la Policía Judicial del estado de Sinaloa. Benjamín me dijo que llevó ese documento para que se lo sellaran y en el oficio sí aparecía el sello de la Policía Judicial Estatal.

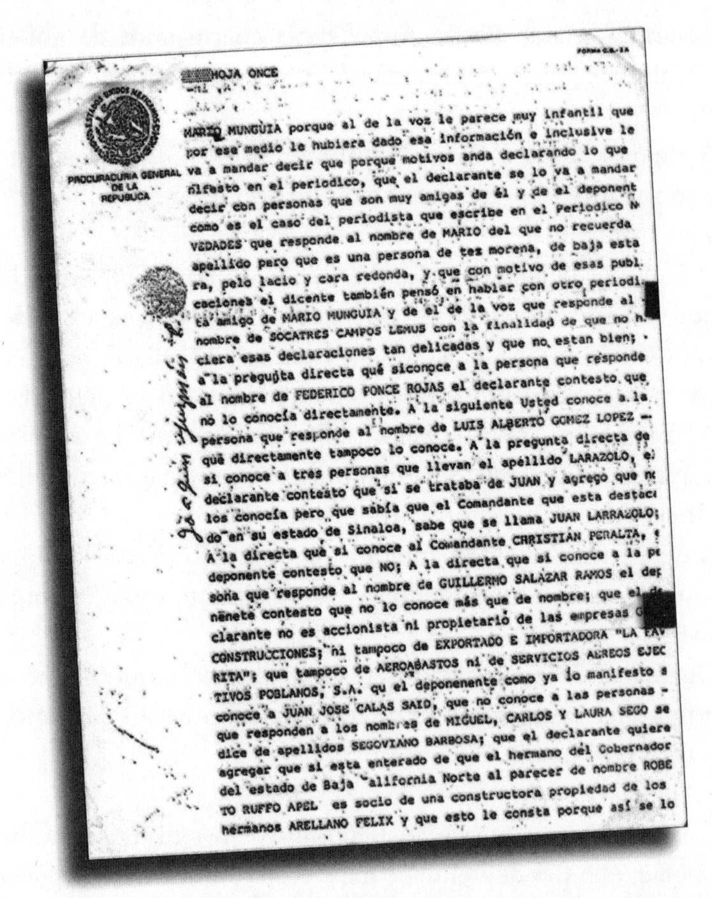
FORMA C.G.-1A

PROCURADURIA GENERAL DE LA REPUBLICA

HOJA ONCE

MARIO MUNGUIA porque al de la voz le parece muy infantil que
por ese medio le hubiera dado esa información e inclusive le
va a mandar decir que porque motivos anda declarando lo que
nlfesto en el periodico, que el declarante se lo va a mandar
decir con personas que son muy amigas de él y de el deponent
como es el caso del periodista que escribe en el Periodico N
VEDADES que responde al nombre de MARIO del que no recuerda
apellido pero que es una persona de tez morena, de baja esta
ra, pelo lacio y cara redonda, y que con motivo de esas publ.
caciones el dicente también pensó en hablar con otro periodi
ta amigo de MARIO MUNGUIA y de el de la voz que responde al
nombre de SOCATRES CAMPOS LEMUS con la finalidad de que no h.
ciera esas declaraciones tan delicadas y que no estan bien;
a la pregujta directa qué siconoce a la persona que responde
al nombre de FEDERICO PONCE ROJAS el declarante contesto que
nò lo conocía directamente. A la siguiente Usted conoce a la
persona que responde al nombre de LUIS ALBERTO GOMEZ LOPEZ —
què directamente tampoco lo conoce. A la pregunta directa de
si conoce a tres personas que llevan el apéllido LARAZOLO, e
declarante contesto que si se trataba de JUAN y agrego que no
los conocía pero que sabía que el Comandante que esta destac
do en su estado de Sinaloa, sabe que se llama JUAN LARRAZOLO;
A la directa què si conoce al Comandante CHRISTIAN PERALTA,
deponente contesto que NO; A la directa que si conoce a la pe
soña que responde al nombre de GUILLERMO SALAZAR RAMOS el dep
nènete contesto que no lo conoce más que de nombre; que el de
clarante no es accionista ni propietarió de las empresas C
CONSTRUCCIONES; ni tampoco de EXPORTADO E IMPORTADORA "LA FAV
RITA"; que tampoco de AEROABASTOS ni de SERVICIOS AEREOS EJEC
TIVOS POBLANOS, S.A. qu el deponenente como ya lo manifesto s
conoce a JUAN JOSE CALAS SAID, que no conoce a las personas -
que responden a los nombres de MIGUEL, CARLOS Y LAURA SEGO se
dice de apellidos SEGOVIANO BARBOSA; que el declarante quiere
agregar que si esta enterado de que el hermano del Gobernador
del estado de Baja California Norte al parecer de nombre ROBE
TO RUFFO APEL es socio de una constructora propiedad de los
hermanos ARELLANO FELIX y que esto le consta porque así se lo

Hoja 11 de la primera declaración de Guzmán Loera, donde se refiere a Roberto Ruffo Apel (*sic*).

En efecto, Ernesto Ruffo Appel sí tenía un hermano, pero no de nombre Roberto, sino Claudio, con quien públicamente no tenía una buena relación. Eran más estrechos sus vínculos con Juan Francisco Franco Ríos, procurador general de Justicia de Baja California. Al paso de los años, Claudio y Juan Francisco darían mucho de qué hablar en materia de narcotráfico.

"Yo no meto las manos al fuego por nadie. Yo creo en la gente que tengo y la sostengo hasta que creo en ella", dijo el gobernador de Baja California en una entrevista con el periódico *Reforma* el 22 de abril de 1994, a menos de un año de la declaración ministerial de Guzmán Loera.

Un día antes de la entrevista, al parecer Ruffo Appel había dejado de creer en su procurador Franco Ríos, y puso en su lugar a Raúl Vidal Rosas.

"[Claudio] tuvo éxito muy rápido y eso no me gustó, y me llamó a duda y tuve discusiones fuertes, pues le dije que lo iba a cuidar muy de cerca porque no quería que me involucrara en problemas", dijo el gobernador.

El contexto de las declaraciones de Ernesto Ruffo Appel eran las acusaciones que flotaban en el ambiente de que su gobierno tenía vínculos con los Arellano Félix. Estaban en su punto más álgido las investigaciones de un caso de colusión entre la Procuraduría General de Justicia de Baja California y el narcotráfico.

En una balacera ocurrida a fines de 1992, entre las pertenencias de uno de los narcotraficantes caídos se encontró una credencial de la Policía Judicial del estado firmada por el propio procurador Franco Ríos. Algunos días después, el coronel Ricardo Manuel Segundo denunció que el director de la Judicial estatal, el mayor Juan José Sánchez, lo había invitado a coludirse con los Arellano Félix.

En 1993, Víctor Clark Alfaro, presidente del Centro Binacional de Derechos Humanos, logró que tres presuntos funcionarios del gobierno de Ruffo Appel dieran su testimonio a la PGR acerca de las acusaciones al gobierno de Baja California de proteger a los hermanos Arellano Félix y de que la Policía Judicial del estado les había dado credenciales de policías para operar con impunidad.

Clark Alfaro se entrevistó con la subprocuradora de la PGR, Carolina Vera. Ella le aseguró que por órdenes del presidente Carlos

Salinas de Gortari y del procurador Jorge Carpizo estaban investigando para comprobar la presunta colusión del gobernador Ernesto Ruffo Appel, el procurador general del estado, Franco Ríos, y Claudio Ruffo Appel con los Arellano Félix.[4] Todo eso indica que la historia narrada por *El Chapo* en su declaración ministerial del 9 de junio de 1993 tenía fundamento.

Ernesto Ruffo Appel nació el 25 de junio de 1952 en Estados Unidos, pero tiene la nacionalidad mexicana. Fue presidente municipal de Ensenada por el PAN de 1986 a 1989. En noviembre de 1989 tomó posesión como el primer gobernador de oposición en la historia moderna de México.

En 1993, ante los rumores del presunto involucramiento de su gobierno con los Arellano Félix, Ruffo Appel revirtió la acusación y tiró la bola a otra cancha. Afirmó que el narcotráfico en su estado creció con los procuradores federales Enrique Álvarez del Castillo e Ignacio Morales Lechuga. "Elementos de la PGR están involucrados en el tráfico de drogas, lo cual provoca desconfianza en la actuación contra ese problema", afirmó en la citada entrevista con el periódico *Reforma* en 1994.

Ruffo Appel concluyó su encargo en 1995 y fundó la empresa Ruffo Consultores, S.C., donde fungió como director general hasta el año 2000. La sombra de los Arellano Félix siguió al ex gobernador de Baja California. A la postre, los hechos corroboraron que funcionarios de su administración sí protegían a los Arellano Félix, como había denunciado *El Chapo* desde 1993.

En 1997 fue aprehendido Juan José Sánchez Gutiérrez, el director de la Policía Judicial de Baja California en los tiempos del procurador Franco Ríos. En 1998, el ex escolta de Ernesto Ruffo

[4] Víctor Clark Alfaro reveló esta información en un reportaje publicado en 2002 por la revista *Proceso*.

Appel, Carlos González Félix, fue detenido por la Policía Judicial Federal junto con Aldo Ismael Higuera Ávila, alias *El Mayelito*, hijo de Ismael Higuera, alias *El Mayel*, uno de los principales lugartenientes de los Arellano Félix. A pesar de que, según las noticias publicadas en diversos medios, ambos iban armados y en posesión de drogas, fueron liberados inmediatamente. González Félix fue ejecutado en octubre de 2003.

En agosto de 1999, en un operativo conjunto entre la DEA y la PGR, se detuvo a 10 funcionarios y ex funcionarios del gobierno de Baja California presuntamente vinculados con los Arellano Félix. Entre los detenidos estaba Sergio Sandoval Ruvalcaba, quien fue jefe de escoltas del procurador Juan Francisco Franco Ríos.

Pese a las dudas que recaían sobre Ernesto Ruffo Appel, al inicio de su gobierno Vicente Fox lo nombró comisionado especial de la Presidencia para la frontera norte; tenía el grado de subsecretario de la Secretaría de Gobernación y despachaba en el edificio de Bancomext en la colonia Zona Río de Tijuana.

Por su parte, el polémico Claudio Ruffo Appel siguió viviendo en el ojo del huracán. En octubre de 2001 fue acusado de dispararles a dos reporteros del periódico *Frontera* de Tijuana. Cuando los corresponsales llegaron al sitio donde se había notificado un tiroteo, Claudio Ruffo los recibió a balazos. El vehículo del periodista Gonzalo González recibió nueve impactos, aun así el hermano del ex gobernador no fue detenido.

"En sus declaraciones, [Claudio] Ruffo Appel negó los hechos, aunque en su casa y en uno de sus vehículos fueron encontrados más de 20 casquillos percutidos", señaló la nota publicada al respecto por el periódico *Reforma*.

En febrero de 2002 el travieso hermano del ex gobernador fue sentenciado a la ridícula condena de 20 meses de prisión o a pagar una multa de cuatro mil pesos. En julio de 2003 Ernesto Ruffo Appel renunció al cargo de comisionado especial de la Presidencia para la frontera norte por motivos de "salud"; ha seguido activo en la vida política del estado pero nunca más ha ocupado un cargo de elección popular o de funcionario público.

En 2007 hizo una campaña a favor de José Guadalupe Osuna Millán, ex alcalde de Tijuana, quien contendía para ser gobernador de Baja California con el priísta Jorge Hank Rhon, el otro polémico alcalde de Tijuana heredero de los modos y métodos de su padre, el profesor Carlos Hank González.

El caso de Ernesto Ruffo Appel no ha sido lo suficientemente aclarado. Públicamente se desconoce si esas investigaciones en contra de él, su hermano y el procurador Franco Ríos tuvieron algún resultado.

Desaparecen la primera confesión de *El Chapo*

"Ese documento sí existe", afirmó Jorge Carrillo Olea en la entrevista que concedió a fines de 2009, refiriéndose al oficio redactado por Álvarez Nahara respecto al interrogatorio hecho a *El Chapo*.

En un principio dijo que no había estado en el interrogatorio y no sabía lo que había dicho Guzmán Loera. Pero al final reconoció que sí tuvo el valioso documento en sus manos. Desde cuándo es algo que no aclaró. "Una copia la tiene Carpizo, yo se la di", dijo Carrillo Olea.

Un día, cuando ya no era procurador general de Justicia, Carpizo buscó en su casa a Carrillo Olea, quien ya se imaginaba el motivo de la visita.

—Oye, Jorge, que dicen que hay un oficio... —le comentó Carpizo al general en la terraza de su residencia.

—Aquí está —le respondió Carrillo Olea y se lo entregó.

"Ahora, ¿por qué no le llegó a él? Ése es el misterio", apuntó Carrillo Olea insinuando alguna oscura razón.

El ex procurador Jorge Carpizo hizo referencia pública al oficio militar hecho por el jefe de la Policía Judicial Militar nueve años después del interrogatorio a *El Chapo*. En 2002, Carpizo escribió un libro titulado *El asesinato de un cardenal*, en coautoría con el periodista Julián Andrade.

"Los militares intentaron hacer contacto con *El Chapo* en la cárcel para confirmar los datos que había proporcionado en el avión que podían significar una hecatombe. El frío de Almoloya y sus grandes muros de concreto le hicieron cambiar de opinión: terminó diciendo que un ex funcionario le leyó la cartilla y que mejor ahí lo dejaba", escribió Carpizo.

En junio de 2002, el periodista Néstor Ojeda, de la revista *Milenio*, publicó el desconocido oficio militar que Álvarez Nahara redactó en el Campo Militar número 1-A sobre el interrogatorio. Este oficio dirigido al general Fromow —entonces procurador general de Justicia Militar— se convirtió en un documento, más que de seguridad nacional, de supervivencia para un Estado penetrado por el narcotráfico. Será por eso que la Sedena y la PGR lo borraron del mapa.

En la actualidad, la primera confesión del narcotraficante simple y sencillamente ya no existe en los expedientes de ninguna de las dos dependencias. ¿A quién le convenía la desaparición del expediente? El 28 de agosto de 2009, por medio de la Ley Federal de Acceso a la Información Pública, se solicitó una copia de dicho oficio a la Sedena. El 21 de octubre de ese mismo año la dependencia respondió que el documento no existe. La PGR también respondió que dicho oficio no fue encontrado en los archivos de la dependencia, ni como parte de la averiguación previa abierta contra Guzmán Loera ni en ninguna otra.[5]

[5] La autora presentó un recurso de inconformidad ante el IFAI por la respuesta de la Sedena. En junio de 2010 el pleno del instituto exigió a la Sedena que volviera a buscar el documento, pero la comisionada, ex asesora en mate-

Cuando la revista *Milenio* publicó en 2002 el documento militar del 9 de junio de 1993, Federico Ponce Rojas —que trabajaba para Banamex— rechazó públicamente las acusaciones en su contra. Su coartada era la segunda confesión de *El Chapo* hecha ese mismo día ante Leticia Gutiérrez Sánchez en el penal de máxima seguridad del Estado de México en la cual, bajo amenaza, Guzmán Loera no repitió lo que dijo en la primera declaración.

"2009 Año de la Reforma Liberal"

SECRETARIA DE LA DEFENSA NACIONAL
DE LA
DEFENSA NACIONAL
OFICIALIA MAYOR

SECRETARIA DE LA DEFENSA NACIONAL.
UNIDAD DE ENLACE
ACCESO A LA INFORMACIÓN.
Oficio No. AI/ 04628

México, D.F. a 21 de octubre de 2009

Estimado Solicitante.
P r e s e n t e.

Nos referimos a su solicitud de acceso a la información con número de folio **0000700129009** en la cual solicita:

"EL 8 DE JULIO DE 2002 LA REVISTA MILENIO PUBLICÓ COPIA DE UN DOCUMENTO. SOLICITO COPIA DE DICHO DOCUMENTO FECHADO EN EL CAMPO MILITAR NO. 1 FECHADO EL 9 DE JUNIO DE 1993DIRIGIDO AL ENTONCES PROCURADOR MILITAR MARIO G. FROMOW, MESA UNICA, SECCIÓN SUBJEFATURA OPTVA, DEPENDENCIA PROCURADURÍA GENERAL JUSTICIA MILITAR, NUMERO DE OFICIO 1387 (SIC).

REQUERIMIENTO DE INFORMACIÓN ADICIONAL.

DE CONFORMIDAD CON EL ARTÍCULO 40 DE LA LEY FEDERAL DE TRANSPARENCIA Y ACCESO A LA INFORMACIÓN PÚBLICA GUBERNAMENTAL Y CON EL FIN DE HACER UNA BÚSQUEDA MÁS EXACTA DE LA INFORMACIÓN QUE SOLICITA, AGRADECERÉ A USTED INDICAR QUE TIPO DE INFORMACIÓN ESTA CONTENIDA EN EL OFICIO QUE REQUIERE, ASÍ COMO CUALQUIER OTRO DATO QUE FACILITE DICHA BÚSQUEDA.

RESPUESTA AL REQUERIMIENTO DE INFORMACIÓN ADICIONAL.

EL OFICIO ES DIRIGIDO A LA PROCURADURÍA GENERAL DE JUSTICIA MILITAR, ESTA FIRMADO POR EL GENERAL ALVAREZ NARA Y COMO ASUNTO SEÑALA QUE ES UN INFORME SOBRE EL INTERROGATORIO A JOAQUÍNZ GUMÁN LOERA (SIC)."

Sobre el particular y con fundamento en los artículos 28 fracciones II y IV, 43 de la Ley Federal de Transparencia y Acceso a la Información Pública Gubernamental y 80 del Reglamento Interior de la Secretaría de la Defensa Nacional, la Procuraduría General de Justicia Militar, tuvo a bien otorgar a su solicitud de información, la siguiente respuesta:

"DE CONFORMIDAD CON EL ARTÍCULO 42 DE LA LEY FEDERAL DE TRANSPARENCIA Y ACCESO A LA INFORMACIÓN PÚBLICA GUBERNAMENTAL, ESTA DEPENDENCIA DEL EJECUTIVO FEDERAL SÓLO TIENE OBLIGACIÓN DE ENTREGAR DOCUMENTOS QUE SE ENCUENTREN EN SUS ARCHIVOS; POR TANTO, NO ES POSIBLE ACCEDER A SU PETICIÓN EN RAZÓN DE QUE REALIZADA UNA BÚSQUEDA EN LOS ARCHIVOS DE LA PROCURADURÍA GENERAL DE JUSTICIA MILITAR, NO FUE LOCALIZADO EL REFERIDO DOCUMENTO, **ANEXANDO PARA EL EFECTO LA RESOLUCIÓN DE INEXISTENCIA QUE EL COMITÉ DE INFORMACIÓN DE ESTA SECRETARÍA EMITIÓ SOBRE EL PARTICULAR.**"

Para el caso específico de esta respuesta, se pone a su disposición el teléfono 5557-8971 de la Unidad de Enlace para cualquier consulta o duda sobre el acceso a la información de esta Secretaría, y el correo electrónico unidadenlace@mail.sedena.gob.mx.

SUFRAGIO EFECTIVO NO REELECCIÓN.
EL SUPLENTE DEL JEFE DE LA OFNA. ATN. CIUDADANA
DE LA OFICIALÍA MAYOR DE LA S.D.N.

COR. INF. D.E.M., ALEJANDRO SILVA HERNÁNDEZ.

Respuesta de la Sedena donde dice que la información solicitada es inexistente.

SUBPROCURADURÍA JURÍDICA Y DE ASUNTOS INTERNACIONALES
DIRECCIÓN GENERAL DE ASUNTOS JURÍDICOS

PROCURADURÍA GENERAL DE LA REPÚBLICA
PGR

OFICIO NO. SJAI/DGAJ/03185/2010.

NOTIFICACIÓN: INEXISTENCIA DE LA INFORMACIÓN SOLICITADA.

"2010, Año del Bicentenario del Inicio del Movimiento de la Independencia Nacional y del Centenario del Inicio de la Revolución Mexicana"

México, D.F., a 25 de Mayo de 2010.

FOLIO.- 0001700048810
P R E S E N T E.

Con fundamento en lo establecido por los artículos 6° de la Constitución Política de los Estados Unidos Mexicanos; 28 fracciones II, IV, 41 y 43 párrafo primero de la Ley Federal de Transparencia y Acceso a la Información Pública Gubernamental y 70 de su Reglamento; 32 fracción XIV del Reglamento de la Ley Orgánica de la Procuraduría General de la República, con relación a la solicitud de acceso en la cual solicitó conocer:

"SOLICITO COPIA DEL OFICIO 1387, CON FECHA 9 DE JUNIO DE 1993, DE LA PROCURADURIA GENERAL DE JUSTICIA MILITAR REFERENTE AL INTERROGATORIO HECHO POR EL GRAL. ALVAREZ NAHARA A JOAQUIN GUZMAN LOERA DURANTE EL VUELO DE CHIAPAS A TOLUCA. ALVAREZ NAHARA ERA JEFE DE LA POLICIA JUDICIAL MILITAR. ES PROBABLE QUE SE ENCUENTRE DENTRO DE LOS DOCUMENTOS DE LA AVERIGUACION PREVIA ABIERTA A GUZMAN LOERA AP 1132/93.." (sic)

Al respecto, le comunico que el presente folio fue derivado para su atención, a la **Subprocuraduría de Investigación Especializada en Delincuencia Organizada,** quien a través de la **Coordinación General Jurídica,** la cual en su oportunidad informó lo siguiente:

"...Que una vez analizada la petición, se solicitó el respectivo informe a la Unidad Especializada en Investigación de Delitos contra la Salud, adscrita a esta Subprocuraduría, misma que informó que al realizar una búsqueda minuciosa en: los expedientes reservados, libros de gobierno, archivos en trámite y concentración, no se encontró antecedente alguno de la misma.

1

Respuesta de la PGR donde dice que la información solicitada es inexistente.

---

ria de seguridad del presidente Calderón, Sigrid Artz, mantuvo sin firmar el resolutivo durante tres meses y medio, retrasando la búsqueda. En octubre de 2010 la autora interpuso una denuncia contra Artz ante el Órgano Interno de Control del IFAI.

"No hay tampoco una aceptación de haber tenido ni una relación conmigo ni de haberme conocido, y mucho menos de haberme dado cantidad alguna de dinero", aclaró atropelladamente Ponce Rojas a raíz de la publicación.

El funcionario bancario también aseguró que tenía una copia certificada de un careo que sostuvo con Guzmán Loera en Almoloya, donde *El Chapo* tampoco lo reconoce: "No me reconoció entre un grupo de cuatro o cinco personas que estábamos ahí, precisamente para hacer dicha confrontación", dijo Ponce Rojas en ese momento.

Posteriormente, Ponce Rojas dijo que había enviado una carta al entonces procurador Jorge Carpizo, donde le pidió ser investigado. Dos meses después, en una inusual investigación *fast track*, la PGR aprobó "el no ejercicio de la acción penal" contra Ponce Rojas.

La impunidad

—¿Qué pasó con esa información [la primera declaración de Guzmán Loera]? ¿Se hizo una investigación al respecto? ¿Es cierta? —se le preguntó a Carrillo Olea en la entrevista sostenida en octubre de 2009.

—No lo sé. Lo de Ponce Rojas… bueno. Todas son acusaciones muy directas y muy gordas. ¿Fueron ciertas o no? ¿Por qué no se investigaron? Quién sabe.

—¿A usted no le correspondía investigarlas?

Carrillo Olea era el responsable del combate al narcotráfico y era jefe del titular de la Policía Judicial Federal, que era la policía ministerial de la PGR responsable de las investigaciones judiciales.

—No. Estaba el subprocurador de Averiguaciones Previas. Ahí había una laguna porque se detiene a *El Chapo* y se le procesa.

A mí no me interesa meterme en esas cosas. En mi personalidad el morbo no existe —explicó Carrillo Olea.

—Pero más que por morbo, era una cuestión de seguridad del país: saber si había policías, funcionarios o ex funcionarios involucrados con el narco...

—Pero no me correspondía a mí hacer nada. Tenía que ser el juez o el ministerio público el que abriera la investigación, que incluyera también a *El Chino* [Rodolfo León Aragón, jefe de la PJF], a fulano, a perengano, incorporarlos a la averiguación. Yo no tenía capacidad para hacer eso. A menos que hiciera una denuncia y que tuviera sustento.

—En todo caso, el ministerio público hubiera tenido que instruir a la Policía Judicial que investigara sobre este asunto. ¿La Policía Judicial nunca recibió una orden para investigar a León Aragón, a Ponce Rojas o al hermano de Ruffo Appel?

—No —respondió contundente Carrillo Olea.

—¿Y a pesar de tener el oficio no giró ninguna instrucción?

—No.

—¿Qué papel desempeñaba en aquel entonces Joaquín Guzmán Loera en la estructura del narcotráfico? ¿Era muy importante? ¿Mediano? ¿Grande?

—No había cabezas relevantes. Había nombres. Por ejemplo, García Ábrego. Era más por viejos, por don Corleone, por la fama, por el nombre, que por su belicosidad —contestó Carrillo Olea con la claridad que da el paso del tiempo y ver las cosas en perspectiva.

—Le preguntaba si era un narcotraficante relevante...

—Yo creo que eso se pierde en la oscuridad de los tiempos. Lo que tú me estás preguntando es la historia de *El Chapo*. Hacia atrás, de dónde sale... Creo que no hay quien lo sepa —dijo evasivo.

Con el tiempo, los hechos le dieron la razón al testimonio de Guzmán Loera a bordo del Boeing 727. Quizás por eso el oficio militar fue sustraído de la Sedena y la PGR.

El 12 de enero de 1994 José Luis Larrazolo fue ejecutado en el Pedregal, en la ciudad de México. Su hermano, Rodolfo Larrazolo, fue ejecutado el 3 de abril de 1998 en Tamaulipas. Los dos por sus vínculos con el narcotráfico.

En octubre de 2000 el comandante Guillermo Salazar Ramos —ex director operativo de la PJF— fue detenido por sus presuntas conexiones con la organización de los Arellano Félix y Amado Carrillo Fuentes. La clave de su detención fue la revelación de un testigo que lo vinculó con organizaciones de narcotráfico en 1992. Ese mismo declarante también acusó a Javier Coello Trejo, el ex subprocurador general de la República, de estar involucrado con esa actividad.

Algunos años antes, el narcotraficante colombiano Juan Carlos Abadía presuntamente reveló que el cártel de Cali entregaba millonarias sumas a Guillermo Salazar por permitir que cargamentos de cocaína circularan en el país de 1987 a 1991. Esos tiempos coinciden con la época de mayor actividad de Guzmán Loera antes de ser detenido. *El Chapo* también trabajaba con esa organización delictiva, como él mismo confesó a Álvarez Nahara.

En 2003 la PGR presumió que Salazar Ramos fue condenado a una sentencia de 10 años respecto a sus supuestos vínculos con los Arellano Félix. Ya nada se dijo de Amado Carrillo Fuentes. En 2006 el Segundo Tribunal Unitario del Segundo Circuito determinó revocar la sentencia condenatoria y liberó al comandante.

Catorce años después el nombre del general Guillermo Álvarez Nahara seguiría vinculado al de *El Chapo* Guzmán.

Chivo expiatorio

Un elemento de la PJF que estaba activo en esa corporación con un importante cargo afirmó para esta investigación que al cardenal Juan Jesús Posadas Ocampo lo mandó matar el gobierno federal, y quien presuntamente coordinó el operativo del asesinato fue el entonces jefe de la PJF Rodolfo León Aragón.

La versión no es nueva; es la misma que la del cardenal Juan Sandoval Íñiguez, arzobispo de Guadalajara, quien afirma que el homicidio de Posadas Ocampo fue un crimen de Estado, es decir, un crimen fraguado desde el gobierno federal.

—Los Arellano Félix jamás habrían matado al cardenal, ni por accidente. Lo conocían bien de cuando él estuvo adscrito a Tijuana, incluso le bautizó una hija a Ramón Arellano Félix —comenta el informante que prefiere mantenerse en el anonimato—. La madre de los Arellano Félix [Alicia Félix Zazueta] era una ferviente devota de Posadas Ocampo.

—¿Por qué querría el gobierno federal matar al cardenal?, se han dicho muchas teorías…

—Tenía mucha información del narcotráfico a través de los Arellano Félix, sabía demasiado —responde el ex funcionario de la PJF en una entrevista realizada para esta investigación.

Varios años después del asesinato de Posadas Ocampo, un ex secretario de la Defensa Nacional reveló a algunos de sus allegados los detalles de la reunión en la que presuntamente se orquestó el operativo en el que murió el cardenal. En el encuentro se supone que estuvieron presentes José María Córdoba Montoya, Manlio Fabio Beltrones, Jorge Carrillo Olea y Emilio Gamboa Patrón.

El 10 de junio de 1993 el gobierno de Carlos Salinas de Gortari presentó con bombo y platillo al capo de capos creado de la noche a la mañana: Joaquín *El Chapo* Guzmán.

Decenas de fotógrafos se dieron cita en el penal de máxima seguridad en el Estado de México para su presentación en sociedad. Ante ellos posó *El Chapo* Guzmán con su uniforme color caqui, el pelo cortísimo y una gruesa chamarra de nylon. En su rostro tenía plasmada una sonrisa. ¿De qué o de quién se reía el novel capo a quien le esperaban muchos años en prisión?

CAPÍTULO 3

Pacto perverso

Tal como lo habían acordado, la mañana del 8 de febrero de 1985 Ernesto Fonseca Carrillo llegó al domicilio de su compadre Rafael Caro Quintero. La casa estaba ubicada en la avenida Mariano Otero de Guadalajara, Jalisco, donde su organización criminal tenía un centro de operaciones llamado "El Campamento".

—Oiga, compadre, vamos a platicar con el señor Camarena —le dijo *Don Neto* a Caro Quintero.

Los dos capos de la organización del Pacífico, que entonces era conocida como cártel de Guadalajara, acordaron reunirse para interrogar al agente de la DEA Enrique Camarena, a quien habían secuestrado el día anterior cuando salía de las oficinas del consulado estadounidense en Guadalajara.

—¿Ya para qué? No tiene caso, no puede contestar —respondió Caro Quintero con indolencia.

A sus 29 años, parecía no haber pasado nunca de los 15. Además de ser ambicioso, soñador y bravucón, Rafael tenía una audacia que se parecía mucho a la estupidez. Con el cabello ondulado, la sonrisa blanca y la barba de candado, se sentía todo un galán; quizás por eso se ganó el mote de *El Príncipe*. Los regalos y la música de mariachi le habían permitido conquistar los favores de la joven Sara Cosío Martínez, integrante de una de las familias de más arraigo político en el estado de Jalisco.

—¿Qué pasó? ¿Por qué no puede contestar? ¿Lo soltaste? —le

reclamó molesto *Don Neto* al joven narco que había conocido en Badiraguato, Sinaloa, cuando apenas tenía 15 años.

Don Neto quería mucho a ese muchacho, tanto que cuando tuvo que elegir entre él y su sobrino Amado Carrillo Fuentes, prefirió quedarse con Rafael y mandó a Amado a trabajar con Pablo Acosta a Chihuahua.

—Es que lo golpearon y se está muriendo —respondió *El Príncipe*.

—¡Chingada madre! ¡Eres un cochino! ¡Mata amarrados! —gritó *Don Neto*, cuya ira se transformó en llanto en tan sólo unos minutos.

Eran lágrimas de narco. *Don Neto* nunca lloraba, pero ese día no pudo contener el coraje y la desesperación. Sabía que con el aliento de vida de Camarena se iría el suyo propio para siempre. Mentó madres y padres. En aquellos tiempos todo el mundo sabía que a los policías se les asustaba o sobornaba, pero nunca se les mataba. Menos si era gringo.

—¡Yo no fui! Me brincó la gente de Miguel Ángel —fue la excusa de Rafael, refiriéndose a Félix Gallardo, quien era el narco más poderoso de los tres.

Miguel Ángel Félix Gallardo, *El Jefe de Jefes*, no había sido parte del plan para secuestrar a Camarena, pero se había enterado de la maniobra porque él administraba la casa de Mariano Otero. Este inmueble, ubicado frente a un jardín de niños, lo usaban además como prostíbulo; la encargada era una mujer conocida como *Paty*, quien trabajaba para Félix Gallardo. Habitualmente la casa tenía mucha actividad, pero fue desocupada para que Caro Quintero realizara el secuestro de Camarena.

—¿No ves el problema que causaste? ¿El problema con el gobierno, el problema internacional?

Fonseca Carrillo estaba tan molesto que antes de agarrar a golpes a su pupilo prefirió calmarse y salió un momento al patio de

"El Campamento". No podía creer lo que estaba sucediendo, sobre todo porque enfáticamente le había encargado a Caro Quintero que no le hicieran daño a Camarena.

—¡Usted la parió, usted la cría! —dijo Fonseca enardecido y mirando a la cara de Rafael—. Yo no tengo en esto ninguna responsabilidad.

—¡No la friegue, compadre, en esto estamos juntos! —reclamó Caro Quintero.

La discusión fue subiendo de tono hasta que *Don Neto* y *El Príncipe* desenfundaron las armas. Caro Quintero estaba en su casa custodiado por 20 escoltas, mientras que a *Don Neto* sólo lo acompañaban su lugarteniente Samuel Ramírez Razo y el licenciado Javier Barba. No había que ser muy listo para saber quién iba a perder, así que *Don Neto* abandonó la casa y se perdió en las calles de la perla tapatía en su Mustang azul deseando que la tierra se lo tragara.[1]

El secuestro de Camarena

Después de una larga borrachera en la que festejó el cumpleaños de Gabriel González —comandante de Homicidios de la Policía Judicial de Jalisco—, *Don Neto* se reunió con el impredecible Rafael Caro Quintero en "El Campamento" para discutir un tema que les quitaba el sueño a los dos: Enrique Camarena. Ambos convinieron darle un susto al funcionario de la DEA, tal como lo habían hecho con otros agentes que salieron huyendo del estado

[1] Esta parte de la investigación es una reconstrucción de los hechos relacionados con el secuestro y asesinato de Enrique Camarena, con base en las declaraciones ministeriales de Ernesto Fonseca Carrillo y Rafael Caro Quintero obtenidas por la autora.

de Jalisco. En la junta que sostuvieron el 5 de febrero de 1985 no había estado presente Miguel Ángel Félix Gallardo, y al parecer ellos nunca lo pusieron al tanto de la operación.

Guadalajara era el paraíso de los narcos, en esa ciudad había espacio y protección para todos: Ernesto Fonseca, Rafael Caro Quintero, Miguel Ángel Félix Gallardo, Manuel Salcido Uzueta, *El Cochiloco*, los hermanos Arellano Félix, Héctor *El Güero* Palma, Amado Carrillo Fuentes, Joaquín Guzmán Loera y todos los integrantes de la organización del Pacífico.

El bolsillo de Fonseca Carrillo era lo suficientemente grande: ahí cabían el comandante de Homicidios Gabriel González González, el comandante de Retenes Benjamín Locheo, y la decena de agentes de la Policía Judicial estatal que le habían asignado al narcotraficante como parte de su escolta personal. El propio gobernador Enrique Álvarez del Castillo era un aliado más de la organización criminal, en tanto que la administración de Miguel de la Madrid se mostraba tolerante con el negocio del narco. Todo iba bien hasta que *El Kiki* Camarena comenzó a reventar sus sembradíos y ranchos.

A *Don Neto* le preocupaba no sólo que recientemente hubieran destruido uno de sus sembradíos en Jalisco, sino que se dijera que él era el "cerebro de los grupos organizados del narcotráfico". Por su lado, Caro Quintero estaba furioso. En noviembre de 1984 habían echado abajo su rancho El Búfalo y otros dos cuarteles aledaños en Chihuahua. Aquellos sitios eran una auténtica fábrica de mota con una nómina de 10 mil campesinos de la región e incluso de otros estados de la República. El decomiso, orquestado por la PJF en coordinación con la DEA, se evaluó en la estratosférica cantidad de ocho mil millones de dólares.

Ernesto Fonseca y Caro Quintero llegaron a un punto de acuerdo: necesitaban saber quién era la fuente de información que Camarena había usado para atacarlos. Cuando planeaban el secuestro del agente estadounidense, *El Príncipe* mandó llamar a

José Luis Gallardo, uno de sus hombres más cercanos. Gallardo era un joven alto, de pelo rubio y lacio a quien apodaban *El Güero*; se decía que era sobrino de Miguel Ángel Félix Gallardo.

—Tengo un amigo en el consulado que nos ayuda a visar los pasaportes, y él me puede decir quién es Camarena —le sugirió *El Güero* a Caro Quintero cuando éste le pidió participar en la misión.

El Güero siempre iba acompañado por un hombre conocido como *El Chelín*. A pesar de que este último tenía el cabello rizado, debido a su parecido físico se especulaba que eran hermanos.

El 7 de febrero de 1983, *Don Neto* y Rafael se reunieron al mediodía en "El Campamento" para ultimar los detalles del plagio del agente de la DEA, el cual se realizaría a las dos de la tarde, precisamente cuando el consulado estadounidense cerraba sus puertas. Pero antes, *El Güero* tenía que identificarlo. El escolta de Caro Quintero y supuesto sobrino de Félix Gallardo fue y regresó rápidamente. Las oficinas consulares estaban muy cerca de "El Campamento".

"Ya está", le dijo *El Güero* a Rafael. Así de fácil: varios empleados del gobierno de Estados Unidos adscritos al consulado de la ciudad de Guadalajara revelaron la identidad del agente de la DEA Enrique Camarena Salazar, y pusieron su cabeza en charola de plata. Pese a todo, nunca se ha aclarado cómo es que *El Güero* tenía contactos con el personal de las visas y por qué le confiaron quién era Camarena.

De inmediato, dos personas al servicio de *Don Neto*, guiadas por *El Güero*, salieron a cazar a Camarena. Para matar el tiempo, Fonseca Carrillo invitó a Rafael a su restaurante El Isao, que había establecido en sociedad con su gran amigo Manuel Salcido Uzueta, otro de los hombres fuertes de la organización del Pacífico. Aunque Salcido tenía su imperio principalmente en Mazatlán, Sinaloa, también viajaba con frecuencia al estado de Jalisco.

Caro Quintero no aceptó la invitación, así que Fonseca Carrillo se fue a comer con dos de sus pistoleros. *Don Neto* regresó más tarde a "El Campamento", donde se topó con un gran número de gatilleros de Félix Gallardo y escoltas de Caro Quintero. En una de las recámaras se encontraba secuestrado Enrique Camarena. Lo tenían tumbado en una cama con las manos amarradas y los ojos vendados. Como un mal presagio, Fonseca Carrillo comenzó a sentirse enfermo, le dio un terrible frío por todo el cuerpo y después lo invadió una fiebre intensa, así que fue a recostarse a una habitación contigua. Mientras reposaba, escuchó la voz de Félix Gallardo, quien al parecer tenía sus propias preocupaciones respecto a las investigaciones de la DEA. Acto continuo, Ernesto Fonseca le pidió a Samuel Ramírez Razo que le hiciera algunas preguntas al agente: "Pregúntale por qué me han estado tirando tanto, ¿cuál es la causa?", instruyó *Don Neto*. Samuel se dirigió a la recámara donde estaba el agente rodeado por el licenciado Javier Barba, René López y Gerardo Lepe, estos dos últimos sujetos trabajaban para Félix Gallardo. Hasta ese momento, Enrique Camarena se hallaba en buen estado físico y era consciente de la situación.

"Dice que toda su investigación está centrada en Félix Gallardo porque le acaban de incautar un importante cargamento de cocaína en Nuevo México y Texas. Dice que el segundo lugar de importancia en sus investigaciones lo ocupa Rafael, y en tercer lugar está usted, compadre", le informó Samuel Ramírez a Fonseca Carrillo. Al lado de *Don Neto* ya estaban Caro Quintero y un hombre delgado de casi dos metros de altura, piel blanca, pómulos prominentes y cabello oscuro peinado de raya: Miguel Ángel Félix Gallardo en persona, *El Jefe de Jefes*. La noticia tranquilizó a *Don Neto* pero inquietó a Félix Gallardo, quien presto salió de la habitación para interrogar personalmente a Camarena.

—Yo estoy enfermo, me voy a ir a La Pasadita a curarme —le dijo *Don Neto* a Rafael levantándose de la cama—. Te lo encargo, que no le pase nada, ponle a dos gentes serias para que lo cuiden bien y no le falte nada.

—Está bien —asintió *El Príncipe*.

Don Neto salió de la casa de Caro Quintero junto con su compadre Samuel y se fue a descansar. A la mañana siguiente regresó para hablar con Camarena. Sin duda, aquél sería uno de los peores días de toda su vida. La decisión de los dos integrantes de la organización del Pacífico de secuestrar al agente de la DEA marcó para siempre la historia del narcotráfico en México.

La confesión de *Don Neto*

"Nunca lloro, y lloré del coraje echando madres y padres para todos lados diciéndole que era un cochino mata amarrados", declaró Ernesto Fonseca Carrillo la tarde del 9 de abril de 1985. *Don Neto* se encontraba en el séptimo piso del edificio ubicado en el número 9 del eje Lázaro Cárdenas, en las decadentes oficinas del implacable Florentino Ventura, primer comandante de la PJF y jefe de la Interpol en México.

Con Ventura no se jugaba, y el narcotraficante no quería experimentar en su carne los métodos que el agente empleaba para obtener una confesión. Así que su primera declaración ministerial fue muy fluida y llena de detalles. Con 55 años de edad y 13 de ser narcotraficante, vulnerable y acabado, *Don Neto* confesó que él y Caro Quintero habían tomado la decisión de secuestrar a Camarena; asimismo relató los pormenores del día en que *El Príncipe* le informó que el agente de la DEA estaba al borde de la muerte.

Tras la muerte de Camarena y su pelea con Rafael, *Don Neto* se quedó dos días encerrado en su casa, en parte debido al coraje que hizo, pero también porque era necesario tomar precauciones:

la prensa y el radio lo martillaban con la noticia del secuestro de Camarena. Fastidiado por la tensión, *Don Neto* se refugió en unas elegantes villas en Puerto Vallarta, en una casa que le habría prestado *Paty*, la misma encargada de la casa de Guadalajara, una costosa prostituta a la que frecuentemente le pagaba por sus favores. Algunos días después, el 7 de abril de 1985, *Don Neto* fue detenido en el conjunto habitacional Bugambilias del puerto jalisciense, junto con Samuel Ramírez Razo y otros 19 pistoleros.

Desde luego, Ernesto Fonseca, Rafael Caro Quintero y Miguel Ángel Félix Gallardo no andaban a salto de mata, como tampoco lo hace actualmente la mayoría de los narcotraficantes de este país, a menos que el gobierno emprenda por consigna una cacería específica. De manera que aquellos capos hacían gala de su impunidad: asistían a fiestas sociales; organizaban tremendas bacanales con el mejor mariachi para celebrar el cumpleaños de algún jefe policiaco; compraban lotes de autos lujosos en la Ford para después entregárselos a altos funcionarios del gobierno de Jalisco y de las policías locales y federales.

Rafael Caro Quintero se sentía tan impune que en la ciudad de Guadalajara se daba el lujo de balear coches ajenos sin que existiera alguna consecuencia; aquello irritaba mucho a *Don Neto*, quien lo reprendió en más de una ocasión: "Oye, compadre, no seas tan regón [*sic*], no andes haciendo cosas tan malas, vas a calentar la ciudad". Por supuesto, Rafael simplemente ignoraba los consejos.

De acuerdo con la explicación que *Don Neto* le dio a Florentino Ventura, su detención en Puerto Vallarta se debió a una estupidez: ese día, uno de sus pistoleros, Ramiro, había salido a divertirse y se emborrachó con un grupo de gatilleros conocido como *Los Gallos*, que estaban al servicio de Miguel Ángel Félix Gallardo. Ya envalentonados por el alcohol, golpearon a alguien que inmediatamente llamó a la policía municipal. Los agentes que llegaron al lugar siguieron a Ramiro y descubrieron la casa donde se refugiaba *Don Neto*. Se armó una balacera y todos fueron detenidos.

Con vehemencia, *Don Neto* argumentaba ante Ventura que él era inocente del homicidio: esos días había padecido una enfermedad, resultaba imposible que hubiera estado presente cuando torturaron a Camarena. El 8 de febrero iba a platicar con el policía estadounidense pero no lo hizo porque ya estaba muy maltratado. El 11 de abril, esta vez ante Miguel Rodríguez Lorrabaquio, el primer comandante de la PJF, *Don Neto* amplió su declaración y señaló que quienes se habían quedado interrogando y cuidando a Camarena fueron Miguel Ángel Félix Gallardo y su gente.

El día que *Don Neto* y *El Príncipe* secuestraron a Enrique Camarena, la esposa de éste reportó su ausencia a la oficina de la DEA en Guadalajara, que inmediatamente emprendió las labores necesarias para localizarlo. Heath le informó de la desaparición al entonces embajador de Estados Unidos en México, John Gavin, quien pidió la ayuda del procurador general de la República, Sergio García Ramírez, para que buscaran a su agente. Al final, la DEA, y no el gobierno mexicano, fue la que se encargó de descubrir que los plagiarios de Camarena eran miembros del entonces llamado cártel de Guadalajara.[2]

En la actualidad, Fonseca Carrillo se muere en vida en el penal de máxima seguridad de La Palma, en el Estado de México, acusado del homicidio de Camarena y de delitos contra la salud.

A la postre, Caro Quintero y Miguel Ángel Félix Gallardo también fueron detenidos como responsables de la muerte de *El Kiki* Camarena. Sin embargo, la DEA continuó la investigación durante casi cinco años más. En la oficina de Los Ángeles, California, se nombró como responsable de seguir las averiguaciones al

[2] Información tomada de http://www.justice.gov/dea/pubs/history/1985-1990.html.

perseverante agente especial Héctor Berrellez, hijo de un inmigrante mexicano. ¿Qué buscaban? ¿Qué otro culpable querían si supuestamente los responsables intelectuales y materiales del homicidio ya estaban tras las rejas? Así fue como inició la llamada Operación Leyenda. La investigación de la muerte de Camarena suscitó uno de los episodios más perversos de la relación México-Estados Unidos en el ámbito del narcotráfico.

La DEA contra la CIA en el caso Camarena

"La historia no tiene sentido. Nosotros no hemos entrenado a guerrillas guatemaltecas en un rancho ni en ninguna otra parte", declaró el miércoles 4 de julio de 1990 el veterano portavoz de la CIA, Mark Mansfield. "La CIA no está involucrada en actividades de narcotráfico", afirmó categórico a un periodista de *Los Angeles Times*.[3]

En aquel tiempo acababan de salir a la luz extractos de un documento clasificado de la DEA a propósito del juicio que se estaba llevando contra tres responsables en el homicidio de Camarena: Rubén Zuno Arce, empresario y cuñado del ex presidente Luis Echeverría; el empresario y narcotraficante hondureño Juan Ramón Matta Ballesteros, socio del cártel de Medellín y de Miguel Ángel Félix Gallardo, y un escolta de Fonseca Carrillo de nombre Juan José Bernabé Ramírez. En total, la corte de distrito de Los Ángeles tenía acusaciones contra 22 personas por el asesinato del agente de la DEA.

El impasible Mansfield estaba habituado a las historias de infiltrados y conspiraciones, sobre todo a las que venían del fuego

[3] Henry Weinstein, "Witness Who Tied CIA to Traffickers Must Testify Anew", *Los Angeles Times*, 6 de julio de 1990.

amigo de la agencia antinarcóticos. En esos años apenas comenzaba la administración del presidente George H.W. Bush, y los republicanos pensaban que el terremoto del famoso asunto Irán-*contra* ya había causado todos los estragos posibles. Se equivocaron, el gobierno de Estados Unidos sería sacudido por un nuevo escándalo al interior de sus agencias de inteligencia con repercusiones incalculables. México y la organización del Pacífico —el actual cártel de Sinaloa—, a la que pertenecía Joaquín *El Chapo* Guzmán, estaban en el epicentro. Simultáneamente, varios funcionarios del gobierno del presidente Carlos Salinas de Gortari habían sido exhibidos como parte de la colusión con el narcotráfico. El "reporte de investigación" clasificado como "secreto", redactado el 13 de febrero de 1990 por los agentes especiales de la DEA Wayne Schmidt y Héctor Berrellez, adscritos a la oficina de Los Ángeles, California, era tan increíble que no parecía auténtico. Renglón tras renglón, el informe de siete cuartillas se asemejaba más al argumento de una obra de John le Carré que a un escenario real; de hecho hubiera podido convertirse en una novela de no ser porque la realidad mexicana y la estadounidense suelen superar cualquier ficción, más aún si los intereses se entrelazan.

El texto de los agentes de la DEA tiene todos los ingredientes de las fórmulas explosivas de un *thriller* político-policiaco: un periodista asesinado, el cuñado de un ex presidente que se desempeña como narcotraficante, policías y políticos corruptos, barones de la droga, guerrillas y la CIA como cereza del coctel.

En el documento de la agencia antinarcóticos se relatan los hechos ocurridos en México a principios de la década de 1980 y corren en paralelo a la época en que el presidente Ronald Reagan y el vicepresidente George H. W. Bush pusieron en marcha el plan Irán-*contra*. Durante casi una década (1981-1989), la CIA apoyó el movimiento armado de la *contra* nicaragüense para derrocar al gobierno establecido por el Frente Sandinista de Liberación

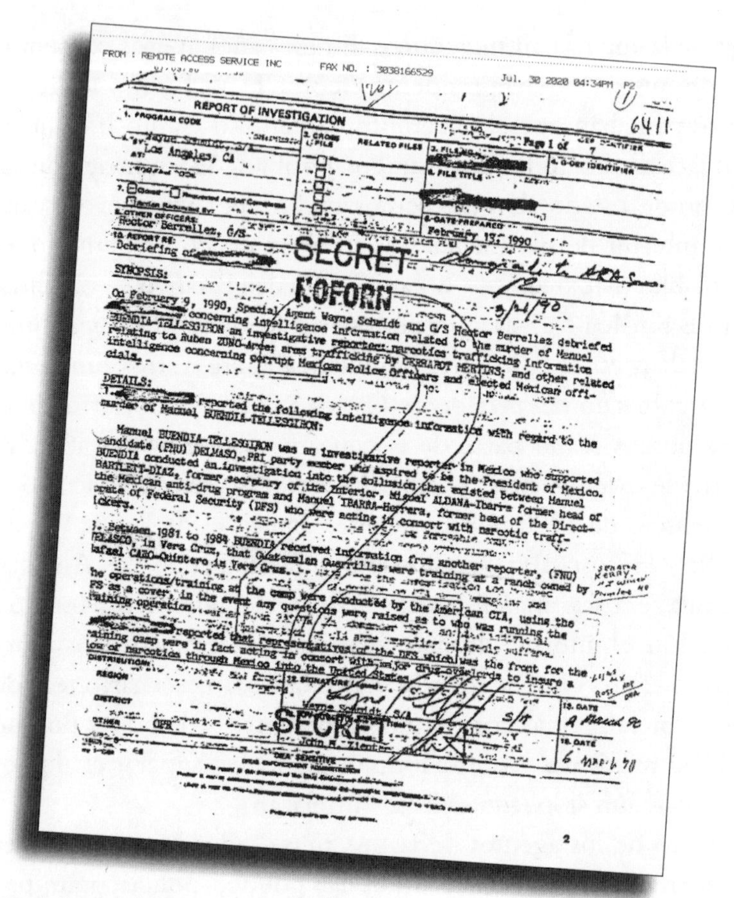

FROM : REMOTE ACCESS SERVICE INC FAX NO. : 3038166529 Jul. 30 2020 04:34PM P2

REPORT OF INVESTIGATION

1. PROGRAM CODE

BY: Wayne Schmidt, S/A
AT: Los Angeles, CA

Page 1 of 7

8. OTHER OFFICERS: Hector Berrellez, G/S

6. DATE PREPARED February 13, 1990

10. REPORT RE: Debriefing of [illegible]

SECRET

NOFORN

SYNOPSIS:

On February 9, 1990, Special Agent Wayne Schmidt and G/S Hector Berrellez debriefed [illegible] concerning intelligence information related to the murder of Manuel BUENDIA-TELLESGIRON an investigative reporter; narcotics trafficking information relating to Ruben ZUNO-Arce; arms trafficking by GERHARDT MERTINS; and other related intelligence concerning corrupt Mexican Police Officers and elected Mexican officials.

DETAILS:

1. [illegible] reported the following intelligence information with regard to the murder of Manuel BUENDIA-TELLESGIRON:

Manuel BUENDIA-TELLESGIRON was an investigative reporter in Mexico who supported the candidate (FNU) DELMASO, PRI party member who aspired to be the President of Mexico. BUENDIA conducted an investigation into the collusion that existed between Manuel BARTLETT-DIAZ, former secretary of the Interior, Miguel ALDANA-Ibarra former head of the Mexican anti-drug program and Manuel IBARRA-Herrera, former head of the Directorate of Federal Security (DFS) who were acting in consort with narcotic traffickers.

3. Between 1981 to 1984 BUENDIA received information from another reporter, (FNU) VELASCO, in Vera Cruz, that Guatemalan Guerrillas were training at a ranch owned by Rafael CARO-Quintero in Vera Cruz. [illegible] the operations/training at the camp were conducted by the American CIA, using the DFS as a cover, in the event any questions were raised as to who was running the training operation.

[illegible] reported that representatives of the DFS which was the front for the training camp were in fact acting in consort with major drug-overlords to insure a flow of narcotics through Mexico into the United States.

DISTRIBUTION:
REGION
DISTRICT
OTHER OPR

12. SIGNATURE Wayne Schmidt, S/A

SECRET

John M. Zienter

13. DATE

DEA SENSITIVE
DRUG ENFORCEMENT ADMINISTRATION

2

Carátula del documento desclasificado.

Nacional (FSLN). La agencia de inteligencia ejecutó su designio por medio de financiamientos y supuestas misiones humanitarias. Eran los años de la Guerra Fría: Estados Unidos consideraba que el FSLN era un gran peligro para la región debido a sus tendencias marxistas-leninistas, y que en Centroamérica estaba a punto de gestarse una nueva Cuba.

En diciembre de 1982, el Congreso estadounidense aprobó una enmienda constitucional promovida por el legislador demócrata Edward Patrick Boland, en la que se prohibía que para 1983 la CIA siguiera gastando más dinero para apoyar el derrocamiento del gobierno de Nicaragua. Sin embargo, en 1984 el gobierno de Ronald Reagan obtuvo una partida presupuestal de 24 millones de dólares para apoyar a la *contra* nicaragüense. Aun así, la cantidad de recursos resultó menor a la que esperaban. A principios de ese mismo año, el consejero de seguridad nacional Robert McFarlane sugirió animar a otros países para que contribuyeran con el movimiento y de esa forma conseguir más fondos para la *contra*. El responsable de esa operación fue el teniente Oliver L. North.

Ante la insistencia de la administración de Reagan en seguir financiando a la *contra*, en 1985 el Congreso estadounidense creó restricciones más enérgicas para impedir que la CIA, la Defensa o cualquier otra agencia de Estados Unidos brindara apoyo directo o indirecto, por medio de operaciones militares o paramilitares, a cualquier grupo o nación. La prohibición obligó a la CIA a retirar gran parte de su personal en Centroamérica: "La salida creó un vacío que North debía llenar".[4]

Cuando en 1986 estalló el escándalo Irán-*contra*, el equipo de Reagan reconoció que "algunos de los recursos obtenidos por la venta de armas de Estados Unidos a Irán fueron destinados a los *contras*". Para muchos analistas, éste es el caso más grave de corrupción en la historia de Estados Unidos, donde las principales agencias como la CIA y la DEA se vieron involucradas. Varios funcionarios de la CIA no sólo violaron la prohibición que había hecho el Congreso, sino que se coludieron con narcotraficantes de América Latina para obtener recursos destinados a la *contra* nicaragüense. Los principales países involucrados en esas operaciones

[4] Información obtenida del "Final Report of the Independent Counsel for Iran/Contra Matters", mejor conocido como el reporte de la Comisión Walsh (www.archives.gov).

fueron Panamá, México, Honduras, Nicaragua, El Salvador, Colombia y Guatemala.

En 1986 se crearon tres comisiones especiales en Estados Unidos para investigar el asunto: la Comisión Tower, la Comisión Walsh y la Comisión Kerry. Los resultados tardaron algunos meses en llegar pero fueron claros en sus resoluciones: existió tolerancia para que diversos capos de América Latina traficaran drogas hacia Estados Unidos, a cambio de que también donaran recursos a la *contra* nicaragüense, entre ellos socios de la organización del Pacífico como Félix Gallardo, Caro Quintero y Fonseca Carrillo, e integrantes del poderoso cártel de Medellín. Los aviones que despegaban de Estados Unidos con supuesta ayuda humanitaria para la *contra* —consistente en medicinas y armas— regresaban cargados de droga que provenía principalmente de Colombia.

La Comisión Tower, creada por Ronald Reagan a finales de 1986, estuvo presidida por el ex secretario de Estado Edmund Muskie, quien tenía la consigna de limpiar la imagen del presidente. En las investigaciones, que duraron apenas cuatro meses, se concluyó que si bien habían descubierto que la *contra* se financiaba con recursos del narcotráfico, Reagan no tenía conocimiento detallado de los hechos. Por instrucciones del procurador general de Estados Unidos Edwin Meese, el FBI también inició una averiguación sobre el caso. En diciembre de 1986, el juez Lawrence Walsh fue designado como titular de un consejo independiente para realizar la investigación. Por su parte, la comisión encabezada por el senador demócrata John Kerry comenzó sus investigaciones en enero de 1987 y publicó su informe el 13 de abril de 1989, donde se afirmó que el Departamento de Estado "proporcionó apoyo a los *contras* y estuvo implicado en el tráfico de drogas".

En el informe de Kerry se reconoce que los traficantes de drogas le suministraron "dinero en efectivo, armas, aviones, pilotos, servicios aéreos y otros materiales" a la *contra*. Asimismo, consignaba que como parte de un programa para transportar en avión la "ayuda no letal", el Departamento de Estado norteamericano había contratado los servicios de diversos capos. Varios de los pagos se efectuaron incluso "después de que algunos de estos traficantes habían sido enjuiciados por las agencias federales correspondientes por acusaciones relacionadas con drogas, y otros estaban bajo investigación por parte de esas mismas agencias". Lo más condenable de las revelaciones de Kerry fue que "las agencias de gobierno en Estados Unidos estaban al tanto de la conexión *contra*-drogas, pero optaron por ignorar la evidencia para no menoscabar una de las principales iniciativas de la política externa de la administración Reagan-Bush".[5]

De las tres comisiones especiales para investigar el caso Irán-*contra*, la Comisión Walsh fue la que más tardó en entregar su reporte final, que se dio a conocer hasta 1993. Antes, en febrero de 1990, el sorprendente informe de Schmidt y Berrellez sobre el asesinato de Enrique Camarena había abierto de nuevo una herida que la CIA aún no lograba cicatrizar.

La CIA y los narcos mexicanos

Lawrence Victor Harrison, mejor conocido como *Torre Blanca*, era un técnico de origen estadounidense que durante años trabajó para Ernesto Fonseca Carrillo, Rafael Caro Quintero y Miguel Ángel Félix Gallardo, proporcionándoles radios de onda corta VHF para que pudieran comunicarse de forma segura entre ellos

[5] Las conclusiones de la Comisión Kerry fueron tomadas de un artículo publicado en la revista electrónica Salon.com el 25 de octubre de 2004. El autor es el periodista Robert Parry, quien dio inicio a muchos de los reportajes de la década de 1980 relacionados con el tema Irán-*contra*, en medios como The Associated Press y *Newsweek*.

y con sus clientes. Cuando ocurrió el secuestro y asesinato de Enrique Camarena, supuestamente Harrison estaba en el reclusorio estatal de Puente Grande, Jalisco, acusado de fraude.[6]

El 9 de febrero de 1990, Berrellez y Schmidt contactaron a Harrison en el marco de la llamada Operación Leyenda. En su búsqueda por la verdad detrás de la muerte de su compañero, los agentes especiales descubrieron el trasfondo de uno de los pasajes más oscuros del periodismo en México: el asesinato de Manuel Buendía.[7]

El informe de la DEA señala a la letra:

> Manuel Buendía Telles-Giron [*sic*] apoyaba al candidato [Alfredo] Del Mazo, integrante del PRI que aspira a ser presidente de México.[8] Buendía conducía una investigación sobre la colusión entre [Manuel] Bartlett Díaz, secretario de Gobernación, Miguel Aldana Ibarra, director del programa antidroga [de la PJF] y Manuel Ibarra Herrera, director de la Dirección Federal de Seguridad, quienes actúan en acuerdo con traficantes de drogas [...]

Entre 1981 y 1984 Buendía recibió información de otro periodista llamado Velasco de Veracruz, acerca de que guerrillas de Guate-

[6] Información obtenida de la averiguación previa número 2567/85 sobre el homicidio del agente de la DEA Enrique Camarena, de la cual se tiene copia.

[7] Manuel Buendía fue asesinado el 30 de mayo de 1984 en la ciudad de México. La única persona que terminó en la cárcel como responsable del homicidio fue el entonces director de la DFS José Antonio Zorrilla.

[8] Dada su cercanía con Miguel de la Madrid, se creía que Alfredo del Mazo tenía muchas posibilidades de ser el destapado del PRI para las elecciones presidenciales de 1988; al final, para su sorpresa y desilusión, el candidato oficial fue Carlos Salinas de Gortari. Hoy en día, Alfredo del Mazo es uno de los hombres que está detrás del figurín de Enrique Peña Nieto, gobernador del Estado de México, que aspira a ser presidente de México como alguna vez lo hiciera Del Mazo. Irónicamente y no por casualidad, Salinas de Gortari también apoya esa candidatura.

mala estaban siendo entrenadas en un rancho propiedad de Rafael Caro Quintero en Veracruz. Las operaciones del campo de entrenamiento fueron conducidas por la CIA, usando como cubierta a la Dirección Federal de Seguridad, en el caso de que cualquier cuestionamiento fuera planteado sobre cómo funcionaba la operación de entrenamiento.

Harrison les reveló a Schmidt y Berrellez que representantes de la DFS estaban al frente del campo de entrenamiento y permitían que

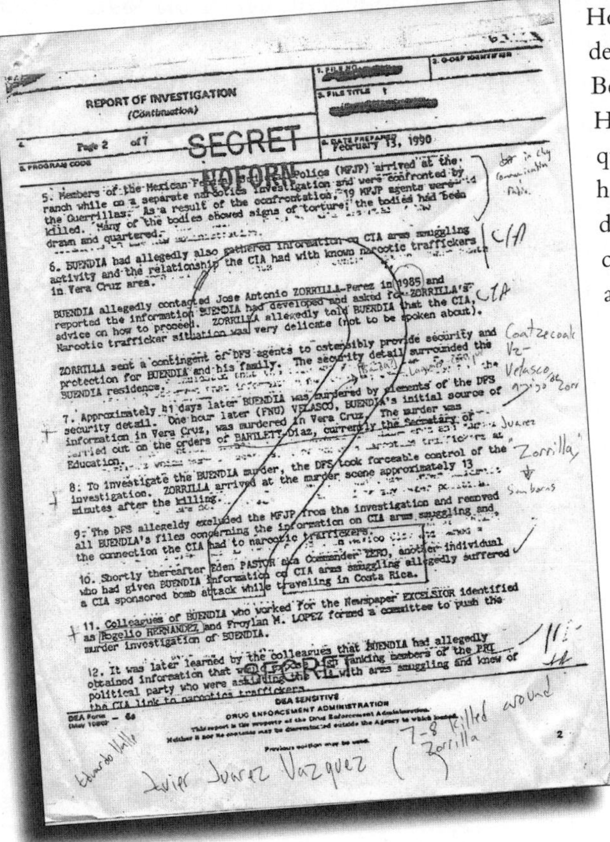

REPORT OF INVESTIGATION
(Continuation)

1. FILE NO.
2. G-DEP IDENTIFIER
3. FILE TITLE
4. Page 2 of 7 SECRET
5. PROGRAM CODE
6. DATE PREPARED February 13, 1990

NOFORN

5. Members of the Mexican Fe[illegible] Police (MFJP) arrived at the
ranch while on a separate narcotics investigation and were confronted by
the Guerrillas. As a result of the confrontation, 19 MFJP agents were
killed. Many of the bodies showed signs of torture; the bodies had been
drawn and quartered.

6. BUENDIA had allegedly also gathered information on CIA arms smuggling
activity and the relationship the CIA had with known narcotic traffickers
in Vera Cruz area.

BUENDIA allegedly contacted Jose Antonio ZORRILLA-Perez in 1985 and
reported the information BUENDIA had developed and asked for ZORRILLA's
advice on how to proceed. ZORRILLA allegedly told BUENDIA that the CIA,
Narcotic trafficker situation was very delicate (not to be spoken about).

ZORRILLA sent a contingent of DFS agents to ostensibly provide security and
protection for BUENDIA and his family. The security detail surrounded the
BUENDIA residence. [illegible]

7. Approximately 41 days later BUENDIA was murdered by elements of the DFS
security detail. One hour later (FNU) VELASCO, BUENDIA's initial source of
information in Vera Cruz, was murdered in Vera Cruz. The murder was
carried out on the orders of BARTLETT-Diaz, currently the Secretary of
Education. [illegible]

8. To investigate the BUENDIA murder, the DFS took forceable control of the
investigation. ZORRILLA arrived at the murder scene approximately 13
minutes after the killing.

9. The DFS allegeldy excluded the MFJP from the investigation and removed
all BUENDIA's files concerning the information on CIA arms smuggling and
the connection the CIA had to narcotic traffickers.

10. Shortly thereafter Eden PASTOR aka Commander ZERO, another individual
who had given BUENDIA information on CIA arms smuggling allegedly suffered
a CIA sponsored bomb attack while traveling in Costa Rica.

11. Colleagues of BUENDIA who worked for the Newspaper EXCELSIOR identified
as Rogelio HERNANDEZ and Froylan M. LOPEZ formed a committee to push the
murder investigation of BUENDIA.

12. It was later learned by the colleagues that BUENDIA had allegedly
obtained information that [illegible] ranking members of the PRI
political party who were assisting the CIA with arms smuggling and knew of
the CIA link to narcotics traffickers.

SECRET

DEA SENSITIVE
DRUG ENFORCEMENT ADMINISTRATION

DEA Form - 6a
(May 1980)

2

Hoja del informe de Wayne y Berrellez donde Harrison relata que Buendía había recopilado datos sobre el contrabando de armas de la CIA.

los narcotraficantes pasaran droga a través de México hacia Estados Unidos. Sin embargo, al parecer la DFS no sabía que mientras sus agentes actuaban de común acuerdo con los narcotraficantes y la CIA, la PJF hacía su propia investigación sobre las operaciones de droga en el rancho de Caro Quintero en Veracruz. Varios miembros de la Policía Judicial arribaron al rancho, y fueron atacados por la guerrilla. Por el contenido del informe se infiere que pudo haber sido la guerrilla guatemalteca o la *contra* nicaragüense. El resultado de la confrontación fueron 19 agentes de la Policía Judicial asesinados; muchos de los cuerpos mostraban signos de tortura.

Presuntamente, Manuel Buendía también había logrado recopilar datos sobre las actividades de contrabando de armas de la CIA, y la relación que la agencia de inteligencia tenía con afamados narcotraficantes en Veracruz. Buendía contactó a José Antonio Zorrilla Pérez, jefe de la DFS, y le reportó toda la información que poseía. El periodista buscaba un consejo sobre cómo proceder, pero a cambio recibió la muerte.

José Zorrilla le dijo a Buendía que la situación del tráfico de drogas ligado con la CIA era muy delicada, y le advirtió que era mejor no hablar acerca del asunto. El jefe de la policía envió a un grupo de agentes de la DFS que aparentemente tenían la misión de brindar seguridad al columnista de *Excélsior* y a su familia. No obstante, Manuel Buendía fue asesinado por integrantes de la DFS 41 días después. Una hora más tarde, Velasco —la principal fuente de información de Buendía sobre la agencia estadounidense— también fue asesinado en Veracruz. La muerte habría sido "aprobada por órdenes de [Manuel] Bartlett Díaz", entonces secretario de Educación, se afirma en el informe de la DEA. Naturalmente, la DFS tomó el control de las investigaciones sobre el asesinato de Buendía: apenas 13 minutos después de la ejecución, Zorrilla llegó a la escena del crimen y alteró las pruebas.

En el informe secreto de la DEA se señala que

> la DFS excluyó a la PJF de la investigación y eliminó todos los expedientes de Buendía relacionados con la información del tráfico de armas de la CIA y la conexión que la CIA tenía con narcotraficantes. Poco tiempo después, Edén Pastora[9] alias *Comandante Zero* [*sic*], otro individuo que le dio información a Buendía sobre el tráfico de armas de la CIA en Nicaragua, presuntamente sufrió un ataque bomba patrocinado por la CIA cuando viajaba a Costa Rica.

En México, algunos colegas de Manuel Buendía presumiblemente obtuvieron información de que altos miembros del PRI ayudaban a la CIA con el tráfico de armas, y además tenían conocimiento de la relación de la agencia de inteligencia con los capos de la droga. En 1990 ya estaba plenamente documentado que varios narcotraficantes habían financiado a la *contra* nicaragüense bajo la tolerante mirada de Washington, sin importarle a la CIA que esos mismos delincuentes fueran los mismos que llevaban a Estados Unidos toneladas de mariguana, cocaína y *crack* que envenenaba a su sociedad.

La oficina de la CIA en México se habría puesto en contacto con periodistas que eran compañeros de trabajo de Buendía. Y la trama se complicaba cada vez más. Los colegas de Buendía dijeron que agentes de la DEA enviados por el agregado Edward Heath los habían contactado. Heath era el encargado de la oficina de la DEA en la capital mexicana y despachaba en el edificio de la embajada estadounidense localizado en la avenida Paseo de la Reforma.

[9] Edén Pastora, conocido como *El Comandante Cero*, encabezó el movimiento armado contra el régimen somocista en Nicaragua a finales de la década de 1970. Cuando ganó la revolución sandinista, el movimiento se dividió y el llamado "Grupo de los diez" se quedó al frente del gobierno centroamericano apoyado por el gobierno de México a través de Augusto Gómez Villanueva, quien era embajador de México en Nicaragua y uno de los hombres más cercanos al ex presidente Luis Echeverría. De esta forma, Pastora comenzó un movimiento contra los sandinistas y encabezó la *contra* nicaragüense con financiamiento que obtenía desde Washington por medio de la CIA.

Agentes de la DEA revelaron un documento original que la DFS extrajo de la oficina de Manuel Buendía después del asesinato de Camarena; la DEA permitió que los colegas del periodista lo revisaran para verificar su autenticidad y más tarde reconocieron que el documento era genuino. Sin embargo, observaron que aparentemente habían añadido información al archivo para implicar a Manuel Bartlett Díaz en el tráfico de armas de la CIA. A cambio del documento de Buendía, la DEA quería información sobre las credenciales firmadas por Zorrilla y Manuel Ibarra Herrera que estaban en posesión de varios narcotraficantes en el momento de ser arrestados.

Lawrence Victor Harrison, *Torre Blanca,* reveló a los agentes de la DEA que encabezaban la Operación Leyenda que un alemán identificado como Gerhard Mertins —con residencia en la ciudad de México de 1981 a 1985— tenía una compañía llamada Merex localizada en Guadalajara: "Supe además que Mertins tenía una conexión con la CIA con respecto a tráfico de armas", afirmó *Torre Blanca* al responsable de la Operación Leyenda. Esa información era verificable, ya que Mertins no era un desconocido para la DEA. El germano había sido miembro de la SS en los tiempos de Adolf Hitler, y después de la segunda guerra mundial se convirtió en el principal exportador de armas de la República Federal de Alemania.

Buendía había publicado en su columna "Red Privada" en *Excélsior* información sobre Mertins y la CIA, tras lo cual supuestamente el alemán habría salido de México. De acuerdo con el informe de la DEA, el vendedor de armas trabajaba para la familia Leaño, fundadora de la Universidad Autónoma de Guadalajara (UAG): "Sé que la familia Leaño presuntamente controla grandes plantíos de mariguana en áreas de Jalisco. Ésa es la misma área de México en la que Mertins vendía grandes cantidades de armamento", afirmó Harrison a la agencia antidrogas.

Antes de que Velasco fuera asesinado, el reportero de Veracruz estaba desarrollando una investigación basada en información que señalaba que la CIA, usando a la DFS como cubierta, era responsable de establecer y mantener pistas clandestinas para reabastecer el combustible de aviones cargados de armas que serían enviados a Honduras y Nicaragua, manifestó *Torre Blanca*. Los pilotos de esos aviones, reveló, también iban cargados de cocaína que levantaban en Barranquilla, Colombia, y después se dirigían a Miami. México era el punto donde recargaban combustible.

De esta forma, el informe de la DEA confirma que la CIA era la que en realidad operaba el tráfico de droga y el mantenimiento de las pistas empleadas para el trasiego.

El documento de la agencia antinarcóticos agrega: "[Rubén] Zuno Arce históricamente ha sido un traficante de heroína desde principios de [la década de] 1970, y tuvo acceso a numerosas pistas de aterrizaje a través de un sujeto identificado como Juan Aviña Bátiz".

El hermano de Aviña Bátiz, Eduardo, era uno de los líderes del PRI en Jalisco y fue diputado local por el noveno distrito. Los hermanos Aviña Bátiz son hijos del sinaloense Juan Aviña López y de Concepción Bátiz, quienes cambiaron su residencia a Guadalajara, donde hicieron una "gran fortuna" en el negocio de los bienes raíces. La familia Aviña Bátiz gozaba de buena reputación en Jalisco, pero el informe secreto de la DEA la deshizo en unas cuantas líneas: "Eduardo Aviña Bátiz es presuntamente el compañero de tráfico de heroína de Rubén Zuno Arce". Este hombre pertenecía al grupo político del ya mencionado Javier García Paniagua, ex director de la DFS, investigado también por la DEA por sus presuntos vínculos con el cártel de Guadalajara.

Eduardo Aviña Bátiz era un hombre muy cercano a Guillermo Cosío Vidaurri, ex gobernador de Jalisco y tío de Sara Cosío (la mujer de Rafael Caro Quintero). Eduardo fue alcalde de Guadalajara en 1965, y de 1979 a 1982 fue diputado local y federal. En 1990 era un fuerte aspirante a la candidatura del PRI a la gubernatura de Jalisco, apoyado por Cosío Vidaurri y García Paniagua. No llegó.

Las revelaciones de Harrison comprometieron no sólo la reputación de la familia de desarrolladores inmobiliarios, sino la de altos mandos militares de la Quinta Región Militar correspondiente al estado de Jalisco. *Torre Blanca* habló acerca de los sobornos supuestamente recibidos por el general brigadier Vinicio Santoyo Feria, y de la relación de éste con el abogado Everardo Rojas Contreras, quien trabajaba para *Don Neto* y Caro Quintero.

En el informe se afirma:

> Durante los últimos tres años, Rojas ha actuado como asistente del general Vinicio Santoyo Feria en la administración y compra de propiedades de grandes sumas de dinero de origen inexplicable. Santoyo Feria se compró en Puerto Vallarta un rancho como residencia de verano por 600 mil dólares.
>
> Los 600 mil dólares representan una porción del dinero que Santoyo obtuvo por extorsionar a Miguel Félix Gallardo y a Manuel Salcido Uzueta alias el *Coche Loco* [*sic*, el apodo correcto es *Cochiloco*] cuando fueron arrestados en Los Pinos, Guadalajara, en noviembre de 1988 por elementos bajo las órdenes de Santoyo. El arresto fue resultado de información obtenida por la DEA Mazatlán y la oficina de Guadalajara.

El general de división Santoyo Feria era miembro de la clase política mexicana. A principios del sexenio de Miguel de la Madrid fue jefe del Estado Mayor de la Sedena al lado del secretario de la Defensa Juan Arévalo Gardoqui. Y en marzo de 1985 fue enviado a ocupar la comandancia de la Quinta Región Militar, para sustituir al general Juan Félix Tapia García. Acababa de ocurrir el secuestro y asesinato del agente de la DEA Enrique Camarena; pero la llegada de Santoyo Feria no cambió la situación de privilegio en la que se encontraban los capos del cártel de Guadalajara. Eventualmente Santoyo fue removido de esa región militar, libre de cualquier marca negativa que empañara su carrera. El reporte de la DEA reprocha: "Adicionalmente oficiales de la Secretaría de [la] Defensa aseguraron que Santoyo no tenía ningún problema del cual tuviera que preocuparse".

Harrison volvió a tener contacto con Félix Gallardo tres años después del homicidio de Camarena. Lo visitó en noviembre de 1988 en una de sus residencias de Guadalajara. Pese a la detención de *Don Neto* y Caro Quintero, Félix Gallardo continuó con sus operaciones de narcotráfico hasta que el 8 de abril de 1989 fue detenido por su compadre, el corrupto jefe de la Policía Judicial Guillermo González Calderoni.

En julio de 1990, varios extractos del informe secreto de la DEA fueron publicados por los principales periódicos de Estados Unidos. Su contenido fue desvirtuado por la CIA y por el gobierno de México, quienes, por supuesto, alegaron que la información era falsa. No obstante, el desahogo de los testimonios de la Comisión Kerry respecto al caso Irán-*contra* y las conclusiones de dicha comisión hacen pensar que los datos proporcionados por el informante de la DEA eran bastante creíbles.

El Príncipe

"Los gringos te hacen y los gringos te deshacen" es una de las frases más frecuentes de los narcotraficantes.[10]

[10] Para esta investigación la autora tuvo contacto con fuentes vivas de información vinculadas con diversas organizaciones de narcotráfico.

En 1982, Rafael Caro Quintero, de 24 años de edad y con apenas el primer año de primaria cursado, prácticamente no tenía poder en el mundo del narcotráfico, pero en tan sólo tres años adquirió fuerza y fama debido a que logró realizar transacciones de compraventa de droga de casi 20 toneladas, lo cual para ese entonces ya era una cantidad considerable. En 1984, Caro Quintero ideó una forma para industrializar el cultivo de mariguana: supuestamente él fue quien concibió la operación del rancho El Búfalo, en Ciudad Juárez, Chihuahua. Sin duda, era demasiada genialidad para un hombre con tantas limitaciones. El Búfalo funcionaba con la ayuda de la DFS, cuyo titular era José Antonio Zorrilla, y dependía del secretario de Gobernación Manuel Bartlett Díaz. *Don Neto* le contó al comandante de la PJF que él no era socio de Rafael en ese asunto, y tampoco sabía quiénes lo ayudaban: "No sé quiénes eran los compradores de la droga de Rafael tanto en la frontera como en Estados Unidos. Era un tipo muy especial en su trato, no daba detalles de sus negocios. Sólo una vez sembré mariguana a medias con él, en la zona de Ameca, Jalisco", le dijo Fonseca Carrillo al comandante Ventura.

El 15 de abril de 1985, Rafael Caro Quintero fue detenido en Costa Rica en compañía de su pareja sentimental Sara Cosío. *El Príncipe* declararía ante el ministerio público: "Miguel Ángel Félix Gallardo es un traficante de drogas a gran escala, principalmente de cocaína que recibe de Sudamérica para introducirla a Estados Unidos". Félix Gallardo trabajaba con el cártel de Medellín encabezado por Pablo Escobar Gaviria, Gonzalo Rodríguez Gacha, alias *El Mexicano*, y Jorge Luis Ochoa.

El Príncipe le contó a la PJF que mientras *Don Neto* se había ido a comer a El Isao, él había acudido al centro de la ciudad a comprar unas semillas. Cuando llegó a su casa de Mariano Otero se encontró con 15 personas armadas que eran pistoleros de Félix Gallardo. Minutos más tarde llegó *El Güero* acompañado de

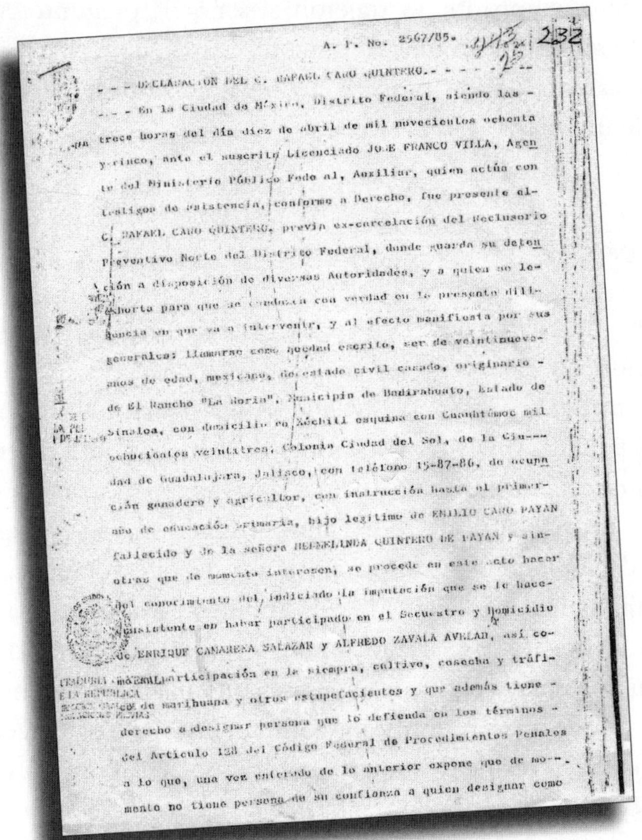
A. P. No. 2567/85.

232

- - - DECLARACION DEL C. RAFAEL CARO QUINTERO.- - - - - -

- - - En la Ciudad de México, Distrito Federal, siendo las -
trece horas del día diez de abril de mil novecientos ochenta
y cinco, ante el suscrito Licenciado JOSE FRANCO VILLA, Agen
te del Ministerio Público Federal, Auxiliar, quien actúa con
testigos de asistencia, conforme a Derecho, fue presente el-
C. RAFAEL CARO QUINTERO, previa ex-carcelación del Reclusorio
Preventivo Norte del Distrito Federal, donde guarda su deten
ción a disposición de diversas Autoridades, y a quien se le-
exhorta para que se conduzca con verdad en la presente diligencia en que va a intervenir, y al efecto manifiesta por sus
generales: llamarse como quedad escrito, ser de veintinueve-
años de edad, mexicano, de estado civil casado, originario -
de El Rancho "La Noria", Municipio de Badiraguato, Estado de
Sinaloa, con domicilio en Xóchitl esquina con Cuauhtémoc mil
ochocientos veintitres, Colonia Ciudad del Sol, de la Ciu---
dad de Guadalajara, Jalisco, con teléfono 15-87-86, de ocupa
ción ganadero y agricultor, con instrucción hasta el primer-
año de educación primaria, hijo legitimo de EMILIO CARO PAYAN
fallecido y de la señora HERMELINDA QUINTERO DE PAYAN y sin-
otras que de momento interesen, se procede en este acto hacer
del conocimiento del indiciado la imputación que se le hace-
consistente en haber participado en el Secuestro y Homicidio
de ENRIQUE CAMARENA SALAZAR y ALFREDO ZAVALA AVELAR, así como su participación en la siembra, cultivo, cosecha y tráfico de marihuana y otros estupefacientes y que además tiene -
derecho a designar persona que lo defienda en los términos -
del Articulo 128 del Código Federal de Procedimientos Penales
a lo que, una vez enterado de lo anterior expone que de mo--
mento no tiene persona de su confianza a quien designar como

Carátula de la declaración de Rafael Caro Quintero.

Samuel Ramírez Razo. *El Príncipe* los recibió descalzo. "Aquí está la persona que nos ordenaron que trajéramos", dijo José Luis Gallardo, *El Güero*, y les entregó a Enrique Camarena, quien traía una chamarra cubriéndole el rostro. A continuación, Caro Quintero llevó al agente a una de las habitaciones de la casa y lo amarraron con las manos en la espalda.

"¿Qué pasó, compadre, ya trajeron al señor?", preguntó *Don Neto* cuando regresó de comer. Al instante, Caro Quintero lo condujo a la recámara donde estaba Camarena; entreabrió la puerta para echarle un vistazo y la cerró.

Torre Blanca

El 6 de julio de 1990, Lawrence Victor Harrison hizo la siguiente declaración en el estrado de la corte federal de Los Ángeles, California, ante una sala vacía: "Miguel Ángel Félix Gallardo me dijo que él pensaba que sus operaciones de tráfico de drogas eran seguras porque él suministraba armas a la *contra* nicaragüense". Después de todo, Harrison no era un personaje sacado de alguna novela de espías, era real. Mucho antes de que se abriera el caso en California, *Don Neto* ya le había confesado al comandante Florentino Ventura que Harrison era el gringo que les ayudaba a conseguir los radios para comunicarse. Según lo describen los periodistas que lo vieron testificando en la corte de Los Ángeles, Harrison medía cerca de dos metros, tal vez por eso Fonseca Carrillo le había puesto el apodo de *Torre Blanca* cinco años antes de que el informante de la DEA apareciera en público.

Harrison reconoció que colaboró para los narcotraficantes mexicanos de 1982 a 1984. Los años coinciden con las fechas señaladas por *Don Neto* en abril de 1985, cuando declaró que *Torre Blanca* había trabajado con él hasta hacía poco, ya que en ese momento estaba en prisión. *Torre Blanca* declaró que había instalado sistemas de comunicación de radio sofisticados no sólo para los principales traficantes de drogas sino también para las agencias de policía y justicia mexicanas que estaban aliadas con los capos. En septiembre de 1989, Harrison optó por acogerse al programa de testigos protegidos, y su familia fue trasladada a Estados Unidos

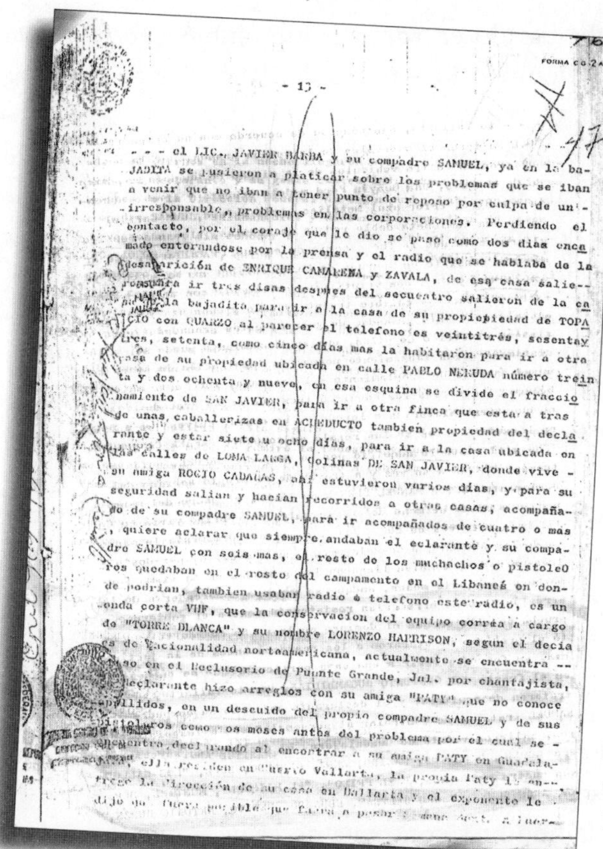
FORMA CG-2A

- 13 -

- - - el LIC. JAVIER BARBA y su compadre SAMUEL, ya en la ba-
JADITA se pusieron a platicar sobre los problemas que se iban
a venir que no iban a tener punto de reposo por culpa de un -
irresponsable, problemas en las corporaciones. Perdiendo el
contacto, por el coraje que le dio se paso como dos dias enca
mado enterandose por la prensa y el radio que se hablaba de la
desaparición de ENRIQUE CAMARENA y ZAVALA, de esa casa salie--
ron a ir tres dias despues del secuestro salieron de la ca
sa de la bajadita para ir a la casa de su propiedad de TOPA
CIO con CUARZO al parecer el telefono es veintitrés, sesentay
tres, setenta, como cinco días mas la habitaron para ir a otra
casa de su propiedad ubicada en calle PABLO NERUDA número trein
ta y dos ochenta y nueve, en esa esquina se divide el fraccio
namiento de SAN JAVIER, para ir a otra finca que esta a tras
de unas caballerizas en ACUEDUCTO tambien propiedad del decla
rante y estar siete u ocho días, para ir a la casa ubicada en
las calles de LOMA LARGA, Colinas DE SAN JAVIER, donde vive -
su amiga ROCIO CABAÑAS, ahí estuvieron varios días, y para su
seguridad salian y hacian recorridos a otras casas, acompañado de su compadre SAMUEL, para ir acompañados de cuatro o mas
, quiere aclarar que siempre andaban el declarante y su compadre SAMUEL con seis mas, el resto de los muchachos o pistoleO
ros quedaban en el resto del campamento en el Libanés en donde podrian, tambien usaban radio ó telefono este radio, es un
onda corta VHF, que la conservacion del equipo corréa a cargo
de "TORRE BLANCA" y su nombre LORENZO HARRISON, segun el decia
es de nacionalidad norteamericana, actualmente se encuentra --
so en el Reclusorio de Puente Grande, Jal. por chantajista,
declarante hizo arreglos con su amiga "PATY" que no conoce
apellidos, en un descuido del propio compadre SAMUEL y de sus
pistoleros como os meses antes del problema por el cual se -
encuentra declarando al encontrar a su amiga PATY en Guadalajara, ella reside en Puerto Vallarta, la propia Paty le en--
tregó la dirección de su casa en Vallarta y el exponente le
dijo que fuera posible que fuera a pasar [illegible]

Hoja 13 del testimonio de Fonseca Carrillo.

por cuestiones de seguridad. Desde esa fecha le pagaron 18 mil dólares para que proporcionara información y cubriera sus gastos.

Los respectivos abogados de defensa de los acusados que comparecían ante la corte de Los Ángeles (Rubén Zuno Arce, Juan Ramón Matta Ballesteros y Juan José Bernabé Ramírez) presentaron a Harrison como testigo de descargo. Lo que pretendían demostrar era que la muerte de Camarena había sido planeada y orquestada por un poder mayor al del cuñado del ex presidente y de los propios narcotraficantes: la CIA. Conjuntamente, el juez de distrito Edward Rafeedie determinó que el testimonio de Harrison estaba basado en rumores y prohibió que el jurado escuchara su testimonio o lo interrogara. Pero el escándalo era incontenible.

"Platiqué cara a cara con él [Félix Gallardo] y me dijo que había conseguido que otros aportaran fondos del movimiento de la *contra*, apoyado por los Estados Unidos", señaló Harrison en la corte. A continuación el informante describió varias de las conversaciones que tuvo con otros capos mexicanos sobre sus acuerdos con estadounidenses, aunque señaló que sólo Félix Gallardo había especificado que era protegido por su apoyo a la *contra*. Lo que sí le dijeron los otros capos con claridad, incluyendo a *Don Neto* y Caro Quintero, así como autoridades mexicanas responsables de impartir la ley, comentó *Torre Blanca* ante la corte vacía, es que "ellos tenían una especie de relación con el gobierno de Estados Unidos".

El testigo estrella de la DEA afirmó que en 1983 conoció en la casa de *Don Neto* a dos hombres que se presentaron con él como agentes secretos estadounidenses aunque nunca le mostraron sus credenciales; le aseguraron también que ellos habían estado involucrados en el caso de la *contra* nicaragüense. ¿Serían *El Güero* y *El Chelín*, la dupla de hombres con pinta de gringos que trabajaban con Miguel Ángel Félix Gallardo y que fueron descritos puntualmente en las declaraciones de *Don Neto* y de Caro Quintero? Harrison también dijo que una vez conoció a un hombre llamado Theodore Cash que había realizado vuelos con armas para Fonseca Carrillo. Años después, en 1988, en un juicio en Los Ángeles, Cash revelaría que durante 10 años había trabajado para la CIA volando aviones.

"Basado en la investigación que yo hice creo que en el rancho [de Rafael Caro Quintero] hubo un campo de entrenamiento para la *contra*. Mi impresión es que la operación era ahí por orden del gobierno americano", testificó Harrison. Insistió en que él nunca señaló que el grupo que se entrenaba en el rancho de Veracruz era la guerrilla guatemalteca sino la *contra* nicaragüense.

Es importante resaltar que Harrison compareció por primera vez en la corte de distrito de Los Ángeles en el mes de junio de 1990, durante la cuarta semana del juicio sobre el caso Camarena. Su sola presencia auspiciada por la DEA amenazaba con provocar una guerra entre la agencia antidrogas y la CIA. El 7 de junio de 1990, Harrison recordó en la corte algunas pláticas con *Don Neto*: "Una vez le dije a Ernesto Fonseca Carrillo que la ley podía perseguirlo". "¿Estás loco? No hay ningún peligro", le habría contestado *Don Neto*.

—¿Fonseca dijo eso, su sentimiento de seguridad, por una cuestión política? —le preguntaron en la corte a Harrison.

—Sí —afirmó sin titubear.

La abogada de la defensa Mary Kelly le preguntó a Harrison acerca de los nexos que tenía con el agente de la DFS Sergio Espino Verdín, quien según la DEA fue el responsable de interrogar a Camarena en la casa de Caro Quintero. Según el reporte realizado por Berrellez, el encargado de la Operación Leyenda, la DFS era la dependencia del gobierno de México que trabajaba de común acuerdo con los narcotraficantes y la CIA. "Trabajé para Espino, que era cercano a Fonseca Carrillo. Espino le reportaba a Miguel Nazar Haro. Nazar era mi jefe superior y estaba implicado en el tráfico de drogas", dijo Harrison al jurado. Miguel Nazar Haro fue titular de la DFS de 1977 a 1982 —año en el que inició la operación Irán-*contra*—, y fue obligado a renunciar cuando se descubrió que estaba involucrado en el contrabando de automóviles.

El dato resulta muy significativo. El procurador de San Diego, California, William Kennedy, inició el caso contra Nazar Haro acusándolo de formar parte de una banda que robaba coches en California y después los llevaba a México. Kennedy presionó al Departamento de Justicia de Washington para que se procesara a

Nazar Haro pese a las enérgicas protestas de varios funcionarios estadounidenses de la CIA que estaban comisionados en México. Nazar era "un esencial, repito, esencial contacto para la oficina de la CIA en México", señaló Kennedy.

Cuando la abogada Mary Kelly intentó preguntarle a Harrison si sabía de los nexos entre los principales traficantes de droga mexicanos y la CIA, el juez Rafeedie le prohibió al testigo contestar. A Harrison sólo se le permitió responder que había una cercana relación de trabajo entre los narcotraficantes con importantes funcionarios mexicanos.[11]

La condena de Rubén Zuno Arce y las cintas perdidas

El 31 de julio de 1990, Rubén Zuno Arce, el cuñado de Echeverría, fue declarado culpable por el jurado de Los Ángeles por haber participado en la conspiración del asesinato de Camarena. En el juicio, la parte acusadora afirmó que Zuno "actúa como un eslabón entre los niveles más altos del gobierno de México y el multimillonario cártel con base en Guadalajara". En aquel momento ya habían sido condenados Juan Ramón Matta Ballesteros, el narcotraficante hondureño, y Juan José Bernabé Ramírez, el escolta de Fonseca Carrillo.

De acuerdo con las investigaciones de la DEA y los peritajes, Camarena no fue torturado en la casa de Mariano Otero, donde *Don Neto* lo vio por última vez, sino que fue en la calle Lope de Vega número 881, en la misma ciudad de Guadalajara.

[11] Información publicada el 8 junio de 1990 en *Los Angeles Times*, por el periodista Henry Weinsten, quien fue el responsable de la cobertura del juicio sobre el caso Camarena.

El cargo contra Rubén Zuno Arce estaba relacionado con el hecho de que había sido dueño de la casa donde fue asesinado Enrique Camarena, la cual le había vendido a Rafael Caro Quintero antes del homicidio. El principal testigo contra Zuno Arce fue el policía Héctor Cervantes Santos, uno de los escoltas asignados a *Don Neto* que, en un programa de testigos protegidos, reveló que desde septiembre de 1984, después de la incautación de El Búfalo, Rubén había ordenado el secuestro de *El Kiki*. Cervantes Santos asentó que Zuno Arce había dicho que era necesario interrogar a Camarena sobre lo que sabía de "mi general", refiriéndose a Juan Arévalo Gardoqui, entonces secretario de la Defensa Nacional[12], implicando así en el caso Camarena a la más alta jerarquía del gobierno de México.

La DEA descubrió que el interrogatorio de Camarena realizado por los narcotraficantes y policías, entre otros, había sido grabado. Las autoridades mexicanas primero negaron la existencia de dichas grabaciones, pero al final el procurador general Sergio García Ramírez les entregó copias de algunas de las cintas a los agentes de la DEA. Otros elementos de evidencia física sobre la tortura y la muerte de Camarena fueron destruidos por oficiales mexicanos.[13]

En 1988, cuando se llevaba a cabo el juicio contra los primeros nueve acusados en el caso Camarena, una parte de los audios del interrogatorio fue presentada ante la corte de Los Ángeles. Quienes las oyeron afirmaron que eran estrujantes. Esas mismas grabaciones fueron escuchadas en 1990 en el juicio contra Rubén Zuno Arce, Juan Ramón Matta Ballesteros y Juan José Bernabé Ramírez. De acuerdo con una parte de los audios mostrados por

[12] *Los Angeles Times*, 1° de agosto de 1990.
[13] William R. Doerner, *et al.*, "Latin America Flames of Anger", *Time*, 18 de enero de 1988.

la DEA ante la corte, en el interrogatorio a Camarena sí le hicieron preguntas sobre "Arévalo Gardoqui". Se presume que se referían al entonces secretario de la Defensa Nacional pero no se abundó sobre ese tema en el juicio hasta donde se tiene registro.

Actualmente Rubén Zuno Arce cumple una condena perpetua en un penal de Houston, Texas. Y la foto del alguna vez agente de la DFS Sergio Espino Verdín aparece todavía en la lista de fugitivos de la división de Los Ángeles, California, de la DEA.

Nueve años más tarde, en 1999, Héctor Berrellez, el responsable de la Operación Leyenda, quien obtuvo algunos de los casetes del interrogatorio en el que murió Camarena, señaló en una entrevista con el diario *USA Today*: "En las cintas, los vendedores de droga le preguntan repetidamente a Camarena: '¿Qué sabes de la CIA? ¿Qué sabes acerca del involucramiento de la CIA con la plantación?'" Berrellez afirmó que uno de sus informantes le dijo que Caro Quintero conseguía armas gracias a su conexión con la CIA, y que mientras estuvo en México investigando el caso de su compañero obtuvo información sobre extrañas bases fortificadas en Sinaloa, Veracruz, Durango y otros estados del país, las cuales no eran bases militares. Supuestamente aviones militares de Estados Unidos aterrizaban en esas bases y, según sus informantes, los aviones eran cargados con droga. Cuando Berrellez previno al respecto a sus superiores de la DEA y al personal de la embajada estadounidense en la ciudad de México, éstos simplemente le dijeron: "Manténgase alejado de esas bases. Son campos de entrenamiento, operaciones especiales". A fin de cuentas, con la evidencia recabada, Berrellez dijo que sí creía que la CIA estaba involucrada en el negocio del tráfico de drogas.[14]

[14] "Crime of the Century: CIA - Cocaine International Agency", *USA Today*, junio de 1999.

El retorno de *Torre Blanca*

El 4 de diciembre de 1992, *Torre Blanca* regresó al estrado de la corte de distrito de Los Ángeles, ahora como testigo de cargo para un nuevo juicio contra Rubén Zuno Arce y contra el ginecólogo Humberto Álvarez Machain, quien fue secuestrado en México en una operación encubierta de la DEA en abril de 1990 y presentado ante la corte angelina acusado por haber participado en la tortura de Camarena.

El retorno de *Torre Blanca* a los estrados fue clave en el juicio contra Humberto Álvarez Machain. Las crónicas escritas al día siguiente de su testimonio afirman que durante más de dos horas Harrison "hechizó" al jurado con su narración bizarra sobre cómo era la vida en el círculo del narcotráfico mexicano encabezado por *El Príncipe* Caro Quintero. Harrison describió a detalle diferentes episodios en la vida del cártel. Por ejemplo, en una ocasión él y varios hombres más se llevaron de cuatro a cinco semanas contando 400 millones de dólares que se le entregarían como soborno a un alto funcionario del gobierno de México. También describió una de las muchas fiestas realizadas por Caro Quintero en las casas de *Don Neto*. "Durante la fiesta, Caro estuvo sentado encima de un caballo que baila, fumando cocaína como un animal", afirmó *Torre Blanca*. Comentó también que Rubén Zuno llegó a dicha celebración y saludó con un abrazo a *El Príncipe*. "Recuerdo estar sorprendido por verlo allí. Yo no sabía que él conocía a esta gente", le dijo Harrison al jurado. Cuando el asistente del fiscal John L. Carlton le preguntó acerca de Álvarez Machain, *Torre Blanca* respondió: "Él los asistía como médico cuando se enfermaban por fumar demasiada base de cocaína". Para la fiscalía, *Torre Blanca* fue un testigo suficientemente creíble para presentarlo a declarar otra vez.

Luis Echeverría trabajó para Estados Unidos

En 2006, el periodista Jefferson Morley reveló información que a la luz de esta historia que entrelaza a los gobiernos de Estados Unidos y México con el narcotráfico adquiere mayor relevancia. Gracias a documentos desclasificados de la CIA, Morley pudo reconstruir la historia de la oficina de la agencia estadounidense en México de 1956 a 1968, así como la del jefe de la estación, Winston Scott, "un encantador norteamericano de 59 años de edad" que tenía la capacidad de influir en el gobierno de México al grado de que metió a la nómina de la agencia de inteligencia a altos funcionarios del gobierno federal.

Scott fue el responsable de poner en funcionamiento una red llamada LITEMPO por medio de la cual compraba servicios de funcionarios mexicanos para trabajar a favor de los intereses del gobierno de Estados Unidos. Naturalmente, el trabajo no era gratuito. "En los registros no se revela cuánto pagaba Scott a sus informantes en LITEMPO, pero por lo menos un alto oficial de la CIA pensaba que era excesivo. En una revisión del programa LITEMPO de 1964, el jefe de Scott en Washington criticaba que 'se les paga demasiado a los agentes y sus actividades no son debidamente reportadas'", escribió Morley en su reporte. Se trataba de "una productiva y efectiva relación entre la CIA y un selecto grupo de altos funcionarios en México", se afirma en los documentos desclasificados.

Entre los servidores públicos registrados en la nómina de la CIA estaban los ex presidentes Gustavo Díaz Ordaz ("LITEMPO 2") y Luis Echeverría Álvarez ("LITEMPO 8"), así como el jefe de la policía secreta Fernando Gutiérrez Barrios ("LITEMPO 4"). El objetivo principal del plan LITEMPO era la cooperación entre esos funcionarios y la CIA para detectar grupos "subversivos" y "comunistas". Y sin duda para Estados Unidos el gobierno sandinista era un peligro comunista en la región.[15] En este contexto, la ayuda que varios funcionarios mexicanos y el cártel de Guadalajara proporcionaron a la *contra* nicaragüense es un elemento que de manera natural podría haber formado parte de esos vínculos entre la CIA y el gobierno de México.

En junio de 1969, Winston Scott recibió una de las más altas condecoraciones entregadas por la CIA: "la medalla de inteligencia distinguida"; en aquella ocasión se dijo que el programa LITEMPO había sido "uno de sus más grandes logros". El 26 de abril de 1971, Scott murió de un infarto. En la investigación de Morley no se señala qué pasó después con el programa LITEMPO. Sin embargo, entre 1985 y 1996 decenas de testigos revelaron que funcionarios del gobierno de México habían colaborado con la CIA para desarticular movimientos de izquierda en la región, apoyándose en narcotraficantes del cártel de Guadalajara, a quienes se les permitió traficar droga como pago por la ayuda a la política internacional de Estados Unidos.

A pesar de que Rubén Zuno Arce había sido acusado por actuar como un eslabón entre los niveles más altos del gobierno de México y el multimillonario cártel de Guadalajara, y condenado por participar en el asesinato de Camarena, lo que en realidad parece haber molestado al gobierno de Estados Unidos fue que en el marco de las investigaciones sobre el homicidio de Camarena descubrieron que el cuñado de Echeverría —que había formado parte de LITEMPO— apoyaba la revolución cubana de Fidel Castro, quizás eso significaba algo peor que ser traficante de drogas. En 1990, mientras se enjuiciaba a Zuno Arce, ya lejos de los reflectores, su cuñado LITEMPO 8 le brindaba apoyo a Joaquín Guzmán Loera, el integrante de la organización conocida como del Pacífico

[15] Jefferson Morley, "LITEMPO: The CIA's Eyes on Tlatelolco", National Security Archive Electronic Briefing Book, núm. 204, 18 de octubre de 2006.

o Guadalajara, que comenzaba a crecer en el mundo del narcotráfico tras la caída de *Don Neto*, *El Príncipe* y Félix Gallardo.

FÁBRICA DE NARCOS

Mientras en México la CIA hacía pactos con el clan de Félix Gallardo, al sur del continente emergía un senador suplente del Congreso de Colombia para convertirse en una negra leyenda: Pablo Escobar Gaviria. En el pequeño mundo del mercado de la droga, los dos capos se encontrarían tarde o temprano gracias a Estados Unidos.

"¿Podría levantar su mano derecha, por favor?", inquirió el senador demócrata John Kerry en tono severo y con semblante de ser de acero. Obediente, el cubano Ramón Milián Rodríguez siguió las instrucciones de Kerry y levantó la mano para dejar en claro que, aunque no estaba en una corte sino en una sesión cerrada en el capitolio de Estados Unidos, juraba decir la verdad. Los blancos muros del inmaculado edificio estaban a punto de ser salpicados con la suciedad del sistema político puesto en evidencia por el crudo testimonio de Milián Rodríguez.

Tras un engañoso rostro de burócrata, con la cara deslavada, escaso pelo y lentes enormes, se escondía el principal contador del poderoso y temido cártel de Medellín. Milián Rodríguez, responsable de lavar 11 mil millones de dólares de ganancias provenientes del tráfico de drogas, era uno de los principales testigos del Subcomité de Narcóticos, Terrorismo y Operaciones Internacionales, creado en 1987 en el Senado estadounidense para investigar los vínculos entre el narcotráfico y la CIA. Se afirma que este hombre de aspecto inofensivo era el enlace entre Escobar Gaviria y la jefatura de narcos cubano-americanos; fue él quien habría entregado a la *contra* nicaragüense 10 millones de dólares a nombre de Pablo Escobar.

Las habilidades delictivas de Ramón Milián Rodríguez eran infinitas, y no dudó en confesarlas en el capitolio ante la comisión investigadora de Kerry. Mientras lavaba dinero para el cártel de Medellín y para los negocios ligados con el narcotráfico del presidente panameño Manuel Antonio Noriega, también blanqueaba capitales de la propia CIA, a la que ayudaba a disimular pagos que la agencia realizaba en el extranjero, por lo menos hasta 1982.

"Lo que hemos reconocido en estos últimos meses es que nuestra declaración de guerra contra las drogas parece haber producido una guerra de palabras y no de acciones. Nuestras fronteras están inundadas con drogas más que nunca", afirmó enérgicamente el senador Kerry en 1988, mientras avanzaban las investigaciones de la comisión a su cargo, que concluirían al año siguiente. En aquel tiempo no habría podido existir nada más impopular que desnudar la falsa guerra contra el narcotráfico emprendida por el presidente Ronald Reagan y su vicepresidente George Bush. El mandatario estadounidense no podía hablar de una "guerra" cuando voluntariamente dormía con el enemigo, como se probó fehacientemente con decenas de testigos durante las investigaciones de las comisiones especiales sobre el caso Irán-*contra*.

En 1988, una prueba en el detector de mentiras puso en duda la veracidad del testimonio ofrecido por Milián en el subcomité del senador John Kerry. Sin embargo, en 1991, el cofundador del cártel de Medellín, Carlos Lehder Rivas, confirmó que su organización sí le había entregado 10 millones de dólares a la *contra*.[16] Por supuesto, como buen hombre de negocios que era Pablo

[16] Información obtenida de Leslie Cockburn y Andrew Cockburn, "Guns, Drugs and the CIA", *Frontline*, 17 de mayo de 1988; así como del informe de John Kerry publicado en 1989.

Escobar Gaviria, no le hizo un obsequio al movimiento antisandinista, aquella maniobra representaba una inversión. Gracias a la complaciente CIA, ese generoso donativo le abrió a Escobar las puertas de Estados Unidos, específicamente en el aeropuerto de Mena, en Arkansas. De esta forma, la agencia de inteligencia estadounidense financió su política exterior anticomunista a costa de la salud pública de la población, y actualmente siguen pagando el precio: "Una de cada 40 personas en Estados Unidos cubre el diagnóstico de abuso o dependencia a las drogas ilícitas", según señaló el director de la política antidrogas de la Casa Blanca, Gil Kerlikowske, en mayo de 2010.

CAPÍTULO 4

Cría cuervos

El Informante

"Le voy a contar la verdad verdadera", señaló en medio de una espesa nube de humo que expiró por boca y nariz uno de los hombres que ha vivido desde el gobierno mexicano todas las fases de transformación del narcotráfico durante los últimos 35 años. *El Informante*, como lo llamaremos de ahora en adelante, está impecablemente vestido con un traje; su figura es larga y delgada. En la mano sujeta sus inseparables cigarros Montana que consume a la misma velocidad que fluyen sus palabras. La conversación con *El Informante* para esta investigación ocurrió en 2010. Ante la insistencia, rompió el silencio guardado durante años. Su testimonio fue narrado con el detalle que sólo puede tener un espectador en primera fila.

Veintidós años después del testimonio de Milián Rodríguez ante John Kerry, y 20 años después de las revelaciones que *Torre Blanca* hizo ante los 12 miembros del jurado en la corte de distrito de California, la historia narrada por *El Informante* corrobora a plenitud los dichos de los dos testigos protegidos del gobierno de Estados Unidos. Al norte del río Bravo, el caso Irán-*contra* resulta clave para entender el fortalecimiento del narcotráfico durante la década de 1980; al sur, el relato de *El Informante* completa la genealogía mafiosa.

Su rostro se oculta tras el humo del cigarro, su nombre permanece en secreto porque en ello le va la vida: "A mí nadie me platicó esto, yo lo vi, yo lo viví", comenzó a contar su historia, que durante 35 años se cruzó con la de narcotraficantes a los que tuvo enfrente decenas de veces.

> En 1970 no existía el término "cártel" —apunta *El Informante*—, existían sólo las "clicas", que se dedicaban a sembrar, transportar y cruzar al otro lado de la frontera la mariguana y la *goma* [heroína]. Prácticamente no había estado de la República que quedara a salvo de esa actividad económica en una u otra modalidad [...] La droga se sembraba en Guerrero, Michoacán, Sinaloa, Durango, Chihuahua, Veracruz y Oaxaca. Eran los años de la guerra de Vietnam y el gobierno de Estados Unidos permitía la actividad del narcotráfico para surtir de estimulantes a sus soldados en el frente de batalla y para los que regresaban a su país con la adicción ya generada.

El relato de *El Informante* avanzó y el cenicero se fue llenando de colillas. Una vez que comenzó ya no pudo parar; aquello suponía una especie de exorcismo de sus propios fantasmas.

Era el inicio del sexenio de Luis Echeverría Álvarez (1970-1976), mejor conocido como LITEMPO 8 por la CIA, para la cual colaboró durante el gobierno de Gustavo Díaz Ordaz; nadie sabe si algún día ha dejado de hacerlo. El procurador general de la República era Pedro Ojeda Paullada, quien tenía el mérito de ser amigo personal del presidente. El cargo de secretario de la Defensa Nacional lo ocupaba Hermenegildo Cuenca Ríos, y la Secretaría de Gobernación la encabezaba Mario Moya Palencia. A la cabeza de la Policía Judicial Federal estaba Manuel Suárez Domínguez, y la Dirección Federal de Seguridad era controlada desde el sexenio de Gustavo Díaz Ordaz por Fernando Gutiérrez Barrios —que ostentaba el código LITEMPO 4—, aunque su titular oficial era Luis de la Barreda Moreno. En aquellos años formar parte de un grupo guerrillero o disidente del Estado era más arriesgado que volverse narcotraficante. Las instituciones que perseguían inmisericordes a los primeros eran las mismas que mantenían a raya a los segundos y les cobraban periódicamente millones de dólares que eran producto de su aún incipiente pero muy valioso negocio.

Había 600 agentes federales para todo el país, con 15 o 20 ayudantes cada uno. Eran los llamados "madrinas" que jamás aparecían en la nómina oficial de la PGR pero que eran un grupo indispensable para su funcionamiento actuando en la ilegalidad y falta de control. En la estructura de la PGR había un procurador, que era Ojeda Paullada, dos coordinadores generales, y un oficial mayor llamado Alejandro Gertz Manero, que casi 30 años después fue el primer secretario de Seguridad Pública Federal. En esa época Gertz Manero tenía un escolta llamado Rodolfo León Aragón, que después escribió con actos de corrupción su negra leyenda.

No había viáticos ni dinero para equipos ni oficinas para la Policía Judicial. Cada coordinador regional suministraba a su gente coches, armas, radios y hasta oficinas. Lo único que no era de ellos era la charola. Los recursos se obtenían a través de peleas de gallos, carreras de caballos y del narcotráfico. Así eran las cosas, así funcionaba, no digo que estaba bien ni que estaba mal, simplemente así era —dijo *El Informante* con absoluta naturalidad.

Eran los tiempos en que el gobierno federal tenía bajo un control casi total la siembra y el trasiego de la droga. No había casi ningún cargamento que no pasara por el permiso y la vigilancia del Ejército mexicano, de la Dirección Federal de Seguridad y la Policía Judicial Federal. El control consistía en estar "arreglado" con el Ejército, la PGR y la DFS. Todo estaba bajo estricta supervisión. Para sembrar 50 o 60 hectáreas se requería el permiso del jefe de la zona o región militar.

> Cuando los plantíos estaban arreglados se les ponían banderitas de colores, según fuera el arreglo. Así cuando los helicópteros los sobrevolaban, en vez de fumigarlos los regaban. Cada tres meses estaba lista la cosecha y los sembradores pedían permiso para transportar la droga a un centro de acopio. Y después los transportistas pedían otro permiso para trasladar la droga hasta el punto de cruce fronterizo; por ejemplo, desde Oaxaca hasta Miguel Alemán, Tamaulipas. Para evitar robos de la mercancía los camiones que la transportaban contaban con la protección de la PJF. Había la orden precisa de que ni un kilo podía quedarse en el país. No había venta al menudeo. Cuando atrapábamos a alguien con mercancía para la venta local se le echaba todo el peso de la ley y se les encarcelaba sin ninguna distinción.

El Informante asegura que el secretario de Gobernación, el secretario de la Defensa, el procurador y el presidente de la República estaban al tanto de todas esas operaciones. Al mismo tiempo, las autoridades de Estados Unidos sabían desde principios de la década de 1970 que la DFS estaba implicada en el tráfico de droga, así que siguieron defendiendo y protegiendo a la agencia.[1] La colusión entre los gobiernos de Estados Unidos y México en el trasiego de drogas no representaba impedimento alguno para que las autoridades mexicanas fincaran sus fortunas a costa de los cobros de protección al narcotráfico: ése era un negocio aparte que no escandalizaba a nadie… ni escandaliza.

El viaje de la maleta

En las altas esferas de poder, cada quien desempeñaba su papel y se llevaba una ganancia considerable por hacer "bien" su trabajo:

[1] Peter Dale Scott y Jonathan Marshall, *Cocaine Politics: Drugs, Armies, and the CIA in Central America*, California, University of California Press, 1991.

> El Ejército mexicano se encargaba de vigilar los plantíos de droga; la PJF era la responsable del traslado de la mercancía, y la DFS tenía el contacto directo con los narcotraficantes y los controlaba. Los narcotraficantes le pagaban una especie de "impuesto" al gobierno federal para dedicarse a esa actividad. Se pagaban 60 dólares por cada kilo: 20 dólares eran para el jefe de la zona militar, 20 dólares para la Policía Judicial Federal y los otros 20 los cobraba la DFS.
>
> En la Policía Judicial Federal cada coordinación se quedaba con una parte de ese dinero para pagar las armas, las oficinas, el equipo y el sueldo de los ayudantes [madrinas]. No eran sobornos, era un impuesto autorizado desde el más alto nivel de gobierno —aclaró *El Informante* como autodefensa—. En específico, del dinero que cobraba la PJF a los narcotraficantes, la mitad se quedaba para gastos de la corporación, y la otra mitad se iba hasta la oficina del procurador.

Religiosamente, cada mes una maleta hacía un largo viaje por toda la República mexicana, y su destino final eran las oficinas de la PGR, que en aquel entonces se ubicaban la calle de San Juan de Letrán número 9, en el Centro Histórico de la ciudad de México. Al mismo tiempo que el maletín llegaba a la procuraduría, envíos similares arribaban a la Secretaría de Gobernación y a la Defensa Nacional.

> Cada determinado tiempo la maleta hacía su viaje, desde abajo, desde los que directamente cobraban el dinero hasta la oficina del procurador. Era un largo viaje pero nadie se atrevía a sacarle dinero a la maleta. Eran fajos y fajos de billetes verdes, dólares. Puede uno cerrar los ojos e imaginarlo hasta casi percibir el olor a billetes cada vez que se abría el equipaje. Lo que pasaba después con la maleta nadie lo sabía. Se perdía de mano en mano hasta llegar a Los Pinos.
>
> Los impuestos de los narcos crearon fortunas de la noche a la mañana de funcionarios y empresarios en México. Otra parte del dinero,

> como ocurrió en Estados Unidos, fue destinado a la lucha contra los movimientos subversivos. Eran cantidades incontables de dinero, en aquella época en México no existía la Comisión Nacional de los Derechos Humanos ni la Secretaría de la Contraloría, no había ningún control sobre los servidores públicos. Todo eso se entendía como una forma de preservar la seguridad nacional. El narcotráfico era un asunto de Estado. Lo que se pedía a cambio a los narcotraficantes es que no anduvieran armados ni haciendo desmanes para la protección de la policía y el Ejército, pero sobre todo para proteger a la población civil.

Por otra parte, *El Informante* puntualizó el perfil de los narcotraficantes, que parecieran cortados por la misma tijera: "Son gente violenta por naturaleza, o por la naturaleza de su negocio, como quiera entenderlo. Son gente que se metió en esto porque no tiene educación, porque estaban jodidos". La inmensa mayoría de la gente involucrada en aquellos años en el tráfico de drogas está compuesta por hombres y mujeres de extracción humilde, que no pasaron del cuarto año de primaria y provenían de comunidades rurales.

> Por supuesto, siempre había quien quería salirse del redil; eran los llamados *chapulines*, que querían brincarse las autorizaciones del Ejército, la PJF y la DFS. Querían hacer sus movimientos sin reportarse ni pagar sus impuestos. A ellos se les confiscaba la mercancía y luego luego, a la cárcel, no había concesiones. Eran los propios narcotraficantes quienes los delataban: si ellos pagaban sus impuestos, ¿por qué los otros no? En muchas ocasiones fui yo uno de los hombres que recibía en las oficinas a los narcotraficantes para recibir el pago de sus impuestos —afirmó *El Informante.*

En los años del control, entre los que pagaban sus impuestos estaban Manuel Salcido Uzueta, *El Cochiloco*, Pancho Amarillas,

Eduardo *Lalo* Fernández, el cubano Alberto Sicilia Falcón, Pedro Avilés Pérez, Pedro Díaz Parada, *Don Neto* Fonseca Carrillo, los legendarios Quintero Payán y su tía Lucy Quintero, Miguel Ángel Félix Gallardo, Pablo Acosta, Juan José Esparragoza Moreno e Ismael Zambada García.

Fue en 1973 cuando Ernesto Fonseca Carrillo, a los 32 años de edad, sembró las primeras dos hectáreas de mariguana en El Dorado, Sinaloa. Cosechó tres toneladas, las cuales transportó y vendió en Tijuana a "los hermanos González", así se consigna en la declaración ministerial de *Don Neto*. En ese entonces Pedro Avilés recolectaba la producción de los sembradíos de mariguana y la almacenaba en San Luis Río Colorado.

> Los narcotraficantes pagaban hasta por ser escuchados por las autoridades —continuó su relato *El Informante*—. Nada más por escuchar, los coordinadores o el comandante de zona cobraban un millón de dólares. ¡Sólo por escuchar! Cuando el narcotraficante y el funcionario estaban frente a frente, el delincuente discretamente deslizaba debajo de la mesa la maleta con el dinero que pagaba el derecho de audiencia. Una vez que se escuchaba al narcotraficante, se pedían instrucciones a México [la capital], nada se hacía a espaldas de los altos mandos ni de la PGR, ni de Gobernación ni de la Sedena.

El ritual de la maleta subsistió durante el sexenio de José López Portillo (1976-1982). En aquella administración el procurador general era Óscar Flores Sánchez; en la Segob primero estuvo Jesús Reyes Heroles (1976-1978) y luego Enrique Olivares Santana (1979-1982); el secretario de la Defensa era el general Félix Galván López; el titular de la PJF era Raúl Mendiolea Cerecero, y a cargo de la DFS estuvo Javier García Paniagua, hasta 1978, cuando fue sustituido por Miguel Nazar Haro, uno de los hombres consentidos de la CIA. Nazar Haro tuvo un papel central en la historia de la tolerancia y la ayuda del gobierno de Estados Unidos al tráfico internacional de drogas.[2]

En 1976 inició la Operación Cóndor, bajo el mando del general José Hernández Toledo.

> Fue el primer intento del gobierno de Estados Unidos de controlar desde territorio mexicano el mercado de la oferta y la demanda de enervantes. O la primera simulación, como se quiera entender. El gobierno estadounidense donó helicópteros usados: los Bell 206 eran para la fumigación de plantíos y los Bell 212 para el transporte del personal militar. De igual manera, dependiendo si los plantíos tenían banderita de autorización o no, era que con los helicópteros de Estados Unidos les tocaba fumigación o riego. Todo seguía funcionando bajo las mismas reglas.
>
> En 1978, en Culiacán, Sinaloa, Ismael *El Mayo* Zambada se presentaba con sus pagos de impuestos en la oficina. *El Mayo* siempre ha sido independiente, es gente de temor, gente de mucho respeto. *El Mayo*, cuando mata, mata, pero entonces las reglas de los narcos eran distintas. Eran incapaces de atentar contra la población civil o algún funcionario público por muy menor que fuera su cargo, había respeto por la autoridad, había una clara división de quién estaba de qué lado, no como ahora que los narcos son funcionarios públicos y ya no hay división, ya no se ve dónde está la línea.

En su cuarto informe de gobierno, el presidente José López Portillo se refirió por primera vez al tema del narcotráfico y la "guerra" en contra de la droga emulando a Reagan.

> Fue la primera vez, que yo recuerde, que un presidente habló del tema públicamente. Javier García Paniagua comenzó a involucrar a

[2] *Ibid.*

la DFS en el narcotráfico no para controlarlo, sino para participar en él, lo que antes no se entendía como corrupción comenzó a ser corrupción. La etapa de los años del control va desde Echeverría hasta 1982, con la diferencia de que con López Portillo las cantidades de droga ya eran importantes. En el sexenio de Miguel de la Madrid comenzó a cambiar todo.

La renovación moral

Miguel de la Madrid inició su sexenio en 1982 con el eslogan de "la renovación moral", pero muchos de los principales funcionarios del sexenio de Echeverría y López Portillo ocupaban cargos en el nuevo gobierno, y no tenían en mente comportarse con "moralidad".

Ronald Reagan arrancaba su segundo año de gobierno, y George W. H. Bush era el segundo hombre más poderoso de la Unión Americana. En México, el titular de la Sedena era el general Juan Arévalo Gardoqui, ex comandante de la Quinta Zona Militar, correspondiente al estado de Chihuahua; el procurador general de la República era el controvertido jalisciense Sergio García Ramírez; el secretario de Gobernación era Manuel Bartlett Díaz. Desde entonces, el gobierno de Estados Unidos no le perdió la pista a ninguno. A la Subsecretaría de Gobernación llegó el militar Jorge Carrillo Olea, un hombre que con los años se convirtió en una pieza clave para entender la actual situación de crisis de inseguridad e impunidad en el país. Al frente de la DFS quedó José Antonio Zorrilla, y como jefe de la PJF fue nombrado Manuel Ibarra Herrera. Fernando Gutiérrez Barrios, el legendario hombre de la DFS, ocupó el cargo de director general de Caminos y Puentes Federales, pero siguió moviendo los hilos de la oficina de inteligencia de la Secretaría de Gobernación.

"García Ramírez envió a las delegaciones de la PGR y de la PJF, ubicadas en las principales rutas de narcotráfico, a los comandantes más 'confiables' para el equipo que había arribado al poder", señaló *El Informante*. De esta forma, la delgada línea que mantenía a narcotraficantes y servidores públicos separados por un escritorio empezó a desvanecerse.

> El pago de impuestos por parte de los narcotraficantes comenzó a transformarse en dinero directo para los políticos y funcionarios mexicanos. Se crearon fortunas y se financiaron proyectos políticos, pero comenzó a perderse el mando sobre los narcotraficantes. García Ramírez metió a su gente de confianza no para controlar a los narcotraficantes sino para sustituirlos. Los coordinadores regionales de la PJF dejaron de ser policías y se convirtieron en narcotraficantes, y usaban a los narcotraficantes de profesión para sus propósitos.
>
> Fue García Ramírez quien dio de alta a Guillermo González Calderoni, que venía del Registro Federal de Automóviles y fue quien metió a los Larrazolo y a los hermanos Cristian y Salvador Peralta. Por un lado esos policías crearon a sus propios narcos para que les hicieran el trabajo sucio, para que traficaran droga. Y por otro daban apoyo y protección a algunos de los capos más importantes a cambio de dinero que ya no iba a las arcas del gobierno ni para equipos, sino a los bolsillos de los políticos.
>
> Así nació la organización de los hermanos Arellano Félix. Fue el comandante Salvador Peralta quien le enseñó a los Arellano Félix a trabajar, cuando éstos sólo eran robacoches de quinta. Los dotó de equipo para intervenir comunicaciones y así se enteraban por dónde iba a ir la mercancía y se la robaban y se iban a mitas con Peralta.
>
> A Tamaulipas llegó Guillermo González Calderoni, que se hizo muy amigo de Juan García Ábrego. Él fue quien formó a *Los Texas* en Tamaulipas. Eran *pateros*, así les decían a los que pasaban indocumentados al otro lado de la frontera. En poco tiempo, González

Calderoni los convirtió en notables capos. También fue González Calderoni quien daba protección a Miguel Ángel Félix Gallardo y a Amado Carrillo Fuentes.

Guillermo González Calderoni estuvo adscrito como comandante de la PJF en Guadalajara, Jalisco, en 1987; ahí conoció a Miguel Ángel Félix Gallardo, según ha narrado el propio capo en cartas enviadas a periodistas desde el penal de máxima seguridad en Almoloya de Juárez, Estado de México.[3]

De Oaxaca a Tijuana

En el estado de Oaxaca está el nudo del tráfico de cocaína. Los principales embarques que venían de Sudamérica se concentraban en Oaxaca en bodegas de los municipios de Tuxtepec, Matías Romero y Salina Cruz. El gobernador del estado era Pedro Vázquez Colmenares [1980-1985], quien era visitado con mucha frecuencia por el entonces procurador Sergio García Ramírez. Ambos pasaban veladas bohemias frente a su piano escuchando las canciones del señor procurador. El hoy general Mario Arturo [Acosta] Chaparro era el director de la policía estatal de Oaxaca. El jefe de la policía judicial del estado era el comandante Cárdenas, padre del polémico Luis Cárdenas Palomino. Era un mocoso cuando llegó a Oaxaca. El papá tenía tres matrimonios y Luis era producto de uno de ellos.

Fue allá por Oaxaca donde vino a aparecer *El Chino*, ex escolta de Gertz Manero. Entonces ya era ministerio público federal adscrito a Salina Cruz. Ahora anda por allá refugiado. El comandante regional de la DFS era Tomás Morlet, y de la PJF Clemente Moreno, quien tenía bajo su coordinación el extenso territorio de Veracruz,

[3] Diego Enrique Osorno, "Memorias de un capo", *Gatopardo*, México, mayo de 2009.

> Oaxaca y Puebla. Clemente Moreno venía de la coordinación del noroeste cuya sede era Tijuana, Baja California. Abarcaba también Sinaloa y Nayarit. Ahí tenía dos ayudantes, hermanos de una de sus novias, que se llevó a Oaxaca. Qué chistoso, ¿quién lo iba a decir? Años después esos dos muchachos de entonces 16 o 17 años se convirtieron en dos temidos narcotraficantes en Baja California: *El Teo* y *El Chiquilín* —comentó con sorna *El Informante*.

Desde principios de la década de 1990, Teodoro García Simental, *El Teo*, y su hermano José Manuel, *El Chiquilín*, se convirtieron en integrantes del cártel de los Arellano Félix. Tenían asolado al estado de Baja California. A estos dos individuos se les atribuye la muerte y desaparición de cuando menos 300 personas. Para ellos trabajaba el hoy tristemente célebre *Pozolero*, quien por siete mil pesos a la semana disolvía en sosa cáustica a las víctimas de la banda de *El Teo*. Narran las crónicas periodísticas que *El Pozolero* introducía los cuerpos en un tambo y los sumergía en sosa; bastaban 24 horas para que sólo quedaran los dientes y un líquido que enterraba en una fosa clandestina. *El Teo* y *El Chiquilín* fueron detenidos en enero y febrero de 2010 respectivamente. La SSP afirmó que eran integrantes del cártel de Sinaloa, cuando en realidad pertenecían al cártel de los Arellano Félix. Ahora el gobierno se horroriza de ellos: el sistema de corrupción que perdura los creó, pero nadie acepta su paternidad.

> Las avionetas Cessna bajaban al Istmo provenientes de Tijuana, Juárez y Matamoros, recogían la cocaína y regresaban a su lugar de origen. Acuérdese de que ahí estaban los centros de almacenamiento. A veces el propio gobierno de Estados Unidos iba por la mercancía. Viajaban igual cargados de pelo rojo [mariguana roja] de Colombia que de cocaína. A mí nadie me lo contó, yo lo vi con mis propios ojos. A principios de los ochentas mientras estaba en Puerto Escondido,

> Oaxaca, me tocó cuidar un avión de la fuerza aérea de Estados Unidos que venía con pelo rojo de Colombia. La única diferencia entre la mariguana mexicana y la colombiana es el color. La colombiana es roja y por eso el mote de pelo rojo muy cotizado todavía en estos días. El avión llegó a Puerto Escondido para recargar combustible y después voló a Estados Unidos.
>
> Los contactos de los capos mexicanos con los colombianos eran a través del gobierno. Quien quería comprar cocaína, ya fuera Félix Gallardo, Pablo Acosta, Amado, García Ábrego, *El Mayo* Zambada, *El Güero* Palma, *El Chapo* Guzmán, *El Cochiloco*, *El Azul*, o el que fuera, tenía que hacerlo a través del gobierno.

Los datos, fechas y hechos narrados por *El Informante* coinciden en la línea del tiempo con el plan Irán-*contra* que controlaba la CIA y abarcaba desde Colombia hasta México. Empecinada en su lucha anticomunista en América Latina y sin recursos aprobados por el Congreso estadounidense, la inescrupulosa CIA se entregó a los brazos del narcotráfico.

De Medellín a Guadalajara

Juan Ramón Matta Ballesteros, alias *El Negro*, es recordado como el hombre que un día se ofreció a pagar la deuda externa de su país: Honduras. Dicen que se lo propuso directamente al entonces presidente José Azcona Hoyo, pero el mandatario se negó.

En Matta Ballesteros todo es negro: el color de su piel, de su cabello, de sus ojos huidizos, su carácter violento y su vida de narco. En las audiencias del subcomité Irán-*contra* presidido por John Kerry, su nombre fue muy escuchado, así como el de su empresa Setco, una aerolínea contratada por la CIA para llevar "ayuda humanitaria" a la *contra* de Nicaragua, a pesar de todos los antecedentes que la agencia tenía de que Matta Ballesteros era narcotraficante, o quizás precisamente por eso.

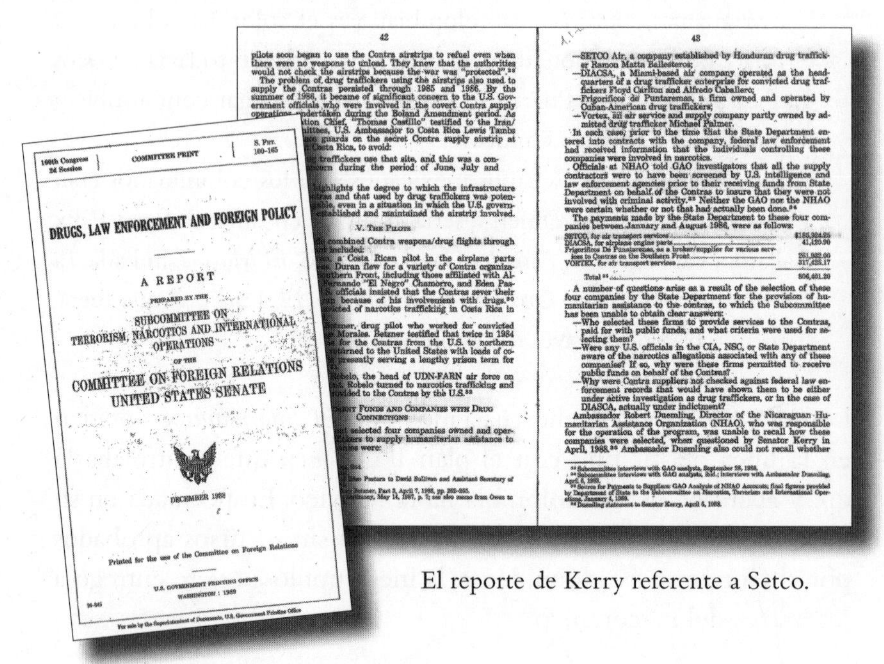

100th Congress
2d Session

COMMITTEE PRINT

S. Prt.
100-165

DRUGS, LAW ENFORCEMENT AND FOREIGN POLICY

A REPORT

PREPARED BY THE

SUBCOMMITTEE ON
TERRORISM, NARCOTICS AND INTERNATIONAL
OPERATIONS

OF THE

COMMITTEE ON FOREIGN RELATIONS
UNITED STATES SENATE

DECEMBER 1988

Printed for the use of the Committee on Foreign Relations

U.S. GOVERNMENT PRINTING OFFICE
WASHINGTON : 1989

42

pilots soon began to use the Contra airstrips to refuel even when there were no weapons to unload. They knew that the authorities would not check the airstrips because the war was "protected".[28]

The problem of drug traffickers using the airstrips also used to supply the Contras persisted through 1985 and 1986. By the summer of 1986, it became of significant concern to the U.S. Government officials who were involved in the covert Contra supply operations undertaken during the Boland Amendment period. As

43

—SETCO Air, a company established by Honduran drug trafficker Ramon Matta Ballesteros;

—DIACSA, a Miami-based air company operated as the headquarters of a drug trafficker enterprise for convicted drug traffickers Floyd Carlton and Alfredo Caballero;

—Frigorificos de Puntaremas, a firm owned and operated by Cuban-American drug traffickers;

—Vortex, an air service and supply company partly owned by admitted drug trafficker Michael Palmer.

In each case, prior to the time that the State Department entered into contracts with the company, federal law enforcement had received information that the individuals controlling these companies were involved in narcotics.

Officials at NHAO told GAO investigators that all the supply contractors were to have been screened by U.S. intelligence and law enforcement agencies prior to their receiving funds from State Department on behalf of the Contras to insure that they were not involved with criminal activity.[33] Neither the GAO nor the NHAO were certain whether or not that had actually been done.[34]

The payments made by the State Department to these four companies between January and August 1986, were as follows:

SETCO, for air transport services	$185,924.25
DIACSA, for airplane engine parts	41,120.90
Frigorificos De Puntarenas, as a broker/supplier for various services to Contras on the Southern Front	261,932.00
VORTEX, for air transport services	317,425.17
Total[35]	806,401.20

A number of questions arise as a result of the selection of these four companies by the State Department for the provision of humanitarian assistance to the contras, to which the Subcommittee has been unable to obtain clear answers:

—Who selected these firms to provide services to the Contras, paid for with public funds, and what criteria were used for selecting them?

—Were any U.S. officials in the CIA, NSC, or State Department aware of the narcotics allegations associated with any of these companies? If so, why were these firms permitted to receive public funds on behalf of the Contras?

—Why were Contra suppliers not checked against federal law enforcement records that would have shown them to be either under active investigation as drug traffickers, or in the case of DIASCA, actually under indictment?

Ambassador Robert Duemling, Director of the Nicaraguan Humanitarian Assistance Organization (NHAO), who was responsible for the operation of the program, was unable to recall how these companies were selected, when questioned by Senator Kerry in April, 1988.[36] Ambassador Duemling also could not recall whether

[33] Subcommittee interviews with GAO analysts, September 28, 1988.
[34] Subcommittee interviews with GAO analysts, ibid.; interviews with Ambassador Duemling, April 6, 1988.
[35] Source for Payments to Suppliers: GAO Analysis of NHAO Accounts; final figures provided by Department of State to the Subcommittee on Narcotics, Terrorism and International Operations, January 4, 1989.
[36] Duemling statement to Senator Kerry, April 6, 1988.

El reporte de Kerry referente a Setco.

Honduras resulta esencial para entender la operación Irán-*contra*: su territorio fue usado para llevar armas al movimiento contrarrevolucionario y para transportar cocaína hacia Estados Unidos. En 1977, *El Negro* fue el artífice de la sociedad entre el cártel de Medellín y el cártel de Guadalajara, cuando presentó al colombiano Gonzalo Rodríguez Gacha —uno de los fundadores del cártel de Medellín— con Miguel Ángel Félix Gallardo. Pronto se dio un buen entendimiento entre los dos narcos.

Rodríguez Gacha nació en una familia campesina. Se abrió paso en medio de una violenta disputa en la zona de producción de esmeraldas en Colombia. Apenas había cumplido 29 años cuando se unió a la organización que comenzaba a formar Pablo Escobar Gaviria, con Carlos Lehder y los hermanos Fabio, Juan

David y Jorge Luis Ochoa. Y tenía 30 años cuando conoció a Félix Gallardo. Entonces el cártel de Guadalajara se limitaba al trasiego de mariguana y heroína a Estados Unidos con una muy bien organizada estructura. Rodríguez Gacha le abrió los ojos a *El Jefe de Jefes* y le mostró un negocio más jugoso: la cocaína. Por un menor volumen de mercancía, la ganancia era mayúscula.

El Negro era el contacto en Sudamérica del narcotraficante Alberto Sicilia Falcón, un cubano contrarrevolucionario que llegó a México a crear un imperio de la droga de la noche a la mañana. En su biografía criminal se afirma que Sicilia Falcón fue el que inició el tráfico de cocaína con los colombianos usando el territorio de México. Había una competencia desleal de por medio: los narcos mexicanos tenían el apoyo y la autorización del gobierno mexicano, mientras que Sicilia Falcón contaba con el apoyo y la autorización del gobierno mexicano y de la CIA.

El narco cubano hubiera durado el tiempo suficiente como para que le hicieran un narcocorrido si no fuera por la pugna entre la DEA y la CIA. En 1975 fue detenido por Nazar Haro y lo recluyeron en la prisión de Lecumberri, de donde se fugó en una espectacular operación a través de un supuesto túnel que había cavado él mismo. Sicilia Falcón fue recapturado unos días después por el comandante Florentino Ventura de la PJF por presión de la DEA. En su libro *Underground Empire,* el investigador James Mills señala que "bajo tortura, Sicilia confesó que trabajaba para la CIA en drogas y operaciones de armas intentando desestabilizar naciones latinas".

Ya sin Sicilia Falcón en operación, Matta Ballesteros logró que Rodríguez Gacha y Félix Gallardo se entendieran y que la relación fuera productiva para ambas organizaciones. Rodríguez Gacha se encontró tan a gusto en el "modelo mexicano", que al poco tiempo su gusto por la cultura de charrería hizo que se ganara el mote de *El Mexicano*. En Colombia incurrió en la excentricidad de ponerle a sus ranchos nombres de estados o ciudades de México, como Cuernavaca, Chihuahua, Sonora o Mazatlán. Entre tanto, la falsa "guerra contra las drogas" iniciada por Reagan no provocó que el cártel de Medellín se alejara del territorio estadounidense, al contrario, lo ayudó a acercarse más.

El narco más grande era de la CIA

En 1981 apareció un peculiar personaje en la historia del cártel de Medellín, el cártel de Guadalajara y el grupo de Matta Ballesteros: el multifacético Adler Berriman Seal, mejor conocido como Barry Seal. Se convirtió en la amalgama perfecta. "El contrabandista de droga más grande en la historia americana era un agente de la Agencia Central de Inteligencia", escribió Daniel Hopsicker en el *Washington Weekly* en agosto de 1987. Seal, hombre de ojos vivaces y cara de cínico, tenía una triple personalidad: además de trabajar como piloto del cártel de Medellín, era agente encubierto de la CIA y después de la DEA.[4]

Al igual que *El Negro*, Barry Seal trabajaba con la CIA para apoyar a la *contra* nicaragüense. La conexión entre ellos, y los vínculos de ambos con el cártel de Medellín y el de Guadalajara no era casual bajo ninguna circunstancia. La historia de Seal se teje con leyendas escritas durante años en los principales diarios y revistas de Estados Unidos. Las historias que cuentan diversos documentos desclasificados de la CIA corroboran la leyenda negra que se ha construido alrededor de Seal.

La esposa de Barry Seal, Deborah, afirmó que él comenzó a trabajar por temporadas en la CIA desde la década de 1950.[5] En

[4] La historia de Seal es tan fascinante que en 1991 la cadena HBO produjo una película para televisión llamada *Doublecrossed*.

[5] Daniel Hopsicker, *Barry & 'the Boys'*, Oregon, Trine Day, 2001.

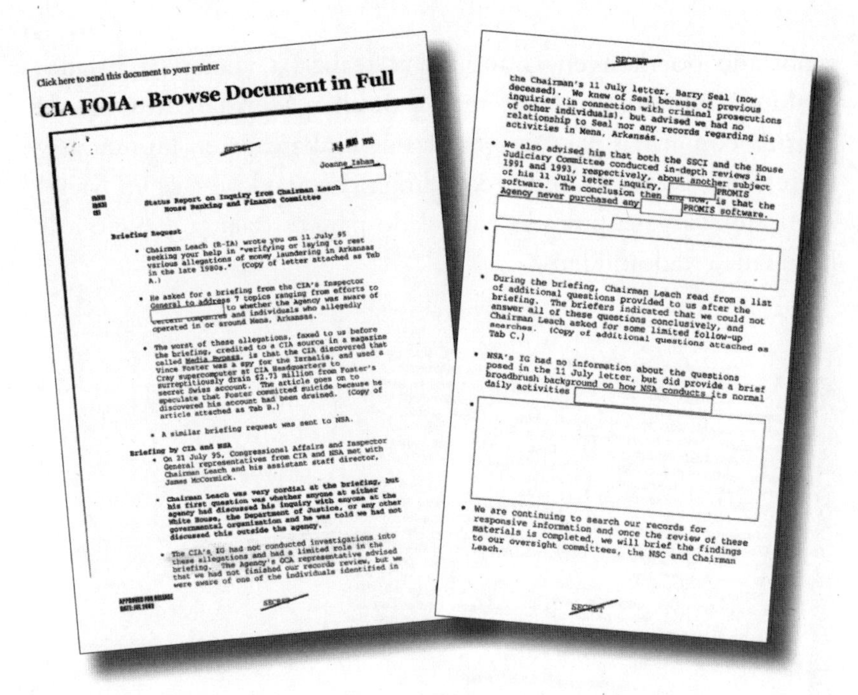

Click here to send this document to your printer

CIA FOIA - Browse Document in Full

SECRET

Joanne Isham

Status Report on Inquiry from Chairman Leach
House Banking and Finance Committee

Briefing Request

- Chairman Leach (R-IA) wrote you on 11 July 95 seeking your help in "verifying or laying to rest various allegations of money laundering in Arkansas in the late 1980s." (Copy of letter attached as Tab A.)
- He asked for a briefing from the CIA's Inspector General to address 7 topics ranging from efforts to [illegible] to whether the Agency was aware of certain companies and individuals who allegedly operated in or around Mena, Arkansas.
- The worst of these allegations, faxed to us before the briefing, credited to a CIA source in a magazine called Media Bypass, is that the CIA discovered that Vince Foster was a spy for the Israelis, and used a Cray supercomputer at CIA Headquarters to surreptitiously drain $2.73 million from Foster's secret Swiss account. The article goes on to speculate that Foster committed suicide because he discovered his account had been drained. (Copy of article attached as Tab B.)
- A similar briefing request was sent to NSA.

Briefing by CIA and NSA

- On 21 July 95, Congressional Affairs and Inspector General representatives from CIA and NSA met with Chairman Leach and his assistant staff director, James McCormick.
- Chairman Leach was very cordial at the briefing, but his first question was whether anyone at either agency had discussed his inquiry with anyone at the White House, the Department of Justice, or any other governmental organization and he was told we had not discussed this outside the agency.
- The CIA's IG had not conducted investigations into these allegations and had a limited role in the briefing. The Agency's OCA representative advised that we had not finished our records review, but we were aware of one of the individuals identified in

APPROVED FOR RELEASE

SECRET

SECRET

the Chairman's 11 July letter, Barry Seal (now deceased). We knew of Seal because of previous inquiries (in connection with criminal prosecutions of other individuals), but advised we had no relationship to Seal nor any records regarding his activities in Mena, Arkansas.

- We also advised him that both the SSCI and the House Judiciary Committee conducted in-depth reviews in 1991 and 1993, respectively, about another subject of his 11 July letter inquiry, [illegible] PROMIS software. The conclusion then and now, is that the Agency never purchased any [illegible] PROMIS software.
- [illegible]
- During the briefing, Chairman Leach read from a list of additional questions provided to us after the briefing. The briefers indicated that we could not answer all of these questions conclusively, and Chairman Leach asked for some limited follow-up searches. (Copy of additional questions attached as Tab C.)
- NSA's IG had no information about the questions posed in the 11 July letter, but did provide a brief broadbrush background on how NSA conducts its normal daily activities [illegible]
- [illegible]
- We are continuing to search our records for responsive information and once the review of these materials is completed, we will brief the findings to our oversight committees, the NSC and Chairman Leach.

SECRET

Documento desclasificado de la CIA donde señalan que sabían de la existencia de Seal y lo que hacía.

1972 fue detenido en Nueva Orleans en un avión DC4 acusado de enviar explosivos a los cubanos anticastristas que operaban en México. Trece años después, ese mismo avión fue el vínculo entre Matta Ballesteros y Seal. La aeronave fue usada por la compañía Hondu Carib, propiedad de Frank Moss, para llevar a Honduras ayuda para la *contra*, cargarla de droga y transportarla hacia Estados Unidos. Moss había sido antes piloto de Setco y al igual que la empresa de *El Negro*, Hondu Carib recibía recursos de la CIA.

El 31 de marzo de 1984, agentes de la DEA informaron a sus superiores que en el aeropuerto de Mérida, Yucatán, había un avión DC4, propiedad de la empresa Hondu Carib, tripulado por Frank Moss, quien tenía una conocida reputación de traficante de armas y droga. El itinerario de vuelo del avión con matrícula N90201 reportado por la agencia antidrogas realizaba vuelos de Estados Unidos a Honduras o Guatemala y de allí a Mérida. Moss salía de Florida con armas para la *contra*, las desembarcaba en Honduras y regresaba a Estados Unidos con drogas, haciendo escala en Mérida, donde cargaba pescado congelado para distraer la atención de la aduana estadounidense.

45

The FDN's arrangement with Moss and Hondu Carib was pursu-
ant to a commercial agreement between the FDN's chief supply of-
ficer, Mario Calero, and Moss, under which Calero was to receive
an ownership interest in Moss' company. The Subcommittee received documentation that one Moss plane, a DC-4, N90201, was
used to move Contra goods from the United States to Honduras.[42]
On the basis of information alleging that the plane was being used
for drug smuggling, the Customs Service obtained a court order to
place a concealed transponder on the plane.[43]

A second DC-4 controlled by Moss was chased off the west coast
of Florida by the Customs Service while it was dumping what ap-
peared to be a load of drugs, according to law enforcement personnel. When the plane landed at Port Charlotte no drugs were found
on board, but the plane's registration was not in order and its last
known owners were drug traffickers. Law enforcement personnel
also found an address book aboard the plane, containing among
other references the telephone numbers of some Contra officials
and the Virginia telephone number of Robert Owen, Oliver North's
courier.[44] A law enforcement inspection of the plane revealed the
presence of significant marijuana residue.[45] DEA seized the aircraft on March 16, 1987.

B. FRIGORIFICOS DE PUNTERENNAS

Frigorificos de Punterennas is a Costa Rican seafood company
which was created as a cover for the laundering of drug money, according to grand jury testimony by one of its partners, and testimony by Ramon Milian Rodriguez, the convicted money launderer
who established the company.[46]

From its creation, it was operated and owned by Luis Rodriguez
of Miami, Florida, and Carlos Soto and Ubaldo Fernandez, two convicted drug traffickers, to launder drug money.[47] Luis Rodriguez,
who according to Massachusetts law enforcement officials directed
the largest marijuana smuggling ring in the history of the state,
was indicted on drug trafficking charges by the federal government
on September 30, 1987 and on tax evasion in connection with the
laundering of money through Ocean Hunter on April 5, 1988.[48]

Luis Rodriguez controlled the bank account held in the name of
Frigorificos which received $261,937 in humanitarian assistance
funds from the State Department in 1986. Rodriguez signed most of
the orders to transfer the funds for the Contras out of that ac-

[42] Commerce Department's Shipper's Export Declaration for R/M Equipment, Inc., file # 0003688, Miami, Florida, February 28, 1985.
[43] Customs report, NOGGGGGBDO300036, ibid., p. 13.
[44] Address book seized by Customs, Port Charlotte, Florida, N2551, March 16, 1987.
[45] Subcommittee staff interview with Sheriff's investigators, Port Charlotte County, Florida, May, 1987.
[46] Grand jury statements of Carlos Soto on file in *U.S. v. Rodriguez*, 99-0222, USDC, Northern District of Florida, September 29, 1987, and Subcommittee testimony of Ramon Milian-Rodriguez, Part 2, February 11, 1988, pp. 260-261; documents seized in *U.S. v. Milian Rodriguez*, SD Florida 1983.
[47] Ibid.
[48] *U.S. v. Luis Rodriguez*, 87-01044, US District Court for the Northern District of Florida; *U.S. v. Luis Rodriguez*, 88-0222 CR-King, U.S. District Court for the Southern District of Florida.

Documento del Senate Committee Report On Drugs, Law Enforcement And Foreign Policy, presidido por el senador John Kerry, sobre Hondu Carib.

Barry Seal comenzó a trabajar oficialmente como piloto del cártel de Medellín en 1981; al poco tiempo pasó de dirigir avionetas que cargaban 100 kilos de cocaína a un avión que podía transportar hasta una tonelada. Se afirma que el hacedor del milagro fue la CIA, dada la premura que tenía para conseguir más recursos para la *contra*. Gracias a su productividad, Seal se volvió muy importante para la organización de Pablo Escobar, y era bien remunerado: le pagaban 1.5 millones de dólares por viaje, según comentaba él mismo.

Barry Seal comenzó a realizar sus principales viajes con la droga del cártel de Medellín al aeropuerto de Mena, en el estado de Arkansas, entonces gobernado por el demócrata Bill Clinton, que en 1993 se convirtió en el presidente número 42 de Estados Unidos. De 1981 a 1985, Mena fue uno de los principales centros para el contrabando internacional. De acuerdo con cálculos del IRS[6] y de la DEA, así como con testimonios hechos bajo juramento, en aquellos años el tráfico de cocaína y heroína ascendió a varios miles de kilos, y las ganancias provenientes de esas operaciones se elevaron a cientos de millones de dólares. En 1986, según una carta que el fiscal de Luisiana William J. Guste le envió al procurador general estadounidense Edwin Meese, Barry Seal había traficado hacia Estados Unidos cargamentos de drogas con un valor de entre tres mil millones y cinco mil millones de dólares.[7]

A cambio de una política de puertas abiertas para su droga, el cártel de Medellín apoyaba a la *contra*. En esencia, se trataba del mismo acuerdo al que habían llegado con el cártel de Guadalajara en México. Siendo socios el cártel de Medellín y el cártel de Guadalajara desde 1979, por medio del enlace establecido entre *El Mexicano* y Félix Gallardo, hoy se puede deducir que los dos

[6] Internal Revenue Service, entidad encargada de la recaudación fiscal en Estados Unidos.

[7] Sally Denton y Roger Morris, "The Crimes of Mena", *Penthouse*, julio de 1995. Este reportaje fue dado a conocer por la revista *Penthouse* después de que el periódico *Washington Post* cancelara su publicación de última hora sin ninguna explicación.

acuerdos eran uno solo, y que ésa fue una de las razones por las que los dos cárteles se fortalecieron enormemente en la región durante la década de 1980.

En 1983 Barry Seal fue detenido cuando transportaba cocaína de Colombia a Florida. La CIA no iba a poner en riesgo toda su operación por defender a Seal, así que el piloto del cártel de Medellín recurrió a la DEA, a la cual le ofreció información de la organización con la condición de que se le brindara inmunidad. Por primera vez en la historia, la agencia antidrogas de Estados Unidos tenía la gran oportunidad de conocer internamente las operaciones del peligroso cártel colombiano y destruirlo desde adentro. El agente Ernest Jacobsen, de la oficina de la DEA en Florida, fue el encargado de la relación con Seal.

La consolidación de la alianza entre Colombia y México

El piloto consentido del cártel de Medellín le reveló a Ernest Jacobsen que entre 1984 y 1986 la organización tenía un rancho de aproximadamente 16 hectáreas en la Península de Yucatán, México, donde había un centro de almacenamiento de cocaína para reenviarla a Estados Unidos en pequeños aviones.[8] La historia no resulta disparatada: un informe de la CIA de 1998 recientemente desclasificado[9] afirma que a lo largo de las décadas de 1980 y 1990 traficantes sudamericanos emplearon el istmo de Centroamérica como una ruta importante para transportar cocaína y marihuana; también para importar la droga que se refina con

[8] Ambrose Evans-Pritchard, *The Secret Life of Bill Clinton*, Washington, Regnery Publishing, 1997.

[9] "Report of Investigation, Volume I: The California Story", https://www.cia.gov/library/reports/general-reports-1/cocaine/report/index.html.

productos químicos y para lavar los ingresos provenientes de las operaciones ilícitas. Además, durante ese periodo se consolidaron las rutas marítimas en el Caribe como Barlovento, el canal de la Mona y Yucatán.

Es imposible dejar de vincular la base de operaciones en Yucatán con el testimonio que rindió *Torre Blanca* en la corte de distrito de California sobre el rancho de Rafael Caro Quintero en Veracruz al servicio de la *contra* nicaragüense, en complicidad con la CIA y la DFS. Tampoco se puede olvidar lo que el *Informante* de esta investigación periodística reveló sobre lo que ocurría en el istmo en Oaxaca con los aviones de la fuerza aérea de Estados Unidos.

Jacobsen señaló que Seal, ya en calidad de infiltrado de la DEA, le solicitó un avión más grande porque el cártel de Medellín le pedía transportar las cargas de 18 toneladas de pasta de coca de Perú a tres laboratorios de tratamiento en Nicaragua una vez a la semana, y desde allí al rancho de Yucatán.[10] La DEA le ayudó a Seal a conseguir el avión Fairchild C-123K, llamado *Fat Lady*, para que mantuviera su relación con el cártel de Medellín. Antes de que Barry usara el avión para la gran operación con los narcotraficantes colombianos, la CIA colocó cámaras y un dispositivo que se podía rastrear vía satélite. La administración de Reagan quería usar las fotografías tomadas como arma para desprestigiar al gobierno sandinista y que el Congreso aceptara liberar recursos para la *contra* nicaragüense. De este modo, mientras la CIA impulsaba la filtración de las imágenes a la prensa, la DEA se negaba porque así se pondría en riesgo la operación para la captura de Pablo Escobar Gaviria y su grupo.

De acuerdo con una entrevista que Ernest Jacobsen le dio al periodista inglés Ambrose Evans-Pritchard, Barry Seal le había

[10] Ambrose Evans-Pritchard, *op. cit.*

revelado que los colombianos querían mostrarle a la CIA su base de operaciones en Yucatán y sus bodegas para almacenar cocaína en Georgia y Florida. El plan era reunir a todos los miembros del cártel de Medellín en un lugar donde pudieran ser arrestados. Sin embargo, cuando estaban ajustando los últimos detalles del plan, "estalló la tormenta", dijo el agente de la DEA ante el subcomité Kerry.[11] Una vez más, triunfó la política exterior norteamericana sobre la salud pública. El vehículo de la filtración fue el *Washington Times*, donde se dio a conocer la hazaña de Barry Seal y la CIA. Públicamente, el gobierno de Reagan exigía la extradición del peligroso y violento narcotraficante Pablo Escobar Gaviria, pero al interior del aparato estatal norteamericano la CIA lo seguía protegiendo a cambio de dinero para la *contra*.

En diciembre de 1985 Seal fue condenado por el juez federal Frank Polozola a seis meses de libertad condicional por dos delitos de narcotráfico. Como parte de la sentencia, Seal tenía que estar todos los días en el hotel del Ejército de Salvación, en Baton Rouge, Louisiana, de seis de la tarde a seis de la mañana. Además, Polozola le prohibió a Seal portar un arma o tener guardias privados armados. En consecuencia, la sanción se convirtió en una sentencia de muerte. La DEA no pudo hacer nada para proteger la vida de su testigo, justo cuando estaba a punto de intervenir en un juicio abierto contra los líderes del cártel de Medellín.

El cártel colombiano fue paciente. El 19 de febrero de 1986 Seal regresó a las seis de la tarde al hotel del Ejército de Salvación. Mientras estacionaba su Cadillac blanco, un hombre lo asesinó con una ametralladora Mac-10. En la versión oficial se identificó al narcotraficante Jorge Luis Ochoa como autor intelectual del crimen.

Un año antes, en febrero de 1985, el cártel de Guadalajara asesinó al agente de la DEA Enrique Camarena. La CIA estuvo detrás

[11] Información obtenida del *Diario de Yucatán*.

de su muerte según las indagatorias de los miembros de la agencia antidrogas responsables de la Operación Leyenda y sus informantes. Ernesto Fonseca Carrillo y Rafael Caro Quintero fueron detenidos y encarcelados por el crimen, pero su socio Miguel Ángel Félix Gallardo, amigo de Matta Ballesteros y enlace entre el cártel de Guadalajara y el cártel de Medellín, quedó en libertad y siguió operando durante muchos años más. ¿Es una casualidad que hayan detenido a *Don Neto* y a Caro Quintero pero no a la conexión del cártel de Medellín?

Todas las acciones concertadas entre el cártel de Medellín y la organización de Guadalajara tuvieron un impacto negativo en la salud pública de los estadounidenses, y a la postre en la tranquilidad del continente entero.

Durante la década de 1980 el cártel de Medellín alcanzó la cima de su poder, y se convirtió en el principal exportador de cocaína hacia Estados Unidos. De acuerdo con los archivos de la DEA,[12] en 1985 el número de ciudadanos norteamericanos que admitieron consumir cocaína rutinariamente se incrementó de 4.2 millones a 5.8 millones.

Para la segunda mitad de los años ochenta, los traficantes mexicanos adquirieron un papel más importante. México se convirtió en una zona estratégica que se encontraba a medio camino entre la fuente productora y los consumidores. La topografía de México, a lo largo del Océano Pacífico y las costas del Golfo, permitió que se instalaran incontables pistas de aterrizaje para la recarga rápida del combustible de los aviones que transportaban los enervantes. Igualmente significativa resultaba la frontera terrestre de más de tres mil kilómetros entre México y Estados Unidos, ya que más

[12] "DEA History Book", 1985-1990, http://www.justice.gov/dea/pubs/history/1985-1990.html.

de 95 por ciento de la línea colindante no tenía vallas o barricadas. Éstas eran condiciones inmejorables para que el poderoso grupo de Guadalajara creara sólidos lazos con la mafia colombiana en el tráfico de heroína, mariguana y cocaína a Estados Unidos. Desde luego, la DEA estaba al tanto de la peligrosa alianza.

Las fichas de la DEA

En agosto de 1985 en las oficinas ubicadas en la Calle 38, número 8-61 en el corazón de la ciudad de Bogotá, Colombia, la DEA escribió un crudo informe sobre la penetración del narcotráfico en el sexenio de Miguel de la Madrid.

En las hojas ya amarillentas del pequeño legajo que se deshacen con la mirada quedó escrita en letras mayúsculas de molde la leyenda "ESTRICTAMENTE CONFIDENCIAL": "Informe sucinto y actualizado al mes de agosto de 1985 sobre las interconexiones narcoterroristas latinoamericanas".

América Latina ardía con los escándalos de narcotráfico. Las cuartillas del informe de la DEA huelen a impunidad, sangre y corrupción. La lista de nombres de importantes políticos mexicanos del pasado y el presente tiene un valor imprescindible para entender una larga historia de impunidad.

En la hermosa ciudad de Lima, Perú, acababa de explotar el caso de Villa Coca.[13] La pista que dejó el agregado civil en Consejería Comercial de la embajada de México en Perú, Ricardo Sedano Baraona, fue el camino para llegar a los tres funcionarios mexicanos de primer nivel que entonces protegían a narcotraficantes. La DEA

[13] El caso Villa Coca es el nombre que se dio al proceso seguido al narco Reynaldo Rodríguez López, *El Padrino*, luego de que el 24 de julio de 1985 estallara su laboratorio de cocaína en una zona residencial de Lima.

descubrió en los restos de Villa Coca una línea telefónica privada desde la casa de Sedano Baraona al laboratorio que explotó.

> Hay material abundante que prueba las estrechas relaciones entre Sedano y Reynaldo Rodríguez López, el capo peruano —señala el informe—. Los datos conocidos por el público han estado dosificados, así como también la vasta información que posee la agencia.
>
> En el caso de México el brazo terrorista de la bisagra adquiere formas diferentes, ya que después de la eliminación de los guerrilleros Genaro Vázquez, Lucio Cabañas y Yon Sosa, todo indica que no hay focos importantes guerrilleros o de terroristas, a causa de un acuerdo entre el gobierno mexicano y la embajada de Cuba.

"Ahí la modalidad es la protección de los cuerpos de seguridad del Estado a los terroristas de otros países latinoamericanos que se asilan políticamente", quedó escrito en el segundo renglón de la cuartilla redactada con máquina de escribir.

> Los contactos de Reynaldo Rodríguez López son conocidos desde hace años: Francisco Sahagún Baca y Arturo Izquierdo Hebrard, prófugos ex funcionarios de la policía de la ciudad de México, integrantes de la banda de *El Negro* Arturo Durazo Moreno (uno de los hombres de mayor confianza del presidente José López Portillo), hoy detenido en Los Ángeles, California; y Miguel Ángel Félix Gallardo *El Gato Félix* [otro de los apodos del capo] también prófugo, jefe de la sección financiera y de relaciones internacionales de la banda de *Los Mañosos*, por lo demás ahijado y protegido del ex gobernador de Sinaloa, Leopoldo Sánchez Celis.
>
> Esos tres contactos de Rodríguez López son las figuras de segundo nivel. Tres personalidades de la política en México figuran como puntos terminales de las redes que, hasta este momento, tenemos confirmadas por sus vinculaciones probadas: García Ramírez, Victoria Adato Green viuda de Ibarra, y Fernando Gutiérrez Barrios.

La agencia antinarcóticos seguía sigilosamente los pasos del procurador Sergio García Ramírez, quien a principios de julio de 1985 realizó una "discreta" visita al presidente de Perú, Fernando Belaunde Terry. El propósito oficial de ese viaje de menos de 24 horas fue la firma de un convenio entre Perú y México para combatir a las mafias internacionales que operaban en el país sudamericano y utilizaban a México como punto base para traficar cocaína a Estados Unidos.

Sergio García Ramírez, procurador general de México, era hijo de la señora Italia Ramírez Corona Salem, intérprete oficial de la Presidencia desde hace 20 años, y también se le conocía como un discípulo muy allegado de Jesús Reyes Heroles.

En el remoto mundo de las casualidades, el esposo de su secretaria particular, María de los Ángeles Chong Huerta, era Faustino Santiago Santiago, comandante de la sección antinarcóticos de la PJF. Su tiempo lo dividía entre sus tareas policiacas y una banda de narcotraficantes infiltrada en la policía.

En el documento de la DEA también hicieron minuciosos apuntes sobre Victoria Adato Green viuda de Ibarra. Mujer de tez blanca, ojos pequeños, cejas arqueadas y boca bien delineada. Debió de ser guapa alguna vez, en algo aún lo era. Parecía una aristócrata de no ser porque sus parientes políticos, dos hermanos de su marido, habían salido con reputación de delincuentes. Comenzó su carrera como ministerio público auxiliar de la Procuraduría del Distrito Federal y llegó a ser ministra numeraria de la Suprema Corte de Justicia de la Nación (SCJN).

"Hace pocas semanas fue obligada a renunciar a la jefatura de la Policía Judicial Federal de México. Manuel Ibarra Herrera *El Chato*, cuñado de la procuradora, recientemente había elevado a comandante de dicho cuerpo policiaco a Armando Pavón Reyes, quien recibió sesenta millones de pesos de Rafael Caro Quintero *El Príncipe*. Para dejarlo escapar al aeropuerto de Guadalajara", señaló el informe de la DEA. "El gran apoyo de Manuel Ibarra para su ascenso en la política mexicana ha sido el ex secretario de Gobernación, Mario Moya Palencia." Su otro cuñado, Arturo Ibarra, no se quedaba atrás: "Tiene una lavadora de dinero en Tijuana, Baja California. Con empresas fantasma obtiene *dólares tipo controlados*, o sea, a un costo menor del mercado para luego venderlos en su propia casa de cambio".

Adato Green también había estado involucrada en las investigaciones sobre Manuel Buendía, el periodista que *Torre Blanca* supuso debió de morir porque sabía demasiado. Pero lo más recordado de Adato Guerra no es su parentela ligada con el narco, sino que como magistrada de la SCJN, hasta donde llegó con todo y los informes de la DEA, fijó la polémica postura que afirmaba que dentro del matrimonio no podía existir la violación. Irónicamente, en 2001 Adato Guerra fue nombrada coordinadora del Programa de Asuntos de la Mujer, el Niño y la Familia, de la CNDH —cuando el ombudsman nacional era José Luis Soberanes—, cargo que ocupa hasta ahora.

De LITEMPO 8, la DEA tampoco tenía muy buena opinión. El primer tache que le pusieron fue que *Don Neto* y *El Príncipe* tenían credenciales de la DFS que eran vendidas por Pavón Reyes, y contenían la firma genuina del titular de la DFS, José Antonio Zorrilla, secretario particular de Fernando Gutiérrez Barrios, *El Pollo*, cuando éste era subsecretario de Gobernación.

El informe de la DEA redactado en Colombia indica:

> En 1984 trascendió un informe de la Interpol en México en el que consta que tanto el presidente José López Portillo, el procurador Agustín Alanís Fuentes y el subsecretario Fernando Gutiérrez Barrios conocieron a fondo los hechos ocurridos en la matanza del río Tula, donde 13 colombianos habrían sido ejecutados por pertenecer a una banda de narcos distinta.

En las recientes elecciones intermedias mexicanas [1985] Gutiérrez Barrios dirigió un operativo magistral de fraude electoral llamado "Operación niño", en el norte del país, el hombre que lo auxilió fue Manlio Fabio Beltrones, quien fuera también, al igual que Zorrilla, su secretario particular.

El fin de la era de Escobar Gaviria y Félix Gallardo

En Estados Unidos había un hervidero provocado por la disputa entre la CIA y la DEA. El caso Irán-*contra* mostraba su peor rostro, pero las tareas realizadas en Nicaragua estaban destinadas a tener éxito. El 5 de abril de 1988 se produjo la captura y posterior entrega a Estados Unidos de *El Negro* Matta Ballesteros por el caso del homicidio de *El Kiki* Camarena. El narco hondureño fue juzgado junto con Rubén Zuno Arce. Se le involucró en la muerte del agente de la DEA no sólo por ser socio de Félix Gallardo sino porque en la casa de la calle Lope de Vega se encontraron cabellos suyos, por lo que el juez lo ubicó en el lugar del crimen.

En 1989 la DEA calculó que 60 por ciento de la cocaína consumida en Estados Unidos venía de Colombia vía México.[14] En enero de ese mismo año tomó posesión de la Presidencia de Estados Unidos el republicano George H.W. Bush. Para dar continuidad a la supuesta guerra contra las drogas emprendida por Reagan, Bush concentró su estrategia en el tratado de extradición con Colombia para encarcelar a los narcotraficantes que llevaban droga a Estados Unidos. La operación Irán-*contra* ya había dado todo de sí. Con el movimiento contrarrevolucionario habían lo-

[14] "DEA History Book", 1985-1990, http://www.justice.gov/dea/pubs/history/1985-1990.html.

grado desestabilizar al gobierno sandinista encabezado por Daniel Ortega. Ese mismo año, gracias a las presiones de la Organización de Estados Americanos (OEA), se obligó a Ortega y al Frente Sandinista de Liberación Nacional a establecer un diálogo nacional.

El 8 de abril de 1989, en la ciudad de Guadalajara, Jalisco, Miguel Ángel Félix Gallardo, el socio mexicano de Pablo Escobar Gaviria, fue arrestado por su amigo el comandante Guillermo González Calderoni. En agosto se firmaron los acuerdos de Managua, que incluían llevar a cabo un proceso electoral "democrático" y la desmovilización de la *contra* en Nicaragua. Al mismo tiempo que Escobar y Félix Gallardo dejaron de ser útiles para los planes de la CIA, los capos comenzaron a ser detenidos o asesinados. Los hechos se sucedieron de manera natural. Tanto que parecían aislados.

A principios de agosto de 1989 se hizo pública una lista de 12 narcotraficantes requeridos por el gobierno de Estados Unidos. La lista la encabezaba Pablo Escobar, Carlos Lehder y los hermanos Ochoa, todos socios de la CIA que habían apoyado a la *contra*. La reacción de Escobar Gaviria fue inmediata. El 18 de agosto de 1989, por órdenes suyas, fue asesinado el precandidato presidencial Luis Carlos Galán, quien fue partidario de permitir la extradición de los narcotraficantes a Estados Unidos.

Antes de que terminara el fatídico 1989, *El Mexicano* fue ejecutado en un aparatoso operativo aéreo encabezado por el Departamento Administrativo de Seguridad del gobierno de Colombia. Con un tiro en la cabeza, el cuerpo del narcotraficante quedó tendido en los pantanos cercanos a su finca El Tesoro en las paradisiacas playas colombianas de Coveñas y Tolu. Según las crónicas del día, Gonzalo Rodríguez Gacha quedó irreconocible y sólo gracias a unas pruebas dactilares se pudo identificar su cuerpo.[15]

[15] "El fin de *El Mexicano*", *Semana*, Colombia, 8 de junio de 1992.

En 2006, la revista colombiana *Cambio* publicó un reportaje que le da un giro a la historia de los vínculos entre la CIA y el cártel de Medellín. El semanario reveló que en un cateo realizado a las propiedades de *El Mexicano*, las autoridades de Colombia encontraron un convenio por 60 millones de dólares que familiares del narcotraficante habrían pagado al gobierno de Estados Unidos a cambio de no ser involucrados en actividades ilícitas y mantener a salvo el resto del dinero del capo. La pregunta obligada es si Rodríguez Gacha realmente está muerto o fue el pago de su jubilación por los servicios prestados: dinero a cambio de impunidad y silencio.

Por su parte, Pablo Escobar Gaviria se convirtió en un asunto incontrolable tanto para el gobierno de Colombia como para el de Estados Unidos. Escobar no era como los hermanos Ochoa, él no iba a renunciar sin más al poder acumulado gracias a la condescendencia de la CIA. Estaba dispuesto a incendiar Colombia, y lo probó. A los tres minutos de haber despegado del aeropuerto de Bogotá rumbo a Cali, el 17 de noviembre de 1989 el vuelo 203 de Avianca explotó en mil pedazos. El saldo de la furia del capo fueron 107 muertos.

El 25 de abril de 1990 Daniel Ortega le transfirió la presidencia nicaragüense a Violeta Barrios viuda de Chamorro. El acto era un símbolo irrefutable de que la cuestionada operación Irán-*contra* al final había sido exitosa.

En enero de 1991 los hermanos Jorge Luis y Juan David Ochoa se entregaron a las autoridades colombianas a condición de no ser extraditados a Estados Unidos. Fueron sentenciados a una condena de tan sólo ocho años en prisión. En varios medios de comunicación de Colombia se dice que actualmente están libres. De los tres hermanos el único extraditado fue Fabio en 2001. Lo acusaron de haber traficado droga de Colombia a Estados Unidos, y del asesinato del informante del gobierno norteamericano Barry Seal. Curiosamente el tráfico que se le atribuye es sólo de 1997 a 1999, *so pretexto* de que no se le iba a juzgar por ningún delito cometido antes del tratado de extradición firmado por los dos países. Aunque es públicamente sabido que sus actividades para mandar cocaína a la Unión Americana datan de principios de la década de 1980. En 2003 Fabio Ochoa fue condenado a cadena perpetua.

Ya debilitado y sin el apoyo de los norteamericanos, Pablo Escobar Gaviria, que pretendía tener los mismos beneficios que los hermanos Ochoa, se entregó a la justicia de su país en junio de 1991. Al enterarse de que sí lo iban a extraditar, al año siguiente se fugó de una prisión de lujo conocida como "La Catedral", localizada en el departamento colombiano de Antioquia. Un día después de haber cumplido 44 años, el 2 de diciembre de 1993 Escobar murió acribillado sobre el techo de una casa del populoso barrio La América, en Medellín, Colombia, por un grupo de 15 policías integrantes de un comando llamado Bloque de Búsqueda.

Al funeral de Pablo Escobar Gaviria asistieron 25 mil personas. El paso de los años fue consolidando su leyenda de hombre "inteligente", "audaz", "cruel" y "millonario". En realidad el capo de Medellín no era extraordinario en ningún sentido. ¿Quién no hubiera tenido éxito traficando toneladas de cocaína a Estados Unidos con la ayuda del mismo gobierno? Cuando Pablo murió, en México ya estaba entrenado su sucesor: su socio Amado Carrillo Fuentes, quien, junto con una camada de narcos encabezada por Joaquín *El Chapo* Guzmán, los hermanos Beltrán Leyva y Héctor *El Güero* Palma, estaba listo para tomar la estafeta y escribir su propia leyenda bajo el sobrenombre de *El Señor de los Cielos*.

Durante la década de 1980 el gobierno de Estados Unidos crió a los cuervos que hoy le sacan los ojos. Dos grupos de narcotraficantes separados por la geografía y la historia se fundieron gracias a la CIA en una alianza que perdura hasta ahora. El producto más desarrollado de esa alianza son el cártel de Sinaloa y el capo mexicano Joaquín *El Chapo* Guzmán, quien funge como jefe máximo de la organización de narcotráfico más poderosa del continente americano.

CAPÍTULO 5

Los protectores de *El Chapo*

De Compostela a *Forbes*

En 1993 Joaquín Guzmán Loera posaba sonriente para las cámaras bajo la lluvia en el patio del Centro Federal de Readaptación Social número 1 del Estado de México. Las fotografías tomadas por decenas de periodistas son engañosas. A los 36 años de edad, aquel hombre de rostro inofensivo que ocupaba un escalafón secundario en el mundo del crimen organizado ya tenía todos los rasgos de un delincuente profesional. Detrás de su físico mundano —un metro 68 centímetros de estatura, complexión regular, ojos marrón, tez blanca, cejas pobladas, cara cuadrada, boca mediana, cabello quebrado color castaño, frente mediana y nariz recta— se escondía una compleja personalidad.

Cuando *El Chapo* ingresó en el penal de máxima seguridad, la PGR hizo un exhaustivo análisis de su perfil criminal. Guzmán Loera resultó un hombre "egocéntrico, narcisista, astuto, perseverante, tenaz, meticuloso, selectivo y hermético", con una "capacidad criminal alta" y una "adaptabilidad social media alta" que le ha permitido crear redes de lealtad y complicidad. De todos los rasgos que distinguen su carácter, tres lo alejan de ser un narco del montón: es ingenioso, manipulador y encantador. Quienes lo conocen aseguran haber sucumbido a uno u otro. Cómo olvidar la astucia que mostró cuando usaba latas de chile jalapeño para enviar cocaína a Estados Unidos a principios de la década de 1990. Asimismo, Guzmán Loera, a diferencia de otros capos mexicanos que le han antecedido, es maestro en el arte de la seducción. Cientos de mujeres y hombres han sido encantados por su sonrisa o su don de mando. Normalmente *El Chapo* aplica la ley de plata o plomo, pero no de forma brutal como lo hacen muchos narcotraficantes, sino con la aparente delicadeza de quien pretende dar una opción razonable.

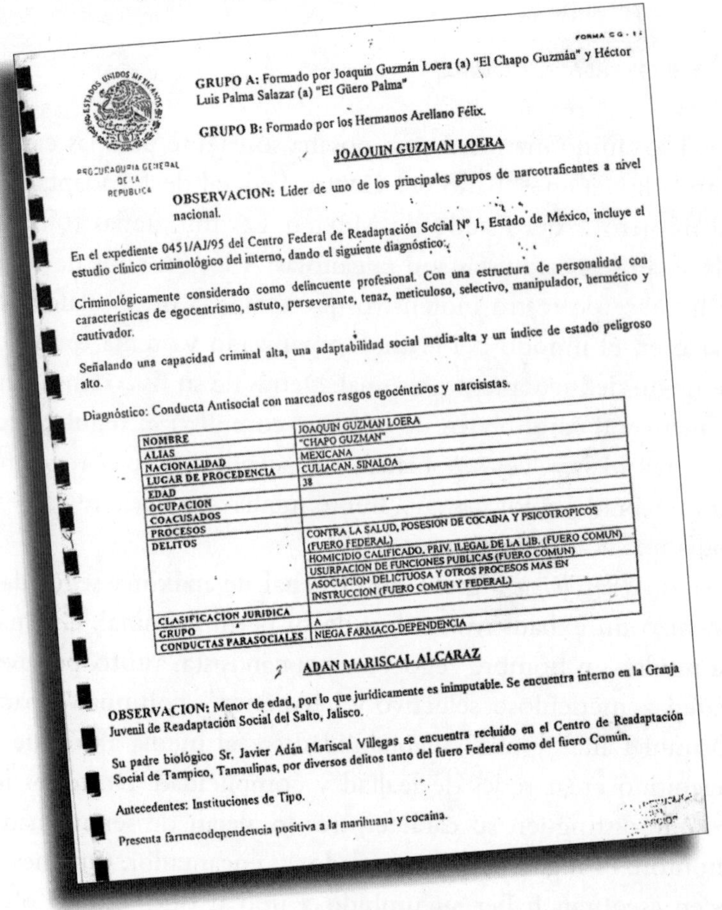

FORMA CG-11

PROCURADURIA GENERAL DE LA REPUBLICA

GRUPO A: Formado por Joaquin Guzmán Loera (a) "El Chapo Guzmán" y Héctor Luis Palma Salazar (a) "El Güero Palma"

GRUPO B: Formado por los Hermanos Arellano Félix.

JOAQUIN GUZMAN LOERA

OBSERVACION: Lider de uno de los principales grupos de narcotraficantes a nivel nacional.

En el expediente 0451/AJ/95 del Centro Federal de Readaptación Social Nº 1, Estado de México, incluye el estudio clínico criminológico del interno, dando el siguiente diagnóstico:

Criminológicamente considerado como delincuente profesional. Con una estructura de personalidad con características de egocentrismo, astuto, perseverante, tenaz, meticuloso, selectivo, manipulador, hermético y cautivador.

Señalando una capacidad criminal alta, una adaptabilidad social media-alta y un índice de estado peligroso alto.

Diagnóstico: Conducta Antisocial con marcados rasgos egocéntricos y narcisistas.

NOMBRE	JOAQUIN GUZMAN LOERA
ALIAS	"CHAPO GUZMAN"
NACIONALIDAD	MEXICANA
LUGAR DE PROCEDENCIA	CULIACAN, SINALOA
EDAD	38
OCUPACION	
COACUSADOS	
PROCESOS	CONTRA LA SALUD, POSESION DE COCAINA Y PSICOTROPICOS (FUERO FEDERAL)
DELITOS	HOMICIDIO CALIFICADO, PRIV. ILEGAL DE LA LIB. (FUERO COMUN) USURPACION DE FUNCIONES PUBLICAS (FUERO COMUN) ASOCIACION DELICTUOSA Y OTROS PROCESOS MAS EN INSTRUCCION (FUERO COMUN Y FEDERAL)
CLASIFICACION JURIDICA	
GRUPO	A
CONDUCTAS PARASOCIALES	NIEGA FARMACO-DEPENDENCIA

ADAN MARISCAL ALCARAZ

OBSERVACION: Menor de edad, por lo que jurídicamente es inimputable. Se encuentra interno en la Granja Juvenil de Readaptación Social del Salto, Jalisco.

Su padre biológico Sr. Javier Adán Mariscal Villegas se encuentra recluido en el Centro de Readaptación Social de Tampico, Tamaulipas, por diversos delitos tanto del fuero Federal como del fuero Común.

Antecedentes: Instituciones de Tipo.

Presenta farmacodependencia positiva a la marihuana y cocaína.

Ficha del perfil psicológico de *El Chapo*.

Detrás del rostro amable de *El Chapo*, pese a sus supuestas obras de caridad en las comunidades donde vive o ejerce actividades criminales, hay un hombre cruel. Su generosidad es una máscara. De acuerdo con el estudio que se le hizo en 1993, Guzmán Loera es una persona que busca sólo el beneficio propio sin importarle que afecte los intereses de los demás. Sus relaciones interpersonales son superficiales y de "carácter explotador". Es capaz de causar daño físico de manera casual y sin pensarlo, ya que las necesidades y los sentimientos de los demás no tienen sentido inmediato para él. "Sólo sus propios deseos son importantes y absolutos."

En 1993 *El Chapo* era un hombre con fallas notables en el control de sus impulsos, tanto sexuales como agresivos, y presentaba baja tolerancia a la frustración. Durante los ocho años de encierro, el capo de La Tuna, Sinaloa, cometió mil y un excesos en los penales donde estuvo recluido. Todo a cuenta de su inagotable poder corruptor. Como todo jefe mafioso que presume de serlo, Guzmán Loera tiene corazón de condominio. Cuando Amado Carrillo y su amigo *El Güero* Palma lo traicionaron para entregarlo a las autoridades, *El Chapo* tenía cuatros mujeres, cuando menos ésas eran las que se le conocían.

En 1977 *El Chapo* se casó con María Alejandrina Guadalupe Salazar Hernández, alias Lucía Silva Muñoz, Maira Alejandra Casas Saldaña, Alexis García de Alba Michel, Isela Lomelí de León, con quien tuvo cinco hijos: César, Alejandrina Gisell, Iván Archivaldo, Jesús Alfredo y Claudete Ilene, según su ficha criminal elaborada por la SSP federal. Cuando Guzmán Loera fue detenido, los primeros cuatro tenían 14, 11, 10 y siete años respectivamente. De Claudete se desconoce su edad. Hasta la fecha María Alejandrina es la única mujer con la que Guzmán Loera ha contraído matrimonio legalmente. Entre las parejas de los capos hay un lema: "una vez que te casas con un narco, nunca dejas de ser su esposa, aunque ya no quieras". Estas mujeres pueden dejar de ver a sus maridos durante meses y se deben resignar a que en ese periodo ellos se involucren con una o 20 amantes, entre las que pagan y las que enamoran. Alejandrina jamás hubiera podido tener otra pareja, pero para *El Chapo* su matrimonio no representaba impedimento alguno para conquistar otras mujeres.

Otra pareja conocida del capo era Griselda Guadalupe López Pérez, alias Silvia Escoto Muñoz, con quien procreó otros cuatro hijos: Joaquín *Quiquín*, Edgar, Ovidio *Ovi* (como homenaje a uno de sus hermanos que murió en un accidente carretero en 1991) y Grisel Guadalupe. Entonces tenían siete, seis, cinco y tres años respectivamente. En la declaración ministerial que rindió el 9 de

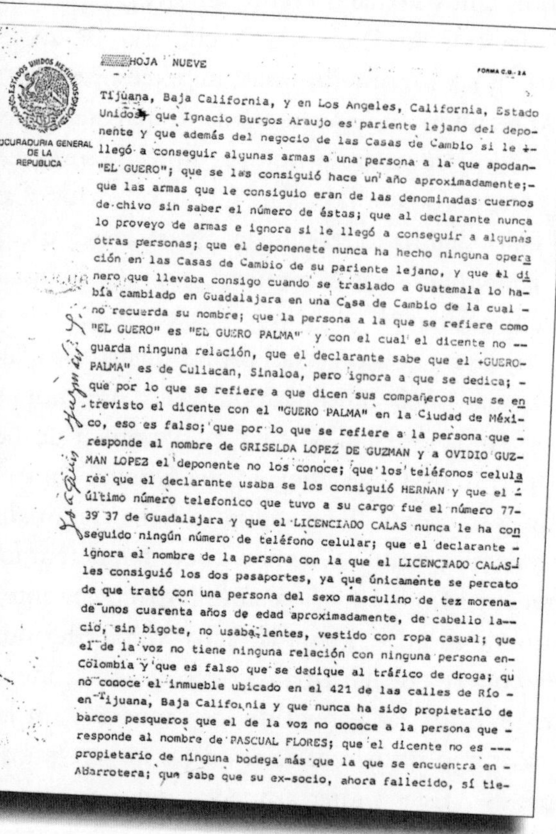

HOJA NUEVE

FORMA C.G.-2A

PROCURADURIA GENERAL DE LA REPUBLICA

Tijuana, Baja California, y en Los Angeles, California, Estado Unidos, que Ignacio Burgos Araujo es pariente lejano del deponente y que además del negocio de las Casas de Cambio si le llegó a conseguir algunas armas a una persona a la que apodan "EL GUERO"; que se las consiguió hace un año aproximadamente;- que las armas que le consiguio eran de las denominadas cuernos de chivo sin saber el número de éstas; que al declarante nunca lo proveyo de armas e ignora si le llegó a conseguir a algunas otras personas; que el deponenete nunca ha hecho ninguna operación en las Casas de Cambio de su pariente lejano, y que el dinero que llevaba consigo cuando se traslado a Guatemala lo había cambiado en Guadalajara en una Casa de Cambio de la cual no recuerda su nombre; que la persona a la que se refiere como "EL GUERO" es "EL GUERO PALMA" y con el cual el dicente no guarda ninguna relación, que el declarante sabe que el "GUERO PALMA" es de Culiacan, Sinaloa, pero ignora a que se dedica; - que por lo que se refiere a que dicen sus compañeros que se entrevisto el dicente con el "GUERO PALMA" en la Ciudad de México, eso es falso; que por lo que se refiere a la persona que responde al nombre de GRISELDA LOPEZ DE GUZMAN y a OVIDIO GUZMAN LOPEZ el deponente no los conoce; que los teléfonos celulares que el declarante usaba se los consiguió HERNAN y que el último número telefonico que tuvo a su cargo fue el número 77-39 37 de Guadalajara y que el LICENCIADO CALAS nunca le ha conseguido ningún número de teléfono celular; que el declarante ignora el nombre de la persona con la que el LICENCIADO CALAS les consiguió los dos pasaportes, ya que únicamente se percato de que trató con una persona del sexo masculino de tez morena de unos cuarenta años de edad aproximadamente, de cabello lacio, sin bigote, no usaba lentes, vestido con ropa casual; que el de la voz no tiene ninguna relación con ninguna persona en Colombia y que es falso que se dedique al tráfico de droga; que no conoce el inmueble ubicado en el 421 de las calles de Río en Tijuana, Baja California y que nunca ha sido propietario de barcos pesqueros que el de la voz no conoce a la persona que responde al nombre de PASCUAL FLORES; que el dicente no es propietario de ninguna bodega más que la que se encuentra en Abarrotera; que sabe que su ex-socio, ahora fallecido, sí tie-

Hoja 9 de la declaración de 1993, donde *El Chapo* niega a Griselda y a su hijo.

julio de 1993, *El Chapo* negó conocer a Griselda y a su hijo Ovidio. Podría pensarse que lo hizo para proteger a su familia; pero ¿por qué entonces sí reconoció a Alejandrina y los cinco hijos que tuvo con ella?

En febrero de 2010 en Washington crecía la sospecha de la protección del gobierno federal mexicano hacia Joaquín Guzmán Loera. En Estados Unidos, la Radio Pública Nacional (NPR, por sus siglas en inglés) reunió a un equipo dirigido por los periodistas Marisa Peñaloza y John Burnett, quienes investigaron durante más de cuatro meses, tanto en México como en Estados Unidos, sobre lo que ya empezaba a ser un secreto a voces.[1] El producto de su trabajo fue una serie de reportajes denominados "México parece estar a favor del cártel de Sinaloa en la guerra contra las drogas".

En mayo de 2010, días antes de que Felipe Calderón iniciara una gira de trabajo en Washington, el gobierno mexicano hizo creer que existía la intención de darle un golpe certero a *El Chapo* cuando en un aparatoso operativo agentes del Ministerio Público de la Federación, con apoyo de elementos de la Policía Federal, del Ejército mexicano y de la Secretaría de Marina, realizaron siete cateos en Culiacán, en propiedades vinculadas con Joaquín Guzmán Loera. Muchas de las direcciones de esos inmuebles las tenía la SSP federal desde 2007. Por ejemplo, la casa ubicada en bulevar El Dorado, en Las Quintas, donde capturaron precisamente a Griselda López.

La DEA había esperado la captura de la ex pareja sentimental del capo para investigarla por presunto lavado de dinero. El convenio con el gobierno de Calderón era que la mantuvieran presa. Griselda llegó esposada y encapuchada a la PGR, pero inesperadamen-

[1] La autora fue entrevistada por Burnett para su reportaje publicado el 19 de agosto de 2010.

te salió de la dependencia como si nada. Cuando la DEA descubrió que la liberación se había realizado por órdenes del gobierno mexicano, filtró el dato a uno de los periódicos más influyentes de Estados Unidos, el *New York Times*: "La semana pasada, él [Felipe Calderón] desempeñó un papel clave en la rápida liberación de la esposa [Griselda López Pérez] de uno de los principales narcotraficantes de México, debido a la preocupación de que su detención pudiera desencadenar una ola de ataques en represalia, según dijeron funcionarios que fueron informados sobre este asunto", escribió Marc Lacey para el rotativo neoyorquino.

En 1993 Guzmán Loera tenía una tercera mujer, llamada Estela López García. Y cuando fue detenido en Guatemala iba acompañado por María del Rocío del Villar Becerra, originaria de Aguamilpa, Nayarit, donde *El Chapo* tiene un centro de operaciones.

Como todos lo de su oficio, Guzmán Loera es un hombre muy solitario. Son pocos los momentos que estos sujetos pueden pasar con sus familias. Apenas una o dos veces al año logran reunirse con sus parientes en hoteles o ranchos. Unos minutos, unas palabras y adiós. Por esa razón, a lo largo de su carrera delictiva los narcotraficantes acumulan múltiples relaciones sentimentales: un romance en cada plaza. Algunas de sus relaciones son únicamente físicas, pero cuando procrean hijos casi nunca se desentienden de ellos. La paternidad es otro símbolo de poder.

Cuando detuvieron a *El Chapo*, muchos pensaron que su carrera delictiva estaba terminada; sin embargo, Guzmán Loera, "atractivo" y con una "inteligencia media", como lo consigna el análisis realizado por la PGR, encarnaba a un hombre de negocios con un amplio potencial por explotar. En el narcotráfico el dinero se gana a puños y de manera rápida: la impunidad es su mejor aliado. En aquel entonces *El Chapo* ya era propietario de 11 inmuebles, tres aviones ejecutivos, 27 cuentas bancarias, cuatro empresas privadas en diversos estados de la República y cientos de millones de dólares.

En 1988, después de que ya había ocurrido el asesinato de Enrique Camarena, *El Chapo* llegó a vivir a Guadalajara. En la plaza seguía operando Miguel Ángel Félix Gallardo asociado con Rafael Aguilar Guajardo y Amado Carrillo Fuentes. Guzmán Loera trabajaba con ellos, al igual que otros narcos de Sinaloa, como Héctor *El Güero* Palma. Se trataba de una sociedad criminal bien establecida donde cada quien desempeñaba un papel de diferente rango. El domicilio de *El Chapo* en la perla tapatía estaba ubicado

JOAQUÍN ARCHIVALDO GUZMÁN LOERA (A) EL CHAPO GUZMÁN

Nombre: Joaquín Archivaldo Guzmán Loera.
Fecha y lugar de nacimiento: 4 de abril de 1957 ó 25 de diciembre de 1954, en el poblado Las Tunas, municipio de Badiraguato, Sinaloa.
Media filiación: Mide 1.68 mts. de estatura, complexión regular, ojos color café, tez blanca, cejas pobladas, cara cuadrada, boca mediana, cabello quebrado color castaño, frente mediana y nariz recta.
Grupo delictivo al que pertenece: Cártel de Sinaloa
Zona de influencia: Sinaloa y con áreas de influencia en los estados de Baja California, Sonora, Durango, Nuevo León, Zacatecas, Tamaulipas, Nayarit, Guanajuato, Jalisco, Colima, Estado de México, Distrito Federal, Guerrero, Morelos, Chiapas y Quintana Roo.

Domicilios registrados:

- Av. Guadalupe #5105, col. Jardines de Guadalupe, Zapopan, Jal.
- Mayor #222, Zapopan, Jal.
- Mango #2129, col. Paraísos del Colli, Zapopan, Jal.
- Av. El Dorado No.1620, Col. Las Quintas, Culiacan, Sinaloa.
- Calle Chesteron No. 184, Fracc. Jardines Universidad, Zapopan, Jal.
- Calle del Cerro del Potosí No. 413, col. Fracc. Cerro de la Silla, en Guadalupe, Nuevo León.
- Calle del Cerro del Potosí No. 413, col. Fracc. Cerro de la Silla, en Guadalupe, Nuevo León

Vehículos:

Ficha criminal de *El Chapo*, SSP/Cisen.

en Calle Faro número 243, sede del fraccionamiento residencial Victoria.

A principios de 1992 Guzmán Loera sufrió un atentado por parte de los hermanos Arellano Félix, lo que provocó que se mudara con Alejandrina y sus hijos a Culiacán, Sinaloa. A pesar del cambio de residencia, el capo no encontró obstáculos para seguir adelante con sus negocios.

Entre 1985 y 1990 Guzmán Loera movió para Amado Carrillo Fuentes, quien estaba vinculado con el cártel de Medellín, decenas de toneladas de cocaína en El Tonino, en Compostela, Nayarit. Este poblado, uno de los principales centros de operaciones de *El Chapo,* se ubica en la costa azul del Océano Pacífico, a pocos kilómetros de las exuberantes playas de Guayabitos, Paraíso Escondido y Playa Hermosa. En las inmediaciones de esta localidad de no más de 100 habitantes, *El Chapo* usaba una pista clandestina y la playa para recibir la droga proveniente de Colombia en aviones y barcos. Su tarea era que la mercancía llegara al boyante mercado estadounidense. En El Tonino, Guzmán Loera contaba con el apoyo de su compadre, el político Julián Venegas Guzmán. Fue él quien lo ayudó a sobornar a miembros del Ejército de la zona militar de Nayarit para que se fueran a trabajar con él. Así, los tenientes Antonio Mendoza Cruz, Adrián Pérez Meléndez, Eduardo Moreno, *El Teniente Hormiga*; los subtenientes Jesús Castro Pantoja, *El Chabelo*, Juan Mauro Palomares Melchor, *Acuario*, y Sergio Castañeda Medina, *El Guacho*, conformaban una parte del séquito verde a las órdenes de *El Chapo*.

Ante el ministerio público, *El Chapo* dio detalles de su relación con estos personajes:

> Conocí a Antonio Mendoza Cruz a través de mi compadre Julián Venegas, a quien conozco desde hace 10 años; [a Venegas] lo conocí

en Tepic a través de Manuel López. Julián Venegas se dedica a la ganadería, compra y vende reses. Tiene un rancho en Compostela, Nayarit, y lo localizo vía telefónica en el número 70317. Conocí a Julián porque yo y mi amigo Raúl [Guzmán Ruiz] le compramos algunos becerros. Nos fue mal en el negocio pero yo seguí mi amistad con Julián. Antonio Mendoza Cruz es una persona hábil para el manejo de las armas de fuego, llevaba arma cuando me manejaba y cuando íbamos a cualquier parte porque se encargaba de mi seguridad.

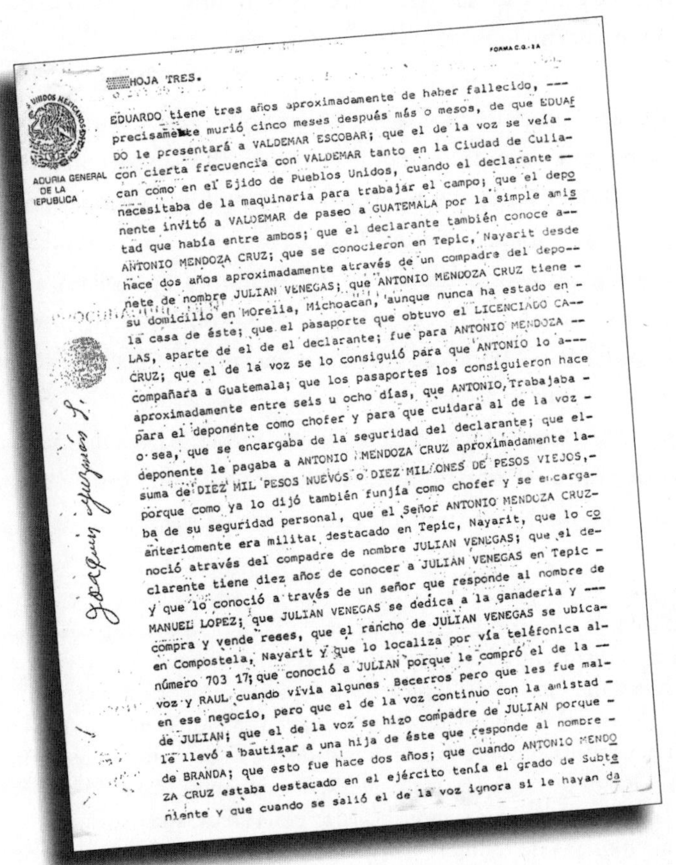
FORMA C.G.-1A

HOJA TRES.

EDUARDO tiene tres años aproximadamente de haber fallecido, ---
precisamente murió cinco meses después más o mesos, de que EDUAR
DO le presentará a VALDEMAR ESCOBAR; que el de la voz se veía -
con cierta frecuencia con VALDEMAR tanto en la Ciudad de Culiacan como en el Ejido de Pueblos Unidos, cuando el declarante —
necesitaba de la maquinaria para trabajar el campo; que el depo
nente invitó a VALDEMAR de paseo a GUATEMALA por la simple amis
tad que había entre ambos; que el declarante también conoce a--
ANTONIO MENDOZA CRUZ; que se conocieron en Tepic, Nayarit desde
hace dos años aproximadamente através de un compadre del depo--
nete de nombre JULIAN VENEGAS; que ANTONIO MENDOZA CRUZ tiene -
su domicilio en MOrelia, Michoacan, aunque nunca ha estado en -
la casa de éste; que el pasaporte que obtuvo el LICENCIADO CA--
LAS, aparte de el de el declarante; fue para ANTONIO MENDOZA --
CRUZ; que el de la voz se lo consiguió para que ANTONIO lo a---
compañara a Guatemala; que los pasaportes los consiguieron hace
aproximadamente entre seis u ocho días, que ANTONIO, Trabajaba -
para el deponente como chofer y para que cuidara al de la voz -
o sea, que se encargaba de la seguridad del declarante; que el-
deponente le pagaba a ANTONIO MENDOZA CRUZ aproximadamente la-
suma de DIEZ MIL PESOS NUEVOS o DIEZ MILLONES DE PESOS VIEJOS,-
porque como ya lo dijó también funjía como chofer y se encargaba de su seguridad personal, que el Señor ANTONIO MENDOZA CRUZ-
anteriomente era militar destacado en Tepic, Nayarit, que lo co
noció através del compadre de nombre JULIAN VENEGAS; que el de-
clarente tiene diez años de conocer a JULIAN VENEGAS en Tepic -
y que lo conoció a través de un señor que responde al nombre de
MANUEL LOPEZ; que JULIAN VENEGAS se dedica a la ganaderia y ---
compra y vende reses, que el rancho de JULIAN VENEGAS se ubica-
en Compostela, Nayarit y que lo localiza por vía teléfonica al-
número 703 17; que conoció a JULIAN porque le compró el de la —
voz y RAUL cuando vivia algunes Becerros pero que les fue mal-
en ese negocio, pero que el de la voz continuo con la amistad -
de JULIAN; que el de la voz se hizo compadre de JULIAN porque -
le llevó a bautizar a una hija de éste que responde al nombre -
de BRANDA; que esto fue hace dos años; que cuando ANTONIO MENDO
ZA CRUZ estaba destacado en el ejército tenía el grado de Subte
niente y que cuando se salió el de la voz ignora si le hayan da

Hoja 3 de la declaración del 9 de junio de 1993 donde *El Chapo* se refiere a Antonio Mendoza Cruz y a Julián Venegas.

La sociedad entre *El Chapo* y el capo de Compostela quedó sellada cuando Julián lo hizo padrino de bautizo de su hija Brenda; entre los narcos eso representa casi un pacto de sangre. El negocio no era menor. En la pista de El Tonino, Julián Venegas y el teniente Adrián Pérez Meléndez recibieron muchos aviones cargados de cocaína que eran custodiados por miembros del Ejército, reveló a finales de 2001 Marcelo Peña García en su calidad de testigo protegido de la PGR bajo el seudónimo de *Julio*, a quien se le atribuye ser hermano de una de las parejas sentimentales de *El Chapo*.[2]

De acuerdo con *Julio*,

> antes de ser capturado, *El Chapo* dejó dos bultos de dólares para que la organización siguiera operando. Uno de ellos se lo entregó a su compadre Julián Venegas y el otro, de 200 millones de dólares, se lo dejó a su primo Ignacio Burgos Araujo.
>
> Sé que guardó un mínimo de 200 millones de dólares al momento de su detención (de Guzmán) y que probablemente los tenga guardados en San Miguel de Allende, Guanajuato. Allí tiene un rancho propiedad de *El Chapo*.
>
> Supe que Burgos les mandaba dinero a todas partes del país y de alguna manera se le tiene que hacer llegar a Griselda [una de las esposas de Guzmán] para su manutención y la de sus hijos.

[2] El cuñado de Guzmán Loera fue detenido por la Unidad Especializada en Delincuencia Organizada el 21 de junio del 2001 en Tepic, Nayarit, con su esposa Judith Aimmé Gómez González. Su familia los dio por desaparecidos. En noviembre de ese año el abogado Juan Manuel Treviño Alfaro denunció que la pareja fue detenida sin orden de aprehensión. La UEDO primero confirmó la detención y luego lo negó (*El Universal*, 3 de noviembre de 2001). Ahora se sabe que la misteriosa desaparición de Marcelo Peña García se debió a que se acogió al programa de testigos protegidos. Con toda la información acumulada durante los 15 años que trabajó para *El Chapo*, la PGR lo envió a Estados Unidos para salvaguardar su vida. Se supone que ahí está actualmente.

Desde 1993 Guzmán Loera reconoció su cercanía con Burgos Araujo: "Conozco a Ignacio Burgos Araujo —comentó *El Chapo* en su primera declaración ministerial—, vive en la calle Río Elota, del número no me acuerdo pero es en el Fraccionamiento Guadalupe en Culiacán". "¿Desde hace cuánto lo conoce?", le preguntó el ministerio público. "Lo conozco desde hace aproximadamente cuatro años y medio, somos muy amigos." Burgos Araujo vivía en Tijuana y en Los Ángeles, California. Este sujeto contaba con casas de cambio y traficaba armas, algunas de las cuales le vendió a *El Güero* Palma.

Pese a toda la información que *El Chapo* les brindó a las autoridades, éstas no hicieron nada por detener a Venegas Guzmán ni a Burgos Araujo. Lo hicieron cuando se les dio la gana y eso ocurrió después del escándalo de la evasión de Guzmán Loera en enero de 2001. El gobierno federal tenía que simular que le estaba dando golpes al capo. El 21 de septiembre de ese mismo año Venegas Guzmán fue aprehendido en Compostela, Nayarit. Desde 1993 se sabía que ése era su lugar de residencia habitual. Lo acusaron de delitos contra la salud y violación a la Ley Federal contra la Delincuencia Organizada al ser parte de la banda de Guzmán Loera.

En un boletín que la ineficiente PGR emitió en octubre de 2001 se consignó que después de la fuga de *El Chapo* del penal de Puente Grande, Venegas Guzmán lo habría ocultado en un rancho de su propiedad. Si las autoridades federales hubieran detenido oportunamente a Venegas Guzmán, *El Chapo* no habría podido refugiarse en Nayarit, que entonces era prácticamente el único lugar donde era bien recibido, ya que los otros miembros de la organización delictiva preferían guardar distancia mientras las cosas se enfriaban.

Poco queda de aquel equipo de *El Chapo* en Compostela, Nayarit. Eduardo Moreno, *El Teniente Hormiga*, fue asesinado en 1990 por el agente judicial Alfredo Trueba Franco, en una fiesta a la que asistió Guzmán Loera. Con su inseparable semiautomática 38 mm, Antonio Mendoza Cruz fungía como chofer y escolta de *El Chapo*, y lo acompañó en su fuga a Guatemala después del homicidio del cardenal Posadas Ocampo. Ahí fue detenido con su jefe, pero extrañamente lo absolvieron y lo liberaron. En 1999 un juez de distrito le concedió el amparo bajo el argumento de que había sido detenido de forma ilegal. En 2001, cuando *El Chapo* salió de Puente Grande, su fiel escolta, que nunca dejó la organización, se reincorporó a trabajar con él. Pese a toda la información con la que se contaba sobre Mendoza Cruz, fue capturado en Zapopan, Jalisco, hasta el 3 de julio de 2009, en un operativo conjunto entre el Ejército, la policía estatal y la policía federal. La detención ocurrió en el contexto de la escandalosa publicación de la revista *Forbes*, que colocó a Guzmán Loera junto a los hombres más ricos del mundo como una elegante bofetada a la impunidad de la que goza el capo.

Por su parte, Jesús Castro Pantoja, *El Chabelo*, llegó a ser uno de los mejores hombres de la guardia personal de *El Chapo* y su mujer Griselda. En noviembre de 2001 fue detenido y se convirtió en *sapo*, como se les llama a los testigos protegidos en el argot del crimen organizado. *El Chabelo* fue convincente en sus declaraciones. A la PGR le reveló información acerca de la localización de algunas casas de seguridad de su jefe en el Distrito Federal y los estados de México, Morelos, Puebla, Jalisco y Sinaloa; también dio los nombres clave de la escolta, como el de Palomares Melchor, *Acuario*, *El Pelón* (al parecer primo de Guzmán Loera), entre otros.

El Chabelo narró a las autoridades cómo conoció a Guzmán Loera:

> Conocí a Guzmán Loera en una gran fiesta realizada en el rancho La Ruana, en Nayarit, a principios de 1993. A partir de ese día empecé

> a trabajar con él, realizando labores de seguridad exclusivamente para *El Chapo*, hasta que capturaron al patrón en Guatemala. Después me fui a trabajar a Estados Unidos.
>
> Los principales operadores y las parejas sentimentales de *El Chapo* tienen claves asignadas para comunicarse con él, Griselda tenía la clave de M2 con el número telefónico 54 47 11 11; Estela poseía la identificación Z3 con el número de pin 31 20 331; Alejandrina mantenía la clave Z1 con un Nextel, y el doctor Ramos mantenía la identificación X1.[3]

Al quedarse sin jefe, Castro Pantoja se fue a trabajar con Héctor *El Güero* Palma. Cuando Guzmán Loera salió de Puente Grande volvió a trabajar con él. Sergio Castañeda Medina, *El Guacho*, fue identificado como el jefe de sicarios de *El Chapo*. A él se le atribuye el asesinato de Rodolfo Carrillo Fuentes —hermano de *El Señor de los Cielos*— ocurrido en Culiacán, Sinaloa, en septiembre de 2004. Pérez Meléndez y Palomares Melchor continúan libres y siguen siendo los hombres de confianza de Guzmán Loera. Era Palomares quien lo acompañaba, circulando por la avenida Mariano Otero y Periférico en Guadalajara, cuando los Arellano Félix atentaron por primera vez en su contra.

El municipio de Compostela es todavía una de las zonas más visitadas por el capo invisible (cuando menos para las autoridades). Guzmán Loera tiene por lo menos ocho propiedades en la región. Formalmente están a nombre de Socorro García Ocegueda, madre de *Julio*, y, de acuerdo con el gobierno federal, prestanombres de *El Chapo*.

En 1993 la PGR registraba sólo dos hechos delictivos de alto impacto en los que había estado involucrado Joaquín Guzmán Loera: el homicidio de nueve personas de la familia de Miguel

[3] *El Siglo de Torreón*, 7 de marzo de 2005.

Ángel Félix Gallardo, cuyos cuerpos fueron encontrados con crueles signos de tortura el 3 de septiembre de 1992 en Iguala, Guerrero. Y el fallido intento de homicidio contra los hermanos Arellano Félix unos meses después en la discoteca Christine, en Puerto Vallarta, Jalisco, incidente en el que murieron ocho personas.

De los dos sucesos, el primero es el caso que más pistas ha dejado sobre quiénes son los protectores de *El Chapo*. Si en 1993 Guzmán Loera reveló en aquel vuelo de Tapachula a Toluca la protección del subprocurador Federico Ponce Rojas, así como de los comandantes José Luis Larrazolo y Guillermo Salazar Ramos, los nombres que omitió eran aún más relevantes.

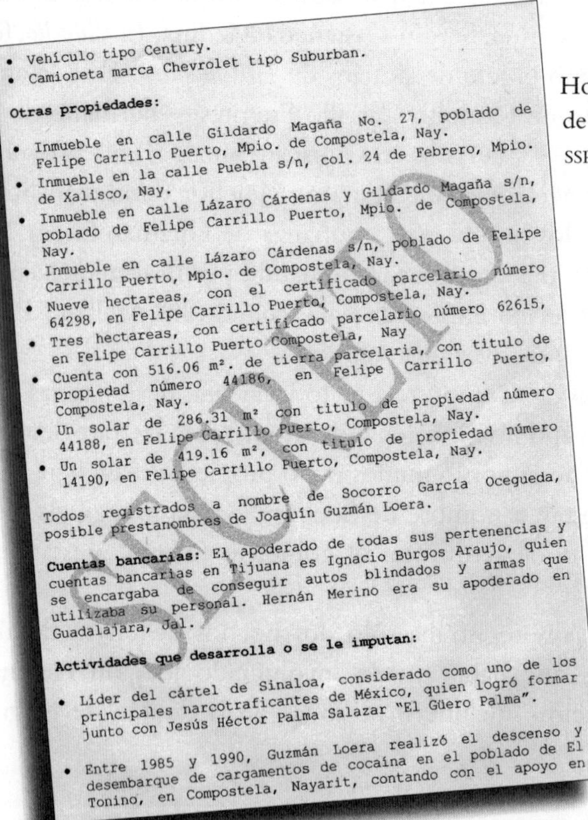

- Vehículo tipo Century.
- Camioneta marca Chevrolet tipo Suburban.

Otras propiedades:

- Inmueble en calle Gildardo Magaña No. 27, poblado de Felipe Carrillo Puerto, Mpio. de Compostela, Nay.
- Inmueble en la calle Puebla s/n, col. 24 de Febrero, Mpio. de Xalisco, Nay.
- Inmueble en calle Lázaro Cárdenas y Gildardo Magaña s/n, poblado de Felipe Carrillo Puerto, Mpio. de Compostela, Nay.
- Inmueble en calle Lázaro Cárdenas s/n, poblado de Felipe Carrillo Puerto, Mpio. de Compostela, Nay.
- Nueve hectareas, con el certificado parcelario número 64298, en Felipe Carrillo Puerto, Compostela, Nay.
- Tres hectareas, con certificado parcelario número 62615, en Felipe Carrillo Puerto Compostela, Nay
- Cuenta con 516.06 m². de tierra parcelaria, con titulo de propiedad número 44186, en Felipe Carrillo Puerto, Compostela, Nay.
- Un solar de 286.31 m² con titulo de propiedad número 44188, en Felipe Carrillo Puerto, Compostela, Nay.
- Un solar de 419.16 m², con titulo de propiedad número 14190, en Felipe Carrillo Puerto, Compostela, Nay.

Todos registrados a nombre de Socorro García Ocegueda, posible prestanombres de Joaquín Guzmán Loera.

Cuentas bancarias: El apoderado de todas sus pertenencias y cuentas bancarias en Tijuana es Ignacio Burgos Araujo, quien se encargaba de conseguir autos blindados y armas que utilizaba su personal. Hernán Merino era su apoderado en Guadalajara, Jal.

Actividades que desarrolla o se le imputan:

- Líder del cártel de Sinaloa, considerado como uno de los principales narcotraficantes de México, quien logró formar junto con Jesús Héctor Palma Salazar "El Güero Palma".
- Entre 1985 y 1990, Guzmán Loera realizó el descenso y desembarque de cargamentos de cocaína en el poblado de El Tonino, en Compostela, Nayarit, contando con el apoyo en

SECRETO

Hoja 2 de la ficha de *El Chapo*, SSP/Cisen.

Secuestro en Las Lomas

Eran las 19:39 horas del 4 de septiembre de 1992 cuando una llamada anónima irrumpió en la rutinaria calma del guardia de la dirección operativa de la PJF en la ciudad de México. La persona que llamó denunció que en el exclusivo fraccionamiento Bosques de las Lomas transitaba una camioneta Suburban color guinda, sin placas, y con varias personas armadas a bordo. El telefonema encendió un foco de alerta. La dirección operativa tenía el antecedente de que un vehículo con características similares había secuestrado a dos defensores del narcotraficante Miguel Ángel Félix Gallardo haciéndose pasar por elementos de la Policía Judicial.

En aquella época Ignacio Morales Lechuga era el procurador general de la República y tenía bajo su mando a la llamada Fiscalía de Asuntos Especiales. Morales Lechuga sentía una gran desconfianza hacia Rodolfo León Aragón, titular de la PJF;[4] tampoco había confianza hacia Jorge Carrillo Olea, a quien el presidente Carlos Salinas de Gortari había nombrado coordinador general de Atención a Delitos contra la Salud en octubre de 1990. Ambos funcionarios ya estaban en sus puestos cuando Morales Lechuga llegó a la PGR. *Nacho*, como lo llaman sus amigos, siempre se quejó de que Carrillo Olea pactaba las decisiones importantes directamente con José María Córdoba Montoya, el responsable de la Oficina de la Presidencia, así como con el propio Carlos Salinas de Gortari. Tras el incidente del Llano de la Víbora en Tlalixcoyan —donde varios militares se enfrentaron con un grupo de agentes de la PJF en 1991 por un cargamento de droga—, la relación entre Morales Lechuga y Carrillo Olea se había resquebrajado. Nunca

[4] En entrevista, Carrillo Olea afirmó que el procurador Enrique Álvarez del Castillo fue el responsable del nombramiento de León Aragón al frente de la Policía Judicial.

se aclaró cuál de los dos bandos protegía el cargamento de droga y cuál lo perseguía.

Después de la llamada en la que se reportó la presencia de la misteriosa Suburban, el equipo de la Fiscalía de Asuntos Especiales inmediatamente montó un operativo encabezado por los agentes del ministerio público Óscar Lozano Aguilar e Ignacio Sandoval Alviso, auxiliados por cuatro comandantes y tres agentes judiciales. A las 22 horas la camioneta fue detectada en el fraccionamiento mientras circulaba a exceso de velocidad por la calle de Ahuehuetes. Cuando los elementos de la PJF le pidieron al conductor que se detuviera, éste aceleró e intentó fugarse; los otros pasajeros sacaron sus armas por las ventanillas traseras y comenzaron a disparar contra los policías, sin mucho tino, ya que ninguna bala impactó en la patrulla.

La espesa oscuridad en las calles y una copiosa lluvia conformaban el escenario para una fuga perfecta. La persecución duró varios minutos. A la altura de la calle de Limones, la Suburban dio vuelta y se dirigió a la calle de Almendros, se detuvo frente al número 42. Para suerte de los elementos de la PJF, el portón eléctrico era demasiado lento y lograron alcanzar al vehículo, por lo que sus cinco pasajeros tuvieron que salir corriendo mientras les disparaban a los policías, quienes ya no pudieron seguirlos. Los sospechosos abandonaron el automóvil con el motor encendido y las puertas de ambos lados abiertas. Lozano y Sandoval bajaron de la patrulla para revisar la camioneta, donde hallaron un rifle M2 calibre 30 sin cargador, y una maleta color crema con documentos de escrituras de inmuebles a nombre de Félix Gallardo y de algunos de sus familiares.

Un día antes, el 3 de septiembre, la hermana del capo del cártel de Guadalajara, Gloria Félix Gallardo, denunció ante el ministerio público que un comando había entrado en el domicilio ubicado en la calle Cerrada de la Colina número 142, en el Pedregal de

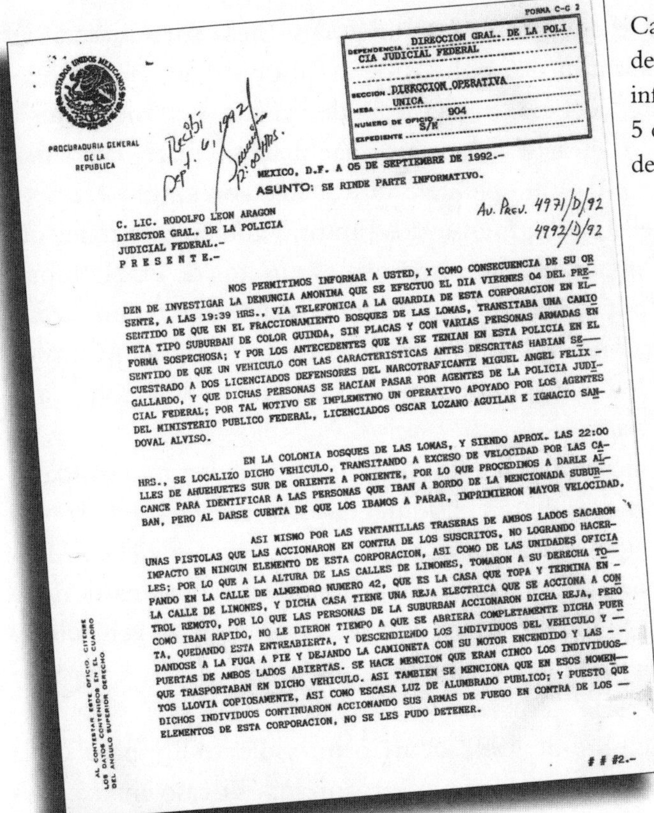

FORMA C-G 2

DEPENDENCIA DIRECCION GRAL. DE LA POLI
CIA JUDICIAL FEDERAL

SECCION DIRECCION OPERATIVA
MESA UNICA
904
NUMERO DE OFICIO S/N
EXPEDIENTE

PROCURADURIA GENERAL
DE LA
REPUBLICA

Recibí
Sept. 6, 1992
12:00 hrs.

MEXICO, D.F. A 05 DE SEPTIEMBRE DE 1992.-
ASUNTO: SE RINDE PARTE INFORMATIVO.

Av. Prev. 4971/D/92
4992/D/92

C. LIC. RODOLFO LEON ARAGON
DIRECTOR GRAL. DE LA POLICIA
JUDICIAL FEDERAL.-
P R E S E N T E.-

NOS PERMITIMOS INFORMAR A USTED, Y COMO CONSECUENCIA DE SU OR
DEN DE INVESTIGAR LA DENUNCIA ANONIMA QUE SE EFECTUO EL DIA VIERNES 04 DEL PRE-
SENTE, A LAS 19:39 HRS., VIA TELEFONICA A LA GUARDIA DE ESTA CORPORACION EN EL-
SENTIDO DE QUE EN EL FRACCIONAMIENTO BOSQUES DE LAS LOMAS, TRANSITABA UNA CAMIO
NETA TIPO SUBURBAN DE COLOR GUINDA, SIN PLACAS Y CON VARIAS PERSONAS ARMADAS EN
FORMA SOSPECHOSA; Y POR LOS ANTECEDENTES QUE YA SE TENIAN EN ESTA POLICIA EN EL
SENTIDO DE QUE UN VEHICULO CON LAS CARACTERISTICAS ANTES DESCRITAS HABIAN SE—
CUESTRADO A DOS LICENCIADOS DEFENSORES DEL NARCOTRAFICANTE MIGUEL ANGEL FELIX -
GALLARDO, Y QUE DICHAS PERSONAS SE HACIAN PASAR POR AGENTES DE LA POLICIA JUDI-
CIAL FEDERAL; POR TAL MOTIVO SE IMPLEMETNO UN OPERATIVO APOYADO POR LOS AGENTES
DEL MINISTERIO PUBLICO FEDERAL, LICENCIADOS OSCAR LOZANO AGUILAR E IGNACIO SAN-
DOVAL ALVISO.

EN LA COLONIA BOSQUES DE LAS LOMAS, Y SIENDO APROX. LAS 22:00
HRS., SE LOCALIZO DICHO VEHICULO, TRANSITANDO A EXCESO DE VELOCIDAD POR LAS CA-
LLES DE AHUEHUETES SUR DE ORIENTE A PONIENTE, POR LO QUE PROCEDIMOS A DARLE AL-
CANCE PARA IDENTIFICAR A LAS PERSONAS QUE IBAN A BORDO DE LA MENCIONADA SUBUR—
BAN, PERO AL DARSE CUENTA DE QUE LOS IBAMOS A PARAR, IMPRIMIERON MAYOR VELOCIDAD.

ASI MISMO POR LAS VENTANILLAS TRASERAS DE AMBOS LADOS SACARON
UNAS PISTOLAS QUE LAS ACCIONARON EN CONTRA DE LOS SUSCRITOS, NO LOGRANDO HACER-
IMPACTO EN NINGUN ELEMENTO DE ESTA CORPORACION, ASI COMO DE LAS UNIDADES OFICIA
LES; POR LO QUE A LA ALTURA DE LAS CALLES DE LIMONES, TOMARON A SU DERECHA TO—
PANDO EN LA CALLE DE ALMENDRO NUMERO 42, QUE ES LA CASA QUE TOPA Y TERMINA EN -
LA CALLE DE LIMONES, Y DICHA CASA TIENE UNA REJA ELECTRICA QUE SE ACCIONA A CON
TROL REMOTO, POR LO QUE LAS PERSONAS DE LA SUBURBAN ACCIONARON DICHA REJA, PERO
COMO IBAN RAPIDO, NO LE DIERON TIEMPO A QUE SE ABRIERA COMPLETAMENTE DICHA PUER
TA, QUEDANDO ESTA ENTREABIERTA, Y DESCENDIENDO LOS INDIVIDUOS DEL VEHICULO Y —
DANDOSE A LA FUGA A PIE Y DEJANDO LA CAMIONETA CON SU MOTOR ENCENDIDO Y LAS - -
PUERTAS DE AMBOS LADOS ABIERTAS. SE HACE MENCION QUE ERAN CINCO LOS INDIVIDUOS-
QUE TRASPORTABAN EN DICHO VEHICULO. ASI TAMBIEN SE MENCIONA QUE EN ESOS MOMEN—
TOS LLOVIA COPIOSAMENTE, ASI COMO ESCASA LUZ DE ALUMBRADO PUBLICO; Y PUESTO QUE
DICHOS INDIVIDUOS CONTINUARON ACCIONANDO SUS ARMAS DE FUEGO EN CONTRA DE LOS —
ELEMENTOS DE ESTA CORPORACION, NO SE LES PUDO DETENER.

#2.-

AL CONTESTAR ESTE OFICIO, CITENSE
LOS DATOS CONTENIDOS EN EL CUADRO
DEL ANGULO SUPERIOR DERECHO

Carátula del parte informativo del 5 de septiembre de 1992.

San Ángel. Le habían robado un veliz de idénticas características y habían secuestrado a su hijo, su sobrino, su hermano, dos abogados del narcotraficante y dos personas. Para los comandantes y los agentes resultó evidente que los pasajeros de la misteriosa Suburban estaban relacionados con el plagio de los familiares de *El Jefe de Jefes*.

Los oficiales también hallaron dentro de la camioneta una chamarra de piel color miel acondicionada con un chaleco antibalas; varios aparatos de radiocomunicación y otra maleta con cargadores de armas: dos de AR-15, uno de 30 tiros vacío y otro de 40 al que le quedaban 32 municiones. En la parte trasera del vehículo localizaron dos boletos de la autopista de cuota Cuernavaca-Puente de Ixtla, tres tarjetas de crédito pertenecientes a los secuestrados el día anterior, una bachicha de mariguana, unas vendas, una cuerda y un pañuelo desechable con sangre. La pieza clave de aquella noche fueron dos pinturas al óleo que transportaban en la Suburban: eran los enormes retratos de dos hombres que posaban por separado. Uno de ellos estaba vestido con camisa blanca y pantalón gris claro. Se trataba de Martín Moreno, un socio y amigo de Guzmán Loera. Y el otro hombre de bigote era el mismísimo *Chapo*.

Nadie se movió del lugar. Los policías decidieron aguardar a que los sospechosos dieran el siguiente paso. A las ocho de la mañana del día siguiente llegó al domicilio Cristina Sánchez Martínez, una mujer que trabajaba en la residencia como parte de la servidumbre. De inmediato los oficiales bajaron de sus vehículos y abordaron a la joven de 21 años.

El 2 de septiembre de 1992 ocurrió un violento episodio en la disputa por el poder del crimen organizado. El caso marcó para siempre la carrera delictiva de Guzmán Loera. La Suburban guinda había sido utilizada para secuestrar a nueve personas relacionadas con Miguel Ángel Félix Gallardo, quien estaba preso en el Reclusorio Sur, desde donde aún manejaba su imperio. Aquel día un comando secuestró a Marco Antonio Solórzano Félix —medio hermano de *El Jefe de Jefes*— en una casa de la colonia Barrio del Niño Jesús, en Coyoacán; los gatilleros también robaron diversos objetos de valor. Cerca del mediodía habían realizado un operativo similar en la casa de la madre de Miguel Ángel Félix Gallardo. Los plagiarios irrumpieron en el domicilio del Pedregal de San Ángel y dijeron que eran agentes federales, como ocurre en estos tiempos de cateos y ejecuciones; al final resultó que sí lo eran. Al frente de la gavilla iba Ramón Laija Serrano, *El Coloche*, de la Dirección General Antinarcóticos, quien después se convertiría en cuñado de *El Güero* Palma. Del Pedregal se llevaron a Alberto Félix Iribe, Alfredo Carrillo Solís, Ángel Gil Gamboa, Federico Alejandro Livas Vera y Teodoro Ramírez Juárez, y dos personas más. Livas Vera y Ramírez Juárez eran los abogados que trabajaban en un amparo para José Félix López, quien había sido levantado 24 horas antes en Guadalajara, también por supuestos agentes federales.

De acuerdo con los reportes judiciales de la investigación, los autores intelectuales de los plagios fueron Amado Carrillo Fuentes, Rafael Aguilar, *El Sha*, *El Chapo* y *El Güero* Palma. Mientras que los autores materiales fueron elementos de la PJF bajo el mando de León Aragón.

Posteriormente los nueve cadáveres fueron encontrados en la carretera Cuernavaca-Puente de Ixtla, muy cerca de Iguala, Guerrero. El cuadro era dantesco. Los cuerpos tenían las manos atadas a la espalda con cable eléctrico, esposas, pedazos de mecate y corbatas. Las huellas de tortura eran notorias. El móvil de la llamada "matanza de Iguala" fue torturar a los secuestrados y conocer la información que habían proporcionado a la DEA —por supuestas instrucciones de Miguel Ángel Félix Gallardo— sobre el grupo encabezado por Amado Carrillo Fuentes y Aguilar Guajardo.

El comandante de la PJF, Jorge Núñez Mora, había convencido a León Aragón de realizar un operativo en Iguala. A cambio le dio 10 millones de dólares para responsabilizar de todo a *El Güero* Palma y desaparecer toda prueba que involucrara a los otros narcotraficantes.

El subdelegado de la PJF en Guerrero, Ernesto Delgado Pérez, recibió dinero para permitir el operativo en el estado. Cuando aparecieron los cadáveres, el comandante renunció a su cargo,

OCTUBRE 1992.

CON RELACION AL ASESINATO DE FAMILIARES, AYUDANTES, ABOGADOS Y UN
AMIGO DE LA FAMILIA DEL NARCOTRAFICO MIGUEL ANGEL FELIX GALLARDO.

LOS ASESINOS INTELECTUALES SON: LUIS HECTOR PALMA ALIAS (EL GUERO
PALMA). RAFAEL AGUILAR ALIAS (EL SHA), AMADO CARRILLO Y EL CHAPO
GUZMAN.
EL MOVIL DE LOS HOMICIDIOS FUERON: DEJAR SIN PIERNAS Y BRAZOS A -
FELIX GALLARDO ASI MISMO A LOS ABOGADOS, AL TORTURARLOS LES DIJE-
RON TODO LO QUE HABIAN INFORMADO A LOS AGENTES DEL D.E.A. SOBRE -
ELLOS YA QUE ERAN LAS INSTRUCCIONES QUE HABIA DADO FELIX GALLARDO
AUTORIDADES INMISCUIDAS: DIRECTOR OPERATIVO DE LA P.J.F. 1er. CO-
MANDANTE JORGE NUÑEZ MORA FUE EL ENCARGADO DE CONVENCER AL DIREC-
TOR GENERAL DE QUE ACEPTARA EL OPERATIVO, REGALO 20 CHALECOS CON-
TRA BALAS, CON EL EMBLEMA DE LA P.J.F. ASI MISMO DE RECIBIR EL DI
NERO (MAS DE 10 MILLONES DE DLLS.) APROXIMADAMENTE, PARA DISIMU--
LAR Y DESAPARECER TODA PRUEBA QUE INVOLUCRAN HA DICHAS PERSONAS,-
YA QUE SE ACORDO QUE EL UNICO QUE DEBE DE APARECER COMO RESPONSA-
BLE LUIS HECTOR PALMA.
EL MEDIO HERMANO DE FELIX GALLARDO, EL CUAL AL SER TORTURADO, --
PROPORCIONO EL DOMICILIO DE LA MADRE DE MIGUEL FELIX GALLARDO TRAS
LADANDOLA DE LA CIUDAD DE GUADALAJARA AL DISTRITO FEDERAL.
EL SUB-DELEGADO DE LA P.J.F. EN EL ESTADO DE GUERRERO EL 2do CMDTE
JOSE ERNESTO DELGADO PEREZ, SE TIENE CONOCIMIENTO QUE RECIBIO DI--
NERO PARA HACERSE EL DISIMULADO EN TODO LO RELACIONADO A ESTE OPE-
RATIVO Y PERMITIR SU MOVILIDAD EN EL ESTADO, LOS TRAFICANTES AN--
TES CITADOS Y DE SU PERSONAL, YA QUE DESDE EL DIA 18 DE AGOSTO YA
SE ENCONTRABAN EN ACAPULCO GENTE DEL GUERO PALMA COMPRARON LA SU-
BURBAN COLOR ROJO GRANATE, EN LA FECHA ANTES CITADA, CON LA QUE --
EFECTUARON LOS SECUESTROS EN EL DISTRITO FEDERAL Y POSTERIORMENTE
LLEVARLOS CERCA DEL POBLADO DE IGUALA GUERRERO, DICHO COMANDANTE -
SE ENCONTRABA NERVIOSO Y ASUSTADO A LOS DOS DIAS DE QUE APARECIE-
RON LOS CADAVERES, MANDO POR FAX SU RENUNCIA Y SE ESCONDIO, EL DI-
RECTOR GENERAL LO LOCALIZO Y LE ORDENO QUE NO RENUNCIARA, Y MAS -
ADELANTE LO CAMBIARIA DE LUGAR (YA FUE CONCENTRADO A LA CIUDAD DE
MEXICO Y ES COMPADRE DE LIC. LEON ARAGON).
EL CMDTE. JORGE NUÑEZ MORA EN LOS CATEOS QUE SE EFECTUARON EN LAS
DIFERENTES CASAS, SE HIZO ACOMPAÑAR DE SU GRUPO DE CONFIANZA IN -
CLUYENDO A GENARO AGUIRRE ESTE INDIVIDUO NO PERTENECE A LA POLICIA
SIN EMBARGO EN LOS OPERATIVOS SE VISTE DE NEGRO Y PORTA ARMAS, CON
TROLABA LA DOCUMENTACION Y OBJETOS QUE PODRIAN SER PRUEBAS EN LAS
CASAS DE LA CUAL TUVO ACCESO A EXAMINARLAS Y SELECIONARLAS. ESTA -
PERSONA PUDO HABER SIDO EL CONDUCTO PARA RECIBIR EL DINERO QUE SE
TIENE CONOCIMIENTO FUE ENTREGADO AL CMDTE. SE MANDO UN GRUPO AL -
ESTADO DE SINALOA, DIRIGIDO POR EL CMDTE. MARTIN JAIMES PEREZ GO
MEZ Y HUMBERTO TORICES MORALES ESTOS DOS HOMBRES SON DE CONFIANZA
DE NUÑEZ MORA PUDIERON HABER INTERVENIDO A DISTANCIA EN ESTE ASUN
TO CONOCEN A LOS NARCOTRAFICANTES ANTES MENCIONADOS, HAN SIDOEL --
CONDUCTO PARA RECOGER DINERO LOS SIGUIENTES ELEMENTOS, DEBEN DE -
ESTAR ENTERADOS DE COMO SE DESARROLLARON LOS HECHOS YA QUE TAMBIEN
SON GENTE DE CONFIANZA DE NUÑEZ MORA, RAMON TORRES, IGNACIO HER--
NANDEZ VERGARA JEFE DE GRUPO Y EDUARDO MACIAS, ESTOS TRAFICANTES -
TIENEN CONTROLADA GENTE DE CONFIANZA DEL C. COORDINADOR QUIENES --
LES INFORMAN DE TODOS LOS MOVIMIENTOS DE LA P.G.R. LOS GATILLEROS
DEL CHAPO GUZMAN, TAMBIEN INTERVINIERON EN LOS DOS ATENTADOS QUE
HA SUFRIDO GUSTAVO RICO URREA (ES GENTE DE MIGUEL FELIX GALLARDO),
TAMBIEN EN LA MUERTE DE NORMA CORONA Y EN OTROS HOMICIDIOS DE LA
GENTE DE CONFIANZA DE FELIX GALLARDO.
PARTE DE ESTOS GATILLEROS PERTENECEN A LA P.J. DE SINALOA.

Parte informativo de octubre de 1992.

pero su compadre León Aragón le ordenó que no dimitiera y lo cambió de adscripción al Distrito Federal.

El 19 de junio de 2009 Miguel Ángel Félix Gallardo escribió una carta desde el Cefereso número 1, donde asentó lo siguiente:

> El MPF Marcelo Vega junto con su equipo me mostraron la Suburban de los ejecutores, una de ellas color vino, molduras negras color mate, era la misma que le decomisaron al colombiano Javier Pardo

Cardona, ésa y otras dos [camionetas] fueron vistas por la familia de los deudos cuando fueron a Iguala a reclamar los cuerpos, estaban en las oficinas de la PGR.

En ese lugar los familiares de los ejecutados iban a hacer la denuncia, entre ellos mi hermana Gloria, quien pidió identificar a varios de los que catearon la casa de mi madre llevándose a un menor que subía a la silla de ruedas a mi madre, cuando se iba presentar la denuncia fueron amenazados y no la hicieron, a mí me cambiaron del Reclusorio Sur a Almoloya y vino un MP a insinuarme que me callara o correrían peligro mis hijos, a quienes mandé a estudiar a Canadá.[5]

EL CONTADOR DE *EL CHAPO*

Cuando los agentes judiciales abordaron a Cristina Sánchez, la trabajadora doméstica que se dirigía a la residencia de la calle de Almendros, ella les explicó que hacía un año siete meses había sido contratada por el contador Miguel Ángel Segoviano Berbera, y que previamente había trabajado para el propietario anterior llamado Abraham Cohen Bisu. Segoviano Berbera le pagaba por sus servicios, pero él no vivía en la residencia.

Al principio yo trabajaba para varias personas, como cinco u ocho, que llegaban a la casa. Tenían acento de sinaloenses. Mi trabajo era hacer el aseo de la casa, lavar la ropa y darles de comer. Esto fue los primeros seis meses. Durante cinco meses dejó de ir la gente hasta que en febrero o marzo de ese año, 1992, llegó la señora Ana Salazar, con su pequeño hijo Arturo, la nana de nombre Josefina Hernández y una amiga de la señora llamada Claudia Meneses.

[5] Carta publicada en www.miguelfelixgallardo.com.

La señora Ana tenía una casa de descanso en la ciudad de Cuernavaca, en la calle Magnolia número 1. Yo nunca entré a la casa, me quedaba afuera y me daba cuenta de que entraban y salían varios individuos que se encontraban armados. Entre ellos el señor Jerónimo Gámez. Gámez siempre estaba armado y también iba a la residencia de Bosques de las Lomas. Al lugar llegaba a ir el amigo de *El Chapo*, Martín Moreno, y su escolta personal Antonio Mendoza Cruz. Este señor llegaba a ir acompañado de un hombre de piel blanca, pelo güero y ojos claros a quienes todos le decían señor Palma.

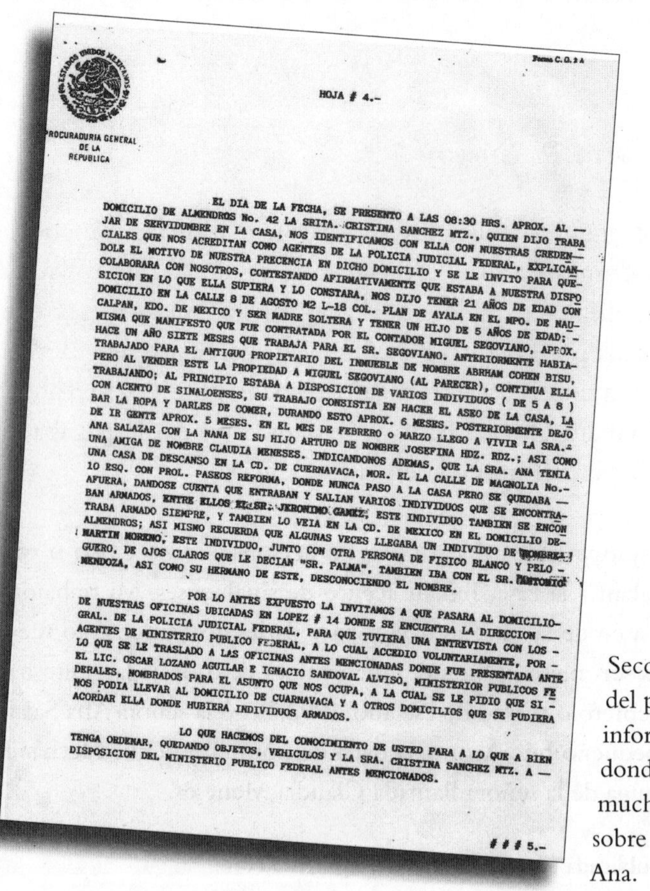

PROCURADURIA GENERAL
DE LA
REPUBLICA

Forma C.O. 2 A

HOJA # 4.-

EL DIA DE LA FECHA, SE PRESENTO A LAS 08:30 HRS. APROX. AL —
DOMICILIO DE ALMENDROS No. 42 LA SRITA. CRISTINA SANCHEZ MTZ., QUIEN DIJO TRABA
JAR DE SERVIDUMBRE EN LA CASA, NOS IDENTIFICAMOS CON ELLA CON NUESTRAS CREDEN—
CIALES QUE NOS ACREDITAN COMO AGENTES DE LA POLICIA JUDICIAL FEDERAL, EXPLICAN-
DOLE EL MOTIVO DE NUESTRA PRECENCIA EN DICHO DOMICILIO Y SE LE INVITO PARA QUE-
COLABORARA CON NOSOTROS, CONTESTANDO AFIRMATIVAMENTE QUE ESTABA A NUESTRA DISPO
SICION EN LO QUE ELLA SUPIERA Y LO CONSTARA, NOS DIJO TENER 21 AÑOS DE EDAD CON
DOMICILIO EN LA CALLE 8 DE AGOSTO M2 L-18 COL. PLAN DE AYALA EN EL MPO. DE NAU-
CALPAN, EDO. DE MEXICO Y SER MADRE SOLTERA Y TENER UN HIJO DE 5 AÑOS DE EDAD; -
MISMA QUE MANIFESTO QUE FUE CONTRATADA POR EL CONTADOR MIGUEL SEGOVIANO, APROX.
HACE UN AÑO SIETE MESES QUE TRABAJA PARA EL SR. SEGOVIANO. ANTERIORMENTE HABIA-
TRABAJADO PARA EL ANTIGUO PROPIETARIO DEL INMUEBLE DE NOMBRE ABRHAM COHEN BISU,
PERO AL VENDER ESTE LA PROPIEDAD A MIGUEL SEGOVIANO (AL PARECER), CONTINUA ELLA
TRABAJANDO; AL PRINCIPIO ESTABA A DISPOSICION DE VARIOS INDIVIDUOS (DE 5 A 8)
CON ACENTO DE SINALOENSES, SU TRABAJO CONSISTIA EN HACER EL ASEO DE LA CASA, LA
BAR LA ROPA Y DARLES DE COMER, DURANDO ESTO APROX. 6 MESES. POSTERIORMENTE DEJO
DE IR GENTE APROX. 5 MESES. EN EL MES DE FEBRERO o MARZO LLEGO A VIVIR LA SRA.
ANA SALAZAR CON LA NANA DE SU HIJO ARTURO DE NOMBRE JOSEFINA HDZ. RDZ.; ASI COMO
UNA AMIGA DE NOMBRE CLAUDIA MENESES. INDICANDONOS ADEMAS, QUE LA SRA. ANA TENIA
UNA CASA DE DESCANSO EN LA CD. DE CUERNAVACA, MOR. EL LA CALLE DE MAGNOLIA No.-
10 ESQ. CON PROL. PASEOS REFORMA, DONDE NUNCA PASO A LA CASA PERO SE QUEDABA —
AFUERA, DANDOSE CUENTA QUE ENTRABAN Y SALIAN VARIOS INDIVIDUOS QUE SE ENCONTRA-
BAN ARMADOS, ENTRE ELLOS EL SR. JERONIMO GAMEZ; ESTE INDIVIDUO TAMBIEN SE ENCON
TRABA ARMADO SIEMPRE, Y TAMBIEN LO VEIA EN LA CD. DE MEXICO EN EL DOMICILIO DE-
ALMENDROS; ASI MISMO RECUERDA QUE ALGUNAS VECES LLEGABA UN INDIVIDUO DE NOMBRE
MARTIN MORENO, ESTE INDIVIDUO, JUNTO CON OTRA PERSONA DE FISICO BLANCO Y PELO -
GUERO, DE OJOS CLAROS QUE LE DECIAN "SR. PALMA", TAMBIEN IBA CON EL SR. ANTONIO
MENDOZA, ASI COMO SU HERMANO DE ESTE, DESCONOCIENDO EL NOMBRE.

POR LO ANTES EXPUESTO LA INVITAMOS A QUE PASARA AL DOMICILIO-
DE NUESTRAS OFICINAS UBICADAS EN LOPEZ # 14 DONDE SE ENCUENTRA LA DIRECCION —
GRAL. DE LA POLICIA JUDICIAL FEDERAL, PARA QUE TUVIERA UNA ENTREVISTA CON LOS -
AGENTES DE MINISTERIO PUBLICO FEDERAL, A LO CUAL ACCEDIO VOLUNTARIAMENTE, POR -
LO QUE SE LE TRASLADO A LAS OFICINAS ANTES MENCIONADAS DONDE FUE PRESENTADA ANTE
EL LIC. OSCAR LOZANO AGUILAR E IGNACIO SANDOVAL ALVISO, MINISTERIOR PUBLICOS FE
DERALES, NOMBRADOS PARA EL ASUNTO QUE NOS OCUPA, A LA CUAL SE LE PIDIO QUE SI -
NOS PODIA LLEVAR AL DOMICILIO DE CUARNAVACA Y A OTROS DOMICILIOS QUE SE PUDIERA
ACORDAR ELLA DONDE HUBIERA INDIVIDUOS ARMADOS.

LO QUE HACEMOS DEL CONOCIMIENTO DE USTED PARA A LO QUE A BIEN
TENGA ORDENAR, QUEDANDO OBJETOS, VEHICULOS Y LA SRA. CRISTINA SANCHEZ MTZ. A —
DISPOSICION DEL MINISTERIO PUBLICO FEDERAL ANTES MENCIONADOS.

5.-

Sección del parte informativo donde la muchacha habla sobre la señora Ana.

Después de su nutrida narración, Cristina fue trasladada a la calle de López número 4, donde se encontraban las oficinas de la PJF. Rodolfo León Aragón instruyó que el parte informativo se turnara a la Dirección General de Averiguaciones Previas de la PGR, lo cual originó que se abrieran los expedientes AP4971/D/92 y AP4992/D/92.

Con el paso de los días, los comandantes y los agentes de la PJF pudieron armar el rompecabezas. El 21 de septiembre el Ministerio Público giró la orden de localización y presentación del contador Miguel Ángel Segoviano Berbera, quien le prestaba sus servicios administrativos nada más y nada menos que a Amado Carrillo Fuentes, Joaquín Guzmán Loera y Héctor Palma Salazar. Entretanto, el equipo de la Fiscalía Especial mantenía a Morales Lechuga informado de las investigaciones. Al buscar el paradero de Segoviano Berbera dieron con la empresa Galce Constructora, S.A. de C.V., ubicada en la colonia Jardines del Sur, en Xochimilco, de la cual el contador era socio. Los agentes acudieron a las oficinas pero nadie les supo decir algo acerca de Segoviano, tenían días de no verlo.

El 9 de junio de 1993 *El Chapo* negó conocer a Miguel Ángel Segoviano Berbera. Por suerte, en una ampliación de la declaración rendida el 7 de septiembre de 1995 recuperó la memoria, aunque haya sido sólo una parte: "Carlos es hermano de Miguel Ángel Segoviano Berbera, los conocí de vista en una discoteca de la ciudad de México en la Zona Rosa, pero no recuerdo el nombre del lugar", dijo Guzmán Loera cuando el ministerio público le mostró una foto de Carlos Segoviano.

Al parecer Miguel Ángel Segoviano Berbera tuvo mejor memoria cuando testificó en un juicio llevado a cabo en 1996 en una corte del Distrito Sur de California contra Enrique Ávalos Barriga, operador de *El Chapo*, acusado de construir un túnel de 350 metros de longitud y 25 metros de profundidad para mover

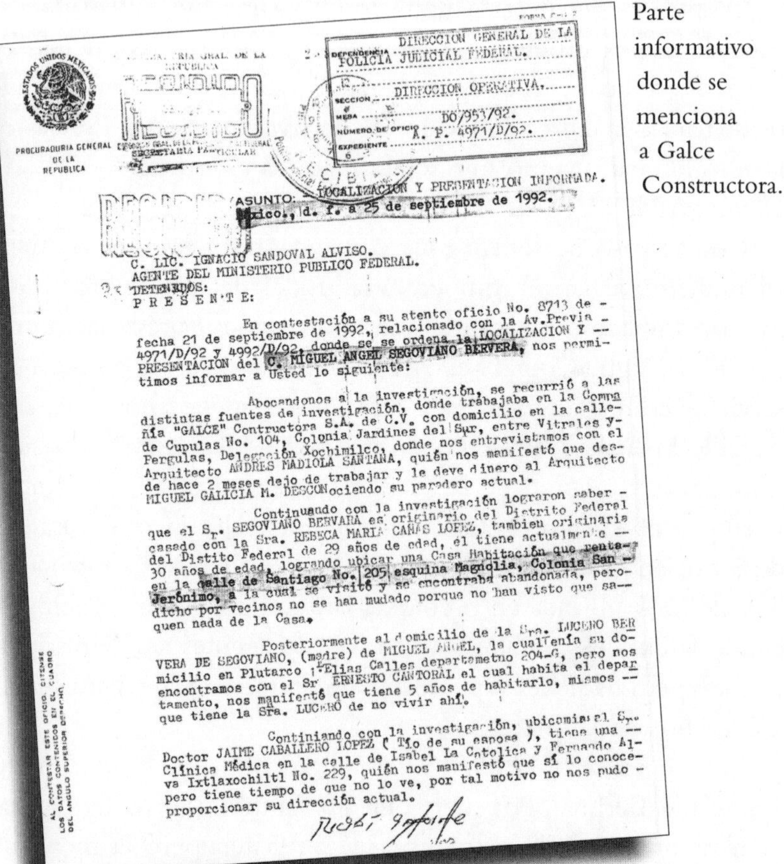

PROCURADURIA GENERAL DE LA REPUBLICA

DEPENDENCIA: DIRECCION GENERAL DE LA POLICIA JUDICIAL FEDERAL.

SECCION: DIRECCION OPERATIVA.

MESA: DO/953/92.

NUMERO DE OFICIO: A. P. 4971/D/92.

EXPEDIENTE:

ASUNTO: LOCALIZACION Y PRESENTACION INFORMADA.

México., d. f. a 25 de septiembre de 1992.

C. LIC. IGNACIO SANDOVAL ALVISO.
AGENTE DEL MINISTERIO PUBLICO FEDERAL.
DETENIDOS:
P R E S E N T E:

En contestación a su atento oficio No. 8713 de fecha 21 de septiembre de 1992, relacionado con la Av.Previa 4971/D/92 y 4992/D/92, donde se se ordena la LOCALIZACION Y PRESENTACION del C. MIGUEL ANGEL SEGOVIANO BERVERA, nos permitimos informar a Usted lo siguiente:

Abocandonos a la investigación, se recurrió a las distintas fuentes de investigación, donde trabajaba en la Compañía "GALCE" Contructora S.A. de C.V. con domicilio en la calle de Cupulas No. 104, Colonia Jardines del Sur, entre Vitrales y Fergulas, Delegación Xochimilco, donde nos entrevistamos con el Arquitecto ANDRES MADIOLA SANTANA, quién nos manifestó que desde hace 2 meses dejo de trabajar y le deve dinero al Arquitecto MIGUEL GALICIA M. DESCONociendo su paradero actual.

Continuando con la investigación lograron saber que el Sr. SEGOVIANO BERVARA es originario del Distrito Federal casado con la Sra. REBECA MARIA CAÑAS LOPEZ, tambien originaria del Distito Federal de 29 años de edad, él tiene actualmente 30 años de edad, logrando ubicar una Casa Habitación que renta en la calle de Santiago No. 205 esquina Magnolia, Colonia San Jerónimo, a la cual se visitó y se encontraba abandonada, pero dicho por vecinos no se han mudado porque no han visto que saquen nada de la Casa.

Posteriormente al domicilio de la Sra. LUCERO BERVERA DE SEGOVIANO, (madre) de MIGUEL ANGEL, la cual tenía su domicilio en Plutarco E. Elias Calles departametno 204-G, pero nos encontramos con el Sr. ERNESTO CANTORAL el cual habita el departamento, nos manifestó que tiene 5 años de habitarlo, mismos que tiene la Sra. LUCERO de no vivir ahí.

Continiando con la investigación, ubicamos al Sr. Doctor JAIME CABALLERO LOPEZ (Tío de su esposa), tiene una Clínica Médica en la calle de Isabel La Catolica y Fernando Alva Ixtlaxochiltl No. 229, quién nos manifestó que sí lo conoce pero tiene tiempo de que no lo ve, por tal motivo no nos pudo proporcionar su dirección actual.

Parte informativo donde se menciona a Galce Constructora.

drogas, indocumentados y también armas en la línea fronteriza de California y Arizona: "Guzmán operaba una cadena que empacaba la cocaína en latas de chiles jalapeños. La droga se exportaba a Estados Unidos a través del ferrocarril. A cambio de la droga Guzmán llevó a México millones de dólares empacados en maletas que eran transportadas por avión y llegaban al aeropuerto de la ciudad de México. Se sobornaba a los agentes federales para asegurarse de que no hubiera inspecciones", declaró Segoviano, quien desde 1993 se había convertido en testigo protegido de la DEA.[6]

El contador de *El Chapo* aseguró, sin especificar nombres, que le habían entregado mucho dinero a la gente que trabajaba en la oficina del procurador general de la República;[7] ello coincidía con la primera declaración de Guzmán Loera en el avión de Tapachula a Toluca, la cual fue sustraída de la PGR y la Procuraduría General de Justicia Militar.

Miguel Ángel Segoviano Berbera reveló que había conocido a *El Chapo* por medio de su padre, quien era dueño de un almacén y una línea de transporte. El señor enfrentó una crisis económica, se endeudó y le pidió un préstamo a Guzmán Loera por cinco millones de dólares. Más tarde, el padre de Segoviano fue ejecutado por no pagar su deuda a *El Chapo* o porque los enemigos de éste lo querían muerto. Cuando menos eso fue lo que el contador le dijo a los gringos. Lo que nunca explicó es por qué si trabajaba con él por la deuda de su padre, su hermano Carlos Arturo Segoviano Berbera era gatillero de *El Chapo*.

Segoviano no sólo narró los pormenores de las operaciones criminales de Guzmán Loera y *El Güero* Palma, sino que también fue indiscreto respecto a la vida cotidiana de los capos: fiestas, bautizos, peleas de gallos y hasta clases de inglés. De la misma forma dio a conocer que a través de las oficinas de Galce Constructora, S.A. de C.V., había contratado trabajos de remodelación de diferentes propiedades ocupadas por los narcotraficantes en el Desierto de los Leones de la ciudad de México, en Cuernavaca y Acapulco. Habló también sobre la existencia de una residencia en Acapulco presuntamente ubicada en el lujoso desarrollo de Punta Diamante, donde arribaban camionetas con placas de Jalisco

[6] "News Release", DEA, 20 de diciembre de 2004.

[7] *Wall Street Journal*, 13 de junio de 2009.

y Sinaloa. Los pasajeros eran hombres que portaban alhajas e iban vestidos de mezclilla y botas. Las fiestas duraban varios días. Desde la mansión, Guzmán Loera podía contemplar dos yates con los nombres de sus hijos anclados frente a Pichilingue, la exclusiva playa privada de Puerto Marqués.[8]

El inquilino incómodo de Luis Echeverría

Para continuar la investigación, los agentes de la PJF acudieron al domicilio de la madre de Segoviano Berbera, ubicado en la calle Plutarco Elías Calles departamento 204 G, en la ciudad de México. Sin embargo, cuando llegaron al inmueble descubrieron que otra persona lo ocupaba desde hacía cinco años. Finalmente localizaron el domicilio del contador: Santiago número 205, esquina con Magnolia, en la colonia San Jerónimo, al sur de la ciudad de México. Sorpresivamente, la casa donde vivía Segoviano Berbera no sólo se encontraba al lado de la residencia de Luis Echeverría Álvarez, sino que era propiedad del ex mandatario; el encargado de rentarla había sido su hijo Luis Eduardo Echeverría Zuno.

Los policías judiciales sintieron miedo ante la envergadura del caso que estaban siguiendo y los alcances de las redes de complicidad de los narcotraficantes. Desde luego, eran conscientes de que realizar un cateo a la residencia podría tener graves consecuencias para sus carreras. Al preguntarle a Echeverría Álvarez sobre la situación, él respondió que su hijo le había encargado la casa a un agente de bienes raíces para que la rentara, y que ellos no sabían nada sobre las actividades de su inquilino. La versión era poco creíble, ya que en la casa del ex presidente hay un séquito del Estado Mayor suficiente como para percibir los movimientos del

[8] "El contador de *El Chapo*", *Milenio Semanal*, 31 de enero de 2010.

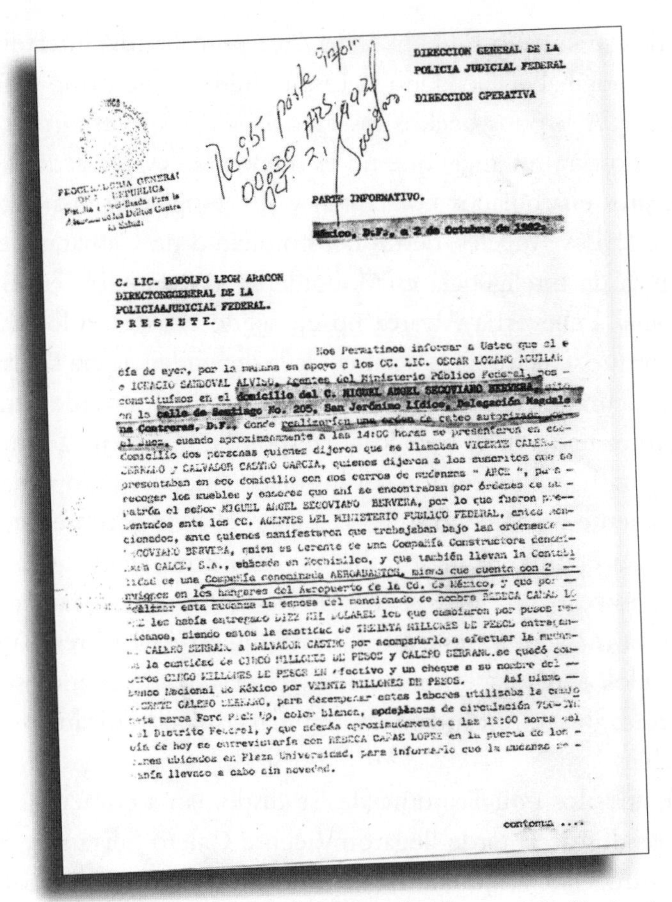

DIRECCION GENERAL DE LA
POLICIA JUDICIAL FEDERAL

DIRECCION OPERATIVA

PROCURADURIA GENERAL
DE LA REPUBLICA

Recibí parte
00:30 HRS.
Oct. 21 1992

PARTE INFORMATIVO.

México, D.F., a 2 de Octubre de 1992.

C. LIC. RODOLFO LEON ARAGON
DIRECTORGGENERAL DE LA
POLICIAAJUDICIAL FEDERAL.
P R E S E N T E.

Nos Permitimos informar a Usted que el
día de ayer, por la mañana en apoyo a los CC. LIC. OSCAR LOZANO AGUILAR
e IGNACIO SANDOVAL ALVISO, Agentes del Ministerio Público Federal, nos
constituímos en el domicilio del C. MIGUEL ANGEL SEGOVIANO BERVERA, sito
en la calle de Santiago No. 205, San Jerónimo Lídice, Delegación Magdalena Contreras, D.F., donde realizarían una orden de cateo autorizada por
el Juez, cuando aproximadamente a las 14:00 horas se presentaron en ese
domicilio dos personas quienes dijeron que se llamaban VICENTE CALERO
SERRANO y SALVADOR CASTRO GARCIA, quienes dijeron a los suscritos que se
presentaban en ese domicilio con dos carros de mudanzas " ARCE ", para
recoger los muebles y enseres que ahí se encontraban por órdenes de su
patrón el señor MIGUEL ANGEL SEGOVIANO BERVERA, por lo que fueron presentados ante los CC. AGENTES DEL MINISTERIO PUBLICO FEDERAL, antes mencionados, ante quienes manifestaron que trabajaban bajo las órdenes de
SEGOVIANO BERVERA, quien es Gerente de una Compañía Constructora denominada CALCE, S.A., ubicada en Xochimilco, y que también llevan la Contabilidad de una Compañía denominada AEROABASTOS, misma que cuenta con 2
aviones en los hangares del Aeropuerto de la Cd. de México, y que por
realizar esta mudanza la esposa del mencionado de nombre REBECA CAFAS LOPEZ les había entregado DIEZ MIL DOLARES los que cambiaron por pesos mexicanos, siendo estos la cantidad de TREINTA MILLONES DE PESOS entregando CALERO SERRANO a SALVADOR CASTRO por acompañarlo a efectuar la mudanza la cantidad de CINCO MILLONES DE PESOS y CALERO SERRANO se quedó con
otros CINCO MILLONES DE PESOS EN efectivo y un cheque a su nombre del
Banco Nacional de México por VEINTE MILLONES DE PESOS. Así mismo
VICENTE CALERO SERRANO, para desempeñar estas labores utilizaba la camioneta marca Ford Pick Up, color blanco, con placas de circulación 750-...
del Distrito Federal, y que además aproximadamente a las 15:00 horas del
día de hoy se entrevistaría con REBECA CAFAS LOPEZ en la puerta de los
cines ubicados en Plaza Universidad, para informarle que la mudanza se
había llevado a cabo sin novedad.

continua ....

Parte informativo donde se señala dónde vive Segoviano Berbera.

domicilio contiguo, el perfil de las personas que lo visitaban y, en ese caso, la ostentosa muestra de sus armas. En la casa que ocupaba el contador no encontraron a nadie, al parecer los agentes habían llegado demasiado tarde. Los vecinos dijeron que desde hacía varios días no veían a la familia, pero aseguraron que tampoco habían notado movimientos que indicaran alguna mudanza.

No era la primera vez que la familia de Echeverría se veía involucrada con los narcotraficantes del cártel de Guadalajara. Por lo pronto, su cuñado Rubén Zuno Arce purgaba una interminable condena por haber facilitado la casa donde fue asesinado Enrique Camarena. A los dos hechos los vinculaba no sólo ese grupo criminal, sino otra instancia que no es menor: la CIA. De acuerdo con los alegatos enarbolados por la DEA y sus testigos en una corte de distrito de Los Ángeles, detrás del homicidio de Camarena estaba la agencia de inteligencia estadounidense y sus interés en el plan Irán-*contra*. Echeverría Álvarez no era ajeno a la CIA, sólo hay que recordar que su clave en la nómina de la dependencia era LITEMPO 8.

El procurador Ignacio Morales Lechuga dio luz verde para que los agentes hicieran el trabajo correspondiente; un juez emitió la orden para hacer la revisión. El histórico cateo a la propiedad del ex presidente de México se llevó a cabo el 2 de octubre de 1992. La fecha no podía ser más simbólica: ese mismo día, pero 24 años atrás, LITEMPO 8, entonces secretario de Gobernación, había ordenado una masacre de estudiantes en la plaza de las Tres Culturas en Tlatelolco. Ahora el masacrado era él, cuando menos simbólicamente, ante el escándalo de refugiar a narcotraficantes en sus inmuebles.

Mientras los policías judiciales se disponían a comenzar el cateo, a las dos de la tarde llegaron Vicente Calero Serrano y Salvador Castro García, quienes se identificaron como empleados del contador. Llevaban la orden de subir todo lo que hubiera dentro de la casa a dos camiones de Mudanzas Arce. Rebeca María Cañas López, la esposa de Segoviano Berbera, con quien se iban a ver a las siete de la tarde en los cines de Plaza Universidad, les había pagado 10 mil dólares por el trabajo. Calero, temeroso ante las preguntas de los judiciales, confesó que no hacía mucho tiempo también había escondido un automóvil por disposición de Segoviano. La trampa estaba tendida: cuando Rebeca Cañas llegó al centro comercial, los elementos de la PJF la abordaron y la interrogaron. "Mi esposo no vive conmigo por problemas que tiene con la policía. Anda huyendo porque trabaja para varios narcotraficantes. Él les presta su nombre para que pongan propiedades a su nombre y les lava dinero. Por esos servicios le pagan muy bien", dijo la mujer.

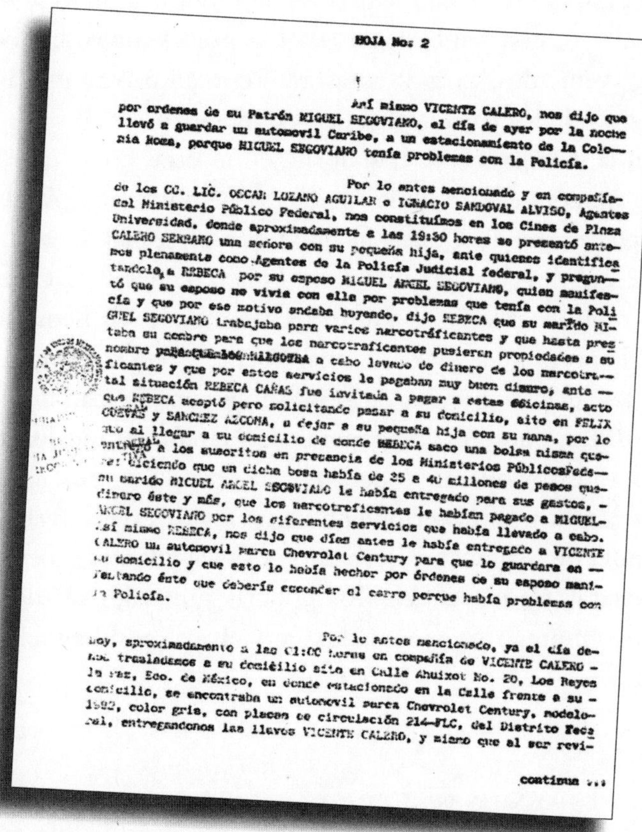

HOJA No: 2

Así mismo VICENTE CALERO, nos dijo que
por ordenes de su Patrón MIGUEL SEGOVIANO, el día de ayer por la noche
llevó a guardar un automovil Caribe, a un estacionamiento de la Colo—
nia Roma, porque MIGUEL SEGOVIANO tenía problemas con la Policía.

Por lo antes mencionado y en compañía
de los CC. LIC. OSCAR LOZANO AGUILAR e IGNACIO SANDOVAL ALVISO, Agentes
del Ministerio Público Federal, nos constituímos en los Cines de Plaza
Universidad, donde aproximadamente a las 19:30 horas se presentó ante-
CALERO SERRANO una señora con su pequeña hija, ante quienes identifica
mos plenamente como Agentes de la Policía Judicial federal, y pregun—
tándole, a REBECA por su esposo MIGUEL ANGEL SEGOVIANO, quien manifestó que su esposo no vivia con ella por problemas que tenía con la Poli
cía y que por ese motivo andaba huyendo, dijo REBECA que su marido MI-
GUEL SEGOVIANO trabajaba para varios narcotráficantes y que hasta pres
taba su nombre para que los narcotraficantes pusieran propiedades a su
nombre [illegible] a cabo lavado de dinero de los narcotra—
ficantes y que por estos servicios le pagaban muy buen dinero, ante —
tal situación REBECA CAÑAS fue invitada a pasar a estas oficinas, acto
que REBECA aceptó pero solicitando pasar a su domicilio, sito en FELIX
CUEVAS y SANCHEZ AZCONA, a dejar a su pequeña hija con su nana, por lo
que al llegar a su domicilio de donde REBECA saco una bolsa misma que-
entregó a los suscritos en presencia de los Ministerios PúblicosFede—
rales diciendo que en dicha bosa había de 25 a 40 millones de pesos que-
su marido MIGUEL ANGEL SEGOVIANO le había entregado para sus gastos, -
dinero éste y más, que los narcotraficantes le habían pagado a MIGUEL-
ANGEL SEGOVIANO por los diferentes servicios que había llevado a cabo.
Así mismo REBECA, nos dijo que días antes le había entregado a VICENTE
CALERO un automovil marca Chevrolet Century para que lo guardara en —
su domicilio y que esto lo había hechor por órdenes de su esposo manifestando éste que debería esconder el carro porque había problemas con
la Policía.

Por lo antes mencionado, ya el día de-
hoy, aproximadamente a las 01:00 horas en compañía de VICENTE CALERO -
nos trasladamos a su domicilio sito en Calle Ahuixot No. 20, Los Reyes
la Paz, Edo. de México, en donde estacionado en la Calle frente a su -
domicilio, se encontraba un automovil marca Chevrolet Century, modelo-
1982, color gris, con placas de circulación 214-FLC, del Distrito Fede
ral, entregandonos las llaves VICENTE CALERO, y mismo que al ser revi-

continua ...

Parte informativo donde la esposa del contador habla de las actividades de su esposo.

En uno de los vehículos que los agentes registraron en el domicilio de Segoviano Berbera encontraron la narconómina de *El Chapo* y sus jefes. En ella había relaciones de gastos, sueldos, prestaciones y nombres de personas a quienes les fueron entregadas diversas cantidades de dinero en pesos y dólares. "El contador le llevaba toda la organización financiera a *El Chapo*. Era muy meticuloso en su trabajo, tenía unas listas donde venía el nombre del funcionario, el monto de dinero que se le daba en dólares, el cambio a pesos y el uso que se le daba. No todo el dinero se entregaba en efectivo, sino también en especie, por ejemplo una botella de coñac, vehículos, casas y cosas así", comentó para esta investigación uno de los participantes en el operativo.

En la indagatoria se descubrió, entre otras cosas, que Rodolfo León Aragón, el jefe de la PJF, estaba involucrado con el cártel al que pertenecía *El Chapo*, al igual que el comandante Luis Solís Cortés, el director general de la Policía Federal de Caminos, en cuya casa ubicada en la avenida Desierto de los Leones número 5600 letra J llegó a vivir Guzmán Loera.[9] En la narconómina también se hallaron indicios de la presunta complicidad de Jorge Carrillo Olea, coordinador general de Narcóticos, de Jorge Núñez Mora, director operativo de la PJF, así como de otros agentes de la corporación y ministerios públicos. Después del interrogatorio a la esposa de Segoviano Berbera y a sus ayudantes Vicente Calero y Salvador Castro García, los policías judiciales se toparon con ciertos empresarios vinculados con el ex presidente Echeverría Álvarez.

EL PROYECTO SALINAS

Durante la administración de Miguel de la Madrid se formó un equipo compacto que ocuparía las primeras planas en la sucesión presidencial de 1988: Carlos Salinas de Gortari, secretario de

[9] Información obtenida de las averiguaciones previas abiertas sobre el caso de los homicidios de Iguala.

Programación y Presupuesto; Manuel Camacho Solís, subsecretario de Programación y luego secretario de Desarrollo Urbano y Ecología, y Emilio José Lozoya Thalmann, subsecretario de Previsión Social en la Secretaría del Trabajo. En el grupo también estaban José Francisco Ruiz Massieu, cuñado de Salinas; el general Juan Arévalo Gardoqui, secretario de la Defensa Nacional; Emilio Gamboa Patrón, secretario particular del presidente, y el general Jorge Carrillo Olea. Este grupo de personajes era conocido como *Los Toficos*, caramelos hechos de leche que eran muy populares y pegajosos.

"Los políticos querían el dinero del narco, lo querían para ellos, para sus negocios personales y para las campañas políticas", comentó *El Informante* en relación con las operaciones del narcotráfico durante el sexenio de Salinas.

Antes de concluir la administración de Miguel de la Madrid comenzó la ejecución de los capos de la "vieja guardia" para abrir paso a la nueva generación de narcos con una mentalidad más moderna. Nada de "pagar impuestos", ahora era necesario ofrecer grandes sobornos para forjar las fortunas de políticos y empresarios de la noche a la mañana. En esa misma época comenzó el desmantelamiento de los sistemas mexicanos de inteligencia, que en realidad nunca habían sido eficaces y encubrían la corrupción, pero por lo menos permitían saber quién estaba coludido con quién.

La primera ejecución notable de un viejo narcotraficante fue la de Pablo Acosta, asesinado en 1987 por Guillermo González Calderoni, en Ojinaga, Chihuahua. El acontecimiento fortaleció a Amado Carrillo Fuentes y le permitió apoderarse del territorio chihuahuense y de la joya de la corona: Ciudad Juárez. En 1998 la cadena estadounidense PBS publicó un reportaje llamado "Murder, Money and Mexico" ("Asesinato, dinero y México") donde se denunciaba que a mediados de la década de 1980, "mientras Amado

Carrillo Fuentes se fortalecía como narcotraficante, le habría pagado a González Calderoni un millón de dólares para asesinar a Pablo Acosta Villarreal".

"Ya no se tenía la idea de separar el negocio del narcotráfico de la política. Y la actividad de narcotraficantes la ejercían ya no sólo los capos, sino los propios políticos y funcionarios públicos", dijo *El Informante*. En ese tenor dio inicio el polémico sexenio de Salinas de Gortari, con quien se reacomodaron y asentaron las posiciones del recién renovado aparato de seguridad e inteligencia.

El primer procurador general de Salinas fue Enrique Álvarez del Castillo (1988-1991), le siguió Ignacio Morales Lechuga (1991-1993), después Jorge Carpizo McGregor (1993-1994), luego Diego Valadés Ríos (1994) y terminó el sexenio Humberto Benítez Treviño. Como secretario de la Defensa Nacional fue nombrado Antonio Riviello Bazán. La Secretaría de Gobernación la ocupó Francisco Gutiérrez Barrios. La Disen[10] fue transformada en el Cisen, y Jorge Carrillo Olea se convirtió en el titular; su segundo a bordo era Jorge Enrique Tello Peón, actual asesor en materia de seguridad pública del presidente de la República.

En 1989 Tello Peón encabezó el reclutamiento de jóvenes egresados de universidades para que formaran parte de la reformada estirpe que administraría la información de inteligencia en el país. Uno de esos jóvenes era el pasante de ingeniería mecánica de la Universidad Autónoma Metropolitana (UAM) Genaro García Luna; *La Metralleta*, como le decían sus compañeros de trabajo por ser tartamudo, no había podido alcanzar su sueño de ser policía judicial federal porque reprobó los exámenes junto con su amigo Édgar Millán Gómez. De esta forma, García Luna se conformó

[10] La Disen fue creada por Carrillo Olea en 1985. En ese entonces la dependencia la dirigía Pedro Vázquez Colmenares, quien antes había sido gobernador de Oaxaca, por donde pasaron narcotraficantes y drogas al por mayor.

con entrar en el Cisen y volverse un experto en intervenir comunicaciones. Ése era su talento, él único, dicen sus compañeros, porque en todo lo demás era demasiado mediocre. Mientras hombres poco escrupulosos como Joaquín Guzmán Loera ascendían en el narcotráfico, otros como García Luna escalaban posiciones en otra rama del crimen organizado: la oficial. Estos dos sujetos son quizás la peor conjunción del viejo sistema perverso con la nueva generación de narcos y policías.

En el ámbito del crimen organizado los reacomodos también fueron significativos. Unos jefes se fueron y otros llegaron dispuestos a jugar con las nuevas reglas. El 8 de abril de 1989 Miguel Ángel Félix Gallardo, jefe de las plazas de Guadalajara y el Pacífico, fue detenido por González Calderoni. Una vez que Pablo Acosta quedó fuera de la jugada, su lugar lo ocupó Rafael Aguilar Guajardo, con quien Amado Carrillo compartía el poder en Juárez. Sin embargo, el 12 de abril de 1993 Aguilar Guajardo sería borrado del horizonte en un muelle de Cancún, Quintana Roo. De esta forma, *El Señor de los Cielos* se consolidó como el amo y señor del narcotráfico. Con él se aliaron Juan José Esparragoza Moreno, *El Azul*; Ismael *El Mayo* Zambada; Arturo, Alfredo y Héctor Beltrán Leyva, conocidos como *Los Tres Caballeros*, y los hermanos Valencia Cornelio, encabezados por Armando.

En junio de 1993, cuando Carrillo Fuentes y *El Güero* Palma le revelaron al procurador Javier Coello Trejo el paradero de *El Chapo*, Amado ya era todo un *lord* del narco. Carrillo Fuentes se asoció con el cártel de Medellín a través de un primo de los hermanos Ochoa. Más tarde, la muerte de Pablo Escobar Gaviria en diciembre de 1993 lo fortaleció aún más, pues cuando eso ocurrió también se sentó a negociar con el cártel de Cali, encabezado por los hermanos Rodríguez Orejuela. Al vincularse con los dos principales cárteles colombianos, *El Señor de los Cielos* comenzó a mover 40 veces más cocaína a Estados Unidos de lo que llegó a traficar Félix Gallardo. En los expedientes de la DEA Carrillo Fuentes llegó a ser calificado como el narcotraficante mexicano más poderoso.[11]

LOS HERMANOS VÁZQUEZ: NEGOCIOS TURBIOS

Los investigadores de la Fiscalía Especial descubrieron que Segoviano Berbera, el contador de *El Chapo*, además de estar vinculado con Galce Constructora, S.A. de C.V., también formaba parte de otra compañía llamada Aero Abastos, la cual poseía dos aviones que se ubicaban en un hangar del Aeropuerto Internacional de la Ciudad de México. La noche del 5 de septiembre de 1992 los agentes de la PJF llegaron al sitio donde se supone que estaban estacionadas las aeronaves. Su sorpresa fue mayúscula cuando se enteraron de que el lugar estaba concesionado a los hermanos Mario y Olegario Vázquez Raña. En aquella época los dos empresarios originarios de Avión, en la provincia española de Ourense, ya tenían una muy mala reputación por los controvertidos manejos de empresas familiares como K2 y sus misteriosas y constantes quiebras; por sus contratos de privilegio en la Secretaría de la Defensa Nacional en el sexenio de Echeverría Álvarez y por ser sus presuntos prestanombres.

Actualmente Olegario Vázquez Raña —apodado *El Tirador* por su habilidad en la materia— es uno de los empresarios que más ha acrecentado su fortuna en México. En 1984 abrió en el Pedregal su primer hospital llamado Humana. Hoy tiene 20 hospitales en toda la República. En 2000 adquirió en los remates del IPAB la cadena de hoteles Camino Real, que constaba de seis

[11] Thomas A. Constantine, DEA Congressional Testimony, "Drug Trafficking in Mexico", 28 de marzo de 1996, en www.justice.gov/dea/pubs/cngrtest/ct960328.htm.

presentaban en eso domicilio con dos carros de mudanzas " ARCE ", para -
recoger los muebles y enseres que ahí se encontraban por órdenes de su -
patrón el señor MIGUEL ANGEL SEGOVIANO BERVERA, por lo que fueron pre--
sentados ante los CC. AGENTES DEL MINISTERIO PUBLICO FEDERAL, antes mencionados, ante quienes manifestaron que trabajaban bajo las órdenes de --
SEGOVIANO BERVERA, quien es Gerente de una Compañía Constructora denominada CALCE, S.A., ubicada en Xochimilco, y que también llevan la Contabi
lidad de una Compañía denominada AEROABASTOS, misma que cuenta con 2 --
aviones en los hangares del Aeropuerto de la Cd. de México, y que por --
realizar esta mudanza la esposa del mencionado de nombre REBECA CAÑAS LO
PEZ les había entregado DIEZ MIL DOLARES los que cambiaron por pesos mexicanos, siendo estos la cantidad de TREINTA MILLONES DE PESOS entregando CALERO SERRANO a SALVADOR CASTRO por acompañarlo a efectuar la mudanza la cantidad de CINCO MILLONES DE PESOS y CALERO SERRANO se quedó con
otros CINCO MILLONES DE PESOS EN efectivo y un cheque a su nombre del --
Banco Nacional de México por VEINTE MILLONES DE PESOS. Así mismo --
VICENTE CALERO SERRANO, para desempeñar estas labores utilizaba la camio
neta marca Ford Pick Up, color blanco, con placas de circulación 750-[illegible]
del Distrito Federal, y que además aproximadamente a las 15:00 horas del
día de hoy se entrevistaría con REBECA CAÑAS LOPEZ en la puerta de los -

Sección del parte informativo donde se hace referencia a Aero Abastos.

instalaciones; posteriormente el negocio creció hasta 27 hoteles con cinco mil 525 habitaciones en todo el país.[12]

El Tirador salió con el bolsillo repleto del sexenio de la pareja presidencial formada por Vicente Fox y Marta Sahagún. Olegario obtuvo la única concesión de televisión abierta licitada en años, una cadena de radio, el periódico *Excélsior*, permisos para casas de juego y hasta su propio banco, espacios que internacionalmente son identificados como idóneos para el lavado de dinero. Nada mal para un hombre cuyos negocios familiares estaban en la quiebra durante el gobierno de Ernesto Zedillo.

Para sorpresa de los elementos que encabezaron el operativo en el hangar de los Vázquez Raña, el lugar era utilizado no sólo por los empresarios, sino por Amado Carrillo Fuentes, Joaquín *El Chapo* Guzmán y Héctor *El Güero* Palma.[13] Más tarde se descubriría que estos narcotraficantes también ocupaban hangares en las ciudades de Puebla y Culiacán.

[12] Información oficial de Grupo Empresarial Ángeles.

[13] Esta información fue corroborada con el parte informativo y con personas directamente involucradas en la maniobra policiaca; incluso con el propio Ignacio Morales Lechuga, entonces procurador general de la República. "Después de la orden de cateo fuimos al hangar, no encontramos ningún avión en ese momento más que el de los Vázquez Raña, de Olegario y de Mario, y se tomaron las respectivas fotos. Encontramos la bitácora de vuelos y ahí estaban registrados los aviones de los narcotraficantes", explicó el ex procurador.

El hangar usado por los Vázquez Raña se localizaba frente al de la PGR, muy cerca del hangar presidencial y del de la Secretaría de Marina. En esa zona del aeropuerto había una pequeña terminal para vuelos privados, que entonces eran permitidos (se supone que a partir de 1994 se prohibieron, aunque en la práctica la disposición no se cumple). Los elementos de seguridad privada —que llevaban el registro de las personas que entraban y salían, así como del movimiento de las aeronaves— dijeron que les constaban las frecuentes visitas de elementos de la PJF a las oficinas de la administración del hangar. La tripulación de los aviones que despegaban se reducía al piloto y al copiloto.

Servicios a la Navegación en el Espacio Aéreo Mexicano (Seneam) de la SCT confirmó para esta investigación que Aero Abastos, S.A. de C.V., sí tiene permiso de brindar servicios aéreos y "se encuentra registrada bajo el esquema de cuota del aprovechamiento por el servicio de navegación aérea a través del combustible suministrado a la aeronave". Sin embargo, con el pretexto de que no fue localizado, Seneam se negó a entregar el expediente de la empresa que debió crearse para otorgarle el permiso, así como sus aeronaves registradas.

Gracias a la bitácora obtenida en el operativo se descubrió también el nombre de algunos de los capitanes de los vuelos en las aeronaves de Aero Abastos. Uno de ellos era el capitán Carlos Enrique Messner, quien identificó a tres personas que viajaban como pasajeros: Alfredo Trueba Franco, Mario Alberto González Treviño —ambos comandantes de la PJF— y un sujeto a quien sus acompañantes se referían como "el señor Guzmán".[14]

[14] "El contador de *El Chapo*", *Milenio Semanal*, 31 de enero de 2010. En la información publicada por este semanario no se informa que el hangar era de los Vázquez Raña, pero el resto de la historia coincide con otros hallazgos hechos en el operativo.

La SCT confirmó oficialmente para esta investigación que efectivamente Messner era piloto y que tenía una licencia de "piloto de transporte público limitado de ala fija", la cual en 2010 ya estaba vencida, sin especificar desde cuándo. Curiosamente, al igual que en el caso de Aero Abastos, el expediente de Messner en la dependencia desapareció.

Lo que se movía en las aeronaves de *El Chapo*, *El Güero* y Amado era droga y dinero, mucho dinero. En aquellos días los capos contaban con la ayuda de los hermanos José Luis, Antonio y Jesús Reynoso González —originarios de Jalostotitlán, Jalisco—, quienes se fueron a Estados Unidos a buscar fortuna y la encontraron. A principios de la década de 1990 los Reynoso González se establecieron en Los Ángeles como comerciantes de productos enlatados a través de las empresas Reynoso Brothers, Tía Anita, Grocery Depot y Cotija Cheese. Es a ellos a quienes les llegaban las latas de chiles jalapeños con cocaína.[15]

En un expediente elaborado por el Departamento de Justicia norteamericano sobre el caso criminal 95-0973-B se afirma que en noviembre de 1991 los hermanos Reynoso González registraron a nombre de una de sus compañías dos Lear Jet 25 y 35, propiedad de Aero Abastos, S. A. De acuerdo con información recopilada por la DEA las dos aeronaves fueron utilizadas por *El Chapo* Guzmán para "transportar dinero de Estados Unidos a México y drogas del interior del territorio mexicano a la frontera, para después ser internadas a Estados Unidos".[16] Esos aviones eran precisamente los que operaban desde el hangar de los Vázquez Raña.

El ex procurador Ignacio Morales Lechuga confirmó para esta investigación no sólo el hallazgo en el hangar de los Vázquez Raña, sino que el propio Olegario fue a verlo personalmente y le

[15] *El Norte*, 27 de enero de 1997.
[16] *Ibid.*

dijo que él no sabía de quién eran los aviones. Al preguntarle si él creyó en lo que decía el empresario, Morales Lechuga se limitó a señalar que la averiguación previa siguió abierta hasta que se fue de la PGR, cuando renunció a su cargo en diciembre de 1992 y fue sustituido por el ex rector de la UNAM Jorge Carpizo.

Las averiguaciones previas relacionadas con la investigación sobre la matanza de Iguala, en las que se involucra a los hermanos Vázquez Raña (AP 4971/D/92 y 4992/D/92), se esfumaron de la PGR como desapareció de la faz de la tierra el parte informativo militar donde se asienta el contenido de la declaración de *El Chapo* Guzmán. Las averiguaciones tampoco se encuentran en los libros de control de la procuraduría. Por un acto de colusión en la PGR, ahora las averiguaciones previas corresponden a una riña callejera y a un homicidio ordinario. Así fue como quedó cerrado el caso del hangar de los hermanos Vázquez Raña y los narcoaviones. La investigación realizada por la Fiscalía Especial tuvo severas consecuencias. El grupo que llevaba las investigaciones fue disuelto poco días después del operativo en el aeropuerto, y cada uno de los integrantes fue enviado a comisiones absurdas a otros estados de la República.

A pesar de todo, a principios del sexenio de Vicente Fox uno de los 16 agentes investigadores le escribió una carta al entonces procurador general de la República, Rafael Macedo de la Concha, para hablar sobre aquella investigación de los muertos de Iguala y el hangar de los Vázquez Raña. De nada sirvió, la investigación no fue reabierta.

Las preguntas incómodas quedan en el aire: ¿por qué Guzmán Loera, Palma Salazar y Carrillo Fuentes tenían su centro de operaciones en el hangar de los Vázquez Raña? ¿Por qué la averiguación previa correspondiente desapareció en vez de dictarse no ejercicio de la acción penal —si es que no hubieran existido pruebas suficientes— o, en su caso, auto de formal prisión contra los polémicos empresarios? Tal vez las claves de las respuestas se encuentren en la estrecha relación entre Abel, el menor de los Vázquez Raña, y don Raúl Salinas Lozano, padre de Carlos Salinas; o en los presuntos vínculos entre Amado Carrillo Fuentes y varios integrantes de la familia Salinas de Gortari que salieron a la luz varios años después del sexenio salinista.

Los negocios de los Vázquez Raña siempre han tenido una aureola de suspicacia y turbiedad. El caso de la mueblería K2 es emblemático en cuanto a opacidad financiera y presunto lavado de dinero. Las ofertas que esta tienda realizaba durante la década de 1990 rebasaban toda lógica racional. Al frente de K2 estaba Abel Vázquez Raña, quien se dice es el hermano consentido de Olegario. A los empleados les sorprendía que cada 15 días don Raúl Salinas Lozano visitara religiosamente a Abel en la tienda ubicada en Eje 2 Norte, Eulalia Guzmán. La distancia de edades hacía poco probable que tuvieran algún punto en común, pero más allá de los constantes encuentros causaba extrañamiento el trato de inferior que Abel le profería al padre presidencial. La forma en la que Abel operaba la empresa también llamaba la atención a más de uno de los colaboradores del área administrativa y de contabilidad, según comentó uno de ellos para esta investigación. Podía haber ocasiones en que no se tenía dinero ni para pagar la nómina, pero de pronto llegaban inyecciones de capital muy fuerte que nuevamente se iban como agua a la coladera.

Para Gabriel Reyes Orona, ex procurador fiscal entrevistado para esta investigación, el asunto es más evidente. Entre 1995 y 1996 las autoridades realizaron una minuciosa inspección fiscal y financiera a K2, lo que derivó en el cierre absoluto de la empresa. Sin embargo, Reyes Orona, quien conoció el tema directamente cuando se desempeñó como director jurídico del Fobaproa, afirma que debió haberse hecho una averiguación a todos los negocios vinculados con K2, porque éste era sólo una parte de un grupo de los hermanos Vázquez: "Las acciones que se intentaron eran únicamente de naturaleza mercantil. Las quiebras que se argumentaron y los cierres de los negocios detuvieron los procesos, cuando la investigación tendría que haberse dirigido más a fondo hacia el aspecto fiscal". La Procuraduría Fiscal nunca fue más allá en las investigaciones. Los hermanos Vázquez fueron protegidos durante el sexenio de Zedillo.

En 1999 Olegario Vázquez compró el Grupo Aeroportuario del Pacífico, que consta de 12 terminales aéreas, entre las que se encuentran las de Guadalajara, Puerto Vallarta, Tijuana, San José del Cabo y Manzanillo. Todos estos aeropuertos son clave no sólo por el número de pasajeros que transportan al año sino por su ubicación estratégica. En 2001 vendió sus acciones. El bolsillo del empresario es inagotable: en marzo de 2000 Olegario fue declarado ganador en la subasta del paquete principal de la cadena Camino Real, que estaba en manos del IPAB, por el cual pagó 254 millones de dólares. Poco discreto, inmediatamente después de adquirir la cadena hotelera se atrevió a señalar sus intenciones de comprar las aerolíneas Mexicana y Aeroméxico.

Informantes ligados con el grupo de Amado Carrillo Fuentes entrevistados para esta investigación señalan que les consta que Mario y Olegario Vázquez Raña se llegaron a reunir con *El Señor de los Cielos* y presuntamente comenzaron a lavar dinero del cártel de Juárez por medio de dudosas operaciones financieras. Mario era quien entonces se llevaba las mayores ganancias. La envidia entre los dos hermanos los fue distanciando hasta llegar a una separación, pero el negocio era el negocio. Antes de terminar el sexenio de Vicente Fox, Olegario terminó de cerrar el círculo perfecto. En mayo de 2006 compró Multivalores Grupo Financiero, a través del cual también administra Multivalores Casa de

Bolsa, Multivalores Sociedad Operadora de Fondos de Inversión, Multivalores Arrendadora y el Banco Multiva. Las mismas fuentes relacionadas con las actividades de Amado Carrillo afirman que supuestamente el lavado de dinero continuó pero ahora para *El Chapo* Guzmán y sus socios.

Raúl Salinas y el cártel de Juárez

Ignacio Morales Lechuga le propuso a Carlos Salinas una salida diplomática cuando se desató el problema bilateral entre México y Estados Unidos a causa del secuestro del doctor Humberto Álvarez Machain, acusado en la corte de Los Ángeles por haber participado en la tortura del agente de la DEA Enrique Camarena. El procurador le sugirió al presidente buscar que la corte estadounidense desautorizara la forma en que Álvarez Machain había sido llevado a juicio, que repatriaran al doctor a territorio mexicano y que aquí fuera juzgado, como ocurrió con Miguel Ángel Félix Gallardo, Ernesto Fonseca Carrillo y Rafael Caro Quintero.

A cambio, Morales Lechuga le ofrecía al gobierno de Estados Unidos, con quien tenía una buena relación, el establecimiento de un mecanismo de intercambio (de información) regional oficial. El procurador afinó el proyecto y lo envió a Los Pinos. Aparentemente Salinas de Gortari había dado su visto bueno, sin embargo José Córdoba Montoya y Jorge Carrillo Olea lo convencieron de dar marcha atrás.

En realidad el vínculo entre Morales Lechuga y Carlos Salinas siempre había sido muy precario.[17] La débil relación terminó por

[17] Así lo reveló el propio abogado en diversas entrevistas cuando en 1998 se hablaba de sus aspiraciones a la gubernatura de Veracruz por un partido de oposición.

reventar a fines de 1992, cuando Morales Lechuga le concedió una audiencia al padre de Roberto Hernández Nájar, *El Chiquilín*, un miembro del cártel de Juárez. Se sabía que *El Chiquilín*, un hombre de casi dos metros de estatura, viajaba frecuentemente entre esa ciudad fronteriza y el Distrito Federal. En la jerarquía del crimen organizado era considerado una pieza de mediana importancia, muy por debajo de Aguilar Guajardo y Carrillo Fuentes. En diciembre de 1990 se encontraba en Ciudad Juárez en una casa del fraccionamiento Rincones de San Marcos, una colonia de clase media de calles empedradas. El teléfono sonó y por falta de precaución contestó personalmente. A los 15 minutos llegaron a vaciarle 50 tiros en su inmenso cuerpo.

Dos años después de la ejecución, en diciembre de 1992, Morales Lechuga recibió en sus oficinas al padre de *El Chiquilín*. El señor quería su ayuda no para hacer justicia a la muerte de su hijo, sino para recuperar 50 millones de dólares que *El Chiquilín* le había dado al "hermano del presidente" para invertirlos en una línea aérea, pero que ahora se negaba a devolver a la familia. Cincuenta millones de billetes verdes no era una cantidad que se dejara perder así como así.

—¿Un hermano del presidente? ¿Qué hermano? —le preguntó Morales Lechuga al padre de *El Chiquilín*.

—Raúl... Raúl Salinas de Gortari —le respondió con naturalidad.

En la PGR se elaboró de inmediato un parte informativo sobre las acusaciones del padre del narco contra el poderoso hermano del presidente. Enseguida el procurador le informó de manera personal a Carlos Salinas de Gortari los pormenores de la reunión que había tenido. El presidente lo miró fijamente mientras se agarraba el bigote, un gesto que lo distinguía cuando estaba muy molesto. Aquel día Morales Lechuga tuvo la certeza de que pronto dejaría la procuraduría. En enero de 1993 fue relevado del cargo.

Durante muchos años se ha pensado que la relación de la familia Salinas con el crimen organizado era exclusivamente con Juan García Ábrego y el cártel del Golfo. Eso se creía debido a la gran cercanía que existía entre don Raúl Salinas Lozano y Juan N. Guerra, el padrino y creador de Juan García Ábrego, o más bien su titiritero. Las frecuentes visitas del padre del presidente a Reynosa, y las fotos —donde aparecían ambos hombres— colgadas en la pared del restaurante Piedras Negras, propiedad de don Juan, eran prueba de la cercanía.

En aquella época no existía una guerra frontal entre los cárteles de la droga. En términos generales había una convivencia civilizada donde todos gozaban de protección oficial; sobre todo los cárteles del Golfo y Juárez, que inclusive llegaron a asociarse para el traslado de cargamentos de estupefacientes a Estados Unidos, según reveló *El Informante*. Los vínculos de la familia Salinas no eran únicamente con el Golfo, también tenían conexiones con Amado Carrillo Fuentes, en cuya figura se aglutinaban los narcos del Pacífico y Juárez.

EL CASO DE GUILLERMO GONZÁLEZ CALDERONI A REVISIÓN

El publirrelacionista de la familia Salinas con los cárteles del Golfo y Juárez era el controvertido comandante de la PJF Guillermo González Calderoni, quien conoció a Carrillo Fuentes cuando estuvo adscrito a la plaza de Chihuahua. El jefe policiaco protegía tanto a *El Señor de los Cielos* como a Juan García Ábrego.

En el convulso 1993, un año antes de que concluyera el gobierno de Carlos Salinas, se terminó una época en la historia del narcotráfico e inició otro temible periodo. Ese mismo año González Calderoni entró en la lista de prescindibles en el mapa del crimen organizado, tal como los narcos que él mismo había matado o capturado. Desde la CNDH, Jorge Carpizo, el hombre de toda la confianza del presidente, comenzó a defenestrar a González Calderoni con el pretexto de la matanza de la familia Quijano Santoyo, y de su inexplicable fortuna de más de 400 millones de dólares. La persecución era ridícula por tardía: el policía arrastraba desde hacía mucho tiempo la reputación de corrupto acompañada por el inflado mote del *Elliot Ness* mexicano.

La tortura y el homicidio de los hermanos Héctor y Sergio Maximino Quijano Santoyo, presuntos cómplices del narcotráfico, ocurrió el 12 de enero de 1990 en Ciudad Juárez. Se dice que por órdenes de González Calderoni, entonces director de la División de Investigaciones contra el Narcotráfico, algunos agentes utilizaron pinzas de mecánico y extrajeron piezas dentales de Héctor, hasta que señaló un domicilio donde supuestamente se ocultaba su hermano Francisco. El jefe policiaco nunca compareció ante un juez mexicano. González Calderoni supo de la persecución en su contra y a fines de 1992 huyó a Estados Unidos, donde recibió protección de la DEA.

Jorge Carrillo Olea recuerda a González Calderoni como "un tipo agradable en lo personal, era muy respetuoso como todos los policías. Llamaba la atención que era un hombre joven, habrá tenido 42 años, de facciones más juveniles de lo que su edad debía reflejar. Además era muy atento y tenía una muy buena conversación, muy suelto, como que inspiraba confianza". No obstante, señala el general, en 1990 lo tenían congelado; González Calderoni simplemente no tenía "alojamiento" en la PJF. Pues bien, ese mismo año el procurador Morales Lechuga le dijo a Carrillo Olea que tenía que abrirse una delegación en Quintana Roo y le preguntó qué le parecía si hablaban con el mismísimo González Calderoni para que se ocupara de la dependencia. Carrillo Olea respondió que le parecía un "craso error" porque sabían muy bien quién era

Calderoni, y esa acción significaba darle "un territorio origen; no existía el cártel del Golfo".

Cuando Jorge Tello Peón, entonces director de Planeación, se enteró de las intenciones de Morales Lechuga también se opuso a que González Calderoni fuera delegado. Al procurador le informaron acerca de los vínculos del policía con el crimen organizado en la zona fronteriza de Tamaulipas, de su relación con García Ábrego, incluso de sus misteriosas propiedades inmuebles en McAllen y Monterrey. Jorge Carrillo Olea asegura que hasta *El Chino* León Aragón tenía miedo de invadir el territorio de González Calderoni: "*El Chino* no se acercaba por ahí, yo le decía y le daba la vuelta. Creo, no puedo asegurarle, que ése fue el origen del cártel del Golfo".

A la postre González Calderoni fue enviado a Quintana Roo. Hasta ese momento, advierte Carrillo Olea, no se tenía registrado ningún problema con el narcotráfico: "Porque el narco cuando existe, cuando funciona, no necesita demostrarse a sí mismo [...]. Pues se abre la delegación, habrá sido en Cancún, y empieza el desmadre". A pesar de la confianza de Carrillo Olea con Carlos Salinas, no se animó a comunicarle lo que ocurría en la procuraduría: "Si vemos cuántas veces se repitió el problema de Calderoni con otras formas y otras maneras, entonces el presidente me iba a decir: 'Yo te pago para que resuelvas problemas, no para que me los traigas'. Era un problema más de los muchos que se veían todos los días. Y bueno, ¿cómo acabó Calderoni? Protegido por los gringos. Ya no sé cuánto tiempo duró ahí".

Después de un tiempo, Jorge Carpizo le dijo a Carrillo Olea: "Mi querido Jorge, solamente tú vas a conocer mi secreto. Vamos a detener a Calderoni. Vete a Estados Unidos, a Washington, a hablar con el director de la DEA y diles que no vayan a meter la mano, si lo hacen será una señal terrible de que ellos lo protegen".

"Nosotros sabíamos muy bien cómo operaba la DEA —recuerda Carrillo Olea—, se vinculaba con el narco para obtener información. Lo que el Estado mexicano no ha acabado de entender es que la información es una mercancía, y quien la posee es el que tiene el poder." Así, el general viajó a Washington y se reunió con el entonces director de la DEA y actual secretario del Servicio de Inmigración y Control de Aduanas (ICE, por sus siglas en inglés), John T. Morton. En la capital estadounidense Jorge Carrillo se llevó una sorpresa, pues ahí descubrió que González Calderoni no sólo había recibido protección, sino que le habían otorgado la *green card* para que tuviera la residencia legal.

En Estados Unidos, Guillermo González Calderoni había revelado diversas historias sobre Raúl Salinas y sus supuestas conexiones con el capo Juan García Ábrego. Carrillo Olea considera que "ésas eran trampas, para los americanos aquello representaba oro molido; aunque sepan que no es cierto, es explotable". No obstante, Morales Lechuga, en una entrevista que le dio a *Reforma* el 29 de enero de 1996, cuando ya no era procurador, dijo que llegó a tener información de que Raúl Salinas estaba vinculado con el cártel de Juárez, pero que como Carrillo Olea tenía el control de la Policía Judicial, él no pudo hacer nada.

—¿Usted tenía información de esto que se decía? —se le preguntó a Carrillo Olea.

—Por supuesto que no. Hay que echar un poco para atrás el actuar y la personalidad de Morales Lechuga. Él sufre serios trastornos de personalidad —respondió el general descalificando al ex procurador.

—¿Por qué habría inventado esto de Raúl?

—Por la espectacularidad y la búsqueda de reflectores —concluyó.

Durante el primer año de gobierno de Ernesto Zedillo, en marzo de 1995, Raúl Salinas de Gortari fue arrestado por cargos de asesinato y enriquecimiento ilícito. A finales de ese año Paulina Castañón, entonces su esposa, intentó retirar varios millones de dólares de una cuenta en Suiza a nombre de un alias usado por Raúl. Los gobiernos suizo y mexicano intentaron confiscar para sí el millonario fondo. Suiza argumentó que se trataba de un capital procedente del narcotráfico, mientras que México esgrimió que era dinero de actos de corrupción cometidos contra instituciones del gobierno.

Los secretos de González Calderoni

Durante los últimos años de los 10 que estuvo en el exilio en Texas, González Calderoni declaraba constantemente que volvería a México a decir "todo" lo que sabía: desde los detalles sobre el asesinato en 1988 de Francisco Xavier Ovando y Román Gil Heraldez,[18] hasta quién había ordenado en 1994 la muerte de Luis Donaldo Colosio, así como la de José Francisco Ruiz Massieu.

En diciembre de 1996, en una entrevista con el *New York Times*, González Calderoni hundió ante la opinión pública al hermano del ex presidente. El artículo firmado por el periodista Sam Dillon, premiado con el Pulitzer por otros trabajos relacionados con el narcotráfico en México, señala:

> En dos días de entrevistas en McAllen, Texas, el señor González dijo que uno de los principales traficantes de drogas mexicano le había

[18] El ex jefe policial señaló que Salinas de Gortari le encargó a Juan García Ábrego, entonces jefe del cártel del Golfo, el asesinato de estos dos asesores de Cuauhtémoc Cárdenas y activistas electorales del entonces Frente Democrático Nacional (FDN), cuatro días antes de las impugnadas elecciones de 1988.

contado que hizo grandes pagos en efectivo a Raúl Salinas de Gortari durante la presidencia de su hermano Carlos Salinas. González dijo que él retransmitió estas declaraciones al presidente Salinas en 1992 y a funcionarios estadounidenses un año más tarde.

En 1992 Carlos Salinas de Gortari ya había escuchado las imputaciones del padre de *El Chiquilín* contra su hermano Raúl en boca de Morales Lechuga. En aquella entrevista González Calderoni también aseguró que en su momento les habría revelado a varios funcionarios de Estados Unidos la corrupción del narcotráfico al más alto nivel en México.

> Ellos [los funcionarios norteamericanos] confirmaron que Estados Unidos recibió del señor González información de las negociaciones del señor [Raúl] Salinas con traficantes en 1993. Cables secretos enviados a Washington por la embajada estadounidense en México muestran que los oficiales americanos habían obtenido las cuentas paralelas de [Raúl] Salinas de las supuestas negociaciones con traficantes, de diversas fuentes de información.

A pesar de todos los informes que Washington recibió sobre la presunta complicidad con el narcotráfico de Raúl Salinas, la administración de William Clinton "nunca expresó preocupación alguna al gobierno mexicano sobre las actividades relatadas del hermano presidencial; tampoco fue solicitada una investigación", le señalaron los funcionarios estadounidenses a Dillon. Lo más que el gobierno de Clinton llegó a hacer fue una breve insinuación durante un encuentro entre el presidente Salinas y el embajador James R. Jones, después de que México solicitó la extradición del ex jefe policiaco: "González Calderoni tiene tanta mala información sobre su administración que esto podría derrumbar su gobierno", le advirtió Jones al presidente mexicano, quien, de acuerdo con un funcionario que le filtró información a Dillon, no se inmutó un ápice. De tal forma que el gobierno de Estados Unidos no hizo nada, después de todo, no era la primera vez que anteponía su política exterior al tema del combate al narcotráfico. Ya lo había hecho con el caso Irán-*contra*, y William Clinton era aparentemente un experto en la materia: él fue uno de los funcionarios investigados por el tráfico de drogas en el aeropuerto de Mena, en Arkansas, cuando fue gobernador de ese estado durante la década de 1980.

La muerte del soplón

En octubre de 2000, una vez que el Partido Acción Nacional había ganado por primera vez las elecciones presidenciales, Guillermo González Calderoni continuó desde Estados Unidos sus acusaciones contra Raúl Salinas de Gortari, y reveló datos imprescindibles para entender el mapa del narcotráfico. En una entrevista televisiva concedida al programa *Frontline* de la cadena PBS le preguntaron al comandante por qué tantos integrantes de la policía mexicana son corruptos, y él ofreció la siguiente explicación:

> ¿Qué hizo usted para convertirlos en verdaderos policías? ¿Les dio el presupuesto necesario? ¿Les dio gasolina para los camiones? ¿Les dio mejores armas, vehículos, inteligencia, información, tecnología, con la que los traficantes sí contaban? Si usted no les dio nada de eso, ¿qué les dio en realidad? Usted los envió para convertirse en lo que se convirtieron, para ganar dinero de traficantes de drogas en vez de luchar contra ellos. Tal vez ellos toman el dinero de algunos traficantes para luchar contra otros traficantes.
>
> El noventa por ciento de los integrantes de las organizaciones criminales son de Sinaloa, la horquilla de los traficantes más grandes

que México haya conocido. Es donde ellos se están haciendo diariamente. Un muchacho de 15 o 16 años en Sinaloa ya es un matón, un pistolero, un hombre. Es por eso que matan a un niño de 15. Para ellos, esto es un crimen contra un hombre. Esto es la cultura.

El cártel de Sinaloa estaba destinado a prevalecer, aún más en el "sexenio del cambio", cuando la relación entre los narcos y el gobierno se transformó para siempre, entre otras cosas porque muchas autoridades coludidas se convirtieron en empleadas de los barones de la droga.

En cuanto inició la administración de Vicente Fox, en su efectivo papel de bisagra González Calderoni supo hacerse útil a los ambiciosos hijos de la primera dama Marta Sahagún, hambrientos de buenos negocios. Manuel Bribiesca Sahagún intervino para que el comandante, de manera simulada y usando a un prestanombres, obtuviera un importante contrato en Pemex para comprar el codiciado solvente "L", útil para tintorerías pero también para adulterar gasolinas y hacer cocaína.

González Calderoni recibió protección y comenzó a colaborar con la DEA gracias al contacto del agente especial Héctor Berrellez, quien hacía varios años había encabezado la Operación Leyenda. Los ecos del caso Irán-*contra* se dejaban oír en México más de una década después. ¿O será que en realidad siempre estuvieron ahí y nadie los escuchó? En entrevista con *Frontline*, Berrellez señaló que González Calderoni les había pedido ayuda para esconderse en Estados Unidos:

> Su vida estaba en serio peligro. Nosotros habíamos oído que había oficiales militares mexicanos vestidos de civil en Los Ángeles, donde lo estaban buscando para asesinarlo. Y en aquel tiempo, él nos divulgó que uno de los capos líderes del narcotráfico le había dado el

> contrato para asesinar a dos opositores políticos de Carlos Salinas de Gortari. González Calderoni me dijo que estaba asqueado y frustrado porque esto implicó no sólo las drogas, sino otros crímenes como el asesinato, y eso lo tenía impresionado.

El comandante González Calderoni, el hombre de las cloacas del sistema, también aseguró que Amado Carrillo Fuentes gozaba de cabal salud en Estados Unidos, aunque todos lo hacían muerto desde julio de 1997 tras una supuesta cirugía mal practicada.

El 5 de febrero de 2003 a las 12:45 de la tarde González Calderoni, de 54 años de edad, tenía una cita con la muerte. Al abandonar la oficina de su abogado, Robert Yzaguirre, fue asesinado de un tiro en la Calle Norte 10 número 6521 de la ciudad de McAllen, Texas. Fuentes vinculadas con las investigaciones sobre el homicidio afirmaron que un elemento del Grupo Aeromóvil de Fuerzas Especiales (GAFE) del Ejército mexicano presuntamente habría ultimado a González Calderoni. Sus incómodos relatos no se escucharían más.

CAPÍTULO 6

El señor de Puente Grande

Joaquín Guzmán Loera comenzó a despojarse del uniforme beige oscuro con el número 516 impreso al reverso de cada prenda. Se quitó el pantalón, la camisola y la chamarra. Después arrojó la ropa con descuido sobre la cama superior de la litera de la celda 307 del módulo 3 del penal de Puente Grande, donde había pasado los últimos cinco años y siete meses. Habitualmente a *El Chapo* le gustaba que su estancia estuviera muy bien arreglada porque en cualquier momento podía recibir alguna visita femenina: Zulema Yulia, su compañera de reclusión; Yves Eréndira, la cocinera del penal de la que se había enamorado, o alguna prostituta de las que gustaba tanto.

El 19 de enero de 2001 se acabó la rutina del capo en la cárcel. Guzmán Loera cambió su uniforme de preso por una vestimenta negra. En su celda nadie lo veía: con sábanas que colgaban de los barrotes se había construido su propio espacio de privacidad lejos de las miradas de los custodios —que siempre estaban atentos a sus deseos— y de sus compinches *El Güero* Palma y Arturo Martínez Herrera *El Texas*. Después de todo, su estancia había sido llevadera gracias a sus amistades y a los excesos cometidos.

El Chapo levantó un vaso de plástico y luego bebió un trago de refresco con ron. El último brindis en Puente Grande consigo mismo. Solitario, como en esencia es. Todo estaba listo y planeado con mucho tiempo de anticipación. Cada pieza había cumplido con su función. Nada podía salir mal.

LAS ÚLTIMAS BALAS

El 21 de noviembre de 2000 a las 19:30 horas, la vespertina tranquilidad del comedor del Centro de Extensión Universitaria de la Universidad Autónoma de Hidalgo se rompió brutalmente cuando varios disparos provenientes de un arma de fuego retumbaron secos en el lugar. Mientras el pistolero huía del comedor y desaparecía como por arte de magia, Juan Pablo de Tavira Noriega —primer director del penal federal de Almoloya y ex titular de la PJF— yacía muerto con cuatro tiros en la cabeza. El artero crimen ocupó los titulares de los medios durante un día y luego cayó en el abismo de los casos sin resolver, como ocurre comúnmente en México.

En 1994, cuando tenía apenas 10 días al frente de la Policía Judicial, Juan Pablo de Tavira sufrió un atentado en su domicilio, donde fue expuesto a una fuga de gas del sistema de calefacción doméstica. Desde aquel año había estado prácticamente retirado de las tareas policiacas. Aquella vez apenas y libró su cita con la muerte; en el campus universitario no corrió con la misma suerte.

Cuando lo ejecutaron hacía apenas cuatro meses que el primer director del penal de máxima seguridad de Almoloya de Juárez se había reunido con el presidente electo de origen panista, Vicente Fox, a quien le presentó sus propuestas en materia de seguridad pública y prisiones. Nadie conocía con exactitud los temas sobre los que habían conversado en aquel encuentro, pero dicen que el penalista salió sonriente y satisfecho.

De Tavira fue el artífice de los penales de máxima seguridad en nuestro país. A finales de la década de 1980, a petición de la Secretaría de Gobernación, dedicó muchos meses de estudio en Francia con el objetivo de importar a México un modelo de seguridad europeo. El propósito era terminar con la corrupción habitual de las cárceles. El nuevo modelo se basaba no sólo en ingeniería arquitectónica y tecnológica, sino en un riguroso reglamento. Entre otras normas, los reclusos de distintos dormitorios tendrían prohibido comunicarse entre sí; las visitas familiares debían ser restringidas; a los parientes no se les permitiría llevar comida ni objetos a los reos, y, lo más importante, los presos no podían tener dinero o valores que les sirvieran como instrumentos para corromper. De esta forma se concibieron modernos centros de readaptación social para dar cabida a delincuentes de alta peligrosidad no sólo por su perfil criminológico sino por su poder económico. Los reclusorios Sur y Norte de la ciudad de México, por ejemplo, ya habían sucumbido a los cañonazos de billetes de narcotraficantes como Ernesto Fonseca Carrillo, Rafael Caro Quintero, Miguel Ángel Félix Gallardo y Juan José Esparragoza Moreno. Su dinero les había ayudado a comprar comodidades como acceso telefónico, celdas amplias, comida del restaurante La Mansión, vino, mujeres y hasta su propio frontón.[1]

El 3 de diciembre de 2000, con un *modus operandi* similar al del homicidio contra De Tavira, un hombre entró en una casa de la colonia Haciendas del Valle, en Zapopan, Jalisco. En la sala activó su arma de fuego sin más. Sobre el piso de la vivienda de interés social quedó tendido Juan Castillo Alonso, de 51 años, asesinado frente a su esposa, su hijo y sus nietos. Al igual que en el homicidio del ex director de Almoloya, el pistolero se esfumó. Castillo Alonso había sido subdirector de los penales de máxima seguridad de Almoloya y Puente Grande, y se le consideraba un hombre

[1] Juan Pablo de Tavira, *¿Por qué Almoloya? Análisis de un proyecto penitenciario*, México, Diana, 1995.

cercano a De Tavira.[2] En marzo de 1999, cuando dejó el cargo en Puente Grande, fue sustituido por Dámaso López Núñez, quien llegó con todo un equipo proveniente de Sinaloa.

Ambos crímenes no podían verse como casos inconexos. Los cadáveres de los dos hombres hablaban, querían decir algo, pero las autoridades no pudieron desentrañar el mensaje. Los dos funcionarios conocían profundamente las entrañas de las cárceles de máxima seguridad. Sabían lo que era posible y lo que era imposible que sucediera. Ahí estaba la clave de sus muertes.

Antes de ser ejecutado, De Tavira le había comentado a su gente más cercana su preocupación y molestia por los grados de corrupción que afectaban a Puente Grande. Se quejaba de que de un día para otro habían echado a perder su modelo penitenciario: "Los mugrosos narcos eran los dueños del penal". Era muy difícil que el rumor que corría por los pasillos de la Segob, la CNDH y la CEDHJ no llegara a sus oídos tarde o temprano. Lo que los cadáveres de Castillo y De Tavira querían revelar finalmente ocurrió el 19 enero de 2001 en el penal de máxima seguridad de Puente Grande, horas después de que Guzmán Loera dejó botado sobre la litera su uniforme de preso.

Puente Grande Inn

Desde el pasillo 1A del módulo 3 se podía apreciar pintado en azul sobre fondo blanco el número 307 de la celda, pero la visibilidad hacia el interior de la misma era obstruida por tres sábanas beige que servían de cortinas.[3] ¿Cortinas en un penal de máxima

[2] *Reforma*, 5 de diciembre de 2000.

[3] La información sobre cómo fue encontrada la celda de *El Chapo* después de su fuga está contenida en el informe de la inspección ocular del 21 enero de 2001, dentro de la causa penal 16/2001-III practicada por el ministerio

seguridad?, debió de preguntarse Epifanio Salazar Araiza, director general de Servicios Periciales, cuando se paró en la entrada del aposento de *El Chapo* y miró de arriba abajo la forma en que las rejas estaban cubiertas. El lugar era un retrato de impunidad. Eso lo pudo corroborar cuando entreabrió cuidadosamente las sábanas, ante sus ojos y los de su equipo apareció una estancia de tres metros de ancho por cuatro de fondo. Era lo que se dice un huevo, incluso las paredes estaban pintadas de amarillo brillante. En la celda había dos literas de concreto, una mesa del mismo material con una banca, y otra cama que parecía no tener razón de estar ahí. El piso era de cemento pulido manchado en diversas áreas con gotas de pintura del color de las paredes.

Afuera del llamado penal de "máxima seguridad", ubicado en el kilómetro 17.5 de la carretera libre a Zapotlanejo, los medios de comunicación estaban ávidos de una historia, de una pista que seguir. ¿Cómo se pudo fugar el narcotraficante de esa cárcel que había sido diseñada minuciosamente para que eso no ocurriera?

Hacía poco más de 24 horas que se dio la señal de alerta porque el capo no fue localizado en su celda. Aún estaban frescos los rastros de los últimos minutos de *El Chapo* en el lugar. Lo primero que observó Salazar Araiza fue la litera de cemento. En la cama inferior había una almohada color durazno con una funda blanca sin colocar, un cobertor beige oscuro con bordes café, dos sábanas blancas y una colchoneta. En la cama superior *El Chapo* dejó una camisola, un pantalón, una chamarra y unos shorts beige oscuro sin marca. También había una toalla blanca grande sobre la

público de la federación adscrito a la UEDO. En la actuación intervinieron los siguientes peritos de la PGR: doctor Epifanio Salazar Araiza, director general de Servicios Periciales de la UEDO; Michael Kasis Petraki en audio y video; Evelyn Moctezuma en fotografía; Octavio Aranda Sánchez en criminalística; los ingenieros Leobardo Torres Jiménez y Jesús Nicolás Díaz Álvarez en electrónica, así como el ingeniero Roberto Medina Moreno.

escalera de la litera y la inolvidable gorra beige claro sin logotipo que tanto distingue a Guzmán Loera por las fotografías publicadas cientos de veces en los últimos años, donde se le observa con el uniforme reglamentario de preso.

Sobre la cama también se hallaba una sudadera beige que en la parte inferior tenía pintado con plumón negro el número 516, los dígitos de su desgracia. Había tres pares de calcetas blancas, dos camisetas Hugo Boss talla mediana y tres trusas del mismo color y marca. Al lado de la litera había tres repisas para que el preso colocara sus objetos personales. Los estantes parecían el mostrador de una tienda de abarrotes. En la repisa superior había frituras Ruffles, galletas Lara Bimbo, Canapinas, almendras con chocolate Ricolino, una bolsa de dulces multicolores, cereal cubierto con chocolate y dos piezas de amaranto envueltas en celofán. Por supuesto, todos estos artículos están prohibidos en el reglamento y por cualquier nutriólogo en su sano juicio. Joaquín Guzmán Loera era insaciable.

En la repisa central se encontró una crema rosa Hinds, un rastrillo para rasurar y un paquete pequeño de pañuelos desechables. En la repisa inferior *El Chapo* dejó abierta una botella de aceite para bebé marca Snoopy, un pequeño frasco azul de crema Nivea, un tarro azul de plástico de espuma para rasurar Gillette, un cepillo dental Pro, una crema blanca para manos Hinds, un tubo de crema dental Colgate, y su shampoo Folicure por aquello de la caída prematura de cabello. Sobre una de las repisas quedó el vaso de plástico desechable con los residuos de su último trago.

Al oriente de la pequeña estancia se localizaba un lavamanos con una tarja blanca circular sobre el cual Guzmán Loera dejó dos piezas de jabón verde usado. En la esquina noreste estaba un excusado blanco. Sobre la mesa se quedaron 12 libros de educación pública, un diccionario *Academia Secundaria* y una pequeña Biblia que el huésped leía con frecuencia. Lo único que Guzmán Loera se llevó fueron sus libros de historia y geografía de México. Los tenis del capo ya no estaban en su celda, pero los cientos de testimonios rendidos por los empleados decían que llegó a tener hasta 20 pares de tenis Reebok y Nike. Toda una fortuna en zapatos deportivos.

El reencuentro entre *El Güero* y *El Chapo*

El Chapo estuvo encerrado tres años en el penal de máxima seguridad de Almoloya de Juárez, Estado de México, hoy conocido como La Palma. De cómo fue su vida ahí se sabe poco. Juan Pablo de Tavira llegó a conocerlo bien. Cuando estuvo al frente del penal de Almoloya le tocó recibirlo el 9 de junio de 1993. Al año siguiente De Tavira dejó el puesto para ocupar la dirección de la PJF. En alguna ocasión alguien le preguntó qué capo de los que había tenido en la cárcel era el más peligroso: "*El Chapo*", respondió De Tavira sin titubear, y agregó: "Guzmán Loera es un hombre callado, obedece todas las reglas sin quejarse y es disciplinado. Pero cuando te mira se puede percibir su rencor, aniquila con la mirada; es un hombre peligroso".

El 21 de noviembre de 1995 Guzmán Loera logró conseguir su traslado al penal de máxima seguridad de Puente Grande. Ese día llegó a Almoloya el oficio 12879/95 de la Dirección General de Prevención y Readaptación Social —perteneciente a la Segob—, cuyo titular era Luis Rivera de Montes de Oca, donde se solicitaba el cambio del narcotraficante a otro penal, según consta en los documentos a los que se tuvo acceso. Después de una veloz revisión del expediente administrativo número 0451/AJ/93, se determinó que no había impedimento para el traslado del peligroso reo.

El Chapo había acumulado un rosario de procesos judiciales: por cohecho, delitos contra la salud —en modalidad de posesión

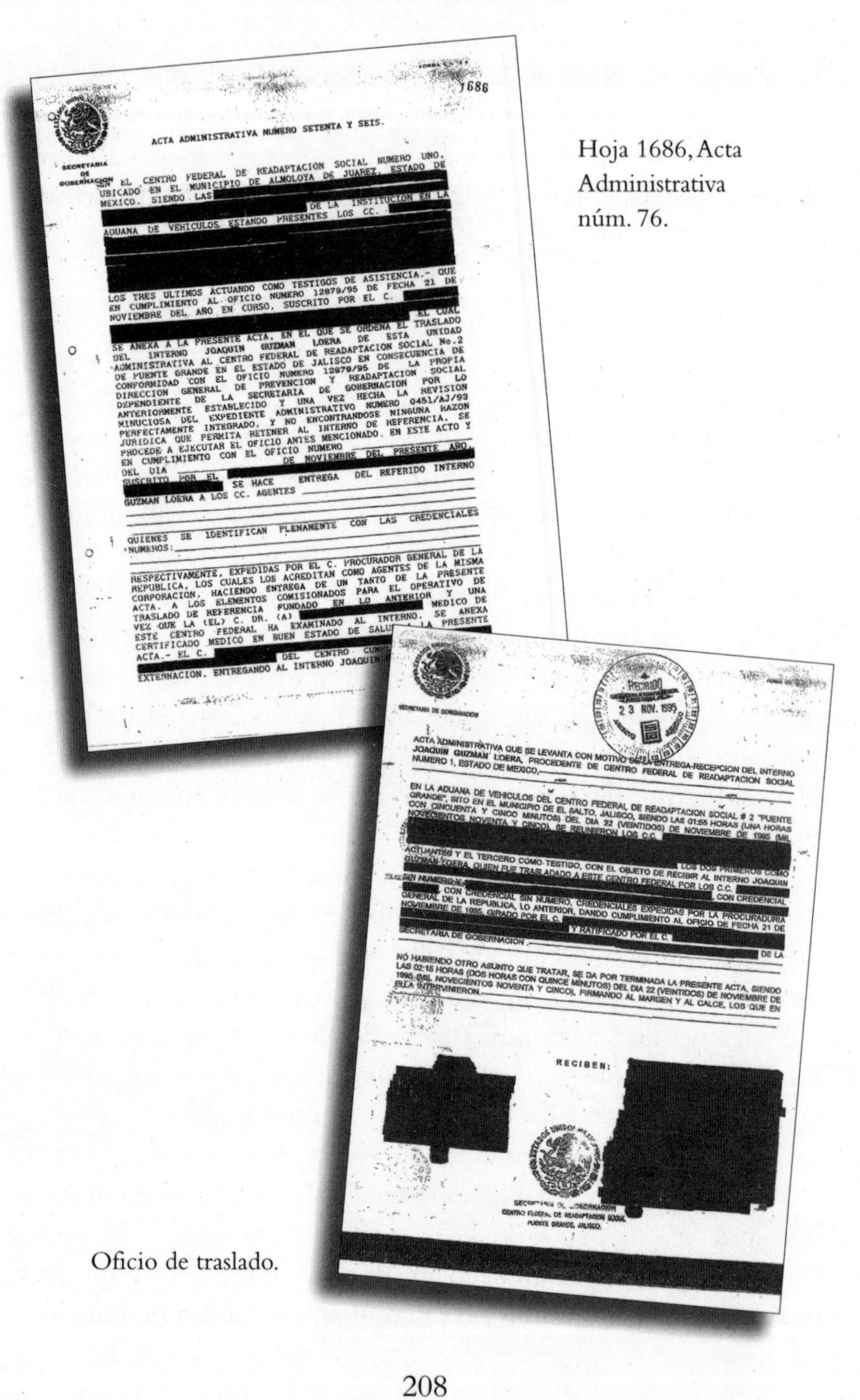

1686

SECRETARIA DE GOBERNACION

ACTA ADMINISTRATIVA NUMERO SETENTA Y SEIS.

EN EL CENTRO FEDERAL DE READAPTACION SOCIAL NUMERO UNO, UBICADO EN EL MUNICIPIO DE ALMOLOYA DE JUAREZ, ESTADO DE MEXICO, SIENDO LAS DE LA INSTITUCION EN LA ADUANA DE VEHICULOS ESTANDO PRESENTES LOS CC. LOS TRES ULTIMOS ACTUANDO COMO TESTIGOS DE ASISTENCIA.- QUE EN CUMPLIMIENTO AL OFICIO NUMERO 12879/95 DE FECHA 21 DE NOVIEMBRE DEL AÑO EN CURSO, SUSCRITO POR EL C. EL CUAL SE ANEXA A LA PRESENTE ACTA, EN EL QUE SE ORDENA EL TRASLADO DEL INTERNO JOAQUIN GUZMAN LOERA DE ESTA UNIDAD ADMINISTRATIVA AL CENTRO FEDERAL DE READAPTACION SOCIAL No.2 DE PUENTE GRANDE EN EL ESTADO DE JALISCO EN CONSECUENCIA DE CONFORMIDAD CON EL OFICIO NUMERO 12879/95 DE LA PROPIA DIRECCION GENERAL DE PREVENCION Y READAPTACION SOCIAL DEPENDIENTE DE LA SECRETARIA DE GOBERNACION POR LO ANTERIORMENTE ESTABLECIDO Y UNA VEZ HECHA LA REVISION MINUCIOSA DEL EXPEDIENTE ADMINISTRATIVO NUMERO 0451/AJ/93 PERFECTAMENTE INTEGRADO, Y NO ENCONTRANDOSE NINGUNA RAZON JURIDICA QUE PERMITA RETENER AL INTERNO DE REFERENCIA, SE PROCEDE A EJECUTAR EL OFICIO ANTES MENCIONADO. EN ESTE ACTO Y EN CUMPLIMIENTO CON EL OFICIO NUMERO ________ DEL DIA ________ DE NOVIEMBRE DEL PRESENTE AÑO, SUSCRITO POR EL SE HACE ENTREGA DEL REFERIDO INTERNO GUZMAN LOERA A LOS CC. AGENTES ________ QUIENES SE IDENTIFICAN PLENAMENTE CON LAS CREDENCIALES NUMEROS: ________ RESPECTIVAMENTE, EXPEDIDAS POR EL C. PROCURADOR GENERAL DE LA REPUBLICA, LOS CUALES LOS ACREDITAN COMO AGENTES DE LA MISMA CORPORACION, HACIENDO ENTREGA DE UN TANTO DE LA PRESENTE ACTA. A LOS ELEMENTOS COMISIONADOS PARA EL OPERATIVO DE TRASLADO DE REFERENCIA FUNDADO EN LO ANTERIOR Y UNA VEZ QUE LA (EL) C. DR. (A) MEDICO DE ESTE CENTRO FEDERAL HA EXAMINADO AL INTERNO. SE ANEXA CERTIFICADO MEDICO EN BUEN ESTADO DE SALU[D] LA PRESENTE ACTA.- EL C. DEL CENTRO CUMPL[...] EXTERNACION, ENTREGANDO AL INTERNO JOAQUIN [...]

SECRETARIA DE GOBERNACION

RECIBIDO 23 NOV. 1995 JURIDICO

ACTA ADMINISTRATIVA QUE SE LEVANTA CON MOTIVO DE LA ENTREGA-RECEPCION DEL INTERNO JOAQUIN GUZMAN LOERA, PROCEDENTE DE CENTRO FEDERAL DE READAPTACION SOCIAL NUMERO 1, ESTADO DE MEXICO.

EN LA ADUANA DE VEHICULOS DEL CENTRO FEDERAL DE READAPTACION SOCIAL # 2 "PUENTE GRANDE", SITO EN EL MUNICIPIO DE EL SALTO, JALISCO, SIENDO LAS 01:55 HORAS (UNA HORAS CON CINCUENTA Y CINCO MINUTOS) DEL DIA 22 (VEINTIDOS) DE NOVIEMBRE DE 1995 (MIL NOVECIENTOS NOVENTA Y CINCO), SE REUNIERON LOS C.C. LOS DOS PRIMEROS COMO ACTUANTES Y EL TERCERO COMO TESTIGO, CON EL OBJETO DE RECIBIR AL INTERNO JOAQUIN GUZMAN LOERA, QUIEN FUE TRASLADADO A ESTE CENTRO FEDERAL POR LOS C.C. , CON CREDENCIAL SIN NUMERO Y , CON CREDENCIAL SIN NUMERO, CREDENCIALES EXPEDIDAS POR LA PROCURADURIA GENERAL DE LA REPUBLICA, LO ANTERIOR, DANDO CUMPLIMIENTO AL OFICIO DE FECHA 21 DE NOVIEMBRE DE 1995, GIRADO POR EL C. Y RATIFICADO POR EL C. DE LA SECRETARIA DE GOBERNACION.

NO HABIENDO OTRO ASUNTO QUE TRATAR, SE DA POR TERMINADA LA PRESENTE ACTA, SIENDO LAS 02:15 HORAS (DOS HORAS CON QUINCE MINUTOS) DEL DIA 22 (VEINTIDOS) DE NOVIEMBRE DE 1995 (MIL NOVECIENTOS NOVENTA Y CINCO), FIRMANDO AL MARGEN Y AL CALCE, LOS QUE EN ELLA INTERVINIERON.

RECIBEN:

SECRETARIA DE GOBERNACION
CENTRO FEDERAL DE READAPTACION SOCIAL
PUENTE GRANDE, JALISCO.

Hoja 1686, Acta Administrativa núm. 76.

Oficio de traslado.

de cocaína y diazepam—, trasiego de mariguana y cocaína, asociación delictuosa y homicidio. En 1995 tenía sólo una sentencia definitiva de siete años y nueve meses de prisión, pero tenía otras cuatro pendientes. Esos antecedentes no representaron impedimento alguno para que en menos de 24 horas *El Chapo* se mudara a Jalisco. El 22 de noviembre de 1995, a la 1:55 de la mañana, tres funcionarios del Cefereso número 2 recibieron en la aduana de vehículos a Guzmán Loera, quien fue entregado por oficiales de la PGR. *El Chapo* había ganado un paso hacia su libertad. En aquella época el director de Puente Grande era Leonardo Beltrán Santana, quien dejó el cargo en 1997 cuando fue nombrado responsable del penal federal de las Islas Marías. De la cárcel ubicada en medio del Océano Pacífico, Beltrán Santana regresó a la civilización a dirigir la prisión de Almoloya de Juárez, y en 1999 volvió a Puente Grande, donde permaneció hasta la fuga del capo.

Joaquín Guzmán Loera se reencontró en Puente Grande con su viejo socio Héctor Palma Salazar, recluido ahí desde el 27 de junio de 1995. *El Güero* había ganado fama y poder trabajando para Amado Carrillo desde 1993, cuando ambos entregaron a *El Chapo*. Sin embargo de un día para otro su suerte cambió. El 12 de junio de 1995 *El Güero* tenía planeado trasladarse de Ciudad Obregón, donde vivía, a Guadalajara. Palma Salazar abordó un Learjet 36 acompañado por *El Teniente Lucas*, *El Temo* y dos pilotos. Por cuestiones de seguridad, en otro avión viajaban su mujer Claudia Meza Ibarra —con quien vivía en unión libre— y sus tres hijos, Jesús Héctor, Nataly y Rogelio.

Cuando llegaron al aeropuerto de Guadalajara no pudieron descender. Una sección de la terminal estaba en reparación y había maquinaria en la pista de aterrizaje. El piloto estaba desesperado, la torre de control no respondía. La única opción que tenían era volar al aeropuerto más cercano, que era el de Tepic, Nayarit.

Se dirigieron a dicha ciudad, pero minutos antes de tener a la vista la pista de aterrizaje el Learjet 36 se estrelló contra un cerro cercano al aeropuerto. *El Güero* Palma sobrevivió de milagro; los dos tripulantes y uno de sus escoltas no corrieron con la misma suerte. Unos lugareños se acercaron al lugar del siniestro y al ver que Palma Salazar seguía con vida lo sacaron de entre los escombros y lo llevaron a Tepic para que le dieran primeros auxilios. Manuel Barraza, uno de los lugartenientes de *El Güero*, comenzó a rastrear la aeronave del capo cuando se enteró de que no había aterrizado. Al encontrarlo, Barraza llevó a Palma Salazar a Guadalajara con su familia, cuyo avión sí había podido llegar al aeropuerto de Tepic.

Todo parecía ir en orden hasta que el 23 de junio la policía militar irrumpió en la casa donde *El Güero* terminaba de recuperarse. Alguien debió de traicionarlo revelando su paradero y su delicado estado de salud. No había para dónde correr. Ni la pistola con cacha llena de incrustaciones de diamantes y esmeraldas con la forma de una palma —su insignia— le sirvió para sobornar a los militares. Y no es que fueran insobornables, pero una orden era una orden: el truculento Amado Carrillo había filtrado información sobre el paradero de *El Güero* a sus esbirros dentro del Ejército mexicano.

El reencuentro entre *El Chapo* y *El Güero* los fortaleció. Nadie sabe si alguna vez Palma Salazar tuvo el valor de confesarle que él y Amado Carrillo lo traicionaron dando cuenta al gordo Coello Trejo de que estaba en Guatemala. A la postre, tras las rejas de Puente Grande ambos contemplaron la caída de su jefe, Amado.

Gutiérrez Rebollo y el ejército verde de Amado Carrillo

El fin del reinado de Amado Carrillo Fuentes comenzó el 7 de febrero de 1997 con la captura del general de división Jesús Gu-

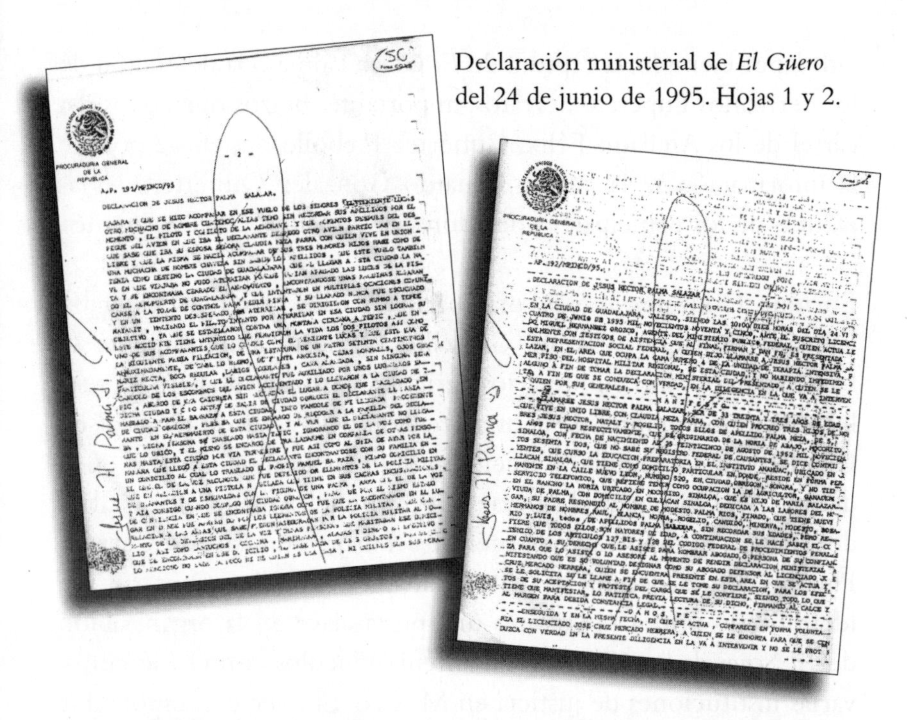

Declaración ministerial de *El Güero* del 24 de junio de 1995. Hojas 1 y 2.

tiérrez Rebollo, comisionado del Instituto Nacional para el Combate a las Drogas (INCD) adscrito a la PGR, cuando el procurador era Jorge Madrazo Cuéllar. En 1996 Ernesto Zedillo había nombrado al general en ese puesto. El presidente buscaba a un hombre que tuviera un amplio conocimiento sobre los cárteles de la droga y la dureza suficiente para combatirlos. Originario del estado de Morelos, con una familia dedicada principalmente al campo, por su currículum Gutiérrez Rebollo parecía ser la mejor opción (seguramente con el visto bueno del entonces secretario de la Defensa Enrique Cervantes Aguirre). Quienes lo conocen lo describen como un hombre rudo, ignorante y burdo. En 1989, cuando Miguel Ángel Félix Gallardo vivía su ocaso, Gutiérrez Rebollo trabajó en la tercera comandancia regional que abarcaba la zona de Sinaloa. Más tarde, de 1989 a 1996, estuvo al frente de la quinta comandancia regional en Jalisco, donde había dado buenos resultados: por ejemplo, la captura de *El Güero* Palma o la detención de los hermanos Lupercio Serratos, importantes brazos operativos del cártel de los Arellano Félix. Gutiérrez Rebollo era eficaz porque la información se la pasaba Eduardo González Quirarte, *El Flaco*, uno de los principales operadores de Amado Carrillo Fuentes.

Enrique González Rosas, originario de Jalisco, tenía tres hijos: Eduardo, Enrique y René González Quirarte. Públicamente se hacían pasar como empresarios agrícolas y ganaderos, pero en realidad eran integrantes de la organización del Pacífico radicados en Guadalajara. La familia se inició en el negocio de las drogas en la década de 1980 bajo el liderazgo de Miguel Ángel Félix Gallardo; cuando el capo cayó, se fueron a trabajar con Amado Carrillo Fuentes. En la década de 1990 Eduardo González Quirarte fue identificado por la DEA como una pieza clave en la organización de *El Señor de los Cielos* que mantenía vínculos con el Ejército y varias instituciones de justicia en México. *El Flaco* era responsable de enviar cargamentos de cocaína a Estados Unidos y asegurarse de que el dinero de la venta fuera transferido a México.[4]

Cuando Jesús Gutiérrez Rebollo era el responsable de la Quinta Región Militar, Enrique González Rosas se le acercó para pedirle en renta algunos terrenos de la base aérea militar en Zapopan. La familia González Quirarte empezó cultivando maíz en los predios de la Sedena y terminó filtrando información sobre cargamentos de estupefacientes o sobre la ubicación de los capos opositores a Amado Carrillo.

[4] "Congressional Testimony Statment by Donnie Marshall", DEA, 19 de marzo de 1998. En 1993 el Servicio de Aduanas le decomisó a Eduardo González Quirarte dos cargamentos de 2.9 toneladas de cocaína (*El Norte*, 10 de septiembre de 1997). Esa información debió de ser transmitida a las autoridades correspondientes, así que nadie puede hacerse el sorprendido de que los prósperos empresarios de Jalisco eran narcotraficantes.

Eduardo González Quirarte fue cercando poco a poco a Gutiérrez Rebollo. El contacto entre ambos eran el subteniente Juan Galván Lara, chofer del general; el profesor Gerardo López Coronado, hijo de Luis Octavio López Vega, quien estaba involucrado con Joaquín Guzmán Loera, y el subteniente Pedro Haro, quien también fue chofer de Gutiérrez Rebollo y luego se convirtió en escolta de *El Flaco*.

Después de que Gutiérrez Rebollo fue nombrado zar antinarco, le pidió a Eduardo González Quirarte, por medio de Galván Lara, un departamento para alojar a una de sus amantes de nombre Lilia. El subteniente se citó con el propio González Quirarte en la ciudad de México, en la calle de Tamarindo número 1000 en Bosques de las Lomas, para que él viera si el inmueble sería del agrado del general. Cuando Galván Lara llegó a la puerta del edificio tuvo un encuentro inesperado.

—Te presento a Amado Carrillo Fuentes, *El Señor de los Cielos*, siéntete orgulloso de conocerlo porque hay mucha gente que quisiera conocerlo —le dijo *El Flaco* al chofer del general.

—Mucho gusto, soy Juan Galván —contestó impactado el subteniente mientras le ofrecía su mano al poderoso capo.

La apariencia de Amado no era la de un hombre barbudo con aspecto de *hippie*, como se veía en la imagen que publicaban los periódicos de la época. Su rostro era largo, de nariz aguileña, ojos verdes, sin bigote ni barba, y sin cicatrices en la cara. Medía más de un metro con 80 centímetros, era casi tan alto como *El Flaco* pero tenía complexión robusta. Lo que más llamaba la atención en la figura del capo era ese tic en el ojo izquierdo cuando observaba algo fijamente.

—Mucho gusto, soy Amado Carrillo —respondió dándole un fuerte abrazo, como si fueran amigos de toda la vida—, ya mi compadre me ha hablado de ti.

—Mi compadre está enterado de la solicitud del general, espérame tantito, ahorita vienen con las llaves para que veas el departamento y luego se lo enseñes a la licenciada [Lilia] —comentó Eduardo.

Aquel día le mostraron al chofer de Gutiérrez Rebollo una serie de residencias y departamentos para que escogiera. En unas semanas la amante del general se hospedó en un departamento propiedad de Amado Carrillo Fuentes, en la calle de Chalchiuis, en la zona residencial de Tecamachalco, Estado de México. El titular del INCD vivió ahí a finales de 1996, lo que representó la primera prueba en su contra y el principal pretexto para detenerlo. Agravó su situación el supuesto "acopio de armas" en su casa, que en realidad se trataba de una colección con registro en la Sedena.

Una vez que el general Gutiérrez Rebollo fue sometido a juicio, Juan Galván Lara se convirtió en testigo protegido de la PGR, y sus declaraciones sobre las relaciones del general con *El Flaco* y *El Señor de los Cielos* fueron tomadas como verdad absoluta. En su defensa Gutiérrez Rebollo aseguró que el secretario de la Defensa estaba al tanto de todos sus movimientos, y que la única razón por la que había tenido comunicación con González Quirarte era para obtener información acerca de los cárteles de la droga. Como prueba de ello, Gutiérrez Rebollo afirmó que por lo menos en tres ocasiones, a fines de 1996 y principios de 1997, Eduardo González Quirarte se reunió con Cervantes Aguirre y un grupo de generales en las oficinas de la Sedena.[5]

Alguna vez alguien comentó que en México a los políticos y funcionarios públicos "los castigan no por sus delitos sino por sus errores". Al parecer la equivocación de Gutiérrez Rebollo ocurrió

[5] Declaración ministerial del general de división Jesús Gutiérrez Rebollo, 29 de diciembre de 1997.

cuando le reveló a Cervantes Aguirre que tenía fotografías y grabaciones que comprometían a la familia de Ernesto Zedillo con los González Quirarte. Un primo hermano del presidente, León Zedillo, había trabajado durante muchos años en Zapopan en una procesadora de alimentos llamada Camichinez, propiedad de Eduardo González Quirarte y sus hermanos. Era tal la confianza entre las dos familias que cuando el primo del presidente contrajo matrimonio en 1997, la fiesta se hizo en la procesadora. La boda estuvo encabezada por Enrique González Rosas, el papá del novio, y Rodolfo Zedillo Castillo, padre de Ernesto Zedillo.[6] Don Rodolfo fue el encargado de pronunciar el discurso para felicitar al nuevo matrimonio. En sus palabras incluyó un reconocimiento a los hermanos González Quirarte por ser "un ejemplo de jóvenes empresarios".

Gutiérrez Rebollo tenía una colección de pruebas sobre el hecho: un videocasete de la boda y fotografías de la fiesta donde aparecía el padre y el primo de Ernesto Zedillo con los González Quirarte. Cuando el general narró la historia durante su proceso penal, fue ignorado. Cada vez que Gutiérrez Rebollo comenzaba a hablar acerca de las implicaciones de otros funcionarios públicos con el cártel de Carrillo Fuentes, el ministerio público intentaba callarlo diciéndole que su testimonio sólo valía si era para confesar su propia culpa.

El padre del presidente Zedillo hacía visitas muy frecuentes a Enrique González Rosas y a sus hijos. No había ningún antecedente previo de esa relación, no había ninguna lógica en su conexión, excepto la lógica del poder. Ya en el sexenio pasado Amado Carrillo se había encargado de seducir a la familia del presidente Carlos Salinas de Gortari y a su círculo más cercano, ¿Por qué no hacerlo con el nuevo inquilino de Los Pinos?

[6] *Ibid.*

El general Jorge Carrillo Olea, quien durante el sexenio de Ernesto Zedillo también fue acusado de colaborar con Amado Carrillo Fuentes, defendió a Gutiérrez Rebollo en la entrevista concedida para esta investigación:

> Hay que recordar que [el proceso judicial contra Gutiérrez Rebollo] ocurrió a pocos meses [26] del inicio del gobierno de Zedillo. Creo que éste quiso dar un manotazo en la mesa sin un análisis previo de lo que hacía. A [Gutiérrez] Rebollo le cargaron todos los delitos posibles, si uno los busca actualmente, dice sí, esto estaba mal. Lo más grave fue haber aceptado un departamento [de Amado Carrillo]. Está muy mal que un miembro del gobierno cometa ese error, pero una cosa es cometer un error moral y otra es cometer un delito penal [...] ¿Que cometió pecados? Yo creo que sí, pero lo magnificaron de una manera terrible.

Cuando se le cuestionó a Carrillo Olea acerca de las investigaciones que Gutiérrez Rebollo realizaba sobre la familia de Ernesto Zedillo, el morelense simplemente lamentó la decisión de desaparecer al INCD, el área operativa del Cendro:

> Una de las primeras medidas que tomó Zedillo fue liquidar el INCD. Al Cendro lo desaparecieron, se lo regalaron a la Defensa, naturalmente ésta dijo que todo estaba mal. Supongamos que el titular del INCD haya cometido los errores más grandes del mundo, aunque nada se ha aclarado, entonces le cortan el cuello a Rebollo, pero piensan que para resolver el problema de fondo también tienen que liquidar al instituto. Es como si tuviéramos un mal secretario de Hacienda y se tomara la decisión de desaparecer a la secretaría entera.

Jesús Gutiérrez Rebollo fue acusado por el fuero militar y por la PGR de abuso de autoridad, cohecho, delitos contra la salud, violación a la Ley Federal contra la Delincuencia Organizada, y acopio de armas. El general fue sentenciado a más de 70 años de prisión y se encuentra preso en el penal federal del Altiplano. Durante tres años, a través de la Ley Federal de Transparencia y Acceso a la Información Pública, se solicitó a la PGR una copia de la averiguación previa iniciada contra Gutiérrez Rebollo. La dependencia se negó a proporcionarla. Debido a que se trataba de una cosa ya juzgada, en 2007 el IFAI le ordenó a la PGR que entregara la averiguación, pero la procuraduría se amparó.

De acuerdo con las declaraciones ministeriales de Gutiérrez Rebollo, todo indica que después de que Ernesto Zedillo consintió la detención de Raúl Salinas de Gortari, acusado de tener vínculos con *El Señor de los Cielos*, lo menos que deseaba el mandatario era que al poco tiempo el titular del INCD reventara públicamente el caso de su familia por nexos con el mismo cártel de narcotraficantes.

A fin de cuentas parece que no era una mera casualidad que años después de las declaraciones de Gutiérrez Rebollo, Rodolfo Zedillo Ponce de León —el hermano del presidente— apareciera haciendo negocios con uno de los presuntos lavadores de dinero de Amado Carrillo Fuentes.

El expediente de Gutiérrez Rebollo es uno de los más importantes para conocer el grado de connivencia de las autoridades mexicanas con las organizaciones de narcotráfico. ¿Por qué no quieren hacerlo público? A pesar de todo, se pudieron conseguir algunas declaraciones ministeriales realizadas en el transcurso del juicio contra el general. En ellas aparecen nombres de servidores y generales que nunca fueron juzgados o investigados por su presunta complicidad con la organización de Amado Carrillo Fuentes. La lista es larga y algunos de los señalados siguen ejerciendo funciones públicas:[7]

[7] Declaraciones ministeriales de Juan Galván Lara (19 de febrero de 1997) y Jesús Gutiérrez Rebollo (29 de diciembre de 1997).

- Justo Ceja, ex secretario particular de Carlos Salinas de Gortari.
- General brigadier Enrique Cervantes Aguirre, secretario de la Defensa Nacional en el sexenio de Ernesto Zedillo.
- General Vinicio Santoyo, ex comandante de la Quinta Región Militar —antes que Gutiérrez Rebollo—, quien murió en 1998.
- General Francisco Javier Velarde Quintero, coordinador regional en Colima de la organización civil de militares retirados Alianza Nacional Revolucionaria, A. C., en 2006.
- General Luis Mucel Luna, actual director general del Centro Único de Capacitación Policiaca de Investigación y Preventiva del Estado de Chiapas.
- General Augusto Moisés García Ochoa, actual director general de administración de la Sedena.

¿Al servicio de quién está ahora el ejército verde de Amado?

Descanse en paz

El 5 de julio de 1997 los medios de comunicación mexicanos dieron la noticia de que a los 42 años de edad Amado Carrillo Fuentes, el todopoderoso *Señor de los Cielos*, había muerto en un sanatorio de la ciudad de México debido a una operación estética mal ejecutada. *El Chapo* y *El Güero* tenían televisión a color en sus respectivas celdas, así que seguramente no habrán perdido detalle del acontecimiento. El deceso ocurrió la noche del 4 de julio en el hospital Santa Mónica de Polanco. Al día siguiente, el cuerpo de Carrillo Fuentes fue llevado a la funeraria García López de la colonia Juárez, y ahí fue preparado para ser enviado a Culiacán, a Capillas Funerales San Martín, donde fue confiscado por la PGR. Todo tiene su principio y fin. No hay capo que pueda ser eterno y

El Señor de los Cielos lo sabía bien. Después de casi una década de hegemonía Amado Carrillo Fuentes dejó el negocio de las drogas.

Mientras Juan García Ábrego, líder del cártel del Golfo, era extraditado en enero de 1996, y su hermano Humberto intentaba negociar para que no se desmoronara su relación con el cártel de Cali, Carrillo Fuentes comenzó a vivir su mejor época. Sin embargo, más tarde surgiría el escándalo de Raúl Salinas de Gortari y las acusaciones sobre sus presuntos vínculos con *El Señor de los Cielos*. ¿A quién le sirve un capo cuyos secretos con el poder comienzan a ser difundidos?

Para "orgullo nacional", Amado Carrillo Fuentes estuvo en la lista de los 15 casos principales del FBI entre octubre de 1995 y junio de 2002. El narco mexicano era tan importante que la agencia estadounidense destinó más horas y agentes especiales en investigarlo a él que a Osama bin Laden. Para el FBI la organización criminal de Carrillo Fuentes era la principal empresa de tráfico de drogas de México. Dirigió la importación de miles de toneladas de cocaína de los cárteles de Medellín y Cali hacia México, y luego las distribuía hacia Estados Unidos.[8]

Pocos capos serán recordados como *El Señor de los Cielos*. Quienes lo conocieron lo describen como el rey de la traición, taimado y maquiavélico en el negocio. Otros lo pintan como un santo niño y hombre de palabra.

En Estados Unidos la DEA se apresuró a confirmar la muerte del narcotraficante dos días después del anuncio sobre el deceso, sin señalar cómo había llegado a esa conclusión. En México la PGR aún no se atrevía a asegurar que realmente se trataba del temido capo.[9] Desde un principio hubo especulaciones sobre si el cadáver

[8] "Trends in Resource Utilization on Major Cases", informe del FBI desclasificado en septiembre de 2003.

[9] *Reforma*, 7 de julio de 1997.

del hospital Santa Mónica era el de Amado Carrillo Fuentes. La suspicacia creció luego de que durante cinco días las autoridades no fueron capaces de corroborar nada al respecto.[10] Se sabe que después de haber sido confiscado, el cuerpo de Amado fue llevado al Hospital Militar. Un oficial de alto rango involucrado en aquella época en tareas de inteligencia afirma que tiene la convicción de que el cadáver no correspondía con el del capo.[11]

En medio de las pesquisas, se llamó a empleados del narcotraficante que lo conocían bien. Amado, según afirman, tenía dos señas inequívocas en el cuerpo: un lunar oscuro en la espalda con mucho vello y una notoria cicatriz en una nalga. El cadáver del hospital Santa Mónica no tenía ni una ni otra seña. Después de la "muerte" de Carrillo Fuentes, una de sus mujeres conocida como *La Quemada* desapareció de la faz de la tierra. Y el hombre más cercano a Amado, Jaime Olvera Olvera, aparentemente el mismo que dijo que no era el capo, fue ejecutado en 1998 cuando era testigo protegido de la PGR, hablaba de más.

Fuentes de información del gobierno de México afirman que después de su supuesta muerte, *El Señor de los Cielos* estuvo durante una larga temporada en Cuba; y que cuando el entonces presidente Fidel Castro se distanció de Carlos Salinas de Gortari, le pidió que sacara a dos personas de la isla: Justo Ceja, su ex secretario particular, y Amado Carrillo Fuentes. En 1997 el *Washington Post* reveló un dato poco conocido de la vida de *El Señor de los Cielos* que le da credibilidad a la versión de la fuente consultada: Amado Carrillo Fuentes tenía una segunda familia en Cuba. Si Carrillo Fuentes está vivo o muerto, sólo pocos pueden afirmar que tienen la certeza. Lo que es un hecho es que se jubiló del crimen organizado. Tras su desaparición, el liderazgo de la orga-

[10] *Reforma*, 10 de julio de 1997.

[11] El militar, cuyo nombre no puede ser revelado por cuestiones de seguridad, fue consultado *ex profeso* sobre el tema para esta investigación.

nización lo asumió su hermano menor Vicente Carrillo Fuentes, mejor conocido como *El Viceroy*.

Vicente Carrillo Fuentes nunca ha tenido la madera de Amado para conducir los destinos del cártel, afirman quienes lo conocen. Aunque *El Mayo* Zambada y *El Azul* lo apreciaban por ser quien era, no confiaban mucho en su habilidad para mantener cohesionada a la organización del Pacífico. Arturo Beltrán Leyva le era leal y le daba fortaleza, pero su propio carácter en ocasiones violento e irascible no lo hacía el candidato idóneo para sustituir a *El Señor de los Cielos*. El único hombre que tal vez hubiera podido disputarle ese liderazgo era Juan José Álvarez Tostado, *El Compadre*, a quien le atribuyen ser el cerebro financiero del cártel de Juárez. Pero afirman quienes lo conocen que no quiso hacerlo, respetaba demasiado a Amado como para disputarle algo a su hermano. La silla de *El Señor de los Cielos* estaba vacía.

Tras la muerte de Amado, la organización del Pacífico quedó formalmente dividida en dos: el cártel de Sinaloa, liderado por *El Mayo* Zambada, y el cártel de Juárez, comandado por *El Viceroy*, aunque los dos grupos siguieron haciendo algunos negocios conjuntamente, el gran poderío disminuyó.

Los banqueros de la organización del Pacífico

Amado Carrillo Fuentes no sólo movió cantidades históricas de mariguana, heroína y cocaína a Estados Unidos, sino que logró conectarse con la clase política, militar y empresarial mexicana, que gustosa lavaba los millones de dólares que les daba. Así como relacionaron a Carrillo Fuentes con Raúl Salinas de Gortari, su organización también fue vinculada con empresarios como el banquero Roberto Hernández, ex dueño de Banamex. En 1997 el diario *Por*

Esto! de Yucatán presentó un artículo basado en una serie de fotografías tomadas presuntamente en playas de la isla Punta Pájaros, propiedad de Hernández, ubicada en el municipio de Felipe Carrillo Puerto, Quintana Roo, donde se almacenaban envíos de cocaína provenientes de Colombia. De acuerdo con el reportaje, los cargamentos llegaban en lanchas rápidas con hombres armados a bordo.

En 1998 Banamex se vio involucrado, con otros bancos mexicanos, en la escandalosa Operación Casablanca, implementada por el Departamento del Tesoro de Estados Unidos, en la que se descubrió que diversas instituciones bancarias estaban lavando dinero de la organización de Carrillo Fuentes y del cártel de Cali. La investigación se llevó a cabo de manera sigilosa durante tres años. El gobierno de México se enteró de los hallazgos de la maniobra encubierta apenas unos minutos antes de que la información se hiciera pública. Otras instituciones bancarias involucradas en el lavado de más de 100 millones de dólares fueron Bancomer y Banco Confía. Hubo funcionarios menores encarcelados, pero nunca los peces gordos, sus directivos.

Las relaciones entre la banca mexicana y el narcotráfico no eran nuevas. Desde la década de 1980, el propio ex líder de la Asociación de Banqueros de México, Arcadio Valenzuela, fue identificado por la DEA como "el patriarca del lavado de dinero", al realizar operaciones de cuello blanco para Miguel Ángel Félix Gallardo y Rafael Caro Quintero. El gobierno de México nunca prestó atención a la denuncia de la DEA. Por su parte, el *Informante* de esta investigación señaló que presuntamente Banamex también recibía dinero de Juan García Ábrego, y cuando éste fue detenido en 1996 su inmensa fortuna se la quedó el banquero: "Incluso la propia esposa de García Ábrego, muy guapa por cierto, fue a reclamar el dinero en una reunión de consejo de Banamex, pero nunca se lo quisieron devolver".

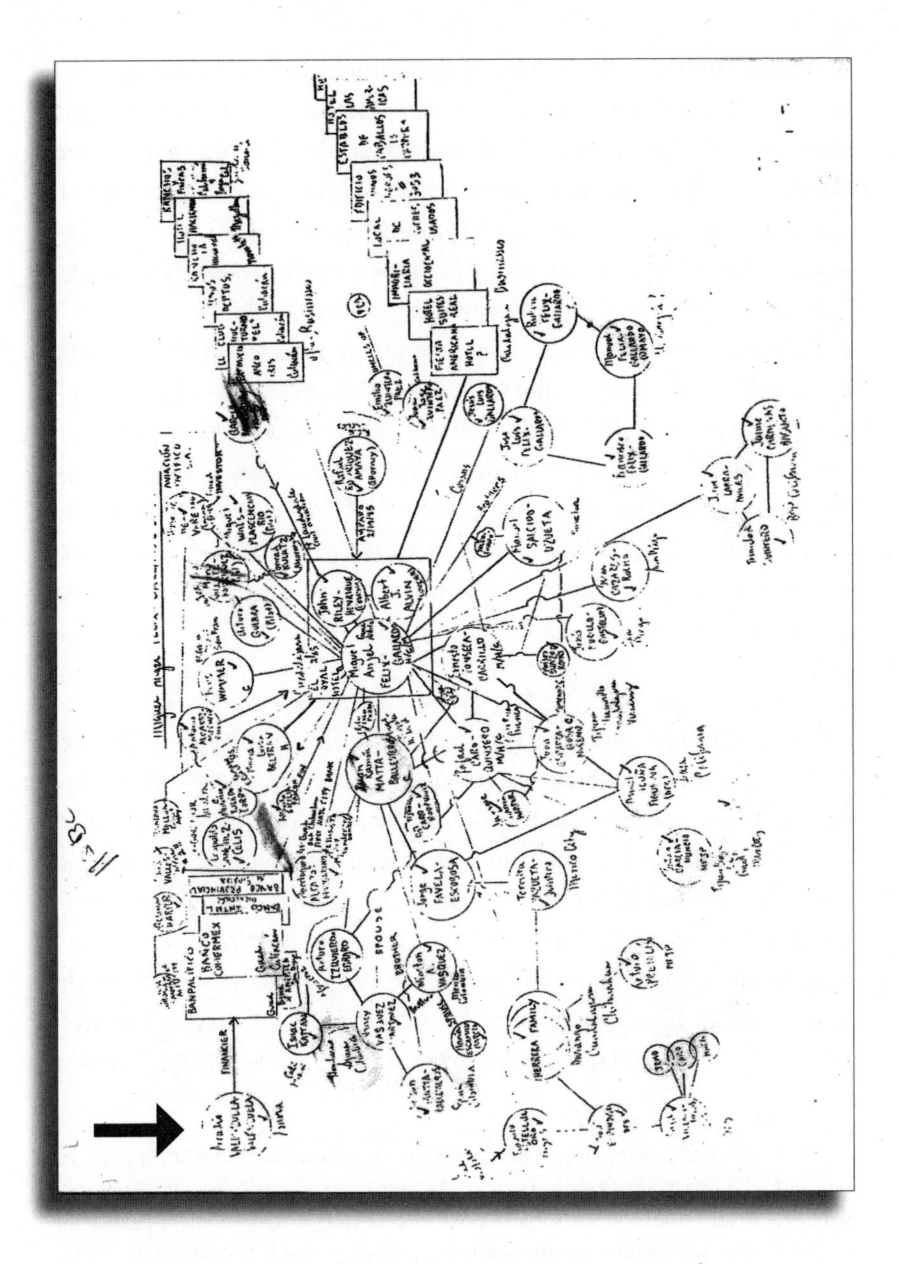

Hoja de diagrama de flujo de la DEA donde aparece Arcadio Valenzuela como parte de la organización delictiva del Pacífico.

Entre 1999 y 2001 Banamex fue blanco de nuevas acusaciones por lavado de dinero, donde también estaba involucraba la organización que había dirigido Amado Carrillo. La DEA señaló que Banamex sirvió para realizar operaciones con dinero procedente del narcotráfico del ex gobernador de Quintana Roo, Mario Villanueva Madrid, quien fue extraditado en mayo de 2010 a Nueva York para ser procesado por delitos contra la salud y asociación delictuosa. De acuerdo con el gobierno norteamericano, entre 1993 y 1999 el ex mandatario "suministró apoyo estatal y federal" para que el cártel de Amado Carrillo introdujera a Cancún cientos de toneladas de cocaína procedentes de Colombia, para después transportarlas a Estados Unidos.[12] Gracias a los trabajos de investigación de la oficina de la DEA en Quintana Roo, en mayo de 2001 la recién estrenada administración de Vicente Fox detuvo al narcogobernador.

En 2009 Vicente Carrillo Leyva, hijo de *El Señor de los Cielos*, reveló los vínculos que su padre mantenía no sólo con el Ejército y la policía, sino también con distinguidos empresarios. El narcojúnior de 32 años de edad, apodado *El Ingeniero*, fue aprehendido el 1° de abril de ese año mientras hacía ejercicio en un parque cercano a su domicilio en Bosque de las Lomas.[13] La PGR le atribuyó funciones directivas en la organización criminal y el ocultamiento de las ganancias del tráfico de drogas cuando el cártel de Juárez quedó bajo las órdenes de su tío Vicente Carrillo Fuentes, *El Viceroy*.[14] Al declarar en los fríos separos de la SIEDO, Carrillo

[12] *Milenio*, 8 de mayo de 2010.

[13] O tal vez la detención ocurrió como se apunta en el testimonio de su esposa Celia Quevedo Gastélum, quien aseguró que Vicente fue sacado en pijama del departamento: "La ropa deportiva con que la dependencia [SIEDO] lo presentó ante los medios fue un montaje", acusó la mujer (*Proceso*, núm. 1711, 16 de agosto de 2009).

[14] *Proceso*, núm. 1732, 9 de enero de 2010.

Leyva señaló que tras la muerte de su padre en 1997, él, su madre y sus hermanos se pusieron a buscar dinero en las cajas fuertes que Amado tenía escondidas, pero no encontraron más que siete millones de dólares. *El Señor de los Cielos* era tan moderno que eso de las caletas donde los viejos narcos mexicanos y colombianos enterraban el dinero le parecía pasado de moda y poco práctico.

Como abonero, Vicente Carrillo Fuentes fue el encargado de ir con *El Viceroy* y los socios de su padre para exigir los bienes que le correspondían a la familia. Dice que sólo obtuvo un palmo de narices. El nuevo jefe del cártel le dijo que Amado no tenía bienes; los que existían fueron incautados o vendidos para pagar "deudas", no había nada que reclamar.[15]

El hijo de *El Señor de los Cielos* siguió tocando puertas, y en 1998 se reunió con Juan Alberto Zepeda Méndez, presunto testaferro de su padre y secretario particular del empresario Jaime Camil Garza, amigo del entonces presidente Ernesto Zedillo. Vicente Carrillo Leyva sabía que su padre había comprado acciones del Grupo Financiero Anáhuac (GFA) por 30 millones de dólares, y quería la devolución del dinero. La empresa financiera tenía más de tres años de operaciones. En ella confluían directa o indirectamente los intereses de dos familias presidenciales: la de Miguel de la Madrid y la de Ernesto Zedillo. Dentro de la sociedad estaban involucrados Federico de la Madrid, hijo del ex presidente, y Jorge Hurtado Horcasitas, su sobrino. El primero era nada más y nada menos que el vicepresidente del grupo financiero, y el segundo el presidente. Colateralmente Rodolfo Zedillo Ponce de León también resultó involucrado, pues justo en el momento del aquelarre, el hermano incómodo del presidente planeaba construir un hotel con Jorge Bastida Gallardo, el supuesto testaferro de Amado Carrillo. Cuando Carrillo Leyva le pidió a Zepeda

[15] *Ibid.*

Méndez el dinero, éste evadió sus compromisos señalando que la Comisión Nacional Bancaria intervino el banco, por lo que sería imposible recuperar el capital.[16] Qué suerte que Vicente era sólo un júnior, de haber tenido el temperamento de su padre, Zepeda Méndez no habría amanecido.

Amado Carrillo había comprado acciones por medio del empresario Jorge Bastida Gallardo y de Zepeda Méndez; para ello se contrataron los buenos oficios del abogado panista Diego Fernández de Cevallos, quien recibió cuatro millones de pesos por hacer el negocio. El audaz *Jefe* nunca negó su relación con Bastida Gallardo, que al igual que los demás socios de Banco Anáhuac nunca pisó la cárcel por ese asunto. "A mí me solicitaron una intervención en favor de un grupo financiero, no de una persona física", declaró en su momento Fernández de Cevallos a la prensa. *El Jefe* Diego nunca negó conocer la relación de Bastida Gallardo con *El Señor de los Cielos*, pero sus coincidencias con el cártel de Juárez estaban más allá de la frontera de la duda: curiosamente el ex candidato presidencial resultó ser abogado del hospital Santa Mónica, donde se supone que murió Amado, y de la funeraria García López, encargada de enviar el cuerpo a Sinaloa.

Vicente Carrillo Leyva asentó en su declaración ministerial: "Luego supe por otras personas que el fallo judicial salió favorable al banco, lo cual Juan Alberto Zepeda Méndez y Jorge Hurtado han negado". Ingenuo, el hijo de Amado quiso vengarse: ante la PGR denunció que Zepeda Méndez realizaba gestiones para recuperar un cargamento de efedrina (materia prima para las drogas sintéticas) del cártel de Sinaloa. ¿A poco Vicente creyó que la guerra contra el narcotráfico iba en serio? A pesar de las imputaciones directas contra los empresarios, hasta ahora la PGR no ha realizado ninguna detención. Por menos que eso, la SIEDO ha consignado a narcotraficantes y servidores públicos enemigos de *El Chapo* en

[16] *Ibid.*

los últimos cuatro años. Fuentes de inteligencia militar afirman que presuntamente el ex jefe y amigo de Zepeda Méndez, Jaime Camil Garza, durante el sexenio de Vicente Fox fue cercano a *El Chapo* Guzmán y Marcos Arturo Beltrán Leyva, asiduos visitantes a Acapulco, donde el empresario es el rey. Quienes hablan del tema narran supuestas reuniones llevadas a cabo en un yate entre Camil Garza y los dos capos, cuando aún eran amigos. En el mismo bote llegaba a ser vista una atractiva mujer joven, de pelo rizado, tez blanca y nariz notoriamente operada, quien era una de las asistentes más cercanas de la entonces primera dama Marta Sahagún: Maru Hernández. Ella había trabajado para Camil, y en la campaña presidencial de Vicente Fox fue integrada al equipo de Marta cuando ésta era portavoz del panista. En más de una ocasión, llorando, Maru habló sobre la maleta que iba a recoger a Acapulco con algunos compañeros de trabajo.

Jaime Camil Garza, el hombre de la sonrisa indeleble, siempre ha sabido hacerse indispensable. En el sexenio de Ernesto Zedillo se ganó la confianza y la amistad del tímido presidente. En el sexenio de Vicente Fox se echó a la bolsa a Marta Sahagún por medio de jugosos donativos a la fundación Vamos México, que incluso eran más cuantiosos que los realizados por los ex propietarios de Banamex Roberto Hernández y Alfredo Harp Helú.[17] Ahora, se afirma, tiene el ojo puesto en el gobernador del Estado de México Enrique Peña Nieto, de quien ya es muy cercano.

ENTRE PAISANOS SE AYUDARÁN...

En abril de 1999 *El Chapo* y *El Güero* recibieron dos buenas noticias: que llegaba el comandante Dámaso López Núñez como

[17] Anabel Hernández y Arelí Quintero, *La familia presidencial*, México, Grijalbo, 2005.

subdirector de seguridad del penal, y que Leonardo Beltrán Santana regresaba a dirigir Puente Grande. Los cambios que estaban ocurriendo en la Segob resultaban muy benéficos para sus intereses. No se trataba de una casualidad: al parecer *El Chapo* tenía el contacto preciso para que las cosas simplemente ocurrieran. A principios de 1999 el secretario de Gobernación Francisco Labastida Ochoa, ex gobernador de Sinaloa, realizó una serie de nombramientos al interior de la secretaría que cambiaron las circunstancias internas de Puente Grande.

En febrero de 1999 Enrique Pérez Rodríguez fue nombrado subdirector de Prevención y Readaptación Social de la Segob a sugerencia de su amigo y paisano Miguel Ángel Yunes Linares, quien entonces era asesor en la dependencia. A los pocos días Yunes Linares fue designado titular de la Dirección General de Prevención y Readaptación Social de Gobernación. En mayo de ese mismo año Francisco Labastida puso a Jorge Enrique Tello Peón —quien venía de dirigir el Cisen— como subsecretario de Seguridad Pública de la Segob, y se convirtió en jefe de Yunes Linares y Pérez Rodríguez. Tello Peón no era ajeno a lo que ocurría en Puente Grande. Bajo su administración en el Cisen, había elementos del organismo que trabajaban en interior de la cárcel de máxima seguridad realizando tareas de inteligencia y monitoreo de los presos para evitar cualquier situación que pusiera en peligro la seguridad.

En el periodo durante el cual Tello Peón, Yunes Linares y Pérez Rodríguez fueron responsables de las cárceles federales del país, *El Chapo* Guzmán se apropió del penal de máxima seguridad. Las múltiples declaraciones ministeriales rendidas en torno a la fuga de Guzmán Loera así lo revelan. Para ninguno de esos funcionarios era ajeno lo que sucedía en Puente Grande, pero nunca hicieron nada para impedirlo. Fueron ellos quienes removieron al honesto Juan Castillo Alonso de la subdirección de seguridad interna del penal,[18] y nombraron en su lugar al corrompido Dámaso López Núñez, quien había trabajado como comandante de la policía estatal sinaloense.

López Núñez fue jefe de investigación de robo de autos, pero en realidad trabajaba para el cártel de Sinaloa, específicamente para el grupo de Ismael *El Mayo* Zambada. Su padre, el priísta Dámaso López García, era un rico "terrateniente" de Culiacán, propietario, entre otros bienes, de un imponente rancho de seis hectáreas con lago, palapas, capillas, canchas deportivas y una residencia de lujo. Fue miembro del consejo directivo del PRI en la capital sinaloense, y por medio del partido político tuvo una relación cercana con Juan Vizcarra, ex alcalde de Culiacán y aspirante a la gubernatura del estado en las elecciones del 4 de julio de 2010, a quien se le atribuye una relación de amistad y negocios con *El Mayo* Zambada.

Más que enviado por la Segob, López Núñez parecía enviado por sus socios: *El Chapo* traía padrino. El nuevo subdirector llegó acompañado por un equipo de colaboradores que se hacían llamar *Los Sinaloas*: los comandantes Carlos Fernando Ochoa López, Jesús Vizcaíno Medina y Fidel Roberto García; custodios como José de Jesús Carlos Cortes Ortiz, *El Pollo*, y José Barajas, *El Veneno*. Todos ellos corruptos de pies a cabeza. A raíz de su llegada al Centro de Readaptación Social la disciplina se convirtió en un artículo del reglamento que nadie ponía en práctica.

Los nombramientos se hicieron con apremio. Labastida iba a renunciar a fines de mayo a la Segob para participar en la contienda interna del PRI por la candidatura presidencial para la elección de julio de 2000. Esas semanas representaban su última oportunidad para hacer los cambios que se requerían. El 27 de mayo de 1999 se concretó su renuncia y el presidente Ernesto Zedillo

[18] Castillo Alonso fue ejecutado un mes antes de la fuga de *El Chapo*.

nombró como nuevo secretario de Gobernación a Diódoro Carrasco, quien respetó los nombramientos hechos por Labastida. El 30 de abril de 2000 Yunes fue nombrado coordinador de asesores de Diódoro Carrasco. Su amigo Pérez Rodríguez ascendió al puesto de director general de Prevención y Readaptación Social de la Segob, y Tello Peón siguió siendo su jefe hasta un mes después de la fuga de *El Chapo*.

De 1987 a 1992 Francisco Labastida Ochoa fue gobernador de Sinaloa, la mata de los capos mexicanos más prominentes. Al terminar su mandato, Labastida tuvo que salir del país por presuntas amenazas de narcotraficantes; de inmediato fue nombrado embajador en Portugal. Con el tiempo, en México se ha aprendido que las amenazas o los atentados contra servidores públicos por parte de narcotraficantes se deben no siempre a que los quieran eliminar porque combaten su negocio, sino también por ser traidores.

El paso de Labastida por Sinaloa, como el de casi todos los mandatarios del estado,[19] estuvo manchado por la sospecha. En febrero de 1998 *The Washington Times* —en su revista quincenal *Insight*— publicó un artículo basado en un "informe de la CIA" donde se señalaba que Labastida tuvo relación con narcotraficantes de su estado cuando fue gobernador: "Labastida ha negado haber recibido sobornos [del narcotráfico], pero en forma privada ha reconocido que ha llegado a acuerdos no especificados con los narcotraficantes para ignorar algunas de sus actividades", afirmó la publicación citando dicho informe. En su momento Francisco Labastida negó las acusaciones.

El antecesor de Labastida en el gobierno de Sinaloa fue Antonio Toledo Corro, quien desde 1986 aparece en informes de la

[19] Antonio Toledo Corro, el antecesor de Labastida en Sinaloa, aparece desde 1986 en informes de la DEA como presunto colaborador de la organización del Pacífico.

DEA como presunto colaborador de la organización del Pacífico. En una exhaustiva investigación realizada por la agencia estadounidense se afirma que un rancho de Toledo Corro llamado Las Cabras, ubicado en Escuinapa, Sinaloa, servía como pista de aterrizaje de cargamentos de droga. Esa información la obtuvo la DEA gracias al rastreo de llamadas telefónicas del narcotraficante Esteban Pineda Mechuca al rancho del entonces gobernador en funciones. De esas llamadas también se desprendió la relación de Toledo Corro con Manuel Salcido Uzueta, *El Cochiloco*.

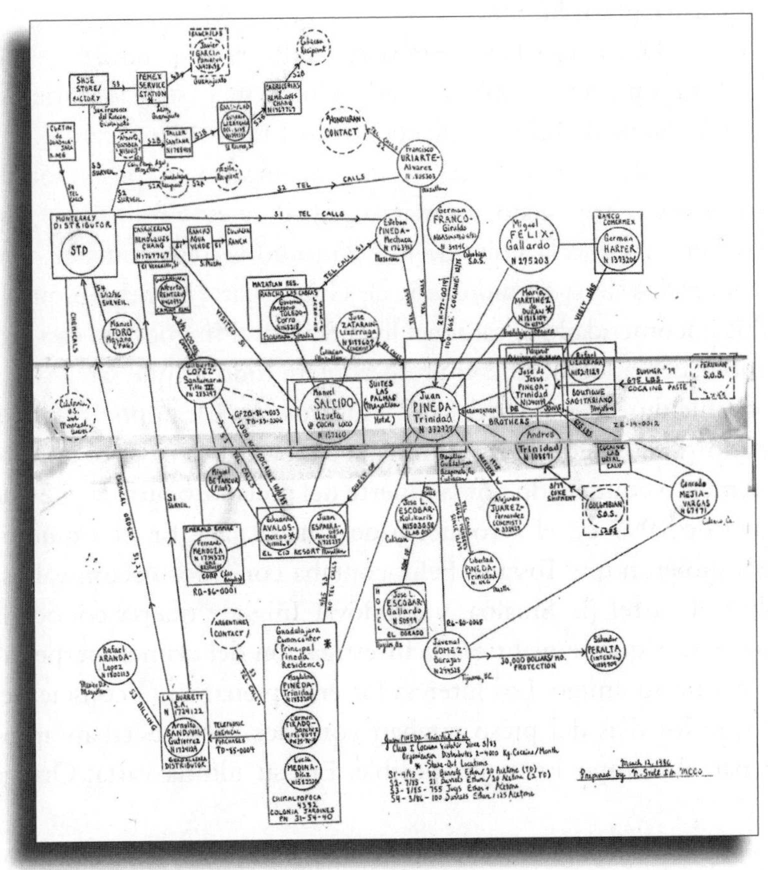

Organigrama del narcotráfico en México hecho por la DEA en 1986.

Muy pocas veces se puede tener acceso a la información sobre cómo, cuándo y por medio de quiénes los narcotraficantes hacen contacto con los gobernantes. Se habla tanto de eso sin elementos duros que hasta parece que es ficción. Los testimonios más fidedignos generalmente se pueden conocer sólo cuando desde el interior de alguna organización criminal surge una *garganta profunda*. Hasta donde se sabe, nadie había hecho imputaciones directas contra Labastida Ochoa. Nadie, hasta que apareció Pablo Tostado Félix, señalado por la PGR como lugarteniente de Juan José Esparragoza, *El Azul*.

En 2005 Tostado Félix estaba recluido en el centro penitenciario de Irapuato, Guanajuato, acusado de secuestrar a María del Refugio León Rodríguez, hija de Juvenal León Martínez, a quien entonces sólo se le conocía como un empresario agricultor de Cuerámaro, Guanajuato. En marzo y abril de ese mismo año, Tostado Félix recibió la visita de José Antonio Ortega Sánchez, uno los abogados de la arquidiócesis de Guadalajara. La misión que le había encomendado el cardenal Juan Sandoval Íñiguez era casi imposible: debía lograr que el preso contara todo lo que sabía sobre el homicidio del cardenal Juan Jesús Posadas Ocampo.[20] Habían pasado ya 12 largos años y aún nada estaba esclarecido; ni un solo detenido o condenado por la muerte del prelado, ocurrida el 24 de mayo de 1993 en el aeropuerto de Guadalajara. En la arquidiócesis supieron que Tostado Félix contaba con información valiosa sobre el cártel de Sinaloa, y Sandoval Íñiguez quería conocerla para buscar que se reabriera la investigación del crimen perpetrado contra su amigo. Los interesados eran plenamente conscientes de que los días del preso estaban contados, y necesitaban aprovechar el tiempo lo mejor posible. Era su última carta: Ortega

[20] Para esta investigación se consiguieron de primera mano las transcripciones de dichos encuentros entregadas al cardenal.

Sánchez ya había intentado hablar con *El Chapo* pero no tuvo éxito. Fue a interrogarlo en 1995 cuando el capo aún estaba en el penal de máxima seguridad del Estado de México. El abogado de la arquidiócesis lo estuvo esperando durante horas y cuando apareció recién bañado en la pequeña oficina acondicionada para el encuentro no quiso decir nada.

El 13 de abril de 2004 Tostado Félix había sufrido un atentado durante su traslado del Centro de Readaptación Social en San José el Alto, Querétaro, al penal ubicado en Irapuato. Ocho integrantes del cártel de Sinaloa vestidos con uniformes de la AFI —que entonces dirigía Genaro García Luna— intentaron llevarse a Tostado Félix.[21] La PGR primero pensó que se trataba de un rescate, pero luego uno de los ocho sujetos, Miguel Ángel Beltrán Olguín, admitió que la intención era "levantarlo" y ejecutarlo como venganza de Juan José Esparragoza Moreno.

Cuando fue visitado por la gente del cardenal, Tostado Félix proporcionó información inédita sobre la organización criminal del Pacífico. Era un baúl de datos que el gobierno federal no tenía interés en abrir: a pesar de las denuncias que Tostado Félix había hecho en su defensa judicial, ninguna autoridad se había acercado a él para cuestionarlo y así dar con la identidad y el paradero de importantes capos ligados con Joaquín Guzmán Loera.

Pablo Tostado contó que él se inició en el narcotráfico como chofer de *El Azul*. Este tipo de peones del crimen organizado suelen trabajar para diferentes narcotraficantes al mismo tiempo. A Tostado Félix también le tocó trabajar con *El Chapo*: "Nos conocemos todos, yo conozco a *El Chapo* Guzmán desde que era simplemente un pinche *Chapo*. Es un gran traidor, si pudiera traicionaría hasta a su madre", le reveló a la gente del cardenal. También dijo conocer a Ismael *El Mayo* Zambada desde que "era

[21] Boletín núm. 461/06 de la PGR.

pobre y estaba jodido". La carrera delictiva de Pablo Tostado iba en ascenso hasta que se le ocurrió una mala idea: secuestrar a familiares de *El Azul*. Entonces firmó su sentencia de muerte.

Por lo que toca a los lazos de complicidad entre el Estado y las agrupaciones delictivas, Tostado Félix explicó que "el narcotráfico sin la protección del gobierno y el gobierno sin el apoyo del narcotráfico no podrían hacer nada, ni podrían trabajar; se requiere el trabajo de ambos juntos". Como ejemplo citó al comandante Guillermo González Calderoni y a Raúl Salinas de Gortari, confirmando que durante el sexenio de Carlos Salinas de Gortari no sólo el cártel del Golfo recibió protección oficial, sino también las organizaciones del Pacífico: "Raúl Salinas de Gortari era quien encabezaba el narcotráfico en el sexenio de su hermano; todos pagábamos derecho de piso a Raúl Salinas y el intermediario era *El Chapo* Guzmán. Todo el que se moviera en México tenía que ser autorizado por él [Raúl Salinas de Gortari]", afirmó Pablo Tostado.

Todas las palabras de Tostado Félix confirmaban la constante presencia del narcotráfico en las estructuras gubernamentales: "El narcotráfico paga las campañas y luego tiene protección cuando su gente llega". La campaña presidencial de Francisco Labastida Ochoa en 2000, aseguró, fue financiada por Manuel Beltrán Arredondo, su compadre, quien entonces era conocido públicamente como un importante empresario minero. Pero Beltrán Arredondo era mucho más que eso, era integrante del cártel de Sinaloa y uno de los principales amigos y operadores de *El Chapo* Guzmán. "En el sexenio de Juan S. Millán [1999-2004], Beltrán Arredondo traía como escoltas a judiciales de Sinaloa —señaló Tostado Félix—, entonces cuando *El Chapo* [desde Puente Grande] quería buscarlo y no lo encontraba, se comunicaba por radio con el jefe de la Judicial y éste a su vez localizaba a Beltrán a través de los judiciales." De hecho Pablo Tostado precisó que Beltrán Redondo, dada su poca notoriedad pública, era el que verdaderamente "movía el cártel" junto con su hijo Julio Beltrán Quintero.

Tostado Félix no hablaba de oídas, lo que dijo lo sabía a ciencia cierta porque Manuel Beltrán Arredondo —quien con el paso de los años se convirtió en su archienemigo— era esposo de su prima hermana Rosa Emma Quintero Félix.

Pablo Tostado le afirmó con contundencia al abogado José Antonio Ortega:

> Manuel Beltrán Arredondo es uno de los líderes del cártel de Sinaloa, aunque a ustedes tal vez no les suene mucho el nombre, porque Manuel Beltrán Arredondo es de las personas a las que todavía no les pone precio Estados Unidos, porque en México, si ustedes recuerdan, en México se deja de proteger a los narcotraficantes cuando Estados Unidos les pone precio.
>
> Estados Unidos le dice a México: "¿Sabes qué? Ése tiene orden de aprehensión acá", y es cuando México le quita la protección que tiene acá. Eso ha sucedido, no de ahora, de toda la vida. Cuando Estados Unidos le pone precio a un mexicano, ya se chingó. Papá dice que ya se acabó, te quería.
>
> Manuel Beltrán Arredondo [...] es el líder, es el que está moviendo, porque, por ejemplo, *El Chapo* Guzmán sí es del cártel de Sinaloa, pero ¿qué tanto puede andar en la calle? Es obvio que no, no puede moverse con la facilidad que se mueve una persona a la que no se le está buscando, entonces, ¿quién es el que está moviendo al cártel? ¿Quién es el operador? Manuel Beltrán Arredondo y su hijo, Julio Beltrán Quintero, porque son las personas que no las busca nadie y que andan apalabrados, rodeados de policías, judiciales y federales.

Pablo sabía que debía muchas pero parecía preocuparle sólo una cosa: no ser trasladado a la cárcel de Durango, donde tenía un proceso abierto por el supuesto secuestro de la propia Rosa Emma.

"Si no me matan en Guanajuato, me matan en Durango. Yo prefiero terminar mi sentencia aquí", le aseguró el narco a la gente de Sandoval Íñiguez. El tiempo le daría la razón con pavorosa puntualidad.

El 13 de julio de 2005 Julio Beltrán Quintero, mejor conocido como *El Julión*, fue ejecutado en la avenida principal de Culiacán, junto con cuatro agentes en activo de la policía estatal de Sinaloa que lo escoltaban. El 2 de noviembre de 2007 el empresario Manuel Beltrán Arredondo, de 65 años de edad, fue asesinado a balazos dentro de un centro comercial de Culiacán por tres gatilleros que le dispararon a quemarropa y luego huyeron.[22] Notimex, la agencia gubernamental, publicó una nota sobre el hecho señalando que se trataba de la muerte de un empresario. Fue hasta mediados de 2009 cuando la PGR reconoció oficialmente que la familia Beltrán Quintero estaba ligada con el narcotráfico a raíz de la detención de Sandra Gisel Acosta Quintero el 21 de julio de ese año en Culiacán. La PGR la relacionó con Dámaso López Núñez, el ángel de la guarda de *El Chapo* en Puente Grande, y con Julio César Beltrán Quintero, hijo de Manuel Beltrán Arredondo, a quien la SIEDO ubicó como integrante del cártel de los hermanos Beltrán Leyva, socios de Guzmán Loera hasta enero de 2008.[23] Eso revela que quien mandó a Dámaso López Núñez a Puente Grande a ayudar a Joaquín Guzmán Loera fue Beltrán Arredondo, el amigo de Francisco Labastida Ochoa.

Pablo Álvarez Tostado también perdió la partida. El 22 de abril de 2009 fue liberado de sus cargos en Irapuato pero fue transfe-

[22] *Debate*, 3 de noviembre de 2007.

[23] Boletín núm. 1237/09 de la PGR. Durante el primer año del sexenio de Felipe Calderón, la organización criminal de los Beltrán Leyva y la de *El Chapo* Guzmán eran parte del mismo grupo. Por eso Dámaso estaba relacionado con Sandra Gisel y con Beltrán Quintero. En 2008 inició la guerra entre *El Chapo* y los Beltrán Leyva, entonces estos últimos comenzaron a ser blanco de detenciones por parte del gobierno federal.

rido al Centro de Readaptación Social número 1 de Durango para saldar sus cuentas pendientes, no con la justicia ni con la autoridad, sino con los narcos que había traicionado. Apenas duró 13 días con vida en el lugar: el 5 de mayo de ese año lo hallaron colgado en su celda. Las autoridades penitenciarias se apresuraron a explicar que Tostado Félix se había suicidado, pero nadie se tragó ese cuento.

Labastida cumplió su propósito de ser el candidato presidencial del PRI, y contendió contra Cuauhtémoc Cárdenas y Vicente Fox. El 2 de julio de 2000 por primera vez en la historia de México la Presidencia fue conquistada por un partido de oposición. Fox ganó las elecciones de manera contundente y Labastida se fue a llorar su desgracia a España, en una de las residencias de Olegario Vázquez Raña, uno de sus principales patrocinadores. Muchos interpretaron que con el triunfo del empresario panista moría un régimen de corrupción y comenzaba una etapa de transición en México. Se creyó que con eso se había cimbrado el poder de los grupos de interés ilegales. Curiosamente, la derrota de Labastida no tuvo secuelas en Puente Grande. En el penal de máxima seguridad no sólo no disminuyó el poder de *El Chapo*, sino que se acrecentó.

Actualmente Labastida es senador de la República por el estado de Sinaloa y anda como si nada: sin escolta visible, recorre con tranquilidad los cafetines políticos y restaurantes de moda de la ciudad de México. Parece que ya no se acuerda de aquellas amenazas que hace 20 años lo hicieron huir a Portugal.

Amo y señor

El Chapo hizo un frente común con *El Güero* Palma y Arturo Martínez Herrera, *El Texas*, miembro del cártel del Golfo, uno de los monstruos creados por el comandante Guillermo González Calderoni. Entre el personal que laboraba en Puente Grande el grupo era conocido como *Los Tres*. Con el apoyo del comandante Dámaso y *Los Sinaloas*, eran invencibles.

Para obtener privilegios, *Los Tres* comenzaron a pagar la llamada "Nómina Bital", quizás porque el que no quería entrar se moría. Los remuneraciones mensuales se hacían de acuerdo con el nivel y la actividad: los custodios y empleados comunes se llevaban dos mil pesos; a los comandantes en general les pagaban tres mil pesos; a un jefe de departamento le correspondían 10 mil pesos; a los comandantes Ochoa López y Vizcaíno —parte de *Los Sinaloas*— les daban 15 mil pesos, y al director de 40 a 50 mil pesos. De igual forma se autorizó que diversos internos trabajaran para ellos como servidumbre y otros como guardaespaldas.

Numerosos empleados del penal formaban parte del séquito de Guzmán Loera. Por ejemplo, el personal de lavandería lavaba la ropa no sólo de los presos, sino la de los familiares de *El Chapo* que llegaban de visita o estaban afuera del reclusorio. De todo lo anterior tuvieron conocimiento los *otros tres*: Tello Peón, Yunes Linares y Pérez Rodríguez, no sólo a través de reportes de los empleados del penal que no estaban de acuerdo con la corrupción dentro del penal, sino que incluso fueron testigos presenciales de las irregularidades.

El 4 de enero de 2000 el mayor retirado Antonio Aguilar Garzón, subdirector de Seguridad y Vigilancia en el Centro Federal de Rehabilitación Psicosocial en Morelos, recibió instrucciones para ir a trabajar a la ciudad de México a las oficinas de la Dirección General de Prevención y Readaptación Social —cuyo titular era Miguel Ángel Yunes— con el cargo de supervisor de Seguridad y Traslados. Durante 20 años fue mayor intendente de la Dirección General de Administración e Intendencia de la Sedena. Por su actuar era de esos hombres que portaba con seriedad y dignidad el uniforme verde olivo, y lo demostró con creces.

Sus tareas no representaban lo que se dice un "gran hueso". Aguilar Garzón sería el responsable de supervisar el correcto funcionamiento de los centros federales y los traslados de internos de menor importancia. Al poco tiempo, por medio de llamadas telefónicas o entrevistas personales con funcionarios honestos y ex compañeros en otras áreas penitenciarias, se enteró de las irregularidades que existían en los penales.[24]

En Almoloya se acusaba a "Bruno" y "Carballo", asesores del director del penal, Mario Marín Zamora, así como al comandante Luis Francisco Fernández Ruiz, subdirector de Seguridad Externa, de introducir artículos prohibidos para los presos de alto poder económico, como los narcotraficantes Lupercio Serratos, Javier Pardo Cardona, Rafael Caro Quintero y Miguel Ángel Félix Gallardo. Respecto a Puente Grande las noticias no eran más halagüeñas. Bajo la dirección de Leonardo Beltrán Santana y Dámaso López Núñez aquello era un caos. Sin recato se permitía que en el penal se filtraran celulares, prostitutas, licor, cocaína y alimentos procedentes de restaurantes, principalmente para *El Chapo* Guzmán, *El Güero* Palma y *El Texas*. De acuerdo con los reportes que obtuvo Aguilar Garzón, las cosas iban mal desde mayo de 1999, es decir, cuando Tello Peón, Yunes Linares y Pérez Rodríguez fueron nombrados como responsables del control de los penales de máxima seguridad del país.

"Todas estas irregularidades se las hice saber de forma verbal a mi jefe, el licenciado Mario Balderas Álvarez. Él me señaló que ya lo había informado al licenciado Enrique Pérez Rodríguez, quien en los primeros meses del año 2000 tenía el cargo de subdirector

[24] Declaración ministerial de Antonio Aguilar Garzón, 9 de febrero de 2001. Causa penal 16/2001-III.

general adjunto de la Dirección General de Prevención y Readaptación Social", declaró Aguilar Garzón el 9 de febrero de 2001 ante el ministerio público. Días después de su plática con Balderas Álvarez, Aguilar Garzón decidió asegurarse de que Enrique Pérez Rodríguez estuviera al tanto de las anomalías en Almoloya y Puente Grande:

> Se lo comenté a Enrique Pérez Rodríguez, quien me contestó que la administración que encabezaba Miguel Ángel Yunes Linares era la que más personal de Ceferesos había puesto a disposición de las autoridades competentes por irregularidades, y que mi comentario, haciendo mención de las personas que me informaron, lo hiciera en blanco y negro, refiriéndose a que lo pusiera por escrito, lo cual no hice, ya que sabía que no habían puesto a nadie a disposición de la autoridad.

Aguilar Garzón quería que quedara claro que él hizo todo lo que estuvo en sus manos, y que quienes pudieron hacer más no quisieron.

En mayo de 2000 Enrique Pérez Rodríguez fue designado director general de Prevención y Readaptación Social de la Segob. Sustituía a su paisano Miguel Ángel Yunes, quien no abandonó la dependencia, sólo cambió de despacho a la coordinación de asesores de Francisco Labastida, y después a la de Diódoro Carrasco, pero nunca dejó de estar al pendiente de los asuntos relacionados con las cárceles de máxima seguridad.

Pérez Rodríguez puso a prueba a Aguilar Garzón, tal vez con la esperanza de demostrarse a sí mismo que todos eran tan corruptos como él. En los últimos días de agosto de 2000 le pidió a su subalterno que en compañía de su jefe, Mario Balderas Álvarez, fuera a investigar directamente las irregularidades en Puente Grande. Antes de viajar a Jalisco, Aguilar Garzón se puso en contacto vía telefónica con algunos de sus ex compañeros que entonces trabajaban en el penal. Un día antes de entrar en Puente Grande, Aguilar Garzón se reunió con ellos en Guadalajara, y le confirmaron que la prisión estaba bajo el control de *El Chapo* Guzmán, *El Güero* Palma y *El Texas*. Al día siguiente, Aguilar Garzón le escribió a Pérez Rodríguez un reporte con la descripción detallada de los ilícitos que se cometían en el Cefereso.

El 15 de septiembre Pérez Rodríguez llamó a Aguilar Garzón para decirle que había recibido el informe, y que juntos harían una inspección. El comandante le sugirió a Pérez Rodríguez que nadie de la Dirección General se enterara de su salida, ya que sospechaba que su secretaria, Soledad Patlán, le proporcionaba información a Leonardo Beltrán Santana. Pérez Rodríguez le afirmó que de esa sala no saldría ni una sola palabra. En la noche, un equipo salió rumbo a Puente Grande: Aguilar Garzón, un chofer y tres colaboradores más. Mientras tanto Pérez Rodríguez voló a Guadalajara.

El "operativo sorpresa" inició a las dos de la mañana del 16 de septiembre. Desde que llegaron al penal implementaron un dispositivo de seguridad, bloquearon las comunicaciones de la garita con la finalidad de que no se enteraran de su llegada. Al ingresar en el centro se entrevistaron con la funcionaria de guardia, la licenciada Sofía Moreno Uribe. Enseguida Aguilar Garzón percibió que algo no andaba bien. Todo parecía demasiado en orden. Las sospechas de Aguilar Garzón fueron confirmadas por un empleado del reclusorio llamado Nicolás Solís, quien le comentó que desde hacía un día estaban enterados de su visita. En la mente del comandante aún retumbaban las palabras de Pérez Rodríguez: "Ni una palabra saldrá de esta oficina".

Nadie puede esconder un elefante detrás de un árbol por mucho que se esfuerce. A las ocho de la mañana llegó Miguel Ángel Cambrón Rojas, comandante de la Tercera Compañía de

Seguridad y Custodia. Con la acostumbrada valija en mano entró en el área del Diamante V0C, de acceso exclusivo para funcionarios del penal. Dámaso López Núñez le pidió el maletín a petición de Aguilar Garzón, y éste lo abrió. En el interior había vitaminas de diferentes clases y marcas, así como dinero en efectivo. Aguilar Garzón le informó sobre el hallazgo a Pérez Rodríguez, quien solicitó que llevaran a Cambrón a la sala de juntas de la dirección. Ahí los funcionarios lo cuestionaron acerca de los objetos que llevaba en la maleta. Cambrón respondió con absoluta naturalidad que el dinero era para pagar una deuda de su hermano, y que el encargo lo haría después de salir del trabajo.

Aguilar Garzón comenzó a vaciar los bolsillos del pantalón de Cambrón. Encontró dólares estadounidenses de diferentes denominaciones; una enumeración en clave de diferentes servicios que se efectuaban en el penal, con un listado adjunto de cantidades de dinero; un directorio de domicilios de la ciudad de Guadalajara, que eran los sitios donde los funcionarios de Puente Grande debían ir para cobrar su nómina. A continuación revisaron el casillero de Cambrón, donde tenía una farmacia entera: Viagra femenina y masculina, lubricantes vaginales, óvulos, anticonceptivos, inyecciones anticonceptivas, diversos medicamentos para infecciones vaginales, más de 40 pastillas psicotrópicas. Cuando Cambrón no tuvo más remedio que confesar, más de uno en la sala debió de contener la respiración. El comandante señaló que él introducía todas esas cosas a petición del preso Jaime Leonardo Valencia Fontes, el principal operador de *El Chapo*, y que solamente él estaba involucrado.

Acto seguido, Pérez Rodríguez mandó llamar a todos los comandantes de seguridad interna y externa a la sala de juntas, les comunicó lo que había sucedido y advirtió: "Cualquier persona que esté involucrada en este tipo de ilícitos es el momento de renunciar, ya que si son sorprendidos en un futuro se dará vista al ministerio público correspondiente. Sepan que cuento con una lista del personal que recibe dinero por las irregularidades señaladas". Al terminar el regaño se dirigió a Aguilar Garzón: "No hay elementos para consignar al comandante Cambrón, por lo tanto sólo le pediremos su renuncia y que se retire del centro", dijo el director, a quien no se le cayó la cara de vergüenza porque ya no tenía.

En el trayecto del poblado de El Salto al aeropuerto de Guadalajara, Aguilar Garzón aún tuvo el valor de comentarle algo más a Pérez Rodríguez:

—Señor, es urgente que reubiquemos en otros centros federales a los internos Joaquín Guzmán Loera, Héctor Palma Salazar y Arturo Martínez Herrera. Esto que pasó hoy confirma la información que me habían proporcionado sobre las irregularidades de Puente Grande —dijo el militar casi con desesperación.

—Lo voy a valorar —fue la única frase que obtuvo como respuesta.

Como prueba del contubernio, cuando Cambrón dejó de trabajar en el penal, siguió entrando habitualmente con el portafolios como si estuviera en su casa. No cabe la menor duda: en Puente Grande había sólo un amo y señor, y ése no era ninguno de los funcionarios, era *El Chapo*. Si tan sólo Aguilar Garzón lo hubiera comprendido antes.

Los Fontaneros

Como si fueran gobernantes o legisladores, cada uno de *Los Tres* tenía un secretario particular. El de Guzmán Loera era Jaime Leonardo Valencia Fontes, cuya celda se ubicaba estratégicamente a cinco estancias de la de su jefe. Con maligna eficiencia, Valencia Fontes organizaba la agenda del *Chapo*, que siempre estaba llena de audiencias. Asimismo se aseguraba de que el capo tuviera todo lo que deseaba: grupos musicales, comida, bebidas alcohólicas, mujeres, hasta adornos para decorar su celda en la época navideña. Valencia Fontes también era responsable de coordinar los trabajos y pagos del personal de Puente Grande al servicio de Guzmán Loera.

Valencia Fontes resumía la personalidad de su jefe con tres palabras: "es una persona apartada, seria y calculadora". Para cumplir con sus tareas, contaba con un grupo de delincuentes dentro y fuera de Puente Grande a quienes los custodios conocían como *Los Fontaneros*. "Si no se portan bien, van *Los Fontaneros* a solucionarlo", solía decir Valencia Fontes en tono de burla como última advertencia a todos aquellos que osaban resistirse a trabajar para *El Chapo*.[25] Además, Valencia Fontes tenía una lista donde estaban los nombres, teléfonos y domicilios de todos los empleados del centro; cuando alguno no hacía lo que él quería, le enseñaba la lista para ser más persuasivo. Un hijo del secretario particular de Guzmán Loera, que era policía federal, lideraba al grupo represor, del cual también formaban parte los propios custodios del módulo 3, donde estaba *El Chapo*. "Si no trabajas para nosotros te vamos a reportar con el jefe para que él tome las medidas correspondientes", solían amedrentar; por supuesto que se referían no a Beltrán Santana sino al narcotraficante. Los custodios que no estaban de acuerdo con permitir las visitas íntimas a cualquier hora, así como la entrada de drogas, estimulantes sexuales o comida especial, eran golpeados por *Los Fontaneros*.

Inmediatamente después de que Juan José Pérez Díaz ingresó en el penal como comandante de compañía, el secretario particular de *El Chapo* le proporcionó el teléfono de *Gonzalo*, la persona

[25] Declaración ministerial de José de Jesús Carlos Cortés Ortiz, 25 de enero de 2001, causa penal 16/2001-III.

con quien tenía que ponerse en contacto para ir a recoger la comida especial de *Los Tres*. El menú era variado: carnes frías, quesos, mariscos, cortes finos, cabrito y hasta carnes exóticas. Cierta vez un gobernador —sin que se haya especificado en las declaraciones ministeriales el nombre o el estado— mandó carne de tortuga como muestra de amistad y respeto a *El Güero* Palma. En la comodidad de su celda, el capo recibió el manjar de manos de un custodio conocido como *El Pollo*, parte del clan de *Los Sinaloas*.

Cuando Pérez Díaz iba a recoger la comida, ya sea a las afueras del imponente Teatro Degollado o en la glorieta de El Charro, en Guadalajara, a veces tenía la oportunidad de conversar con el joven contacto. *Gonzalo* le contó que estudiaba en la universidad, y que a Guzmán Loera lo había viso sólo algunas veces; el trabajo lo había conseguido porque era muy amigo de los hijos del narcotraficante.

Bonifacio Bustos era otro de los contactos de los custodios de la nómina cuando éstos iban a Guadalajara a recoger comida y otras cosas. El licenciado Bustos, un joven de 30 años y figura de ropero, era el abogado de *El Chapo*, y estaba encargado de pagar la narconómina. En realidad sus funciones sobrepasaban por mucho las de un defensor penal, más bien era el alcahuete de su cliente, a quien le mandaba regalitos al penal: dinero en efectivo, tenis, medicamentos, jeringas, vendas, ungüentos y Viagra; una Navidad llegó a enviarle cuatro botellas de coñac y cuatro de tequila.

En septiembre de 2000 Juan José Pérez Díaz comenzó a vivir su infierno en vida: no quería estar en la nómina de los narcos. "Le faltas al respeto al señor", le reclamó una vez airado Valencia Fontes a Pérez Díaz, como si aludiera al mismísimo Dios. La primera advertencia la recibió cuando le robaron su camioneta Blazer en la puerta de su casa. No hizo caso. La segunda fue cuando iba en compañía de su familia a bordo de un Volkswagen propiedad de su hijo. Se le emparejó un auto que manejaba un joven que le echó pleito. Pérez Díaz lo ignoró, siguió su camino y dejó su auto estacionado en la zona comercial de Medrano. Cuando salió, el auto estaba chocado.

Desesperado, Juan José Pérez Díaz fue a quejarse del acoso con Dámaso López Núñez.

—Quiero renunciar —dijo el custodio armándose del poco valor que le quedaba.

—No puedes, eres comandante de compañía, si renuncias, estas personas [*El Chapo*, *El Güero* y *El Texas*] pueden tomar otro tipo de represalias. Lo mejor es no salir mal con ellos —contestó López Núñez.

Más tarde, Pérez Díaz acudió en busca de ayuda con el comandante Carlos Fernando Ochoa López. "No te preocupes, ahora que vengan los cambios nos vamos a la PGR. ¿Cómo te verías con un cuerno de chivo al hombro, una pistola fajada al cinto y tu charolota de la PGR?", fue la única respuesta del integrante de *Los Sinaloas*.

Hubo más custodios amedrentados por no cumplir las órdenes de *El Chapo*. A principios de octubre de 2000 José Luis Gutiérrez García fue violentamente agredido por cuatro sujetos al salir de su domicilio para tomar el autobús que lo llevaría al Cefereso. Unos días antes, mientras estaba de guardia en el módulo 3, no había permitido la entrada del custodio Miguel Ángel Leal a la celda de Guzmán Loera.

El 15 de octubre de 2000, cuando el guardia Manuel García Sandoval vigilaba el dormitorio A del módulo 3, *El Chapo* lo mandó llamar.

—Quiero salir a caminar —dijo el capo con el tono de quien da una orden.

—Ya es tarde y estoy de guardia, no puedo permitírselo, estamos fuera de horario —respondió el custodio apegado a la ley.

—No hay problema, de ese tipo de gente me gusta que trabaje en el reclusorio, me gusta cómo cumplen con su trabajo —respondió Guzmán Loera con burla.

Días después García Sandoval fue brutalmente agredido por tres sujetos. Como decía Juan Pablo de Tavira, "*El Chapo* nunca perdona ni olvida".

El 19 de diciembre de 2000 *Los Fontaneros* entraron de nuevo en acción. Terminaba la posada que el comandante Juan José Pérez Díaz había organizado en uno de los patios del penal para el personal de su compañía. Todos se estaban despidiendo cuando José Rosario González Olachea fue abordado por el guardia Héctor Guerra, mejor conocido como *El Pelos*, custodio de otra compañía.

"¿Estás *palanca* con Fernández?", le preguntó Herrera a José Rosario refiriéndose al subdirector de vigilancia del penal, Luis Francisco Fernández. José Rosario apenas pudo balbucear unas palabras cuando *El Pelos* estrelló la cabeza contra su nariz, que comenzó a chorrear sangre; una vez que lo hubo tumbado al piso lo siguió pateando con unas botas que en la punta tenían metal dejándolo semiinconsciente. "¡Ya estuvo, *Pelos*, ya déjalo!", dijo el custodio Julio Baeza, quien ayudó a José Rosario a levantarse del suelo y lavarse la cara. El incidente no pasó a mayores.

Guzmán Loera no era estúpido, cuando menos no actuaba como tal. A pesar de todo, emplear la violencia no era su primera estrategia para echarse a la bolsa a los funcionarios del penal, eso hubiera provocado una animadversión colectiva y no había nada peor que los custodios estuvieran unidos contra él. Su primer paso para corromper era la seducción. Se ganaba la confianza de los elementos de vigilancia haciéndoles creer que era su amigo.

En diciembre de 1999 Miguel Ángel Leal Amador comenzó a trabajar como custodio de seguridad interna. Al poco tiempo, su compañero Pedro Rubira lo llevó ante *El Chapo*.[26]

[26] Declaración de Miguel Ángel Leal Amador, 22 de enero de 2001. Los diálogos que aquí se presentan han sido reconstruidos de acuerdo con el contenido de esta declaración.

—Muchas gracias por estar aquí. Aquí no le vamos a exigir nada —le dijo Guzmán Loera a Leal Amador en tono amable, como quien da la bienvenida a un club social—. ¿De dónde eres?

—De Culiacán —respondió Leal Amador avasallado por la actitud del capo.

—¿Cómo te apellidas? ¿Cómo se apellidan tus parientes?

Leal Amador apenas pudo balbucear algunos nombres.

—Se me hace que somos parientes —le dijo *El Chapo* sonriendo, como si quisiera inspirar confianza.

Leal Amador continuó trabajando durante meses como si nada. Al no pedirle dinero a Guzmán Loera, creyó que le caería bien al capo. Así comenzaron una peculiar relación. Alguna vez el custodio le comentó que se iba de vacaciones y Guzmán Loera le regaló mil pesos. En otra ocasión Leal Amador le contó que su esposa estaba muy enferma y padecía de un tumor en la cabeza, y *El Chapo* se ofreció solícito a ayudarlo económicamente.

En febrero de 2000 el custodio fue ascendido a oficial supervisor habilitado, entonces tuvo a dos o tres custodios de seguridad interna bajo su mando. Entre más poder tenía, más interesante era para *El Chapo*. De pronto, a finales de ese mismo año, Leal Amador dejó de ir a trabajar durante algunas semanas y se reincorporó hasta enero de 2001. El 7 de enero *El Chapo* lo mandó llamar. El custodio iba temeroso, ya había escuchado que el narcotraficante hacía comentarios de que su gente del penal no debía faltar a trabajar porque era necesaria en el servicio. Cuando llegó ante la presencia del capo, Leal Amador iba muerto de miedo.

—¿Qué pasó? ¿Por qué no había venido, oiga? —le reprochó suavemente Guzmán Loera y le dio un fuerte abrazo de año nuevo, desarmando a Leal Amador porque era lo menos que éste esperaba—. Pase, ¿quiere comer algo?

—No, gracias, ya cené. Estuve fuera porque había estado atendiendo a mi hijo enfermo. Tiene un problema en el corazón, y en el ISSSTE no le han dado la atención adecuada. Regresé al penal porque voy a renunciar, mi suegra es dueña de un mini súper, en Culiacán, y quiere que yo me encargue del negocio. Ella quiere irse a vivir a Tijuana con su hija menor.

El Chapo lo escuchaba como si lo que Leal Amador estuviera diciendo fuera lo más importante del mundo.

—En el mini súper voy a ganar como doce mil pesos mensuales.

—No hay necesidad de que te vayas —le dijo Guzmán Loera rompiendo su silencio—, yo te voy a apoyar con los gastos de tu hijo, llévalo a hacer análisis y por lo mientras te doy un dinerito. ¿Cuánto necesitas?

—Unos mil quinientos pesos.

—Si tu hijo requiere alguna cirugía, yo te la pago —dijo el capo magnánimo, como quien es dueño de la vida y la muerte de los demás—, ya pronto me van a dar mi libertad y necesito gente como tú, para darle seguridad, en forma legal, ¡claro!

Leal Amador se quedó callado. Cualquier cosa que dijera era una decisión sin retorno.

—Que todo le salga bien con su hijo. Ahí pase con Fontes —se despidió *El Chapo*.

Leal Amador fue enseguida con el "secretario particular" de Guzmán Loera.

—Me manda el señor Guzmán por un dinerito —le dijo a Valencia Fontes, quien fue con su jefe a recibir instrucciones y regresó con dos mil pesos para el empleado del penal.

El funcionario llevó a su hijo a los exámenes, y a los pocos días su doctora le diagnosticó un padecimiento llamado "canal atrioventricular y dexiocardia", si no se operaba en seis meses no se le podría desarrollar un ventrículo.

—¿Qué tal? ¿Cómo está su hijo? —le preguntó Guzmán Loera a Leal Amador cuando se volvieron a ver.

—Mañana me dan un diagnóstico definitivo.

El 13 de enero de 2001 se encontraron de nuevo. *El Chapo* lo mandó llamar como a las 10 de la noche con Valencia Fontes, al igual que a otro oficial de nombre Jaime Sánchez Flores.

—Pronto voy a obtener mi libertad, ya voy a salir, estoy limpio, no tengo ningún problema. Mis abogados han estado investigando y ya no tengo proceso pendiente en México, el único pendiente que tengo es con los gringos… —les dijo *El Chapo* haciendo una pausa, como si se estuviera diciendo a sí mismo que ese inconveniente no iba a ser tan fácil de remediar.

—¿Y para qué somos buenos?

—Voy a salir libre y quiero formar una empresa de seguridad que trabaje de forma legal para que cuando viaje me cuiden y puedan portar armas sin problemas —dijo el capo invitándolos a colaborar a la nueva compañía.

A la postre, Leal Amador desempeñaría un papel clave el día de la fuga,[27] pues él se encontraba en la aduana de vehículos cuando el capo salió del penal.

Las mujeres de *El Chapo*

Durante su encierro en Puente Grande, Joaquín Guzmán Loera mataba las horas del día con sexo, volibol y abdominales. Tanto él como Palma Salazar y Martínez Herrera tenían en sus estancias tinta china, Viagra y otras pastillas para obtener un mayor rendimiento sexual. Por su edad es difícil pensar que necesitaran Viagra por prescripción médica, a menos, claro, que tuvieran alguna disfunción. Según los testimonios de comandantes y custodios del penal era tal el vicio por el sexo que incluso en ocasiones *Los Tres*

[27] *Cf.* capítulo 7.

hacían competencias entre ellos para ver quién aguantaba más en una relación sexual.[28]

En Puente Grande entraban sin el menor problema numerosas prostitutas, a quienes inhumanamente llamaban "las sin rostro". Se vestían con pelucas rubias y se introducían en vehículos oficiales. Los presos las recibían en la zona de atención psicológica, en el área de visitas íntimas o en sus propias celdas. Cuando el licenciado Bonifacio Bustos no les conseguía nada, *Los Tres* solían echar mano de las empleadas del penal con la anuencia de Beltrán Santana. Estas mujeres no tenían muchas opciones, y aquellas que se atrevieron a resistir las exigencias sexuales de los capos padecieron amargas experiencias.

De todas las mujeres que *El Chapo* tuvo en Puente Grande hubo tres que marcaron su estancia en el penal: Zulema Yulia, Yves Eréndira y Diana Patricia. Cada una conoció el infierno que suponía ser la preferida en turno del narcotraficante. Sus terribles historias derriban el mito del "capo enamorado".

El 3 de febrero de 2000 Zulema Yulia Hernández Ramírez, una joven de apenas 23 años, fue encerrada en Puente Grande acusada de robo a una camioneta de valores. Aunque merecía la cárcel, el penal de máxima seguridad parecía un castigo excesivo. En Puente Grande no existía alguna área especial para la reclusión de mujeres, las detenidas estaban ubicadas en el Centro de Observación y Clasificación, donde no tenían los servicios médicos apropiados ni las condiciones que garantizaran su integridad física en medio de una población masculina inmensamente mayor.

Las visitas familiares de Joaquín Guzmán Loera coincidían con las de Zulema. Muy pronto, ella capturó la atención de *El Chapo*.

[28] Ampliación de declaración de Juan José Pérez Díaz, 30 de enero de 2001, causa penal 16/2001-III.

El carácter obsesivo del narcotraficante y la vulnerabilidad de la muchacha fueron decisivos en la siniestra historia. En 2001, después de la fuga de *El Chapo*, el periodista Julio Scherer García entrevistó a Zulema para el libro *Máxima seguridad*. En su testimonio, una y otra vez la joven se esforzó en demostrar algo:

> Yo era buena estudiante. Tengo mis calificaciones, mis diplomas. Fui becada el cuarto, el quinto y el sexto año de primaria en la escuela Lucas Ortiz Benito. Me nombraron sargento, la importante de la escolta que rinde honores a la bandera, la jefa. Mi aprovechamiento fue de 8.5 y mi entusiasmo era de 10 [...] Guardo también, aquí la traigo, la constancia de actividades educativas del Centro de Readaptación Social número dos. Me enorgullece. Reconoce mi esfuerzo en las tareas académicas, deportivas, artísticas y de consultas bibliográficas durante el año 2000.

Al leer el crudo expediente sobre su historia en Puente Grande, no es difícil saber qué es lo que Zulema quería probar: que ella era un ser humano, un ser pensante, y no sólo un fardo de carne.

—¿Y después, Zulema? —le preguntó Scherer

—Todo se fue a la mierda —respondió ella.

Aquélla no era la frase de una delincuente evadiendo respuestas, se trataba del resumen ejecutivo de su existencia. Ella habló no sólo acerca de su tortuosa infancia y adolescencia, sino del pasado inmediato. Así se desahogó ante el último rostro que la contempló con humanidad en su vida: el de Julio Scherer.

Por medio de *El Pollo*, integrante del grupo de *Los Sinaloas*, Guzmán Loera le enviaba cartas de "amor" a Zulema. El casi iletrado capo le dictaba las misivas a un amanuense no identificado, quien agregaba dramatismo a sus palabras. Naturalmente, la correspondencia de *El Chapo* a la reclusa era una de las miles de cosas que estaban prohibidas, y que a él le permitían realizar con todo descaro. Al poco tiempo, Guzmán Loera, de 43 años, comenzó a tener relaciones íntimas con la joven delincuente, a quien casi le doblaba la edad. Sus encuentros ocurrían en el área de comunicación, con la complicidad de las vigilantes Mercedes y Angélica Inda Flores, así como de los directivos de Puente Grande. Zulema le comentó a Julio Scherer que también había veces en las que el capo y ella estaban juntos sin tener sexo. Como hizo con sus otras mujeres, *El Chapo* le reveló que pronto saldría del penal y le prometió que la apoyaría en todo.

Los acontecimientos que siguieron correspondían a una realidad mucho más descarnada que Zulema no le contó al periodista. Ella quedó embarazada dentro de la prisión, y todo indica que el hijo que llevaba en el vientre era de Guzmán Loera.[29] Zulema no tenía permitidas las visitas íntimas, por lo que no había justificación de que estuviera embarazada. Los funcionarios quisieron impedir el surgimiento de un escándalo mediático sobre el abuso que sufrían las mujeres dentro del penal varonil. En septiembre de 2000, Zulema fue obligada a practicarse un aborto clandestino en el penal, el cual presuntamente fue asistido por el doctor Alfredo Valadés Sánchez del reclusorio, la licenciada Sofía Moreno, así como por los comandantes Pulido Rubira, Niño Rodríguez, Bellos Casarrubias y Ochoa López. Después de ese hecho Zulema intentó suicidarse.[30] La infame corrupción solapada desde la Segob arruinó la vida de Zulema, quien de ser durante unos momentos la mujer preferida de *El Chapo*, con toda su vulnerabilidad terminó como mercancía que los directivos y los reclusos

[29] Declaración ministerial de Salvador Moreno Chávez, 17 de febrero de 2001. Ampliación de declaración de José Salvador Hernández Quiroz, 9 de febrero de 2001, causa penal 16/2001-III. Declaración ministerial de Margarita Ramírez Gutiérrez, 24 de enero de 2001.

[30] *Ibid.*

manejaban a voluntad; incluso alguna vez fue enviada a la celda de *El Güero* Palma.[31] En mayo de 2001, ya después de ocurrida la fuga de Guzmán Loera, Zulema Yulia abortó una vez más.

El 30 de mayo de 2001 Salomé Hernández Ramírez, su madre, llamó a la CNDH para reportar que personal de Puente Grande había llamado a su casa para pedirle el tipo de sangre de su hija; sin darle más razones, le explicaron que Zulema necesitaba una donación. Cuando la comisión investigó en la prisión, las autoridades informaron que Zulema había requerido una transfusión sanguínea después de haber sufrido un aborto. Al parecer la CNDH no reparó en que ella no tenía derecho a visitas íntimas, por lo que su embarazo se debía a la corrupción y los abusos dentro del penal de supuesta máxima seguridad. El bebé tenía 17 semanas de gestación, así que por las fechas pudo haber sido otro hijo de *El Chapo*.[32]

Varios custodios cuentan que, al final de sus días en Puente Grande, Zulema perdió toda noción de dignidad. Entre las rejas de su celda abría las piernas y exhibía su sexo. No era un síntoma de locura, sino tal vez su último acto de rebeldía. En eso la habían convertido: un pedazo de carne al servicio del mejor postor. Cuando Zulema finalmente salió de la cárcel, su vida se convirtió en una inagotable búsqueda de la muerte. En enero de 2004 la detuvieron como presunta cómplice de un cargamento de 2.7 toneladas de cocaína pertenecientes al narcotraficante Juan Pablo Rojas López, *El Halcón*. Dos años después fue liberada por el juez cuarto de distrito de procesos penales federales, Salvador Guillermo González Aguilar.[33] Pero ella no quería, no podía o no sabía vivir. A sus 31 años, el 17 de diciembre de 2008, su cuerpo fue encontrado en la cajuela de un automóvil abandonado en el mu-

[31] Declaración ministerial de Antonio Aguilar Garzón.

[32] Recomendación núm. 015/2001 de la CNDH.

[33] *El Universal*, 7 de junio de 2006.

nicipio mexiquense de Ecatepec. Según reportes publicados por la prensa, el cuerpo de la mujer tenía marcada la letra Z con objetos punzocortantes, así como con pintura negra en los glúteos, espalda, ambos senos y abdomen.

Diana Patricia tenía 27 años cuando fue trasladada al penal de máxima seguridad de Jalisco el 10 de julio de 1999; estaba acusada de homicidio. Ahí conoció otro significado de lo que es el purgatorio. Cuando llegó a Puente Grande, ella era la única mujer en el centro de readaptación, que para esas fechas ya estaba totalmente controlado por *Los Tres*. Llegó a ocupar una estrecha celda, y alrededor podía moverse en un área de ocho metros. Nada la salvó. A los pocos meses, Diana Patricia comenzó a morir de inanición y depresión en el hospital penitenciario. En seis meses llegó a perder 25 kilos, y después intentó ahorcarse sin éxito.

A finales de 1999 Diana Patricia tuvo compañía femenina: en noviembre ingresaron en el penal Érika Zamora Pardo y Virginia Montes González, acusadas de pertenecer al movimiento armado del Ejército Popular Revolucionario (EPR). En febrero de 2000 llegó Zulema Yulia, y en junio de ese mismo año Ofelia Legorreta Pérez y Elisa Calderón Campos fueron encerradas bajo la acusación de uso de recursos de procedencia ilícita.

El 24 de noviembre de 1999 la CNDH recibió un oficio escrito por Arturo Lona Reyes, obispo de Tehuantepec y presidente del Centro de Derechos Humanos Tepeyac en el estado de Oaxaca. En el documento solicitaba que la comisión interviniera para investigar y recabar información sobre el traslado de Érika y Virginia. El obispo exigió que se garantizara la integridad física y psicológica de las mujeres, y que se averiguaran todas las violaciones a los derechos humanos que habían padecido. A esa queja se sumó la de Florentina Rosario Morales y Jorge Cortés Chávez, quienes pidieron que personal de la CNDH acudiera al penal para verificar las condiciones en que estaban las reclusas. Guadalupe Morfín, la tenaz presidenta de la Comisión Estatal de Derechos Humanos de Jalisco, supo lo que ocurría en Puente Grande, y de inmediato presionó a la CNDH para que a su vez exigiera a la Segob que todas las reclusas fueran trasladadas a penales femeniles.

Diana Patricia fue una de las reclusas que sufrió de abuso sexual por parte de *El Chapo* Guzmán y otros internos. Una custodia había asentado en un escrito los datos de la violación y los nombres de quienes participaron en el hecho,[34] pero nadie prestó atención. Nadie excepto Morfín, quien durante alguna conversación privada llegó a describir a Joaquín Guzmán Loera como un "animal". Ella también quiso alzar la voz pero la ignoraron, el señor de Puente Grande era realmente intocable. Un día antes de la fuga de *El Chapo*, Diana Patricia intentó suicidarse de nuevo.[35]

La historia de Yves Eréndira Moreno Arriola, la cocinera de Puente Grande, es cuento aparte. Madre soltera de 38 años de edad, trabajaba en el penal desde 1996 y acababa de ser asignada a la segunda compañía. Ella era mayor que Zulema Yulia y Diana Patricia. No era la más bonita de las tres pero tenía algo que provocó que el capo la tratara como una persona y no como un objeto. *El Chapo* tenía demasiado tiempo libre en el penal y le gustaba emplearlo en el arte de la seducción. Así que mientras se acostaba con Zulema comenzó a cortejar a Yves Eréndira

En junio de 2000 Joaquín Guzmán Loera se acercó al enrejado de la cocina del comedor del módulo 3 de Puente Grande y le preguntó a la encargada:

[34] Declaración ministerial de Salvador Moreno Chávez, 17 de febrero de 2001, causa penal 16/2001-III.

[35] Declaración ministerial de Felipe de Jesús Díaz, 24 de enero de 2001, causa penal 16/2001-III.

—¿No le ha hablado su jefe de mí?

—No —respondió la mujer mientras recogía los últimos trastes de la comida de los internos. La aproximación del capo la asustó.

La corrupción en Puente Grande había llegado literalmente hasta la cocina. Los presos con poder económico pedían los favores sexuales de las empleadas de la cocina, y ellas eran puestas a su alcance con la complicidad de los directivos del penal. Algunas solicitaron su cambio al área de lavandería, y otras renunciaron inmediatamente, como María Dolores "N". Yves Eréndira y otras más no habían enfrentado mayores problemas en los dormitorios donde les tocaba dar el servicio de comida.

La primera vez que *El Chapo* la vio fue a principios de mayo de 2000, cuando el personal del penal que les suministraba comidas especiales a Guzmán Loera, Martínez Herrera y Palma Salazar, olvidó un platillo en la cocina y ella lo tuvo que llevar. A Guzmán Loera le gustó desde que la vio, preguntó su nombre y empezó a indagar todo sobre ella y su familia. "¡Ah, caray! —exclamó *El Chapo* cuando ella le contestó secamente—. Para la siguiente guardia vamos a hacer una reunión sus compañeras y nosotros, usted está invitada. ¿Qué toma? ¿Whisky o tequila? Me daría mucho gusto que viniera, aquí la esperamos."

Yves Eréndira ya sabía, por medio de Silvestre Mateo de la Cruz, el responsable de la cocina, cuáles eran las intenciones del narcotraficante. Cuando llegó la hora del convivio, después de recibir la presión de su jefe y sus compañeras, Yves regresó a la cocineta del módulo 3. Ahí estaba *El Chapo* esperándola.

—¿Estás lista para subir?

—No voy a subir, tengo hijos, vivo sola y no quiero que anden hablando de mí, aunque pase sólo a platicar la gente va a decir que yo estuve con usted.

—Está bien, de todos modos te ofrezco mi amistad —respondió *El Chapo* en tono amable.

Para el dulce carácter de Yves, esa frase era la mejor que el capo pudo haber fabricado. La pobre mujer esperaba que el narcotraficante estallara furibundo, así que su comprensión le pareció un gesto de humanidad. Cuando al día siguiente terminó su turno y llegó a su humilde casa en Guadalajara, encontró un ramo de rosas rojas sin tarjeta alguna. Por la tarde *El Chapo* le llamó a su celular, desde luego, ella no le había dado su número. "¿Te gustaron las rosas que te mandé?", Yves escuchó del otro lado del teléfono la inconfundible voz de *El Chapo* con su marcado acento sinaloense.

Para seducir a la cocinera, Guzmán Loera usó los oficios de Francisco Javier Camberos, *El Chito*, quien desempeñaba funciones de secretario privado para el capo sin empalmarse con las encomiendas que tenía Valencia Fontes. *El Chito* conocía el penal desde que comenzó su construcción en 1992; formaba parte de una plantilla de electricistas contratados por la Segob. En 1993, cuando terminó la obra, él y su hermano se quedaron a trabajar en el área de mantenimiento. El joven con pinta de soldado raso era el enlace de *El Chapo* con María Alejandrina y sus hijos, especialmente con César, el mayor. *El Chito* también trataba asuntos personales de Guzmán Loera con el abogado Bonifacio Bustos, y era el encargado de proveer los medios de comunicación para que el narcotraficante estuviera en contacto permanente con su gente.

Durante varios días, después de salir de su turno, Yves Eréndira se encontraba con un nuevo ramo de flores. *El Chapo* le mandó como unos cuatro o cinco arreglos, pero como eso no parecía ser suficiente para lograr los favores de la reticente cocinera, implementó un plan B para conquistarla. Cuando los internos del módulo 3 terminaban de cenar, Guzmán Loera se quedaba a platicar con ella. A finales de julio de 2000 las charlas se hicieron tan continuas que "gracias a la pura labia, cayó la plaza". Yves Eréndira aceptó tener relaciones sexuales con *El Chapo* en el mismo cubículo donde atendían psicólogos, médicos y sacerdotes.

El narcotraficante gustaba de darle un toque especial a cada encuentro, así que mandaba a arreglar el lugar con sus empleados, quienes perfumaban las sábanas y almohadas, y convertían las cobijas en alfombras. Cuando la sesión terminaba, el capo le escribía cartas o recados amorosos que Yves rompía y tiraba a la basura por temor a que los custodios los descubrieran en la revisión que le hacían al salir del penal.

El 19 de septiembre de 2000 Yves Eréndira renunció al penal pero *El Chapo* no la iba a dejar ir tan fácil, así que le propuso comprarle una casa, un coche, y ponerle un negocio. La cocinera rechazó la oferta. Sin embargo, Yves no pudo resistir durante mucho tiempo los embates, y el 19 de octubre regresó a Puente Grande para tener visitas íntimas con el capo de Sinaloa, por las que a veces recibía una compensación económica. Hubo ocasiones en las que Yves llegaba al penal y se encontraba de frente con el director, Beltrán Santana, quien la saludaba como si nada. La cocinera entraba sin ninguna revisión y sin que su nombre quedara inscrito en las bitácoras.

Un día Yves le comentó apenada a *El Chapo*:

—Me dio mucha pena con el director, hoy me vio salir y entrar del penal.

—No te preocupes, el director Beltrán está enterado de todo, le doy como cuarenta o cincuenta mil pesos al mes, algunos pagos se los hago en dólares. No te preocupes, todo lo tengo controlado —respondió Guzmán Loera.

Después del acto sexual, *El Chapo* se ponía muy conversador. A Yves le llegó a contar acerca de sus residencias en Las Lomas, en la ciudad de México. También le habló sobre sus bienes en Guadalajara, como sus casas en Residencial Victoria, en San Javier, Chapalita, Puertas de Hierro y el Palomar. "Ahora que salga te voy a llevar a pasear en mis aviones, ya los tengo listos", le decía el narcotraficante. Pero por más que Guzmán Loera le presumiera sus grandes riquezas, ella siempre estaba renuente a continuar la relación. Entonces entraba en acción la esposa de *El Chito*, a quien todos le decían *Coco*: "Pórtate bien, te conviene quedar bien con el señor", le sugería. "Ahora que salga, el señor te va a invitar a su isla", le decía el empleado de *El Chapo* con la soltura de quien habla sobre los bienes de un artista o sobre esos millonarios de la revista *Hola!*

El Chapo tenía un gran apego y nostalgia por su madre. En noviembre de 2000 Guzmán Loera le llamó por teléfono a Yves para pedirle que le mandara comida al penal. Ella le preparó unas enchiladas y *El Chito* pasó a recogerlas para llevárselas a su jefe. Cuando se las comió, el narcotraficante le llamó a la mujer para agradecerle el platillo: "Así las preparaba antes mi mamá", le dijo.

Con el paso del tiempo, Guzmán Loera tuvo confianza en Yves. El capo le contó a su amante que había construido una casa y una iglesia para su madre, doña Consuelo Loera, en La Tuna, Sinaloa. A principios de diciembre de 2000, le llegó a comentar que *El Güero* Palma era su compadre y que tenía problemas con los Arellano Félix por haberlo defendido: "Ya me mandaron un recado al penal", dijo el capo preocupado sin mencionar cómo se lo enviaron ni qué decía; era obvio que no se trataba de un mensaje de paz. Ese mismo día *El Chapo* le reveló que todos los guardias de seguridad "ya estaban con él", lo cual no era ninguna novedad para la cocinera. Más tarde le confesó con tranquilidad: "Ya mero voy a salir, voy a salir bien".

A la postre, Yves se rehusó a volver a verlo o llamarle por teléfono. Finalmente, la mañana del 20 de enero se enteró de que su amante se había escapado del penal de máxima seguridad de

Puente Grande. De las mujeres que Guzmán Loera trató en la cárcel de Jalisco, Yves Eréndira es la única a quien las fichas del Cisen consideran una de las "parejas" del capo.

Una fuga anunciada

Desde el 4 de enero de 2000, Guadalupe Morfín tuvo información de primera mano sobre el control de *El Chapo* en Puente Grande. En su momento, la abogada comunicó a las oficinas de Tello Peón, Yunes y Pérez Rodríguez, que ella tenía el testimonio directo de custodios del penal que no querían formar parte de la corrupción y que eran presionados por el capo.

Guadalupe conoció lo que ocurría en el penal por medio de un oficial de prevención del Cefereso de Puente Grande, Felipe Leaños Rivera, quien acudió a sus oficinas de la Comisión Estatal de Derechos Humanos a presentar una queja por hostigamiento laboral, debido a que no cedía a presiones institucionales para corromperse.

Por ser asunto de competencia federal, Morfín turnó la queja a la CNDH, cuyo titular era José Luis Soberanes. A lo largo de ese año, la comisionada hizo varias gestiones para que la queja no se archivara como asunto meramente laboral, como aparentemente pretendía la institución.[36] Además, luchó por que el caso se tratara como un tema de violación de derechos humanos, ya que más allá de las coacciones de los narcotraficantes presos, la presión sobre Leaños Rivera la ejercían sus superiores.

Mientras Morfín libraba esa batalla, Aguilar Garzón no bajaba la guardia e insistía ante Pérez Rodríguez en sus denuncias por la

[36] Declaración ministerial de María Guadalupe Morfín Otero, 20 de enero de 2001, causa penal 16/2001-III.

corrupción del penal. Cuando Miguel Ángel Cambrón Rojas fue despedido tras el incidente del "casillero-farmacia", el comandante Dámaso López Núñez renunció al cargo de subdirector de Seguridad y Custodia Interna de Puente Grande; para él resultaba más cómodo manejar al personal del penal desde afuera. El 25 de septiembre de 2000 el director general de Prevención, Enrique Pérez Rodríguez, le propuso a Aguilar Garzón que ocupara el puesto y éste aceptó el reto.[37]

—Necesito organizar un equipo de trabajo. Además requiero todo el apoyo de la dirección general, ya que tengo pleno conocimiento sobre las irregularidades en el penal, y debemos solucionarlas —dijo Aguilar Garzón con entusiasmo.

—Haga las propuestas para que las considere, pero por lo pronto váyase solo —le instruyó Pérez Rodríguez.

Cuando Aguilar Garzón llegó a Puente Grande, el primer paso que dio fue nombrar a Felipe Leaños Rivera, un hombre que había probado su honestidad, como encargado de una compañía de custodia, lo que le permitiría tener más control. Los siguientes tres días, el nuevo subdirector reunió al personal de seguridad en el auditorio del Cefereso, donde les explicó cuál sería su línea de trabajo: "Sé que muchos compañeros que están aquí tienen cola que les pisen. Los invito a que desistan y se retiren de la institución en este momento. Si las actividades irregulares continúan, voy a proceder conforme a la ley", aseguró el comandante. Con un gesto casi heroico, Aguilar Garzón comunicó que estaba dispuesto a dar la batalla para arrebatarle a *Los Tres* el poder que ejercían en el penal.

Los primeros días de octubre el comandante puso sus palabras en práctica. Una mañana realizó una visita al área de dormitorios

[37] Declaración ministerial de Antonio Aguilar Garzón, 9 de febrero de 2001, causa penal 16/2001-III. Los diálogos que aquí se presentan han sido reconstruidos de acuerdo con el contenido de esta declaración.

para supervisar las actividades. Ahí observó que un interno estaba a la mitad del pasillo de su dormitorio ubicado en el módulo 4, nivel A, cuidando la entrada. Al final del corredor estaban platicando *El Güero* Palma y su secretario particular, el preso Juan José Balbontin. Ninguno de los dos debía estar ahí. En cuanto el interno que hacía guardia vio a Aguilar Garzón, los capos se dirigieron apresuradamente hacia su estancia. Aguilar Garzón le reclamó al interno, quien le respondió que no estaba haciendo nada. El implacable subdirector le impuso un castigo, al igual que a Palma Salazar y Balbontin. La sanción consistía en retirarles los estímulos, consistentes en televisor y llamadas telefónicas extraordinarias.

Aguilar Garzón se comunicó inmediatamente con Leonardo Beltrán Santana para comunicarle lo que había sucedido. El director se limitó a decir con tono de preocupación: "Está bien". Después Aguilar Garzón le marcó a Pérez Rodríguez, quien no estaba en su oficina, pero le dejó el recado de que era urgente reubicar en diferentes centros de máxima seguridad a Joaquín Guzmán Loera, Héctor Palma Salazar y a Arturo Martínez Herrera.

—¿Qué actitud ha adoptado el señor Parma Salazar frente a su sanción? —le preguntó Beltrán Santana a Aguilar Garzón vía telefónica cuando este último hizo un segundo reporte de novedades.

—Está molesto porque le retiramos su televisor y suspendimos sus llamadas telefónicas.

—No es prudente sancionar a estas personas… pueden generar problemas en el penal —sugirió Beltrán Santana.

—Estamos dentro de las normas establecidas —se defendió Aguilar Garzón.

—Pues yo le recomiendo que suspenda la sanción —insistió el director.

—Si gusta, lo podemos tratar mañana en su oficina —contestó el comandante.

Cuando los dos funcionarios se reunieron, Beltrán Santana volvió a pedirle a Aguilar Garzón que le levantara el castigo al narcotraficante.

—Indíqueme qué es lo conducente para suspender el castigo —dijo molesto el subdirector.

—Mire, a fin de evitar problemas en la institución, lo más conveniente es que ni siquiera se hubiera levantado un reporte... —contestó Beltrán Santana con tono rotundo.

Treinta y seis horas después de haber castigado a *El Güero* Palma, Aguilar Garzón suprimió la sanción que debía durar 120 horas. Al día siguiente, Beltrán Santana le avisó, sin especificar el motivo, que tenían que ir a México a una entrevista con Enrique Pérez Rodríguez.

En su oficina, el director general de Prevención y Readaptación Social felicitó al nuevo subdirector. Incluso le mostró la transcripción de una conversación telefónica donde un interno mencionaba su nombre, señalando que había llegado un nuevo subdirector y que por lo tanto ya no se podían meter artículos prohibidos en el penal. Cuando Aguilar Garzón descubrió que esa grabación la habían conseguido por medio del Cisen, debió de preguntarse por qué no tenían registradas todas las irregularidades que ocurrían en Puente Grande. ¿Las autoridades correspondientes ya estaban al tanto de las anomalías? ¿A quién le habían informado?

Enrique Pérez Rodríguez les dijo a los funcionarios que siguieran cumpliendo con su trabajo, pero que por lo pronto no se iban a hacer cambios en el personal. El mensaje era contradictorio: ¿cómo iba el nuevo subdirector de seguridad interna a realizar bien su trabajo si la mayoría del personal estaba coludida con los narcotraficantes del grupo *Los Tres*? Aguilar Garzón reiteró que varios custodios eran los principales responsables de la corrupción, y detalló sus nombres: todos eran integrantes de *Los Sinaloas*.

—Señor, es urgente separar de forma definitiva a los comandantes Ochoa López, Jesús Vizcaíno, Pablo Felipe Niño Rodríguez, Francisco Javier Tadeo Herrera y Héctor Guerra, *El Pelos*.

—La PFP ya les está dando seguimiento a estas personas, en cualquier momento las van a detener, de eso ya no se preocupe —pretextó Pérez Rodríguez.

—Tengo una lista de otros 25 empleados del Cefereso que también están implicados en las irregularidades —subrayó Aguilar Garzón.

—Eso lo vemos después —respondió Pérez Rodríguez en el colmo de la complicidad—. Ya va a terminar la administración de Ernesto Zedillo, mientras eso sucede debemos mantener el centro en calma y sin ningún problema; los cambios se efectuarán cuando llegue la nueva administración. Sí recibí su recado, pero no se meta con ningún interno.

A Aguilar Garzón se le agotaron los argumentos. Era evidente el papel que desempeñaba el encargado de Prevención y Readaptación Social. El comandante optó por pedir un periodo de vacaciones, que le fue concedido gustosamente.

Cuando Aguilar Garzón regresó a trabajar, Beltrán Santana le dijo que si quería más días se los tomara; el comandante respondió que no era necesario. Al día siguiente, el director le comunicó con preocupación que Enrique Pérez Rodríguez había recibido llamadas anónimas a su celular, en las que le decían que "le bajara de huevos o que iba a valer madre", porque se "estaban poniendo muy roñosos en Puente Grande".

—Yo también estoy recibiendo estas llamadas a mi celular —agregó Beltrán Santana—, le propongo flexibilizar más las medidas de seguridad. Se está generando mucha presión entre los reclusos.

—¿A qué tipo de flexibilidad se refiere? —inquirió Aguilar Garzón.

—Es necesario que los internos puedan comunicarse, que tengan un alimento de mejor calidad, el estimulo de una relación sexual y otros pequeños alicientes que no afectan en nada la seguridad del centro.

—Los internos ya cuentan con una dietista para mejorar su alimentación. Además, tienen derecho a llamadas telefónicas y visitas conyugales de forma programada —respondió Aguilar Garzón sin un pelo de tonto.

—No me refiero a ese tipo de servicios... —repuso Beltrán Santana un tanto fastidiado.

—¿A qué se refiere entonces?

—Los requerimientos de comunicación son más amplios —explicó con descaro el director—: ellos necesitan hacer llamadas frecuentemente, así que podríamos admitir el uso de celulares.

—Eso es poco probable porque el personal del Cisen rastrea todas las llamadas —señaló el subdirector de seguridad, quien desconocía que desde hacía más de un año los celulares en Puente Grande eran la regla y no la excepción; con todo y la presencia del Cisen, o quizás gracias a ésta.

—Se les puede hacer llegar a los internos aparatos que no detecte el Cisen —dijo con evidente enojo Beltrán Santana, sin hallar la manera de corromper a Aguilar Garzón.

—¿Y los alimentos como pueden mejorarse? —preguntó desafiante el subdirector.

—Se les puede traer comida de algún restaurante —respondió Beltrán Santana cayendo en la provocación.

Aguilar Garzón continuó haciendo preguntas hasta que el director terminó por delatarse.

—¿Qué tipo de apoyo sexual necesitan los internos?

—Sólo se trata de un brinco, sin mayores problemas...

—¿Qué clase de brinco?

—Hay personal de intendencia que se presta a cubrir esos servicios.

—¿De qué otra forma podemos apoyarlos?

—Pues podríamos dejarlos un poco más en libertad para deambular en su módulo.

—Conmigo no cuente, no voy a meter las manos a la lumbre por usted. Si le estorbo, tramite de inmediato mi cambio en la dirección general, yo puedo dejar hoy mismo la institución —protestó Aguilar Garzón.

—Comandante, no se trata de inmolarse en la institución. Estamos aquí de paso, si no somos nosotros, alguien más lo hará.

—Mis principios morales y mis valores me impiden compartir su opinión —afirmó contundente Aguilar Garzón mientras se disponía a abandonar la oficina del director de Puente Grande.

—Sólo le pido que esta conversación no salga de aquí —solicitó Beltrán Santana.

—Se lo prometo.

En el pasillo, Aguilar Garzón se cruzó con Carlos Arias, un elemento del Cisen adscrito al penal de máxima seguridad a quien los funcionarios conocían como *César Andrade*. El subdirector no se resistió, y le comentó que Beltrán Santana acababa de invitarlo a corromperse. Arias tomó nota y dijo que enviaría un reporte a México. En la noche, el oficial le avisó a Aguilar Garzón que ya les había mandado a sus jefes una tarjeta informativa sobre los hechos.

En aquel tiempo el director del Cisen era Alejandro Alegre Rabiela. Este abogado egresado de la Universidad Anáhuac se distinguía como uno de los más fieles discípulos de Jorge Carrillo Olea y Jorge Tello Peón. En 1986, a la edad de 22 años, comenzó a trabajar como analista de la coordinación de asesores de la dirección general de la Disen. Desde entonces su carrera fue en vertiginoso ascenso. De 1992 a 1993 estuvo al frente del área de información táctica en el Cendro, cuyo titular era Tello Peón; época en la que Joaquín Guzmán Loera fue detenido y entregado en la frontera en Guatemala al general Carrillo Olea.[38]

En mayo de 1999 Alegre Rabiela fue designado director general del Cisen, y antes había ocupado el cargo de secretario general del mismo organismo. En realidad, de acuerdo con ex trabajadores del Cisen, en esas fechas Tello Peón todavía manejaba tras bambalinas la agencia de inteligencia. Alegre Rabiela permaneció en el cargo hasta diciembre de 2000; le tocó la temporada más oscura de Puente Grande, justo cuando *Los Tres* habían asumido el control absoluto del penal.

Por lo menos desde inicios de 1999, personal del Cisen operaba de forma permanente en Puente Grande. Carlos Arias contaba con un equipo de 16 personas. Varios custodios señalaron que los agentes ocupaban un espacio cerca del área jurídica en el nivel B, y estaban al tanto de las irregularidades.[39] Su presencia en la prisión de máxima seguridad era crucial: los empleados del Cisen eran responsables de la información que generaba el centro de control. Se dedicaban al análisis de las llamadas telefónicas de los internos y del personal; grababan conversaciones en las zonas de visitas familiares e íntimas, y en otros sitios del penal donde colocaron micrófonos.[40] Genaro García Luna era el coordinador general del Cisen y formaba parte del equipo de confianza de

[38] Declaración de información curricular de Alejandro Alegre Rabiela, 31 de mayo de 2010, Banco de México.

[39] Ampliación de declaración ministerial de Juan Gerardo López Hernández, 27 de enero de 2001. Declaración ministerial de Carlos Guadalupe Uribe Anguiano, 27 de enero de 2001. Ampliación de declaración ministerial de Juan Carlos Sánchez Castillo, 9 de febrero de 2001. Todas se encuentran en la causa penal 16/2001-III.

[40] Declaración ministerial de Juan Gerardo López Hernández, 25 de enero de 2001.

Tello Peón. Sus tareas se relacionaban con temas de seguridad nacional,[41] así que por su oficina debieron de pasar los reportes de las tropelías que cometían *Los Tres*.

Para Alegre Rabiela la historia de corrupción en Puente Grande protagonizada por Joaquín Guzmán Loera no era nueva. Conocía personalmente la capacidad de corrupción del narcotraficante, es más, se lo escuchó narrar de viva voz. Él era uno de los pasajeros del Boeing 727 que el 9 de junio de 1993 voló de Tapachula a Toluca, y escuchó cuando el capo nombró a todos los funcionarios y ex funcionarios de la PGR a quienes había sobornado por protección.[42]

La noche del 10 de octubre de 2000 Leonardo Beltrán Santana se reunió con *El Chapo* Guzmán, *El Güero* Palma y *El Texas*, por órdenes de Enrique Pérez Rodríguez. El objetivo era negociar para que los problemas se terminaran. El que paga manda. Mientras ocurría el encuentro, Pérez Rodríguez buscó con urgencia a Beltrán Santana vía telefónica. El comandante Aguilar Garzón no tuvo más remedio que interrumpir la charla, a la que no fue invitado, para avisarle a su superior. "Qué bueno que llegaste, los internos estaban muy exigentes y demandantes", le dijo Beltrán Santana visiblemente nervioso y fue a contestar la llamada. A los pocos minutos, el director le informó a Aguilar Garzón que al día siguiente ambos debían volar a México.

El 11 de octubre de 2000 Aguilar Garzón entró en el despacho de Pérez Rodríguez y de inmediato percibió su molestia.

[41] Declaración patrimonial de Genaro García Luna, SFP, 24 de mayo de 2010.

[42] Alejandro Alegre Rabiela le ha contado a varias personas el testimonio que Guzmán Loera rindió ante el general Guillermo Álvarez Nahara. A fines de 2009 una de ellas fue entrevistada para esta investigación.

—¿Qué significa esta nota? —le gritó el director general al comandante, quien tomó el papel para leerlo—. ¿Por qué les das información a mis enemigos?

La tarjeta contenía el reporte que Carlos Arias habría entregado a sus superiores, pero ¿cómo había llegado a las manos de Pérez Rodríguez? Aquello resultaba posible sólo por medio de tres personas: Genaro García Luna, Alejandro Alegre Rabiela o el mismo subsecretario Tello Peón.

—¿Quiénes son tus jefes? —reprochó Pérez Rodríguez.

—Usted es mi director, yo no tengo otro jefe.

—Entonces ¿por qué les das información?

—Mi falta de disciplina fue porque el licenciado Leonardo Beltrán Santana manejó la situación como si usted estuviera enterado de todo lo que me decía. Por ese motivo decidí pedir la intervención del agente. Comprendo su enojo y malestar, si de algo sirve, le pido una disculpa —dijo Aguilar Garzón.

—¡Te voy a matar! —lo amenazó Pérez Rodríguez.

—¡Nos matamos! —reviró Aguilar Garzón enojado.

Pérez Rodríguez le pidió que pasara a la sala de juntas donde aguardaba Beltrán Santana, a quien le mostró la tarjeta del Cisen.

—Comandante, esto es una deslealtad —dijo airadamente el director de Puente Grande.

—No tiene ninguna autoridad para llamarme desleal —repuso Aguilar Garzón—. Usted protestó por escrito hacer valer la Constitución y las leyes que de ella emanen, y ese compromiso no lo cumplió.

—Esta situación me va obligar a renunciar, qué bueno que es así porque yo ya pensaba hacerlo —dijo inexplicablemente Pérez Rodríguez dando por terminada la reunión.

Antonio Aguilar Garzón fue citado el 13 de octubre de 2000 en las oficinas de la dirección general. "Sin dilación alguna, a partir del día 16 se tiene que presentar a trabajar en el Cefereso número 1 de Almoloya, como subdirector de seguridad y guarda externa", le ordenó Pérez Rodríguez sin mayor explicación. Aguilar Garzón ni siquiera pudo sacar sus pertenencias de Puente Grande. Era tan urgente que no volviera a poner un pie ahí que se las mandaron por paquetería a la ciudad de Toluca. En su lugar fue nombrado Luis Francisco Fernández Ruiz, quien trabajaba en los penales de máxima seguridad desde octubre de 1999 por invitación expresa de Miguel Ángel Yunes.[43]

La salida de Aguilar Garzón corrió como pólvora en Puente Grande. Al poco tiempo los custodios supieron con certeza que lo removieron por órdenes que *El Chapo*, *El Güero* y *El Texas* le habían dado a Pérez Rodríguez.[44]

Cuando Aguilar Garzón viajó por última vez a la ciudad de México desde Jalisco, *Los Tres* comentaron burlonamente con empleados del penal: "Ése ya no vuelve".[45] Y efectivamente, no volvió.

[43] Declaración ministerial de Luis Francisco Fernández Ruiz, 27 de enero de 2001.

[44] Declaración ministerial de Joel Villalobos Anzaldo, causa penal 16/2001-III.

[45] Ampliación de declaración ministerial de Juan José Pérez Díaz, 24 de enero de 2001, causa penal 16/2001-III.

CAPÍTULO 7

El gran escape

Al filo de las siete de la mañana del 20 de enero de 2001, cuando el cielo aún no clareaba, un comando especial de agentes de la Policía Federal Preventiva (PFP) vestidos de uniforme negro, encapuchados, con casco y armados, y 60 elementos de élite de la PJF comandados por su director Genaro García Luna, tomaron el control del penal de máxima seguridad de Puente Grande y sus inmediaciones. Llegaron seis horas después de que el director del Cefereso número 2, Leonardo Beltrán Santana, informara a sus superiores que Joaquín Guzmán Loera había desaparecido. La PFP se hizo cargo de las instalaciones, de los ingresos y egresos de vehículos y personal, así como del centro de control. De inmediato, los agentes se distribuyeron en todas las áreas del penal, incluyendo los dormitorios de los empleados. Mientras tanto, García Luna y su gente pretendían buscar en la periferia algún rastro del capo.[1]

A las 11 de la noche del día anterior Beltrán Santana había recibido la mala nueva: el preso 516 no estaba en su celda y no se le localizaba por ningún lado. La noticia se la dio el comandante Jesús Vizcaíno Medina con el rostro absolutamente alterado.

Aproximadamente a las 10:30 de la noche Vizcaíno Medina, junto con los comandantes Juan José Pérez Díaz y Miguel Ángel

[1] *La Jornada*, 20 de enero de 2001.

Leal Amador, se dirigió al dormitorio A para cumplir con la instrucción de reubicar a Guzmán Loera en el Centro de Observación y Clasificación.[2] En el trayecto, Pérez Díaz le daba consejos a Leal Amador sobre cómo llevar a cabo su nuevo trabajo. Llegaron al dormitorio y fueron directamente al módulo 3. Subieron al nivel 1-A y a la altura de la estancia de Jaime Valencia Fontes, "secretario particular" de Guzmán Loera, el comandante Pérez Díaz le preguntó "por el señor Guzmán". En el piso de la celda había fotografías hechas pedazos y otros papeles. Valencia Fontes, con aspecto triste y aliento a alcohol, esbozó una sonrisa burlona y contestó balbuceando algo que sólo Pérez Díaz entendió. A decir por la expresión de su rostro no era nada bueno.

A continuación, Pérez Díaz se encaminó a la estancia de Joaquín Guzmán Loera, cuya reja estaba cubierta por una sábana beige, lo que impedía ver en su interior. "Señor Guzmán Loera, vístase y prepare sus cosas", dijo el comandante mientras corría la tela que servía como cortina. Nadie le contestó. Levantó las cobijas y se dio cuenta de que *El Chapo* no estaba ahí; en la cama había sólo dos almohadas alineadas en forma vertical que simulaban la silueta de su cuerpo. Enseguida, Pérez Díaz se dirigió a toda prisa al área de comunicaciones del penal por el nivel B. Mientras corría por el pasillo el angustiado hombre sólo alcanzó a decir: "¡Ya se nos peló!"[3]

El gobierno del cambio

El 1° de diciembre de 2000 inició la administración de Vicente Fox, el primer presidente de México emanado del PAN. Al iniciar

[2] Declaración ministerial de Miguel Ángel Leal Amador, 22 de enero de 2010.

[3] *Ibid.*

el nuevo gobierno todas las tareas policiacas que tenía la Secretaría de Gobernación pasaron a manos de la recién creada Secretaría de Seguridad Pública federal, a excepción de las que realizaba el Cisen. Por otra parte, el hombre del "cambio" dejó que muchos de los funcionarios responsables de la seguridad pública y el manejo de las cárceles federales continuaran en sus puestos.

Vicente Fox nombró como secretario de Gobernación al panista Santiago Creel y como titular del Cisen a un perfecto ignorante en materia de inteligencia e investigación: Eduardo Medina Mora, cuyos únicos méritos conocidos eran haber formado parte del Consejo de Administración de Televisa y que su hermano fuera un alto funcionario de Banamex. Alejandro Alegre Rabiela pronto encontró trabajo en otra institución clave para el país: el Banco de México.

Como titular de la Secretaría de Seguridad Pública se nombró a Alejandro Gertz Manero, quien había sido responsable de la seguridad pública del Distrito Federal durante el gobierno del perredista Cuauhtémoc Cárdenas. Como subsecretario de Seguridad Pública continuó Jorge Enrique Tello Peón, con las mismas funciones que tenía en la Segob, entre ellas la administración, operación y vigilancia de las cárceles federales. Enrique Pérez Rodríguez continuó como director general de Prevención y Readaptación Social. Y, por supuesto, Leonardo Beltrán Santana y Luis Francisco Fernández Ruiz permanecieron en sus cargos. Wilfrido Robledo Madrid se quedó al frente de la Policía Federal Preventiva; sólo que ahora dependía de la SSP federal.

Con el cambio de gobierno, el personal del Cisen fue relevado en las instalaciones de Puente Grande. La tarea de "inteligencia" dentro de la cárcel de máxima seguridad la heredarían Wilfrido y sus muchachos de la PFP, quienes estarían a cargo del manejo de las cámaras de vigilancia, los micrófonos y toda la estructura para monitorear lo que ocurría dentro del penal. Sin embargo, muy pronto se creó una animadversión entre Gertz Manero y Robledo Madrid, quien renunció antes de que terminara diciembre; no obstante, sus incondicionales se quedaron al mando.

El presidente Fox nombró como comisionado interino a Faustino Vicente Ruiz Taviel. Desde 1999, Ruiz Taviel había trabajado en la PFP con Wilfrido como jefe del Estado Mayor. Los dos eran egresados de la carrera de ingeniería mecánica de la Heroica Escuela Naval de Veracruz y eran muy cercanos. Como director general de Servicios Técnicos se mantuvo Humberto Martínez González, con quien Robledo Madrid trabajaba desde el Cisen. De esta forma, aunque Wilfrido ya no estaba físicamente al frente de la PFP, la seguía manejando por afuera. Por último, Genaro García Luna salió de la PFP y fue ascendido al cargo de director de la desprestigiada Policía Judicial Federal de la PGR.

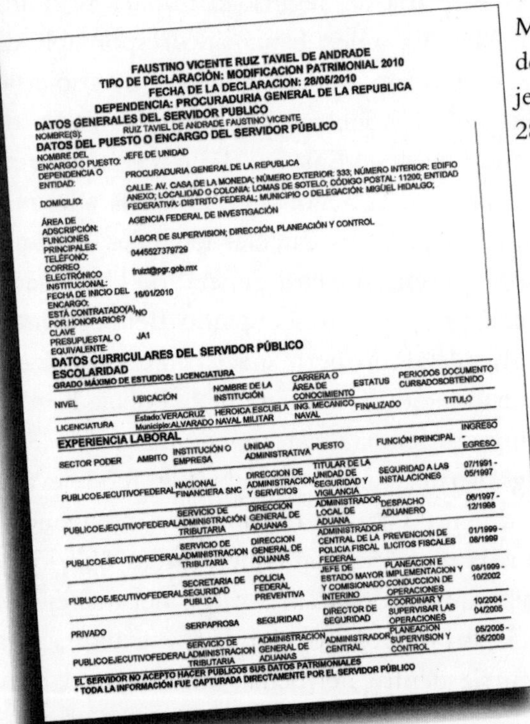

FAUSTINO VICENTE RUIZ TAVIEL DE ANDRADE
TIPO DE DECLARACIÓN: MODIFICACION PATRIMONIAL 2010
FECHA DE LA DECLARACION: 28/05/2010
DEPENDENCIA: PROCURADURIA GENERAL DE LA REPUBLICA

DATOS GENERALES DEL SERVIDOR PUBLICO

NOMBRE(S): RUIZ TAVIEL DE ANDRADE FAUSTINO VICENTE

DATOS DEL PUESTO O ENCARGO DEL SERVIDOR PÚBLICO

NOMBRE DEL ENCARGO O PUESTO:	JEFE DE UNIDAD
DEPENDENCIA O ENTIDAD:	PROCURADURIA GENERAL DE LA REPUBLICA
DOMICILIO:	CALLE: AV. CASA DE LA MONEDA; NÚMERO EXTERIOR: 333; NÚMERO INTERIOR: EDIFIO ANEXO; LOCALIDAD O COLONIA: LOMAS DE SOTELO; CÓDIGO POSTAL: 11200; ENTIDAD FEDERATIVA: DISTRITO FEDERAL; MUNICIPIO O DELEGACIÓN: MIGÜEL HIDALGO;
ÁREA DE ADSCRIPCIÓN:	AGENCIA FEDERAL DE INVESTIGACIÓN
FUNCIONES PRINCIPALES:	LABOR DE SUPERVISION; DIRECCIÓN, PLANEACIÓN Y CONTROL
TELÉFONO:	0445527379729
CORREO ELECTRÓNICO INSTITUCIONAL:	fruizt@pgr.gob.mx
FECHA DE INICIO DEL ENCARGO:	16/01/2010
ESTÁ CONTRATADO(A) POR HONORARIOS?	NO
CLAVE PRESUPUESTAL O EQUIVALENTE:	JA1

DATOS CURRICULARES DEL SERVIDOR PÚBLICO

ESCOLARIDAD

GRADO MÁXIMO DE ESTUDIOS: LICENCIATURA

NIVEL	UBICACIÓN	NOMBRE DE LA INSTITUCIÓN	CARRERA O ÁREA DE CONOCIMIENTO	ESTATUS	PERIODOS CURSADOS	DOCUMENTO OBTENIDO
LICENCIATURA	Estado:VERACRUZ Municipio:ALVARADO	HEROICA ESCUELA NAVAL MILITAR	ING. MECANICO NAVAL	FINALIZADO		TITULO

EXPERIENCIA LABORAL

SECTOR	PODER	AMBITO	INSTITUCIÓN O EMPRESA	UNIDAD ADMINISTRATIVA	PUESTO	FUNCIÓN PRINCIPAL	INGRESO - EGRESO
PUBLICO	EJECUTIVO	FEDERAL	NACIONAL FINANCIERA SNC	DIRECCION DE ADMINISTRACION Y SERVICIOS	TITULAR DE LA UNIDAD DE SEGURIDAD Y VIGILANCIA	SEGURIDAD A LAS INSTALACIONES	07/1991 - 05/1997
PUBLICO	EJECUTIVO	FEDERAL	SERVICIO DE ADMINISTRACIÓN TRIBUTARIA	DIRECCIÓN GENERAL DE ADUANAS	ADMINISTRADOR LOCAL DE ADUANA	DESPACHO ADUANERO	06/1997 - 12/1998
PUBLICO	EJECUTIVO	FEDERAL	SERVICIO DE ADMINISTRACION TRIBUTARIA	DIRECCION GENERAL DE ADUANAS	ADMINISTRADOR CENTRAL DE LA POLICIA FISCAL FEDERAL	PREVENCION DE ILICITOS FISCALES	01/1999 - 08/1999
PUBLICO	EJECUTIVO	FEDERAL	SECRETARIA DE SEGURIDAD PUBLICA	POLICIA FEDERAL PREVENTIVA	JEFE DE ESTADO MAYOR Y COMISIONADO INTERINO	PLANEACION E IMPLEMENTACION Y CONDUCCION DE OPERACIONES	08/1999 - 10/2002
PRIVADO			SERPAPROSA	SEGURIDAD	DIRECTOR DE SEGURIDAD	COORDINAR Y SUPERVISAR LAS OPERACIONES	10/2004 - 04/2005
PUBLICO	EJECUTIVO	FEDERAL	SERVICIO DE ADMINISTRACION TRIBUTARIA	ADMINISTRACION GENERAL DE ADUANAS	ADMINISTRADOR CENTRAL	PLANEACION SUPERVISION Y CONTROL	05/2005 - 05/2009

EL SERVIDOR NO ACEPTO HACER PUBLICOS SUS DATOS PATRIMONIALES
* TODA LA INFORMACIÓN FUE CAPTURADA DIRECTAMENTE POR EL SERVIDOR PÚBLICO

Modificación patrimonial de Ruiz Taviel como jefe de unidad en la AFI, 28 de junio de 2010.

Declaración inicial patrimonial de Ruiz Taviel como administrador central para la inspección fiscal y aduanera, 29 de junio de 2005.

FAUSTINO VICENTE RUIZ TAVIEL DE ANDRADE
TIPO DE DECLARACIÓN: INICIAL
FECHA DE LA DECLARACION: 29/06/2005
DEPENDENCIA: SERVICIO DE ADMINISTRACION TRIBUTARIA

DATOS GENERALES DEL SERVIDOR PUBLICO

NOMBRE(S): RUIZ TAVIEL DE ANDRADE FAUSTINO VICENTE

DATOS DEL PUESTO O ENCARGO DEL SERVIDOR PÚBLICO

NOMBRE DEL ENCARGO O PUESTO:	ADMINISTRADOR CENTRAL PARA LA INSPECCION FISCAL Y ADUANERA
DEPENDENCIA O ENTIDAD:	SERVICIO DE ADMINISTRACION TRIBUTARIA
DOMICILIO:	CALLE: CALZADA DE TLALPAN; NÚMERO EXTERIOR: 2775; LOCALIDAD O COLONIA: EL RELOJ; CÓDIGO POSTAL: 04640; ENTIDAD FEDERATIVA: DISTRITO FEDERAL; MUNICIPIO O DELEGACIÓN: COYOACAN;
ÁREA DE ADSCRIPCIÓN:	ADMINISTRACION GENERAL DE ADUANAS
FUNCIONES PRINCIPALES:	FUNCIONES DE INSPECCION; FUNCIONES DE VIGILANCIA; LABOR DE SUPERVISION;
TELÉFONO:	91570115
CORREO ELECTRÓNICO INSTITUCIONAL:	faustino.ruiz@sat.gob.mx
FECHA DE INICIO DEL ENCARGO:	01/05/2005
ESTÁ CONTRATADO(A) POR HONORARIOS?	NO
CLAVE PRESUPUESTAL O EQUIVALENTE:	OTRA

DATOS CURRICULARES DEL SERVIDOR PÚBLICO

ESCOLARIDAD

GRADO MÁXIMO DE ESTUDIOS: LICENCIATURA

NIVEL	UBICACIÓN	NOMBRE DE LA INSTITUCIÓN	CARRERA O ÁREA DE CONOCIMIENTO	ESTATUS	PERIODOS CURSADOS	DOCUMENTO OBTENIDO
LICENCIATURA	Estado: VERACRUZ Municipio: ALVARADO	HEROICA ESCUELA NAVAL MILITAR	INGENIERO MECANICO NAVAL	FINALIZADO		TITULO

EXPERIENCIA LABORAL

SECTOR	PODER	AMBITO	INSTITUCIÓN O EMPRESA	UNIDAD ADMINISTRATIVA	PUESTO	FUNCIÓN PRINCIPAL	INGRESO - EGRESO
PUBLICO	EJECUTIVO	FEDERAL	NACIONAL FINANCIERA S.N.C.	DIRECCION DE ADMINSTRACION Y SERVICIOS	TITULAR DE LA UNIDAD DE SEGURIDAD Y VIGILANCIA	SEGURIDAD A LAS INSTALACIONES	07/1991 - 05/1997
PUBLICO	EJECUTIVO	FEDERAL	SERVICIO DE ADMINSTRACION TRIBUTARIA	DIRECCION GENERAL DE ADUANAS	ADMINISTRADOR LOCAL DE ADUANAS	DESPACHO ADUANERO	06/1997 - 12/1998
PUBLICO	EJECUTIVO	FEDERAL	SERVICIO DE ADMINSTRACION TRIBUTARIA	DIRECCION GENERAL DE ADUANAS	ADMINISTRADOR CENTRAL DE LA POLICIA FISCAL FEDERAL	PREVENCION DEL CONTRABANDO	01/1999 - 08/1999
PUBLICO	EJECUTIVO	FEDERAL	SECRETARIADE SEGURIDAD PUBLICA	POLICIA FEDERAL PREVENTIVA	JEFE DE ESTADO MAYOR Y COMISIONADO INTERINO	PLANEACION IMPLEMENTACION Y CONDUCCION DE OOPERACIONES	08/1999 - 10/2002
[illegible]	[illegible]	[illegible]	SERPAPROSA	SEGURIDAD	DIRECTOR DE SEGURIDAD	COORDINAR Y SUPERVISAR LA S OPERACIONES	10/2004 - 04/2005

…MICA
…OPORCIONÓ INFORMACIÓN DE EXPERIENCIA ACADÉMICA.
…O ACADEMICOS A DESTACAR
…OPORCIONÓ INFORMACIÓN DE LOGROS LABORALES O ACADÉMICOS.
…IOR

HUMBERTO MARTINEZ GONZALEZ
TIPO DE DECLARACIÓN: MODIFICACION PATRIMONIAL 2010
FECHA DE LA DECLARACION: 12/05/2010
DEPENDENCIA: POLICIA FEDERAL PREVENTIVA

DATOS GENERALES DEL SERVIDOR PUBLICO

NOMBRE(S): MARTINEZ GONZALEZ HUMBERTO

DATOS DEL PUESTO O ENCARGO DEL SERVIDOR PÚBLICO

NOMBRE DEL ENCARGO O PUESTO:	DIRECTOR GENERAL
DEPENDENCIA O ENTIDAD:	POLICIA FEDERAL PREVENTIVA
DOMICILIO:	CALLE: AV CONSTITUYENTES; NÚMERO EXTERIOR: 947; NÚMERO INTERIOR: 1ER PISO; LOCALIDAD O COLONIA: BELEM DE LAS FLORES; CÓDIGO POSTAL: 01110; ENTIDAD FEDERATIVA: DISTRITO FEDERAL; MUNICIPIO O DELEGACIÓN: ALVARO OBREGON;
ÁREA DE ADSCRIPCIÓN:	SECCION SEGUNDA DEL ESTADO MAYOR
FUNCIONES PRINCIPALES:	AREAS TECNICAS; INVESTIGACION DE DELITOS;
TELÉFONO:	11036000 EXT 22011, 012
CORREO ELECTRÓNICO INSTITUCIONAL:	
FECHA DE INICIO DEL ENCARGO:	01/06/2007
ESTÁ CONTRATADO(A) POR HONORARIOS?	NO
CLAVE PRESUPUESTAL O EQUIVALENTE:	PF03

DATOS CURRICULARES DEL SERVIDOR PÚBLICO

ESCOLARIDAD

GRADO MÁXIMO DE ESTUDIOS: LICENCIATURA

NIVEL	UBICACIÓN	NOMBRE DE LA INSTITUCIÓN	CARRERA O ÁREA DE CONOCIMIENTO	ESTATUS	PERIODOS CURSADOS	DOCUMENTO OBTENIDO
LICENCIATURA	Estado: DISTRITO FEDERAL Municipio: MIGUEL HIDALGO	ESCUELA MILITAR DE TRANSMISIONES	INGENIERIA DE TRANSMISIONES	FINALIZADO		TIT…

EXPERIENCIA LABORAL

SECTOR	PODER	AMBITO	INSTITUCIÓN O EMPRESA	UNIDAD ADMINISTRATIVA	PUESTO	FUNCIÓN PRINCIPAL
PUBLICO	EJECUTIVO	FEDERAL	SECRETARIA DE GOBERNACION	CENTRO DE INVESTIGACION Y SEGURIDAD NACIONAL	DIRECTOR DE AREA	AREAS TECNICAS
PUBLICO	EJECUTIVO	FEDERAL	SECRETARIA DE SEGURIDAD PUBLICA FEDERAL	POLICIA FEDERAL PREVENTIVA	DIRECTOR GENERAL	AREAS TECNICAS
PUBLICO	EJECUTIVO	FEDERAL	SECRETARIA DE LA DEFENSA NACIONAL	DIFERENTES UNIDADES DEL EJERCITO	JEFE DE AREA TECNICA	AREAS TECNICAS
PUBLICO	EJECUTIVO	FEDERAL	PROCURADURIA GENERAL DE LA REPUBLICA	AGENCIA FEDERAL DE INVESTIGACION	DIRECTOR GENERAL ADJUNTO	AREAS TECNICAS
PUBLICO	EJECUTIVO	FEDERAL	SECRETARIA DE SEGURIDAD PUBLICA	POLICIA FEDERAL	DIRECTOR GENERAL	DIRECTOR GENERAL

EL SERVIDOR ACEPTO HACER PUBLICOS SUS DATOS PATRIMONIALES

DATOS PATRIMONIALES.- INGRESOS ANUALES NETOS

POR CARGO PÚBLICO 2557441
POR ACTIVIDAD INDUSTRIAL O COMERCIAL

Declaración patrimonial de Humberto Martínez González.

TIPO DE OPERACIÓN	TIPO BIEN	SUP. TERRENO EN M2	SUP. CONSTRUCCIÓN EN M2	FORMA DE OPERACIÓN	REGISTRO PUBLICO DE LA PROPIEDAD	FECHA	VALOR	MONEDA
SIN_CAMBIO	TERRENO	1600		CONTADO	ESCRITURACION EN TRAMITE	11/06/2007	840000	PESOS MEXICANOS
SIN_CAMBIO	CASA	1600	80	CONTADO	EN TRAMITE	01/06/2007	300000	PESOS MEXICANOS
SIN_CAMBIO	CASA	1600	160	CONTADO	EN TRAMITE	15/02/2008	600000	PESOS MEXICANOS

1.-LOS DATOS CORRESPONDEN AL 31 DE DICIEMBRE DEL AÑO INMEDIATO ANTERIOR
2.-SÓLO SE PROPORCIONAN LOS BIENES QUE REPORTÓ EL SERVIDOR PÚBLICO A NOMBRE DEL DECLARANTE O DEL DECLARANTE Y SU CÓNYUGE.
NO SE INCLUYEN LOS BIENES DECLARADOS A NOMBRE DE SU CÓNYUGE, SUS DEPENDIENTES ECONÓMICOS O DE OTROS.

DATOS PATRIMONIALES.- VEHÍCULOS

TIPO DE OPERACIÓN	MARCA	TIPO	MODELO	FORMA DE OPERACIÓN	VALOR DE LA OPERACIÓN	MONEDA	FECHA
SIN_CAMBIO	CHEVROLET	SUBURBAN	2008	CONTADO	650000	PESOS MEXICANOS	16/08/2008

1.-LOS DATOS CORRESPONDEN AL 31 DE DICIEMBRE DEL AÑO INMEDIATO ANTERIOR
2.-SÓLO SE PROPORCIONAN LOS VEHÍCULOS QUE REPORTÓ EL SERVIDOR PÚBLICO A NOMBRE DEL DECLARANTE O DEL DECLARANTE Y SU CÓNYUGE.
NO SE INCLUYEN LOS BIENES DECLARADOS A NOMBRE DE SU CÓNYUGE, SUS DEPENDIENTES ECONÓMICOS O DE OTROS.

DATOS PATRIMONIALES.- BIENES MUEBLES

EL SERVIDOR PÚBLICO NO PROPORCIONÓ INFORMACIÓN DE BIENES MUEBLES A SU NOMBRE.

DATOS PATRIMONIALES.- INVERSIONES

TIPO DE OPERACIÓN	TIPO DE INVERSIÓN	SALDO	MONEDA
SIN_CAMBIO	BANCARIA	10000	PESOS MEXICANOS
SIN_CAMBIO	BANCARIA	2000	PESOS MEXICANOS

1.-LOS DATOS CORRESPONDEN AL 31 DE DICIEMBRE DEL AÑO INMEDIATO ANTERIOR
2.-LOS DATOS CORRESPONDEN A LAS CUENTAS REPORTADAS POR TIPO DE INVERSIÓN Y MONEDA.
3.-SÓLO SE INCORPORA LA INFORMACIÓN REPORTADA DE CUENTAS E INVERSIONES A NOMBRE DEL DECLARANTE Y DEL DECLARANTE Y SU CÓNYUGE.
NO SE INCLUYEN LAS QUE ESTÁN A NOMBRE DEL CÓNYUGE, DEPENDIENTES ECONÓMICOS O DE OTROS.

DATOS PATRIMONIALES.- ADEUDOS

EL SERVIDOR PÚBLICO NO PROPORCIONÓ INFORMACIÓN DE ADEUDOS A SU NOMBRE.
* TODA LA INFORMACIÓN FUE CAPTURADA DIRECTAMENTE POR EL SERVIDOR PÚBLICO

Al iniciar la nueva administración, algunos empleados de la cárcel de máxima seguridad creyeron que las cosas iban a cambiar. Uno de ellos fue el jefe del departamento del centro de control de Puente Grande, Guillermo Paredes Torres, quien se encargaba de verificar que las cámaras de seguridad del penal operaran eficientemente. Durante dos años, a través de las lentes fue testigo de todas las anomalías que ocurrían en el penal. Por fin, los primeros días de diciembre de 2000 creyó que había llegado la oportunidad de hacer algo para que la corrupción terminara. Algunos elementos de la PFP que llegaron a sustituir a los del Cisen, entre ellos Armando Ruiz y "Arturo", le preguntaron acerca de las irregularidades.[4] Paredes Torres les reveló que *El Chapo*, *El Güero* y *El Texas* tenían el control absoluto del penal, y también les advirtió que la situación era muy delicada, ya que continuamente recibían presiones para que hicieran mutis.

Varios días después, Armando Ruiz le informó a Guillermo Paredes que ya había hablado con su jefe, el ingeniero Humberto Martínez González, a quien le habían explicado el asunto de la corrupción. Sin embargo, en vez de tomar cartas inmediatas sobre el asunto, el funcionario le mandó decir que si quería externar alguna denuncia se dirigiera directamente con él. Paredes Torres no era ningún imbécil y mejor se quedó callado. Humberto Martínez González era miembro del equipo de Tello Peón, Wilfrido Robledo Madrid y Genaro García Luna. Sin duda, la continuidad de esos funcionarios en la administración y vigilancia de los penales federales permitió que *El Chapo* Guzmán disfrutara tranquilo las fiestas decembrinas de ese año: la última Navidad que el capo pasaría en Puente Grande.

[4] Ampliación de declaración ministerial de Guillermo Paredes Torres, 9 de febrero de 2001, causa penal 16/2001-III.

La última y nos vamos

Pasaban de las 10 de la noche del 24 de diciembre de 2000. El silencio de la angosta carretera libre Guadalajara-Zapotlanejo fue roto por los potentes motores de una caravana compuesta por camionetas Explorer y Grand Cherokee que avanzaba sobre el asfalto a toda velocidad. En el cruce de ingreso en el penal de máxima seguridad de Puente Grande había un retén provisional de avanzada donde el vigilante de seguridad externa, José Luis de la Cruz Martínez, montaba guardia con un compañero. Este centinela había recibido órdenes expresas del subdirector de seguridad externa del Cefereso 2, Gerardo Salcedo Reyna, de no dejar entrar a nadie; incluso le indicó que estacionara una camioneta atravesada en el camino para bloquear por completo el ingreso en la cárcel federal.

Cuando De la Cruz Martínez vio que se acercaba la caravana de camionetas sin apagar las luces, tomó tembloroso su arma y cortó cartucho pensando que se trataba de algún comando de ataque. El conductor de la camioneta que lideraba el convoy detuvo su auto estrepitosamente, abrió la portezuela y bajó del vehículo.[5] Todo el miedo del vigilante se diluyó cuando distinguió el rostro del alegre de Juan Raúl Sarmiento Carrizosa. "¡Somos nosotros!", saludó con toda familiaridad el comandante, como quien llega a una fiesta. Enseguida De la Cruz Martínez movió su vehículo para abrirle paso a la hilera de camionetas. En unas viajaban los familiares de Joaquín Guzmán Loera; en otras los de su compadre Héctor Palma Salazar. En las demás iba un numeroso grupo de mariachis y 500 litros de alcohol para la fiesta de

[5] Declaración ministerial de Juan Carlos Sánchez Castillo, 26 de enero de 2001.

Navidad.[6] La suculenta cena llegó cerca de las 11 de la noche. Aunque fue preparado de última hora, el menú era de primera: crema de langosta, filete *mignon*, papas al horno, camarones, ensalada de verduras, charolas con cuernitos recién horneados, y latas de cremas para terminar de sazonar la comida cuando fuera recalentada.

Durante semanas *El Chapo* y *El Güero* habían planeado el festejo a lo grande: mandaron comprar pintura amarilla más clara y brillante que la que se emplea como color reglamentario en las estancias del penal. Los propios custodios de la cárcel de máxima seguridad trabajaron horas extras pintando los muros. Los narcotraficantes también ordenaron que se decoraran los pasillos y las celdas de los módulo 3 y 4 con series de luces, guirnaldas navideñas y otros adornos propios de la temporada.

A las tres de la tarde del 24 de diciembre de 2000, Osvaldo Benjamín Gómez Contreras le preguntó a doña Ofelia Contreras González, su madre, si conocía a alguien que pudiera hacer una cena navideña para 50 personas. Gómez Contreras, estudiante de leyes, trabajaba con el licenciado Bustos Cárdenas —abogado de *El Chapo* Guzmán— en el despacho Corporativo Jurídico de Occidente que dirigía Fernando Flores Gómez, compadre de doña Ofelia. Además, Osvaldo era amigo de César Guzmán Salazar, el hijo mayor de Guzmán Loera. Aquella ocasión le habían pedido que se encargara de conseguir la cena de Navidad para el capo.

Doña Ofelia se dedicaba a preparar banquetes, y ante la búsqueda infructuosa de su hijo para conseguir a alguien que preparara los platillos, ella misma accedió a hacerlo. La mujer sabía muy bien el precio que tenían los favores de ese tipo y cómo se con-

[6] Declaración ministerial de Juan Carlos Sánchez Castillo, 26 de enero de 2001. Declaración ministerial de Margarita Ramírez Gutiérrez, 24 de enero de 2001, causa penal 16/2001-III.

ducía el mundo del narcotráfico, que es un pañuelo. Su querubín de 24 años ya había sido procesado por portación de arma de fuego de uso exclusivo de las Fuerzas Armadas. Su esposo Benjamín Gómez Santana, dueño de la revista de Guadalajara *Punto de Mira*, fue ejecutado el 25 de marzo de 1998 por disparo de arma de fuego, en una forma típica de los ajustes de cuentas entre narcos. Y su otro compadre era nada más y nada menos que el conocido narcotraficante de Jalisco Eduardo González Quirarte, *El Flaco*, quien fuera brazo derecho de Amado Carrillo Fuentes.

Una vez que la cena estuvo lista, Francisco Javier Camberos Rivera, *El Chito*, mandó a recogerla con sus asistentes Ramón Muñoz Bocardo, su concuño, y José de Jesús Briseño Martínez, su amigo. Mientras él realizaría los últimos encargos de *El Chapo*: comprar regalos para la familia, más bebida y más comida para la raza del penal. Eran tantas cosas que tuvieron que transportarlas en dos camionetas Nissan. Los hombres de *El Chapo* entraron hasta el último estacionamiento de la cárcel federal de máxima seguridad con toda facilidad, como si estuvieran en un parque de diversiones. Además, sus nombres no quedaron inscritos en ninguna bitácora. "¡Comandante, esto va pa' dentro!", gritó *El Chito*, y de inmediato les permitieron bajar toda la carga de los vehículos.[7]

La corrupción campeaba en Puente Grande desde hacía dos años, pero esos días la cínica exhibición de poder fue inédita. La fiesta duró tres días. Los familiares de *El Chapo* Guzmán y *El Güero* Palma se quedaron hasta el 26 de diciembre aprovechando la excesiva relajación de las autoridades. A pesar de que la lógica indicaba que con el cambio de gobierno sus prebendas podían terminar, los capos actuaban con excesiva confianza. De hecho, uno de los invitados a la cena de Guzmán Loera fue el propio

[7] Ampliación de declaración ministerial de José de Jesús Briseño Martínez, 22 de enero de 2001.

director del penal, Leonardo Beltrán Santana, quien no soltó ni por un instante el portafolio repleto de billetes que los narcos le dieron como regalo de Navidad.[8]

Con el supuesto cambio democrático en México algo profundo se movió en las viejas estructuras del viejo sistema, pero nada que las hubiera debilitado, todo lo contrario. Ahora, la silla presidencial la ocupaba Vicente Fox, pero un asiento en la mesa de la organización del Pacífico seguía vacío.

Enero de 2001

Cuando pasaron las fiestas de Navidad y año nuevo, *El Chapo* aceleró el reclutamiento de personal, pero para que le sirvieran ya no adentro de la cárcel federal, sino afuera. El capo se conducía con la certeza de que en poco tiempo abandonaría el penal de Puente Grande. A pesar de que aún le quedaban muchos procesos pendientes, el tema que realmente le quitaba el sueño era la solicitud de extradición a Estados Unidos. Muchos narcotraficantes no se acobardan ante la idea de la cárcel, saben que en México su poder corruptor les permite combinar la reclusión con los negocios ilícitos por medio de sus familiares y socios. Pero en Estados Unidos es otra historia, la extradición representa prácticamente la muerte en vida: cuando los capos caen de la gracia divina caen para siempre.

Un día de la primera semana de enero de 2001, aproximadamente a las ocho de la noche, el custodio José Salvador Hernández Quiroz se encontraba de servicio en el diamante V7 del penal. De pronto se le acercó Miguel Ángel Godínez, uno de los comandantes del Cefereso, y le hizo la plática.[9]

[8] Declaración ministerial de Juan Carlos Sánchez Castillo, 26 de enero de 2001, causa penal 16/2001-III.

[9] Ampliación de declaración de José Salvador Hernández Quiroz, 22 de enero de 2001, causa penal 16/2001-III.

—El señor Joaquín Guzmán Loera me dijo que en poco tiempo va a salir del penal, por eso anda invitando a las personas [guardias de vigilancia interna] para que se vayan a trabajar con él estando fuera. Yo he pensado en ti para que te unas al grupo de gentes que podrían trabajar con *El Chapo* Guzmán.

—¡Está muy cabrón! —respondió lacónico Hernández Quiroz.

—El señor del tres en unos días más va a salir libre y necesita personas que ya afuera lo cuiden, tanto a él como a su familia, piensa en esa posibilidad —dijo el comandante Godínez, quien era el *head hunter* del capo—: vamos a invitar a trabajar a Gonzalo Sánchez Mejía, Jaime Flores Sánchez, Javier Ramírez Muñoz y Ernesto Ramos Aguilar. A quienes acepten el trabajo se les pagarían entre 12 y 15 mil pesos. El trabajo puede ser en Jalisco, Colima, Nayarit o Sinaloa.

Días después, Jaime Flores Sánchez le corroboró la información a José Salvador. Fue el propio Guzmán Loera quien lo había invitado a trabajar y le ofreció formar parte de la escolta de su familia, lo cual le pareció muy favorable.

—Piénsalo muy bien —le advirtió José Salvador—, la tranquilidad de tu familia está de por medio cuando te involucras con gente como él. A mí también me invitó el comandante Godínez pero yo no acepté. Mejor deberíamos ponernos a practicar la carrera que estudiamos [derecho]. ¿Por qué no vamos al bufete jurídico de la Universidad de Guadalajara para hacer nuestros primeros ensayos?

A la mañana siguiente, mientras José Salvador estaba en la explanada del centro de adiestramiento de seguridad externa, se le acercó su compañero Antonio Díaz Hernández para decirle que *El Chapo* también lo había invitado a trabajar.

—Evítate problemas —le respondió José Salvador, quien comenzó a sentirse arrinconado en su interior.

Dos días después, Ernesto Ramos Aguilar fue abordado por Jaime Leonardo Valencia Fontes, el "secretario particular" de *El Chapo*.[10]

—¿Qué pensaste de lo que te dijo el comandante Godínez? —le preguntó en tono de advertencia—. Si aceptas no hay vuelta atrás, puro pa' delante.

—Lo estoy pensando.

Valencia Fontes le dio cinco billetes de 20 dólares para presionarlo:

—Toma, échate unas *cheves*.

Una semana antes del 19 de enero de 2001, Miguel Ángel Leal Amador le comentó a José Salvador que personalmente *El Chapo* también le había pedido que se fuera a trabajar con él, y que incluso le ofreció ayuda médica para su hijo, que tenía un padecimiento del corazón.

—Yo sí acepté —confesó Leal Amador.

Más tarde, el comandante Godínez volvió a abordar a José Salvador:

—Guzmán Loera me prometió un cargo en la Policía Judicial de Nayarit, que ahí está palanca.

—Eso es muy peligroso —respondió José Salvador sin decir una palabra más.

Puente Grande era un hervidero. En los pasillos, los baños, las salas, los locutorios y el área de visitas conyugales —sitios donde el Cisen había instalado potentes micrófonos— se hablaba de la inminente fuga de *El Chapo*. Sí, pero ¿cómo? ¿Cuándo? ¿Quién lo iba a ayudar?

El 13 de enero, al mediodía, el ex comandante Dámaso López Núñez se despidió de mano de todos los custodios que se en-

[10] Declaración ministerial de Ernesto Ramos Aguilar, 21 de enero de 2001, causa penal 16/2001-III.

contraban en la entrada del penal, como si se tratara de un adiós definitivo. Desde que renunció siguió yendo al penal a visitar a *Los Tres*.[11] Ese día en particular se entrevistó sólo con *El Chapo* Guzmán y *El Güero* Palma. Nadie sabe a qué fue ni de qué habló con los narcotraficantes pero ésa fue la última vez que lo vieron por ahí.

La despedida

Si a Guadalupe Morfín le quedaban dudas de la complicidad de los altos funcionarios del gobierno federal en torno a la corrupción en Puente Grande, el 26 de septiembre de 2000 fueron disipadas. Ese día recibió un comunicado interno del entonces secretario ejecutivo de la Comisión Estatal de Derechos Humanos de Jalisco (CEDHJ) donde le informaba acerca de una llamada del tercer visitador de la CNDH, Joel Guadarrama Figueroa. El visitador les notificó las gestiones que había realizado ante Enrique Pérez Rodríguez, director general de Prevención y Readaptación Social de la Secretaría de Gobernación, respecto a la queja del custodio Felipe Leaños Rivera sobre los abusos que imperaban en el penal de máxima seguridad y las coerciones que sufrían para sumarse a la red de corrupción.[12]

Con la aplastante derrota sufrida por el mayor Antonio Aguilar Garzón, Felipe Leaños Rivera quedó más vulnerable que nunca. El 7 de noviembre de 2000 nuevamente acudió con Morfín, esta vez en compañía del guardia Claudio Julián Ríos Peralta. Ambos denunciaron que sus compañeros Manuel García Sandoval y José

[11] Declaración ministerial de Claudio Julián Ríos Peralta, 16 de febrero de 2001.

[12] Declaración ministerial de María Guadalupe Morfín Otero, 20 de enero de 2001, causa penal 16/2001-III.

Luis García Gutiérrez habían sido golpeados por personal del penal de máxima seguridad que seguía en la "Nómina Bital". Leaños Rivera temía por su vida con sobrada razón.

El 16 de enero de 2001 Lupita Morfín —como la llaman sus amigos— buscó a José Luis Soberanes, titular de la CNDH, para reclamar que la comisión quisiera archivar la queja de Leaños Rivera. ¡Después de un año de haberlo ignorado! Con la queja que el custodio había presentado el año anterior, sólo había logrado que Enrique Pérez Rodríguez y Leonardo Beltrán Santana accedieran a cambiarlo de lugar de trabajo dentro del mismo penal. Ante esa concesión, la CNDH pretendió dar por concluida la queja, cuando en realidad los cambios prometidos por la secretaría habían sido temporales, sólo para aparentar. Los hostigamientos se detuvieron durante algunos días, pero al poco tiempo la dependencia permitió que retomaran el control quienes presionaban a los custodios para que los jefes del narco recibieran un trato privilegiado. José Luis Soberanes no se encontraba en su oficina, así que Morfín le dejó un mensaje externando su preocupación sobre el tema con su coordinador de asesores, Mauricio Ibarra. El ombudsman nacional nunca se reportó a la llamada.

El 17 de enero de 2001 los oficiales de prevención Claudio Julián Ríos Peralta y Salvador Moreno Chávez pidieron una cita urgente con Morfín. Cuando ella los recibió prácticamente estaban llorando. Ya no aguantaban más. Como si no fueran suficientes las presiones de *Los Tres*, *Los Fontaneros* y *Los Sinaloas*, ahora los visitadores de la CNDH se habían convertido en otro grupo al servicio de los capos. Ríos Peralta y Moreno Chávez relataron que el 15 de enero llegaron dos visitadores de la CNDH a hospedarse en el Hotel Lafayette de la ciudad de Guadalajara. Se trataba de Joel René García Cervantes y José Mario Severiano Morales. Los funcionarios llamaron a Ríos Peralta y le pidieron que los llevara con los otros custodios que también habían protestado por las presiones y la corrupción en Puente Grande. "¡Al fin!", debió de haber pensado Claudio. En realidad los visitadores no tenían la misión de ampliar el expediente, sino de convencer a todos de que desistieran de su queja. Los funcionarios de la comisión presidida por Soberanes estaban en claro contubernio con los servidores públicos corruptos. En consecuencia, sólo tres custodios sostuvieron su denuncia ante la CNDH.

La noche del 16 de enero, Leaños Rivera, Ríos Peralta y Moreno Chávez fueron requeridos en el despacho de Beltrán Santana. Los visitadores de la CNDH confrontaron a cada uno por separado con las autoridades penitenciarias corruptas a las que habían denunciado. El propósito obvio era intimidarlos para que retiraran sus acusaciones sobre el control del penal que tenían *El Chapo*, *El Güero* y *El Texas*. En ese careo ilegal también estuvo presente Enrique Pérez Rodríguez, director general de Prevención de la SSP.

La mañana del 17 de enero lo que más les preocupaba a Ríos Peralta y Moreno Chávez era que después de la confrontación su compañero Leaños Rivera había quedado incomunicado. A esas alturas, le revelaron a Guadalupe Morfín, todo el penal estaba enterado de su queja, pues los visitadores de la CNDH no guardaron la discreción que habían solicitado. La titular de la CEDHJ se comunicó a la oficina de Alejandro Gertz Manero, secretario de Seguridad Pública. Morfín no encontró al funcionario, pero le dejó un mensaje: debían actuar de inmediato para preservar la seguridad de los custodios. Una vez más, le llamó a Soberanes, quien como siempre, cuando menos para Lupita, estaba ausente. Dejó un recado de nueva cuenta con el coordinador de asesores, quien le prometió la pronta intervención de Víctor Martínez Bulle Goyri, el primer visitador general. Cuando éste supo de la queja de Morfín contra los visitadores y su exigencia para tomar las medidas correspondientes, se limitó a pedirle que enviara por escrito una solicitud en acta circunstanciada. Morfín lo hizo.

Dada la gravedad de los hechos, el 18 de enero Guadalupe Morfín le llamó al secretario de Gobernación, Santiago Creel Miranda. Tampoco lo encontró. Posteriormente le habló a la embajadora especial para los Derechos Humanos y la Democracia de la Secretaría de Relaciones Exteriores, Marieclaire Acosta. Ella le recomendó hablar con el consejero de Seguridad Nacional de la Presidencia, Adolfo Aguilar Zínser, quien fue el único que la atendió como correspondía.

La mañana del 19 de enero el subsecretario Jorge Enrique Tello Peón, responsable directo de lo que estaba ocurriendo, le llamó a Guadalupe Morfín desde su celular para informarle que se encontraba en Guadalajara para investigar las irregularidades en el Cefereso. Dos años después de que todos los abusos y la corrupción pasaron frente a sus ojos sin que hiciera algo para impedirlo.

—¿Qué cargo tiene ahora? —le preguntó Morfín.

—Soy subsecretario de Seguridad Pública, y el doctor Gertz Manero me envió con la encomienda de investigar lo que usted le dijo. Le pido que nos veamos.

—Sí —respondió ella de inmediato.

En realidad, a Tello Peón no le quedaba otra opción más que intervenir ante el verdadero escándalo que Morfín había provocado con sus llamadas telefónicas.

—Ya voy rumbo al penal —dijo Tello Peón.

—Devuélvase, creo que es importante que primero hable conmigo —le solicitó Morfín.

—Ya voy por El Salto.

—No le hace, devuélvase…

Mientras hablaban por teléfono, Morfín alcanzó a escuchar que Tello Peón le preguntaba a alguien si sabía cómo llegar a la CEDHJ.

—¿Perdón? —dijo Morfín pensando que le estaba hablando a ella.

Joaquín Guzmán Loera nació el 4 de abril de 1957 en la ranchería La Tuna, en Badiraguato, Sinaloa. Es el rostro más conocido del cártel de Sinaloa, considerada la principal organización criminal del continente americano. Se cree que esta foto fue tomada poco antes de que cayera preso el 9 de junio de 1993.

El Chapo en el penal de máxima seguridad de La Palma, donde estuvo preso durante dos años, antes de pactar su traslado a Puente Grande. © *Proceso.*

Guzmán Loera después de abandonar el penal Puente Grande, de donde se fugó en un carrito de lavandería el 19 de enero de 2001, según la falsa versión oficial.

Después de la evasión, *El Chapo* posa con uno de sus colaboradores. En 2008 Guzmán Loera se reunió con un general militar enviado por Los Pinos, y reconoció que había arreglado con el gobierno federal el combate a sus enemigos.

Emma Coronel Aispuro, la joven esposa de Guzmán Loera, con quien se casó en Canelas, Durango, en julio de 2007.

Ismael Zambada García, *El Mayo*, dicen que es el poder tras el trono de *El Chapo*. Posee una red de empresas toleradas por el gobierno federal que incluso reciben recursos públicos.

Juan José Esparragoza Moreno, *El Azul*. Se le conoce como el hombre negociador de los capos; hay quienes creen que será el gran vencedor de la guerra entre los narcotraficantes y que su mejor época está por venir.

Ignacio Coronel Villarreal. Revolucionó el mercado del narcotráfico al incursionar en la producción de metanfetaminas. El gobierno federal anunció su muerte el 29 de julio de 2010, ocurrida en un operativo del Ejército, pero la autopsia y las huellas dactilares hacen dudar que el cadáver pertenezca a *Nacho*.

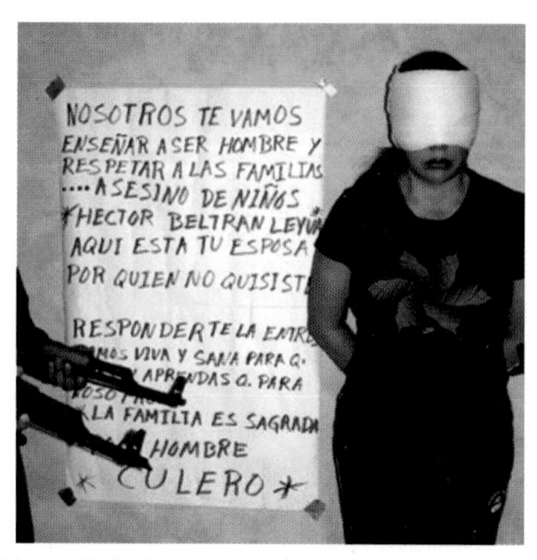

Héctor Beltrán Leyva, *El H o El Ingeniero* (izquierda, PGR). Actual líder del cártel fundado por su hermano, Marcos Arturo. En 2010 ordenó el homicidio de un hijo de *Nacho* Coronel, y en represalia, su esposa Clara Elena Laborín Archuleta fue secuestrada (derecha, http://el-blog-del-terror.blogspot.com/).

Marcos Arturo Beltrán Leyva, *El Barbas*. Él y sus hermanos, Alfredo y Héctor, eran los responsables del pago de sobornos a los funcionarios públicos por parte de *La Federación* durante el sexenio de Fox y a principios del gobierno de Felipe Calderón.

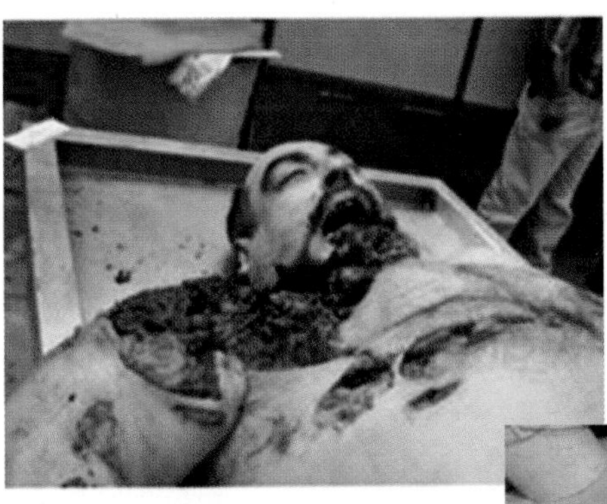

El Barbas rompió con *La Federación* en febrero de 2008 y formó su propio cártel. El 16 de diciembre de 2009 fue ejecutado en un operativo realizado por la Armada de México, en Cuernavaca, Morelos.

Heriberto Lazcano Lazcano, *El Z3* o *El Verdugo*, fue integrante del cuerpo de élite Grupo Aeromóvil de Fuerzas Especiales del Ejército mexicano, y después fundó el grupo paramilitar *Los Zetas*.

Édgar Valdez Villarreal, *La Barbie*. Durante la presidencia de Vicente Fox, tuvo a su servicio a la AFI con el objetivo de cazar a *Los Zetas*. Fue detenido en agosto de 2010 en un operativo de la SSP federal; se sospecha que el narcotraficante negoció su entrega. © *Proceso*.

Vicente Carrillo Fuentes, *El Viceroy*, hermano menor de *El Señor de los Cielos*. Rompió con *La Federación* y, al lado de Marcos Arturo Beltrán Leyva, hizo un frente común contra *El Chapo*. Se afirma que tras la muerte de *El Barbas*, salió de Ciudad Juárez, emblema de su cártel.

Ezequiel Cárdenas Guillén, *Tony Tormenta*, hermano de Osiel Cárdenas, asumió el mando del cártel del Golfo en 2003. Se afirma que recientemente logró un pacto con *El Chapo*, *El Mayo* y *El Azul* para acabar con *Los Zetas*.

Jorge Eduardo Costilla, *El Coss*, era el lugarteniente de mayor confianza de Osiel Cárdenas. Actualmente dirige los designios del cártel del Golfo junto con *Tony Tormenta*.

Poderosos empresarios se han mezclado en el ámbito político y han sido implicados en los turbios negocios del narcotráfico. En la foto, Vicente Fox con Olegario Vázquez Raña. © *Proceso.*

Jorge Enrique Tello Peón, encargado de los penales federales en 2001, ha sido señalado como uno de los funcionarios que permitió que *El Chapo* saliera de Puente Grande. Desde octubre de 2008 se ha desempeñado como asesor del presidente Felipe Calderón en temas de seguridad. © *Proceso.*

Escena del avionazo en el que murió Juan Camilo Mouriño el 4 de noviembre de 2008. Aunque oficialmente se ha señalado que la causa fue un accidente, existen razones suficientes para creer que se trató de un atentado relacionado con el narcotráfico. © *Proceso*.

El titular de la SSP federal, Genaro García Luna, ha sido acusado de proteger al crimen organizado. Sus hombres más cercanos, como Facundo Rosas Rosas, comisionado de la Policía Federal, han sido señalados directamente en expedientes judiciales por servir a la organización de *El Chapo*. © *Proceso*.

—No, le estoy preguntando al director del centro, que viene conmigo.

—¿Me está diciendo que con usted viene Leonardo Beltrán Santana? —preguntó Morfín sorprendida e indignada.

—Sí, pero no se preocupe, él no va a entrar a sus oficinas, me esperaría afuera.

—¡Está usted exponiendo mi seguridad, no tengo nada que informarle, no lo voy a recibir! —gritó Morfín y colgó el teléfono, estaba furiosa.

Guadalupe Morfín no entendía lo que sucedía, no podía creer que todo lo que había hecho Beltrán Santana durante dos años como director de Puente Grande era con la tolerancia y anuencia evidente no sólo de Enrique Pérez Rodríguez, sino de Tello Peón, el jefe superior de los dos. La directora de la CEDHJ intentó hablar con Gertz Manero para comunicarle su extrañamiento de los modos que su gente empleaba para investigar, en este caso haciéndose acompañar por alguien que participó en la presión a los custodios para servir a los capos. El sentido común le indicaba a Morfín que no era correcto que Tello Peón fuera con Beltrán Santana a su oficina, eso la delataría inmediatamente como fuente de información.

Ese día transcurrió de forma inusual en Puente Grande. Desde temprano los empleados que monitoreaban las cámaras de video fueron distraídos de sus funciones, ya que los hicieron salir del centro de control a hacer tareas de limpieza que no les correspondían.[13] En la puerta de acceso al pasillo 1A que conducía a la celda de *El Chapo* se encontraba una cubierta de un material tipo triplay color beige. En la parte superior se observaban pequeñas

[13] Declaración ministerial de Jaime Sánchez Flores, 20 de enero de 2001. Ampliación de declaración ministerial de Juan Gerardo López Hernández, 29 de enero de 2001, causa penal 16/2001-III.

aberturas que permitían ver hacia el exterior. Era la primera vez durante sus cinco años de reclusión que el capo se tomaba una libertad así.[14] La cubierta fue retirada como a las 11 de la mañana por un guarura de Guzmán Loera y la volvieron a colocar a las doce del día y se quedó puesta hasta la noche.

El Chapo comenzó una jornada particularmente activa. A las 10 de la mañana tuvo un partido de volibol, su actividad deportiva preferida, con los internos Saúl Rivera Bon, Benjamín Rivera Alvarado, Jesús Parra Parra y Alberto Sandoval Cervantes. A las 11 comenzó a recibir visitas en su celda. Las audiencias fueron prácticamente una tras otra; el ritual del besamanos duró hasta la tarde. La primera reunión fue a las 11:15 con *El Güero* Palma y *El Texas*. Duró unos 20 minutos. Al mediodía *El Chapo* estuvo por espacio de 15 minutos con el comandante Pérez Díaz, a quien volvió a recibir otras dos veces durante el día. También dio audiencia breve en dos ocasiones a Gerardo Navarro, el comandante de la segunda compañía de seguridad externa. De igual forma lo fueron a ver los comandantes Vizcaíno y Ochoa, y hasta el doctor Alfredo Valdez Sánchez, el responsable de la atención médica de los reclusos y el mismo que le practicó el aborto involuntario a Zulema Yulia. Eran tantas las personas que querían despedirse de él que a las dos de la tarde Guzmán Loera no se presentó en el comedor del módulo 3 a comer: la charola 516 permaneció intacta.[15]

Jorge Tello Peón arribó a Puente Grande pasadas las 12 del día para realizar una visita fugaz a la cárcel de máxima seguridad de la cual era el responsable superior. Llegó acompañado por el director general de Prevención Enrique Pérez Rodríguez, y

[14] Declaración ministerial de Ernesto Ramos Aguilar, 21 de enero de 2001.
[15] Declaración ministerial de María Mercedes Fajardo Cantero, 20 de enero de 2001, causa penal 16/2001-III.

dos funcionarios de la PFP: el director Humberto Martínez González y Nicolás Suárez Valenzuela. En cuanto Tello Peón puso un pie dentro del penal, Jaime Leonardo Valencia Fontes, como quien le recuerda a su jefe una cita, le entregó a *El Chapo* una especie de tarjeta informativa —enviada por el guardia Salvador Rodríguez Quintanilla, familiar de *El Chito*— donde estaban escritos los nombres de Tello Peón y sus acompañantes, y se le comunicaba al capo que ya se encontraban dentro del penal.[16] A pesar de la presencia del subsecretario de Seguridad Pública, el comportamiento de *El Chapo* siguió siendo cínico y despreocupado.

Durante su visita, Tello Peón entró en el centro de control, donde en estricto sentido quedaba filmado todo lo que ocurría en Puente Grande. Cuando salió de aquel sitio lleno de monitores, el subsecretario susurró una extraña frase que algunos de los trabajadores alcanzaron a escuchar: "Hoy la gente no va a salir del penal".[17] Ese día el encargado de las cárceles federales se convirtió en un clarividente. Al terminar la inspección de Tello Peón, el comandante Guillermo Paredes Torres le ordenó a Juan Carlos Sánchez Castillo, quien tenía la función de vigilar las cámaras de seguridad, que llevara a la central camionera de Guadalajara a una persona de nombre Arturo que había sido empleado del Cisen y ahora estaba adscrito a la PFP. La solicitud desconcertó sobremanera a Sánchez Castillo, ya que nunca antes le habían pedido que fuera chofer ni que realizara tareas ajenas a su función.[18]

—¡Qué raro! —se quejó Juan Carlos Sánchez Castillo.

[16] Ampliación de declaración de José Salvador Hernández Quiroz, 22 de enero de 2001, causa penal 16/2001-III.

[17] Declaración ministerial de Juan Carlos Sánchez Castillo, 26 de enero de 2001. Ampliación de declaración ministerial de Guillermo Paredes Torres, 9 de febrero de 2001, causa penal 16/2001-III.

[18] Ampliación de declaración de Juan Carlos Sánchez Castillo, 9 de febrero de 2001.

—No andes diciendo qué raro, porque se puede malinterpretar —lo reprendió el comandante Armando Ramírez Mejía, quien se encontraba en el centro de control.

Jorge Tello Peón tenía la instrucción precisa de investigar las denuncias de corrupción interpuestas por los custodios, sin embargo, el subsecretario ni siquiera se entrevistó con ellos. Únicamente giró la orden de que *El Chapo*, *El Güero* y *El Texas* fueran reubicados en el Centro de Observación y Clasificación del penal. Antes de irse, Jorge Tello Peón tuvo una breve reunión con Enrique Pérez Rodríguez, Nicolás Suárez Valenzuela, Humberto Martínez González y el director del reclusorio Leonardo Beltrán Santana. Pese a las denuncias de corrupción dentro del penal, acordaron que hasta la siguiente semana se revisarían las cuestiones técnicas del centro de control y los posibles cambios de personal, dando margen así para la salida de Guzmán Loera del penal en las siguientes horas.

El interés del subsecretario en desmantelar las redes de corrupción dentro de la cárcel federal se midió por los minutos que permaneció en ella: cuarenta y uno. Ni uno más. En el libro de registro del penal quedó asentado que Tello Peón, Pérez Rodríguez y los demás funcionarios que los acompañaban salieron de Puente Grande a las 13 horas con 46 minutos.[19] Fue burdamente obvio que Tello Peón no se presentó en el penal a iniciar una investigación sobre las irregularidades, en todo caso desde 1999 ya estaba al tanto de lo que ocurría por medio de los reportes del personal del Cisen adscritos a Puente Grande.

Por las consecuencias que tuvo la orden de reubicar a los tres presos, sin cambiar nada más, pareciera que Jorge Tello fue al penal más bien a terminar de coordinar otro plan. En 1993 Tello

[19] Foja 2355, inspección ocular del libro de gobierno de la aduana de personas del Centro Federal de Readaptación Social núm. 2 de Puente Grande, Jalisco, practicada el 22 de enero de 2001. El libro contiene los registros del 30 de octubre de 2000 al 21 de enero de 2001.

Peón había colaborado desde su oficina del Cendro para encerrar a Joaquín Guzmán Loera, y casi ocho años después él mismo iba a abrirle la puerta. Inmediatamente después de su partida, de manera irregular, fueron vistas 15 personas de seguridad interna dentro del dormitorio del personal que, en vez de llevar el uniforme azul reglamentario, estaban vestidas como de seguridad externa de color negro; mientras que el personal que sí era de seguridad externa estaba repartido en el interior del Cefereso también vestido de negro,[20] el mismo color de ropa que *El Chapo* se puso antes de salir del penal. A las cuatro de la tarde, cuatro funcionarios que pertenecían a la PFP fueron vistos en la azotea del área de comunicación y consultorio médico del penal.[21] Algo se estaba fraguando.

Mientras tanto, *El Chito* cumplía su penúltima misión. Alrededor de la una de la tarde les había llamado a sus compinches José de Jesús Briseño Martínez y Ramón Muñoz Bocardo para que manejaran un Golf gris que recién había comprado por órdenes de *El Chapo* y lo llevaran a Plaza del Sol, un tradicional centro comercial de Guadalajara.[22] En el camino, *El Chito*, quien siempre se distinguía por su cinismo y sangre fría, iba muy nervioso, sudaba copiosamente y no pronunciaba palabra. Se aferraba a una valija oscura que medía aproximadamente 30 por 40 centímetros. Lo único que comentó es que iba a recoger unos boletos para la ciudad de México y un carro que le iba a entregar César Guzmán Salazar, el hijo mayor de *El Chapo*, quien estudiaba entonces la carrera de administración de empresas.

[20] Declaración ministerial de Juan Carlos Sánchez Castillo, 26 de enero de 2001.

[21] Ampliación de declaración ministerial de José Salvador Hernández Quiroz, 10 de febrero de 2001, causa penal 16/2001-III.

[22] Declaración ministerial de José de Jesús Briseño Martínez, 21 de enero de 2001.

Cuando estaban a unas cuadras de la plaza comercial hicieron una escala para cargar gasolina. En ese momento *El Chito* recibió una llamada.

—Dígame, señor —respondió ceremonioso.

—¿Dónde estás? —le preguntó *El Chapo* del otro lado del teléfono.

—Estoy echándole gasolina al carro, ya estoy cerca del lugar.

El capo le dio una última instrucción y *El Chito* colgó el teléfono. "Tengo una hora para lo convenido", dijo en voz alta hablando más bien consigo mismo.

Pasadas las cuatro de la tarde *El Chito* y sus hombres llegaron a Plaza del Sol y se estacionaron afuera de una pizzería. Al poco tiempo un Cutlass gris se aproximó.

—¡Mira! Ya llegó, es César, el hijo de *El Chapo*. Es el [auto] blindado. Sí alcanzo a llegar, me falta una hora. Ten prendido el celular, si ocupo el Golf les hablo, si no les hablo lo dejan en la cochera de mi mamá o en la tuya —le ordenó *El Chito* a Briseño Martínez y descendió del coche con la maleta al hombro.

Del auto gris se bajó un joven de 1.70 metros de estatura, tez blanca, lentes oscuros y cabello un poco teñido con rayitos. *El Chito* comenzó a platicar con él. Ésa fue la última vez que Briseño Martínez y Muñoz Bocardo vieron a su amigo. Después de su encuentro con el hijo de Guzmán Loera, por encargo de su jefe *El Chito* fue a visitar a Yves Eréndira para intentar convencerla de que fuera a visitar a *El Chapo* ese mismo día. Le dijo que él mismo la llevaría pero ella se negó.

Poco antes de las siete de la tarde, Francisco Javier Camberos Rivera arribó a Puente Grande. En el interior del penal, Guzmán Loera fue a la celda de *El Güero* Palma a hacerle una última visita. Fue un encuentro breve. Los dos criminales, cómplices, socios y compadres no volverían a verse. Hablaron apenas cinco minutos y se fueron caminando juntos por el pasillo hacia la salida del módulo 4. Al despedirse, Palma Salazar le alcanzó a decir a *El Chapo*: "Que estés bien, compadrito".[23]

El Chapo no se fugó en el carrito de lavandería

El 19 de enero de 2001, aproximadamente a las 19:30 horas, Guzmán Loera fue visto en el nivel C del módulo 3 platicando con los presos Jaime Leonardo Valencia Fontes y Mario Vázquez Méndez, así como con los guardias Antonio Díaz Hernández y Víctor Manuel Godoy. *El Chito*, que acababa de llegar al penal, también estaba con ellos. Guzmán Loera le pidió a este último que acomodara algunos artículos en los carros de lavandería que se encontraban al lado de ellos. *El Chito* puso en un carro cobertores y comestibles, y en otro más cobijas y dos cuadros con imágenes religiosas pintadas por el preso Ángel Guillermo Martínez. A continuación *El Chito* y Godoy se dispusieron a transportarlos al área de cocina. Hubo un tercer carrito que movió Valencia Fontes, el "secretario particular" de *El Chapo*.[24]

A las 20 horas *El Chito* sacó uno de los carros del módulo 3 y se supone que cruzó por los diamantes V7, V6, V4, V2 y V1 hasta llegar a la aduana de vehículos. Los custodios que lo vieron pasar declararían posteriormente al ministerio público que el carrito que Camberos Rivera empujaba debía de ser pesado por el esfuerzo que hacía, pero jamás mencionaron que se notara nervioso o apremiado.[25] A las 20:15 horas, Miguel Ángel Leal Amador vio

[23] Declaración ministerial de Ernesto Ramos Aguilar, 21 de enero de 2001, causa penal 16/2001-III.

[24] Declaración ministerial de José de Jesús Carlos Cortés Ortiz, 24 de enero de 2001, causa penal 16/2001-III.

[25] Comprobación de los elementos del cuerpo del delito, foja 1007, causa penal 16/2001-III.

a *El Chito* y le permitió salir por la puerta principal con el carro de lavandería tapado con cobertores. En las aduanas de Puente Grande hay sofisticados sensores de calor y movimiento que son capaces de detectar a un ser vivo del tamaño de un gato. Si el carrito que iba empujando *El Chito* hubiera llevado en su interior a Joaquín Guzmán Loera las alarmas hubieran sonado inevitablemente.[26]

Aunque estaba prohibido, era relativamente común que la "basura" de *Los Tres* se sacara del penal en un carro de lavandería cuando se preveía la presencia de algún operativo de inspección. En general, se trataba de objetos que los presos no podían tener dentro de su celda, como hornos de microondas, ropa, teléfonos, etcétera. Los artículos se los entregaban a personas que los propios internos mandaban.[27]

En el área del estacionamiento de los funcionarios, Camberos Rivera abandonó el carro de lavandería al cruzar la malla ciclónica.[28] *El Chito* se había ido con el menaje de *El Chapo* pero no con el capo. A las 20:40 horas se le ordenó al oficial responsable de la correspondencia del penal, Jesús Carlos Cortés Ortiz, que trasladara al interior el carro de lavandería que se encontraba estacionado a un lado de la caseta de seguridad. En su interior sólo habían tres o cuatro cobijas sucias de color beige.[29]

Guzmán Loera no salió de Puente Grande con *El Chito* ni en un carrito de lavandería. Después de que el sirviente de *El Chapo*

[26] Esta información fue corroborada por personal que hizo un recorrido en los penales de máxima seguridad con Juan Pablo de Tavira.

[27] Declaración ministerial de José de Jesús Carlos Cortés Ortiz, 24 de enero de 2001.

[28] Comprobación de los elementos del cuerpo del delito, foja 1008, causa penal 16/2001-III.

[29] Declaración ministerial de José de Jesús Carlos Cortés Ortiz, 24 de enero de 2001.

ya había salido del penal en su auto, el capo todavía fue visto adentro de la cárcel de máxima seguridad. Eso está claramente asentado en las centenas de testimonios transcritos en la causa penal 16/2001-III correspondiente a la fuga. El ministerio público de la PGR forzó una versión de los hechos aunque para eso se haya contradicho en un punto fundamental. En el expediente judicial la PGR afirma que *El Chito* salió del estacionamiento de Puente Grande a las 20:40 horas, y que con él se fue *El Chapo* gracias a la

cobertores, saliendo del módulo III y se dirige al diamante V 6, donde se encontraba el oficial **FRANCISCO JAVIER ARANDA CASTELAZO.** Siguiendo con su trayectoria **CAMBEROS RIVERA** alias **"EL CHITO"** va con el carrito de lavandería cubierto con cobertores y llega al diamante V 4 donde se encontraba a cargo el oficial **ALEJANDRO LEDEZMA PACHECO**, debiendo destacarse que la puerta que da al acceso del diamante V 4 tenia un bote con el que se impedia el cierre de la puerta, favoreciendo con ello el trayecto del mencionado carrito. De este lugar **CAMBEROS RIVERA** alias **"CHITO"** continúa su trayectoria empujando el carrito mencionado, ahora con dirección al diamante V 3 donde se encontraba el vigilante **MARTIN MEZA LOZANO**, quien electrónicamente abre la puerta para que pase el **"EL CHITO"**, no asi la diversa puerta del diamante V 3 que conduce al diamante V 2, la cual tenia un bote de basura para que no se cerrara. Continuando su camino se dirige hacia al diamante V 2 donde se encontraba el vigilante **JORGE ALBERTO AVILA BERBER**, quien ve pasar a **CAMBEROS RIVERA** alias **"EL CHITO"** con el multicitado carrito de lavandería con dirección al diamante V 1, donde se encontraba de guardia el vigilante **FRANCISCO DE BORJA JOSE VALDES CHAVOYA**, vigilante que también durante ese trayecto es sustituido por el vigilante JORGE LARIOS, debiendo destacarse que este último abandonó su trabajo,

FONTES, quien se encontraba [illegible] los oficiales de vigilancia interna de la segunda compañía del módulo, traer al citado módulo III un carrito con diversos alimentos **RODRÍGUEZ** y **ANTONIO DIAZ HERNANDEZ**, se trasladan al área de lavandería, donde piden un carrito y toman de cocina, para lo cual dichos custodios se trasladan al área de lavandería, donde piden un carrito y toman unos cobertores, enseguida se dirigen a la cocina que se encuentra a la altura del diamante V 3, lugar donde el encargado de apodo el KALIMAN, llena el carrito de comestibles y otros objetos propios de cocina, y **VICTOR MANUEL GODOY**, cubre esto con un cobertor y se traslada al área de vigilancia que se localiza en el modulo III nivel C, donde se encontraban los internos **JOAQUIN GUZMÁN LOERA, JAIME LEONARDO VALENCIA FONTES**, el custodio **SALVADOR HERNÁNDEZ QUIROZ** y el empleado de mantenimiento **FRANCISCO JAVIER CAMBEROS RIVERA** alias **"EL CHITO"**, este último llevaba un carrito azul de lavandería similar al que había llevado **VICTOR MANUEL GODOY**. Se dirigen al cubículo técnico que se ubica en ese mismo módulo y nivel, donde **JAIME LEONARDO VALENCIA FONTES**, observa y toma algunas de las cosas que iban en el mencionado carrito, sin quedarse con ellas, ordenándole a **VICTOR MANUEL GODOY RODRÍGUEZ**, que se lleve todo a la cocina y haga un inventario, mientras que a **JOSE SALVADOR HERNÁNDEZ QUIROZ**, lo envía a seguir con sus funciones en el área de comunicación. Aproximadamente a las 20:00 horas el custodio **FRANCISCO JAVIER VAZQUEZ CORTES** alias **"EL VAMPIRO"**, encargado del servicio del diamante V 7 ve a **CAMBEROS RIVERA** alias **"EL CHITO"**, que empujaba un carrito azul de lavandería, que por el esfuerzo que hacía en arrastrarlo se entiende que ese carrito llevaba algo pesado, y del acervo probatorio se puede establecer fundadamente que en él iba ya **JOAQUIN GUZMÁN LOERA** alias **"EL CHAPO GUZMAN"** cubierto por cobertores, saliendo del módulo III y se dirige al diamante V 6, donde se encontraba el oficial **FRANCISCO JAVIER ARANDA CASTELAZO**. Siguiendo con su trayectoria **CAMBEROS RIVERA** alias **"EL CHITO"** va con el carrito de lavandería cubierto con cobertores y llega al diamante V 4 donde se encontraba a cargo el oficial **ALEJANDRO LEDEZMA PACHECO**, debiendo destacarse que la puerta que da al acceso del diamante V 4 tenia un bote con el que se impedia el cierre de la puerta, favoreciendo con ello el trayecto del mencionado carrito. De este lugar **CAMBEROS RIVERA** alias **"CHITO"** continúa su trayectoria empujando el carrito mencionado, ahora con dirección al diamante V 3 donde se encontraba el vigilante **MARTIN MEZA LOZANO**, quien electrónicamente abre la puerta para que pase el **"EL CHITO"**, no asi la diversa puerta del diamante V 3 que conduce al diamante V 2, la cual tenia un bote de basura para que no se cerrara. Continuando su camino se dirige hacia al diamante V 2 donde se encontraba el vigilante **JORGE ALBERTO AVILA BERBER**, quien ve pasar a **CAMBEROS RIVERA** alias **"EL CHITO"** con el multicitado carrito de lavandería con dirección al diamante V 1, donde se encontraba de guardia el vigilante **FRANCISCO DE BORJA JOSE VALDES CHAVOYA**, vigilante que también durante ese trayecto es sustituido por el vigilante JORGE LARIOS, debiendo destacarse que este último abandonó su trabajo, dándose a la fuga. Al llegar a este lugar **CAMBEROS RIVERA** alias **"EL CHITO"** con el carrito de lavandería se dirige hacia a la aduana de vehículos lugar donde se encontraba **MIGUEL LEAL AMADOR**, quien nunca había sido comisionado en dicho lugar, pero **VALENCIA FONTES** el día 16 llamó a **MIGUEL ANGEL GODINEZ CARDENAS** para que pusiera al referido **LEAL AMADOR** en ese lugar estratégico. Es como a las 20:40 horas cuando el citado **MIGUEL ANGEL LEAL AMADOR** ve a **FRANCISCO JAVIER CAMBEROS RIVERA** alias **"EL CHITO"** y le permite salir por la puerta principal de la aduana de vehículos con el carrito de lavandería que empujaba aun cubierto con cobertores. DEL material probatorio glosado a la indagatoria en que se actúa se puede establecer fundadamente que la estrategia para la fuga necesitaba llegar al centro de control, donde **ARMANDO RAMÍREZ MEJIA, GERARDO LOPEZ HERNANDEZ, RAFAEL CRUZ AGUILAR** y **GUILLERMO PAREDES TORRES** apagaron sus dos cámaras de video en el horario comprendido entre las 19:20 horas y las 21:05 horas, para que sin problema pudiera abandonar el penal el carrito que llevaba **CAMBEROS RIVERA** y donde se establece iba **JOAQUIN GUZMÁN LOERA** alias **EL CHAPO GUZMÁN**. Estando ya en el exterior, precisamente en el área de estacionamiento de funcionarios, **CAMBEROS RIVERA** alias **EL CHITO"**, abandona el mencionado carrito de lavandería fuera de la puerta de malla ciclónica, que da acceso al estacionamiento citado, carrito que es localizado como a las 21:00 horas por el comandante habilitado **FELIPE DE JESÚS DIAZ RUELAS** quien ordenó al oficial cartero, **JESÚS CARLOS CORTES ORTIZ** alias **"EL POLLO"**, llevara el citado carrito de lavandería al interior, abordando un vehiculo hacia el reten"A". Es preciso

2329

Foja 2329, en la parte referente a la hora en que salió *El Chito*.

destacar que, previamente, a las 18:30 horas del día en que se evadió **JOAQUIN GUZMÁN LOERA** alias "**EL CHAPO GUZMAN**", el comandante de compañía de Seguridad Interna del Penal, **JUAN JOSE PEREZ DIAZ**, llamó al comandante de Seguridad Externa **GERARDO JAVIER DIAZ NAVARRO**, a efecto de informarle que ese día **FRANCISCO JAVIER CAMBEROS RIVERA** alias "**EL CHITO**" arribaría al CEFERESO, ya que iba a "sacar" del Penal un hormo de microondas y un extractor de jugos, objetos no permitidos en el Penal, indicándole que dicha situación se la comunicara al comandante, también de seguridad Externa del CEFERESO, **JOSE MANUEL DE SANTIAGO DE SANTIAGO** que "**EL CHITO**" llegaría al Penal a las 19:00 horas. Situación que en efecto aconteció, pues **GERARDO JAVIER DIAZ NAVARRO** hizo del conocimiento de tal circunstancia a **SANTIAGO DE SANTIAGO**. En estas circunstancias, **JOSE MANUEL SANTIAGO DE SANTIAGO** se presentó en el Retén "A" del CEFERESO, lugar en el que le dijo a **FRANCISCO JOSE TRUJILLO YÉPEZ** que "**EL CHITO**" entraría al Penal y que saldría en corto tiempo, por lo que le ordenó que, cuando "**EL CHITO**" entrara y saliera del Penal, no lo anotara en el formato de control de entradas y salidas que, en ese momento, estaba a cargo de **FRANCISCO JOSE TRUJILLO YÉPEZ**. Aproximadamente a las 19:00 horas, en un vehículo, al parecer, marca Ford, color café, arribó "**EL CHITO**" al CEFERESO y, en el Retén "A", área de acceso principal del penal, **JOSE MANUEL SANTIAGO DE SANTIAGO** le permitió a "**EL CHITO**" ingresara al CEFERESO sin que su vehículo fuera revisado, esto con la complacencia de **FRANCISCO JOSE TRUJILLO YÉPEZ**, quien no efectuó anotación alguna en el formato de control de entradas y salidas. Posteriormente, entre las 20:30 ó 20:40 horas, según refirió **MARCO ANTONIO FERNÁNDEZ MORA**, al encontrarse cubriendo servicio en el Retén "A", **JOSE MANUEL SANTIAGO DE SANTIAGO** le comunicó que "**EL CHITO**" saldría del Penal. Enseguida, **MARCO ANTONIO FERNÁNDEZ MORA**, advirtió que un vehículo se desplazaba del interior del Penal hacia el Retén "A", es decir, este vehículo se dirigía al exterior del Penal. Al ver esto, **MARCO ANTONIO FERNÁNDEZ MORA**, se dirigió hacia la caseta del retén "A" y notó que, a su costado izquierdo, pasó el vehículo, del que advirtió era de color oscuro. Sin embargo, a pesar de la presencia del comandante **JOSE MANUEL SANTIAGO DE SANTIAGO** en el Retén "A", dicho vehículo no hizo alto en el retén, a efecto de que fuera revisado, pero además, el mencionado vehículo era conducido a una velocidad más rápida de la que normalmente se debe observar en las instalaciones del CEFERESO. Esto es, el citado vehículo no fue revisado en el Retén "A", situación a la que estaban obligados quienes en ese lugar se encontraban. Es evidente que en el multicitado vehículo pasó "**EL CHITO**", ante la complacencia o bien sin denunciar el hecho totalmente irregular, de todo el personal que se encontraba en el Retén "A", como es el caso de **JOSE MANUEL SANTIAGO DE SANTIAGO**, **NICOLAS SOLIS MARTINEZ**, **MARCO ANTONIO FERNÁNDEZ MORA**, **JUAN CRISÓSTOMO CARDENAS COVARRUBIAS** y **SANDRO BENJAMÍN IBARRA JIMÉNEZ**, sin que siquiera fuera anotada, en las hojas de control, alguna característica del vehículo en mención. Esto último queda de manifiesto con lo declarado por **FRANCISCO JOSE TRUJILLO YÉPEZ** y **MIGUEL ANGEL ZEPEDA DELGADO**, quienes con posterioridad a la evasión de **JOAQUIN GUZMÁN LOERA**, en conjunto con **JOSE MANUEL DE SANTIAGO DE SANTIAGO**, efectuaron el registro, tanto en la hoja de control como en la computadora del Retén "A", de un supuesto vehículo conducido por **FRANCISCO CAMBEROS** alias "**EL CHITO**", el que, en apariencia había entrado a las 19:00 horas y se había retirado a las 19:50 horas del día de la evasión, lo cual es totalmente falso ya que esos datos fueron registrados, aproximadamente, a las 04:00 horas del día 20 de enero del presente año. Asimismo que dentro de dicho lapso, los servidores públicos, recibieron indebidamente para si diversas cantidades de dinero para hacer algo injusto relacionado con sus funciones, precisamente permitir que los internos **JOAQUIN GUZMAN LOERA** (a) "**EL CHAPO GUZMAN**, **JESUS HECTOR PALMA SALAZAR** (a) "**EL GÜERO PALMA**", **ARTURO MARTINEZ HERRERA** (a) "**EL TEXAS**" o (a) "**EL TEXANO**", **JAIME LEONARDO VALENCIA FONTES** (a) "**EL NEGRO**", **JUAN JOSE BALBONTIN BOLAÑOS** tuvieran las concesiones y prorrogativas precedentemente mencionadas. De la misma manera, ha quedado plenamente justificado que **JOAQUIN GUZMAN LOERA** (a) "**EL CHAPO GUZMAN**, **JESUS HECTOR PALMA SALAZAR** (a) "**EL GÜERO PALMA**", **ARTURO MARTINEZ HERRERA** (a) "**EL TEXAS**" ó (a) "**EL TEXANO**", **JAIME LEONARDO VALENCIA FONTES** (a) "**EL NEGRO**", **JUAN JOSE BALBONTIN BOLAÑOS** y BONIFACIO BUSTOS CARDENAS dieron y ofrecieron diversas cantidades de dinero a los servidores públicos del CEFERESO número 2, en Puente Grande, Jalisco, para que hicieran un acto injusto o justo o dejaran de hacer algo justo relacionado con sus funciones.

Los anteriores atestes alcanzan y merecen valor probatorio legal en virtud de que los mismos reúnen las exigencias contenidas en los artículos 286 y 289 del código adjetivo de la materia, siendo éstas que por su edad e instrucción tienen el criterio para discernir sobre los actos que manifiestan, que en el sumario no existe dato alguno del que se pudiera inducir parcialidad, que son claros y precisos sobre la sustancia de los hechos, que no existe dato demostrativo de que fueran obligados o impulsados por engaño, error o soborno, además de que sus atestes se produjeron recién verificados los hechos (principio de inmediatez por medio del cual las primeras declaraciones son las más veraces por su cercanía con los hechos y en la que no se ha tenido tiempo para la meditación o consejo); al igual que en el sumario no obra ningún medio convictivo que los desvirtúe fehacientemente y si por el contrario en actuaciones existen otros medios que las hacen verosímiles; conllevando una espontaneidad y por ende mayor veracidad en sus dichos, en virtud de que los conocieron a través de sus sentidos, resultando idóneos tales deposados, pues existen razones suficientes en sus expresiones ante la autoridad ministerial, ya que éstas las vivieron

2330

Foja 2330, en donde se reitera la hora en que salió *El Chito.*

ual informa que **JOAQUIN GUZMÁN LOERA** (a) "**EL CHAPO GUZMAN**" se encontraba
e Centro Federal de Readaptación Social de Puente Grande, Jalisco, a efecto de cumplir
vativas de libertad que se mencionan, de conformidad con el oficio 1014/2001 del 09
rero de los corrientes, suscrito por el licenciado JUAN CARLOS LABOURDIETE
tor de Ejecución de Sentencias de la Dirección General de Prevención y Readaptación
pena de 07 años de prisión que le fue impuesta por el Primer Tribunal Unitario del Primer
istrito Federal, derivada de la causa penal 85/93, del indice del Juzgado Cuarto de Distrito
nales Federales en el Distrito Federal, ha sido cumplida por el simple transcurso del tiempo
l año 2000, en términos del artículo 116 del Código Penal Federal, B).- Al momento de su
IIN GUZMÁN LOERA se encontraba compurgando la pena de 06 AÑOS DE PRISIÓN
l C. Juez Tercero de Distrito en Materia de Procesos Penales Federales en Toluca
co, dentro del proceso número 30/96, pena que fue confirmada en segunda instancia
ndo Tribunal Unitario del Segundo Circuito, con residencia en Toluca Estado de
responsabilidad criminal en la comisión del delito de ASOCIACIÓN DELICTUOSA,
ompurgaba a partir del 17 de junio del año próximo pasado, es decir, al momento
ocimiento de su evasión, había cumplido 07 meses 02 días de la pena impuesta,
ompurgar 05 años 04 meses y 28 días; C).- La pena impuesta a JOAQUIN GUZMÁN
el Toca Penal 95/97, derivado del proceso 89/93, del índice del Juzgado Primero de
Penal en el Estado de Jalisco, consistente en 04 años 06 meses de prisión, a que fue
H. Tercer Tribunal Unitario en Materia Penal del Tercer Circuito, con residencia en
Jalisco, en resolución de fecha 24 de enero del año en curso, notificada a este Centro
Federal el día 26 del mismo mes y año, por el delito de COHECHO, que comenzará a compurgarse al día
siguiente de cumplir con la pena señalada en el inciso anterior. Asimismo el mencionado GUZMÁN
LOERA, se encuentra a disposición de las siguientes autoridades: DEL Juzgado Tercero de Distrito en
Materia Penal en el Distrito Federal, dentro del proceso 66/93, seguido en su contra por su presunta
responsabilidad en la comisión de los delitos de **CONTRA LA SALUD**, en las modalidades de
Transportación, Venta, Compra e Introducción ilegal al País, de marihuana y cocaína y **ASOCIACIÓN**
DELICTUOSA, quedando abierta la causa para los efectos y por el tiempo previsto por el artículo 167 del
Código Federal de Procedimientos Penales. Del Juzgado Cuadragésimo Primero en Materia Penal en el
Distrito Federal, dentro del proceso número 79/93, seguido en su contra por su presunta responsabilidad
en la comisión de los delitos de **HOMICIDIO** y **ASOCIACIÓN DELICTUOSA**. De la Procuraduría General
de la República, Delegación Jalisco, dentro de la averiguación previa 654/95, iniciada en su contra por su
presunta responsabilidad en la comisión de un delito **CONTRA LA SALUD**. No omito manifestar, que esa
información consta en los archivos de esta Institución haciendo la observación que la autoridad ejecutora
de las sanciones penales es la Dirección General de Prevención y Readaptación Social de la Secretaría de
Seguridad Pública, a través de la Dirección de Ejecución de Sentencias. Por otra parte informa que
aproximadamente a las 21:30 (veintiuna horas con treinta minutos) del día 19 diecinueve de enero del
presente año, el sentenciado **JOAQUIN GUZMÁN LOERA** alias "**EL CHAPO GUZMAN**"se evadió de este
Centro Federal, de acuerdo a los reportes que en su momento fueron emitidos por el área de seguridad;
documento en original constante de dos fojas útiles...".

LAS DOCUMENTALES PÚBLICAS. - Que anteceden tienen el valor que les confiere el precepto legal 280 del Código Federal de Procedimientos Penales y que permiten tener por acreditado que **JOAQUÍN GUZMÁN LOERA (A) "EL CHAPO GUSMAN"**, tenían el carácter o la calidad de "**condenado**", al momento de su evasión del Centro Federal de Readaptación Social 2, de "Puente Grande", Estado de Jalisco, lugar en el cual se encontraba a disposición del ejecutivo federal, para compurgar la pena de prisión que le fuera impuesta, destacándose lo antes reseñado. A lo anterior sirve de apoyo la tesis de jurisprudencia al tenor siguiente:

Octava Época, Instancia: Primer Tribunal Colegiado del Vigésimo Circulito. Fuente: Semanario Judicial de la Federación Tomo: XI, Febrero de 1992, página: 182.

"**DOCUMENTAL PUBLICA. HACE FE PLENA, SALVO PRUEBA EN CONTRARIO. (LEGISLACIÓN DEL ESTADO DE CHIAPAS).** Es inexacto que las documentales públicas para tenerlas como pruebas plenas deban estar robustecidas por otros elementos de convicción, en razón que conforme a las reglas de valoración previstas por el Código Federal de Procedimientos Civiles para el Estado de Chiapas, tales probanzas por sí solas tienen el valor de prueba plena mientras no se demuestre lo contrario.

También tiene aplicación la tesis jurisprudencial número 226, Tomo VI, Parte Suprema Corte de la Nación, Apéndice de 1995, Pleno, Quinta Época, página 153, del rubro y texto:

"**DOCUMENTOS PUBLICOS, CONCEPTO, Y VALOR PROBATORIO.**- Tienen ese carácter los testimonios y certificaciones expedidos por funcionarios públicos, en el ejercicio de sus funciones, y por consiguiente, hacen prueba plena".

2339

Foja 2339, en la que el propio MP señala que *El Chapo* se fugó a las 9:30 de la noche.

supuesta maniobra del carrito de lavandería. Sin embargo, al mismo tiempo la PGR asevera que Guzmán Loera se fugó del penal a las 21:30 horas.[30] Un hecho descarta el otro: la contradicción hace imposible que *El Chapo* se haya salido con Camberos Rivera.

Lo que realmente ocurrió esa noche es que a las 21:30 horas, *El Chapo*, Valencia Fontes y Vázquez Méndez salieron del pasillo del nivel 1B caminando. Vázquez Méndez llevaba cargando un colchón doblado a la mitad y una sábana blanca de las que usan los internos para dormir. El guardia Antonio Díaz Hernández los observó e intrigado por su comportamiento los siguió sigilosamente. Los tres presos entraron en el cubículo médico, donde habitualmente despachaba el doctor Velázquez; el acceso a esa área, localizada a un lado de la ropería cerca de la salida del penal, estaba prohibido para los internos.[31] A un lado de la puerta dejaron el tercer carro de lavandería. Cuando Díaz Hernández fue llamado a declarar ante el ministerio público sobre el caso de la fuga de *El Chapo*, testificó que vio a Guzmán Loera a esa hora y que era imposible que el capo hubiera podido llegar caminando hasta ahí desde el módulo. Afirmó que la única forma en que pudo haber salido hasta el cubículo médico fue a través del carro de lavandería. "Seguramente utilizó el colchón para amortiguar el brincoteo del carro y hacer menos ruido", afirmó el guardia.[32]

Después de unos segundos, Valencia Fontes y Vázquez Méndez abandonaron el cubículo; Guzmán Loera no salió. Díaz Hernández se escurrió por la puerta del cubículo de seguridad y observó

[30] Ampliación de declaración ministerial Juan Gerardo López Hernández, 27 de enero de 2001, causa penal 16/2001-III. Foja 2339 de la causa penal 2339, referente a la diligencia practicada por el ministerio público llevada a cabo el 12 de febrero de 2001, denominada "Fe ministerial de documentos".

[31] Declaración ministerial de Antonio Díaz Hernández, 21 de enero de 2001, causa penal 16/2001-III.

[32] *Ibid.*

que los dos acompañantes de *El Chapo* se quedaron en la entrada del área médica y montaron una especie de vigilancia para que nadie pasara. El guardia permaneció sentado en el cubículo de seguridad desde donde se veía la entrada del área médica. Su turno en esa sección terminó a las 21:55 horas y el siguiente lo cumpliría en el módulo 7. Cuando se fue del cubículo de seguridad, aún estaban Valencia Fontes y Vázquez Méndez haciendo guardia. A esa misma hora Jesús Vizcaíno Medina, Juan José Pérez Díaz y Miguel Ángel Leal Amador se dirigieron al dormitorio A para cumplir con la instrucción de reubicar a Guzmán Loera en el Centro de Observación y Clasificación, pero no lo encontraron. Estaba en el área médica, donde a nadie se le ocurrió buscar, de acuerdo con las declaraciones.

Alerta máxima

A las 22:30 horas Vizcaíno Medina tocó a la puerta de la oficina del director Beltrán Santana:

—Joaquín Guzmán Loera no está en su celda —dijo el comandante visiblemente alterado.

—Que se movilice todo el personal en funciones apoyado por el personal que está de descanso. Que hagan una revisión exhaustiva en todas las áreas del módulo 3 —ordenó Beltrán Santana tranquilo, no parecía sorprendido con la noticia.

Mientras mandaba a su gente a realizar la búsqueda, él se fue al centro de control para supuestamente verificar el operativo y recibir noticias. Jamás se dio la alerta de fuga.[33]

[33] Ampliación de declaración ministerial de Juan José Pérez Díaz, 25 de enero de 2001.

Hasta pasada la una de la mañana del 20 de enero, Beltrán Santana llamó a Enrique Pérez Rodríguez, director general de Prevención y Readaptación Social, para notificarle la desaparición del capo, y éste le dio órdenes de seguir buscando. No hubo éxito. A las dos de la mañana Beltrán Santana le notificó a la delegación de la PFP en Jalisco lo que estaba ocurriendo. Veinte minutos después llamó a la zona militar, y luego a la delegación de la PGR.[34] A esa misma hora los comandantes Juan José Pérez Díaz y Jesús Vizcaíno Medina reunieron a todos los oficiales de prevención en el interior del penal.[35]

—No comenten nada de lo de allá adentro porque esas gentes nos pueden matar, y a nuestras familias también —dijo Vizcaíno pidiendo la ley del silencio—. Si a alguno le toca caer pues ni modo, es mejor que meterse con esa gente.

—¡Que caiga el que hizo esa chingadera, yo no tengo por qué pagar lo que hicieron otras personas —protestó Víctor Manuel Godoy Rodríguez

—No te metas en broncas, simplemente reporta que todo estuvo en orden —le sugirió Vizcaíno Medina.

Beltrán Santana volvió a telefonear a Pérez Rodríguez como a las tres de la mañana para reiterarle que Guzmán Loera no aparecía. Hasta ese momento fue cuando Pérez Rodríguez le llamó a Tello Peón para darle la noticia. Le marcó a su celular, a su oficina y a su casa, pero no tuvo suerte. Era viernes. Finalmente lo localizó en el teléfono celular de su esposa. Lo único que Tello Peón le dijo es que le iba a informar al secretario de Seguridad Pública, Alejandro Gertz Manero, y que le llamaría en media hora. Pérez

[34] Declaración ministerial de Leonardo Beltrán Santana, 20 de enero de 2001, causa penal 16/2001-III.

[35] Declaración ministerial de Víctor Manuel Godoy Rodríguez, 26 de enero de 2001.

Rodríguez instruyó a Beltrán Santana para que le llamara también en media hora más. Pasado ese tiempo, el director de Puente Grande volvió a llamar a Pérez Rodríguez y le informó que el interno no había aparecido y que ya había hecho del conocimiento de las autoridades correspondientes su ausencia.

Tello Peón no se comunicaba, actuaba como si no le importara, o tal vez como si estuviera esperando algo. El teléfono del subsecretario del sistema penitenciario volvió a timbrar: Pérez Rodríguez llamaba de nuevo. Eran más o menos las cuatro de la mañana cuando Tello Peón le indicó al director de Prevención que se presentara en una hora y media en el hangar de la PFP en la ciudad de México, para que juntos se trasladaran a Puente Grande. En la terminal aérea, Jorge Tello, Pérez Rodríguez, Nicolás Suárez Valenzuela, Humberto Martínez, Octavio Campos y dos personas más de la PFP cuyos nombres no son identificados abordaron un avión de esa dependencia policiaca.

Jorge Tello Peón se presentó en Puente Grande hasta las siete de la mañana del 20 de enero. Desde temprano la noticia de la fuga comenzó a difundirse en los medios de comunicación y no tardó en llegar a oídos de Vicente Fox, quien se enteró del suceso por medio de su portavoz Marta Sahagún. A los pocos minutos, Alejandro Gertz Manero les confirmó el hecho y les comunicó que según la versión que Tello Peón le dio, Guzmán Loera se había escapado en un carrito de lavandería por la puerta para sacar la basura. Sin embargo, asesores de Los Pinos que conocían los sistemas de los penales federales de máxima seguridad le dijeron enseguida al presidente Fox que eso no era posible ya que había sensores de calor y movimiento.

El secretario de Seguridad Pública ordenó que elementos de la PFP asumieran el control de la vigilancia externa en Puente Grande. En tanto, Rafael Macedo de la Concha, procurador general de la República, había girado instrucciones para que desde la madrugada se trasladaran a Guadalajara el director de la PJF, Genaro García Luna, el director de la UEDO, José Trinidad Larrieta Carrasco, y dos grupos de élite para realizar operativos desde Jalisco hasta la frontera norte en busca de Guzmán Loera. En una conferencia de prensa realizada el 20 de enero, Tello Peón explicó que las primeras investigaciones indicaban que *El Chapo* "requirió de apoyo por parte de las estructuras del centro penitenciario, lo que evidencia una traición a la dependencia. Se trata de una conspiración delictiva", afirmó el funcionario con todo el cinismo, a pesar de todo lo que él había contribuido a la salida del capo. "Hay señalamientos muy marcados respecto de quiénes pudieron haber participado en la evasión del dirigente del cártel de Sinaloa",[36] añadió. Desde luego, él no se puso a sí mismo en la lista negra.

El mismo día el director de Puente Grande, Leonardo Beltrán Santana, y 33 custodios que estaban de turno fueron sometidos a arraigo por su presunta participación en la evasión del capo. Jaime Fernández López fue nombrado director interino del centro penitenciario. Todos los videos de la visita de Tello Peón al penal de máxima seguridad, hasta el operativo instrumentado el 20 de enero, fueron borrados.[37] Pese a todos los obstáculos, en la medida en que se desahogaron las declaraciones ministeriales, la verdad salió a flote.

A las 11 de la mañana del 9 de febrero de 2001 el comandante Antonio Aguilar Garzón declaró ante el ministerio público de la UEDO lo que había constatado personalmente en Puente Grande: una historia de complicidad, corrupción y encubrimiento

[36] *La Jornada*, 21 de enero de 2001.

[37] Ampliación de declaración ministerial de Juan Carlos Sánchez Castillo, 9 de febrero de 2001. Declaración ministerial de Guillermo Paredes Torres, 27 de enero de 2001, causa penal 16/2001-III.

desde la subsecretaría de Seguridad Pública encabezada por Jorge Tello Peón desde principios de 1999. En esa confabulación también estaban involucrados el director general de Prevención y Readaptación Social Miguel Ángel Yunes, quien había ocupado ese puesto de abril de 1999 a abril de 2000; el subdirector de Prevención y Readaptación Social y luego director general Enrique Pérez Rodríguez, y el director de Puente Grande Leonardo Beltrán Santana. De la misma manera, Aguilar Garzón expuso cómo había sido relevado de su cargo en el Cefereso después de haber denunciado el control que ejercían Guzmán Loera y sus amigos en la prisión. Existen testimonios de guardias que aseguraron haber escuchado que *El Chapo* presumía que él había ordenado que Aguilar Garzón no regresara al penal.

El 17 de febrero de 2001 también fue llamado a declarar —de forma tardía— Felipe Leaños Rivera, el primer guardia que tuvo el valor de denunciar la corrupción en Puente Grande que la Subsecretaría de Seguridad Pública solapaba. Leaños Rivera reveló que la CNDH había hecho caso omiso de la queja que presentara desde principios de 2000 por las presiones que ocurrían en el penal por no querer formar parte de la "Nómina Bital", donde estaban muchos de los custodios. El crudo testimonio inculpaba principalmente a Enrique Pérez Rodríguez y Leonardo Beltrán Santana.

Desde el 20 de enero, Guadalupe Morfín se había presentado valientemente a declarar ante el ministerio público: "Quiero denunciar hechos posiblemente constitutivos de delito", así iniciaba su testimonio. La ombudsman jalisciense narró cómo la CNDH encabezada por José Luis Soberanes pretendía archivar las quejas sobre corrupción y hostigamiento laboral en Puente Grande. Además de confirmar que Pérez Rodríguez y Beltrán Santana tenían conocimiento de las irregularidades, Morfín acusó la extraña conducta de Tello Peón al investigar los abusos en la prisión. "Pido que se garantice la integridad de los custodios que confiaron en la CEDHJ, pues un deber de todo Estado democrático de derecho es proteger a los servidores públicos que demostraron honestidad", dijo en su declaración ministerial la ombudsman de Jalisco. El 2 de febrero la abogada entregó copia de una serie de documentos que probaban su dicho. Sin embargo, de poco o nada sirvieron sus testimoniales y documentos: las averiguaciones se enfocaron sólo en la corrupción de abajo —Beltrán Santana y los custodios coludidos—, pero nunca se investigó ni arraigó a los que formaron parte de la corrupción de arriba, los que tenían el poder para impedir o ejecutar la fuga de *El Chapo* Guzmán. Así, las investigaciones realizadas por la PGR y la PJF se volvieron una farsa. Una de las explicaciones es que el nuevo titular de la PJF, García Luna, era uno de los más fieles subalternos de Tello Peón, con quien trabajaba desde 1989.

El servilismo y la conveniente lealtad de García Luna a sus jefes, no a las instituciones, lo hacían el hombre más adecuado para conducir las investigaciones sobre la fuga de Guzmán Loera. Durante casi un mes Tello Peón y Pérez Rodríguez durmieron tranquilos. Nadie los molestó ni los interrogó, formaban parte de los que investigaban y no de los investigados. Fue hasta después de que Aguilar Garzón se presentó en el ministerio público cuando los dos funcionarios fueron llamados a declarar a la UEDO; sin embargo, ese citatorio simplemente pretendía cuidar las formas, porque acudieron en calidad de testigos y no de inculpados.

Enrique Pérez Rodríguez rindió su declaración el 11 de febrero de 2001. Desde hacía por lo menos dos años, a él le constaban directamente todas las arbitrariedades que ocurrían en Puente Grande. Estuvo presente cuando el comandante Miguel Ángel Cambrón intentó meter su maleta llena de cosas prohibidas para los tres capos y no lo sancionó. Muchas veces el comandante Aguilar Garzón le sugirió a Pérez Rodríguez que cambiara de prisión a *El Chapo*, *El Güero* y *El Texas*, pero nunca le hizo caso. El funcionario público responsable directo de las cárceles federales del país, al intentar justificarse, implícita e involuntariamente terminó reconociendo con sus dichos que, a pesar de los señalamientos hechos por los guardias, no tomó a tiempo las medidas para evitar que esa situación continuara. Pero al parecer el ministerio público no tomó nota de sus contradicciones y de su tácito reconocimiento de culpa.

En relación con su visita a Puente Grande el 19 de enero de 2001, Pérez Rodríguez dijo que en la reunión que sostuvieron con el licenciado Leonardo Beltrán Santana, el director del penal "jamás hizo alusión a que existieran indicios, sospechas o rumores de un evento de fuga de internos, por lo que los presentes no tuvimos ningún conocimiento previo de los hechos", se justificó. La UEDO y el ministerio público nunca confrontaron al director general de Prevención y Readaptación Social contra las cinco declaraciones claras y contundentes que había en su contra por parte de Aguilar Garzón, Leaños Rivera, Ríos Peralta, Moreno Chávez y Morfín Otero.

Por su parte, Jorge Tello Peón se presentó a declarar ante la UEDO la tarde del 12 de febrero de 2001. Veinticuatro días después de la fuga. Si sus mentiras fueran ladrillos habría levantado una pared. El subsecretario afirmó que en las reuniones con los visitadores de la CNDH, Joel René García Cervantes y José Mario Severiano Morales, no se encontró alguna irregularidad: "El licenciado Enrique Pérez Rodríguez, director general de Prevención y Readaptación Social, informó que durante las actuaciones se pudieron verificar algunos dichos de los quejosos que no resultaron ciertos y señaló que los funcionarios de la CNDH habían escuchado a los quejosos ante las autoridades penitenciarias y que en ese momento no encontraron elementos que pudieran ser constitutivos de algún delito". Por si eso fuera poco, el funcionario señaló que durante la visita que realizó al penal por instrucciones de Gertz Manero, lo único que había detectado eran "ostensibles indicios de desorden por la falta de limpieza y mantenimiento". De tal forma, solamente había dispuesto la reubicación de Joaquín Guzmán Loera, Héctor Palma Salazar y Arturo Martínez Herrera, porque hasta ese momento él no contaba "con información concreta sobre una posible fuga".

Aproximadamente hacía un año que los elementos del Cisen adscritos a Puente Grande habían detectado el control que los tres capos ejercían en la prisión, gracias a las grabaciones que realizaban en muchas áreas del Cefereso, incluyendo las de visitas íntimas. En los encuentros con sus amantes, *El Chapo* solía revelar sus planes. Con meses de anticipación le confesó a Zulema Yulia y a Yves Eréndira que se iría del penal aun cuando le quedaba una condena por cumplir y procesos abiertos que le pronosticaban por lo menos 20 años más de encierro.

Jorge Tello Peón no volvió a ser molestado por la PGR. A fines de febrero de 2001 dimitió del cargo de subsecretario de Seguridad Pública argumentando "motivos personales". Su renuncia fue noticia durante algunos días y luego la prensa lo olvidó. Al mes siguiente se convirtió en el vicepresidente de información de Cemex, una de las empresas cementeras mexicanas más importantes del mundo.

Enrique Pérez Rodríguez también renunció un mes después. Ninguno de los dos funcionarios fue considerado responsable por parte de la UEDO pese a todas las declaraciones ministeriales que los incriminaban. Todo el peso de la ley cayó sobre el director del penal, Leonardo Beltrán Santana, el subdirector Luis Francisco Fernández Ruiz y otros 61 funcionarios de menor nivel que fueron privados de la libertad desde el 20 de enero de 2001. Tres de ellos obtuvieron su libertad casi de manera inmediata por falta de pruebas, y 59 quedaron bajo proceso. También se fincaron responsabilidades a *El Güero* Palma y a *El Texas* por cohecho, delincuencia organizada y evasión de preso. El premio a la honestidad y valentía de Aguilar Garzón consistió en enviarlo al Centro Federal de Readaptación Psicosocial en junio de 2001.

El show de *El Chito*

A las dos de la tarde del 5 de septiembre de 2001, Francisco Javier Camberos, *El Chito*, se presentó sin previo aviso en las oficinas del abogado José Antonio Ortega en la colonia del Valle de la ciudad de México. Con su característico aspecto de soldado raso, vestido con una camisa a cuadros y pantalón de mezclilla, el mandadero de *El Chapo* afirmó que temía por su vida y quería entregarse a la justicia. Camberos Rivera sabía demasiado sobre la evasión de Guzmán Loera y a nadie le convenía que hablara. El tema sobre la fuga comenzaba a calentarse demasiado porque los testimonios de los custodios contradecían la versión oficial. En realidad Guzmán Loera le había pedido a su asistente que se entregara y contara la historia del carrito de lavandería: era lo más apropiado para todos.

José Antonio Ortega era ni más ni menos que el abogado del gobierno de Jalisco y del cardenal Juan Sandoval Íñiguez. Además, durante años ha sido uno de los principales investigadores del caso del homicidio del cardenal Juan Jesús Posadas Ocampo, en el que se dijo había estado implicado Joaquín Guzmán Loera. "*El Chito* estuvo aquí parado, decía que tenía miedo de que lo fueran a matar", narró Ortega en una entrevista para esta investigación. Afirmó que con el propósito de salvaguardar la seguridad de *El Chito* pidió la presencia de la CNDH para que testificara su estado de salud. Más tarde llegaron cuatro elementos de la PFP vestidos de negro y con pasamontañas. Los oficiales escoltaron a *El Chito* hasta la salida del despacho, lo subieron a un una camioneta tipo van y se retiraron del lugar.[38]

Camberos Rivera terminó de completar la farsa. Con un croquis gigante bajo el brazo para explicar cómo ayudó a escapar a *El Chapo*, Francisco Javier Camberos Rivera asumió con voz entrecortada la responsabilidad de la fuga del jefe del cártel de Sinaloa.[39] "Nadie me ayudó, sólo yo soy el responsable del favor que le hice a el señor", confesó ante el juez cuarto de distrito del Reclusorio Oriente, José Mario Machorro Castillo, quien llevaba la causa penal. Durante la declaración de *El Chito* estuvieron presentes los 59 ex custodios y funcionarios del penal que figuraban como sus coacusados, así como los más de 20 abogados defensores, incluyendo el suyo. La puesta en escena duró más de cuatro horas.

"Yo también soy mexicano, y me parece injusto que las autoridades de México hagan lo que quieran. El señor [Joaquín Guzmán Loera] me había platicado que él ya había pagado sus culpas y que aun así lo querían llevar a Estados Unidos —señaló *El Chito* agregando un tono de dramatismo a la escena—: no hubo plan para la fuga, fue momentánea [*sic.*]." Camberos Rivera se echó la soga al cuello pero salvó a los altos funcionarios y ex funcionarios de la SSP que ya empezaban a preocuparse por el rumbo que había tomado el caso.

El Chito mostró en una cartulina un croquis gigante del penal de máxima seguridad de Puente Grande que se supone él mismo había trazado. La idea era explicar gráficamente cómo ayudó a escapar a *El Chapo*. Camberos Rivera afirmó que con el capo a bordo del carrito cruzó por siete diamantes de seguridad hasta llegar a la aduana de salida. Asimismo reveló que a las 19:28 horas sacó a

[38] *Reforma*, 6 de septiembre de 2001.
[39] *El Universal*, 22 de octubre de 2001.

El Chapo del penal. Al terminar su agotador montaje, a Camberos Rivera todavía le quedaban ganas de bromear: "Yo ya me quiero ir, tráiganme un carrito para salirme, no, mejor traigan un tráiler para sacar a todos", dijo haciendo reír a su audiencia. La declaración de *El Chito* hizo respirar a muchos. Los responsables de aplicar la justicia la dieron como buena aunque se hubiera tratado de una mala mentira bien contada.

Con todo, no hay una sola prueba que respalde la versión de que *El Chito* llevó a Guzmán Loera en un carro de lavandería hasta el estacionamiento del penal. Al contrario, en el expediente hay elementos que la desmienten. Uno de ellos es el contundente hecho de que *El Chapo* fue visto dentro del penal después de la salida de su ayudante. Actualmente *El Chito* purga una sentencia de 25 años de prisión en el Reclusorio Oriente de la ciudad de México. Durante cinco años, afirman sus compañeros de la cárcel, Guzmán Loera mandó dinero para su manutención. Después ya no volvió a acordarse de él. ¿Cómo se fugó realmente *El Chapo* de Puente Grande? Tal vez ni siquiera el propio Camberos Rivera lo sepa. De cualquier forma a estas alturas tampoco lo podría recordar, ya que vive enajenado en las drogas.

Impunes

Pese a los contundentes testimonios en su contra, en enero de 2002 un tribunal federal absolvió a los narcotraficantes Héctor *El Güero* Palma y Arturo Martínez *El Texas* del delito de evasión de reos por la fuga de Joaquín *El Chapo* Guzmán. El tribunal argumentó "falta de pruebas", y además les revocó el delito de delincuencia organizada.[40] En abril de ese mismo año el caso de la evasión de Guzmán Loera dio nuevamente de qué hablar

[40] *Reforma*, 5 de enero de 2002.

cuando el juez cuarto de distrito, José Mario Machorro, con sede en el Reclusorio Oriente, citó a Enrique Pérez Rodríguez y a Jorge Enrique Tello Peón a declarar en calidad de testigos a petición de la defensa de algunos de los guardias acusados. Sin embargo ninguno se presentó a la diligencia. Pérez Rodríguez fue multado, y al ex subsecretario de Seguridad Pública nunca lo pudieron localizar para informarle a tiempo sobre el citatorio. Aun así, el juez insistió en que comparecieran ante el juzgado.

El ex subsecretario de Seguridad Pública se presentó a declarar el 29 de abril de 2002. Una vez más, mintió para evadir su responsabilidad. Tello Peón afirmó ante el juez Machorro que el Cisen —del cual fue responsable durante los dos años previos a la fuga, los cuales coinciden con el tiempo en que los capos tomaron el control del penal— no tenía monitoreada la prisión de Puente Grande.[41] Eso era falso, ya que existen decenas de testimonios de guardias y directivos del penal en todo el expediente de la fuga en los que incluso identifican a los miembros del Cisen por sus nombres, uno de ellos era Carlos Arias. Señalan específicamente que entre las tareas del personal del Cisen estaba grabar las conversaciones de los internos, y que sus oficinas se ubicaban en los niveles B y C del penal.

Jorge Tello Peón declaró que la Coordinación de Inteligencia de la PFP —entonces a cargo de Genaro García Luna— fue la única que vigilaba el penal, pero nunca tuvo informes previos de la fuga.[42] Tello Peón sabía que García Luna, su eterno subalterno, era uno de los responsables de la investigación sobre la fuga, y no había forma de que se investigara a sí mismo. Se trataba de un deslinde perfecto. En el interrogatorio de 18 preguntas también se le cuestionó a Tello Peón por qué el 19 de enero de 2001

[41] *Reforma*, 18 de julio de 2002.
[42] *Ibid.*

había ordenado "de manera inmediata" la reubicación de celdas para *El Chapo*, *El Güero* y *El Texas*. El ex funcionario explicó que el 16 y el 17 de enero de ese año personal de la CNDH y de la dirección de reclusorios había efectuado una inspección a raíz de la queja de unos custodios sobre supuestos hechos de corrupción en el penal. Pero que después los custodios se había retractado de sus denuncias.[43] Esa declaración de Tello Peón también fue falsa. Los custodios no sólo no se retractaron sino que se entrevistaron directamente con la ombudsman de Jalisco, Guadalupe Morfín. Tello Peón se limitó a explicar que para evitar problemas había instruido que se reubicara a los narcotraficantes. Y reiteró: "No hubo durante la reunión [del 19 de enero en Puente Grande] ninguna información concreta sobre una posible fuga". Enrique Pérez Rodríguez declaró el mismo día. El juez Machorro escuchó un guión idéntico: el director general de Prevención y Readaptación Social nunca tuvo conocimiento de que *El Chapo* estuviera planeando su fuga.

Al final, sólo había una posibilidad real de que Tello Peón y Pérez Rodríguez fueran implicados en la fuga de Guzmán Loera: el testimonio de Antonio Aguilar Garzón. El militar retirado fue llamado a declarar por la defensa de los guardias y directivos de Puente Grande que estaban presos. Sin embargo, el mayor ya no se pudo presentar: en mayo de 2002 murió en un extraño accidente carretero cuando viajaba rumbo a su trabajo por la autopista México-Cuernavaca.

Después de la fuga de *El Chapo*, Felipe Leaños Rivera, el primer funcionario del penal que denunció la corrupción, se quedó en Puente Grande y llegó a ser el comandante del sector A. Sin embargo, de acuerdo con una solicitud de información pública hecha

[43] *Ibid.*

para esta investigación, el 15 de mayo de 2007 fue el último día que se presentó a trabajar. La SSP federal "desconoce el motivo", pero sus ex compañeros afirman que fue encontrado muerto dentro de un costal en una colonia de Guadalajara. Del otro guardia que presentó la queja, el maestro normalista Claudio Ríos Peralta, el dato más reciente que se conoce es que en abril de 2009 era comandante del penal de Puente Grande.

En enero de 2005 Luis Francisco Fernández Ruiz, el ex subdirector del penal, concedió una entrevista desde el Reclusorio Oriente del Distrito Federal para *La Revista* del periódico *El Universal*. Estaba a punto de cumplir cinco años en prisión y aún no recibía una sentencia.[44] En aquella ocasión Fernández Ruiz reiteró lo que había declarado ante el ministerio público en 2001, esto es, que Miguel Ángel Yunes Linares fue el que lo invitó a trabajar a los penales federales de máxima seguridad. Asimismo habló sobre *El Chapo*, lo describió como un hombre muy limpio en su persona y con actitud retraída. El capo, dijo, nunca actuaba de forma prepotente o grosera, "era inteligente, muy inteligente". Fernández Ruiz comentó que *El Chapo* leía mucho sobre historia de México y "tenía una conversación amena sobre el tema"; también estaba muy interesado en la antigua geografía de México, cuando el territorio nacional llegaba hasta California.

El ex subdirector aseveró que él no había tenido nada que ver con la fuga de Guzmán Loera. "Después de que se dio la alerta, la Policía Federal tomó el control del penal. Nos encerraron a todos en un salón y entró gente con pasamontañas y armados", relató Fernández Ruiz. Su abogado defensor Eduardo Sahagún subrayó que la PGR siempre negó una inspección y una reconstrucción de la fuga en el penal para deslindar responsabilidades y conocer

[44] *La Revista*, *El Universal*, 9 de enero de 2006. La entrevista fue realizada por la autora.

por dónde había salido realmente *El Chapo*. Después de aquella entrevista, al poco tiempo Fernández Ruiz obtuvo un amparo que le permitió seguir su proceso penal afuera de la cárcel.

Al cumplirse nueve años de la fuga de Joaquín *El Chapo* Guzmán, en 2010 sólo quedan en la cárcel seis de los 62 procesados por la evasión del capo sinaloense, sin embargo, se trata de un caso donde 95 por ciento de los sospechosos fue declarado culpable.[45] Uno de los casos más escabrosos es el de Leonardo Beltrán Santana. Durante poco más de nueve años, el ex director de Puente Grande fue inquilino de la zona VIP del Reclusorio Oriente de la ciudad de México. Alto, delgado, con el pelo cano, ojos cansados tras los anteojos, siempre fue muy discreto. Pagó en silencio su cuota de cárcel y jamás echó de cabeza a los que verdaderamente habían orquestado y concretado la fuga del capo que hoy tiene asolado al país en un clima de violencia incontrolable. En 2009, el Quinto Tribunal Colegiado Penal del Distrito Federal condenó al ex funcionario a 18 años y nueve meses de prisión, y ordenó al Cuarto Tribunal Unitario Penal volver a emitir una sentencia. Este último órgano judicial, a pesar de las pruebas y evidencias conocidas en contra de Beltrán Santana, redujo la condena a 11 años, cuatro meses y 29 días.[46] A la postre, el 24 de junio de 2010 Beltrán Santana dejó el Reclusorio Oriente. No requirió fugarse, ¿para qué? Fue liberado por el Órgano Administrativo Desconcentrado de Prevención y Readaptación Social federal por órdenes del secretario de Seguridad Pública federal, Genaro García Luna.[47]

[45] *Reforma*, 19 de enero de 2010.

[46] *Ibid*.

[47] De acuerdo con el Reglamento del Órgano Administrativo Desconcentrado de Prevención y Readaptación Social Federal publicado el 6 de mayo de 2002 en el *Diario Oficial*, dicho organismo depende de la SSP y el secretario es quien nombra y releva del cargo al comisionado que lo preside. El artículo

Se solicita asesor con experiencia en narcotráfico

En 2006, Jorge Tello Peón regresó al ámbito de la función pública durante la etapa de transición del gobierno de Vicente Fox al de Felipe Calderón, quien por alguna razón lo quería como secretario de Seguridad Pública federal. La sombra de la fuga del principal capo del país parecía no disminuir los ánimos del presidente electo hacia el empleado de Cemex. En aquella época corrían los rumores de que Genaro García Luna se convertiría en el titular de la PFP: su desastroso papel en la PJF, que después convirtió en la Agencia Federal de Investigaciones (AFI), no le pronosticaba un mejor lugar. Cauteloso, Tello Peón pretextó que por motivos de salud, aparentemente un cáncer irreparable, no podía tomar ese puesto, pero empujó al siempre servil García Luna para que lo ocupara. Finalmente, el 30 de noviembre de 2006 Felipe Calderón anunció que Genaro García Luna sería el encargado de la SSP.

Dos años más tarde, Jorge Tello Peón aceptó volver a la función pública. El 19 de octubre de 2008 el presidente lo nombró su asesor en la falsa guerra contra el narcotráfico. Ahora bien, ¿cuál era la ganancia de Tello Peón al aceptar ese cargo? ¿Por qué regresar a la esfera política en medio de una supuesta guerra donde *El Chapo* Guzmán era uno de los protagonistas? Algo es claro: no fue por el sueldo, pues, de acuerdo con la Presidencia de la República, Tello Peón no cobró un solo peso por su "asesoría".[48] Para esta investigación se solicitó a la Presidencia una copia del producto

---

8 señala que si bien el comisionado es el responsable de firmar los oficios de libertad anticipada, prelibertad o revocación de los beneficios establecidos por las leyes respectivas para internos sentenciados del fuero federal, esto sólo lo puede hacer cumpliendo con las políticas fijadas por el secretario, en este caso, Genaro García Luna.

[48] Respuesta dada por la Presidencia de la República a la solicitud de información núm. 0210000024909, hecha por la autora el 4 de marzo de 2009.

del trabajo desempeñado por Tello Peón, pero se negaron a proporcionarlo. Acaso la materia en la que asesoraba a Calderón era inconfesable. El hecho es que los consejos del ex subsecretario de Seguridad Pública, cualesquiera que hayan sido, no contribuyeron a ganar la "guerra". La violencia se recrudeció.

Al año siguiente, el 25 de marzo de 2009 Jorge Tello Peón se convirtió en el secretario ejecutivo del Sistema Nacional de Seguridad Pública, que dependía de García Luna. El alumno superó al maestro. Naturalmente, Genaro García Luna había cambiado mucho desde aquellos años en los que evitó que Tello Peón fuera investigado por la fuga de *El Chapo*. Ahora no necesitaba de nadie. Su cercanía con Felipe Calderón le daba un poder inconmensurable. Cuando hombres como García Luna tienen que aguantar humillaciones de sus jefes para ascender, una vez que están arriba, su único deseo es aplastar a sus propios mentores.

Lo primero que hizo Tello Peón fue intentar deslindarse de García Luna, incluso negó que él lo hubiera recomendado con el presidente. Su criatura había crecido más de la cuenta. Sin embargo, después de unos meses bajo el yugo del titular de la SSP, desesperado por la prepotencia de García Luna, Tello Peón se replegó, pidió su cambio y se lo concedieron. En la víspera de la Navidad de 2009, el guanajuatense Juan Miguel Alcántara, amigo de Felipe Calderón, ocupó el puesto de Tello Peón, y éste fue nombrado secretario técnico del gabinete de seguridad y secretario técnico del Consejo de Seguridad Nacional.[49]

FUGAS EN VENTA, PLAZA EN DISPUTA

A principios de 2009, desde su encierro en la cárcel de máxima seguridad conocida como penal del Altiplano, en Almoloya,

[49] Presidencia de la República, comunicado del 23 de diciembre de 2009.

Estado de México, el otrora capo Miguel Ángel Félix Gallardo le concedió una entrevista por escrito al periodista Diego Enrique Osorno. En el testimonio de *El Jefe de Jefes* hay un dato fundamental que sitúa en su justa dimensión la fuga de Guzmán Loera, quien varios años antes había sido su subalterno en la organización del Pacífico: "Funcionarios de alto nivel vinieron al Altiplano a ofrecer una fuga y se entrevistaron con varios internos famosos, nadie aceptó la propuesta. Posteriormente en entrevista con Fidel Alonso Ceballos[50] se le dijo: 'Señor director, no nos dé *carrilla*, aquí se ofreció la fuga y nadie la quiso'. Él [Alonso Ceballos] escuchó y posteriormente nos dijo: 'Ya pasé el informe a mis superiores'", reveló Miguel Ángel Félix Gallardo.

Hay presos del penal de máxima seguridad del Altiplano que afirman que uno de esos funcionarios públicos que les propuso "fugarse" de la cárcel fue Miguel Ángel Yunes Linares. El político veracruzano habría planteado la oferta antes de que terminara el sexenio de Ernesto Zedillo, cuando aún era coordinador de asesores del secretario de Gobernación, Diódoro Carrasco, otro priísta de pura cepa recién convertido al PAN. Y bien, ¿qué pasó con los malos manejos que los reclusos le imputaban al director del Altiplano? Como siempre, las acusaciones incómodas quedaron en el aire.

En 2004 Miguel Ángel Yunes renunció al Revolucionario Institucional y la líder del Sindicato Nacional de Trabajadores de la Educación (SNTE), Elba Esther Gordillo, le consiguió un buen puesto en las áreas de seguridad del país. A pesar de sus malos antecedentes como director general de Prevención y Readaptación Social, el 1° de enero de 2005 Yunes Linares fue nombrado subsecretario de Prevención y Participación Ciudadana de la SSP

[50] Director general del penal de máxima seguridad del Altiplano de octubre de 2000 a enero de 2003.

federal, y en 2006 Vicente Fox lo designó secretario ejecutivo del Sistema Nacional de Seguridad Pública otorgándole aún más poder en ese ámbito. Contra todos los pronósticos, Yunes sobrevivió al cambio de sexenio. Alguna utilidad le habrá visto Felipe Calderón, quien el 1° de diciembre de 2006 lo nombró director del Instituto de Seguridad y Servicios Sociales de los Trabajadores del Estado (ISSSTE). Posteriormente, en junio de 2008, Yunes se afilió al PAN y se protegió con el manto azul.

Recordemos que cuando *El Chapo* se evadió del penal de Puente Grande, Miguel Ángel Yunes ya no era director de Previsión y Readaptación Social a nivel federal, sino que ese puesto lo ocupaba Enrique Pérez Rodríguez, su ex secretario particular desde que aquél dirigía la Secretaría de Gobierno de Veracruz, sin embargo, se dice que Yunes estuvo al tanto de los insistentes avisos de una eventual fuga. Pérez Rodríguez esperó un tiempo prudente para volver a la función pública después de la evasión de Guzmán Loera. Y cuando lo hizo fue de manera muy discreta, casi imperceptible, al lado de su amigo y ex jefe. En febrero de 2007 Yunes lo colocó como delegado del ISSSTE en el Distrito Federal. Después lo mandó de avanzada a la delegación de Veracruz.

A principios de 2010 Miguel Ángel Yunes pidió licencia a su cargo de titular del ISSSTE y fue designado candidato de Acción Nacional —en coalición con el partido Nueva Alianza de Elba Esther Gordillo— para la gubernatura de Veracruz en las elecciones del 4 de julio de 2010. Contra todo pudor, Miguel Ángel Yunes integró a Enrique Pérez Rodríguez a su equipo de precampaña, y luego de campaña en el área de coordinación operativa, por lo cual el delegado del ISSSTE en Veracruz renunció a su cargo el 16 de marzo de 2010 para abocarse de lleno al encargo que le hacía su amigo. Durante la competencia electoral, Miguel Ángel Yunes fue cuestionado por la prensa sobre su relación con Pérez Rodríguez y los vínculos de éste con la fuga de Joaquín Guzmán

Loera.[51] Yunes se negó a responder alegando que él ya no opinaba sobre temas de seguridad, sino únicamente sobre cuestiones sociales. En suma, la impunidad sobre el caso de la fuga de *El Chapo* en Puente Grande explica la protección que el capo recibió desde el inicio de la administración de Vicente Fox.

A fin de cuentas, la contienda por la gubernatura de Veracruz se convirtió en algo más que una lucha entre el PRI y el PAN. Muchos afirmaban que en el fondo se trataba de una pelea entre los cárteles de la droga para apoderarse de la plaza. Históricamente, Veracruz ha sido considerado territorio del cártel del Golfo, que en la actualidad dirige Ezequiel Cárdenas Guillén, el hermano del temido Osiel. El cártel de Sinaloa le disputa el dominio sobre la región desde hace meses. Yunes Linares no ganó la gubernatura de Veracruz.

Protección oficial

En mayo de 2006 la DEA obtuvo valiosa información sobre las redes del narcotráfico en México, después de que logró infiltrarse en una célula de la organización de Ignacio Coronel Villarreal, uno de los principales socios del cártel de Sinaloa y amigo de Guzmán Loera. De acuerdo con información proporcionada por la agencia antidrogas estadounidense,[52] en aquel año varios oficiales investigaban los pormenores de una historia en la que se

[51] En marzo de 2009 publiqué en la revista electrónica *Reporte Índigo* algunas de las implicaciones de Yunes y su equipo en la fuga del narcotraficante. Las entrevistas que le hicieron los medios de comunicación en Veracruz se basaban en dicho reportaje y lo citaron en sus trabajos periodísticos, por ejemplo *Imagen del Golfo*, 22 de marzo de 2009.

[52] Para esta investigación la autora se reunió con uno de los coordinadores de la DEA en México en aquel tiempo.

involucraba a Vicente Fox. Se decía que el entonces presidente habría recibido un soborno de 40 millones de dólares a cambio de brindar protección política en la fuga de *El Chapo*. La presunta intervención de Fox no habría acabado ahí, ya que la DEA tuvo reportes directos de los informantes infiltrados con *Nacho* Coronel, donde se consignaba que desde la Presidencia se protegió durante todo ese sexenio al cártel de Sinaloa y a Guzmán Loera.

Fuentes de inteligencia militar y civil mexicanas comentaron para esta investigación que la supuesta conexión entre el cártel de Sinaloa y Vicente Fox data de cuando éste buscaba por primera vez la gubernatura de Guanajuato en 1991. En aquella época Guzmán Loera aún estaba libre y trabajaba con Amado Carrillo Fuentes. Pablo Tostado Félix —el que fuera miembro del grupo de Juan José Esparragoza Moreno, *El Azul*— reveló que narcotraficantes de la organización del Pacífico se asentaron en Guanajuato desde la década de 1980 por cuestiones de logística. Por ejemplo, *El Azul* tenía sus intereses en Querétaro, pero como el aeropuerto de Irapuato estaba en mejores condiciones comenzó a utilizarlo para el trasiego de droga.

Cuando Vicente Fox fue gobernador de Guanajuato —y luego como presidente de la República— tuvo una relación cercana con Luis Echeverría Álvarez, quien presuntamente ha sido uno de los protectores de la organización del Pacífico desde que fue presidente de la República. Integrantes del equipo de campaña de Fox y de su gobierno narraron que, como presidente, en más de una ocasión Fox recibió asesoría de Echeverría Álvarez de forma directa o por medio de Marta Sahagún. Su relación era mucho más estrecha de lo que se percibía públicamente.

A la luz de los presuntos vínculos entre la administración foxista y el cártel de Sinaloa, un hecho escandaloso es el trato privilegiado que el narcoempresario Manuel Beltrán Arredondo —protector de *El Chapo*— recibió del llamado "gobierno del cambio".

Entre 2001 y 2002 la administración federal le otorgó a Beltrán Arredondo el derecho de exploración de siete minas en Tamazula, Durango, por un plazo de seis años. Es de llamar la atención que éste era el mismo sujeto que habría financiado una buena parte de la campaña presidencial de Francisco Labastida en 2000. Las prebendas para Beltrán Arredondo continuaron hasta 2004, cuando le entregaron la concesión de las minas La Fortuna y La Fortuna Fracción en Concordia, Sinaloa. En ese entonces ya había estallado el escándalo del secuestrador y narcotraficante Pablo Tostado Félix, quien, recluido en una cárcel de Irapuato, había revelado la verdadera ocupación de Beltrán Arredondo: "Yo les voy a decir quién es Manuel Beltrán Arredondo. Es uno de los cabecillas principales del cártel de Sinaloa, que abarca los estados de Durango, Jalisco, Nayarit, Chihuahua y Sinaloa. Joaquín *El Chapo* Guzmán, Julio Beltrán Quintero, Adolfo Beltrán Quintero, Ignacio Coronel Villarreal, Juan José Esparragoza Moreno, *El Azul*, forman parte del mismo cártel", afirmó Tostado Félix ante la juez cuarta de lo penal, Angélica Mora Padilla. Al final, nada impidió que las concesiones de las minas de este operador de *El Chapo* se mantuvieran intocables.

Después de su fuga, Joaquín *El Chapo* Guzmán le ha contado a sus cercanos, e incluso a negociadores enviados por la Presidencia de la República, la verdadera historia sobre su fuga. La mañana del 20 de enero de 2001, cuando Jorge Tello Peón, Enrique Pérez Rodríguez y Humberto Martínez de la PFP entraron en el penal para investigar la supuesta huida, el capo salió de la prisión. La movilización de los elementos de la PFP y la PJF crearon deliberadamente un escenario confuso, más aún entre la oscuridad de una mañana de invierno. Vestido con un uniforme de la PFP y con el anonimato que dan los cascos o las capuchas usadas por los policías, Guzmán Loera fue sacado del penal acompañado por integrantes de esa misma corporación. Luego fue transportado en un vehículo oficial a varios kilómetros del penal. En algún punto del camino, *El Chapo* se bajó del auto y se subió a un helicóptero que lo llevó al estado de Nayarit. Ahí comenzó la verdadera leyenda de Joaquín Guzmán Loera.

En 1993, cuando fue detenido por la traición de Amado Carrillo Fuentes y su compadre *El Güero* Palma, *El Chapo* era casi nadie. Sin embargo, tan sólo ocho años después de su fuga se convirtió en uno de los 701 hombres más ricos del mundo con una fortuna calculada por la revista *Forbes*[53] en mil millones de dólares en ganancias obtenidas del trasiego de drogas. La prestigiosa revista situó a Guzmán Loera a la par de Emilio Azcárraga Jean, socio mayoritario de Televisa, y el ex propietario de Banamex Alfredo Harp Helú. Sólo un hombre en la historia del narcotráfico había ocupado un puesto en la revista *Forbes*: Pablo Escobar Gaviria. La silla de Amado Carrillo Fuentes, que durante años había estado vacía, finalmente encontraba un "digno" ocupante.

[53] *Forbes*, 30 de marzo de 2009.

CAPÍTULO 8

Lazos de sangre

El 24 de abril de 1999, a unos cuantos metros de la Octava Zona Naval Militar, en la majestuosa playa del hotel Hyatt Regency de Acapulco, el reconocido diseñador mexicano de alta costura Armando Mafud —quien se acababa de presentar con rotundo éxito en el museo de Louvre— exhibió su más reciente colección ante un numeroso pero selecto grupo de invitados.

Mientras la espuma blanca de las olas apenas rosaba la pasarela, la socialité de Acapulco contemplaba a las más bellas modelos mexicanas luciendo las exuberantes prendas del diseñador. El invitado que imprimió glamur y realeza a la noche fue el barón Enrico Di Portanova, conocido como uno de los miembros más extravagantes del *jet set* internacional, según lo definió alguna vez el diario *The New York Times*.[1] El magnate iba acompañado por su exquisita esposa, la baronesa Sandra Di Portanova. Enrico era poseedor de una personalidad que no podía pasar desapercibida. A su edad madura se asemejaba más a Vito Corleone que a un aristócrata. Eran notables las cirugías en su rostro para intentar en vano conservar los pedazos de su juventud. De cabello relamido, bigote fino y cejas pobladas, el barón era fanático de los cigarros Monte Cristo, que colgaban de varios bolsillos de sus chaquetas.

[1] *The New York Times*, 4 de marzo de 2000.

Bajo la regla de que las mejores cosas de la vida son "el sol, el sexo y el espagueti", desde finales de la década de 1980 el barón de origen italiano convirtió a la "bahía más hermosa del mundo" en su segundo hogar. Ahí poseía una suntuosa mansión conocida como Villa Arabesque, en el fraccionamiento Las Brisas, con 28 dormitorios, 26 baños, cinco cocinas, cuatro albercas, cascadas, su propia discoteca y un helipuerto. En las fiestas que los barones organizaban, y a las que acudían, iba sólo lo mejor de lo mejor de la sociedad: desde políticos como Henry Kissinger y su esposa Nancy, el ex embajador Jeffrey Davidow y el astronauta Buzz Aldrin, hasta artistas como Frank Sinatra y Joan Collins.

La sola aparición del barón Di Portanova daba una categoría superior a la gala de moda de aquel día. Originalmente se había planeado que el desfile se realizara unas semanas antes en el Fuerte de San Diego de Acapulco, pero de último momento se cambió la sede al Hyatt Regency, propiedad del empresario Moisés Saba Masri. La reconocida modelo Montserrat Olivier aceptó ser la imagen de la exhibición y posó en una provocativa fotografía impresa en las invitaciones. Todo estaba listo, nada podía salir mal. A los organizadores se les iba la vida en ello, literalmente. A la velada asistieron aproximadamente 600 personas.

Poco a poco fueron llegando los invitados. Además del barón Di Portanova, la noche fue engalanada con la presencia del propio Moisés Saba Masri, del embajador de Francia en México, Bruno Delaye, así como de la directora de eventos de moda Beatriz Calles, considerada una eminencia en la industria del estilo, organizadora del Fashion Week México y productora del desfile de esa noche. También acudieron integrantes de la farándula como Susana Dosamantes, Lolita Ayala, Jacqueline Andere, Sarah Bustani y Eugenio Derbez, narran las crónicas sociales publicadas los días posteriores.[2]

[2] *Reforma*, 1° de mayo de 1999.

Los patrocinadores del desfile fueron el empresario Alonso Rivera Muñoz y su encantadora esposa Clara Elena Laborín Archuleta. El pretexto era recabar fondos para la Fundación Mexicana de Lucha contra el Sida, presidida por Guillermo Francisco Ocaña Predal, amigo personal del "ingeniero" Rivera Muñoz y su esposa. En realidad Clara Elena Laborín Archuleta quería dar a conocer el lujoso spa Debanhy que estaba construyendo en Acapulco, para el que incluso ya había contratado a un masajista búlgaro. Era tal su interés que, días antes del desfile de modas, Armando Mafud y ella misma ofrecieron un coctel en el restaurante La Gran Casona, en la colonia Polanco,[3] para informar sobre los detalles del acontecimiento.

Rivera Muñoz medía 1.90 metros de estatura, era delgado, de tez blanca y tenía un fino bigote. Al "ingeniero" le gustaba complacer en todo a su inquieta esposa, además de que ese tipo de eventos le permitían tener contacto social y conocer gente nueva para sus negocios. Rivera Muñoz estuvo presente en el desfile, pero de manera discreta, contemplaba la escena desde el área del bar. Si esa noche de puro glamur se hubiera sabido públicamente que el generoso "ingeniero", tan preocupado por los enfermos de sida, era en realidad el audaz y sanguinario narcotraficante Héctor Beltrán Leyva, *El H*, originario de Badiraguato, Sinaloa, y jefe de la plaza de Guerrero junto con su hermano Marcos Arturo, *El Barbas*, el barón Di Portanova y demás invitados habrían terminado en la PGR rindiendo su declaración ministerial o en las listas de sospechosos de la DEA.

El clan de los Beltrán Leyva ha sido uno de los más temerarios, innovadores y atroces en la historia del narcotráfico en México. Tuvieron la capacidad de infiltrarse en todas las esferas de la sociedad mexicana: la política, la seguridad pública, la justicia,

[3] *Actual*, 1° de abril de 1999.

la farándula y la socialité. Ésa es la verdadera capacidad de los narcotraficantes mexicanos.

DE CÓMO *EL CHAPO* SE HIZO NARCO, SEGÚN SU MADRE

Se dice en el Ejército mexicano que en la época en la que Joaquín aún estaba encerrado en Puente Grande, doña Consuelo Loera, viuda de Guzmán, solía contar en la ranchería de La Tuna, de Badiraguato, la historia sobre cómo su hijo se metió en el negocio del narcotráfico. Incluso se afirma que hay un video aparentemente realizado por un periodista francés que durante mucho tiempo se presentó en las aulas de especialización de las filas militares. En esta grabación, la madre de *El Chapo* narraba que cuando él nació vivían en extrema pobreza y que sus recursos alcanzaban sólo para cubrirlo con unos calzones de manta.

Su padre, Emilio Guzmán Bustillos, combinaba la siembra de granos para el autoconsumo con la de droga, como muchos campesinos de la región, para tener algo extra que darle a su numerosa familia. Don Emilio era un hombre muy estricto y malhumorado, a la menor provocación agarraba a ramalazos a sus seis hijos. Particularmente a *El Chapo*, quien era su primogénito y el más canijo.

Tarde o temprano, como ocurre en esas tierras del llamado "triángulo dorado", llegó el momento en el que Joaquín tuvo edad de acompañar a su padre a sembrar y cosechar la mariguana y la amapola, plantas que crecen con mucha facilidad y abundancia por aquellos lugares. Este tipo de actividad se reserva prácticamente a los hijos varones, quienes se inician en la siembra de la droga a los seis o siete años de edad. Durante el ciclo escolar sus padres los sacan de la escuela y se los llevan durante semanas a la sierra para la siembra. Los niños regresan a la escuela pero meses después los vuelven a sacar para la cosecha. Sus pequeñas manos y corta estatura son ideales para rayar la amapola. Con una navaja de afeitar se hace un fino corte en el bulbo de la flor, no demasiado profundo para que la planta no se muera y haya semillas para la próxima temporada. En pequeñas latas se recoge la salvia que escurre. Al secarse adquiere una textura de goma de la que se obtiene la valiosa heroína. La mariguana es cortada de su base y se pone a secar al sol en tendederos especiales.

El trabajo físico es arduo. Muchas horas bajo el sol, a veces con escaso alimento y poca agua. En ocasiones los pequeños que ayudan a sus padres mueren envenenados por los potentes insecticidas, como el Tamarón, que los campesinos usan para que las plagas no terminen con sus esperanzas de llevar a buen término su siembra y venderla al mejor postor. Algunos infantes también llegan a perecer por insolación. Con ese ritmo de vida, terminar la educación primaria se vuelve una meta prácticamente imposible. La mayoría de los niños repiten una y otra vez el ciclo escolar hasta que se fastidian y dejan el aula para dedicarse de lleno a las siembras ilegales.

Cuando uno recorre esas tierras se da cuenta de la cruda realidad. Los infantes crecen con el único sueño de dedicarse al tráfico de drogas, tener una buena troca y muchas mujeres. Mientras esa circunstancia no se transforme por medio de políticas públicas que les ofrezcan oportunidades diferentes no habrá poder humano que logre frenar la cada vez más abundante producción de opio, mariguana y drogas sintéticas que se fabrican en laboratorios clandestinos. Incluso hay funcionarios del gobierno de Estados Unidos que en corto revelan que se ha detectado que en algunos estados como Guerrero y Michoacán se está comenzando a sembrar coca. Hasta ahora, en la supuesta guerra del gobierno federal contra el narcotráfico no ha habido ningún programa social que vaya encaminado a resolver esa problemática. Parece que a nadie le conviene cortar de tajo la cadena delictiva.

Cuando crecen los hijos de los sembradores acompañan a sus padres a vender la droga a algún poblado donde una sola persona puede llegar a comprar varias toneladas. *El Chapo* acompañaba a su padre a Cosalá,[4] un pequeño pueblo ubicado en la región sureste de Sinaloa, en medio de la sierra que divide el sur del estado y el altiplano de Durango. De La Tuna hasta Cosalá había que recorrer varias brechas en la serranía y algunos tramos de carretera con fantásticos panoramas. La señal inequívoca de que faltaba poco para llegar era el cruce por Vado-Hondo. La vegetación tropical enmarcaba un manantial donde caían tres exuberantes cascadas bautizadas como La Cueva, El Salto y Petra, que hasta la fecha se conservan.

Fue en el hermoso pueblo de Cosalá donde *El Chapo* Guzmán se interesó por primera vez en el negocio del narcotráfico, según contaba doña Consuelo. Inmerso en el hambre y la miseria, descubrió la vida que les esperaba a aquellos que vendían sus cultivos de enervantes. Una vez que lograba vender el cargamento, su padre se perdía durante varios días en las cantinas de Cosalá. Se emborrachaba hasta embrutecerse y se iba con cuanta mujer se le parara en frente, era su recompensa por tanto esfuerzo.

Cuando terminaban los días de juerga, después de haber despilfarrado el dinero, don Emilio compraba la despensa para su familia, y regresaba como el gran héroe que había llevado el alimento a sus hijos, sólo lo necesario para que no se murieran de hambre.

[4] Actualmente Cosalá está catalogado por el Instituto Nacional de Antropología e Historia y la Secretaría de Turismo del gobierno federal como un "pueblo mágico" por su belleza, colorido e historia. Sus fachadas coloniales de los siglos XVII y XVIII han sido remozadas y están pintadas de rosa, azul, amarillo y naranja. Algunas de sus calles conservan el empedrado y otras fueron adoquinadas con piedra roja.

En casa nadie hablaba sobre lo que el jefe de familia hacía en Cosalá, aunque las esposas de la ranchería, como doña Consuelo, lo sabían muy bien. *El Chapo* anhelaba la vida de pequeños privilegios que se daba su padre. Así, a espaldas de su progenitor, Joaquín Guzmán Loera se inició en el negocio de las drogas y comenzó a tener sus propios cultivos.

Un general de división que estuvo en una de las regiones militares del "triángulo dorado" cuenta que en una de sus inspecciones de campo, un grupo de niños de no más de 13 años se acercaron a él para pedirle que por favor no destruyeran sus pequeños plantíos de mariguana. El argumento era que el dinero conseguido por la venta de las cosechas les ayudaría a pasar la Navidad.

En sus aspiraciones, Guzmán Loera contó con la ayuda de sus hermanos, el más talentoso resultó ser el más chico, Arturo, *El Pollo*. Asimismo tuvo el apoyo de sus primos lejanos, originarios de la localidad La Palma, también en Badiraguato: los hermanos Beltrán Leyva. Se afirma que quien respaldó a *El Chapo* para que se iniciara en el negocio fue su primo Marcos Arturo Beltrán Leyva, *El Barbas*.

Cuando *El Chapo* estuvo en prisión, fue *El Barbas* quien ayudó a *El Pollo* a traficar sus propios cargamentos, incluso realizó trasiegos mancomunados. Como un favor, Marcos Arturo le mandaba a Guzmán Loera las ganancias que le correspondían para hacerle la vida más llevadera en Puente Grande. El dinero lo enviaba en portafolios por medio del empresario José Javier Bargueño Urías y de Marcelo Peña, hermano de una de las novias de *El Chapo*, ambos se convertirían en testigos protegidos de la PGR con los sobrenombres de *César* y *Julio*.[5]

[5] Declaración ministerial de José Javier Bargueño Urías con la clave de testigo protegido *César*, 14 de noviembre de 2000, hoja 91 de la causa penal 16/2001-III, de la cual se tiene copia.

A mediados del año 2000, *El Chapo* necesitaba pagar la nómina de su séquito en la cárcel federal donde se encontraba, entonces le pidió a Marcelo Peña que localizara a su primo Marcos Arturo en Acapulco, plaza que los Beltrán Leyva controlaban desde hacía tiempo. El cuñado de Guzmán Loera localizó a *El Barbas* y se reunió con él en un McDonald's de la costera Miguel Alemán. No hubo muchas palabras, sólo una palmada en el hombro y un maletín repleto de dinero. Después de su salida del penal de máxima seguridad, en tan sólo nueve años, *El Chapo* Guzmán y el clan de los Beltrán Leyva cambiaron para siempre las estructuras del crimen organizado en México, Estados Unidos, Centroamérica, Sudamérica y, por qué no decirlo, el mundo entero. Pero esa fraternidad no duraría para siempre.

Los Tres Caballeros

Carlos Beltrán Araujo y Ramona Leyva Gámez, vecinos de la ranchería La Palma, en Badiraguato, campesinos pobres como la mayoría de la región, formaron una familia numerosa. Se sabe que tuvieron seis hijos varones y tres hijas: Marcos Arturo, Armida, Mario Alberto, Felícitas, Carlos, Héctor, Amberto, Alfredo y Gloria. Desde antes de nacer, su padre, su abuelo y su bisabuelo se habían dedicado a la siembra de enervantes en la Sierra Madre Occidental. Como también lo hicieron en esas tierras Rafael Caro Quintero —y sus hermanos—, Ernesto Fonseca Carrillo, Juan José Esparragoza Moreno y Joaquín Guzmán Loera. Los hermanos Beltrán Leyva lo llevaban en la sangre, la montaña les dio la oportunidad y el tiempo hizo el resto.

De los seis hermanos, cuatro decidieron continuar con la "tradición" familiar, y de campesinos que sembraban droga se convirtieron en poderosos traficantes. Los más conocidos y activos eran

Marcos Arturo, Héctor y Alfredo, a quienes se les conoce como *Los Tres Caballeros*. Mario Alberto Beltrán Leyva, *El General*, también forma parte de la organización pero es sobre el que menos información tienen los gobiernos de México y Estados Unidos. Lo poco que se sabe es que está casado con Olivia González Corrales y que radica en Estados Unidos.

Existen informes de inteligencia que también señalan a Gloria como una de las operadoras del negocio familiar. La menor del clan de los Beltrán Leyva está casada con Juan José Esparragoza Monzón.[6] El enlace afianzó la sociedad entre las familias Beltrán, Esparragoza y Guzmán. El esposo de Gloria es hijo de Juan José Esparragoza Moreno, *El Azul*, uno de los capos más respetados de la vieja generación, y de Gloria Monzón, a quien se le atribuye ser cuñada de Joaquín Guzmán Loera. El enlace religioso que mezcló la sangre de los Beltrán, los Esparragoza y los Guzmán se llevó a cabo en 1995 en una iglesia de Querétaro.[7] En sus análisis, el FBI suponía que esas relaciones de sangre entre los narcotraficantes mexicanos se concretaban para quitarle espacio a la posibilidad de una traición. Se equivocaron.

El Barbas

Marcos Arturo, el mayor de los hermanos y el más avezado para el oscuro negocio, nació en 1958. Estaba casado con Ilyana Marcela Gómez Bargueño. Él era alto, delgado, de tez blanca y una barba inseparable. Bien vestido podría pasar como un hombre de negocios más, sólo que el carácter y su prepotencia lo delataban.

[6] *La Jornada*, 8 de enero de 2006.

[7] Declaración ministerial de Albino Quintero Meraz, 22 de abril de 2003, causa penal 15/2008-IV, de la cual se tiene copia.

A lo largo de su carrera delictiva usó muchos sobrenombres: *Botas Blancas*, *Conejito*, *El Barbas*, y el último que lo acompañó hasta el final de sus días: *El Jefe de Jefes*. Los que lo conocieron señalan que era un hombre brillante, alegre, ostentoso, extremadamente violento y vengativo. A pesar de todo, respetaba a la gente que lo encaraba y le hablaba de frente. Marcos Arturo es hechura de Amado Carrillo Fuentes. Comenzó a trabajar con él casi al mismo tiempo que Joaquín Guzmán Loera, su primo lejano, y Héctor Palma Salazar, su cuñado.

Cuando Guzmán Loera fue detenido en Guatemala en 1993, *El Barbas* tenía un escalafón más bajo que él en la organización delictiva. Sin embargo, no tardaría mucho en convertirse en uno de los principales operadores de *El Señor de los Cielos*. Se especializó en el lavado de dinero y en la logística para el trasiego de estupefacientes, que incluía la conexión y complicidad con servidores públicos que pudieran brindar protección. *El Barbas* comenzó operando en Querétaro, estado donde muchos narcotraficantes asentaron su domicilio. Se hizo de propiedades y empresas, entre ellas una casa en la colonia Citatorio, una residencia en el exclusivo fraccionamiento de Juriquilla, y una empresa llamada Automotriz de Querétaro. En Nuevo León puso una compañía de seguridad privada y de blindaje de autos en la calle de Matamoros número 1101, colonia Casa Bella, en San Nicolás de los Garza, cuando trabajaba con Edelio López Falcón, *El Señor de los Caballos*.

Debido a su eficacia, *El Barbas* trabajó para Amado Carrillo Fuentes en otras entidades de la República como el Distrito Federal, el Estado de México, Sonora, Sinaloa, Guerrero, Chiapas, Oaxaca y Quintana Roo. Marcos Arturo Beltrán Leyva contribuyó a edificar el imperio de Amado Carrillo Fuentes y su leyenda. En la década de 1990, junto con un equipo integrado por lugartenientes, empresarios y servidores públicos, enviaba grandes cargamentos de cocaína a Estados Unidos por medio de una extensa flota aérea compuesta por aviones como los Boeing 727, y de menor tamaño como los King Air, Learjet y Velocity, cuya detección a través de los radares era casi imposible, por lo que se convirtieron en un dolor de cabeza para la DEA. También usaban lanchas y embarcaciones de mayor tamaño que descargaban la droga proveniente de Colombia en las costas de Yucatán, Quintana Roo y Veracruz, así como en una vasta zona del Pacífico. En las aeronaves cargaban voluminosos embarques de hasta 10 mil kilos de cocaína y transportaban millones de dólares en ganancias.

Al mismo tiempo que Marcos Arturo Beltrán Leyva apoyaba a Amado, con su permiso, también apoyaba a *El Azul* —suegro de su hermana—, a su primo *El Chapo*, y a Ismael *El Mayo* Zambada, fortaleciendo con ello su posición en la organización criminal. La figura de *El Barbas* adquirió dimensiones colosales. En 2009 varios informes del Departamento de Estado norteamericano lo culparon de la creciente violencia en México. Aseguraron que su organización era la responsable de "secuestro, tortura, asesinato y otros delitos contra hombres, mujeres y niños en México".[8] El hombre por esencia violento cosechó los frutos de su negra leyenda. Las fuerzas armadas de *El Barbas* estaban consideradas entre las más despiadadas y brutales. Además, le atribuían numerosas ejecuciones de servidores públicos en los últimos años.[9] En Estados Unidos nunca le perdonaron haber amenazado de muerte a funcionarios de la Agencia de Inmigración y Aduanas (ICE, por sus siglas en inglés) en 2008. Quienes alguna vez trataron con Marcos Arturo afirman que para él la palabra "lealtad" se escribía con sangre, y cualquier incumplimiento se pagaba de la misma forma.

[8] Departamento de Estado de Estados Unidos. Oficina de Asuntos Internacionales de Narcóticos y Aplicación de la Ley.

[9] *Ibid.*

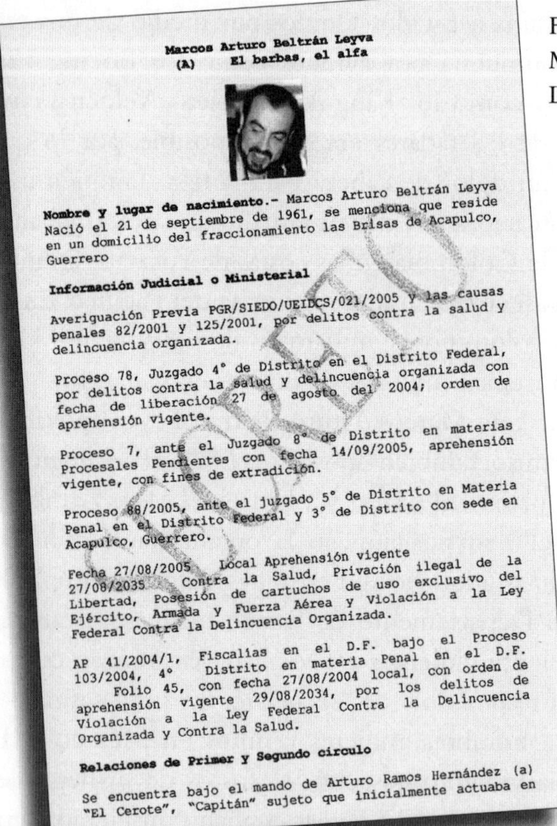

Marcos Arturo Beltrán Leyva
(A) El barbas, el alfa

Nombre y lugar de nacimiento.- Marcos Arturo Beltrán Leyva Nació el 21 de septiembre de 1961, se menciona que reside en un domicilio del fraccionamiento las Brisas de Acapulco, Guerrero

Información Judicial o Ministerial

Averiguación Previa PGR/SIEDO/UEIDCS/021/2005 y las causas penales 82/2001 y 125/2001, por delitos contra la salud y delincuencia organizada.

Proceso 78, Juzgado 4° de Distrito en el Distrito Federal, por delitos contra la salud y delincuencia organizada con fecha de liberación 27 de agosto del 2004; orden de aprehensión vigente.

Proceso 7, ante el Juzgado 8° de Distrito en materias Procesales Pendientes con fecha 14/09/2005, aprehensión vigente, con fines de extradición.

Proceso 88/2005, ante el juzgado 5° de Distrito en Materia Penal en el Distrito Federal y 3° de Distrito con sede en Acapulco, Guerrero.

Fecha 27/08/2005 Local Aprehensión vigente 27/08/2035 Contra la Salud, Privación ilegal de la Libertad, Posesión de cartuchos de uso exclusivo del Ejército, Armada y Fuerza Aérea y Violación a la Ley Federal Contra la Delincuencia Organizada.

AP 41/2004/1, Fiscalías en el D.F. bajo el Proceso 103/2004, 4° Distrito en materia Penal en el D.F. Folio 45, con fecha 27/08/2004 local, con orden de aprehensión vigente 29/08/2034, por los delitos de Violación a la Ley Federal Contra la Delincuencia Organizada y Contra la Salud.

Relaciones de Primer y Segundo circulo

Se encuentra bajo el mando de Arturo Ramos Hernández (a) "El Cerote", "Capitán" sujeto que inicialmente actuaba en

Ficha criminal de Marcos Arturo Beltrán Leyva, SSP/Cisen.

El H

Héctor Beltrán Leyva, *El H*, *El Ingeniero* o *El Elegante*, nació en 1966. Está casado con Clara Elena Laborín Archuleta. Era el brazo derecho de su hermano mayor. Entre ellos no solían llamarse ni por sus nombres ni por sus apodos, con el simple apelativo de "carnal" lo decían todo. Héctor era el publirrelacionista de la organización: Marcos Arturo le encargaba establecer los vínculos con los funcionarios públicos de alto nivel, tanto administrativos como policiacos, tarea para la que tenía un gran talento.

Su aspecto menos rudo, sus buenos modales y su buen gusto para vestir lo hacían pasar en el mundo común como un empresario. Con ese semblante organizaba eventos como el del hotel Hyatt Regency de Acapulco en 1999. Héctor Beltrán Leyva siempre estaba pendiente de los políticos que destacaban en sus campañas electorales, en los estados donde operaba su hermano. Su responsabilidad era acercarse a ellos y financiar sus actividades proselitistas, para que cuando ganaran, la organización delictiva fuera beneficiada.

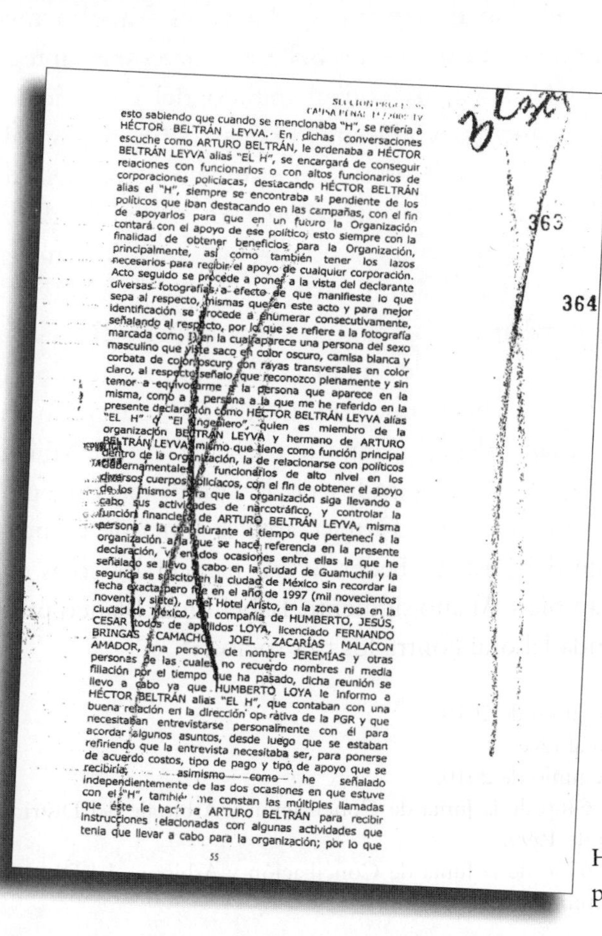
esto sabiendo que cuando se mencionaba "H", se refería a HÉCTOR BELTRÁN LEYVA. En dichas conversaciones escuche como ARTURO BELTRÁN, le ordenaba a HÉCTOR BELTRÁN LEYVA alias "EL H", se encargará de conseguir relaciones con funcionarios o con altos funcionarios de corporaciones policiacas, destacando HÉCTOR BELTRÁN alias el "H", siempre se encontraba al pendiente de los políticos que iban destacando en las campañas, con el fin de apoyarlos para que en un futuro la Organización contará con el apoyo de ese político, esto siempre con la finalidad de obtener beneficios para la Organización, principalmente, así como también tener los lazos necesarios para recibir el apoyo de cualquier corporación. Acto seguido se procede a poner a la vista del declarante diversas fotografías a efecto de que manifieste lo que sepa al respecto, mismas que en este acto y para mejor identificación se procede a enumerar consecutivamente, señalando al respecto, por lo que se refiere a la fotografía marcada como I) en la cual aparece una persona del sexo masculino que viste saco en color oscuro, camisa blanca y corbata de color oscuro con rayas transversales en color claro, al respecto señalo que reconozco plenamente y sin temor a equivocarme a la persona que aparece en la misma, como a la persona a la que me he referido en la presente declaración como HÉCTOR BELTRÁN LEYVA alías "EL H" ó "El Ingeniero", quien es miembro de la organización BELTRÁN LEYVA y hermano de ARTURO BELTRÁN LEYVA mismo que tiene como función principal dentro de la Organización, la de relacionarse con políticos gubernamentales y funcionarios de alto nivel en los diversos cuerpos policiacos, con el fin de obtener el apoyo de los mismos para que la organización siga llevando a cabo sus actividades de narcotráfico, y controlar la función financiera de ARTURO BELTRÁN LEYVA, misma persona a la cual durante el tiempo que pertenecí a la organización a la que se hace referencia en la presente declaración, vi en dos ocasiones entre ellas la que he señalado se llevo a cabo en la ciudad de Guamuchil y la segunda se suscito en la ciudad de México sin recordar la fecha exacta pero fue en el año de 1997 (mil novecientos noventa y siete), en el Hotel Aristo, en la zona rosa en la ciudad de México, en compañía de HUMBERTO, JESÚS, CESAR todos de apellidos LOYA, licenciado FERNANDO BRINGAS CAMACHO, JOEL ZACARÍAS MALACON AMADOR, una persona de nombre JEREMÍAS y otras personas de las cuales no recuerdo nombres ni media filiación por el tiempo que ha pasado, dicha reunión se llevo a cabo ya que HUMBERTO LOYA le informo a HÉCTOR BELTRÁN alias "EL H", que contaban con una buena relación en la dirección operativa de la PGR y que necesitaban entrevistarse personalmente con él para acordar algunos asuntos, desde luego que se estaban refiriendo que la entrevista necesitaba ser, para ponerse de acuerdo costos, tipo de pago y tipo de apoyo que se recibiría; asimismo como he señalado independientemente de las dos ocasiones en que estuve con el "H", también me constan las múltiples llamadas que éste le hacía a ARTURO BELTRÁN para recibir instrucciones relacionadas con algunas actividades que tenia que llevar a cabo para la organización; por lo que

55

Hoja 55 de la causa penal 15/2008-IV.

Héctor solía llegar al hotel Aristos de la Zona Rosa de la ciudad de México acompañado discretamente de un séquito de lugartenientes. De acuerdo con su ficha de la SSP federal, la PGR menciona entre sus socios a Filemón Medina (originario del poblado La Juanilla, en Badiraguato), Raúl López Yuriar, Aurelio Iribe Medina, Gonzalo Araujo Payán, *El Chalo*, y Óscar Arsenio Pérez Calderón, *El Flaquito*. Además siempre contaba con la figura *undercover* de su esposa Clara Elena, el rostro más amable de *El H*. Ella participó en el concurso Señorita Sonora (1993-1994) en Ciudad Obregón, el tipo de eventos que a veces parecían una agencia de matrimonios entre jóvenes bellezas y narcotraficantes.

Clara Elena estaba fascinada con el mundo del espectáculo. En ese concurso conoció a Guillermo Francisco Ocaña Pradal, un afamado representante de artistas.[10] Sin un dejo de prudencia, Clara Elena estaba empeñada en incursionar en el mundo de la farándula. Al lado de su esposo formó su propia empresa llamada Rotceh[11] Noticias y Espectáculos, S.A. de C.V., y contactó a Ocaña Pradal para que trabajara con ellos en la compañía y él aceptó. No se sabe con certeza cuándo inició la relación. El promotor declaró al ministerio público que fue en 1997.[12] Lo cierto es que desde 1999, Clara Elena, su esposo y Ocaña Pradal habían sido denunciados por dos empleados de la compañía, Eugenio Pablo Leyva y Arturo Dovalina Ortega, ante la Junta de Conciliación y Arbitraje del Distrito Federal.[13] Al parecer las cosas en la empresa no iban bien. Al año siguiente, Isabel Igual Blanco presentó otra demanda laboral contra los tres socios.[14]

[10] *Reforma*, 18 de junio de 2010.

[11] Héctor escrito al revés.

[12] *Reforma*, 18 de junio de 2010.

[13] Boletín núm. 6466 de la Junta de Conciliación y Arbitraje del Distrito Federal, 24 de junio de 1999.

[14] Boletín núm. 6730 de la Junta de Conciliación y Arbitraje del Distrito Federal, 12 de septiembre de 2000.

Mientras tanto, los servicios que Ocaña Pradal le brindaba al capo fueron multiplicándose. En 1996, por ejemplo, se prestó a hacer el trámite de reserva de derecho de títulos o cabezas de publicaciones periódicas para *Rotceh, la revista que piensa joven*, ante el Instituto Nacional de Derechos de Autor de la SEP. La publicación obtuvo el registro 33221-96, el cual venció en enero de 2001 porque los interesados ya no se presentaron para comprobar que estaban explotando el nombre de la revista.[15]

Ocaña Pradal, mejor conocido como *Ocañita*, tuvo la habilidad de combinar sus negocios en el mundo del crimen organizado con los de la farándula y los círculos sociales más selectos de México. Era un auténtico *insider*. En los años noventa fue representante de los artistas más populares de la época: Alejandra Guzmán, Juan Gabriel, Tania Libertad, Menudo, Gloria Trevi, Ricardo Arjona, Timbiriche, Kairo, Laura León y Magneto. Entre otras labores, fue conductor del programa de espectáculos *De boca en boca* de Televisa.[16] El 16 de marzo de 2003 coordinó un evento multitudinario en el Zócalo capitalino para homenajear a Salma Hayek, quien había sido nominada como mejor actriz al premio Oscar. Ocaña consiguió proyectar la cinta *Frida* de manera gratuita ante más de cinco mil personas.

A pesar de sus actividades en el narcotráfico, nunca abandonó su intensa vida social, porque una cosa dependía de la otra. Se exhibía cuanto podía con las figuras más conocidas. Incluso con políticos como el gobernador del Estado de México, Enrique Peña Nieto, o la ex delegada de Cuauhtémoc, la perredista Dolores Padierna. El servicio que Ocaña prestaba al narcotráfico no se limitaba a satisfacer los caprichos de la esposa de Héctor Beltrán Leyva, también se le acusa de blanquear capitales para la organización del

[15] *Diario Oficial de la Federación*, 24 de enero de 2001.

[16] *Reforma*, 18 de junio de 2010.

Pacífico. En 2005, por citar un caso, el presunto lavador le compró al fideicomiso Lago de Tequesquitengo, del gobierno de Morelos —cuyo mandatario en ese entonces era el panista Sergio Estrada Cajigal—, una serie de predios a la orilla del lago que se ubica a un costado de la Autopista del Sol. Es conocido que en las inmediaciones de dicho lugar han aterrizado aeronaves con droga. Desde hace muchos años, Morelos se ha distinguido como una de las sedes más importantes de los Beltrán Leyva. Por unanimidad de votos, el subcomité de comercialización aprobó la solicitud de compra de Ocaña Pradal respecto a los lotes 106, 107, 108, 109, 205, 206, 208 y 209, manzana 8, tercera sección, en una zona denominada El Remanso.[17]

En algún momento, el hombre del espectáculo se volvió muy descuidado en sus actividades. Confiaba demasiado en la protección que el gobierno de Vicente Fox le brindaba a la organización delictiva encabezada por Joaquín Guzmán Loera desde que lo sacaron de Puente Grande. El 6 de marzo de 2005 las autoridades policiacas detuvieron en el aeropuerto de Barcelona, España, a José Arturo Ponce Medina y a su hermano Héctor Gerardo, quienes estaban a punto de subirse a un jet que los llevaría a Los Ángeles. No había nada peculiar en ellos excepto que pretendían sacar de ese país cinco millones y medio de euros propiedad de los Beltrán Leyva y el cártel colombiano de Valle Norte, organización heredera del cártel de Cali, con quien también trabajaba la organización del Pacífico desde hacía poco más de una década.

El 5 de abril de 2005 el Ministerio del Interior de España emitió un comunicado donde afirmó que Guillermo Francisco Ocaña Pradal era la cabeza de la red en la que participaban los hermanos Ponce Medina, y "responsable del movimiento de dinero ilegal

[17] Acuerdo del Subcomité de Comercialización 6/27/04/05.

desde España a tierras mexicanas". José Arturo Ponce Medina y su hermano huyeron de España. Ocaña Pradal ni se inmutó. En diciembre de ese mismo año, por una denuncia de la DEA en la que se señaló a un grupo de colombianos, auxiliados por mexicanos, dedicados al transporte de cocaína y "lavado de dinero" producto del narcotráfico, la PGR hizo un operativo en el fraccionamiento Tecamachalco, Estado de México, donde detuvieron a ocho presuntos narcotraficantes, entre ellos al ilustre *Ocañita*, quien pisó el Reclusorio Oriente del Distrito Federal en enero de 2006. Los cargos no eran menores: delincuencia organizada, operaciones con recursos de procedencia ilícita y delitos contra la salud.[18]

Cuando los hermanos Beltrán Leyva formaban parte de la organización encabezada por Joaquín Guzmán Loera, las actividades de Ocaña Pradal quedaron impunes pese a las pruebas que había en su contra. Al poco tiempo salió libre, sin importar que las autoridades de España hubieran boletinado su nombre por medio de la Interpol,[19], cuya oficina en México era dirigida en ese entonces por Genaro García Luna, director de la AFI.

El gobierno de México liberó a Ocaña Pradal, pero los gobiernos de Estados Unidos y España lo siguieron investigando. Su presunto cómplice, José Antonio Ponce Medina, fue capturado en 2008 en México, y lo requirió el Juzgado Central de Instrucción 4 de la Audiencia Nacional de España, bajo el expediente 68/06/CA, por delitos cometidos contra la salud pública y lavado de dinero.

Ocaña Pradal siguió llevando su vida de rey. Las revistas de sociales lo calificaban como "el anfitrión de la década", por una fastuosa fiesta que organizó en julio de 2008 en Acapulco. El evento se llevó a cabo en su lujosa residencia Villa Segovia, en Las Brisas, considerada una de las más famosas del lugar porque sirvió como

[18] Boletín núm. 317/06 de la PGR, 15 de marzo de 2006.

[19] *Reforma*, 30 de junio de 2006.

locación para telenovelas producidas por Televisa. Tiene una vista espectacular de la bahía, cuenta con cinco recámaras, una alberca impresionante, jacuzzi, bar, un enorme salón de juegos, asoleadero y una gran terraza. No se sabe si esa casa pertenece realmente a Ocaña Pradal o a la organización de los Beltrán Leyva.

La fiesta donde se ganó el calificativo de "el anfitrión de la década" se inspiró en *Las mil y una noches*, ese día Ocaña alquiló un camello y un elefante para dar la bienvenida a los invitados a Villa Segovia. La única bebida de la noche fue champaña. Cuando festejó su cumpleaños número 60, al colaborador de Héctor Beltrán Leyva se le ocurrió cerrar para su uso exclusivo Le Cirque, un restaurante ubicado en el hotel Camino Real de la ciudad de México, propiedad de Olegario Vázquez Raña. Ni qué decir de las decenas de festejos realizados en su lujoso *penthouse* de la colonia Polanco. En agosto de 2009 se hizo una reunión para celebrar al columnista veracruzano de sociales Mario de la Reguera; además de la farándula de siempre, llegó una mujer a la que las crónicas identificaron como Nené Gardoqui, quien presumió que su hija —no especificó el nombre— ocupa un cargo importante en la Secretaría de Hacienda. Al parecer, el derroche valía la pena si se podían establecer ese tipo de contactos sociales.

Ocaña Pradal es tío de la actriz Chantal Andere. En ninguna de las fiestas faltaron ni su madre, Jacqueline, ni ella. Al parecer el costoso tren de vida de su pariente no les llamaba la atención. El 6 de diciembre de 2008 Chantal contrajo matrimonio con Enrique Rivero Lake. Entre el amplio número de invitados, artistas de Televisa en su mayoría, destacaron dos personalidades: Guillermo Ocaña Pradal y Enrique Peña Nieto, quien acudió como acompañante de la actriz Angélica Rivera, muy cercana a Chantal Andere. ¿Qué pensará ahora el gobernador mexiquense, aspirante a la Presidencia de la República, de que estuvo departiendo con el lavador de dinero de los Beltrán Leyva?

El 4 de junio de 2009, el cómplice de Ocaña Pradal, José Antonio Ponce Medina, fue extraditado a España. Muy pronto la buena suerte de Ocaña Pradal se acabaría. El 13 de abril de 2010, en el marco de la guerra del gobierno federal contra la organización de los Beltrán Leyva, las autoridades se decidieron a aprehenderlo, extrañamente lo acusaron de los mismos delitos que cuando fue detenido la primera vez.

De esta forma, la ex aspirante a Señorita Sonora se quedó sin su contacto con el mundo de la farándula que le permitiría comenzar a vivir su propia telenovela. No obstante, en el ámbito político las conexiones nunca le faltaron. La esposa de *El H* tiene dos hermanos: uno es Edgar Laborín Archuleta, a quien durante el sexenio de Vicente Fox la Secretaría de Energía le dio un título de concesión de exploración de la mina La Blanca, en Cajeme, Sonora. El expediente señala que la prebenda fue otorgada para el periodo de 2002-2008. El otro hermano, Homar (*sic*) Laborín Archuleta, optó por entrar a trabajar como jefe del Departamento de Autotransporte Federal de la Secretaría de Comunicaciones y Transportes (SCT) en febrero de 2004, en Hermosillo, Sonora, donde aún despacha, según su declaración patrimonial realizada el 21 de mayo de 2010. Sus tareas son: atención directa al público, expedición de licencias, permisos o concesiones; funciones de inspección y supervisión. Nada mal para el hermano de la esposa de un capo, la cual tiene imputaciones directas por la PGR desde 2005, e incluso ha sido boletinada por el gobierno de Estados Unidos.

Héctor era considerado el segundo al mando de la organización criminal de su familia. Ahora es el primero. Planificaba, supervisaba y controlaba el tráfico de drogas y la recolección de dinero en la ciudad de México. Desde 2004 está acusado en el tribunal federal del Distrito de Columbia y del Distrito Este de Nueva

York por el tráfico de múltiples toneladas de cocaína y mariguana a la Unión Americana.[20]

El Mochomo

Alfredo Beltrán Leyva, *El Mochomo*, es el menor de los hermanos. Está casado con Patricia Guzmán Núñez, con quien tiene dos hijos: Karmina y Alfredo Beltrán Guzmán. Patricia es prima hermana de Joaquín Guzmán Loera. El padre de Patricia, Ernesto Guzmán Hidalgo, es medio hermano de don Emilio Guzmán Bustillos, padre de *El Chapo*.[21]

Durante muchos años las autoridades del gobierno de México, incluso las de Estados Unidos, estuvieron confundidas respecto a la identidad de *El Mochomo*, ya que muchas veces usaba el seudónimo de Héctor Alfredo y se pensaba que era su hermano mayor. *El Mochomo* tenía un férreo control sobre varias células de choque. Una de ellas es conocida como *Los Números*, creada por su compadre Raúl Enríquez Parra, *El Güero* o *El Nueve*, y sus hermanos Wilfrido, Daniel y Alonso, originarios de Navojoa, Sonora.[22]

El Mochomo es el único Beltrán Leyva a quien se le atribuye haberse relacionado con la generación de narcojúniors, específicamente con Vicente Zambada Niebla, identificado por el Departamento del Tesoro de Estados Unidos como el único hijo varón de *El Mayo* Zambada. Su relación se debía quizás a que son muy cercanos de edad: Alfredo nació en enero de 1971 y Zambada Niebla en marzo de 1975.

[20] Departamento de Estado de Estados Unidos. Oficina de Asuntos Internacionales de Narcóticos y Aplicación de la Ley.

[21] *Río Doce*, 21 de diciembre de 2009.

[22] Causa penal 15/2008-IV.

Desde que tenía 25 años, sus hermanos le delegaron tareas relevantes, como la responsabilidad de las operaciones con el capo colombiano *El Profe*. Alfredo se encargaba del traslado de los cargamentos de cocaína hacia Monterrey, Nuevo León, donde tenía enlaces para cruzar la droga por la frontera con Estados Unidos. *El Mochomo* tenía por lo menos dos cuentas de valores y una de cheques en Banamex,[23] institución bancaria que se vio involucrada en casos de narcotráfico y lavado de dinero con la organización de Amado Carrillo Fuentes, justamente a la que pertenecían los Beltrán Leyva.

El Mochomo cayó el 21 de enero de 2008 cuando elementos de las Fuerzas Especiales lo detuvieron en Culiacán. Para capturarlo, alrededor de 100 militares desplegaron un operativo que incluyó la movilización de vehículos Hummer artillados, y que cubrió un amplio radio de la avenida Juan de la Barrera, en la colonia Burócratas de la capital sinaloense.[24]

Los operadores de los Beltrán Leyva

Marcos Arturo Beltrán Leyva trabajaba para Amado Carrillo Fuentes con un equipo de eficaces operadores: Alcides Ramón Magaña, *El Metro*; Albino Quintero, su compadre; Sergio Fierro Chávez; José Javier Bargueño Urías; José Ramón Laija Serrano, *El Colo*, cuñado de *El Güero* Palma; Humberto y Jesús Loya Pérez, y Joel Zacarías Malacón Amador. Era una especie de *dream tream* del narco.

A nombre de *El Señor de los Cielos*, Marcos Arturo también tejió una amplia red de protección en el gobierno federal, así como con las autoridades locales de los estados donde operaba. Su ca-

[23] *Ibid.*
[24] *El Universal*, 22 de enero de 2008.

dena de corrupción iba desde la PJF hasta los altos mandos de la Sedena. En la larga lista de autoridades presuntamente sobornadas, según declaraciones de Bargueño Urías,[25] se encontraban los policías judiciales Rodolfo García Gaxiola —*El Chipi* o *El Chipilón*— y su hermano Filemón, quienes protegían a la organización en lugares como Baja California, Baja California Sur y Sonora. En este último estado contaban de igual forma con la colaboración del comandante de la PJF Julio César Moraila Amador. Se sabe de otros cómplices, como el subdelegado de la PGR en Baja California Sur, José Luis Patiño Esquivel —hermano del entonces director de la PJF, Víctor Patiño Esquivel—, así como de un comandante de apellido Cantú en Veracruz.

Asimismo, desde 1997 *El Barbas* tenía elementos de la PJF adscritos al Aeropuerto Internacional de la Ciudad de México, que lo apoyaban para recibir la cocaína que llegaba vía aérea. Este grupo tenía el mote de *Los Pachangos* y operaban por medio de los maleteros de la terminal. Previo acuerdo, el equipaje con droga proveniente de Colombia era puesto en una banda especial, donde los maleteros lo recogían y luego lo llevaban a las oficinas de la PGR en el aeropuerto. Ahí *Los Pachangos* ya estaban listos para tomar la mercancía y salir a entregársela a gente enviada por *El Barbas*. Por ese trabajo, el capo les pagaba a sus empleados cantidades que iban desde los 150 mil hasta los 220 mil dólares por *jale*.

En 1996 *El Barbas* y los lugartenientes de Amado Carrillo Fuentes contaban con el apoyo del general Negrón en el estado de Colima, según reveló Bargueño Urías en su calidad de testigo protegido. Negrón se encargaba de proteger a Marcos Arturo Beltrán Leyva y a Sergio Fierro Chávez; también hacía arreglos con Albino Quintero, Juan José Esparragoza y, en algunas ocasio-

[25] Declaración ministerial de José Javier Bargueño Urías, 14 de noviembre de 2000, causa penal 16/2001-III.

nes, con Ismael Zambada. En 1997, cuando Amado desapareció, la ayuda del general Negrón se dirigió al hermano del narcotraficante, Vicente Carrillo Fuentes.

De acuerdo con una revisión hecha para esta investigación, el único general Negrón adscrito a Colima en esa época era Porfirio Adolfo Negrón Mendoza, actualmente en situación de retiro. El militar se desempeñó como comandante de la Vigésima Zona Militar del 16 de marzo al 21 de octubre de 1996; venía de la Octava Zona Militar de Tamaulipas, donde estuvo del 1° de enero de 1995 al 16 de marzo de 1996. Compañeros de Negrón Mendoza señalan que en aquellos años corrían rumores de que el general protegía a narcotraficantes. Enrique Cervantes Aguirre —titular de la Sedena en el sexenio de Ernesto Zedillo—, que era muy cercano a Negrón Mendoza, lo removió de las comandancias de las zonas militares y lo nombró presidente del Supremo Tribunal de Justicia Militar.

Hasta 1993, Alcides Ramón Magaña, *El Metro*, tuvo dos trabajos que son teóricamente incompatibles: jefe de grupo antinarcóticos de la PJF y jefe de escoltas de Amado Carrillo. En aquel entonces el director de la PJF era Adrián Carrera Fuentes —nombrado en el cargo por Jorge Carpizo en sustitución de Rodolfo León Aragón—, quien también estaba involucrado en la organización de *El Señor de los Cielos*. Pareciera que los titulares de la Judicial, que después se convertiría en la AFI, tenían que cumplir con el requisito de estar vinculados con el narcotráfico.

El Metro saltó a la fama al ser detenido en noviembre de 1993, después de defender a Amado Carrillo de un atentado que perpetraron gatilleros de los Arellano Félix, mientras el capo cenaba con su esposa en el restaurante Ochoa Bali Hai, ubicado en la avenida Insurgentes de la ciudad de México.[26] Gracias a una juez del

[26] *La Jornada*, 14 de junio de 2001.

Distrito Federal, Olga Sánchez, *El Metro* salió libre casi inmediatamente por "falta de pruebas" y, ya sin charola, siguió trabajando para el cártel de *El Señor de los Cielos* en la plaza de Quintana Roo, junto con Albino Quintero. *El Metro* había sido detenido el 12 de junio de 2001 como parte de las acciones del gobierno federal ante el escándalo de la fuga de *El Chapo*, o quizás simplemente para limpiarle el camino al narcotraficante que recién volvía al grupo criminal.

Albino Quintero, *El Beto*, era compadre de Marcos Arturo Beltrán Leyva, y era muy eficaz en lo suyo. Operaba para la organización desde Quintana Roo hasta Veracruz. No había cargamento que no pasara sin su visto bueno, con el previo consentimiento de *El Señor de los Cielos* y Vicente Carrillo Fuentes.

Sergio Fierro Chávez, *El Flaco*, era otra pieza importante en las operaciones de *El Barbas*. Era un hombre de grandes empresas y tolerante. Siempre evitaba a toda costa tener enfrentamientos. Administraba una "oficina" en Colombia por medio de la cual conseguía la droga para traerla a México, era algo así como dueño de una de las franquicias. Llegó a manejar cargamentos de hasta 10 toneladas de cocaína, lo que le ganó fama en el crimen organizado. Fierro Chávez trabajó como piloto de *El Chapo* y en varias ocasiones fue el encargado de ir a Colombia a recoger embarques de cocaína de Pablo Escobar, la cual era colocada por Guzmán Loera, con la ayuda de Marcos Arturo Beltrán Leyva, en el mercado de Estados Unidos. Además, *El Flaco* tenía una compañía de aviación llamada Aerotonalá, creada junto con Ramiro Mireles Félix, otro importante lugarteniente de Amado Carrillo Fuentes. El presidente de la empresa era el piloto Francisco Jaime Madrid Sánchez, quien decía ser el propietario.

Los hermanos Humberto y Jesús Loya Pérez eran otros dos valiosos esbirros de la organización. Humberto se encargaba de proteger a cada uno de los lugartenientes de *El Señor de los Cielos*

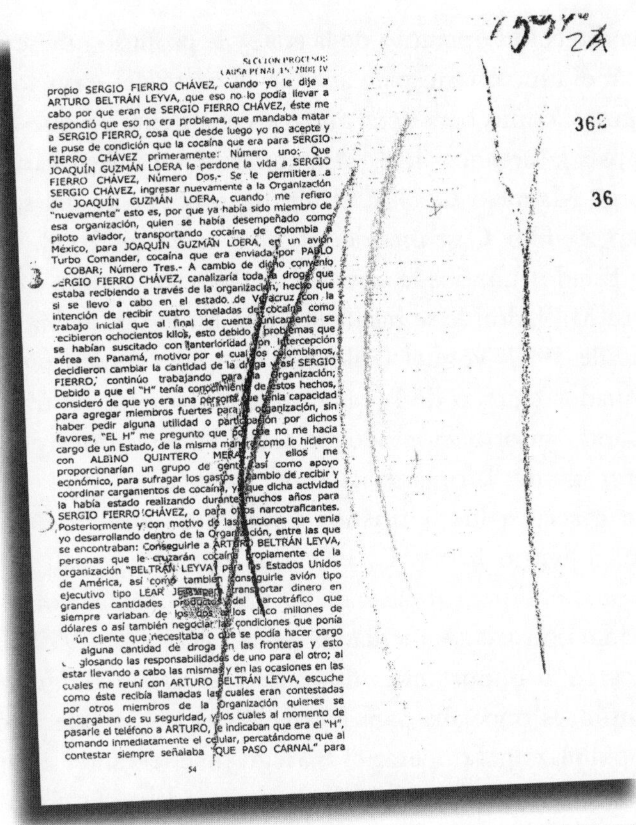

SECCION PROCESOS
CAUSA PENAL 15/2008 IV

propio SERGIO FIERRO CHÁVEZ, cuando yo le dije a ARTURO BELTRÁN LEYVA, que eso no lo podía llevar a cabo por que eran de SERGIO FIERRO CHÁVEZ, éste me respondió que eso no era problema, que mandaba matar a SERGIO FIERRO, cosa que desde luego yo no acepte y le puse de condición que la cocaína que era para SERGIO FIERRO CHÁVEZ primeramente: Número uno: Que JOAQUÍN GUZMÁN LOERA le perdone la vida a SERGIO FIERRO CHÁVEZ, Número Dos.- Se le permitiera a SERGIO CHÁVEZ, ingresar nuevamente a la Organización de JOAQUÍN GUZMÁN LOERA, cuando me refiero "nuevamente" esto es, por que ya había sido miembro de esa organización, quien se había desempeñado como piloto aviador, transportando cocaína de Colombia a México, para JOAQUÍN GUZMÁN LOERA, en un avión Turbo Comander, cocaína que era enviada por PABLO COBAR; Número Tres.- A cambio de dicho convenio SERGIO FIERRO CHÁVEZ, canalizaría toda la droga que estaba recibiendo a través de la organización, hecho que si se llevo a cabo en el estado de Veracruz con la intención de recibir cuatro toneladas de cocaína como trabajo inicial que al final de cuenta únicamente se recibieron ochocientos kilos, esto debido a problemas que se habían suscitado con anterioridad con intercepción aérea en Panamá, motivo por el cual los colombianos, decidieron cambiar la cantidad de la droga y así SERGIO FIERRO, continúo trabajando para la organización; Debido a que el "H" tenía conocimiento de estos hechos, consideró de que yo era una persona que tenía capacidad para agregar miembros fuertes para la organización, sin haber pedir alguna utilidad o participación por dichos favores, "EL H" me pregunto que por que no me hacia cargo de un Estado, de la misma manera como lo hicieron con ALBINO QUINTERO MERAZ, y ellos me proporcionarían un grupo de gente así como apoyo económico, para sufragar los gastos a cambio de recibir y coordinar cargamentos de cocaína, ya que dicha actividad la había estado realizando durante muchos años para SERGIO FIERRO CHÁVEZ, o para otros narcotraficantes. Posteriormente y con motivo de las funciones que venia yo desarrollando dentro de la Organización, entre las que se encontraban: Conseguirle a ARTURO BELTRÁN LEYVA, personas que le cruzarán cocaína propiamente de la organización "BELTRÁN LEYVA" para los Estados Unidos de América, así como también conseguirle avión tipo ejecutivo tipo LEAR JET para transportar dinero en grandes cantidades producto del narcotráfico que siempre variaban de los dos a los cinco millones de dólares o así también negociar las condiciones que ponía algún cliente que necesitaba o que se podía hacer cargo de alguna cantidad de droga en las fronteras y esto glosando las responsabilidades de uno para el otro; al estar llevando a cabo las mismas y en las ocasiones en las cuales me reuní con ARTURO BELTRÁN LEYVA, escuche como éste recibía llamadas las cuales eran contestadas por otros miembros de la Organización quienes se encargaban de su seguridad, y los cuales al momento de pasarle el teléfono a ARTURO, le indicaban que era el "H", tomando inmediatamente el celular, percatándome que al contestar siempre señalaba "QUE PASO CARNAL" para

54

Hoja 54 de la causa penal 15/2008-IV.

—incluyendo a Marcos Arturo Beltrán Leyva—, así como de comprar las plazas de la PJF y poner a los comandantes en su nómina. Por medio de un supuesto licenciado llamado Fernando Brigas Camacho, Humberto establecía arreglos con los mandos militares que estaban involucrados en las redes de protección al cártel.

En 1997, en una reunión celebrada en el hotel Aristos de la Zona Rosa de la ciudad de México, Humberto Loya le comunicó a Héctor Beltrán Leyva que acababa de cooptar a un alto mando de una dirección operativa de la PGR, y le propuso que se entrevistara con el funcionario para acordar el costo del servicio y el tipo de pago, así como para determinar exactamente en qué consistiría el apoyo a la organización.[27] En aquella época el titular de la PGR era Jorge Madrazo Cuéllar, el último procurador del sexenio de Ernesto Zedillo. Casi una década más tarde, en 2008, el gobierno de Estados Unidos le envió al de México la nota diplomática número 3149, donde se notificaba que un testigo había declarado que desde 1997 Miguel Colorado González, quien en 2008 era coordinador técnico de la SIEDO, trabajó para los Beltrán Leyva[28] entregando información secreta sobre "operaciones policiacas y militares" contra la organización del Pacífico.

Fue gracias a los hermanos Loya Pérez que *El Barbas* logró reclutar a Sergio Fierro Chávez, que operaba por su lado luego de que tuviera una ruptura con *El Chapo* Guzmán por una razón que nadie conocía. A mediados de la década de 1990, *El Barbas* les encargó la importante misión de acercarse a Bargueño Urías, que entonces trabajaba para Fierro Chávez, y le ofrecieron tener su propia plaza para operar el trasiego de enervantes a cambio de que gestionara que la "oficina" que le mandaba cocaína a *El Flaco* se la mandaran a ellos. Bargueño Urías les tuvo que decir que la "oficina" era de Fierro Chávez.

Cuando *El Barbas* se enteró de la negativa, adicto a la violencia, concretó: "Eso no es problema, lo matamos y ya". Sabía que no podía trabajar con Fierro Chávez porque estaba peleado con su primo *El Chapo* Guzmán desde hacía tiempo. El empleado se resistió a cometer una traición y les propuso canalizar toda la droga a través de ellos si permitían que su jefe se reintegrara a

[27] Declaración ministerial de José Javier Bargueño Urías, 18 de marzo de 2005, causa penal 15/2008-IV, de la cual se tiene copia.

[28] *El Universal*, 28 de octubre de 2008.

la organización. "Jesús Loya y el señor Humberto Loya hablaron con el señor Joaquín Guzmán en la cárcel [de Puente Grande] y fue así como Joaquín Guzmán perdonó la desconocida ofensa a Sergio Fierro Chávez y éste se presentó con el señor Arturo Beltrán en Querétaro a trabajar. Fue ahí donde yo lo conocí, o sea al señor Arturo Beltrán", recordó Bargueño Urías en sus declaraciones ministeriales hechas en 2000 y 2005.

La relación fue benéfica para todos, lograron exitosos embarques de droga en Veracruz en la época en que operaba Albino Quintero. Fierro Chávez y Bargueño Urías comenzaron a gozar de las redes de protección de Amado Carrillo Fuentes a través de Marcos Arturo Beltrán Leyva. En ocasiones, a petición de *El Barbas*, Bargueño Urías ayudaba a coordinar la recepción de cargamentos de cocaína provenientes de Colombia para Ismael *El Mayo* Zambada.

El gobernador Beltrones y la pista "clandestina"

A principios de 1995 el comandante Castillo, quien iba a ser el próximo subdelegado de la PGR en Baja California Sur, le mandó decir a Fierro Chávez que ya no podían seguir traficando en esa plaza porque ahora le pertenecía a los Arellano Félix. El capo no se empeñó en hacerse del estado a sangre y plomo, mejor decidió mandar a construir una pista de aterrizaje en Guaymas, Sonora, donde obtuvo la protección del comandante de la PJF Rodolfo García Gaxiola, *El Chipilón*, y de su hermano Filemón García Gaxiola.[29]

La conexión se dio después de que el subdelegado de la PGR, Julio César Moraila Amador, presentó a *El Chipilón* con Bargueño

[29] Declaración ministerial de José Javier Bargueño Urías, 14 de noviembre de 2000, causa penal 16/2001-III.

Urías en el Holiday Inn de Hermosillo. *El Flaco* ya había trabajado en Baja California Sur y Baja California con Moraila Amador y su ayudante de tropelías Joel Zacarías Malacón, quien no estaba adscrito oficialmente a la PJF pero traía charola. En una ocasión los dos habían ayudado a Fierro Chávez a recuperar seis toneladas de cocaína de un avión que se había accidentado en las inmediaciones de la Playa Malarrimo, frente a Isla de Cedros.

En un terreno situado entre Hermosillo y Guaymas, Fierro Chávez ordenó la construcción de la pista clandestina, si es que puede llamarse así a tremenda área de dos mil 500 metros de largo por 70 de ancho. En la cabecera colocaron placas de acero de una pulgada de grosor, con la finalidad de que un discreto Boeing 727 que iba a bajar 10 toneladas de cocaína no se atascara al dar la vuelta. La pista fue terminada en tiempo y forma pero el comandante Rodolfo García Gaxiola salió con la gracia de que el Ejército mexicano la había descubierto y destruido, debido a que se encontraba sobre una ruta de navegación. Por tal motivo el trabajo se canceló. Llama la atención que hubiera sido el Ejército y no el gobierno de Sonora quien destruyera la pista de aterrizaje. Acaso será porque García Gaxiola tenía relación directa con el entonces gobernador del estado, el hoy ilustre senador del PRI Manlio Fabio Beltrones.

A Rodolfo García Gaxiola se le consideraba muy allegado al gobernador Beltrones y a su hermano Alcides,[30] quien era director del aeropuerto de Tijuana. La cercanía entre estos dos personajes se comprobó cuando tomaron bajo su cargo las primeras pesquisas sobre el asesinato de Luis Donaldo Colosio ocurrido en 1994. Rodolfo García Gaxiola era comandante de la PJF adscrito a Tijuana, cuando Beltrones sugiere al entonces presidente Carlos Salinas de Gortari viajar a la ciudad fronteriza para hacerse cargo

[30] *The New York Times*, 8 de abril de 1995.

de la investigación del homicidio del candidato presidencial de su partido político.[31] Los fiscales del gobierno federal dijeron después que "esa fase de la investigación de la Policía Federal, en particular, se vio empañada por la falsificación de pruebas, la manipulación de declaraciones de testigos y otras irregularidades". Una de ellas fue que Rodolfo García Gaxiola y Beltrones se llevaron a Mario Aburto, acusado de asesinar a Colosio, a una residencia cercana a las oficinas de la PJF y lo interrogaron por su cuenta durante horas. Siempre se sospechó que en ese momento se tergiversó la verdadera historia. Al poco tiempo García Gaxiola fue removido de Tijuana y enviado a Sonora como jefe de la PJF con el cargo de subdelegado de la PGR. El 28 de abril de 1994 Federico Benítez López, jefe de Seguridad Pública de Tijuana y encargado de continuar con la indagatoria del homicidio de Colosio, fue asesinado. García Gaxiola resultó ser el principal sospechoso.[32]

En más de una ocasión, Manlio Fabio Beltrones ha sido acusado de tener vínculos con el narcotráfico; incluso el propio ex presidente Vicente Fox señaló que la DEA tenía un expediente que relacionaba al político sonorense con el trasiego de drogas. Beltrones lo negó, como lo ha negado siempre, y Fox tampoco tenía precisamente la mayor calidad moral para inculparlo. Al poco tiempo de haber sido comisionado en Sonora, el general Sergio Aponte Polito identificó a Rodolfo García Gaxiola como uno de los comandantes de la PJF que protegía a narcotraficantes de la organización del Pacífico.[33]

Lo que es un hecho es que Fierro Chávez encontró una nueva base de operaciones en Guaymas, donde le dieron todas las facilidades.

[31] *Proceso*, núm. 1057, 1° de febrero de 1997.

[32] *The New York Times*, 8 de abril de 1995.

[33] *Ibid.*

Con Dios y con el Diablo

En Colombia, Marcos Arturo Beltrán Leyva tenía contacto con el peligroso capo José Vicente Castaño Gil, alias *El Profe*,[34] identificado, junto con su hermano Carlos, como fundador y líder del hoy desaparecido grupo paramilitar de extrema derecha Autodefensas Unidas de Colombia (AUC), al que se le vinculaba con delitos de narcotráfico, extorsión, robo, secuestros y terrorismo. El socio de *El Barbas* era tan tenebroso que incluso se le acusa de haber asesinado a su propio hermano para quedarse con el control de las AUC.

La cercanía del mayor de los Beltrán Leyva con *El Profe* era tal que en 1997 le hizo el favor de ordenar el asesinato del narcotraficante Raúl Ángel Ibarra Celis —que operaba en la zona norte de Sinaloa—, quien le debía siete millones de dólares al colombiano. Se considera que a partir de 2006 *El Profe* puede ser el líder de la tercera generación de grupos paramilitares de Colombia, conocida como Águilas Negras.[35] Castaño Gil es un prófugo de la justicia después de que en 2006 el entonces presidente colombiano Álvaro Uribe ordenara el encarcelamiento de los ex jefes del grupo paramilitar; en Colombia hay quienes lo dan por muerto desde el 17 de marzo de 2007,[36] pero nadie está seguro.

Las AUC supuestamente eran enemigas del poderoso narcotraficante Pablo Escobar, ex socio de Amado Carrillo Fuentes. No hay que olvidar que desde mediados de la década de 1980, y hasta principios de la de 1990, Escobar y la organización mexicana del Pacífico, primero a través de Miguel Ángel Félix Gallardo y después con Amado Carrillo Fuentes, fueron auspiciados por

[34] Declaración ministerial de José Javier Bargueño Urías, 18 de marzo de 2005, causa penal 15/2008-IV.

[35] *Semana*, 18 de agosto de 2007 (Colombia).

[36] *Cambio*, 2 de noviembre de 2008 (Colombia).

la CIA. Las AUC desempeñaron un papel muy importante en el debilitamiento de Pablo Escobar. Pese al deceso de Escobar, Amado Carrillo Fuentes y su grupo criminal siguieron trabajando con el cártel de Medellín.

No existe un registro del año en que comenzó la relación de la organización de Amado Carrillo Fuentes con Castaño Gil. La pregunta es si el gobierno de Estados Unidos también ayudaba a la violenta organización de las AUC, que junto con Pablo Escobar instauraron el terror en Colombia. Los narcotraficantes mexicanos desempeñaban un papel fundamental para los entonces todo poderosos colombianos, no sólo porque controlaban la porosa frontera con Estados Unidos, sino porque fueron creando una amplia estructura de distribución y venta de droga en la Unión Americana, sin la cual el negocio del narcotráfico hubiera quedado trunco.

Quien acaparó poco a poco esos contactos en Estados Unidos fue la organización del Pacífico, entonces comandada por *El Señor de los Cielos*, por conducto de Marcos Arturo Beltrán Leyva. En un primer momento, los contactos eran criminales centroamericanos, pero poco a poco la organización del Pacífico invadió las calles de las principales ciudades estadounidenses con su propia gente. Actualmente las organizaciones de tráfico de droga mexicanas, principalmente el cártel de Sinaloa, son las únicas que operan en todas las regiones de Estados Unidos y son consideradas por el Departamento de Justicia como "la mayor amenaza de tráfico de drogas".[37] Esa preponderancia del crimen organizado mexicano se debió en buena medida al trabajo de *El Barbas*, lo que le permitió tener mayor fuerza en la organización del Pacífico.

[37] "Evaluación de la Amenaza Nacional sobre Drogas 2010", Departamento de Justicia de Estados Unidos, Centro de Inteligencia Nacional sobre Drogas.

LAS BAJAS

Algunos de los lugartenientes que trabajaban con *El Barbas* en la década de 1990 fueron detenidos y otros ejecutados. Todos los que cayeron encontraron rápido reemplazo, los aspirantes a capos se cuentan en miles dentro de las filas del crimen organizado. Algunos se pudren después de haber sido usados sólo como carne de cañón, otros, si tienen suerte, llegan a dictar sus propios corridos y se vuelven una leyenda, aunque después terminen extraditados. Sólo un selectísimo grupo de criminales tiene acceso a la inmortalidad; algunos mágicamente dejan de ser los más buscados y se convierten en un cadáver irreconocible enterrado en un espléndido mausoleo, mientras en realidad han conquistado su jubilación o siguen operando sin el molesto acoso de los medios y la justicia.

Pese a la protección que las autoridades le daban al cártel de Sinaloa en el sexenio de Vicente Fox, Albino Quintero fue detenido el 26 de mayo de 2002 en Veracruz, cuando trataba de huir del Ejército mexicano por las azoteas vecinas de la casa de seguridad donde se encontraba en compañía de su escolta. En sus declaraciones, Quintero afirmó que contaba con la protección del ex gobernador de Quintana Roo, Mario Villanueva Madrid. Cuando lo detuvieron, entre sus guardias estaba Óscar Manuel Barrón Amador, miembro activo de la AFI (comandada por Genaro García Luna) adscrito a la delegación de la PGR en el Distrito Federal. La razón de fondo por la que la organización delictiva traicionó a su socio fue porque descubrieron que el eficaz Albino también trabajaba para el cártel del Golfo, específicamente para Osiel Cárdenas Guillén, una traición imperdonable.

José Ramón Laija Serrano, *El Colo*, fue detenido en agosto de 2003 en Nayarit por agentes judiciales del estado. Lo identificaron como el "principal operador del cártel de Juárez" en esa entidad.

El Colo es hermano de Guadalupe Laija Serrano, quien estuvo casada con *El Güero* Palma y fue ejecutada supuestamente por sicarios de Miguel Ángel Félix Gallardo, aunque también se dice que la mató un capo colombiano con quien sostenía un romance. Desde 1995 *El Colo* se había asociado con la organización de los hermanos Carrillo Fuentes.[38]

Rodolfo García Gaxiola, *El Chipilón*, fue ejecutado en mayo de 1998 en Sonora. El comandante de la PJF nadaba en dos aguas, las dos turbias. La organización de Carrillo Fuentes descubrió que también trabajaba para los hermanos Arellano Félix, quizás por eso en aquella ocasión el comandante Castillo le dijo a Fierro Chávez que ya no podían trabajar en Baja California Sur y los hizo mudarse a Sonora. Los narcos son escépticos ante el *dobleteo* de funcionarios públicos trabajando para dos cárteles a la vez, sobre todo si son enemigos. A cambio de los miles de pesos que pagan, exigen lealtad y eficacia. Al morir *El Chipilón* dejó una herencia de casi 10 millones de dólares obtenidos de su complicidad con el narcotráfico a su viuda Alma Yadira Sánchez Muñoz.[39] A la postre, la PGR reconoció que una de las líneas de investigación en torno al homicidio de Luis Donaldo Colosio apuntaba a Rodolfo García Gaxiola.[40]

En 1997, su hermano y cómplice, Filemón García Gaxiola, que también trabajó como comandante de la PGR en Guaymas, fue arraigado después de que se le acusara de participar en la transportación de cocaína de Tapachula, Chiapas, a la ciudad de México a bordo de un avión de la procuraduría. Al poco tiempo salió libre.[41] En 1999 enfrentó una nueva orden de aprehensión que al

[38] *La Jornada*, 9 de agosto de 2003.

[39] *Palabra*, 29 de marzo de 2004.

[40] Boletín núm. 099 de la PGR, 18 de marzo de 1999.

[41] *La Jornada*, 26 de octubre de 1997.

parecer nunca se ejecutó.[42] Pese a las imputaciones directas en su contra hechas por Bargueño Urías en el año 2000, y pese a que el actual gobierno de Felipe Calderón conoce su paradero, no ha sido detenido. No sólo eso, Filemón García Gaxiola recibió en 2008 y 2009 dinero del erario federal por medio del programa Apoyos y Servicios a la Comercialización Agropecuaria (Aserca) de la Secretaría de Agricultura. La cantidad asciende a 190 mil 800 pesos por supuestas actividades agrícolas en Guaymas y San Ignacio Río Muerto, Sonora.[43] Tal vez la cifra no sea muy significativa pero sí es simbólica por tratarse de un sujeto como él. Para recibir esos apoyos el beneficiario tiene que entregar una copia de su identificación oficial y un comprobante de domicilio. Se desconoce si el ex comandante de la PJF aún se dedica a proteger a narcotraficantes o si sigue combinando dos actividades como lo hacía antes: la legal y la ilegal.

En 1995, después de dejar el estado de Sonora, el comandante Julio César Moraila Amador fue nombrado subdelegado de la PGR en la ciudad de Guadalajara, donde apenas duró 15 días. Después se mudó a la ciudad de México, y trabajó para Amado Carrillo Fuentes en la custodia y transportación de droga. Moraila Amador fue comisionado en un "grupo especial", lo que le daba amplio margen para llegar a toda la República, como sucede hoy en día con elementos de la Policía Federal de la SSP y de la Policía Ministerial, antes AFI. En 1996 Moraila Amador murió en el hospital Los Ángeles de la ciudad de México debido a una meningitis fulminante. Su compinche Joel Zacarías Malacón Amador siguió operando con Marcos Arturo Beltrán Leyva y su gente.

[42] *Mural*, 29 de mayo de 1999.

[43] Padrones de beneficiarios de Aserca correspondientes a 2008 y 2009, publicados por el portal www.subsidiosalcampo.org.mx.

Joel Zacarías Malacón Amador tuvo la visión de crear empresas relacionadas con la acuacultura que por su propia naturaleza estuvieran ubicadas en las costas del Pacífico. En Nayarit usaba un laboratorio de camarón como centro de acopio de la cocaína de sus jefes. Actualmente, Malacón Amador, a quien Bargueño Urías le atribuye en su declaración ministerial una amplia participación en el trasiego de drogas del cártel del Pacífico, es propietario de una empresa llamada Granja Acuícola La Vecina, S.A. de C.V., ubicada en Sor Juana Inés de la Cruz número 8735, colonia Bachigualato, en Navolato, Sinaloa. Esta empresa está inscrita en el Fish Information & Services, que es un sitio web dedicado al ámbito profesional de la industria pesquera fundado en Tokio, Japón; el portal es uno de los más consultados en el mundo sobre ese sector.

Joel Zacarías no sólo está libre, sino que también recibe apoyos económicos del Estado para su empresa. Una actividad fundamental del narcotráfico es el traspaso de capitales sucios a empresas limpias, aunque éstas también funcionan como centros de operaciones. En los últimos años una de las formas en que los narcotraficantes han logrado que sus empresas no sean focos de duda es legitimándose por medio de la recepción de recursos públicos que otorga el gobierno federal, sobre todo a través de las secretarías de Agricultura y Economía. Malacón Amador es miembro del Consejo Directivo del Comité Estatal de Sanidad Acuícola de Sinaloa, A.C., representando a la región de Navolato, Norte.

Mientras él sigue operando como si nada, su familia ha sido víctima de ejecuciones. En marzo de 2008 su hermana Patricia Malacón Amador sufrió un atentado en Navolato; su hijo Arsenio Gaxiola Malacón fue ejecutado en octubre de ese mismo año en la colonia Ejidal del mismo municipio. El 28 de septiembre de 2009 un sicario baleó a su hermano Jorge Malacón Amador, de 53 años de edad, en el estacionamiento de un supermercado, frente al hospital del IMSS de Navolato. Los diarios de Culiacán lo identificaron como "un empresario transportista". Lo hirieron de gravedad. En su siguiente intento ya no fallaron. El 30 de septiembre un grupo armado irrumpió en la clínica de salud de Culiacán, donde estaba internado, y lo remataron. La ejecución se concretó pese a que el hospital era resguardado por dos policías municipales.

Humberto y Jesús Loya Pérez siguen delinquiendo impunemente. Han adquirido un gran poderío en los últimos años. Siguen aliados a Joaquín Guzmán Loera en una célula que era encabezada por Cándido y Valerio Palma Salazar —asesinado en marzo de 2010—, Manuel Alejandro Gómez, *El Bravo*, y Ernesto Guzmán Loera, hermano de *El Chapo*. Los hermanos operan en Sinaloa con influencia en Sonora, Tamaulipas, Nuevo León, Michoacán y Jalisco.

Sergio Fierro Chávez también continúa libre. En 1999 el gobierno de Estados Unidos estuvo a punto de perder un juicio por la incautación de un Learjet 24D 1974, con matrícula mexicana XA-RMF, piloteado por Jaime Madrid Sánchez. Una oficina de la DEA en El Paso tenía información de que era un avión sospechoso de transportar droga propiedad del narcotraficante Fierro Chávez. Cuando descendió en el aeropuerto de Brownsville, Madrid Sánchez llenó un formulario de aduana señalando que el propietario de la aeronave era la empresa Aerojal, pero en otro puso que era Aerotonalá y dijo que el destino del avión era Lexington, Kentucky. Las autoridades dejaron que el avión llegara hasta Lexington, donde aterrizó en el aeropuerto de Bluegrass Field. Ahí la DEA lo inspeccionó, y en la alfombra de la zona de pasajeros encontraron restos de mariguana, al levantar el tapete hallaron un compartimento secreto, el cual, supusieron, era usado para transportar droga. Más tarde obtuvieron una orden para incautar el avión. La corte de distrito falló a favor de Madrid Sánchez para que le devolvieran la aeronave. El fiscal apeló y finalmente ganó la moción de revertir el fallo, pero Madrid Sánchez quedó libre de cargos.

En 2002 Madrid Sánchez fue detenido por estar implicado en la ejecución de nueve personas, entre ellas una mujer, en el rancho Los Mendoza, del municipio de Aquila, Michoacán. El hecho cimbró a los medios de comunicación por el grado de violencia con el que se actuó. Aquél fue uno de los primeros indicios de la violencia que en pocos años invadió toda la República. La Procuraduría General de Justicia de Michoacán descubrió que la ejecución se debió a que el rancho Los Mendoza, cercano al estado de Colima y ubicado a unos kilómetros del Pacífico, era un centro de operaciones del cártel de Sinaloa donde los empleados iban a "pescar" la droga que se arrojaba desde un helicóptero de una empresa llamada Aerostar, de Guadalajara. Aparentemente en esa entrega los empleados del rancho quisieron quedarse con una parte del cargamento, por lo que fueron ejecutados por sus empleadores.

El revigorizado cártel de Sinaloa, comandado por Joaquín Guzmán Loera, recién salido de la prisión, comenzaba a mostrar la fuerza de su impunidad. La fuerza se la daba no sólo la protección del gobierno federal. *El Chapo* no estaba solo, era el gerente de una ambiciosa organización criminal recién bautizada como *La Federación*, que aglutinaba a los principales capos de la organización del Pacífico.

La Federación

En octubre de 2001 se llevó a cabo en Cuernavaca y en el Distrito Federal un concilio histórico entre los miembros de la organiza-

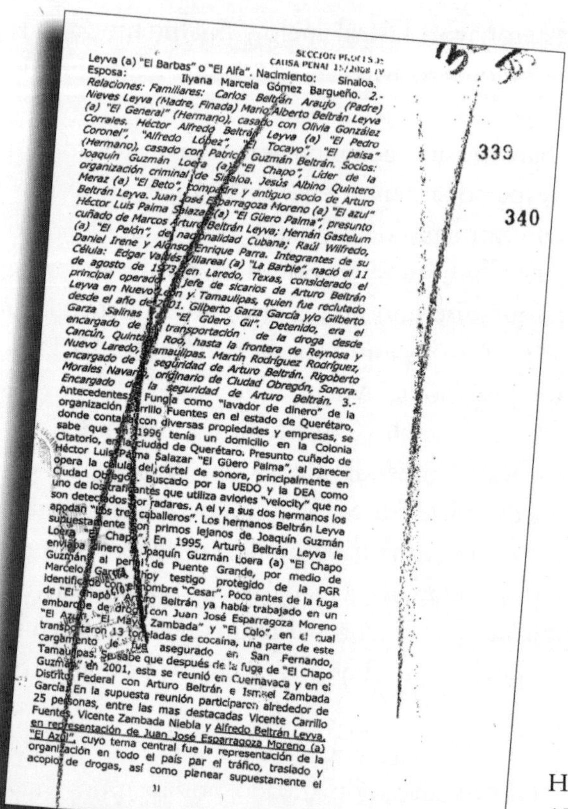

SECCIÓN [illegible]
CAUSA PENAL 15/2008 IV

Leyva (a) "El Barbas" o "El Alfa". Nacimiento: Sinaloa. Esposa: Ilyana Marcela Gómez Bargueño. 2.- Relaciones: Familiares: Carlos Beltrán Araujo (Padre) Nieves Leyva (Madre, Finada) Mario Alberto Beltrán Leyva (a) "El General" (Hermano), casado con Olivia González Corrales. Héctor Alfredo Beltrán Leyva (a) "El Pedro Coronel", "Alfredo López", "El Tocayo", "El paisa" (Hermano), casado con Patricia Guzmán Beltrán. Socios: Joaquín Guzmán Loera (a) "El Chapo", Líder de la organización criminal de Sinaloa. Jesús Albino Quintero Meraz (a) "El Beto", compadre y antiguo socio de Arturo Beltrán Leyva. Juan José Esparragoza Moreno (a) "El azul" Héctor Luis Palma Salazar (a) "El Güero Palma", presunto cuñado de Marcos Arturo Beltrán Leyva; Hernán Gastelum (a) "El Pelón", de nacionalidad Cubana; Raúl Wilfredo, Daniel Irene y Alonso Enrique Parra. Integrantes de su Célula: Edgar Valdés Villareal (a) "La Barbie", nació el 11 de agosto de 1973 en Laredo, Texas, considerado el principal operador [illegible] jefe de sicarios de Arturo Beltrán Leyva en Nuevo León y Tamaulipas, quien fue reclutado desde el año de 2001. Gilberto Garza García y/o Gilberto Garza Salinas [illegible] "El Güero Gil". Detenido, era el encargado de [illegible] transportación de la droga desde Cancún, Quintana Roo, hasta la frontera de Reynosa y Nuevo Laredo, Tamaulipas. Martín Rodríguez Rodríguez, encargado de [illegible] seguridad de Arturo Beltrán. Rigoberto Morales Navarro, originario de Ciudad Obregón, Sonora. Encargado de la seguridad de Arturo Beltrán. 3.- Antecedentes: Fungía como "lavador de dinero" de la organización Carrillo Fuentes en el estado de Querétaro, donde contaba con diversas propiedades y empresas, se sabe que en 1996 tenía un domicilio en la Colonia Citatorio, en la ciudad de Querétaro. Presunto cuñado de Héctor Luis Palma Salazar "El Güero Palma", al parecer opera la célula del cártel de sonora, principalmente en Ciudad Obregón. Buscado por la UEDO y la DEA como uno de los traficantes que utiliza aviones "velocity" que no son detectados por radares. A el y a sus dos hermanos los apodan "los tres caballeros". Los hermanos Beltrán Leyva supuestamente son primos lejanos de Joaquín Guzmán Loera "El Chapo". En 1995, Arturo Beltrán Leyva le enviaba dinero a Joaquín Guzmán Loera (a) "El Chapo Guzmán" al penal de Puente Grande, por medio de Marcelo García, hoy testigo protegido de la PGR identificado con el nombre "Cesar". Poco antes de la fuga de "El Chapo", Arturo Beltrán ya había trabajado en un embarque de droga con Juan José Esparragoza Moreno "El Azul", "El Mayo Zambada" y "El Colo", en el cual transportaron 13 toneladas de cocaína, una parte de este cargamento [illegible] fue asegurado en San Fernando, Tamaulipas. Se sabe que después de la fuga de "El Chapo Guzmán" en 2001, esta se reunió en Cuernavaca y en el Distrito Federal con Arturo Beltrán e Ismael Zambada García. En la supuesta reunión participaron alrededor de 25 personas, entre las mas destacadas Vicente Carrillo Fuentes, Vicente Zambada Niebla y Alfredo Beltrán Leyva, en representación de Juan José Esparragoza Moreno (a) "El Azul", cuyo tema central fue la representación de la organización en todo el país par el tráfico, traslado y acopio de drogas, así como planear supuestamente el

31

339

340

Hoja 31 de la causa penal 15/2008/IV.

ción del Pacífico. La sede morelense resultaba significativa porque había sido uno de los lugares preferidos de Amado Carrillo para realizar sus operaciones, así como su lugar de residencia. Y la ciudad de México, a pesar de que ahí concurren los poderes federales y se supone que debería existir mayor vigilancia, es un punto de reunión de narcotraficantes más común de lo que suele pensarse.

La idea fue de Joaquín Guzmán Loera, quien contó con el apoyo de *El Mayo* Zambada. *El Chapo* tenía nueve meses de haber salido de Puente Grande. Hacía poco que *El Chito* se había entregado asumiendo la culpa de la fuga y las cosas aún estaban calientes. La convocatoria implicó un esfuerzo titánico. Más de uno debió de pensar que se trataba de una trampa. Además, entre los integrantes del grupo delictivo permeaba el recelo y una molestia que nadie se atrevía a externar: Vicente Carrillo Fuentes, *El Viceroy*, quien se había quedado formalmente en el puesto de Amado Carrillo Fuentes, no cumplía con sus expectativas.

En el encuentro participaron más de 25 narcotraficantes, entre ellos los líderes: Ismael *El Mayo* Zambada, Vicente Carrillo Fuentes, Vicente Zambada Niebla, Ignacio Coronel Villarreal, Marcos Arturo Beltrán Leyva y Alfredo Beltrán Leyva, en representación de Juan José Esparragoza Moreno, *El Azul*. También acudieron Armando Valencia Cornelio y un representante de la organización de los Amezcua. No se sabe a ciencia cierta dónde específicamente ni cuándo ocurrió la cumbre, pero por los usos y las costumbres de los capos mexicanos, indudablemente todos llegaron armados hasta los dientes. A pesar de que al comienzo debió de respirarse mucha tensión, se llevó a cabo el concilio, y seguramente fue rematado con una larga parranda.

Tras la desaparición de Amado Carrillo Fuentes en julio de 1997, se cuenta desde el interior del clan del Pacífico que hubo jaloneos por asumir el liderazgo de la boyante organización. Vicente Carrillo Leyva, hijo de Amado, era aún demasiado joven. Varios de los integrantes pensaron que Juan José Álvarez Tostado, *El Compadre*, disputaría la jefatura. De perfil discreto y con semblante de hombre de negocios, él era uno de los colaboradores más cercanos a *El Señor de los Cielos*. Álvarez Tostado se encargaba de cobrar las ganancias del trasiego de drogas y de las operaciones más importantes de lavado de dinero. En 1998 el gobierno de Estados Unidos descubrió su bien diseñada estrategia de lavado de dinero a través de una cadena de transferencias bancarias entre México y Sudamérica.

Se habla de que en pleno proceso de la sucesión, *El Mayo* y *El Compadre* tuvieron sus diferencias porque Zambada García quería irse por la libre. Hasta que Álvarez Tostado lo paró en seco: "Tú traficas porque tienes mi permiso", le dijo enérgico *El Compadre* para que quedara claro cuál era el escalafón. Con el objetivo de evitar un baño de sangre, Juan José Esparragoza Moreno propuso integrar un consejo que llevara las riendas de la organización creada por Amado Carrillo, una de las más poderosas de América Latina. Finalmente el mando quedó en manos de Vicente Carrillo Fuentes, *El Viceroy*, hermano menor de Amado.[44] Todos aceptaron la designación, aunque a regañadientes. *El Mayo* se replegó en Sinaloa y asumió el estado como su territorio; Vicente Carrillo Leyva se distanció de su tío, y Marcos Arturo Beltrán Leyva le fue leal a *El Viceroy*. Al final, las células de la organización delictiva de *El Señor de los Cielos* quedaron diseminadas y con menos poder, pero siguieron muy activas en sus negocios sucios.

Cuando Joaquín Guzmán Loera salió de Puente Grande, sus socios fueron escépticos. Por supuesto, nadie se tragaba el cuento del carrito de lavandería, más bien pensaban que lo habían liberado para que detuvieran a los capos de la organización por medio de él. *El Chapo*, desde sus primeros escondites, principalmente entre Nayarit y Quintana Roo cuando el gobernador era el priísta Joaquín Hendricks, buscó a dos personas: a su primo Marcos Arturo Beltrán Leyva y a *El Mayo* Zambada.[45] Al principio, Marcos Arturo decidió tomar distancia. En cambio *El Mayo* vio una oportunidad de tomar finalmente el control del cártel, y fue el único que respaldó a Guzmán Loera, incluso económicamente.

[44] Para esta investigación se tuvo acceso a informes de inteligencia y fuentes vivas que revelan tanto esa información como los datos subsecuentes.

[45] Declaración ministerial de Albino Quintero Meraz, 22 de abril de 2010, causa penal 15/2008-IV.

El tema central de la mítica reunión convocada por *El Chapo* en Cuernavaca y el Distrito Federal era la ordenación de las bandas del Pacífico y su aglutinamiento en una organización nacional donde todos sumaran los esfuerzos individuales para el tráfico, traslado y acopio de droga. Así, se planteó la necesidad de planear el exterminio de los hermanos Arellano Félix, con quienes Guzmán Loera había iniciado una guerra en la década de 1990 que aún no olvidaba. Durante el sexenio de Vicente Fox, *El Chapo* contempló la muerte y la caída del imperio de sus enemigos con la ayuda del gobierno federal y con la información que él mismo había filtrado a las agencias de Estados Unidos cuando estaba en prisión.

En la primavera de 2002 la organización de los Arellano Félix comenzó a ir en picada debido a los golpes asestados en el sistema nervioso y en el corazón del cártel. Sucedieron uno tras otro: el asesinato de Ramón Arellano Félix y la detención de Benjamín Arellano Félix. Lo primero fue cosa del destino, y lo segundo se perpetró gracias al apoyo del gobierno de Vicente Fox al cártel de Sinaloa. En poco tiempo encarcelaron a casi dos mil operadores del cártel de Tijuana en ambos lados de la frontera norte. El gobierno estadounidense aplaudía la decisión de la administración foxista de luchar contra las bandas de narcotraficantes, pero tenía una interpretación equivocada de las circunstancias, la lucha oficial no era contra el narcotráfico, sino contra los enemigos de *La Federación*. Hay muchos que piensan que la brillante idea de crear un sindicato de narcotraficantes fue una sugerencia de la DEA, cuyos agentes visitaron a Guzmán Loera en prisión para que les proporcionara información sobre los Arellano Félix.

En los ámbitos de inteligencia en México comentan que para el gobierno de Estados Unidos resultaba más fácil tener un solo interlocutor con quien controlar el tráfico de drogas en su territorio. Por otro lado, hay quienes afirman que justamente ése es el argumento de algunos sectores del Ejército y del propio secretario de la SSP Genaro García Luna, que desde la fuga de Guzmán Loera lo han protegido.

El planteamiento hecho por Guzmán Loera rompía con todos los esquemas previos. La mayoría de los capos asistentes a la reunión tenían su propio grupo y controlaban las rutas que habían trabajado para Amado Carrillo Fuentes. Había ocasiones en las que se servían mutuamente y se pedían el favor de recibir algún cargamento de cocaína,[46] o se ayudaban a cambio del cobro del paso en dinero o en especie. De cualquier forma, los narcotraficantes no cooperaban entre sí de manera sistemática, y eso era precisamente lo que proponía *El Chapo*. Esa estrategia era la única manera de crecer y ganarle espacio a las bandas colombianas y asiáticas en Estados Unidos. Debieron de existir reticencias, pero al terminar las reuniones *La Federación* quedó constituida.

La sociedad criminal fue establecida bajo estrictas reglas de jerarquía y disciplina. Para mantener el orden interno, se afirma que *La Federación* impuso una reglamentación oral que los miembros estuvieron obligados a seguir.[47] Todos compartían las rutas que cada líder había conseguido a través de los años, los brazos armados e incluso hasta los grupos de lavadores de dinero. Juntos sumaron las operaciones de 16 entidades federativas, más de la mitad del país: Sinaloa, Sonora, Chihuahua, Coahuila, Durango, Colima, Jalisco, Nayarit, Morelos, Distrito Federal, Estado de México, Yucatán, Quintana Roo, Guanajuato, Aguascalientes y Querétaro. En la cúspide de la pirámide de la organización criminal se situó Joaquín Guzmán Loera como coordinador y se estableció un liderazgo vertical. ¿Por qué él? No sólo porque *El Chapo* era el padre de la brillante idea, sino porque él tenía el arreglo con el gobierno federal desde la Presidencia de la República que conducía

[46] Declaración ministerial de José Javier Bargueño Urías, 14 de noviembre de 2000, causa penal 16/2001-III.

[47] Causa penal 15/2008-IV.

Vicente Fox, quien fue objeto de investigaciones de la DEA durante todo su sexenio.[48]

Así, *La Federación* comenzó a funcionar como un consejo con representaciones de los principales líderes de las organizaciones de tráfico de drogas. Gracias a la red de "policía corrupta" y a los "contactos políticos", la organización dirigió una red de transporte de drogas a gran escala traficando su mercancía ilegal en transporte terrestre, aéreo y marítimo, embarcando numerosas toneladas de cocaína de Sudamérica, transportándolas por Centroamérica y México, hasta finalmente desembarcarlas en Estados Unidos.[49] De vez en cuando ocurrieron luchas internas entre los integrantes de la agrupación, pero lograron reducirlas al máximo y aseguraron su protección común política y judicial.[50] Los mismos funcionarios públicos y políticos que protegían a unos protegían a todos. *La Federación* se convirtió en una organización casi inmune.

Como los principales líderes de *La Federación*, además de *El Chapo* y sus primos, los Beltrán Leyva, quedaron Ismael *El Mayo* Zambada, Ignacio *Nacho* Coronel, Juan José Esparragoza Moreno, *El Azul*, Vicente Carrillo Fuentes, *El Viceroy*, y Armando Valencia Contreras.

El Mayo Zambada

En la organización criminal se ubica a *El Mayo* como el hombre detrás del trono de *El Chapo*. Ismael Zambada García es originario

[48] Para este trabajo se obtuvo dicha información directamente de uno de los agentes de la DEA en México involucrado en esas investigaciones.

[49] Tribunal del Distrito Este de Nueva York, F. núm. 2009R01065/OC-DETF # NYNYE-616, expediente mejor conocido por el Departamento de Justicia de Estados Unidos como "Acusación contra La Federación".

[50] *Ibid.*

de un poblado conocido como El Álamo, en la sindicatura de Costa Rica del municipio de Culiacán, Sinaloa. Se trata de una ranchería que poco a poco se ha ido tragando la mancha urbana y los ambiciosos proyectos residenciales del empresario Enrique Coppel Luken. *El Mayo* es de extracción muy humilde; ya era campesino cuando comenzó a dedicarse a la siembra de mariguana y amapola. Tiene por lo menos cuatro hermanos: Ana María, Águeda, Vicente y Jesús Reynaldo Zambada García. Mide cerca de un metro con ochenta centímetros, es de tez morena y complexión robusta. Está casado con Rosario Niebla Cardoza, de 64 años, con quien procreó por lo menos seis hijos: Vicente, María Teresa, Midiam (*sic*) Patricia, Mónica del Rosario, Modesta e Ismael.[51] Antes de ser aprehendido, su adorado hijo Vicente Zambada Niebla era su brazo derecho en los negocios del narcotráfico. Mientras que su hermano, Reynaldo Zambada García, es su brazo izquierdo y su principal operador.

El capo presume cinco familias más, dejaría de ser narcotraficante si no. Dice tener 15 nietos y un bisnieto.[52] Todos conviven en santa paz. En cuanto a parejas sentimentales, su amplio corazón abriga espacio para Rosa Linda Díaz García, Dora Alicia Beltrán Corrales, Leticia Ortiz Hernández, María del Refugio Sicarios Aispuro, Alicia Lara Camberos y Margarita Imperial López. Con algunas tuvo hijos: Ismael Zambada Sicarios, Ana María Zambada Lara e Ismael Zambada Imperial.

Usa múltiples seudónimos, entre ellos: Gerónimo López Landeros, Javier Hernández García, Ismael Mario Zambada García, Jesús Loaiza Avendaño, Javier García Hernández e Ismael Higuera Rentería, pero en la organización todos los conocen como *El Mayo*. Debido a sus múltiples alias, registra varias fechas de naci-

[51] Información del Departamento del Tesoro de Estados Unidos.
[52] *Proceso*, núm. 1744, 4 de abril de 2010.

miento, de las cuales se mencionan: 27 de julio de 1927, 1° de enero de 1948, 23 de mayo de 1949, 30 de enero de 1950, 21 de julio de 1951, 21 de marzo de 1952 y 27 de julio de 1956.[53] Probablemente ninguna de ellas sea la auténtica. Algunos le calculan 60 años.

El Mayo fue iniciado en el narcotráfico por José Inés Calderón Quintero, quien entre las décadas de 1970 y 1980 fue uno de los principales jefes del narcotráfico en Sinaloa y en el país.[54] Hay quienes aún lo recuerdan pagando sus narcoimpuestos en las oficinas de la PJF en 1978 durante los años del control. También vivió de cerca la época en la que el narcotráfico se convirtió en un arma política para la CIA, y fue testigo de cómo el tráfico de estupefacientes, con sus pingües ganancias, se transformó en un tentativo negocio para la clase política mexicana.

Sin duda, actualmente Zambada García es el más experimentado de todos los capos. Su nombre aparece en todos los expedientes clave del narcotráfico en México. Por ejemplo, en el llamado "Maxiproceso", investigación por la cual el ex gobernador de Quintana Roo Mario Villanueva Madrid se encuentra tras las rejas en el vecino país del norte. Asimismo, *El Mayo* está involucrado, junto con su ex socio Amado Carrillo Fuentes, en el polémico expediente del Grupo Financiero Anáhuac que puso en jaque y evidencia a miembros del PRI y el PAN. Además cuenta con un rosario de por lo menos nueve averiguaciones previas.

El gobierno de Estados Unidos lo persigue desde 2002; por su cabeza ofrece cinco millones de dólares, una bicoca en comparación con lo que *El Mayo* es capaz de pagar por su protección. Se sabe que cuenta con múltiples propiedades en Jalisco, el Distrito Federal y Sinaloa, donde incluso se le atribuye ser el dueño de un hotel llamado El Mayo, ubicado en el centro de Culiacán.

[53] Ficha de la SSP/Cisen, 2007, de la cual se tiene copia.

[54] *Proceso*, núm. 1744, 4 de abril de 2010.

El 20 de junio de 2000 el Ejército mexicano realizó un operativo en las inmediaciones de la capital sinaloense donde aseguró un rancho de *El Mayo* llamado Puerto Rico. El terreno de 650 hectáreas estaba dedicado a la producción lechera para su empresa Industria de Ganaderos de Culiacán, S.A. de C.V. Los militares hallaron cinco mil 700 cabezas de ganado, más de un centenar de trabajadores de planta, caballos finos y 37 vehículos. En el lugar había una residencia pomposamente nombrada Palma de Mallorca, situada en una especia de isla; quienes la conocen aseguran que cuenta con capilla, casa de muñecas, jardines y hasta guacamayas.[55]

Después de la acción militar, la esposa de *El Mayo*, Rosario Niebla Cardozo, se presentó ante la PGR, supuestamente apoyada por la Coparmex local, con un acta de divorcio, y exigió que le devolvieran los bienes, lo cual ocurrió tras el alegato de que ella no tenía nada que ver con el capo y que la fuente de trabajo de mil 500 familias estaba en juego.[56] Las esposas de los capos nunca dejan de serlo, y ellos nunca dejan de regir en sus vidas. Nadie en el mundo del narcotráfico se tragaría la historia de que los negocios y las propiedades en los que doña Rosario aparece como propietaria están desvinculados del capo.

El compadre de *El Mayo*

Fue justamente en el rancho Puerto Rico cuando hace más de 20 años *El Mayo* tuvo un encuentro con el empresario ganadero Jesús Vizcarra Calderón, ex alcalde priísta de Culiacán y ex candidato a la gubernatura de Sinaloa en las elecciones del 4 de julio

[55] *Milenio Semanal*, 16 de julio de 2000.
[56] *Milenio*, 16 de noviembre de 2008.

de 2010. Seis meses antes de que se celebraran estos comicios, el periódico *Reforma* publicó en primera plana una foto donde presuntamente aparece Vizcarra Calderón con personajes ligados al narcotráfico: *El Mayo*, Bernardo Quintana, don Inés Calderón Godoy (padre de José Inés Calderón Quintero) y Javier Díaz (hijo de Baltazar Díaz, quien le entregaba portafolios llenos de dinero al director de la PJF Rodolfo León Aragón). El encuentro en el rancho Puerto Rico, señaló el diario, fue a propósito de una celebración del día de la Virgen de Guadalupe. Sin embargo, Vizcarra Calderón afirmó que la foto había sido tomada en un evento comercial de ganado, y que no recordaba dónde se había llevado a cabo. De cualquier manera, cuando esta fotografía se publicó, las historias de los presuntos vínculos de Vizcarra con el narcotráfico ya eran antiguas. Incluso se decía que *El Mayo* era compadre de Vizcarra, lo que éste nunca se atrevió a negar.

Cuando esa fotografía se hizo pública, Jesús Vizcarra explicó en corto que sí conocía a *El Mayo*. La razón es que hacía varios años uno de sus hijos fue secuestrado, y la única persona que lo ayudó a rescatarlo fue el narcotraficante, pero puntualizó que solamente ese hecho lo unía con él. Más tarde, su fidelidad a *El Mayo* Zambada le costaría la gubernatura de Sinaloa. El 16 de junio de 2010, a unas semanas de las elecciones estatales, en el último debate entre los contendientes, Mario López Velarde, mejor conocido como *Malova*, le hizo la pregunta que dio muerte a sus aspiraciones: "¿Es o no es compadre de *El Mayo* Zambada?", inquirió *Malova* en vivo y directo. Nadie en Sinaloa podrá olvidar la escena de Vizcarra enmudecido. Luego alcanzó a balbucear algunas incoherencias como "nunca he cometido un acto ilegal" y otras frases por el estilo. Si lo negaba, *El Mayo* lo podría entender pero jamás perdonar. Aceptarlo representaba el fin no sólo de su candidatura sino seguramente de sus millonarios negocios de la carne y anexas.

Mario López Velarde señaló: "El que calla otorga". Sin embargo, aseguró que como gobernador no piensa investigar el caso: "Vizcarra tiene dos investigaciones abiertas en la Procuraduría General de la República, yo tendré que ocuparme de otras cosas". El tema del narcotráfico pone a *Malova* visiblemente tenso. Entrecruza las manos, se le humedecen. Y no es para menos, Sinaloa ha sido la cuna de los principales capos en la historia de México.[57]

En 2010, una nota relevante del proceso electoral en Sinaloa la dio Manuel Clouthier Carrillo. Este heredero de la tradición política de lucha de su padre, *Maquío*, denunció a la "camarilla mafiosa" encabezada por el gobernador del PRI, Jesús Alberto Aguilar Padilla, a quien acusó de trabajar para el cártel de Sinaloa, junto con su antecesor Juan S. Millán. Clouthier aseguró que Vizcarra representaba la clara intención de colocar al cártel de Sinaloa al frente del gobierno del estado. Ahora bien, la gran pregunta es si *Malova* significa realmente otra cosa. Durante su campaña, el priísta disfrazado de panista reconoció públicamente que, además de su padre biológico, él reconocía deberle a otros dos hombres lo que es: Leonardo Félix Gutiérrez, *El Nalo*, su padre en los negocios, y Juan S. Millán, su padre en la política. Sobre Félix Gutiérrez, el 30 de mayo de 2006 Jesús Blancornelas, el desaparecido periodista experto en temas de narcotráfico, consignó en su columna:

> [...] el Ejército informó que *El Nalo* es propietario de seis avionetas, de las que existe registro han sido empleadas para el traslado de droga. También lo ha hecho en seis embarcaciones. El Ejército asegura que *El Nalo* tiene como lugarteniente a Ángel Ibarra Félix, quien forma parte de la célula de *El Mayo* Zambada. También apunta a *El Nalo* como propietario de las automotrices Chevrolet en Los Mochis, Guasave y Culiacán, que fueron adquiridas con dinero

[57] Entrevista realizada por la autora a Mario López Velarde, *Reporte Índigo*, 8 de julio de 2010.

del narcotráfico, al igual de otros negocios integrantes de su grupo corporativo.

En otros tiempos, Aguilar Padilla y Millán eran del mismo grupo, comían del mismo plato. La ruptura entre los dos provocó la disputa política en Sinaloa y que cada quien impulsara a su candidato: Vizcarra y López Velarde, respectivamente, ambos del PRI, de la misma "mafia política", si uno se atiene a lo señalado por Clouthier. Aunque en Sinaloa hubo un cambio de partido político que provoca la rápida conclusión de que se terminó con más de 80 años de la hegemonía priísta, parece que en el fondo no hubo un cambio de camarilla y probablemente tampoco de intereses.

Enemigo público

De todos los capos, *El Mayo* es de quien más contradicciones se escuchan. Es amado u odiado. No hay punto intermedio. Hay quienes lo describen como un hombre generoso y muy tratable. Como narco de la vieja guardia, es de los que reparte dinero a montones en las comunidades rurales donde desarrolla sus actividades ilícitas. Narran que la gente hace fila cuando visita los poblados. Nunca ha pretendido parecer un hombre refinado como otros de sus socios. Se asume como un ranchero y actúa como tal. Fue uno de los más grandes sembradores de mariguana y amapola antes de incursionar en el mundo de la cocaína. Supo entender que ése era el futuro y se adaptó a las circunstancias. Él tenía el personal, las rutas y los contactos en Estados Unidos, sólo se trataba de comercializar otro producto. Cuentan que cuando inició en el negocio del polvo blanco lo transportaba a través de sus empresas lecheras en botes de leche.

Así como hay quien ve maravillas en él, hay quienes lo señalan como un traidor manipulador. Hasta los mismos miembros de su organización lo acusan de haber entregado a uno de sus hombres de mayor confianza: Javier Torres Félix, *El JT*, uno de sus lugartenientes. *El JT* había logrado salir de la cárcel tres veces, y fue el único sobreviviente de una masacre perpetrada por los Arellano Félix en El Limoncito, Sinaloa, donde murió uno de sus hermanos y 11 personas más. Pero no sobrevivió a los designios de *El Mayo*. Torres Félix fue detenido por el Ejército mexicano en enero de 2004 sin un tiro de por medio. Lo agarraron con la guardia baja, signo de la traición.

Como los demás capos, *El Mayo* no es monedita de oro. Lo critican porque supuestamente él es el verdadero jefe de *El Chapo*, pero prefiere que su compadre jale los reflectores. Aunque al parecer eso no le ha funcionado del todo. Durante los últimos 35 años, las actividades criminales de *El Mayo* habían pasado desapercibidas en Estados Unidos. Gracias a *La Federación*, el 31 de mayo de 2002 fue catalogado por George W. Bush como un narcotraficante de nivel uno. Todo un enemigo público.

Durante el sexenio de Vicente Fox, el capo se convirtió en un auténtico dolor de cabeza para el Departamento del Tesoro estadounidense, que expresó molestia por la impunidad con la que actuaba el capo dentro de México y su propio territorio. Zambada García operaba una amplia red de empresas a través de las cuales traficaba droga y blanqueaba capitales con la tolerancia o ignorancia de ambos gobiernos. En mayo de 2007 esa dependencia identificó a seis compañías y 12 personas como parte de la red financiera de *El Mayo*. Se congelaron los activos que la organización criminal pudiera tener bajo jurisdicción de Estados Unidos, y se prohibió que ese país realizara transacciones financieras y comerciales con ellas.

Entre las empresas de *El Mayo*, hay una guardería llamada Estancia Infantil del Niño Feliz, S.C., ubicada en la colonia Centro de Culiacán, Sinaloa. El lugar cuenta con los permisos correspondientes del Instituto Mexicano del Seguro Social (IMSS), e incluso es subrogada, es decir, recibe cuotas de recuperación de la institución pública por cada niño que atiende desde el 22 de noviembre de 2001,[58] como parte de las prebendas del gobierno de Vicente Fox. ¿De qué tamaño habrán sido y son los compromisos del IMSS que permite el funcionamiento de esta guardería? Sin duda, los menores que asisten ahí podrían ser blanco de un operativo policiaco o de ataques de los enemigos de *El Mayo*. Además, parece que nadie ha ido a verificar que la organización delictiva de Zambada García dio la dirección de la estancia como domicilio del Establo Santa Mónica, otra de las empresas catalogadas por el Departamento del Tesoro como lavadoras de dinero.

Otras de las empresas señaladas son Gasolinera Rosario —que también tiene la dirección de la estancia infantil—, Multiservicios Jeviz, Jamaro Constructores, Establo Puerto Rico y Nueva Industria de Ganaderos de Culiacán. Si quedara alguna duda de que estas compañías pertenecen al narcotraficante, en julio de 2008, a la puerta de Nueva Industria, donde *El Mayo* produce la popular leche Santa Mónica, llegaron en bolsas dos cadáveres de decapitados, con mensajes escritos como "EL GOBIERNO TE PROTEGE MUCHO" y "NO MANDES FEDERALES".[59]

Después de la operación del Departamento del Tesoro estadounidense en mayo de 2007, Adam Szubin, director de la oficina de Control de Activos Extranjeros, aseguró que dicha acción exponía aún más "la red de empresas fachada y socios financieros que Zambada García utiliza para ocultar y lavar el dinero de la droga que luego saca del sistema financiero de Estados Unidos".[60] Si hay algo que molesta a las autoridades de aquel país es que los

[58] *Noroeste*, 10 de julio de 2009.
[59] *Noroeste*, 7 de julio de 2008.
[60] *El Norte*, 19 de mayo de 2007.

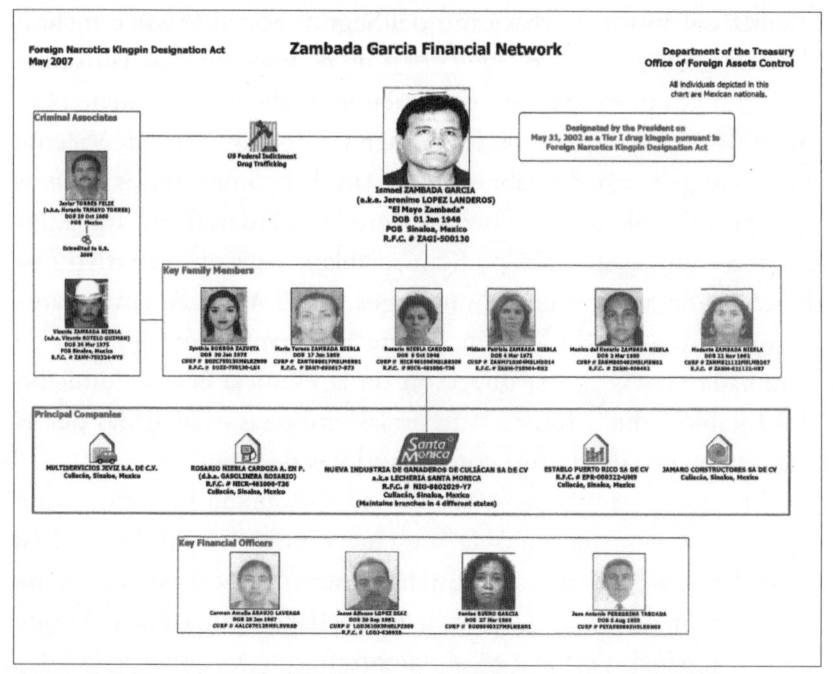

Recuadro de empresas de *El Mayo* según el Departamento del Tesoro.

capos retiren los capitales de su territorio. Mientras Pablo Escobar les sirvió para sus planes políticos en la región, y el narcotraficante dejaba sus ganancias en Estados Unidos, el gobierno norteamericano fue tolerante. La verdadera cacería contra Escobar inició cuando dejó de ser necesario y pretendió llevarse sus millones de dólares.

La reacción del gobierno de Felipe Calderón fue una desilusión. La Secretaría de Hacienda dijo que las cuentas mexicanas de los negocios y las personas señaladas por el Departamento del Tesoro seguirían activas hasta que las autoridades nacionales determinaran su responsabilidad delictiva, ya que la investigación estadounidense presentó sólo indicios.[61] Asimismo se mantuvo el

[61] *Ibid.*

apoyo gubernamental con el que contaban dichas empresas a través de los programas para la Pequeña y Mediana Empresa (PyME), la Secretaría de Agricultura y hasta la Comisión Nacional del Agua (Conagua). Ahí está el caso del Establo Puerto Rico, que de 2001 a 2008 recibió más de cinco millones de pesos del gobierno federal por medio de Apoyos y Servicios a la Comercialización Agropecuaria (Aserca).

En 2001 la Conagua otorgó una concesión, en la sindicatura de Costa Rica, para usar 127 mil metros cuadrados de terrenos de propiedad federal donde hay cauces y vasos, que pueden aprovechar para extracción de materiales, y tierras para uso agrícola, pecuario, silvícola, acuícola. Y en 2002 la comisión dio una nueva concesión para usar otros 383 mil metros cuadrados de propiedad federal. En ese entonces, el director de la Conagua era un hombre muy cercano al presidente: Cristóbal Jaime Jáquez, ex directivo de Coca-Cola y del Grupo Industrial Lala. Vicente Fox no sólo fue omiso en combatir el lavado de dinero de *El Mayo*, sino que incluso su gobierno le prestó bienes de la nación para hacerlo. Hasta hoy, las concesiones siguen vigentes.[62]

El Mayo es tan hábil que logró inscribir a la empresa Establo Puerto Rico en un programa experimental de la UNFCCC (Convención sobre el Cambio Climático de las Naciones Unidas, por sus siglas en inglés), realizada entre 2005 y 2006 en México para buscar un mejor manejo de los desechos del ganado productor de leche y disminuir los gases que emiten, como el metano y el óxido nitroso, a través de acciones económicamente sustentables. Ése es el poder del narcotráfico y su capacidad de infiltración. Por supuesto, contar con un certificado de participación de una organización como la ONU ayuda a legitimar los negocios ilegales.

[62] Conagua, núm. de concesión 03SIN116508/10ABGR02.

A principios de 2010 *El Mayo* Zambada hizo un movimiento que rompió con todos los paradigmas. Aceptó un encuentro con el periodista Julio Scherer García, director de *Proceso*, semanario considerado por el gobierno federal como uno de sus principales enemigos, al parecer sólo porque es crítico. Por más que alguien los busque, los narcos son los que eligen con quién hablar, sus razones tendrán.

El breve encuentro, *stricto sensu*, no arrojó información nueva. Pareciera que el interés del capo era enviar algunos mensajes en clave a aquellos que fueran capaces de comprenderlo. Uno de ellos era el presidente Felipe Calderón. "Si me atrapan o me matan, nada cambia." "Hasta hoy no ha aparecido por ahí un traidor", sentenció *El Mayo* casi como una amenaza, quizás para aquellos socios que de pronto comiencen a encontrar incómoda su presencia. Sus escuetas palabras muestran una realidad irrefutable: las aprehensiones de los grandes jefes de las organizaciones criminales mexicanas se han debido a una sola cosa: la traición interna. No a que el gobierno o las autoridades responsables de la seguridad pública y la justicia tengan la intención o la capacidad de hacerlo.

—Es conocida su amistad con *El Chapo* Guzmán y no podría llamar la atención que usted lo esperara fuera de la cárcel de Puente Grande el día de la evasión. ¿Podría contarme de qué manera vivió esa historia? —preguntó Scherer.

—*El Chapo* Guzmán y yo somos amigos, compadres y nos hablamos por teléfono con frecuencia. Pero esa historia no existió. Es una mentira más que me cuelgan. Como la invención de que yo planeaba un atentado contra el presidente de la República. No se me ocurriría —contestó *El Mayo*. Más que un desmentido, quizás era una confirmación, o sólo eran las ganas de dejar claro que si quisiera ya lo hubiera hecho.

Ismael Zambada García sabe bien que tiene una cuenta pendiente con Felipe Calderón. Los dos lo saben, es sólo cuestión de tiempo para saldarla. Los dos se pegaron en el centro del corazón y seguramente ninguno lo olvida.

El último mensaje del narcotraficante fue la solicitud de una fotografía. En una absoluta antítesis de lo que todo capo desea, *El Mayo* pidió que lo retrataran a sabiendas de que la foto le daría la vuelta al mundo, y sería incorporada a su largo expediente en Estados Unidos, los únicos capaces de combatirlo. Durante años se especuló cómo sería físicamente. Las fuentes vivas consultadas para esta investigación lo describieron con puntualidad mucho

MARIO ISMAEL ZAMBADA GARCIA

Nombre: Mario Ismael Zambada García y/o Gerónimo López Landeros y/o Javier Hernández García y/o Ismael Mario Zambada García y/o Mario Zambada y/o Jesús Loaiza Avendaño y/o Javier García Hernández e Ismael Higuera Rentería. (a) El Mayo Zambada o (a) El Quinto.
Fecha y lugar de nacimiento: Poblado "El Alamo", Sindicatura de Costa Rica, Culiacán, Sinaloa; debido a sus alias y pseudónimos registra varias fechas de nacimiento, de las cuales se mencionan el 27 de Julio de 1927, 1 de enero de 1948, 23 de mayo de 1949, 30 de enero de 1950, 21 de julio de 1951, 21 de marzo de 1952 y 27 de Julio de 1956. Se estima que su edad aproximada es entre 48 y 56 años.
Grupo delictivo al que pertenece: Organización denominada "La Federación"
Zona de influencia: Opera principalmente en el centro y norte del estado de Sinaloa. Su organización maneja también las operaciones de lavado de dinero, en tanto que su ex-esposa, Rosario Niebla Cardoza es dueña y presidenta del Consejo de Administración de la empresa "Lechera Santa Mónica".
Domicilios registrados:

- Calle Hermosillo No. 1168, Fracc. Las Quintas, Culiacán, Sinaloa.
- Hacienda "Los Alamos", ejido Los Alamos, Culiacán, Sinaloa.
- Cerro de la Campana No. 360, colonia San Miguel, Culiacán, Sinaloa.
- Av. Vallarta No. 41, Fracc. Las Quintas, Culiacán, Sinaloa.
- Monterrey No. 1304, Fracc. Las Quintas, Culiacán, Sinaloa.
- Laguna Salada No. 1298, Fracc. Las Quintas, Culiacán, Sinaloa.
- Cd. Merida No. 1199, Fracc. Las Quintas, Culiacán, Sinaloa.
- Morelos No. 680-5 Sur Altos, colonia Almada, Culiacán, Sinaloa.
- Av. Manuel Vallarta No. 2141, colonia Centro, Culiacán, Sinaloa.

SECRETO

Ficha criminal de *El Mayo*, SSP/Cisen.

antes de que su rostro fuera la portada de *Proceso* el 4 de abril de 2010. Sus dichos coincidieron con lo que se pudo contemplar: un capo entero, fuerte, con un gran aire de arrogancia y aún con vigor. Además mostró su gusto por la moda al posar con una camisa Lacoste lila, y su cuidado al voltear la carátula del reloj que portaba en su muñeca izquierda para que no se pudiera saber a qué hora fue el encuentro, y quizás hasta la fecha exacta. La imagen de un hombre aparentemente saludable contrasta con lo que comenzaba a decirse al interior de su organización acerca de un problema grave en la próstata. Si alguien se frotaba las manos pensando que estaba al borde de la muerte, al parecer no es así.

El Rey del Cristal

Siempre fue independiente, aun como miembro de la organización encabezada por Joaquín Guzmán Loera. Como muchos, primero fue policía y luego se volvió narco. Usaba como seudónimo el nombre de César Arturo Barrios Romero, aunque en su ficha criminal elaborada por el gobierno federal dijeron equivocadamente que usaba el de Dagoberto Rodríguez Jiménez. Ese error significaría después uno de los principales engaños del gobierno de Felipe Calderón.

Nacho Coronel tiene muchos sobrenombres: *Cachas de Diamante*, *El Licenciado*, *El Rey del Cristal* —por haber sido el líder en la venta de esa droga sintética—, pero en su gremio todos lo conocían como *Nacho* Coronel. Ahora se teje sobre él la leyenda del *Inmortal*. Sus fichas del FBI y de la SSP/Cisen coinciden en que nació el 1° de febrero de 1954, pero no hay certeza sobre si fue en Veracruz o en Canelas, Durango. El narcotraficante Pablo Tostado Félix, entrevistado antes de su muerte en una cárcel de Durango en 2010, aseguraba que *Nacho* Coronel era casi de su misma edad, unos 52 años, y que las familias de ambos eran originarias de Canelas, donde todos habían pasado su infancia y juventud.

Hijo de Mauricio Coronel Hernández y Clara Villarreal Coronel, al capo se le conocen cuatro hermanos: María Eduviges, María de Jesús, Olimpia y Aurelio. Dicen que es pariente lejano de *El Mayo* Zambada. Está casado con Teresa de Jesús Galindo Quiñones, con quien tuvo un hijo llamado Mauricio Ignacio Coronel Galindo. También tiene otro varón llamado Arturo Coronel Herrera y otra pareja llamada María Zulema Cárdenas Morfín.

A *Nachito* Coronel —para los muy cercanos— le cuelgan muchos sambenitos. Fue *madrina* del comandante de la PJF, José Luis Fuentes, en Baja California; esposo de Sandra Ávila Beltrán, la llamada *Reina del Pacífico*. Se afirma que *Nacho* se ligó sentimentalmente con ella después de la muerte de Fuentes ocurrida en 1992.[63]

Coronel entró de lleno en el narcotráfico a la sombra de Amado Carrillo Fuentes a fines de la década de 1980, cuando trabajó al lado de Héctor *El Güero* Palma, Joaquín Guzmán Loera, Ismael *El Mayo* Zambada, los hermanos Beltrán Leyva y Juan José Esparragoza Moreno. En junio de 1993, pocos días después del asesinato del cardenal Posadas Ocampo, Raymundo Coronel Villarreal, hermano mayor de *Nacho*, fue abatido por elementos de Inteligencia del la Quinta Región Militar, a cargo del general Jesús Gutiérrez Rebollo, en un operativo que realizaba el Ejército como parte de las investigaciones sobre el asesinato del prelado. Dos aspectos fueron memorables de aquel enfrentamiento. El primero, la actitud de Raymundo Coronel, quien enfrentó a las fuerzas del orden cargando una metralleta en cada brazo y disparando de frente. Ahí cayó cosido a balazos. Quienes vieron la acción lo asemejan al personaje de la película *Caracortada*. El segundo, que

[63] Informes de inteligencia obtenidos para esta investigación.

en la cajuela de uno de los vehículos decomisados tras la balacera se encontró una libreta con las anotaciones de los jefes policiacos, militares y políticos a quienes las mafias sudamericanas pagaban por protección en México. Cuando el general Gutiérrez Rebollo le entregó las evidencias al entonces procurador Jorge Carpizo, éste las desapareció del expediente de Posadas Ocampo.

De acuerdo con Tostado Félix, el ascenso de *Nacho* en la organización ocurrió inmediatamente después de la muerte de su hermano Raymundo. En junio de 1995 *Nacho* Coronel recibió un golpe de suerte. La aprehensión de *El Güero* Palma lo fortaleció en su todavía incipiente papel, quedándose en un importante nivel en la plaza de Guadalajara. Más tarde, en 1997, desapareció del mapa Eduardo González Quirarte, uno de los colaboradores más cercanos de *El Señor de los Cielos*, y el predominio de *Nacho* en Guadalajara se consolidó aún más.

Ignacio Coronel supo tejer sus propias redes de poder. Información oficial del gobierno federal le atribuye una relación con Alejandro Patrón Laviada, alias *La Vaca*, hermano del ex gobernador panista de Yucatán Patricio Patrón Laviada, actual titular de la Procuraduría Federal de Protección al Ambiente (Profepa); también le adjudican vínculos con el general Guillermo Álvarez Nahara, quien fue jefe de la Policía Judicial Militar durante el sexenio de Carlos Salinas de Gortari, y luego titular de la PJF a finales del sexenio de Ernesto Zedillo.[64] Hasta la fecha, ni *La Vaca* ni Álvarez Nahara han sido investigados.

Ignacio Coronel Villarreal se hizo poderoso porque fue el precursor del tráfico de efedrina y metanfetaminas elaboradas en laboratorios clandestinos de Jalisco, lo que era la droga del futuro. *Nacho* surtía el enorme mercado de esas drogas sintéticas en Es-

[64] Ficha de la SSP/Cisen sobre Ignacio Coronel Villarreal, de la cual se tiene copia.

tados Unidos —actualmente controlado por el cártel de Sinaloa—, de ahí que el gobierno norteamericano le haya impuesto el mote de *King of Crystal*. Se afirma que operaba en Baja California, Durango, Jalisco, Nayarit, Sinaloa, Tamaulipas, Zacatecas, Yucatán y Quintana Roo y Michoacán. Además de Estados Unidos, tenía influencia en Centro y Sudamérica, e incluso en algunos países europeos.

Un buen estratega se mide por su tropa. *Nacho* era Coronel, pero tenía un ejército de general. Entre sus hombres de confianza estaban Guillermo Muñoz Alcaraz, alias *El Indiana Jones*, y sus hijos de apellido Muñoz Morfín, que presuntamente tenían vínculos familiares con Sandra Ávila Beltrán. La tropa también la componían Carlos Cárdenas Villarreal, Liborio Cárdenas Villarreal, Manuel de Jesús Villarreal, Miguel Ángel Martínez Sánchez, Jorge Guillermo Landeros Villanueva, Olga Cristina Lerma Lizárraga (detenida en 2009), Leopoldo Cruz Damián, César Santillán Vallejo y Francisco Javier Cantabrana Parra, uno de sus principales operadores y hermano de Miguel Cantabrana Parra, el polémico regidor del municipio de Acaponeta, Nayarit.

Los Güeritos y *El Tirso*

Ignacio Coronel tenía bajo su mando a los hermanos Luis y Esteban Rodríguez Olivera, mejor conocidos como *Los Güeros* o *Los Güeritos*, a quienes la DEA investigó durante todo el sexenio de Vicente Fox porque presuntamente eran una de las conexiones de la familia del presidente con *La Federación*. A los Rodríguez Olivera, asentados en Guanajuato,[65] se les relacionaba específicamente con

[65] Información corroborada directamente por un mando de la DEA en mayo de 2006.

Manuel Bribiesca Sahagún. Gracias a éste, decían, contaban con facilidades para la transportación marítima de droga. Actualmente a los hermanos se les sigue, junto con *Nacho* Coronel, *El Mayo* y *El Chapo*, un proceso en el tribunal federal de Brooklyn, y hoy están en calidad de prófugos de la justicia. Llama la atención que en la demanda de este tribunal se acusa a los dos hermanos junto con una tercera persona cuyo nombre, de manera inusual, está tachado con negro en varias hojas de la causa jurídica. A las tres personas se les acusa de tráfico de drogas y lavado de dinero.

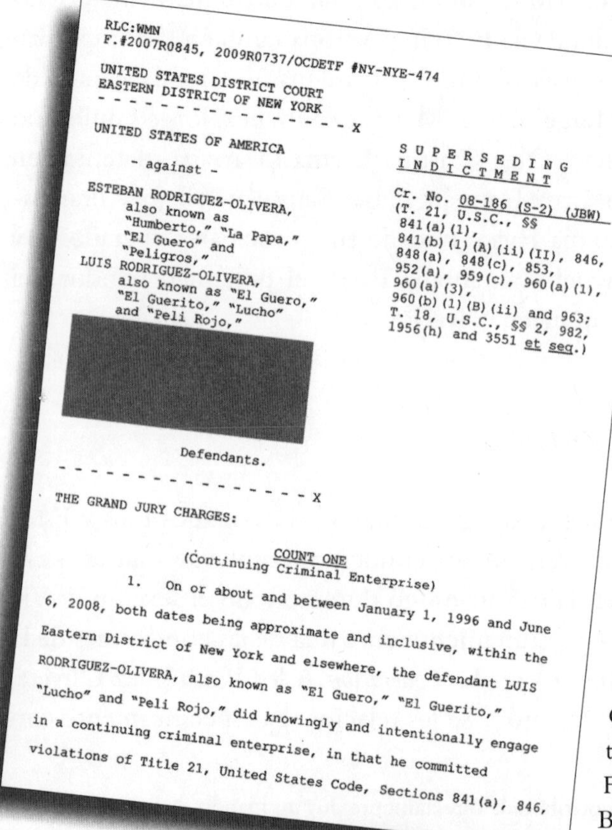

RLC:WMN
F.#2007R0845, 2009R0737/OCDETF #NY-NYE-474

UNITED STATES DISTRICT COURT
EASTERN DISTRICT OF NEW YORK
\- - - - - - - - - - - - - - - - - X

UNITED STATES OF AMERICA

\- against -

ESTEBAN RODRIGUEZ-OLIVERA, also known as "Humberto," "La Papa," "El Guero" and "Peligros,"
LUIS RODRIGUEZ-OLIVERA, also known as "El Guero," "El Guerito," "Lucho" and "Peli Rojo,"

Defendants.

\- - - - - - - - - - - - - - - - - X

S U P E R S E D I N G
I N D I C T M E N T

Cr. No. 08-186 (S-2) (JBW)
(T. 21, U.S.C., §§ 841(a)(1), 841(b)(1)(A)(ii)(II), 846, 848(a), 848(c), 853, 952(a), 959(c), 960(a)(1), 960(a)(3), 960(b)(1)(B)(ii) and 963; T. 18, U.S.C., §§ 2, 982, 1956(h) and 3551 et seq.)

THE GRAND JURY CHARGES:

COUNT ONE
(Continuing Criminal Enterprise)

1. On or about and between January 1, 1996 and June 6, 2008, both dates being approximate and inclusive, within the Eastern District of New York and elsewhere, the defendant LUIS RODRIGUEZ-OLIVERA, also known as "El Guero," "El Guerito," "Lucho" and "Peli Rojo," did knowingly and intentionally engage in a continuing criminal enterprise, in that he committed violations of Title 21, United States Code, Sections 841(a), 846,

Hoja 1 de la acusación contra los Rodríguez Olivera, y un tercero. Tribunal Federal de Brooklyn.

Se afirma que la base de operaciones de los hermanos Rodríguez Olivera, por lo menos durante la administración foxista, estuvo en Guanajuato y Jalisco. Asimismo, en 2008 se hicieron notar en Michoacán con macabros mensajes contra la organización de *Los Zetas*. Degollados y torturados con la leyenda: "ESTO ES UN SALUDO DE PARTE DE *LOS GÜERITOS*, JOSÉ LUIS RODRÍGUEZ OLIVERA Y ESTEBAN RODRÍGUEZ OLIVERA, Y LA CALABAZA PARA EDUARDO COSTILLA Y HERIBERTO LAZCANO Y PARA EFRAÍN TEODORO, *AZ* 14".

También se les relaciona con el narcotraficante mexicano Tirso Martínez Sánchez, alias *José Martínez*, *José Tirso Hernández Félix*, *José Tirso Félix*, *Manuel Ochoa-Martínez*, *El Doctor*, *El Mechancio*, *El Futbolista*, *El Centenario* o *El Tío*.[66] A sus 44 años de edad, originario de Guadalajara, Tirso es el jefe de su propia organización y ha podido equilibrar sus propias ambiciones con el trabajo que hace para otras redes criminales como importador, transportista y distribuidor. Entre sus clientes están el cártel de Juárez y *La Federación*, así como los colombianos Javier y Víctor Mejía Munera. Recibe directamente cocaína de Colombia y emplea una red de grandes almacenes para guardarla y después distribuirla tanto en México como en Estados Unidos. Su emporio utiliza una red de empresas fachada para comprar o alquilar esos almacenes.[67] *El Tirso* es tan relevante en la organización que el gobierno de Estados Unidos ofrece cinco millones de dólares a quien proporcione información sobre su paradero.

En 2010, los hilos de la red criminal que controlaba *Nacho* Coronel estaban muy bien afianzados. Se trataba de un capo que estaba cada vez más cerca de conseguir su autonomía. Sus socios lo sabían.

[66] Ficha del Programa de Recompensas de Narcóticos del Departamento de Estado estadounidense.
[67] *Ibid.*

Ignacio Coronel Villarreal o Ignacio Coronel Villalva (a) Nacho Coronel o El Cachas de Diamante o El Licenciado

Nombre: Ignacio Coronel Villarreal o Ignacio Coronel Villalva (a) Nacho Coronel o El Cachas de Diamante o El Licenciado. También usa como pseudónimo el nombre de Dagoberto Rodríguez Jiménez.
Fecha y lugar de nacimiento: 01 de febrero de 1954 en Veracruz o en Canelas, Durango o Culiacán, Sinaloa.
Media filiación: Mide de 1.70 metros de estatura 1.70, tez moreno claro, cejas pobladas, cabello castaño oscuro.
Grupo delictivo al que pertenece: Fue lugarteniente de la organización criminal Carrillo Fuentes, actualmente es considerado por la DEA miembro de "La Federación" organización delictiva integrada por El Chapo Guzmán, Juan José Esparragoza "El Azul", Arturo Beltrán Leyva e Mario Ismael Zambada García "El Mayo".
Zona de influencia:

- Baja California, Durango, Jalisco, Nayarit, Sinaloa, Tamaulipas, Zacatecas, Yucatán y Quintana Roo; existen indicios de que ha extendido sus actividades a las plazas de Acapulco de Juárez, Guerrero, así como en Apatzingán, Michoacán. También cuenta con influencia en todo Estados Unidos, Centro y Sudamérica así como en algunos países europeos.

Domicilios registrados:

- Calle Vereda de los Flamingos no. 48, condominios Andalucía, Puerta de Hierro, Zapopan, Jalisco.
- Ocasionalmente habita una casa de seguridad en un poblado llamado "Molino" a seis kilómetros de la carretera a Durango, entre los poblados de Guatimape y Canatlán, sobre la curva cercana a una antigua estación de ferrocarril.

Actividades que desarrolla o se le imputan:

Ficha criminal de *Nacho* Coronel, SSP/Cisen.

El Azul

Si hay un capo en México que conoce el valor de los lazos de sangre es Juan José Esparragoza Moreno, uno de los padrinos más veteranos del narcotráfico. Nació el 3 de febrero de 1949 en Huixiopa, Badiraguato, Sinaloa. Mide cerca de un metro 80 centímetros. De tez morena, cabello castaño oscuro, frente mediana, nariz aguileña, boca regular, mentón redondo, complexión regular, 90 kilos de peso aproximadamente, lo que más llama la atención en él son sus cejas pobladas como de azotador y sus ojos saltones. En su ficha criminal, el FBI considera que ha sido socorrido por el bisturí, pero difícilmente habrá podido cambiar esa expresión tan peculiar de sus ojos, será por eso su adhesión a las gafas oscuras.

Se hace pasar como Juan José Esparragoza Martínez, José Luis Esparragosa, Juan José Esparragoza-Italino, Juan José Esparraguza-Valino, Juan Manuel Ortiz Moreno, Arturo Beltrán, Raúl González o Juan Robles.[68] Pero en el bajo mundo del crimen lo conocen como *El Azul*, y el gobierno de Estados Unidos lo identifica como *The Peace Maker* (*El Pacificador*). Aunque no siempre logra la paz entre los grupos que están en combate, invariablemente consigue quedar bien con todos. Para cada uno tiene un consejo sabio y una palabra de afecto. Es el *consigliere*. A cambio, todos le permiten traficar por sus rutas e incluso hacer negocios mancomunados. Quienes lo conocen afirman que es mañoso entre los mañosos, obtiene lo que desea sin arriesgar mucho.

En la década de 1970 Juan José Esparragoza Moreno se integró como uno de los agentes de la DFS cuyos comandantes eran amigos de Miguel Ángel Félix Gallardo, Rafael Caro Quintero y Ernesto Fonseca Carrillo. *El Azul* fue uno de los hombres de confianza de Amado Carrillo Fuentes, no como su lugarteniente, sino como su negociador en México y Colombia. Para tal función estableció su base de operaciones en las ciudades de Querétaro y Cuernavaca desde los años ochenta. Este capo no tiene el temperamento incendiario de Marcos Arturo Beltrán Leyva, hermano de la esposa de su hijo; tampoco es tan abiertamente ambicioso como *El Mayo* Zambada, su compadre, porque éste bautizó a uno de sus hijos de nombre Rosalío Esparragoza. Jamás será escandaloso como su también compadre Rafael Caro Quintero, quien sigue tras las

[68] Ficha de la SSP/Cisen sobre Juan José Esparragoza Moreno, de la cual se tiene copia.

rejas por el asesinato de Enrique Camarena. A lo largo de los años, su temperamento le ha permitido nunca haber sido blanco de las batallas entre los narcos.

Sus hermanas se llaman María Antonia y María Pomposa Esparragoza Moreno. Está casado con María Guadalupe Gastélum Payán, con quien tuvo cuatro hijos: Nadia Patricia, Brenda Guadalupe, Christian Iván y Juan Ignacio Esparragoza Gastélum. Y se le adjudican por lo menos otros cuatro: Juan José y Silvia Alejandra Esparragoza Monzón, y Rosalío y Rosario Karina Esparragoza Burgos.[69] A María Guadalupe Gastélum Payán se le atribuye la propiedad de la Plaza Comercial Residencial del Lago, en Culiacán, la cual ha recibido apoyos económicos del gobierno de Sinaloa por más de tres millones de pesos, a través de la Ley de Fomento a la Inversión para el Desarrollo Económico de Sinaloa.[70] Sergio Humberto Esparragoza Félix, sobrino de *El Azul*, está casado con Elvira Caro Quintero, hermana de Rafael.

En 1992 *El Azul* cumplió una condena en el penal de máxima seguridad de Puente Grande, donde fue uno de los primeros inquilinos. Sus conexiones en el gobierno eran tan buenas que en 1993 pudo obtener un pasaporte[71] como si fuera un ciudadano común. Ese mismo año, gracias a sus buenos oficios, evitó que la sangre llegara al río e impidió el inicio de una guerra entre el cártel del Golfo y la organización de *El Señor de los Cielos*, logrando una convivencia armónica entre ambas bandas. A ese pacto se le llamó "La paz del Norte".[72] Sin embargo, una década después, el propio Esparragoza Moreno fue uno de los instigadores de la más cruenta guerra por el jugoso negocio del narcotráfico que se haya

[69] *Ibid.*

[70] Secretaría de Desarrollo Económico del gobierno de Sinaloa, 2004.

[71] Ficha de la SSP/Cisen sobre Juan José Esparragoza Moreno.

[72] *Proceso*, núm. 1746, 18 de abril de 2010.

vivido en México. *El Azul* es un hombre astuto, de los silenciosos que discretamente van escalando posiciones.

El gobierno de Felipe Calderón tiene ubicadas por lo menos 32 propiedades de Esparragoza Moreno en el Distrito Federal, Querétaro, Morelos, Jalisco, Baja California, Sinaloa y Chihuahua. Desde 1998 el capo cuenta con tres órdenes de aprehensión por narcotráfico y delincuencia organizada, las cuales pareciera que nadie tiene ganas de hacer efectivas. Una de ellas es con fines de extradición a Estados Unidos. Para los gringos su cabeza tiene el

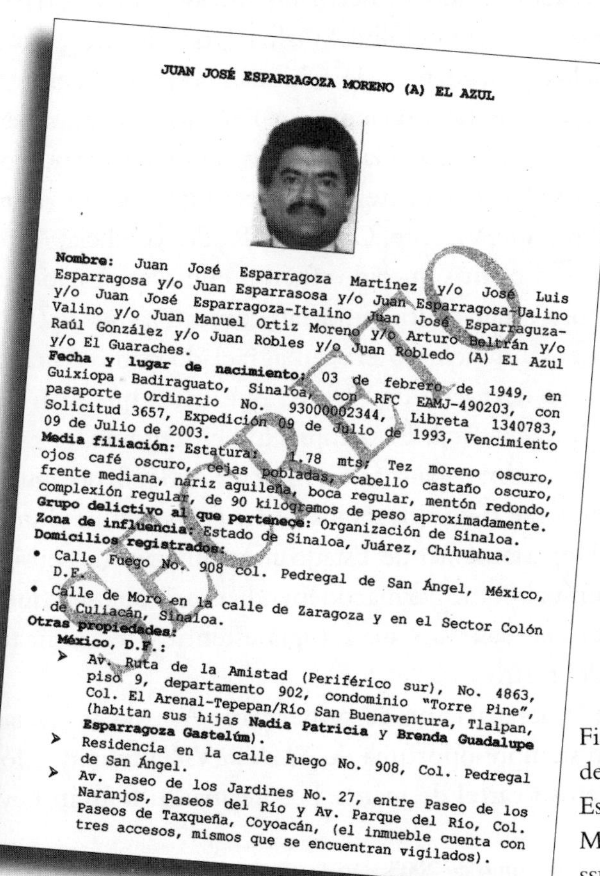

JUAN JOSÉ ESPARRAGOZA MORENO (A) EL AZUL

Nombre: Juan José Esparragoza Martínez y/o José Luis Esparragosa y/o Juan Esparrasosa y/o Juan Esparragosa-Ualino y/o Juan José Esparragoza-Italino Juan José Esparraguza-Valino y/o Juan Manuel Ortiz Moreno y/o Arturo Beltrán y/o Raúl González y/o Juan Robles y/o Juan Robledo (A) El Azul y/o El Guaraches.
Fecha y lugar de nacimiento: 03 de febrero de 1949, en Guixiopa Badiraguato, Sinaloa, con RFC EAMJ-490203, con pasaporte Ordinario No. 93000002344, Libreta 1340783, Solicitud 3657, Expedición 09 de Julio de 1993, Vencimiento 09 de Julio de 2003.
Media filiación: Estatura: 1.78 mts, Tez moreno oscuro, ojos café oscuro, cejas pobladas, cabello castaño oscuro, frente mediana, nariz aguileña, boca regular, mentón redondo, complexión regular, de 90 kilogramos de peso aproximadamente.
Grupo delictivo al que pertenece: Organización de Sinaloa.
Zona de influencia: Estado de Sinaloa, Juárez, Chihuahua.
Domicilios registrados:

- Calle Fuego No. 908 Col. Pedregal de San Ángel, México, D.F.
- Calle de Moro en la calle de Zaragoza y en el Sector Colón de Culiacán, Sinaloa.

Otras propiedades:

México, D.F.:

- Av. Ruta de la Amistad (Periférico sur), No. 4863, piso 9, departamento 902, condominio "Torre Pine", Col. El Arenal-Tepepan/Río San Buenaventura, Tlalpan, (habitan sus hijas **Nadia Patricia** y **Brenda Guadalupe Esparragoza Gastelúm**).
- Residencia en la calle Fuego No. 908, Col. Pedregal de San Ángel.
- Av. Paseo de los Jardines No. 27, entre Paseo de los Naranjos, Paseos del Río y Av. Parque del Río, Col. Paseos de Taxqueña, Coyoacán, (el inmueble cuenta con tres accesos, mismos que se encuentran vigilados).

Ficha criminal de Juan José Esparragoza Moreno, SSP/Cisen.

precio estándar: cinco millones de dólares. Hay gente que piensa que *El Azul* será el gran vencedor de la guerra entre los narcotraficantes y que su mejor época está por venir.

El Viceroy

Vicente, hijo de don Vicente Carrillo Vega y Aurora Fuentes, estaba acostumbrado a estar bajo la sombra, nunca supo ser sol ardiente y tomar el mando como su hermano Amado. Nació el 16 de octubre de 1962 en Guamuchilito, Sinaloa. Don Vicente y Aurora llegaron a Sinaloa procedentes de Chihuahua. Don Vicente fue contratado por el ingenio azucarero La Primavera, seguramente nunca pensó que su descendencia terminaría comercializando otra clase de producto blanco. La pareja tuvo siete hijos, cuatro varones y tres mujeres: Amado, Vicente, Cipriano, Rodolfo, Alicia, Aurora y Kuz Berthina.[73] Los más queridos fueron el mayor, Amado, y el menor, Rodolfo, a quien todos conocían como *El Niño de Oro*.

Vicente era el sándwich, no era tan agraciado como Amado y tampoco tenía ese derroche de carisma que hacía que a su hermano todo se le diera fácil. Él siempre fue el segundo, el carnal de *El Señor de los Cielos*, nada más. Su carácter es débil, no aguanta muchas presiones. De todos los socios de *La Federación*, es el único que al que el Departamento de Estado norteamericano consigna en su ficha criminal como farmacodependiente, y piensan que es posible que se haya realizado una cirugía estética y tenga cicatrices alrededor del rostro.

Después de la desaparición de su hermano Amado, y gracias a la intervención siempre oportuna de *El Azul*, Vicente se quedó al frente del poderoso cártel de Juárez. Los hermanos Beltrán Leyva

[73] *El Universal*, 6 de junio de 2005.

siguieron colaborando con la organización y aceptaron su liderazgo, pero el tiempo de *El Viceroy* no era el mejor. El imperio de *El Señor de los Cielos* se le fue como agua entre los dedos. No obstante, *El Viceroy* logró conservar una de las plazas más importantes de México para el narcotráfico, la invaluable frontera con Estados Unidos. Gracias a los Beltrán Leyva, continuó teniendo los contactos indispensables con Colombia para que le surtieran cocaína, y logró que la plaza conservara sus altos niveles de productividad.

Por lo menos hasta julio de 2009, el corredor Juárez-El Paso era una de las tres rutas primarias de tráfico de droga en la frontera norte, donde se recibían numerosas toneladas de cocaína del cártel del Norte del Valle, que se quedó con los restos del cártel de Medellín y de las Autodefensas Unidas de Colombia. Además, *El Viceroy* logró establecer un impuesto para que los otros cárteles pagaran por usar su paso fronterizo.[74] En un expediente del tribunal de distrito de Nueva York se calcula que del 2 de julio de 2000 al 1° de diciembre de 2005, Vicente Carrillo Fuentes obtuvo ganancias anuales superiores a los 10 millones de dólares por la "elaboración, importación y distribución de cocaína". El 24 de julio de 2009 ese tribunal de distrito anunció que por las acusaciones en su contra, a Vicente Carrillo Fuentes se le confiscarán bienes por dos billones de dólares, lo que nos da una leve idea del tamaño de la fortuna del narcotraficante.

El asesinato de Rodolfo Carrillo Fuentes

En 2004 doña Aurora le pidió a su hijo Vicente que diera por terminada su sociedad con *El Chapo* Guzmán. Y a una madre pocas

[74] Acusación realizada por la Corte Federal de Estados Unidos del Distrito Este de Nueva York, F. núm. 2009RO1035/NYNYE614.24/07/2009.

cosas se le niegan. El 11 de septiembre de ese año, al salir de una plaza comercial en Culiacán, Rodolfo Carrillo y su esposa, Giovana Quevedo Gastélum, acompañados también por sus dos hijos, se dirigían a su automóvil, pero antes de poder abordarlo fueron atacados por un grupo de sicarios en una balacera que duró la eternidad de 15 minutos. Los pequeños sobrevivieron, y ahora son cuidados por Celia Karina —hermana de Giovana—, quien se casó con Vicente Carrillo Leyva para continuar con la trágica saga familiar.

La ejecución le fue atribuida a *El Chapo*, cuando menos así lo creyó Vicente. No obstante, dentro de la organización de Sinaloa se afirma que la orden vino de *El Mayo*. Aparentemente Rodolfo no estaba cumpliendo con los lineamientos de *La Federación* y había que ponerle un hasta aquí. El asesinato tendría repercusiones que se miden por el número de balazos disparados en nombre de *El Niño de Oro* todavía hasta 2010.

"Funeral de príncipe", se escribió en los encabezados periodísticos un día después de su entierro. En un ataúd matrimonial, con herrajes en oro, bajo la imagen del Cristo ensangrentado, fueron sepultados Rodolfo y su esposa en el interior de la finca Santa Aurora, en Guamuchilito. Mientras el cortejo fúnebre iba rindiendo los últimos honores al capo, la banda Sinaloense Los Plebes de Navolato tocaban el corrido de *El Niño de Oro*. Los cuerpos fueron enterrados en un mausoleo de mármol con interiores de maderas finas donde estaban don Vicente padre y *El Señor de los Cielos*.

Para doña Aurora no habría ni perdón ni olvido para los asesinos de su hijo. Pese a la petición de su madre, Vicente siguió sus negocios con *El Chapo* y *El Mayo*. Ellos le brindaban la protección gubernamental que le permitiría alcanzar algún día la memorable leyenda de su hermano mayor. Si hubiera seguido los consejos de su madre, seguramente su desilusión hubiera sido menor. En enero de 2008, cuando los siguió, ya era demasiado tarde.

"Desde que supe a qué se dedicaban mis hijos vivo angustiada. Estoy cansada de llorar y aún no termino. Cada día he rogado a Dios por ellos, primero vivos, después muertos…", ha confesado doña Aurora entre sollozos. "Muchas veces platiqué con ellos, traté de aconsejarlos, pero siempre me contestaban: 'Mamá, es cosa de nosotros'. ¿Qué me quedaba? ¡Nada! Sólo rezar por ellos." La mujer apoltronada en su finca aún tiene marcada en el alma la última vez que vio a su *Niño de Oro*. "La noche antes de su muerte, Rodolfo estuvo aquí en la casa, creo que sabía lo que le iba a pasar porque se despidió de todos. Se regresó varias veces y me decía: 'Mamá, no tengo ganas de irme'. '¿Pues para qué te vas?, aquí quédate', le dije. Al día siguiente lo asesinaron junto con su esposa al salir del cine." De su hijo Vicente ha dicho que ya nada sabe. "Tengo muchos años que no sé dónde está, no se ha comunicado conmigo. Para recibir malas noticias, mejor no. Nada más está uno con el Jesús en la boca, pensando en qué irá a pasar. Yo le pido a María Santísima que esto ya se acabe… pero creo que no."[75] A doña Aurora todavía le quedan muchas lágrimas por derramar.

"El gobierno, la policía y los militares son el cártel"

Guillermo Eduardo Ramírez Peyro, también conocido como *Lalo*, es un hombre particular. Será por la decena de ejecuciones que lleva a cuestas en la conciencia, en las que incluso sugirió la manera de ultimar a las víctimas: a tiros o por asfixia con una bolsa de plástico; todos eran narcotraficantes enemigos de Vicente Carrillo Fuentes, para quien él trabajaba. Lo que *El Viceroy* no sabía es que *Lalo* era informante del gobierno estadounidense,

[75] *Proceso*, núm. 1682, 25 de enero de 2009.

colaboraba para el Servicio de Inmigración y Control de Aduanas (ICE, por sus siglas en inglés) bajo el código SA-913-EP.

El caso de *Lalo* ha sido muy controvertido en Estados Unidos. Ha ocupado planas en los principales diarios y espacios en la Radio Pública Nacional (NPR, por sus siglas en inglés). Ramírez Peyro pertenecía a la Policía Federal de Caminos. En 1995 se enlistó en la organización de Amado Carrillo Fuentes. Y finalmente, en 2000, decidió inscribirse en una nómina igual o más riesgosa que el cártel: la de informantes del ICE,[76] con quienes colaboró durante los siguientes cuatro años (los primeros del sexenio de Vicente Fox).

Ramírez Peyro fue prolífico como soplón. Se afirma que ayudó a la detención de 50 personas, incluyendo a Heriberto Santillán Tabares, un alto lugarteniente del cártel de Juárez, y a funcionarios corruptos del servicio migratorio de Estados Unidos que aceptaban sobornos de narcotraficantes. Como delincuente, *Lalo* también fue productivo. Presuntamente con el conocimiento del ICE, este hombre de apenas 36 años de edad traficaba droga para los Carrillo Fuentes y participó como testigo en la matanza de al menos 12 personas en Ciudad Juárez. Además de todas las concesiones para delinquir, el gobierno de Estados Unidos le pagaba por su información. Durante el tiempo que colaboró para ellos le dieron 220 mil dólares.[77]

Después de los asesinatos, *Lalo* reveló la ubicación de la llamada "casa de la muerte". Entonces terminó su sueño americano. En Estados Unidos se desató un escándalo porque se supo que el ICE estaba al tanto de las ejecuciones, incluso en el momento en que estaban ocurriendo, sin hacer nada por impedirlas. Después de haberle exprimido toda la información, el gobierno de Estados Uni-

[76] *Dallas Morning News*, 15 de octubre de 2006.
[77] *Ibid.*

dos inició un proceso contra *Lalo* para deportarlo a México. Sin embargo, en marzo de 2010 la Junta de Apelaciones de Inmigración norteamericana le concedió protección al hoy ex informante, bajo el argumento de que si volviera a México inmediatamente sería torturado y ejecutado por órdenes del cártel al que traicionó.

Guillermo Eduardo Ramírez Peyro conocía muy bien la organización de Vicente Carrillo Fuentes, desde antes y durante la época de *La Federación*. Había sido nada menos que el brazo derecho de Heriberto Santillán Tabares, el jefe que él mismo delató con los estadounidenses. Su historia sobre lo ocurrido en el sexenio pasado es imprescindible para entender el presente. *Lalo* aseguró que tenía grabadas conversaciones con Santillán Tabares donde el lugarteniente de Vicente Carrillo Fuentes afirmaba que el gobierno de Vicente Fox otorgaba protección a la organización delictiva de Juárez,[78] cuando todavía eran socios de Joaquín Guzmán Loera. Además, el ex informante del ICE sostiene que en México llegó a trabajar con autoridades locales de Chihuahua, federales y el Ejército mexicano, en actividades relacionadas con el tráfico de droga, incluso con su transporte en buques de la Armada o unidades de la PGR.[79]

En una declaración bajo juramento presentada en una corte federal en Bloomington, Minnesota, Ramírez Peyro confesó que en el cártel de Juárez le habían dicho que la administración de Vicente Fox tenía arreglos con la organización delictiva. "Santillán me explicó que el presidente Fox asumió la posición de arreglar y consultar con el cártel de Juárez. Él [Fox] iba a atacar a los cárteles enemigos como el de Tijuana y del Golfo; luego el cártel de Juárez operaría [...] sin que el gobierno estuviera [...] encima de ellos."[80] Y así fue.

[78] *Ibid.*
[79] *Ibid.*
[80] *Ibid.*

El testimonio de Ramírez Peyro corroboró las revelaciones hechas por un funcionario de la DEA en México en mayo de 2006:[81] el gobierno de Vicente Fox daba protección a Joaquín Guzmán Loera y a sus socios.

"El gobierno mexicano, la policía, los militares... ellos son el cártel", dijo Ramírez Peyro con inapelable exactitud.[82] Al mismo tiempo, las reglas de la relación entre los narcos y el gobierno cambiaron para siempre durante el sexenio de Vicente Fox: los funcionarios públicos se convirtieron en los empleados de los narcotraficantes y en su brazo armado.

El sangriento grupo del cártel de Juárez denominado *La Línea*, que ha defendido en los últimos dos años a plomo y sangre el codiciado cruce fronterizo, está principalmente compuesto por policías locales, federales y miembros del Ejército mexicano. Ellos son los sicarios de los narcos, con las armas, los uniformes y la charola que se les paga con los impuestos de los mexicanos, quienes vivimos asolados con la constante muerte. Ésa es la verdadera pesadilla de todos los días: cuando el enemigo, el mafioso, el que daña a la sociedad, pasa imperceptible en su cargo público. Muchos funcionarios son capaces de todo por conservar su codiciado cargo, por supuesto, el que ocupan en la servidumbre de los capos. Porque aun siendo secretarios de Estado, para los narcotraficantes son sus empleados, sus siervos, su feudo.

Durante la discusión sobre la situación migratoria del testigo del ICE, el juez notó que "la policía y las fuerzas de seguridad" en México habían estado implicadas en "matanzas ilegales" y que "había numerosos informes de ejecuciones realizadas por cárteles de la droga rivales, en las que participaron miembros retirados y activos de las fuerzas de seguridad federales, estatales y municipa-

[81] Revelaciones hechas a la autora por parte de un alto funcionario de la DEA en México.

[82] *Ibid.*

les".[83] Desde 2005 *Lalo* le puso nombre y apellido a la complicidad. En una de sus declaraciones en la corte estadounidense, acusó que en todos los niveles la policía de México tiene conexiones ilícitas con el tráfico de drogas. De todas las policías sólo mencionó a una en específico: la AFI —que entonces dirigía Genaro García Luna—, a la que acusó de revelar a los narcotraficantes los nombres de los "testigos protegidos" para que los asesinaran. A "la luz de la documentación seria", el juez encontró creíble el testimonio de *Lalo*.[84]

Los nombres del actual secretario de Seguridad Pública federal y de los miembros de su equipo más cercano, así como las siglas de las policías que García Luna ha dirigido durante los últimos nueve años, poco a poco se han vuelto más frecuentes en los expedientes de narcotráfico relacionados con la organización de Joaquín Guzmán Loera y sus socios. Desde luego, no como autoridades investigadoras, sino como cómplices.

Durante la cruenta guerra entre los narcos iniciada desde 2001, las batallas han sido desiguales. Los ejércitos con los que cuenta uno y otro bando de criminales son disparejos. El de Guzmán Loera y sus compañeros está conformado prioritariamente por altos funcionarios públicos del gobierno federal. Lo anterior representa no un hecho aislado o un accidente, sino una constante tan frecuente que parece una política de gobierno. Ésa es la chispa que enardece los ánimos de los enemigos de *El Chapo*.

Dos años después de haberse creado *La Federación*, con el apoyo del gobierno federal, en 2003 Joaquín Guzmán Loera y sus socios decidieron iniciar una nueva guerra. Las baterías que estaban dirigidas al cártel de Tijuana se enfocaron hacia el cártel del Golfo.

[83] Tribunal de apelación de los Estados Unidos para el Octavo Circuito, expediente núm. 08-2657.

[84] *Ibid.*

CAPÍTULO 9

La guerra de los narcos

Soy del grupo de *Los Zetas* que cuidamos al patrón.
Somos veinte de la escolta, pura lealtad y valor.
Dispuestos a dar la vida, para servir al señor.
Desde que era muy pequeño quise ser lo que ahora soy.
Siempre me dijo mi padre no hay nada como el honor.
El hombre con esta idea es natural de valor.
Somos veinte el grupo *Zetas*, unidos como familia.
Los veinte somos la fuerza, con diplomas de suicidas.
Conscientes que en cada acción podemos perder la vida.
Bonito mi Tamaulipas, donde no hay gente de miedo.
Para subirme a la sierra, aquí en Victoria me quedo,
para servirle al patrón, de Tampico hasta Laredo.
Soy del mero Matamoros, Tamaulipas es mi tierra,
mi capital es Victoria y que está al pie de la sierra.
Un saludo a XR, que es de la misma madera.
Somos veinte el grupo *Zetas* unidos como familia.
Los veinte somos la fuerza, con diplomas de suicidas.
Conscientes que en cada acción podemos perder la vida.

Así reza "Escolta suicida", un corrido dedicado al grupo paramilitar *Los Zetas*. La composición pertenece a Norberto Quintanilla Iracheta, mejor conocido como *Beto* Quintanilla. Este cantante de música de banda es un pionero de los narcocorridos; nunca ha aparecido en el *top ten* de *Billboard*, pero su música tiene mucha fama. Durante 2008 "Escolta suicida" se transmitió en estaciones de radio de Nuevo León y Tamaulipas, el estribillo retumbaba una y otra vez a todo volumen en camionetas *pick up* que hacían rondines por la zona metropolitana de Monterrey.

Mucha gente piensa que los narcocorridos son canciones populares sin más valor que la originalidad y gracia de su compositor. Pero el Ejército mexicano tiene una perspectiva diferente. En el Centro de Estudios del Ejército y Fuerza Aérea, que depende de la Sedena, existe una materia en el ámbito de la inteligencia militar que se denomina "Análisis de contenido de narcocorridos". En clase, los militares examinan las canciones para saber más acerca del enemigo. Son conscientes de que la mayoría de los narcocorridos llevan la aprobación de quienes los inspiraron. Cuando no es así, los músicos pueden pagar la osadía con su vida. Dicen que por esa razón ejecutaron a Valentín Elizalde, además de haber quedado mal en una operación de tráfico de droga.

Si hay algo que aprender de "Escolta suicida" son dos cuestiones que distinguen a *Los Zetas* de otros grupos armados al servicio del narcotráfico: sus miembros son kamikazes y han creado en torno a la organización una hermandad cuasi religiosa. Están unidos por el credo de la muerte.

El Verdugo

Heriberto fue un buscapleitos desde niño. La rigidez militar que le había impuesto su padre lo hacía desquitarse con sus compañeros en un colegio para varones de la ciudad de México, donde estudió la primaria. Nadie hubiera imaginado que aquel joven se convertiría en el hombre más sanguinario, temido y buscado de México. El perfecto asesino. Actualmente no supera los 35 años, es de estatura media, tiene piel morena, ojos rasgados y cuerpo atlético. La mayoría lo conoce como *El Lazca* o *Z3*, pero el apodo que mejor lo describe es *El Verdugo*. Este mote se lo ha ganado a pulso por la despiadada forma en que ejecuta a los traidores y enemigos.

En las guerras, la diferencia entre una victoria y una derrota la puede determinar un solo hombre. Éste es el caso de Heriberto Lazcano Lazcano, uno de los fundadores de *Los Zetas*, el indestructible brazo armado del cártel del Golfo. En las componendas de las fuerzas policiacas y armadas del gobierno federal de Vicente Fox con el cártel de Sinaloa, nunca se ponderó la fuerza de *El Verdugo* y su grupo armado: hombres convertidos en auténticas máquinas para matar. Cuando se le pregunta por qué el grupo paramilitar recibió el nombre de *Los Zetas*, Lazcano responde intimidante: "Porque después de la zeta no hay nada".

En sus inicios, *Los Zetas* estaban conformados principalmente por ex integrantes del Ejército mexicano altamente capacitados, algunos pertenecían al Grupo Aeromóvil de Fuerzas Especiales (GAFE), creado a finales de la década de 1990 para combatir al narcotráfico. Después reclutaron elementos del cuerpo de élite del Ejército guatemalteco conocidos como *kaibiles*. Se dice que hoy en día cualquier malandro, por menos de cinco mil pesos, se enrola en el grupo paramilitar para asesinar a quien sea.

Heriberto Lazcano Lazcano nació el 25 de diciembre de 1974 en Pachuca, Hidalgo. Su padre, Gregorio Lazcano García, pertenecía a la milicia mexicana; su madre, Amelia Lazcano Pérez, era ama de casa.[1] Para seguir los pasos del autor de sus días, Heriberto se dio de alta en el Ejército el 5 de junio de 1991, cuando apenas tenía 17 años. Hay quienes afirman que estuvo en el Heroico Colegio Militar, de donde salió con el grado de teniente. Sin embargo, la Sedena niega que existan registros de su ingreso en esta institución.[2]

[1] Ficha de la SSP/Cisen sobre Heriberto Lazcano Lazcano, de la cual se tiene copia.

[2] Esta información se solicitó a la Sedena el 4 de septiembre de 2009, y la dependencia respondió el 5 de octubre de 2009 que no se encontró la solicitud de ingreso de Heriberto Lazcano en el Heroico Colegio Militar.

Heriberto Lazcano es un hombre violento y absolutamente desconfiado, pero asegura que nunca ha dañado a mujeres ni a niños. Antepone su propio concepto del "honor" incluso al mismo negocio de las drogas. Y cuando se trata de honor, no hay muertes suficientes que compensen alguna afrenta. Lo ocurrido con su contadora, Irma Pérez Ochoa, lo retrata de cuerpo entero. A finales de 2008 elementos del Ejército mexicano detuvieron a Pérez Ochoa en Acapulco. Actualmente se encuentra recluida en el penal de Topo Chico, en Monterrey. Durante su aprehensión fue brutalmente violada por los elementos que participaron en el operativo, según narró ella misma en su declaración ministerial.[3] Cuando se enteró de lo ocurrido, Lazcano montó en cólera y mandó a cazar sin piedad a los militares violadores.

El 21 de diciembre de 2008 los habitantes de Chilpancingo presenciaron una escena dantesca que sacudió a todo el país: ocho cabezas de militares adscritos a la Trigésimo Quinta Zona Militar fueron abandonadas en un centro comercial. Al mismo tiempo, los cuerpos decapitados y con signos de tortura fueron arrojados en diferentes tramos de la carretera que conduce a la capital del estado. En medio de las peleas por territorio que libran los narcotraficantes, Lazcano es como Nerón: prefiere ver al país en llamas, antes que perder la guerra. *El Verdugo* pertenece a una generación de narcotraficantes sin miedo a la muerte y al caos.

La historia oficial de la Sedena sobre Lazcano es que ingresó como soldado de infantería, uno más de la inmensa tropa. Tenía la matrícula B-9223601. Debido a su buen desempeño, en julio de 1993 ascendió a cabo de infantería,[4] el primer escalón de la jerarquía militar. Ahí llegó a manejar armamento especial y a coman-

[3] Esta información fue proporcionada personalmente por la abogada de Irma Pérez Ochoa.

[4] Secretaría de la Defensa Nacional, folio de solicitud de información pública núm. 0000700083405. Fecha de respuesta: 22 de diciembre de 2005.

dar escuadras. La Sedena jamás lo va a reconocer pero *El Verdugo* pertenecía al GAFE.[5] Estaba entrenado para realizar operaciones especiales y encubiertas; tomó los mejores cursos de inteligencia, contrainteligencia y combate que el Ejército mexicano podía ofrecer a sus miembros. El propio Ejército de Estados Unidos dio parte de ese entrenamiento en el Fuerte Benning, en Georgia.[6]

El 15 de mayo de 1997 Lazcano fue dado de alta en la PGR,[7] cuando Enrique Cervantes Aguirre, titular de la Sedena, comisionó a cientos de soldados para reforzar las operaciones de la PJF, que entonces dirigía el general Guillermo Álvarez Nahara. El presidente Ernesto Zedillo fue persuadido de que el ingreso de militares en la PGR traería orden, disciplina y mejores resultados en el combate al crimen organizado. Los efectivos castrenses convertidos en policías fueron enviados principalmente al corredor fronterizo de Nuevo León y Tamaulipas. Álvarez Nahara giró instrucciones precisas de que sólo los militares adscritos a la PJF podían estar en esa zona. Si algún policía judicial civil hacía rondines y operativos en el área, de inmediato se le sancionaba y era enviado a la ciudad de México.[8]

El 30 de septiembre de 1997 la PGR dio de baja a Lazcano sin que se conozca la razón. La Sedena tuvo sospechas de su hombre hasta el 18 de febrero de 1998, cuando fue detenido en Reynosa, junto con Julián Ramírez Carranza, Roberto Pérez Sierra y Martiniano de Jesús Jaramillo Silva. Los dejaron en libertad.[9] Contra todo

[5] Ficha de la SSP/Cisen sobre Heriberto Lazcano Lazcano.

[6] Informe del FBI elaborado por Criminal Investigative Division & San Antonio Field Intelligence Group, 15 de julio de 2005, del cual se tiene copia.

[7] Ficha de la SSP/Cisen sobre Heriberto Lazcano Lazcano.

[8] Información obtenida por medio de entrevistas con personal adscrito a la PJF que fue testigo de esos movimientos.

[9] Ficha de la SSP/Cisen sobre Heriberto Lazcano Lazcano.

lo que se piensa, Lazcano no es un desertor, pecado capital en las filas del Ejército de cualquier país. Antes de sumarse de lleno al cártel del Golfo, solicitó su baja del Ejército mexicano, misma que le fue legalmente concedida el 27 de marzo de 1998. Su nombre apareció por primera vez en una averiguación previa (20/2002/1) hasta febrero de 2002, en el juzgado 18 de distrito en materia penal por los delitos de violación a la Ley Federal contra la Delincuencia Organizada, y contra la salud por tráfico de mariguana y cocaína. Por esa averiguación se le giró orden de aprehensión ese mismo mes, la cual caducó el 26 de febrero de 2007,[10] como prueba de lo inalcanzable que es *El Verdugo*. Él le ha dicho a su gente: antes que caer en prisión, primero muerto. Su hombre más cercano, y sustituto en caso de que le pasara algo, es Miguel Ángel Treviño, alias *El Muerto* o *Z40*. No tiene un pasado militar pero parece que hubiera nacido con una metralleta en la mano.

Como producto de la fortuna amasada a costa de su ilegal oficio, a Heriberto Lazcano se le atribuyen muchas propiedades. En la Plaza San Marcos de la colonia Valle de San Ángel, en Garza García, Nuevo León, se ubica una residencia que es utilizada por presuntos *kaibiles* y el propio Lazcano.[11] También se sabe que tiene cuatro propiedades en Pachuca, en los fraccionamientos de Arboledas de San Javier, Paseo de Camelias, San Javier y Tezontle. Dicen que en este último, cercano a la zona militar, tiene su residencia más permanente, al lado de la de sus padres y una hermana. Se le conoce un predio más en la colonia Guadalupe Victoria, en Coatzacoalcos, Veracruz.[12] Su principal centro de operaciones se encuentra en el pequeño municipio de Valle Hermoso, localizado a unos cuantos kilómetros de Matamoros.[13]

[10] *Ibid.*
[11] *Ibid.*
[12] *Ibid.*
[13] *Ibid.*

Ficha criminal de Heriberto Lazcano Lazcano, SSP/Cisen.

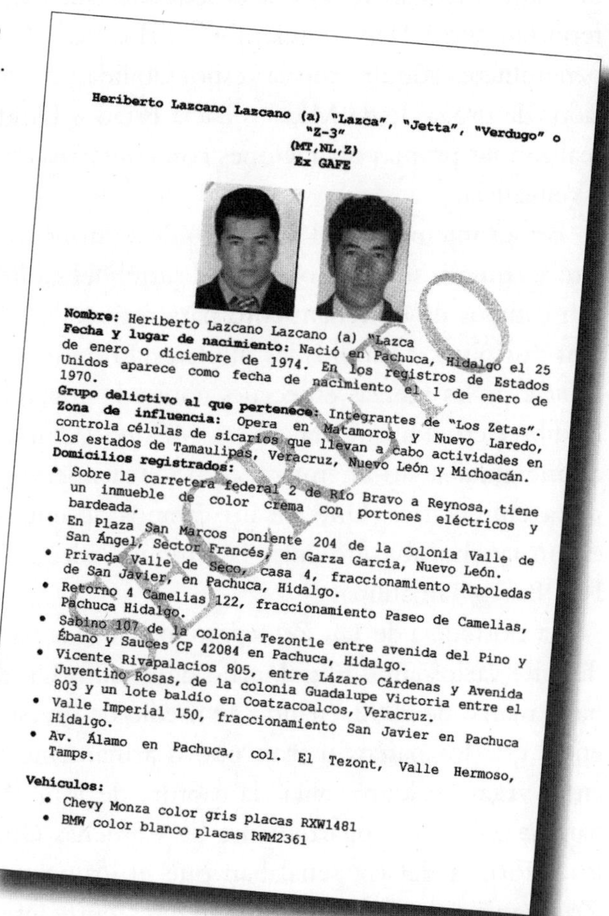

Heriberto Lazcano Lazcano (a) "Lazca", "Jetta", "Verdugo" o "Z-3"
(MT,NL,Z)
Ex GAFE

Nombre: Heriberto Lazcano Lazcano (a) "Lazca
Fecha y lugar de nacimiento: Nació en Pachuca, Hidalgo el 25 de enero o diciembre de 1974. En los registros de Estados Unidos aparece como fecha de nacimiento el 1 de enero de 1970.
Grupo delictivo al que pertenece: Integrantes de "Los Zetas".
Zona de influencia: Opera en Matamoros y Nuevo Laredo, controla células de sicarios que llevan a cabo actividades en los estados de Tamaulipas, Veracruz, Nuevo León y Michoacán.
Domicilios registrados:

- Sobre la carretera federal 2 de Río Bravo a Reynosa, tiene un inmueble de color crema con portones eléctricos y bardeada.
- En Plaza San Marcos poniente 204 de la colonia Valle de San Ángel, Sector Francés, en Garza García, Nuevo León.
- Privada Valle de Seco, casa 4, fraccionamiento Arboledas de San Javier, en Pachuca, Hidalgo.
- Retorno 4 Camelias 122, fraccionamiento Paseo de Camelias, Pachuca Hidalgo.
- Sabino 107 de la colonia Tezontle entre avenida del Pino y Ébano y Sauces CP 42084 en Pachuca, Hidalgo.
- Vicente Rivapalacios 805, entre Lázaro Cárdenas y Avenida Juventino Rosas, de la colonia Guadalupe Victoria entre el 803 y un lote baldío en Coatzacoalcos, Veracruz.
- Valle Imperial 150, fraccionamiento San Javier en Pachuca Hidalgo.
- Av. Álamo en Pachuca, col. El Tezont, Valle Hermoso, Tamps.

Vehículos:

- Chevy Monza color gris placas RXW1481
- BMW color blanco placas RWM2361

En los albores del siglo XXI, el poder corruptor de Osiel Cárdenas Guillén, líder del cártel del Golfo, era inconmensurable. Este capo tuvo la idea de reclutar a ex militares para que fueran su escolta personal. El primer militar de élite que cayó en su red fue Arturo Guzmán Decena, *El Z1*, un joven teniente originario de Puebla y adiestrado en el GAFE. Muy pronto Heriberto Lazcano y otros lo siguieron. No se sabe el número exacto de efectivos que inicialmente estaban bajo las órdenes de Guzmán Decena, pero se reportan entre 31 y 67 miembros del GAFE.[14] Con el tiempo, los paramilitares adquirieron la responsabilidad de custodiar los traslados de droga desde México hacia Estados Unidos. Actualmente realizan sus propias operaciones con contactos en Colombia, Perú y Venezuela.

En sus inicios, con el propósito de sustituir las bajas de su ejército y cumplir sus funciones en el cártel del Golfo, *Los Zetas* crearon campos de entrenamiento para reclutar a civiles y formarlos con disciplina y habilidades militares. Entre los instructores había *kaibiles* de las fuerzas especiales contra la guerrilla de Guatemala; hombres crueles que trajeron a México la moda de decapitar y desmembrar a sus enemigos como escarmiento público a quien osara enfrentarlos. Uno de los campos de entrenamiento estaba en un rancho ubicado entre las comunidades de Villa Hermosa y Río Bravo, Tamaulipas.[15]

La existencia de *Los Zetas* pasó inadvertida para las autoridades durante varios años. El gobierno de Estados Unidos los identificó hasta marzo de 2002, cuando en medio de un espectacular tiroteo en el que los narcos usaron nuevo armamento y tácticas nunca antes vistas, se logró evitar la captura de Jorge Eduardo Costilla Sánchez, *El Coss*, lugarteniente de Cárdenas Guillén.[16] En 2005 los informes del FBI señalaban que el grupo paramilitar de *Los Zetas* tenía entre 300 y 350 integrantes, entre los viejos y los nuevos socios.[17] Hoy podrían ser miles, incluyendo a los que el FBI llama *Zetitas* o *Zetas wannabes*, grupos de delincuentes imitadores de *Los Zetas* que utilizan su nombre y sus métodos para sembrar

[14] Informe del FBI elaborado por Criminal Investigative Division & San Antonio Field Intelligence Group, 15 de julio de 2005, del cual se tiene copia.

[15] *Ibid.*

[16] *Ibid.*

[17] *Ibid.*

terror por medio de extorsiones y secuestros. En 2005 un centro de inteligencia de McAllen, Texas, tenía identificados a cerca de 270 grupos de ese tipo. Algunos de ellos fueron creados por el propio Joaquín Guzmán Loera para recabar inteligencia sobre sus enemigos.[18]

El grupo paramilitar concebido por Osiel Cárdenas se ramificó como hiedra silvestre. Rápidamente se aliaron con una facción de la banda conocida como *Los Hermanos Pistoleros Latinos*, una banda con base en Laredo, Texas; una parte de esa organización también ha trabajado para Guzmán Loera.[19] Asimismo *Los Zetas* formaron vínculos con miembros de la llamada *Mafia mexicana* que opera en California, a quienes han contratado como sicarios.[20] *Los Zetas* se volvieron una tropa indestructible, y las organizaciones que los imitan se han transformado en una plaga nacional más difícil de combatir que los propios narcotraficantes. Sus miembros se multiplican con mayor rapidez porque ahí aceptan a cualquiera dispuesto a jalar el gatillo por nada.

La Federación inició la guerra

En 2002, cuando la fuerza de los hermanos Arellano Félix disminuyó dramáticamente, el *consigliere* de *La Federación* tuvo una brillante idea. Juan José Esparragoza Moreno, *El Azul*, les planteó a sus socios la apertura de un nuevo frente de batalla, ahora contra el cártel del Golfo,[21] y acabar con *Los Zetas*, a quienes pronto percibieron como su principal enemigo (y no estaban equivocados).

[18] *Ibid.*
[19] *Ibid.*
[20] *Ibid.*
[21] *Proceso*, núm. 1746, 18 de abril 2010.

Para ejecutar el plan, penetrarían la plaza de Nuevo Laredo, una delicada maniobra que se decidió en Monterrey[22] durante una junta entre los principales socios de *La Federación*.

La Federación tenía la firme intención de convertirse en el grupo hegemónico del narcotráfico en México. Y para ello era indispensable controlar los principales cruces fronterizos con Estados Unidos. En aquel tiempo, si la organización del Pacífico quería transportar mercancía por la porosa frontera de Tamaulipas, debía pedir permiso y pagar derecho de piso, lo cual resultaba cada vez más caro. Osiel Cárdenas sabía muy bien cuál era el precio de cada milímetro de su territorio.

Nunca antes la organización del Pacífico se había planteado el exterminio del cártel del Golfo. Si Amado Carrillo Fuentes hubiera vivido, seguramente no habría autorizado tal movimiento. Pero *El Azul* fue persuasivo con sus socios al hacerles notar que desde 2001 tenían el apoyo de funcionarios federales del más alto nivel, sobre todo de la AFI —que encabezaba Genaro García Luna— y la PGR, específicamente del subprocurador Gilberto Higuera Bernal, a quien supuestamente le compraban las plazas de delegados de la procuraduría. Además, contaban con la protección de Los Pinos.

El primer paso para iniciar la guerra le fue encomendado a Marcos Arturo Beltrán Leyva, *El Barbas*. Él contactó a un hombre de su confianza llamado Dionicio Román García Sánchez, *El Chacho*, con quien había realizado exitosamente traslados de estupefacientes. En 2002 *El Chacho* operaba en Nuevo Laredo con el permiso de Cárdenas Guillén, quien había mandado a *Los Zetas* a cuidar la plaza. Cuando *El Chacho* trabajaba ya con *La Federación* levantó y asesinó a un elemento de *Los Zetas*, lo cual desató una

[22] Declaración ministerial de Miguel Ángel Beltrán Olguín, averiguación previa PGR/SIEDO/UEIDCS/111/2004.

ola de ejecuciones en la ciudad fronteriza. Para poner fin a los enfrentamientos y para ganarse su confianza, *El Barbas* buscó a Guzmán Decena, líder de *Los Zetas*, y le dijo que no quería problemas con su equipo. Le ofreció poner a su alcance a *El Chacho* para que hicieran con él lo que desearan, y a cambio le pidió una nueva oportunidad para trabajar en esa plaza. Guzmán Decena aceptó la propuesta con la condición de que ningún miembro de *La Federación* llegara armado a la zona, y que siempre dieran aviso sobre cada traslado de droga.

En mayo de 2002 *Los Zetas* ejecutaron a *El Chacho* junto con su lugarteniente, Juvenal Torres Sánchez. Después de cumplir su promesa, *El Barbas* le pidió un favor a Osiel Cárdenas: que un joven llamado Edgar Valdez Villarreal, así como Javier Martínez Pérez, *El Mamado*, y Lucio Martínez Manríquez, *El Sol*, pudieran operar en Nuevo Laredo en sustitución de *El Chacho*. Contra todos los pronósticos, Osiel aceptó. *Los Zetas* no quedaron muy conformes con el arreglo hecho por su jefe, porque para ellos se palpaba la traición. Pese a todo su recelo, la disciplina militar se impuso: "Las órdenes son para cumplirse, no para discutirse ni modificarse".[23]

El grupo paramilitar tenía buen olfato. En noviembre de 2002 *El Z1* cayó acribillado mientras comía en un restaurante de la calle Herrera y Nueve, en la ciudad de Matamoros. Cada año, sus amigos y familiares dejan ofrendas de flores en el exterior del lugar donde fue asesinado como símbolo de que no hay olvido. Tras la muerte de Guzmán Decena, Heriberto Lazcano fue ungido con la jefatura de *Los Zetas*. Los enemigos del cártel del Golfo aprovecharon la coyuntura y, durante el reacomodo de fuerzas, el 15 de marzo de 2003 Osiel Cárdenas Guillén fue capturado en

[23] Estos hechos los narraron *Los Zetas* en una carta enviada a un alto funcionario del gobierno federal a principios del sexenio de Felipe Calderón, de la cual se tiene copia.

Matamoros por el Ejército mexicano y la PGR, después de celebrar la fiesta de cumpleaños de una de sus hijas.[24]

Quince días después de la caída de Osiel, a nombre de *La Federación La Barbie* le hizo una cordial invitación a *El Verdugo*: "Tienes una semana para dejar la plaza desde Reynosa hasta Nuevo Laredo". La guerra de los narcos había comenzado.

Decía Friedrich Nietzsche: "La guerra vuelve estúpido al vencedor y rencoroso al vencido". Han pasado ocho años y aún no está claro quién es el estúpido y quién el rencoroso.

La Barbie

Dicen que para que la cuña apriete debe ser del mismo palo. Marcos Arturo Beltrán midió al enemigo que tenía enfrente y por eso envió a Tamaulipas a su arma secreta: Edgar Valdez Villarreal, *La Barbie* o *La Muñeca*, apenas un año mayor que *El Verdugo*. Valdez Villarreal nació en Laredo, Texas, el 11 de agosto de 1973. Tiene cara de niño pero es igual de violento y sanguinario que el líder de *Los Zetas*. Ambos pertenecen a una nueva generación de narcotraficantes con otros códigos y otras maneras de pensar el negocio.

Si su madre no lo hubiera abandonado de niño, quizás otra historia hubiera sido su vida; Valdez Villarreal les ha confiado a sus amigos el dolor del recuerdo de su alcoholismo. Durante un tiempo fue un *homeless*, un niño de la calle en Estados Unidos, hasta que una familia latina lo adoptó en Texas y de ahí tomó los apellidos de Valdez Villarreal. Aún no entraba en la adolescencia cuando comenzó a causar problemas en su casa formando parte de pandillas juveniles. Sus padres adoptivos, para evitar que lo

[24] Ricardo Ravelo, *Osiel. Vida y tragedia de un capo*, México, Grijalbo, 2009.

encarcelaran, lo mandaron con unos parientes políticos a México, pero tampoco pudieron controlarlo, era un joven rabioso con la vida.

En 2001 Valdez Villarreal fue reclutado por *El Barbas*. Se ganó un espacio en las filas de Marcos Arturo Beltrán Leyva luego de un pleito de cantina. Se cuenta que estando en una discoteca se peleó muy violentamente con un sicario de narcotraficantes —lo cual él ignoraba— por una mujer. Fue tal la paliza que le propinó que en vez de matarlo, el jefe del derrotado lo buscó y lo contrató para sus filas, primero como golpeador, después jalando el gatillo según las órdenes del patrón y de los impulsos propios. *La Barbie* llegó a hacer una estrecha amistad con *El Barbas*, y para 2002 éste ya lo había enviado a Nuevo León y Tamaulipas como representante de *La Federación*, grupo delictivo del cual llegó a ser jefe de sicarios, tenía madera de asesino. Valdez Villarreal manejaba tres organizaciones armadas cuyo objetivo era combatir de manera directa al cártel del Golfo y a *Los Zetas*, su brazo armado: *Los Negros*, *Los Chachos* y *La Mexican Mafia*.[25] A falta de *kaibiles*, en 2004 *La Barbie* reclutó pandilleros de la *Mara Salvatrucha*, esto se detectó porque en ejecuciones perpetradas por *Los Zetas* contra *La Federación* comenzaron a aparecer cadáveres con tatuajes similares a los que usa la sangrienta banda originaria de El Salvador.

Desde 1998, la justicia de Estados Unidos le seguía la pista a Valdez Villarreal por una acusación hecha en el distrito sur de Texas. A pesar de que viajaba constantemente a ese país, no lo habían podido detener. Quizás por eso muchos piensen que en vez de ser un auténtico narcotraficante, se desempeñaba como infiltrado de la DEA en las organizaciones criminales de México.

La Barbie es un hombre con humor sarcástico, de pocas palabras que masculla por un problema en la mandíbula. Para evadir la

[25] Ficha de la SSP/Cisen sobre Edgar Valdez Villarreal, de la cual se tiene copia.

justicia y salir de su madriguera, lo hacía usando diferentes tipos de disfraces. Algunos, dicen, rayaban en lo cómico. Es rebelde por naturaleza y aunque trabajaba para Marcos Arturo Beltrán Leyva no se sentía propiedad de nadie.

A Valdez Villarreal le gusta el mundo de la farándula, normalmente acudía a los bares y las discotecas de moda de la ciudad de México, Acapulco y Cuernavaca, donde solía estar rodeado de artistas. Su ego es tan grande que *Jennifer*[26] narró que el sicario había mandado a hacer una película sobre su vida con el actor Sergio Mayer —yerno del empresario Jaime Camil, a quien también se le ha relacionado con el narcotráfico— y José Carlos Salinas del grupo Torrente Musical. El rodaje tendría como título el pomposo nombre de *Brazo armado*. En los medios de comunicación, dentro de las secciones del mundo del espectáculo, el tema de la narcopelícula de *La Barbie* fue llamarada que pronto se apagó. Mayer salió a desmentir la historia del testigo protegido y el filme se convirtió en una leyenda urbana del México bizarro. La PGR no giró ninguna orden de aprehensión entonces contra el yerno del poderoso Jaime Camil, cuando por declaraciones más suaves de *Jennifer* funcionarios públicos están en penales de máxima seguridad.

Adicto a las emociones fuertes, una de las pasiones de Valdez Villarreal son las motocicletas y la velocidad a bordo de ellas. Los primeros meses de 2010 *La Barbie* sufrió un severo accidente donde casi pierde de la vida. Estuvo hospitalizado durante varias semanas y, como se quemó una pierna, le tuvieron que hacer una cirugía de reconstrucción de tejidos que lo mantuvo inmóvil du-

[26] Testigo protegido estrella de la PGR en el que se sostiene el proceso conocido como Operación Limpieza contra funcionarios de la propia procuraduría por presuntos nexos con el clan de los Beltrán Leyva. *Jennifer* también fue abogado de *La Barbie*.

rante un tiempo. En Estados Unidos la DEA llegó a pensar que incluso había muerto. Era una ironía que el hombre que había librado la muerte a manos de sus enemigos, casi les hiciera el favor de estar cinco metros bajo tierra por su propia imprudencia.

A *La Barbie* se le atribuían como zonas de operación los estados de Guerrero, Michoacán, Jalisco, Nuevo León, Morelos y el Distrito Federal. En 2007 el Departamento de Estado norteamericano lo ubicaba como uno de los cobradores de los hermanos Beltrán Leyva, el lugarteniente más cercano a *El Barbas* y uno de los principales causantes del baño de sangre en México por la disputa territorial entre los cárteles. Tras la muerte de Arturo Beltrán, *La Barbie* y su compadre Gerardo Álvarez, *El Indio*, dos de los principales ejecutores y operadores de *El Barbas*, querían formar su propia organización.

El 30 de agosto de 2010 Valdez Villarreal fue capturado en un supuesto operativo de la Policía Federal en el Estado de México. En realidad, se dice, los hechos ocurrieron en el estado de Morelos. La aprehensión de *La Barbie* fue una presunta captura arreglada. Fuentes de información cercanas al capo dijeron que no había nada de qué preocuparse, que todo estaba acordado. *La Barbie* decidió entregarse porque se sentía más seguro con la protección del gobierno federal que en la calle a merced de *Los Zetas* y de Héctor Beltrán Leyva, quien lo había sentenciado a muerte por la supuesta traición a *El Barbas*. El convenio sería que Valdez Villarreal *pondría* a los integrantes de la banda a la que había pertenecido y haría declaraciones contra algunos políticos incómodos para el gobierno federal panista, como el gobernador del Estado de México, Enrique Peña Nieto, y el jefe de gobierno del Distrito Federal, Marcelo Ebrard, los dos principales aspirantes a la Presidencia de la República de los dos partidos de oposición. A cambio su proceso sería *light* y se le respetarían todos sus bienes, que a fin de cuentas es lo que más le importa a los narcos.

Pese a las habilidades naturales de Valdez Villarreal y al debilitamiento del cártel del Golfo por la caída de Osiel, en 2003 los socios de *La Federación* sabían que necesitaban un cuerpo más especializado para enfrentar a *Los Zetas*. Ellos contaban con gente armada y con buena disposición de asesinar todo lo que se moviera, pero jamás podría compararse con la capacitación, disciplina y destreza de *Los Zetas*, mucho menos con la fraternidad que había entre los paramilitares. La organización encabezada por Guzmán Loera no podía hacerle sola la guerra al cártel del Golfo. Para tener una probabilidad de ganar necesitaban una ayuda extra del gobierno federal.

EL EJÉRCITO DE *EL CHAPO*

En el momento en que más lo necesitaba, Joaquín Guzmán Loera tuvo la oportunidad de conocer directamente a los jefes de la AFI, los hombres de mayor confianza de Genaro García Luna. Ocurrió en 2003, cuando presuntamente Luis Cárdenas Palomino (director general de Investigación), Javier Garza Palacios (director general de Operaciones Especiales), Igor Labastida (director de Investigaciones Federales) y Domingo González Díaz (director del Centro de Mando) detuvieron a *El Chapo* en el estado de Nayarit, donde el narcotraficante tenía su base de operaciones. Nadie sabe si el encuentro fue accidental o provocado por el capo, pero funcionó. Aparentemente los hombres de García Luna dejaron libre a Guzmán Loera a cambio de una muy considerable cifra de millones de dólares.[27] El contacto estaba hecho, sólo era cuestión de dar

[27] La historia se encuentra en un informe confidencial denominado "Caso futbolero", del cual se tiene copia. La versión del documento fue corroborada directamente por elementos que en ese entonces laboraban en la AFI.

aliento a la relación. Más tarde se unirían al grupo que supuestamente daba protección a *La Federación* Edgar Eusebio Millán (director de Despliegue Regional), Facundo Rosas Rosas (director de Análisis Táctico) y Víctor Gerardo Garay Cadena (director de Intercepción y Erradicación).

Los súper policías de la AFI, inseparables todos de García Luna, formaron una especie de hermandad de la cual también fueron parte elementos de la PGJDF. En algunas oficinas del gobierno federal, la organización fue bautizada como *El Mega Cártel.* A los jefes de la AFI se sumó la complicidad de muchos de sus subalternos creando una cadena de corrupción que hasta hoy prevalece, ahora en la SSP federal. Los siete funcionarios señalados han sido investigados por su presunta participación en homicidios y secuestros, pero sobre todo por complicidad con integrantes de *La Federación* durante el sexenio de Vicente Fox y la actual administración de Felipe Calderón.

Era tal la complicidad que llegó a existir entre la AFI y *El Chapo* que se afirma que en 2003 Guzmán Loera fue visto en Xicotepec de Juárez, Puebla, y se hospedó en un hotel llamado Mi Ranchito, localizado sobre la carretera México-Tuxpan en el kilómetro 180, rumbo al Tajín. La indumentaria que usaba el capo para pasar desapercibido era un uniforme de la AFI, al igual que sus escoltas, muchos de ellos auténticos agentes federales. Cada vez es más común el uso de uniformes de la AFI y la Policía Federal para la comisión de crímenes de la delincuencia organizada. García Luna siempre pretexta que se trata de atuendos clonados. Si es así, ¿por qué los agentes y policías federales que se encuentran adscritos en todo el país no los detienen? Los criminales los usan casi como ropa de diario, al igual que las camionetas rotuladas con las insignias de las dos corporaciones. El secretario de Seguridad Pública debe de pensar que el resto de los mexicanos quieren dejarse engañar como lo hace el presidente Calderón.

Desde 2005 hay registros documentales de que la AFI comenzó a operar de lleno como el ejército de *El Chapo*. Era su brazo armado oficial, su grupo de secuestradores y matones con charola. La agencia no sólo hizo detenciones por consigna contra los enemigos de *El Chapo*, mientras que él recibía protección, sino que incluso integró escuadrones de la muerte para secuestrar, torturar y ejecutar a los adversarios de *La Federación*. A cambio, el grupo delictivo —por medio de los hermanos Beltrán Leyva, que administraban la narconómina— entregaba maletas y maletas llenas de dólares que crearon súbitas fortunas entre los jefes de la AFI; la más visible e inexplicable: la de Genaro García Luna. En 2008 era una sospecha a gritos la complicidad de García Luna y sus colaboradores más cercanos con el narcotráfico.[28] En 2009 se convirtió en una escalofriante realidad corroborada por un cúmulo de pruebas que construyen una pesada lápida sobre el funcionario. Si en julio de 2010 la historia del penal estatal de Gómez Palacio en Durango, desde donde dejaban salir a los presos con uniformes de policías y armas para servir de gatilleros al crimen organizado, dejó estupefacta a la sociedad mexicana. La terrible realidad sobre la actuación de García Luna y sus muchachos la dejaría enardecida.

Todas las guerras tienen una primera gran batalla, la de los narcos ocurrió en Guerrero.

Guerra en el paraíso

Corría el primer trimestre de 2005. El estado de Guerrero era un polvorín. Sólo faltaba que un grupo de desquiciados aventara un

[28] Los primeros días de noviembre de 2008 la autora publicó una amplia investigación sobre García Luna y su equipo en el libro *Los cómplices del presidente*.

cerillo. Por desgracia, siempre hay alguien dispuesto a organizar la fiesta.

Harto de las intromisiones de *La Federación* en el territorio del cártel del Golfo, Heriberto Lazcano emprendió una invasión al territorio que durante décadas había pertenecido a la organización del Pacífico. Comenzó por Acapulco e Ixtapa Zihuatanejo. *El Verdugo* estaba bajo las órdenes de Ezequiel Cárdenas Guillén —el hermano de Osiel— y Eduardo Costilla Sánchez, *El Coss.* Desde su centro de operaciones en Valle Hermoso, Lazcano organizó a un grupo de 20 hombres armados para que localizaran a Edgar Valdez Villarreal, a los hermanos Beltrán Leyva y a uno de los grupos armados que los protegen conocido como *Los Pelones*. Quería que los mataran a todos.[29] Parecía una misión suicida. Aquélla no era una tarea fácil, ni siquiera para *Los Zetas*. En primer lugar debían localizar a los enemigos. Después sería necesario vigilar sus movimientos, detectar los lugares que más frecuentaban, sus puntos de venta de droga, y los vehículos en los que se movían. Para sacarlos de sus madrigueras, tenían la instrucción precisa de matar policías, aventar granadas, reventar las tienditas de estupefacientes, las bodegas y los antros operados por la organización que en ese estado estaba representada precisamente por los Beltrán Leyva.

Una parte del grupo de *El Verdugo* llegó a Acapulco y otra a Zihuatanejo, encontraron hospedaje y comenzaron sus tareas de inteligencia. La noche del 14 de mayo de 2005 iba a comenzar la fiesta en Ixtapa con fuegos no artificiales. *El Pollo*, uno de los jefes de la gente de Lazcano, llamó por teléfono a su compañero José Alejandro Lara, *La Parca*, para que le llevara a una discoteca unas granadas. *La Parca* acudió al lugar junto con un compañero,

[29] Declaración ministerial del testigo protegido *Karen*, 5 de octubre de 2005, causa penal 15/2008-IV, de la cual se tiene copia. Gracias a esta declaración se pudo reconstruir la historia sobre lo ocurrido en Acapulco y Zihuatanejo que aquí se presenta.

El Cascanueces; enseguida se comunicó con *El Pollo* para decirle que estaba afuera del establecimiento, pero la voz que le contestó le sonó extraña.

—¿Dónde estás? —insistió *El Pollo*.

—Acá afuera.

—Espérame, ahorita salgo —dijo *El Pollo*.

Segundos después volvió a marcar.

—¿Cómo vienes vestido? No te encuentro.

Algo le dio mala espina a *La Parca*, así que le dijo a *El Cascanueces* que se fueran de ahí inmediatamente. Más tarde, mientras caminaban por la costera, los tripulantes de unas camionetas se les quedaron viendo mientras hablaban por un radio de Nextel. Los dos *Zetas* abordaron un taxi y se fueron a la casa que estaban habitando. Pasaron tan sólo unos minutos, cuando varios vehículos de la AFI rodearon el lugar, junto con una camioneta Pathfinder, un Jetta y elementos de la policía municipal. Los Beltrán Leyva no tenían ni siquiera que despeinarse para perseguir a sus enemigos, por eso les pagaban a los mandos de la AFI, para que ellos hicieran el trabajo sucio.

La Parca y *El Cascanueces* escaparon por la azotea y escucharon cómo los perseguían. Brincaban, tropezaban, se levantaban y volvían a correr. En su huida entraron en la casa de un señor que estaba dormido. Aprovecharon su descuido, tomaron su celular y les llamaron a sus compañeros *Tachavo* y *El Karin*. Sólo lograron hacer contacto con el último. Desesperado, *El Karin* gritó que los estaban reventando, que la AFI ya había levantado a *El Pollo*, a *El Moto* y a otro compañero de apodo *Pochorolo*, así como a una chava que le decían *La Güera*. Les ordenó que se escondieran y que al otro día tomaran un autobús hacia Acapulco, donde iban a reagruparse. Al terminar la llamada, el dueño de la casa se percató de su presencia. Habrá sido por las armas que *Los Zetas* portaban, o por simple caridad, que los curó, y al otro día él mismo los llevó a la estación de autobuses, donde los dos sicarios angustiados se perdieron en la multitud.

Durante toda la noche los elementos de la AFI arremetieron contra las casas y los hoteles en Ixtapa y Acapulco donde se había hospedado el grupo enviado por Lazcano. Como habían logrado capturar a *El Pollo* y *El Moto*, y la AFI tenía métodos muy persuasivos para hacerlos revelar hasta sus más íntimos secretos, pronto supieron la ubicación de sus compañeros.

El domingo 15 de mayo de 2005 una playa de Acapulco sirvió como punto de reunión para lo que quedaba del grupo de *Zetas*. Apenas eran cinco: *La Parca*, *El Cascanueces*, *Pompín*, *Karin*, *Tachavo* y *Cuije*. Junto con *El Pollo* y *El Moto*, la AFI se había llevado a *Peterete*, *El Cascarrabias* y *El Ojos*. De pilón, habían levantado a Juan Manuel Vizcarra Cruz, alias *El Pizcacha*, que nada tenía que ver con el operativo orquestado por Heriberto Lazcano. Él sólo se encontraba en Acapulco de vacaciones con su esposa Norma Elizabeth Olguín Servín y con su hija de dos años, quienes también fueron capturadas por agentes federales. La situación era muy comprometida. Una cosa es que entre sicarios se rompieran la madre y otra que se la rompieran a familiares inocentes. En aquella época para *Los Zetas* la familia seguía siendo algo intocable.

Ese mismo día, Miguel Treviño, *El Z40*, llamó desde Valle Hermoso a uno de los celulares de *Los Zetas* secuestrados. Por supuesto, quien contestó era del bando enemigo. Treviño exigió hablar con *La Barbie*.

—Suelta a la señora y a la hija de *El Pizcacha*, nada tienen que ver con esto —advirtió *El Z40* por el teléfono, esperando lo peor para las dos.

—Sólo voy a soltar a la niña —respondió *La Barbie* generando mayor tensión.

La violación sexual era lo menos que le esperaba a la esposa de *El Pizcacha* si se quedaba en manos de esos hombres sanguinarios.

—No te metas con la familia, nosotros no nos hemos metido con la suya. Si comienzan a hacerlo, nosotros también levantaremos y mataremos a sus familiares —amenazó Treviño.

El Z40 debió de ofrecer un dato preciso de esa posibilidad, porque *La Barbie* accedió a liberar a la mujer y a la niña, y les dio mil pesos para que salieran del estado inmediatamente. En cuanto fue liberada, la esposa de *El Pizcacha* fue a presentar la denuncia por el secuestro de su esposo ante la PGJ de de Guerrero. Durante meses no supo cuál fue su destino.

Era tal la impunidad con la que actuaban y tal el tamaño del compromiso con *La Federación*, que el comandante en jefe de la AFI en Guerrero, José Luis Sánchez Báez, les lanzó personalmente un reto a *Los Zetas*: quería un enfrentamiento con ellos "al tú por tú". El choque nunca ocurrió. Sánchez Báez había sido puesto en ese cargo por Edgar Eusebio Millán —de quien recibía órdenes directas—, quien se encargaba de asignar ese tipo de plazas. Millán era amigo y compañero de trabajo de García Luna desde 1989 cuando siendo jóvenes entraron juntos en el Cisen.

Ese domingo histórico llegó una llamada inesperada a las oficinas de la PGR. No había nadie en el despacho de la visitaduría general de la dependencia, así que quien llamó dejó un recado de voz. Era un hombre que dijo ser integrante del cártel del Golfo, hablaba para denunciar que elementos de la AFI adscritos a Acapulco y Zihuatanejo habían detenido el día anterior a cinco *Zetas*, y en vez de ponerlos a disposición del ministerio público, los entregaron a la organización de los Beltrán Leyva. "No está bien que los elementos de la AFI le jueguen a la narcopolicía", se quejó el denunciante y colgó.[30]

Junto con la llamada llegó un fax dirigido al entonces procurador Daniel Cabeza de Vaca y al fiscal de la SIEDO, José Luis San-

[30] *Proceso*, núm. 1763, 15 de agosto de 2010.

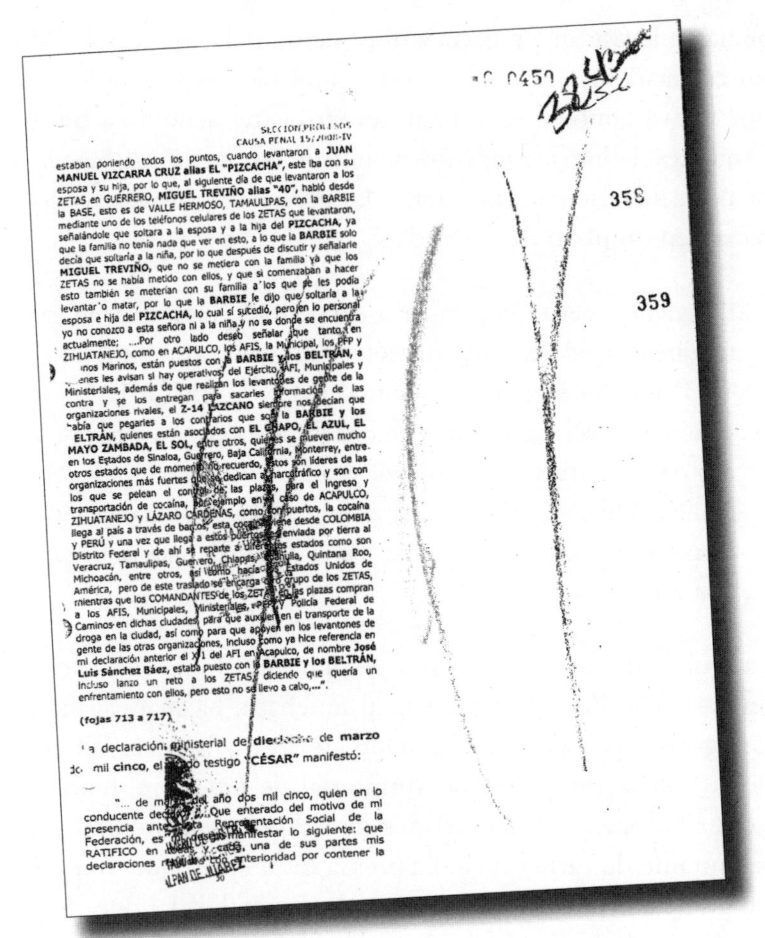

SECCION PROCESOS
CAUSA PENAL 15/2008-IV

estaban poniendo todos los puntos, cuando levantaron a **JUAN MANUEL VIZCARRA CRUZ alias EL "PIZCACHA"**, este iba con su esposa y su hija, por lo que, al siguiente día de que levantaron a los ZETAS en GUERRERO, **MIGUEL TREVIÑO alias "40"**, habló desde la BASE, esto es de VALLE HERMOSO, TAMAULIPAS, con la BARBIE mediante uno de los teléfonos celulares de los ZETAS que levantaron, señalándole que soltara a la esposa y a la hija del **PIZCACHA**, ya que la familia no tenía nada que ver en esto, a lo que la **BARBIE** solo decía que soltaría a la niña, por lo que después de discutir y señalarle **MIGUEL TREVIÑO**, que no se metiera con la familia ya que los ZETAS no se había metido con ellos, y que si comenzaban a hacer esto también se meterían con su familia a los que se les podía levantar o matar, por lo que la **BARBIE** le dijo que soltaría a la esposa e hija del **PIZCACHA**, lo cual sí sucedió, pero en lo personal yo no conozco a esta señora ni a la niña y no se donde se encuentra actualmente; ....Por otro lado deseo señalar que tanto en ZIHUATANEJO, como en ACAPULCO, los AFIS, la Municipal, los PFP y [...]nos Marinos, están puestos con la **BARBIE y los BELTRÁN**, a [...]enes les avisan si hay operativos del Ejército, AFI, Municipales y Ministeriales, además de que realizan los levantones de gente de la contra y se los entregan para sacarles información de las organizaciones rivales, el **Z-14 LAZCANO** siempre nos decían que había que pegarles a los contrarios que son la **BARBIE y los** [B]**ELTRÁN**, quienes están asociados con **EL CHAPO, EL AZUL, EL MAYO ZAMBADA, EL SOL**, entre otros, quienes se mueven mucho en los Estados de Sinaloa, Guerrero, Baja California, Monterrey, entre otros estados que de momento no recuerdo, estos son líderes de las organizaciones más fuertes que se dedican al narcotráfico y son con los que se pelean el control de las plazas, para el ingreso y transportación de cocaína, por ejemplo en el caso de ACAPULCO, ZIHUATANEJO y LÁZARO CÁRDENAS, como son puertos, la cocaína llega al país a través de barcos, esta cocaína viene desde COLOMBIA y PERÚ y una vez que llega a estos puertos es enviada por tierra al Distrito Federal y de ahí se reparte a diferentes estados como son Veracruz, Tamaulipas, Guerrero, Chiapas, Coahuila, Quintana Roo, Michoacán, entre otros, así como hacia los Estados Unidos de América, pero de este traslado se encarga otro grupo de los ZETAS, mientras que los COMANDANTES de los ZETAS en las plazas compran a los AFIS, Municipales, Ministeriales, PFP y Policía Federal de Caminos en dichas ciudades, para que auxilien en el transporte de la droga en la ciudad, así como para que apoyen en los levantones de gente de las otras organizaciones, incluso como ya hice referencia en mi declaración anterior el X-1 del AFI en Acapulco, de nombre **José Luis Sánchez Báez**, estaba puesto con la **BARBIE y los BELTRÁN**, incluso lanzo un reto a los ZETAS, diciendo que quería un enfrentamiento con ellos, pero esto no se llevo a cabo,...".

(fojas 713 a 717)

[...]a declaración ministerial de **dieciocho** de **marzo** [...] mil **cinco**, el [...]do testigo **"CÉSAR"** manifestó:

"... de marzo del año dos mil cinco, quien en lo conducente declaró: ...Que enterado del motivo de mi presencia ante esta Representación Social de la Federación, es mi deseo manifestar lo siguiente: que RATIFICO en todas y cada una de sus partes mis declaraciones rendidas con anterioridad por contener la

Hoja 324 de la causa penal 15/2008-IV.

tiago Vasconcelos, donde se acusaba directamente a Genaro García Luna de lo ocurrido en Guerrero: "De ante mano, sabemos que el director de la AFI [Genaro García Luna] está coludido con la organización de Arturo Beltrán Leyva, quien ha recibido grandes cantidades de dinero por medio del ex director de Operaciones Especiales [de la AFI], Domingo González", decía el fax. Asimismo, pedían a la PGR que pusiera a disposición del ministerio público a sus compañeros. Denunciaron que, junto con los *Zetas* levantados por la AFI, también se habían llevado a tres señoras y tres niños familiares de los sicarios (una de ellas la esposa de *El Pizcacha* y su hija). La advertencia era clara, si las personas secuestradas no aparecían en un plazo de cinco días:

> Dejaremos caer todo el rigor y coraje sobre esos narcopolicías, difundiremos toda esta información en los medios de comunicación, y dos días después recibirán nuestro mensaje particular [...] Nosotros sabemos perder legalmente con esta institución y en este caso actuaron de una forma por demás vil y cobarde al no respetar a nuestras familias. Hemos respetado esta institución que usted comanda, pero de no haber alguna reacción por parte de ustedes nos obligan a efectuar acciones violentas.[31]

La procuraduría guardó en secreto el escándalo de corrupción interna, y *Los Zetas* cumplieron su amenaza. La madrugada del 2 de agosto de 2005 fue ejecutado de tres balazos el subdirector de la Policía Investigadora Ministerial de Guerrero, Julio Carlos López Soto, en la zona turística de Acapulco, cuando salía de un restaurante de carnes finas. La prensa local creyó que se trataba de un golpe a la procuraduría del estado. En realidad, López Soto era empleado de la AFI, desde donde había sido enviado a la policía guerrerense para operar con más facilidad a favor de *La Federación*. La dirección de recursos humanos de la AFI confirmó que en esa época López Soto había trabajado en la dependencia, pero no quiso precisar en qué periodo.[32]

Siempre que atrapan en una movida irregular a la gente de García Luna, éste evade su responsabilidad argumentando que el

[31] *El Universal*, 8 de diciembre de 2005.

[32] *El Sur de Acapulco*, 4 de agosto de 2005.

elemento en cuestión ya estaba dado de baja. Como en otros casos subsecuentes, el de López Soto no era así. Cuando fungía como subdirector de la Policía Investigadora Ministerial de Guerrero, era miembro activo de la AFI, tenía el cargo de comandante y, al igual que Sánchez Báez, estaba adscrito a la Dirección General de Despliegue Policial Regional. Su jefe también era Edgar Eusebio Millán. Anteriormente, López Soto había trabajado en la corrupta policía de Morelos, el segundo hogar de García Luna y de narcotraficantes como los Beltrán Leyva y *El Azul*.

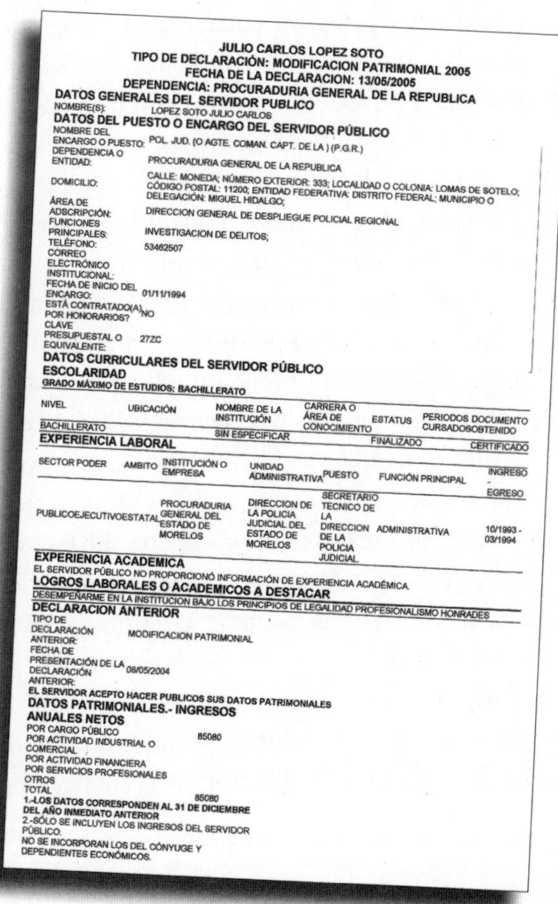

JULIO CARLOS LOPEZ SOTO
TIPO DE DECLARACIÓN: MODIFICACION PATRIMONIAL 2005
FECHA DE LA DECLARACION: 13/05/2005
DEPENDENCIA: PROCURADURIA GENERAL DE LA REPUBLICA

DATOS GENERALES DEL SERVIDOR PUBLICO
NOMBRE(S): LOPEZ SOTO JULIO CARLOS

DATOS DEL PUESTO O ENCARGO DEL SERVIDOR PÚBLICO
NOMBRE DEL ENCARGO O PUESTO: POL. JUD. (O AGTE. COMAN. CAPT. DE LA) (P.G.R.)
DEPENDENCIA O ENTIDAD: PROCURADURIA GENERAL DE LA REPUBLICA
DOMICILIO: CALLE: MONEDA; NÚMERO EXTERIOR: 333; LOCALIDAD O COLONIA: LOMAS DE SOTELO; CÓDIGO POSTAL: 11200; ENTIDAD FEDERATIVA: DISTRITO FEDERAL; MUNICIPIO O DELEGACIÓN: MIGUEL HIDALGO;
ÁREA DE ADSCRIPCIÓN: DIRECCION GENERAL DE DESPLIEGUE POLICIAL REGIONAL
FUNCIONES PRINCIPALES: INVESTIGACION DE DELITOS;
TELÉFONO: 53462507
CORREO ELECTRÓNICO INSTITUCIONAL:
FECHA DE INICIO DEL ENCARGO: 01/11/1994
ESTÁ CONTRATADO(A) POR HONORARIOS? NO
CLAVE PRESUPUESTAL O EQUIVALENTE: 27ZC

DATOS CURRICULARES DEL SERVIDOR PÚBLICO
ESCOLARIDAD
GRADO MÁXIMO DE ESTUDIOS: BACHILLERATO

NIVEL	UBICACIÓN	NOMBRE DE LA INSTITUCIÓN	CARRERA O ÁREA DE CONOCIMIENTO	ESTATUS	PERIODOS CURSADOS	DOCUMENTO OBTENIDO
BACHILLERATO		SIN ESPECIFICAR		FINALIZADO		CERTIFICADO

EXPERIENCIA LABORAL

SECTOR	PODER	AMBITO	INSTITUCIÓN O EMPRESA	UNIDAD ADMINISTRATIVA	PUESTO	FUNCIÓN PRINCIPAL	INGRESO - EGRESO
PUBLICO	EJECUTIVO	ESTATAL	PROCURADURIA GENERAL DEL ESTADO DE MORELOS	DIRECCION DE LA POLICIA JUDICIAL DEL ESTADO DE MORELOS	SECRETARIO TECNICO DE LA DIRECCION DE LA POLICIA JUDICIAL	ADMINISTRATIVA	10/1993 - 03/1994

EXPERIENCIA ACADEMICA
EL SERVIDOR PÚBLICO NO PROPORCIONÓ INFORMACIÓN DE EXPERIENCIA ACADÉMICA.

LOGROS LABORALES O ACADEMICOS A DESTACAR
DESEMPEÑARME EN LA INSTITUCION BAJO LOS PRINCIPIOS DE LEGALIDAD PROFESIONALISMO HONRADES

DECLARACION ANTERIOR
TIPO DE DECLARACIÓN ANTERIOR: MODIFICACION PATRIMONIAL
FECHA DE PRESENTACIÓN DE LA DECLARACIÓN ANTERIOR: 08/05/2004
EL SERVIDOR ACEPTO HACER PUBLICOS SUS DATOS PATRIMONIALES

DATOS PATRIMONIALES.- INGRESOS ANUALES NETOS
POR CARGO PÚBLICO 85080
POR ACTIVIDAD INDUSTRIAL O COMERCIAL
POR ACTIVIDAD FINANCIERA
POR SERVICIOS PROFESIONALES
OTROS
TOTAL 85080
1.-LOS DATOS CORRESPONDEN AL 31 DE DICIEMBRE DEL AÑO INMEDIATO ANTERIOR
2.-SÓLO SE INCLUYEN LOS INGRESOS DEL SERVIDOR PÚBLICO.
NO SE INCORPORAN LOS DEL CÓNYUGE Y DEPENDIENTES ECONÓMICOS.

Declaración patrimonial de López Soto del 13 de mayo de 2005.

México Seguro

Las acciones de la AFI a favor de *La Federación* se institucionalizaron el 11 de junio de 2005 a través del programa denominado México Seguro. Ese día la Presidencia de la República emitió un comunicado de prensa donde anunciaba que Vicente Fox ponía en marcha un operativo militar, auxiliado por las corporaciones civiles, "con el propósito de combatir al crimen organizado y garantizar la seguridad de las poblaciones que han sido víctimas de hechos violentos, resultado de las disputas entre las bandas de la delincuencia organizada".[33] En su diseño y operación participaban integrantes del gabinete de seguridad: el secretario de Gobernación Santiago Creel, el secretario de Seguridad Pública Ramón Martín Huerta, el secretario de la Defensa Nacional José Clemente Vega, el secretario de Marina Marco Antonio Peyrot González, el secretario de Hacienda Francisco Gil Díaz, el procurador Rafael Macedo de la Concha, y el director de la AFI Genaro García Luna.[34]

El operativo entró en vigor en varios estados de la República. El primero fue Tamaulipas, en la ciudad de Nuevo Laredo por supuesto. Para entonces, *La Federación* ya había establecido contacto permanente con Los Pinos por medio de Héctor Beltrán Leyva. A finales de 2004, la DEA detectó que el director de la coordinación de Giras Presidenciales, Nahúm Acosta Lugo, un miembro del PAN, mantenía conversaciones telefónicas con *El Ingeniero*. Como el subprocurador José Luis Santiago Vasconcelos era con quien mejor comunicación tenían, la agencia estadounidense le dio a conocer la información.

Para Santiago Vasconcelos la situación era muy delicada. En más de una ocasión, el subprocurador debió de preguntarse si el contacto entre Nahúm Acosta Lugo y Héctor Beltrán Leyva era

[33] Presidencia de la República, comunicado, 11 de junio de 2005.
[34] *Ibid.*

desconocido por la pareja presidencial, o si ocurría con su consentimiento. En la jerarquía de Los Pinos, durante la administración foxista, sólo había tres escalafones arriba de Acosta Lugo: Enrique Ruiz Sánchez, coordinador de Giras Presidenciales, Emilio Goicoechea, secretario particular del presidente, y el propio Vicente Fox. ¿De verdad ninguno sabía lo que ahí ocurría? Quizá si el fiscal le hubiera preguntado a Acosta Lugo, originario de Sonora, la razón de sus llamadas telefónicas con el miembro de *La Federación*, el funcionario hubiera podido responder que sus respectivas madres eran comadres. Presuntamente sí lo son, aunque eso no es un delito en sí mismo.

Héctor, el más refinado de los Beltrán Leyva, se había mudado al número 17 de la calle Cerrada de la Loma del exclusivo fraccionamiento La Herradura, en Huixquilucan, Estado de México. Para el estándar de residencias en la zona, la fachada de la casa de portón negro y cantera rosa no resaltaba entre las otras; incluso se veía menos lujosa. Sin embargo, tenía seis niveles, un enorme jardín y su propia discoteca, donde su inquilino frecuentemente organizaba fiestas. Su fino estilo y el de su esposa, Clara Elena Laborín Archuleta, le ayudó a la pareja, primero a colarse en el jet set de Acapulco, y después a emprender la conquista de la ciudad de México. Sus millones, a veces la única moneda de cambio en esos círculos, les permitían ser aceptados como "gente decente". Además contaban con las conexiones de *Ocañita*, el publirrelacionista del mundo del espectáculo. El bajo perfil con el que se conducía *El Ingeniero* se vio en peligro cuando su hermano mayor, Marcos Arturo, comenzó a visitarlo con su grupo de escoltas vestidos de norteños y portando armas a la vista. Por la pinta y los modales era imposible ocultar su origen.

El 25 de enero de 2005 llegó una llamada al número de la PGR que recibe denuncias ciudadanas anónimas. Una persona que se identificó como habitante del fraccionamiento La Herradura, en Huixquilucan, se quejó de que en el número 17 de la calle Cerrada de la Loma vivían unas personas que se comportaban de manera violenta con los vecinos. Si de casualidad alguien se atrevía a verlos, ellos exclamaban: "¿Qué chingaos me ves, bato? Mira para otro lado o te parto tu madre", o decían frases como: "Pareces pendejo nada más mirando, por eso matan a los pendejos".

Cuando Marcos Arturo llegaba, los escoltas alardeaban: "¡Ya llegó el señor Arturo Beltrán, que pase!", gritaba uno de los escoltas apostados en la entrada de la calle. En una sincronización perfecta, otro escolta situado en la entrada de la residencia avisaba hacia el interior del domicilio: "¡Ya llegó *El Barbas*, avísale a *El H*!"

El reporte de la DEA y la llamada anónima le dieron luz verde a Santiago Vasconcelos para actuar. Lo primero que hizo fue solicitar información sobre ese domicilio a la AFI. Para su sorpresa, la agencia que dirigía García Luna le respondió que el número telefónico de esa dirección, a nombre de Clara Elena Laborín Archuleta, había sido proporcionado como referencia por un integrante de la organización de *El Mayo* Zambada desde hacía un año. "Increíblemente", la AFI no había iniciado ninguna averiguación al respecto. Enseguida Santiago Vasconcelos ordenó que agentes federales fueran a investigar la residencia. Ese mismo día acudieron a la cerrada para realizar las primeras pesquisas. Los siguientes tres días siguieron los movimientos de Héctor Beltrán Leyva y su esposa.

El Ingeniero acostumbraba salir sólo de noche. Se movía en los fraccionamientos más lujosos de la ciudad y del Estado de México, como el Club de Golf Lomas Country o el Club de Golf Hacienda. La elegante Clara Elena, con quien entonces Héctor tenía dos hijos, también era muy activa y se encargaba de llevar portafolios a diferentes direcciones. Cuando no ella no podía, iba otro sujeto que viajaba en un Camry blanco. Este hombre también acudía dos o tres veces al día al fraccionamiento del Club de Golf la Vista, a un departamento ubicado en la avenida Club de Golf número 18; en sus llegadas y salidas, invariablemente sacaba y metía maletines en la cajuela.

La AFI tuvo la oportunidad de detener a Héctor y sus operadores en flagrancia, pero la dejó escapar. Se esperó hasta principios de febrero de 2005 para realizar los cateos a los siete domicilios frecuentados por Héctor, su esposa y sus empleados, pero no hubo ninguna detención. Lo que se encontró en la casa de la Herradura fueron una serie de casetes donde *El Ingeniero* grabó conversaciones con el funcionario de Los Pinos sobre temas que parecían intrascendentes; en otras cintas había conversaciones con sus operadores en las que indicaba cuánto dinero debían entregar a Nahúm Acosta Lugo. Asimismo hubo testigos que declararon haber visto a la esposa del funcionario visitar la casa de Cerrada de la Loma número 17. Los hermanos Beltrán Leyva, precavidos y taimados como eran, tenían la costumbre de grabar a los funcionarios públicos —ya sea en audio o video— cuando éstos recibían sobornos. De esta manera intentaban vacunarse de malentendidos o futuras traiciones.

José Luis Santiago Vasconcelos y el procurador Macedo de la Concha acusaron a Nahúm Acosta Lugo de filtrar información confidencial de las actividades de Vicente Fox a la organización delictiva encabezada por *El Chapo* Guzmán. Acosta Lugo fue detenido el 3 de febrero de 2005. Incluso lo enviaron al penal de máxima seguridad de La Palma, donde estuvo detenido apenas 53 días. El 9 de abril fue liberado por "falta de pruebas" y la PGR se retractó de apelar su liberación. "Es una garantía de la imparcialidad con que se analizan los casos, se revisan los expedientes y se toman las resoluciones", se pronunció la Presidencia en un escueto y ecuánime comunicado. Nadie más volvió a tocar el tema. Hasta el final de sus días, Santiago Vasconcelos sostuvo en privado que sí existían pruebas suficientes para sentenciar al funcionario de giras presidenciales que había iniciado su contacto con la organización del Pacífico desde 2001, fecha en que *El Chapo* fue liberado de Puente Grande. El problema no era lo que el fiscal creía, sino lo que querían en Los Pinos.

La protección desde la Presidencia de la República a *La Federación* se dejó sentir el 13 de junio de 2005 durante el primer acto público del programa México Seguro. Las calles de Nuevo Laredo vibraban bajo las pisadas de más 600 elementos de la AFI y la PFP, así como miembros del GAFE del Ejército mexicano, que desfilaron para comenzar lo que llamaron la "primera etapa". Cabe mencionar que unos días antes de la ceremonia oficial, había sido ejecutado el director de Seguridad Pública Municipal, Alejandro Domínguez Coello, quien apenas duró siete horas en el cargo.

En esa etapa el gobierno federal desplazó a la policía municipal de su responsabilidad de vigilar las calles con el pretexto de depurarla y capacitarla. En su lugar las fuerzas federales asumieron la tarea generando un clima de confrontación y violencia. En aquellos años la guerra contra el narcotráfico era tan falsa como lo es ahora. Con la fuerza pública, el gobierno federal provocó que *La Federación* se consolidara para sacar al cártel del Golfo de la codiciada plaza. La maniobra no resultó tan sencilla, actualmente han pasado cinco años de guerra campal y aún no lo logran. Cinco años de muerte y de terror para una población que quedó atrapada en medio de la disputa entre los cárteles, donde el gobierno ha estado del lado no de la sociedad, sino de uno de los grupos criminales.

Al poco tiempo fue notorio que el programa México Seguro producía resultados contradictorios. Los elementos del gobierno federal, encargados de proveer seguridad, sólo dejaban violencia y muerte a su paso. Más que ave de mal agüero, eran la causa de la violencia misma. El 3 de agosto de 2005, a pocas semanas de que comenzara el programa foxista, aparecieron dos cuerpos ejecutados en Nuevo Laredo. Los sicarios dejaron sobre los cadáveres un mensaje escrito, algo que hasta entonces no se había visto en la acciones de la delincuencia organizada en México: "PINCHE BARBIE Y ARTURO BELTRÁN, NI CON EL APOYO DE LAS FUERZAS ESPECIALES DE APOYO VAN A ENTRAR, NI MATANDO A GENTE INOCENTE". A partir de entonces los cadáveres mutilados, desmembrados, torturados y descabezados se convirtieron en tétricos heraldos que transmiten los recados entre los narcos. Después de México Seguro, la violencia que se concentraba en la franja fronteriza de Tamaulipas se expandió a toda la entidad y después a prácticamente todos los estados de la República.

La imagen más brutal de esa primera etapa de la guerra entre los narcos fue dada a conocer por el periódico *Dallas Morning News* a principios de diciembre de 2005, cuando difundió un espeluznante video. Ese día, Norma Elizabeth Olguín Servín supo con certeza cuál había sido el destino de su esposo. En la grabación se exhibían a cuatro *Zetas* que la AFI había levantado el 14 y 15 de mayo en Ixtapa y Acapulco. Los hombres que habían sido entregados al cártel de *La Federación* se veían golpeados y temerosos, sentados sobre el piso uno al lado del otro; detrás de ellos había un plástico negro que impedía observar los detalles del lugar de los hechos. Los *Zetas* fueron cuestionados acerca de sus actividades dentro del grupo paramilitar. Las preguntas y las respuestas no tenían sentido, resultaban de interés sólo para los involucrados. De pronto una voz le pregunta al cuarto *Zeta* ubicado en el extremo derecho del terrible cuadro: "¿Y tú qué?" Un disparo seco en su cabeza ensordece todo. Era *El Pizcacha*. El lenguaje de la sangre es más breve y eficaz que cualquiera, en una sola gota está toda su gramática. Sobre las otras dos mujeres con sus respectivos hijos secuestrados en mayo de 2005 en Guerrero, denunciados en aquel fax enviado por *Los Zetas* a la PGR, nada se supo. *Los Zetas* acusan que fueron salvajemente vejados y asesinados, lo cual también fue grabado.[35]

La participación de la AFI enardeció los ánimos del cártel del Golfo hasta un punto de no retorno. Al mismo tiempo, la sacudida que provocaron en la opinión pública las brutales imágenes en el portal del *Dallas Morning News* obligó a la PGR a salir del ostracismo. En una intempestiva conferencia de prensa, José Luis Santiago Vasconcelos reconoció que elementos de la AFI adscritos al estado de Guerrero estaban implicados en las detenciones ilegales de *Los Zetas*. Admitió que desde el 12 de septiembre la SIEDO conocía el video, que alguien había dejado en un sobre amarillo frente a las oficinas de la PGR. El funcionario aseguró que ocho policías AFI ya habían sido detenidos y acusados de delincuencia organizada, delitos contra la salud, secuestro y posesión de cartuchos de uso exclusivo del Ejército. Vasconcelos afirmó que los agentes estaban presos en el Reclusorio Preventivo Oriente de la ciudad de México.

Al mismo tiempo se abrió una averiguación previa contra el titular de la AFI, Genaro García Luna,[36] y se detuvo a los funcionarios José Luis Sánchez Báez —el delegado de la agencia en Guerrero—, José Antonio Moya Morales, Ernesto Godínez Hernández, Víctor Rodolfo García Medel, Orlando Iván Gutiérrez Aguilar, Uriel Martínez Madera, Daniel Zúñiga Oloño y José Rodolfo Hernández Montes. Los primeros cinco pertenecían a la sección que dirigía Edgar Eusebio Millán. Todos fueron acusados por violación a la Ley Federal contra la Delincuencia Organizada, delitos contra la salud, privación ilegal de la libertad y posesión de

[35] Estos hechos los narraron *Los Zetas* en una carta enviada a un alto funcionario del gobierno federal a principios del sexenio de Felipe Calderón, de la cual se tiene copia.

[36] La averiguación previa abierta sobre el caso de las ejecuciones de Acapulco fue la PGR/SIEDO/UEIDCS/106/2005.

cartuchos de uso exclusivo del Ejército. En su conjunto, esos cargos garantizarían a cualquiera a muchos años en prisión, incluso mientras se averigua si son reales o no.

Sin embargo el severo castigo contra la AFI fue una mascarada. Una pifia como la de Acosta Lugo. Un día después de la conferencia del fiscal de la SIEDO, el Sistema Penitenciario del Distrito Federal informó que de los ocho funcionarios de la AFI que supuestamente estaban en prisión en realidad ya sólo quedaban tres. Unos habían ingresado en el penal el 31 de agosto y otros el 1° de septiembre de 2005. No obstante, debido a una supuesta "falta de elementos para procesar", el juzgado quinto de distrito ordenó la libertad inmediata de Sánchez Báez, Moya Morales, Godínez Hernández, García Medel y Gutiérrez Aguilar, los hombres de Millán. Y se siguió el proceso contra Martínez Madera, Zúñiga Oloño y Hernández Montes.[37] Lo irónico era que quien tenía que realizar la investigación y presentar las pruebas por ser la policía auxiliar del ministerio público era justamente la AFI. Vasconcelos quedó en ridículo.

Pese a las imputaciones directas contra Sánchez Báez, éste salió casi inmediatamente de la cárcel y se reintegró a la AFI bajo las órdenes de Millán en las oficinas centrales de la ciudad de México, donde trabajó durante un par de años más. El 30 de abril de 2007 renunció voluntariamente a la corporación, un mes después de que su leal jefe, Edgar Eusebio Millán, saliera de la AFI para irse con García Luna a la SSP federal, desde donde coordinaría nuevas operaciones. Sánchez Báez ya no lo acompañó. Hoy en día, Moya Morales, Godínez Hernández, García Medel y Gutiérrez Aguilar siguen trabajando en la AFI.[38] Como parte de su fingida guerra contra el narcotráfico, el gobierno federal impulsó en el Congreso el

[37] Boletín núm. 071 del Sistema Penitenciario del Distrito Federal.
[38] Información obtenida de la Secretaría de la Función Pública.

cambio de nombre de la AFI a Policía Federal Ministerial. Desde el 29 de mayo de 2009, la vergonzante policía creada por García Luna cambió de siglas como si de esa manera pudiera borrarse su terrible historia.

La Procuraduría General de Justicia estaba convencida de la participación de la AFI como brazo armado de *La Federación* y del involucramiento directo de Sánchez Báez. Tan es así que la historia de la cacería de *Zetas* ordenada por *La Barbie* y los Beltrán Leyva, y ejecutada por los agentes federales, fue usada como una de las pruebas contra Alfredo Beltrán Leyva, *El Mochomo*, cuando fue detenido en enero de 2008.[39] Pese a los señalamientos directos, los agentes de la AFI coludidos con el narcotráfico parecían incastigables. José Luis Santiago Vasconcelos comenzaba a sentirse frustrado. Desde que García Luna creó la agencia con el apoyo presidencial y el de Macedo de la Concha, prácticamente se había convertido en otra subprocuraduría. El tartamudo de García Luna se daba ínfulas de superior, y el arrogante Santiago Vasconcelos simplemente no lo tragaba.

En el expediente judicial de la causa penal abierta contra Alfredo Beltrán Leyva se asegura que en 2004 se giró una orden de aprehensión contra del comandante Domingo González Díaz por haber recibido 1.5 millones de dólares para proteger a Marcos Arturo Beltrán Leyva. González Díaz era director del centro de mando de operaciones especiales de la AFI, cargo que García Luna le asignó directamente en 2001. Según el mismo expediente, dos testigos declararon que en marzo de 2003 viajaron al Distrito Federal junto con Edgar Valdez Villarreal para entregarle un soborno a González Díaz. En aquella ocasión el cártel encabezado por *El Chapo* Guzmán pretendía que removieran al comandante de la AFI

[39] El caso de lo ocurrido en Acapulco es una de las pruebas contra Alfredo Beltrán Leyva según la causa penal 15/2008-IV, de la cual se tiene copia.

adscrito en Nuevo Laredo, de tal forma que pudieran colocar a alguien que protegiera los intereses de los Carrillo Fuentes —socios de *La Federación*— en el territorio del cártel del Golfo y que los ayudara a expulsar a *Los Zetas*.

La orden de captura contra González Díaz, que debía ejecutar la propia AFI, jamás se cumplió. Se afirma que el comandante fue protegido por sus compañeros Garza Palacios, entonces director general de Operaciones Especiales, y Cárdenas Palomino, director general de Investigación Policial. Cuando elementos de la SIEDO fueron a buscarlo a las oficinas de la AFI, aparentemente huyó del edificio escondido en la camioneta de Garza Palacios.

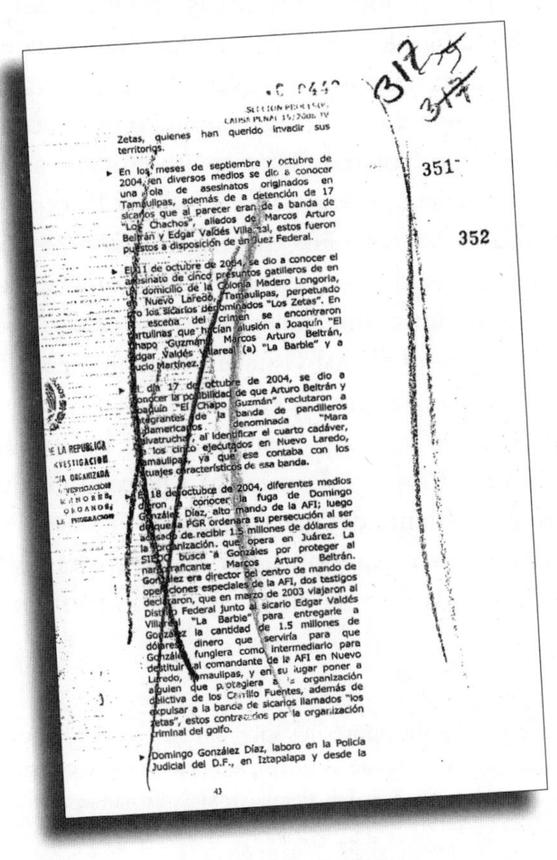

312

351

352

SECCIÓN PERICIAL
CAUSA PENAL 15/2008 IV

Zetas, quienes han querido invadir sus territorios.

► En los meses de septiembre y octubre de 2004, en diversos medios se dio a conocer una ola de asesinatos originados en Tamaulipas, además de a detención de 17 sicarios que al parecer eran de a banda de "Los Chachos", aliados de Marcos Arturo Beltrán y Edgar Valdés Villareal, estos fueron puestos a disposición de un Juez Federal.

► El 11 de octubre de 2004, se dio a conocer el asesinato de cinco presuntos gatilleros de en un domicilio de la Colonia Madero Longoria, en Nuevo Laredo, Tamaulipas, perpetuado por los sicarios denominados "Los Zetas". En la escena del crimen se encontraron cartulinas que hacían alusión a Joaquín "El Chapo" Guzmán, Marcos Arturo Beltrán, Edgar Valdés Villareal (a) "La Barbie" y a Lucio Martínez.

► El día 17 de octubre de 2004, se dio a conocer la posibilidad de que Arturo Beltrán y Joaquín "El Chapo Guzmán" reclutaron a integrantes de la banda de pandilleros centroamericanos denominada "Mara Salvatrucha", al identificar el cuarto cadáver, de los cinco ejecutados en Nuevo Laredo, Tamaulipas, ya que ese contaba con los tatuajes característicos de esa banda.

► El 18 de octubre de 2004, diferentes medios dieron a conocer la fuga de Domingo González Díaz, alto mando de la AFI; luego de que la PGR ordenara su persecución al ser acusado de recibir 1.5 millones de dólares de la organización que opera en Juárez. La SIEDO busca a Gonzáles por proteger al narcotraficante Marcos Arturo Beltrán. González era director del centro de mando de operaciones especiales de la AFI, dos testigos declararon, que en marzo de 2003 viajaron al Distrito Federal junto al sicario Edgar Valdés Villareal "La Barbie" para entregarle a González la cantidad de 1.5 millones de dólares, dinero que serviría para que González fungiera como intermediario para destituir al comandante de la AFI en Nuevo Laredo, Tamaulipas, y en su lugar poner a alguien que protegiera a la organización delictiva de los Carrillo Fuentes, además de expulsar a la banda de sicarios llamados "los Zetas", estos contratados por la organización criminal del golfo.

► Domingo González Díaz, laboro en la Policía Judicial del D.F., en Iztapalapa y desde la

43

Hoja 352 de la causa penal 15/2008-IV.

Los abogados de González Díaz cuentan que todo se debió a la lucha entre Santiago Vasconcelos y García Luna por el poder en la PGR. Señalan que en el caso de su cliente las imputaciones eran falsas y que el comandante había recibido sólo una orden de presentación. Si nunca se había presentado no era porque fuera un policía coludido con el narco, sino por temor a que lo detuvieran a causa de una venganza orquestada desde el interior de la PGR. A finales de 2008 supuestamente el comandante González Díaz pudo ganar un amparo. Lo cierto es que a *El Pulques* le cuelgan otros sambenitos. Dicen que antes ya había recibido cuatro millones de dólares por parte del cártel de Sinaloa para catear ocho domicilios en Tamaulipas, en uno de los cuales presuntamente se escondía Osiel Cárdenas Guillén. Al parecer Domingo obedecía órdenes para combatir a las bandas criminales contrarias a *La Federación*.[40] Por lo demás, pese a la orden de captura o presentación girada por la PGR, Domingo González Díaz era un visitante asiduo a las oficinas de la AFI, particularmente la de Cárdenas Palomino.

Durante el sexenio de Vicente Fox, Santiago Vasconcelos vio cómo su enemigo permaneció impune. Además, en aquella época Genaro García Luna encontró una nueva hada madrina: Marta Sahagún de Fox. El director de la AFI visitaba frecuentemente a la primera dama en Los Pinos porque, dicen, le llevaba muy buenos regalos que transportaba en maletas. Aparentemente no se trataba de lotes de joyas, como los que le regalaba Olegario Vázquez Raña,[41] sino dinero proveniente del narcotráfico.

Los chicos de García Luna parecían tener licencia para proteger a *La Federación*. De cada uno de ellos hay una historia negra que contar.

[40] Informe confidencial de asuntos internos sobre las corruptelas dentro de la AFI en la época en que García Luna fue el titular, del cual se tiene copia.

[41] Anabel Hernández, *Fin de fiesta en Los Pinos*, México, Grijalbo, 2007.

Narcopolicías

Como los más cercanos están Luis Cárdenas Palomino, Edgar Eusebio Millán Gómez, Francisco Javier Garza Palacios, Igor Labastida Calderón, Facundo Rosas Rosas y Gerardo Garay Cadena. En la segunda línea se encuentran Rubén Hernández Esparza, José Trinidad Ayala Aguirre, Luis Jafet Jasso Rodríguez, Roberto Reyna Delgado, Mario Velarde Martínez, Edgar Enrique Bayardo del Villar. Todos ellos trabajaron con él en la AFI, algunos desde antes. A todos se los llevó a trabajar a la SSP federal. "Ellos no son policías, son delincuentes", afirman quienes los conocen bien. Pero sobre todo quienes han trabajado con ellos.[42] Lo dicen con sobrada razón. La delegación Iztapalapa, la más poblada e insegura de toda la capital mexicana, tristemente célebre por ser guarida de secuestradores, narcomenudistas, robacoches y otros parásitos, fue el lugar donde se gestó gran parte del clan de Genaro García Luna.

A finales de la década de 1990 trabajaron juntos como miembros de la Policía Judicial del Distrito Federal Francisco Javier Garza Palacios, *El Frutilupis*, Luis Cárdenas Palomino, *El Pollo*, Igor Labastida, José Trinidad Ayala Aguirre y Edgar Eusebio Millán.[43] El quinteto del crimen. *El Frutilupis* venía de ocupar la subdirección de la PGJDF en la delegación Álvaro Obregón; Labastida era su asistente de confianza, cuya tarea consistía presuntamente en cobrar las rentas a los narcomenudistas y robacoches de la demarcación. *El Pollo*, cuyo padre fue miembro de la Dirección de Seguridad Nacional (Disen) con Pedro Vázquez Colmenares y Jorge Tello Peón, era comandante de la Policía Judicial capitalina. Mi-

[42] Para esta investigación se tuvo contacto directo con fuentes vivas de información, testigos presenciales de los hechos.

[43] Informe confidencial de asuntos internos de la AFI, del cual se tiene copia.

llán era el jefe de grupo de dicha corporación, mientras que Ayala Aguirre era comandante del área de secuestros y narcomenudeo de Iztapalapa.[44] El promedio de edad del grupo era de menos de 30 años.

En aquella época el quinteto se vio involucrado por primera vez en un secuestro. Detuvieron de manera ilegal a un comerciante de la Central de Abasto, por el cual exigieron un millón de pesos. De aquel delicado asunto salieron bien librados gracias a la intervención del abogado Marcos Castillejos, el suegro de Cárdenas Palomino.[45] Como quedaron impunes, también comenzaron a dedicarse al robo de vehículos. En una ocasión Garza Palacios y Cárdenas Palomino fueron descubiertos en flagrancia con autos robados, pero quienes los detuvieron no sabían que eran policías. Cuando se identificaron, sus compañeros, que ya habían dado parte del hallazgo, les permitieron escapar a cambio de un chivo expiatorio. Así lo hicieron.[46]

Fue en Iztapalapa donde inició su contacto con las bandas de secuestradores y los principales distribuidores de droga. Se afirma que la cuota que cobraban a los plagiarios por dejarlos operar era de 35 por ciento del rescate. Y a veces incluso los ayudaban haciendo el llamado *muro*, un bloqueo de calles que les permitía la fuga después de cometer el crimen.[47] En las colonias de esa delegación las bandas de secuestro más inmisericordes han establecido sus casas de seguridad para encerrar a sus víctimas: Daniel Arizmendi, *El Mochaorejas*, José Luis Canchola Sánchez, Andrés Caletri, Marcos Tinoco Gancedo, *El Coronel*, Sergio Humberto Ortiz Juárez, *El Apá*, y Abel Silva Petriciolet, por citar a algunos de los más violentos.

[44] *Ibid.*
[45] *Ibid.*
[46] *Ibid.*
[47] *Ibid.*

Entre las víctimas más recordadas, mantenidas bajo secuestro a lo largo de la última década en esa zona, están las hermanas de la cantante Thalía, Ernestina Sodi y Laura Zapata, presuntamente plagiadas por elementos de la AFI en 2002;[48] así como el entonces director técnico del Cruz Azul, Rubén Omar Romano, falsamente rescatado por la AFI en un montaje televisivo el 22 de septiembre de 2005.[49] Tan era un montaje que la liberación la tuvieron que repetir para que TV Azteca también pudiera grabar las imágenes.

Todos los miembros del quinteto de la muerte terminaron en la "nueva" AFI para aplicar a nivel nacional la misma receta que habían usado en Iztapalapa. José Trinidad Ayala Aguirre, quien había sido nombrado director de Investigación de Delitos Federales de la AFI, renunció en 2005 sin más ni más. Los otros se unieron al equipo que venía con García Luna de la PFP, entre ellos Gerardo Garay Cadena y Facundo Rosas Rosas. La combinación fue nefasta.

Luis Cárdenas Palomino nació el 25 de abril de 1969. En la AFI ocupó el puesto de director general de Investigación Policial. En la SSP federal es jefe de la División de Seguridad Regional. Del equipo más cercano del secretario de Seguridad, él es a quien García Luna más le debe. Quizás Genaro jamás lo reconozca en público, pero lo hace tácitamente con su tolerancia a toda prueba respecto a Cárdenas Palomino. A él le debe el primer paso claro para estar donde está. Durante la transición entre el gobierno de Ernesto Zedillo y el de Vicente Fox, García Luna trabajaba en la PFP como coordinador de Inteligencia para la Prevención. Cárdenas Palomino tenía el vehículo perfecto para acercarse a Rafael

[48] Anabel Hernández, *Los cómplices del presidente*, México, Grijalbo, 2008.

[49] Para esta investigación se tuvo contacto con periodistas que fueron citados para grabar el supuesto rescate, y después revelaron que se había tratado de una recreación.

Macedo de la Concha, quien sería el nuevo procurador general de la República. *El Pollo* está casado con Minerva Elizabeth Castillejos, hija del abogado Marcos Castillejos —ejecutado el 9 de julio de 2008 en la ciudad de México—, quien era compadre de Macedo de la Concha. Cuando nació el primer hijo de Cárdenas Palomino, su suegro le dio un consejo invaluable: "Haz tu compadre a Macedo". Y así lo hizo.

El Pollo quería un gran puesto, pero sus antecedentes criminales no le ayudaban mucho. En su historial había un expediente en la PGJDF por haber sido cómplice confeso de un triple homicidio cuando tenía 18 años, junto con dos amigos y vecinos de la colonia Lindavista. Así que decidió impulsar a su amigo Genaro García Luna. Cárdenas Palomino tenía derecho de picaporte en la PGR gracias a que su cuñado Humberto Castillejos era el coordinador de asesores de Macedo de la Concha.

Al principio, la relación entre Macedo de la Concha y García Luna era muy buena. Macedo aceptó la propuesta de cambiarle el nombre a la muy desacreditada Policía Judicial Federal y convertirla en un mal remedo de agencia gringa: Agencia Federal de Investigaciones, lo cual se concretó en noviembre de 2001. Los policías judiciales que los vieron llegar a la PJF aún recuerdan cuando García Luna, acompañado por Cárdenas Palomino y otros, les pidió un curso intensivo de tortura. Por supuesto, la enseñanza les fue impartida en vivo y en directo. No se hacían los remilgosos, querían entender bien a bien esa perversa desviación humana que consiste en infligirle dolor al otro con tal de que termine confesando lo que el interrogador quiere, aunque no siempre sea la verdad. Apachurrar, arrancar, introducir, sacar, quemar, son los verbos que García Luna y Cárdenas Palomino aprendieron a conjugar.

Uno de los más escandalosos experimentos de aquel aprendizaje ocurrió con un joven de 33 años de edad, Guillermo Vélez, acusado de ser secuestrador. *Memo* trabajaba en un gimnasio cuya dueña, Maciel Islas González, llevaba varios días secuestrada. El 29 de marzo de 2002, el gerente del lugar le pidió a Vélez que lo acompañara con un cliente que quería comprar el gimnasio. *Memo* accedió porque pensó que el dinero lo usarían para pagar el rescate. Todo resultó un engaño. Al día siguiente su padre lo encontró desbaratado en una plancha de la morgue. Lo que le hicieron a Guillermo Vélez es indescriptible. La cruel carta anónima enviada a sus familiares era más que explícita, en ella se burlaban de la forma en que *Memo* había llorado durante la tortura. Su padre luchó hasta el final como un David contra Goliat. Con la fuerza y convicción de que su hijo era inocente y que se había cometido una infamia en su contra. El 26 de noviembre de 2009, por primera vez en la historia, la PGR tuvo que reconocer públicamente que se equivocaron: *Memo* no era un secuestrador. La dependencia pidió disculpas públicas a la familia y pagó una millonaria indemnización. Nadie le devolverá a su hijo, y no hay dinero que pague el oprobio a su primogénito, pero el señor Guillermo Vélez, grande en dignidad y valor, probó una cosa que algunos ya han olvidado: sí se le puede ganar a García Luna y a su clan. Con la llegada de Genaro García Luna a la AFI, y después a la SSP federal, la práctica de la tortura volvió a instalarse de lleno, sobre todo contra los inocentes, con los culpables generalmente hay un arreglo.

La relación entre Cárdenas Palomino y García Luna a veces es tirante. Se saben demasiado y por lo tanto viven atados. Los dos son conscientes de que tarde o temprano uno traicionará al otro por mera supervivencia, la gran pregunta es quién lo hará primero. *El Pollo* presume que actualmente tiene una gran cercanía con el gobernador priísta del Estado de México, Enrique Peña Nieto. Ya se vio como secretario de Seguridad Pública federal, si es que Peña Nieto algún día llega a ser presidente de la República. Cuando menos eso es lo que Cárdenas Palomino le dice a sus colaboradores, quizás para mantener la cada vez más decaída "lealtad".

Edgar Eusebio Millán nació el 16 de diciembre de 1966. Era apenas dos años mayor que García Luna, con quien tenía la relación personal más antigua entre el grupo de colaboradores. Desde 1989, Millán acompañó a García Luna. Primero estuvieron juntos en el Cisen, donde trabajaron durante cuatro años. Después sus carreras se separaron temporalmente para volverse a unir en la AFI, donde Genaro lo convirtió en director general de Despliegue Regional. Millán, quien apenas tenía la preparatoria terminada, era el encargado de asignar las plazas a los agentes adscritos en todo el país, lo que lo convirtió en uno de los funcionarios más poderosos de la agencia. Decían que les cobraba a los narcotraficantes, sobre todo a los socios de *La Federación*, de 200 mil a un millón de dólares por designar a un determinado jefe regional en una plaza, así como una mensualidad de 50 mil a 100 mil dólares para el director general en turno.[50]

Al iniciar el sexenio de Felipe Calderón, cuando García Luna fue elevado a secretario de Seguridad Pública federal, invitó a Edgar a seguir trabajando con él. Como Millán ya tenía experiencia en eso de las plazas, Genaro le dio continuidad a su encomienda y lo nombró coordinador de Seguridad Regional. Y en 2008 lo ascendió a comisionado interino de la PFP. Ése era el cargo que ocupaba cuando fue ejecutado en la casa de sus padres, en el populoso barrio de Tepito de la ciudad de México, la madrugada del 8 de mayo de ese mismo año. Como exequias se realizó un absurdo ritual de héroe encabezado por García Luna y el presidente Calderón, quien le rindió guardia de honor y les entregó la bandera de México a sus familiares, como si el policía hubiera sido un hombre de honor. Con el transcurso de los meses, Millán se convirtió en una bomba de tiempo que en cualquier momento, incluso estando muerto, explotará en la cara de García Luna..

[50] Informe confidencial de asuntos internos de la AFI, del cual se tiene copia.

Francisco Javier Garza Palacios, también conocido como *El Frutilupis*, nació el 1° de mayo de 1965. Él es uno más de los nefastos colaboradores del titular de la SSP. Desde que decidió incursionar en el mundo policiaco ha amasado una gran fortuna. Se le adjudica la propiedad de varios departamentos de lujo en Interlomas y Huixquilucan, así como de bares en Lomas Verdes, Naucalpan, Estado de México. Además, es el presunto propietario de tres aeronaves tipo Cessna 206 que suele estacionar en el aeropuerto de Atizapán de Zaragoza, muy socorrido por los narcotraficantes para realizar sus vuelos privados.[51] En la AFI, Garza fue director de Operaciones Especiales. En el sexenio pasado, a causa de la protección que se le brindó a *La Federación*, a las afueras de las oficinas de la agencia, ubicadas en la delegación Miguel Hidalgo, en el edificio de Moneda, le llegaron a dejar tres coronas fúnebres con la leyenda "PARA LOS DE OPERACIONES ESPECIALES". Su nombre también estuvo implicado en el caso de la ejecución de los *Zetas* en Acapulco.[52] Con la anuencia de Cárdenas Palomino, Garza autorizó que en los operativos ordenados por los Beltrán Leyva para capturar a sus enemigos del cártel del Golfo también se permitiera la participación de los miembros de *La Federación*. Los sicarios de la organización comandada por *El Chapo* Guzmán iban a bordo de lujosas camionetas blindadas y estaban armados con cuernos de chivo, mientras que los agentes federales eran usados como carne de cañón. Estos últimos portaban armas de menor poder y no llevaban chalecos antibalas, además se transportaban en camionetas conocidas como *panaderas*, que no tienen blindaje alguno.

En 2007 la DEA le pidió al gobierno de Felipe Calderón la remoción de Garza Palacios, entonces coordinador de Seguridad

[51] De acuerdo con el informe confidencial de asuntos internos de la AFI, el nombre de Garza Palacios también aparece en la averiguación previa PGR/SIEDO/UEIDCS/106/2005.

[52] *Ibid.*

Regional de la PFP, porque ante su nariz había pasado mucha droga con demasiada facilidad. Por otro lado, el entonces gobernador de Sonora, Eduardo Bours, también ejerció presión después de que Garza Palacios permitiera el paso de una caravana de 11 camionetas cargadas de sicarios, que recorrieron más de 300 kilómetros de carretera federal de Caborca a Cananea, para ejecutar a 22 policías del municipio minero.

"Con estas acciones, la Secretaría de Seguridad Pública reitera su compromiso de proteger y servir a la sociedad", se informaba en un comunicado de la dependencia sobre la salida de Garza Palacios. Enseguida se anunció que su lugar lo ocuparía Edgar Eusebio Millán, un sujeto de igual o peor calaña. Genaro sabía que no podía despedir a Garza Palacios, era parte de su clan. Así que ante los medios anunció que lo había despedido, pero internamente lo mandó a Bogotá, Colombia, como representante de la SSP en ese país. Dicen que no pasó ni una cosa ni otra. No lo corrió y tampoco lo mandó a Colombia, sino que Garza Palacios se quedó en México trabajando con más soltura en operaciones presuntamente a favor de la organización de *El Chapo*. Desde los primeros meses de 2009, oficialmente está fuera de la SSP y se dedica a sus "negocios".

Otros integrantes del grupo de policías corruptos, como Igor Labastida, buscaron sin éxito alguna forma de liberarse del clan. En mayo de 2008 Labastida, entonces director de Tráfico y Contrabando de la PFP, le hizo una delicada confidencia a una abogada de Nuevo León muy amiga suya: estaba tratando de contactar a autoridades del gobierno de Estados Unidos con el propósito de volverse testigo protegido y revelar toda la corrupción que había en la AFI y SSP federal.[53] Igor Labastida tenía los bolsillos repletos

[53] La autora pudo conversar directamente con la abogada de Igor Labastida después de que fue ejecutado.

pero la conciencia atribulada. El comandante se quejaba de que García Luna y Cárdenas Palomino le dejaban el trabajo más sucio. Igor contaba que García Luna y varios miembros de su equipo habían aceptado dinero de todos los cárteles, pero sólo quedaban bien con el de *El Chapo* Guzmán.[54] Sabía que sobre las cabezas de todos ellos pendía una orden de ejecución. Labastida temía por su vida debido a todas las "marranadas" que habían hecho, y su preocupación estaba justificada: Edgar Eusebio Millán y él eran hombres cercanos al secretario de Seguridad Pública cuya existencia lo incriminaba de manera directa y asfixiante. Tal vez por eso hoy los dos están muertos.

A los 46 años de edad, el cuerpo de Igor Labastida quedó sin vida en el suelo de la Cocina Anita, cercana a la sede de la AFI, donde el comandante tenía su oficina a pesar de ser un director de la PFP. Al mediodía del 26 de junio de 2008, mientras Igor almorzaba en el modesto restaurante, un asesino solitario vestido de negro vació sobre él y sus escoltas las dos armas que cargaba: una metralleta Uzi 9 mm y otra calibre .380. En la escena del crimen se descubrió que Labastida tenía estacionada una camioneta Cadillac donde transportaba un millón de dólares.

En todas las organizaciones criminales hay un reparto de responsabilidades. Igor era uno de los encargados de tener una relación directa con las bandas de secuestradores a las que García Luna les brindaba protección. Asimismo era uno de los comisionados para recibir los sobornos de la delincuencia organizada y entregárselos a sus superiores. Se afirma que Facundo Rosas Rosas también cumplía con el papel de recaudador de pagos ilícitos cuando ocupaba el cargo de director general de Análisis Táctico en la AFI. Rosas es otro compañero de García Luna que ha estado con él desde que ambos trabajan en el Cisen en 1989. Actual-

[54] *Ibid.*

mente se desempeña como comisionado de la Policía Federal y, pese a todo, es tal vez el que goza de mejor imagen pública.

Víctor Gerardo Garay Cadena llegó a la AFI en 2003 como director de Intercepción, era responsable de combatir el narcotráfico. Cuando Genaro García Luna ocupó la Coordinación de Seguridad Regional en la PFP, designó a Garay Cadena como subdirector de Operaciones Especiales. En 2008, tras la ejecución de Edgar Millán, fue nombrado comisionado interino de la PFP. A finales de 2008 Garay Cadena dimitió de su cargo y dijo que estaría a disposición de las autoridades ministeriales o judiciales que lo reclamaran para aclarar cualquier presunto vínculo con el narcotráfico. La PGR comenzó a investigarlo porque se sospechaba que el funcionario protegía las operaciones de *El Mayo* Zambada en el Distrito Federal.[55] Desde que trabajaba en la AFI, era sabido que Garay Cadena alertaba a las bandas de narcotraficantes sobre algún operativo y a cambio recibía una retribución económica.

Francisco Israel Galván Jaime, ex director de Intervención de la AFI en la era de García Luna, dependía de Garza Palacios. También se le acusa de ser uno de los comandantes que iba a recoger los pagos del narcotráfico.[56] Actualmente trabaja en la PFP bajo las órdenes de Cárdenas Palomino y se encarga de la vigilancia del Aeropuerto Internacional de la Ciudad de México, uno de los principales puntos de tráfico de droga y movimiento de recursos ilícitos del crimen organizado.

Rubén Hernández Esparza se desempeñó como jefe regional de la AFI en la Delegación Metropolitana de la PGR en el Distrito Federal durante el sexenio de Vicente Fox. En 2005 fue investigado

[55] *La Jornada*, 2 de noviembre de 2008.
[56] Informe confidencial de asuntos internos de la AFI, del cual se tiene copia.

por presuntos vínculos con socios de *La Federación* y se le perdonó. Era tan cercano a los hermanos Beltrán Leyva, que se habla de la existencia de una serie de fotografías tomadas por los capos para garantizar las lealtades, donde aparece con ellos.[57] En 2007 García Luna lo premió y se lo llevó a la SSP con el cargo de comisario, a pesar de que reprobó los exámenes de control de confianza. En marzo de 2008 renunció a su cargo. Dicen que antes de que lo ejecutaran como a sus compañeros, prefirió convertirse en testigo protegido de la DEA.[58]

Otro de los hombres que trabajaba en el grupo es Luis Jafet Jasso Rodríguez, quien tenía el cargo de jefe de grupo en la AFI. Proveniente de la PGJDF, es un auténtico pájaro de cuenta al servicio principalmente de Cárdenas Palomino. Ingresó en la AFI el 2 de noviembre de 2001, un día después de que la agencia iniciara oficialmente sus funciones. Al igual que Labastida, Rosas Rosas y Hernández Esparza, era responsable de la recolección de la llamada *polla* (sobornos). Inquieto y audaz, Jasso Rodríguez estuvo detrás de la osadía del intento de robo de la nómina de la Presidencia de la República a un camión de valores a principios del sexenio de Vicente Fox. La PGJDF intervino para evitar el atraco, al igual que Luis Jafet por parte de la AFI. En cuanto uno de los delincuentes lo vio, le dijo que les ordenara a los elementos de la policía judicial capitalina que se retiraran. Eran cómplices. Jasso Rodríguez no pisó la cárcel porque sus jefes intercedieron por él.

A Luis Jafet también se le acusa de haber participado en la tortura y homicidio de Guillermo Vélez. Y de la desaparición forzada

[57] *Ibid.*

[58] Información revelada por "El Blog del Narco" (elblogdelnarco.blogspot.com), un portal en internet que en 2008 se convirtió en uno de los principales difusores de noticias respecto al narcotráfico.

de Jesús Ángel Gutiérrez Olvera, de 25 años de edad, en la colonia Doctores, durante un operativo realizado el 14 de marzo de 2002. La madre de la víctima, Leonor Guadalupe Olvera López, denunció que la AFI se había llevado a su hijo de una refaccionaria en la que trabajaba pero nunca lo presentaron al ministerio público. Jamás lo volvió a ver.

Luis Jafet libró todos esos escándalos por la protección de Garza Palacios y Cárdenas Palomino, pero se tuvo que ir de la AFI en septiembre de 2002. No se alejó durante mucho tiempo. Pese a todos sus malos antecedentes, la SSP federal lo volvió a contratar en 2008 con el cargo de suboficial adscrito al Centro Operativo de Mando de Iztapalapa. El integrante del clan fue detenido en mayo de 2010 por la PGJDF, acusado del robo de 17 automóviles presuntamente destinados a la organización de los Beltrán Leyva, a quienes conoció cuando eran socios de *La Federación*.

No había manera de ocultar lo que los *chicos* de García Luna eran en realidad. Andaban como pato, graznaban como pato y tenían plumas de pato: eran patos.

El acoso de José Luis Santiago Vasconcelos inquietaba a Genaro García Luna, y éste tampoco disimulaba su animadversión. Para su suerte, durante el sexenio de Vicente Fox, García Luna tuvo aliados naturales en la PGR, muy necesarios ante el distanciamiento con Macedo de la Concha y su disputa con el subprocurador. El más poderoso era Gilberto Higuera Bernal, quien era el responsable directo del nombramiento de los delegados de la PGR en toda la República. A Higuera Bernal se le acusa de haber hecho los nombramientos de delegados estatales de la procuraduría en función de los intereses de *La Federación*. Los beneficios supuestamente fueron otorgados en el Estado de México, Durango, Campeche, Veracruz, Sonora, Yucatán, Sinaloa, Chihuahua y Guerrero.

En febrero de 2005 el testigo protegido *Julio* declaró en la embajada de México en Washington que Guzmán Loera, con quien trabajó durante años, le comentó que Higuera Bernal le pasaba información relacionada con sus procesos y con su extradición a Estados Unidos. La PGR absolvió a Higuera Bernal. En un escueto boletín de prensa se afirmó que por tratarse de declaraciones que venían de un "testigo de oídas" carecían de validez probatoria; más tarde un juez invalidó el testimonio de *Julio*.[59] En nuestros días, por menos de la mitad de un señalamiento así, hay servidores públicos que están tras las rejas, cuando menos los que incomodan. Cabe resaltar que durante 2010 Higuera Bernal fue un abierto promotor de la candidatura de Juan Vizcarra al gobierno de Sinaloa, el mismo que no pudo negar su compadrazgo con *El Mayo* Zambada. Actualmente Higuera Bernal trabaja con García Luna en la SSP.

En abril de 2005 Rafael Macedo de la Concha dejó la PGR, y su lugar lo ocupó Daniel Cabeza de Vaca. Higuera Bernal permaneció en la dependencia so pretexto de poner al tanto del funcionamiento de la institución al nuevo procurador. La renuncia del general Macedo de la Concha ocurrió justo unos meses antes de que su nombre apareciera en un informe del FBI, donde se afirma que, según el Centro de Inteligencia de McAllen, *Los Zetas* trabajaban en el área con la "bendición" del titular de la PGR. Quizás ésa haya sido una de las causas de las desavenencias con García Luna, al parecer estaban en bandos contrarios.

En octubre de 2008 José Luis Santiago Vasconcelos llegó a comentar que si Genaro García Luna no lo dejaba en paz lo iba a matar. Él falleció primero. El 4 de noviembre de ese año el avión en el que viajaba con el secretario de Gobernación Juan Camilo Mouriño, y otros funcionarios federales, se estrelló a unos metros

[59] Boletín núm. 438/05 de la PGR, 3 de mayo de 2005.

de la avenida Paseo de la Reforma y de la residencia oficial de Los Pinos. Semanas después de su muerte, se hizo público que el subprocurador era investigado por presuntamente haber recibido sobornos del crimen organizado. Las acusaciones venían de García Luna.

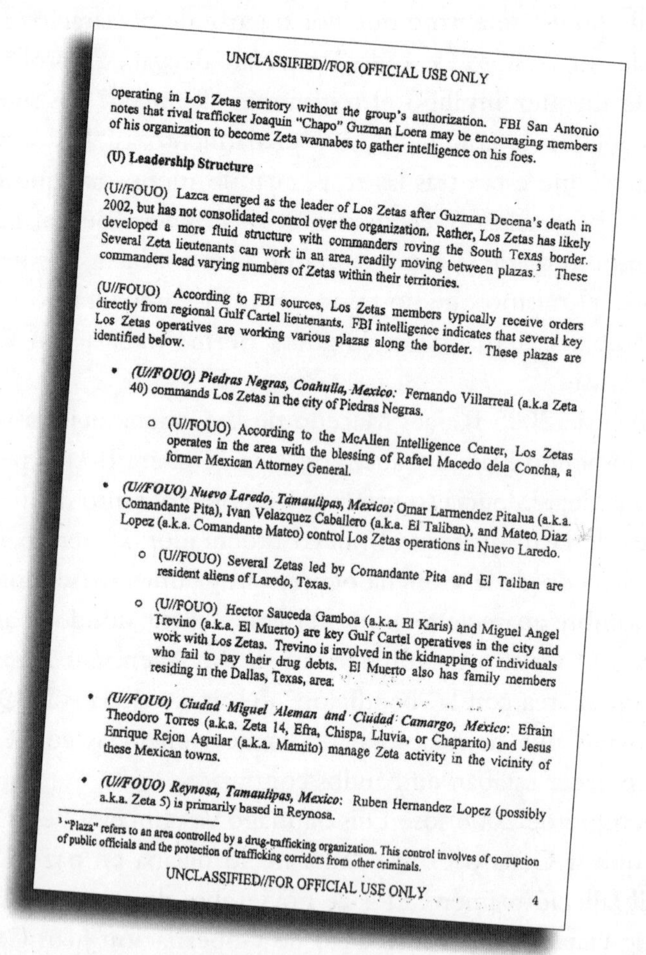

UNCLASSIFIED//FOR OFFICIAL USE ONLY

operating in Los Zetas territory without the group's authorization. FBI San Antonio notes that rival trafficker Joaquin "Chapo" Guzman Loera may be encouraging members of his organization to become Zeta wannabes to gather intelligence on his foes.

(U) Leadership Structure

(U//FOUO) Lazca emerged as the leader of Los Zetas after Guzman Decena's death in 2002, but has not consolidated control over the organization. Rather, Los Zetas has likely developed a more fluid structure with commanders roving the South Texas border. Several Zeta lieutenants can work in an area, readily moving between plazas.[3] These commanders lead varying numbers of Zetas within their territories.

(U//FOUO) According to FBI sources, Los Zetas members typically receive orders directly from regional Gulf Cartel lieutenants. FBI intelligence indicates that several key Los Zetas operatives are working various plazas along the border. These plazas are identified below.

- ***(U//FOUO) Piedras Negras, Coahulla, Mexico:*** Fernando Villarreal (a.k.a Zeta 40) commands Los Zetas in the city of Piedras Negras.
  - (U//FOUO) According to the McAllen Intelligence Center, Los Zetas operates in the area with the blessing of Rafael Macedo dela Concha, a former Mexican Attorney General.
- ***(U//FOUO) Nuevo Laredo, Tamaulipas, Mexico:*** Omar Larmendez Pitalua (a.k.a. Comandante Pita), Ivan Velazquez Caballero (a.k.a. El Taliban), and Mateo Diaz Lopez (a.k.a. Comandante Mateo) control Los Zetas operations in Nuevo Laredo.
  - (U//FOUO) Several Zetas led by Comandante Pita and El Taliban are resident aliens of Laredo, Texas.
  - (U//FOUO) Hector Sauceda Gamboa (a.k.a. El Karis) and Miguel Angel Trevino (a.k.a. El Muerto) are key Gulf Cartel operatives in the city and work with Los Zetas. Trevino is involved in the kidnapping of individuals who fail to pay their drug debts. El Muerto also has family members residing in the Dallas, Texas, area.
- ***(U//FOUO) Ciudad Miguel Aleman and Ciudad Camargo, Mexico:*** Efrain Theodoro Torres (a.k.a. Zeta 14, Efra, Chispa, Lluvia, or Chaparito) and Jesus Enrique Rejon Aguilar (a.k.a. Mamito) manage Zeta activity in the vicinity of these Mexican towns.
- ***(U//FOUO) Reynosa, Tamaulipas, Mexico:*** Ruben Hernandez Lopez (possibly a.k.a. Zeta 5) is primarily based in Reynosa.

[3] "Plaza" refers to an area controlled by a drug-trafficking organization. This control involves of corruption of public officials and the protection of trafficking corridors from other criminals.

UNCLASSIFIED//FOR OFFICIAL USE ONLY

4

Macedo de la Concha presentó su renuncia en abril de 2005. El informe del FBI, elaborado por Criminal Investigative Division & San Antonio Field Intelligence Group, está fechado el 15 de julio de ese mismo año

LOS IMPERDONABLES

Genaro García Luna ha tratado a toda costa de que los casos contra su grupo no trasciendan. En la SIEDO hay una pila de expedientes que duermen el sueño de los justos con imputaciones directas contra él y su equipo por sus presuntos nexos con la delincuencia organizada; la PGR se ha negado a entregarlos, ni siquiera permitió que los comisionados del Instituto Federal de Acceso a la Información Pública les echaran un vistazo.[60] Se entiende por qué.

El secuestro es uno de los crímenes más atroces, quienes lo ejecutan buscan robarle al otro no sólo su patrimonio, sino su dignidad. Se trata de un despliegue de poder donde las víctimas son violadas, torturadas, mutiladas y puestas en situaciones vejatorias más allá de la imaginación; los delincuentes emplean despiadadamente el dolor como medio de coerción para que los familiares paguen lo que se les exija. Entre diversos tipos de bandas de secuestradores que existen en México, desde hace 12 años han proliferado grupos de plagiarios, relacionados entre sí y ligados con el narcotráfico, cuyo sello particular de ejercer el terror es la participación de mandos policiacos: los imperdonables.

Durante el sexenio de Vicente Fox, el área de investigación de secuestros de la AFI se volvió una de las más activas bajo el mando de Luis Cárdenas Palomino. No bien inició la nueva administración, varias turbiedades salieron a la luz. Algunos casos de secuestro se resolvían exitosamente con la captura de la banda criminal,

[60] En 2008 se solicitó por medio de la Ley Federal de Transparencia y Acceso a la Información Pública el número de averiguaciones previas abiertas contra Genaro García Luna de 1990 a 2008. En enero de 2009 el IFAI resolvió un recurso de inconformidad interpuesto porque la PGR se había negado a dar la información. El instituto le ordenó a la procuraduría que entregara el expediente, pero hasta el cierre de la edición de este libro la procuraduría no había cumplido con la orden.

pero otros, los de mayor impacto y los más violentos, solían complicarse, y los familiares de las víctimas terminaban entregando millones de pesos o dólares a costa de dedos, orejas y videos que exhibían los abusos.

En muchas ocasiones, cuando los agentes federales avanzaban exitosamente para resolver algún secuestro, Cárdenas Palomino y Edgar Eusebio Millán los frenaban; incluso llegaban a amenazarlos si continuaban con sus pesquisas. Eso ocurría sobre todo cuando las bandas investigadas operaban en Iztapalapa y el Estado de México. Entre el personal de la AFI comenzó a llamar la atención que Cárdenas Palomino y Millán enviaban a agentes desarmados para que acompañaran a los familiares a pagar el rescate. Iban sólo para asegurarse de que pagaran y de que el monto fuera el estipulado. La sospecha del involucramiento de los comandantes con las bandas de secuestradores se convirtió en certeza cuando repentinamente renunciaron cinco de los mejores elementos que la AFI había preparado para negociar los secuestros. Esos agentes, junto con los analistas, habían descubierto que los altos funcionarios, sus jefes, estaban involucrados en varios plagios, presuntamente con el consentimiento del jefe mayor: García Luna.[61] Desde luego, los jefes de la AFI no estaban distraídos de su negocio mayor, que consistía en servir a los capos de la organización del Pacífico: muchas de las bandas de secuestradores a las que protegían eran células del propio cártel o estaban vinculadas con alguno de sus miembros.

El secuestrador Marcos Tinoco Gancedo, apodado *El Coronel*, a quien se le atribuyen más de 11 plagios de alto impacto entre 1999 y 2000, confesó en 2002 que una de las células de su organización criminal era dirigida por Cynthia Mercedes Romero Verdugo, cuñada de *El Güero* Palma —estaba casada con Luis *El*

[61] Informe confidencial de asuntos internos de la AFI, del cual se tiene copia. La información fue corroborada por fuentes directas; inclusive se cuenta con la grabación de uno de esos testimonios.

Vale Palma— y comadre de *El Chapo* Guzmán.[62] Tinoco Gancedo acusó directamente a García Luna de encubrir a las bandas de secuestradores, pero nada pasó. Su voz de delincuente no tenía credibilidad.

El secuestro es un negocio colateral del narcotráfico desde hace más de una década, no se trata de una actividad reciente provocada por la supuesta guerra contra el narcotráfico, como pretenden hacerlo creer el presidente Felipe Calderón y su inseparable secretario de Seguridad Pública. Este argumento absurdo que esgrimen para justificar las actuales cifras récord de plagios en todo el país parece más bien una explicación producto del nerviosismo de que la sociedad termine por entender bien a bien por qué el secuestro ha aumentado y quiénes son los responsables.

La banda de secuestradores más grande, salvaje y terrible de los últimos tiempos, a la que se le adjudican los plagios de mayor impacto, fue auspiciada y protegida por Genaro García Luna y su gente más cercana; las pruebas documentales son contundentes. El gobierno del Distrito Federal la bautizó como la banda de *La Flor.* A las diversas células de esta organización se les atribuye más de 200 secuestros y en algunos casos homicidios. El primero que causó conmoción fue el de Ernestina Sodi y Laura Zapata (septiembre de 2002), marcado por la violencia sexual contra las víctimas y el cobro de un incalculable rescate. Para la organización criminal ésa fue la pauta a seguir. Después vinieron los secuestros de Hugo Alberto Wallace (julio de 2005), Silvia Vargas Escalera (septiembre de 2007), Javier Paredes (febrero de 2008), Fernando Martí (junio de 2008) y Marco Antonio Equihua (abril de 2009), cuyos casos sacudieron a la sociedad mexicana.

En 2001 el gobierno de la ciudad de México comenzó a registrar una serie de secuestros cuya característica principal era el

[62] Anabel Hernández, *Los cómplices del presidente*, México, Grijalbo, 2008.

salvajismo con el que se trataba a las víctimas, sobre todo a las mujeres. Sin embargo las víctimas no abrían los expedientes judiciales en la PGJDF, sino que acudían a la PGR, y ésta a su vez dejaba la investigación en manos de la AFI.[63]

Desde 2003 la AFI tuvo información precisa, incluso los domicilios y teléfonos de los integrantes de una banda encabezada por un auténtico depredador llamado Sergio Ortiz Juárez, alias *El Apá* o *El Patrón*, quien había sido policía. Los integrantes de la banda presumían a sus cómplices que contaban con el apoyo de la SIEDO, y tenían la protección de elementos de la AFI, la PFP y la SSP del Distrito Federal. Así lo confirman las averiguaciones previas abiertas en 2003 en la SIEDO contra la banda de *El Apá*. Durante tres años la AFI estuvo al frente de la investigación, pero nunca prosperó.

En junio de 2005, realizando una investigación casi de rutina sobre narcomenudeo en la colonia Polanco de la ciudad de México, elementos de la PGJDF detuvieron a un hombre llamado George Khouri Layón, alias *El Koki*, muy conocido en el medio de los restaurantes y los antros, pero también en *La Federación*, ya que estaba vinculado con los Beltrán Leyva y era empleado de *La Barbie*. Lo aprehendieron con las manos en la masa: dos armas, una calibre .35 y otra .22, así como una farmacia de pastillas psicotrópicas.

El *yuppie* empresario se puso rejego y pidió que llamaran a su amigo el policía judicial capitalino Moisés Farrera Grajales. Como ese nivel de influencia no le funcionó, *El Koki* presumió su relación con el tristemente célebre ex titular de la PJF, Javier Coello Trejo, y exigió que se le comunicara con el comandante de la AFI Igor Labastida, para que por medio de él lo dejaran libre. *El Koki*

[63] En diciembre de 2008 la autora reveló en *Reporte Índigo* el contenido de todos estos expedientes.

todavía se envalentonó y advirtió que si no lo soltaban él conocía a una banda llamada *La Cancha*, y "no se la van a acabar". No se sabe si alguien llamó a Igor Labastida, el hecho es que el narco antrero salió libre al poco tiempo. El único perjudicado fue el agente judicial Farrera, quien perdió el empleo.

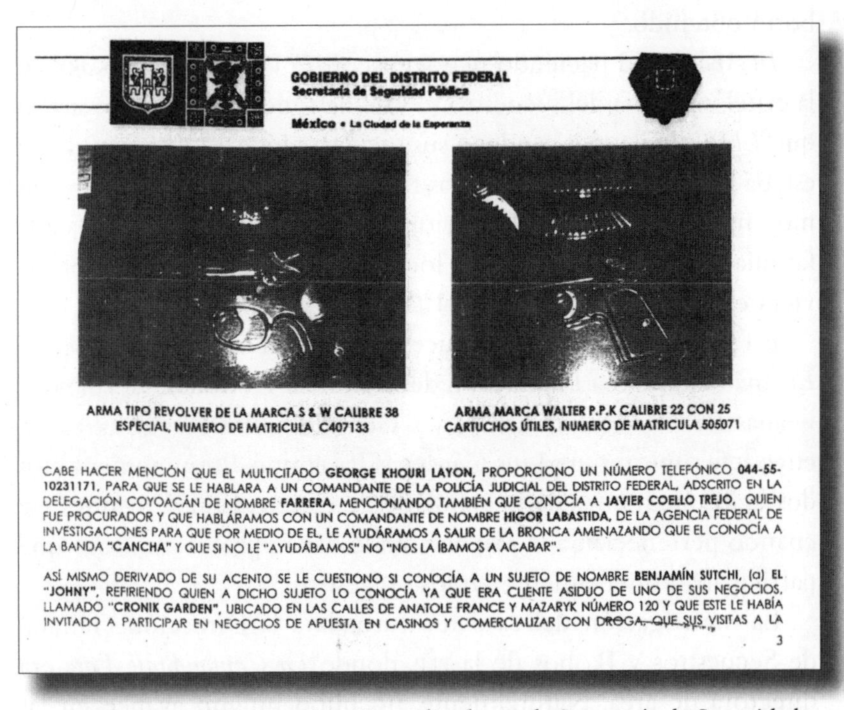

GOBIERNO DEL DISTRITO FEDERAL
Secretaría de Seguridad Pública

México • La Ciudad de la Esperanza

ARMA TIPO REVOLVER DE LA MARCA S & W CALIBRE 38 ESPECIAL, NUMERO DE MATRICULA C407133

ARMA MARCA WALTER P.P.K CALIBRE 22 CON 25 CARTUCHOS ÚTILES, NUMERO DE MATRICULA 505071

CABE HACER MENCIÓN QUE EL MULTICITADO **GEORGE KHOURI LAYON**, PROPORCIONO UN NÚMERO TELEFÓNICO **044-55-10231171**, PARA QUE SE LE HABLARA A UN COMANDANTE DE LA POLICÍA JUDICIAL DEL DISTRITO FEDERAL, ADSCRITO EN LA DELEGACIÓN COYOACÁN DE NOMBRE **FARRERA**, MENCIONANDO TAMBIÉN QUE CONOCÍA A **JAVIER COELLO TREJO**, QUIEN FUE PROCURADOR Y QUE HABLÁRAMOS CON UN COMANDANTE DE NOMBRE **HIGOR LABASTIDA**, DE LA AGENCIA FEDERAL DE INVESTIGACIONES PARA QUE POR MEDIO DE EL, LE AYUDÁRAMOS A SALIR DE LA BRONCA AMENAZANDO QUE EL CONOCÍA A LA BANDA **"CANCHA"** Y QUE SI NO LE "AYUDÁBAMOS" NO "NOS LA ÍBAMOS A ACABAR".

ASÍ MISMO DERIVADO DE SU ACENTO SE LE CUESTIONO SI CONOCÍA A UN SUJETO DE NOMBRE **BENJAMÍN SUTCHI**, (a) **EL "JOHNY"**, REFIRIENDO QUIEN A DICHO SUJETO LO CONOCÍA YA QUE ERA CLIENTE ASIDUO DE UNO DE SUS NEGOCIOS, LLAMADO **"CRONIK GARDEN"**, UBICADO EN LAS CALLES DE ANATOLE FRANCE Y MAZARYK NÚMERO 120 Y QUE ESTE LE HABÍA INVITADO A PARTICIPAR EN NEGOCIOS DE APUESTA EN CASINOS Y COMERCIALIZAR CON DROGA, QUE SUS VISITAS A LA

3

Documento de la investigación realizada por la Secretaría de Seguridad Pública del Distrito Federal.

Antes de trabajar para el narco, *El Koki* había colaborado en una banda de secuestradores que encabezaba Luis Manuel López Martínez, *El Vale*, a quien se le atribuyen cerca de 40 secuestros y una fortuna de más de 100 millones de dólares provenientes de los pagos de los rescates. Otro integrante de esa banda era Sergio

Humberto Ortiz Juárez,[64] quien más tarde se sumaría a la banda de Andrés Caletri, otro de los más despiadados secuestradores, para finalmente integrar su propia organización criminal. Ésta se componía por lo menos de ocho células, era una hidra de mil cabezas en la que presuntamente le ayudaban sus hijos, tanto para llevar a cabo los plagios como en el movimiento financiero del botín obtenido.

El Apá siguió haciendo negocios con *El Vale* y con *El Koki*, en la cruel industria del secuestro se vale de todo. Hubo ocasiones en que *El Vale* le llegó a vender a sus secuestrados a *El Apá* cuando ya estaba harto de esperar a que las familias pagaran; los entregaba en muy malas condiciones. Posteriormente Ortiz Juárez apretaba a la familia hasta el extremo de la locura, cualquier dinero que obtuviera extra al pago hecho a *El Vale* ya era ganancia.

En 2007 uno de los cómplices de la organización delictiva de *El Apá* denunció a la policía federal Lorena González Hernández —alias *La Comandante Lore*— y a Gerardo Colín Reyes, *El Colín*, cuyo jefe superior era Luis Cárdenas Palomino. Presuntamente los dos eran integrantes de la banda desde el sexenio de Vicente Fox, cuando pertenecían a la AFI; no sólo le daban protección sino que participaban directamente en los secuestros.

La investigación del caso fue turnada a la Dirección General de Secuestros y Robos de la PFP, donde *La Comandante Lore* era directora de área. Naturalmente, no hubo ningún avance en las averiguaciones. *Lore* y *Colín* nunca fueron investigados ni removidos de sus cargos.

Lorena González trabajaba con Cárdenas Palomino desde la AFI, era miembro del selecto grupo, participaba en fiestas y comidas por su relación sentimental con Facundo Rosas Rosas, quien

[64] Para este trabajo se tuvo acceso a fuentes vivas de información ligadas con esa investigación, que confirmaron los datos.

era subsecretario de la SSP federal en aquel tiempo. Después de que salió a la luz pública el involucramiento de la alta funcionaria de la PFP con la banda de secuestradores, en una reunión privada varios agentes federales le recordaron a Facundo que él la conocía muy bien y le reclamaron que hubiera negado que *La Lore* trabajaba con ellos en la Secretaría de Seguridad.[65]

Con el aumento de la impunidad, gracias a la AFI principalmente, *El Apá* se volvió un sangriento depredador. El sello de su organización era la crueldad. En muchas ocasiones, pagaran o no el rescate, ejecutaba a sus víctimas por mero placer. Al principio muchas de sus víctimas fueron medianos comerciantes: un hombre dedicado a la industria de la construcción, un gasero de la delegación Tláhuac o una mujer relacionada con un negocio de flores en Xochimilco, caso por el cual quizás la procuraduría capitalina bautizó a la organización delictiva como banda de *La Flor*.

En 2007 *El Apá* les mandó a los familiares de una mujer secuestrada un video donde se exponía el momento en que estaban abusando sexualmente de ella. Luego envió como prueba de vida las orejas. Y una vez que se pagó el rescate de cinco millones de dólares, lo único que la familia pudo recuperar fue la cabeza. Ésa era la barbarie de dicho secuestrador según los expedientes de la investigación en la PGJDF. Envalentonado por la protección que presuntamente tenía, Ortiz Juárez se propuso cazar peces más gordos.

En 2006, *El Koki*, célula de la organización de *El Apá*, fue acusado de ser autor intelectual del secuestro de Hugo Alberto Wallace, cuya madre, Isabel Miranda de Wallace, se puso a cazar por su propia cuenta a los presuntos responsables. Quien le puso el dedo encima —como se dice en el argot de la delincuencia— fue

[65] La autora tiene en su poder el video de esa ríspida reunión.

César Freyre Morales, presunto autor material del plagio de Wallace. Él le aseguró a la PGJDF que recibía órdenes del júnior de Polanco. Cinco años después de las confesiones de Freyre Morales, en 2010 se filtró a los medios de comunicación una fotografía de nada más y nada menos que el multifacético *Barbie*, abrazado de Juana Hilda González, una bailarina que dice haber tenido una relación sentimental con el sicario y también haber sido novia de Hugo Alberto Wallace. ¿Había vinculación de Wallace con el mundo turbio de los Beltrán Leyva y el narcotráfico? ¿La relación de Juana Hilda con el sicario era sólo una casualidad? Ésa es una incógnita que pocos se han atrevido a plantearse.

El Koki no era un narcotraficante ordinario, sino que pasaba por un exitoso hijo de familia con facha de gente decente. Era visto como un personaje cercano a la farándula y al glamur en discotecas de las ciudades de México y Acapulco. Quienes lo conocen lo recuerdan siempre vestido de elegante color negro, de trato fino, cortés y serio. Lo que rompía con esa imagen era un enorme tatuaje que inicia en su hombro y le abraza parte del cuello.

Khouri Layón era propietario de dos antros muy concurridos donde se daban cita muchos artistas de Televisa: Cronic Garden de Polanco, y la discoteca Dobermann, cuando estaba en la Zona Rosa.[66] *El Koki* se hacía notar no sólo en sus antros, sino también en los ajenos. Era cliente muy asiduo de lugares como el Bar Bar, que el 25 de enero de 2010 se vio involucrado en el escándalo del atentado contra el futbolista Salvador Cabañas; hecho en el que para variar estuvo involucrada gente ligada a los Beltrán Leyva.

Entre sus más ilustres conocidos estaban la atractiva actriz Fabiola Campomanes, quien lo visitó en la cárcel durante el corto

[66] De 2006 a 2010, Isela Lagunes hizo un extenso trabajo de investigación periodística al respecto, el cual fue publicado en *El Universal*, y más recientemente en *Reporte Índigo*.

periodo que estuvo ahí; la otra belleza de Televisa Arleth Terán; el joven actor mil usos Jaime Camil, cuyo controvertido padre —supuesto amigo de los Beltrán Leyva en Acapulco— lo ha hecho una gran figura a golpe de millones, y también Jorge Kahwagi, líder del Partido Nueva Alianza, propiedad de la eterna líder de los maestros Elba Esther Gordillo.

Otra de las células de la banda de *El Apá* era encabezada por Abel Silva Díaz, cuyo grupo fue bautizado como *Los Tiras* porque había policías en él. Se le atribuye el plagio de Ernestina Sodi y Laura Zapata. Desde que fueron liberadas de su secuestro, ocurrido en septiembre de 2002, José Antonio Ortega, presidente del Consejo Ciudadano para la Seguridad Pública y la Justicia Penal, descubrió por medio de sus testimonios que detrás de ese crimen estaba la AFI.[67]

Laura Zapata se atrevió a compartir sus dudas con la entonces primera dama Marta Sahagún, protectora de García Luna, y ésta la remitió con la subprocuradora de la PGR María de la Luz Lima Malvido. El conocimiento de ese hecho fue una de las razones que orilló a la funcionaria a renunciar a su cargo el 30 de mayo de 2003. Ahora se sabe que en realidad *Los Tiras* eran un apéndice de la organización de Sergio Humberto Ortiz Juárez y la AFI, por eso elementos de la agencia estuvieron involucrados en el plagio. Abel Silva Díaz fue detenido en 2006 acusado como único responsable del secuestro de las hermanas de la cantante Thalía. Al frente de la célula de *Los Tiras* quedó Luis Ignacio Torres, mientras que el hijo de Silva Díaz, Abel Silva Petriciolet, creó su propia banda; ambas estaban conectadas con *El Apá* como cabeza.

[67] Testimonio narrado por el propio José Antonio Ortega en el libro *Los cómplices del presidente*.

Su *modus operandi* era el siguiente: Ortiz Juárez realizaba la tarea del secuestro y el cobro del rescate con la ayuda de la SSP federal, mientras Silva Petriciolet o *Los Tiras* se encargaban de cuidar a los plagiados. *El Apá* siempre visitaba a las víctimas y las atormentaba.[68] Cuando inició el gobierno de Felipe Calderón, y García Luna llegó a la SSP federal, la protección a *El Apá* siguió intacta, sólo que ahora sus protectores tenían mayor poder. Se calcula que *El Apá* amasó una fortuna de más de 35 millones de pesos producto del secuestro, descontando 35 por ciento del botín presuntamente destinado al equipo de García Luna, como era uso y costumbre en los viejos tiempos de la delegación Iztapalapa. La SSP del Distrito Federal le atribuye a Ortiz Juárez la propiedad de

EL APA, [illegible], EL PATRON, EL [illegible]
(JEFE DE LA BANDA)
SERGIO ORTIZ JUAREZ
(62 AÑOS)

se le tiene considerado como una persona que dirige aprox 8 celulas que se dedican al secuestro. Los origenes de sus actividades vienen de la banda de Andres Caletri y su concepto en varias ocasiones es pague o no,a sus victimas las ejecutan.Entre ellas estan un menor, unas mujeres una de ellas aparecio muerta en xochimilco hace aprox un año (decapitada) a esta mujer la violaron y como prueba de vida les mando el video, luego les hizo llegar a los familiares las orejas y despues de cobrar 5 millones de dolares les mando la cabeza, por razones de respeto no se pudo lograr obtener el video ,el niño marti, un alto funcionario de la ford en cuatitlan izcalli, coopero con el secuestro de unos gaseros de la zona de tlahuac, el de una señora que tiene negocios de flores en la zona de xochimilco, de un empresario de la industria farmaceutica, les prporciono a las personas para que se cuestrar al señor fernando navarro castilla, el se relaciona directamente con las celulas del cañas y el christian este ultimo detenido en el reclusorio oriente y el cañas esta arraigado por la pgjdf,se tiene conocimiento que a sus victimas les hace vejaciones de todo tipo y las manda para presionar y su pago del rescate sea pronto. Se le calculan un aprox de 35 a 50 millones lo que ha logrado cobrar, sus hijos son los que en muchas ocasiones le hacen sus operaciones y transacciones se tiene conocimiento de que es propietario de un hotel en cancun y varias casa en la zona de xochimilco, san jeronimo, jardines de la montaña y sto domingo coyoacan esta ultima es donde se relaciona sus actividades con las bandas de secuestradores antes citadas.
Recibe apoyos de la gente de la pfp lo utilizo el extinto millan, igor labastida , y gente que se encuentran de jefes de la pf. En la AFI un agente de apellido romero asi como la lore, actua con elem. Pjdf, un tiempo tuvo linea con el jefe pegaso atravez de un policia hancell que era su escoltadel mencionado jefe policiaco julio cesar

Documento de la SSP del Distrito Federal sobre *El Apá*, donde aparecen los nombres de Edgar Millán e Igor Labastida.

[68] *Reporte Índigo*, 25 de septiembre de 2009, información de Isela Lagunas.

hoteles en Cancún, así como de varias casas en Xochimilco, Jardines en la Montaña, San Jerónimo y Santo Domingo.

Uno de los primeros secuestros de alto impacto en el que supuestamente estuvo involucrado *El Apá* ocurrió en septiembre de 2007. Se trató del plagio de Silvia Vargas Escalera, de apenas 19 años de edad, hija del empresario Nelson Vargas, el titular de la Comisión Nacional del Deporte (Conade) durante el sexenio de Vicente Fox. El comisario Benito Roa Lara, jefe inmediato de *La Comandante Lore* en la PFP, estuvo al frente de las investigaciones sobre el secuestro de la joven. Las cosas no andaban bien. La SSP federal le dio una pésima asesoría a Nelson Vargas en el plagio de su hija y jamás pudo recuperarla.[69] El empresario pasó más de un año en amargo silencio, pero ante la ausencia de esperanza, en agosto de 2008 denunció abiertamente el secuestro; la irritación de la opinión pública fue tal que provocó que la SSP federal capturara a una banda bautizada como *Los Rojos*, liderada por Cándido Ortiz González. Acusaron del secuestro a dicha organización delictiva y quisieron dar por cerrado el caso haciendo creer que ésta ya había sido desmantelada.

Gracias al testimonio de Alma Angelina Durán Pierce, recabado por la PGJDF, se supo quién estuvo detrás del secuestro de Silvia Vargas. Esta mujer confesó haber estado bajo las órdenes de *El Apá* y *La Comandante Lore* custodiando a las víctimas de *La Flor* en una casa de seguridad en Monterrey.[70] Entre los secuestrados que le encargaron vigilar estaba Silvia, a quien supuestamente pensaban vender porque no habían obtenido el dinero que esperaban. La SSP federal negó una y otra vez que Ortiz Juárez estuviera vinculado con *Los Rojos*, pero la testigo de la PGJDF fue muy convincente al

[69] *Reporte Índigo*, 28 de noviembre de 2008, entrevista de la autora con Nelson Vargas.

[70] *Reporte Índigo*, 20 de julio de 2009, información de Isela Lagunas.

describir con precisión aspectos físicos de Silvia que podía saber sólo alguien que la hubiera visto en persona.[71] Por su parte, Nelson Vargas también negó la posibilidad de los vínculos del cruel *Apá* con el caso de su hija.

En la búsqueda de nuevas víctimas, Sergio Humberto Ortiz Juárez se introdujo en un cerrado grupo de empresarios que gustaban de correr autos. Entre semana se juntaban en el autódromo Hermanos Rodríguez, donde presumían su capacidad para adquirir costosísimos vehículos deportivos y conducirlos. A esas reuniones llegó a acudir Emilio Azcárraga Jean, principal propietario de Televisa, el empresario de las tiendas deportivas Alejandro Martí, su amigo Óscar Paredes, entre otros. Mientras aún tenía en su poder a Silvia Vargas, a principios de 2008, *El Apá* secuestró a Javier, el hijo de Paredes, y casi inmediatamente después a Fernando, hijo de Martí.[72] Mientras el primero fue liberado tras un millonario pago en dólares, el segundo fue ejecutado a pesar de que su padre había cubierto el rescate; el cuerpo de Fernando apareció el 31 de julio de 2008. Súbitamente el joven se convirtió en la peor pesadilla de *El Apá*, *La Comandante Lore*, Genaro García Luna y su corrupto equipo.

El dolor y la indignación del empresario fueron contagiosos, y la opinión pública se estremeció como pocas veces. La PGJDF pudo capturar a *El Apá* en septiembre de 2008 luego de que éste sufriera un atentado, casi de manera simultánea aprehendió a Lorena González Hernández acusándola de ser miembro de la banda y de haber colocado un retén policiaco para secuestrar al joven. Lorena había sido plenamente identificada por el chofer de Fernando Martí como una de las secuestradoras. La familia de *El Apá* negó

[71] *Ibid.*

[72] La PGJDF ha informado públicamente acerca de sus investigaciones sobre los dos plagios y responsabiliza de ellos a Sergio Humberto Ortiz Juárez, *El Apá.*

rotundamente que Ortiz Juárez fuera miembro de la organización de secuestradores pese a todas las pruebas e imputaciones en su contra; sus hijos, presuntos cómplices, defendieron su inocencia a capa y espada.

Cuando detuvieron a González Hernández, en la SSP federal, por medio de su pareja sentimental Facundo Rosas Rosas, se deslindaron de ella y afirmaron que Lorena había trabajado en la AFI pero nunca en la Secretaría de Seguridad. Genaro García Luna dijo lo mismo, incriminándose aún más. Era falso, Lorena era la subdirectora de la Unidad Antisecuestros de la PFP el día que montó un retén para secuestrar a Fernando Martí y hasta el instante en que fue aprehendida.[73]

Fue así como se inició una guerra entre la SSP federal y la PGJDF. En diciembre de 2008 la policía judicial del Distrito Federal capturó a Luis Manuel López Martínez, alias *El Vale* o *El Rey de Tepito*, acusado de robo, secuestro y de tener vínculos con la organización del Pacífico. Cuando López Martínez fue aprehendido lo encontraron con uniformes de la AFI en su poder. La PGJDF hizo énfasis en la alta peligrosidad del sujeto y advirtió de posibles conexiones con la banda de plagiarios de *La Flor*.

Desde la cárcel, Lorena González Hernández envió un saludo y un mensaje a sus amigos de la SSP federal: si no conseguían deslindarla del caso, ella iba a decir todo lo que sabía. El equipo de García Luna puso manos a la obra, pero sus acciones iban contra reloj: la misión era deslindar a toda costa a *El Apá* y a Lorena del caso de Fernando Martí. En julio de 2009, el ex jefe superior de Lorena, Luis Cárdenas Palomino, graduado en materia de secues-

[73] *Reporte Índigo*, 10 de septiembre de 2008. La autora documentó con recibos de nómina y documentos de la Secretaría de la Función Pública que Lorena era una alta funcionaria de la SSP federal un día después de que Rosas Rosas y García Luna lo habían negado.

tros y no precisamente por investigarlos, anunció la detención de Noé Robles Hernández y lo presentó ante los medios de comunicación como integrante de la banda *Los Petriciolet*, dirigida por Abel Silva Petriciolet, que en realidad era una célula de la organización de *El Apá* desde hacía varios años. En el acto, Cárdenas Palomino exhibió uno de sus famosos videos —muchos de los cuales han sido grabados bajo tortura y no tienen validez jurídica porque las declaraciones no se hicieron ante un ministerio público—, donde Robles Hernández declara que él había matado a Fernando y que *El Apá* y Lorena no eran parte de la banda. Resultaba muy extraño escuchar el testimonio grabado del hombre que estaba ahí presente y hubiera podido decir lo mismo de viva voz. ¿Por qué no sucedió así? Quizás porque Noé no había memorizado bien el guión.

Como una excepción, Alejandro Martí pidió que se le permitiera hablar con Noé en el penal de máxima seguridad adonde fue llevado. Se afirma que el empresario le preguntó al supuesto homicida:

—¿Por qué mataron a mi hijo?

—Porque no pagaste lo que te pedimos —respondió el secuestrador.

—Sí lo pagué —replicó Martí desesperado, casi sin poder creer lo que estaba escuchando.

—A nosotros la Policía Federal sólo nos dio una parte —se quejó el mercenario.

El 20 de julio de 2009 el chofer de Javier Paredes, quien había sido plagiado con el menor, declaró con contundencia ante la PGJDF que reconocía a Noé como la persona que los había monitoreado durante su cautiverio. Y reconoció sin duda alguna a Sergio Humberto Ortiz Juárez como el hombre que había ido a verlos a la casa de seguridad durante el secuestro; eran miembros de la misma organización criminal.

Como había que darle más credibilidad a la "inocencia" de *El Apá* y *La Lore*, el 2 de septiembre de 2009 la SSP federal detuvo a José Antonio Jiménez *El Niño*, lo acusaron de pertenecer a la organización de los hermanos Beltrán Leyva —para la que hacía trabajos de seguridad— y de haber participado en el secuestro de Fernando Martí y Marco Antonio Equihua. Para cerrar el círculo, el día 23 de ese mismo mes aprehendieron a Abel Silva Petriciolet; muy espontáneamente, el detenido también declaró que él era el culpable de los plagios y que ni *El Apá* ni la *Lore* pertenecían a la organización. Ese estribillo ya estaba muy visto.

Con cada captura, a Cárdenas Palomino le ganaba la urgencia de afirmar que con esas acciones la banda quedaba totalmente desmantelada, pero no era así. Por prudencia y estrategia, Alejandro Martí declaró a los medios de comunicación que le daba mucho gusto que hubieran detenido a la banda pero que dudada de que ese delincuente fuera el líder de la organización delictiva que había secuestrado a su hijo. "Él [Abel Silva Petriciolet] habla de que le dieron bolsas negras y que le tocaron 120 mil pesos, cuando hace estas declaraciones me deja dudas y me pregunto si éste será realmente el jefe de la banda", declaró Alejandro Martí ante el principal noticiero matutino de Televisa. Martí se estaba volviendo de lo más incómodo para la SSP federal, pero después de crear inteligentemente la fundación México SOS —de apoyo a víctimas del secuestro— y haberse convertido en un personaje público, se hizo intocable. De nueva cuenta, todos los esfuerzos de Genaro García Luna, Luis Cárdenas Palomino y Facundo Rosas Rosas por deslindar a *El Apá* y *La Comandante Lore* habían sido infructuosos.

La procuraduría capitalina tampoco estaba manca y, con igual ímpetu que Alejandro Martí, no dejó perder su caso. Una y otra vez el procurador Miguel Ángel Mancera ha asegurado que no tienen la menor duda sobre la culpabilidad de *El Apá* y Lorena

González, aunque no excluyen la participación de otros en el plagio. Al parecer, la SSP federal estaba dispuesta a sacar de circulación a todas las células integrantes del clan de *El Apá*, para que no fuera la PGJDF la que los capturara y se supiera la verdad. Lorena González Hernández, que ya estaba desesperada, y Sergio Humberto Ortiz Juárez, quien seguía internado en un hospital, era a los únicos que iban a proteger hasta el final. *El Apá* estaba moribundo y no podía hablar, pero sus hijos seguían libres y reclamaban su exención de culpa.

En septiembre de 2009 la SSP federal aprehendió a *El Koki*, pero la detención no se hizo pública; incluso sus conocidos lo daban por desaparecido, pensaban que había sido levantado. La procuraduría capitalina iba tras sus pasos pero la SSP federal se le adelantó sin notificarle, de esta forma las autoridades del gobierno del Distrito Federal no podrían exigir su derecho a interrogarlo. A fines de noviembre la PGR comunicó por medio de un boletín que ellos tenían a Khouri Layón, pero no informaron cuándo lo habían capturado. La SSP de García Luna, que antes había protegido a *El Koki*, ahora lo detenía acusado de haber intentado matar a un comandante de la Policía Federal, aunque nunca se especificó a quién. Posteriormente la PGJDF encontró testigos que relacionaron a *El Koki* con *El Apá*; habían sido vistos juntos entre abril y mayo de 2008, antes del secuestro de Fernando, en el gimnasio Sport City de Plaza Loreto, cuyo principal accionista es Alejandro Martí.

En abril de 2010 los chicos de Genaro detuvieron a una mujer llamada María Elena Ontiveros Mendoza, a la que luego apodaron *La Güera*. La intención era que reemplazara a *La Comandante Lore* para que ésta fuera liberada. Naturalmente, la presentación de *La Güera* fue hecha por Luis Cárdenas Palomino, quien informó que la detenida había trabajado en el Instituto Nacional de Combate a las Drogas de 1994 a 2000. Además, como era de esperarse, la mujer negó conocer a *La Lore* y a Sergio Humberto Ortiz Juárez.

El Apá y sus células, la del *El Koki*, *Los Tiras*, *Los Petriciolet*, *Los Rojos*, *El Vale y El Niño*, eran parte de la misma organización delictiva y asombrosamente a todos se les ha ligado con el cártel de Joaquín Guzmán Loera.

Sergio Humberto Ortiz Juárez murió en noviembre de 2009 de un paro respiratorio a causa del atentado en su contra ocurrido un mes antes de su detención en 2008. Falta capturar cuando menos a otras dos bandas integrantes de la organización y a los hijos de Ortiz Juárez. El secretario de Seguridad Pública, Genaro García Luna, y su grupo de gavilleros disfrazados de comandantes estuvieron detrás de todos los secuestros, torturas y vejaciones inenarrables cometidas por *El Apá* y sus ocho células contra jóvenes como Silvia Vargas, Fernando Martí y Marco Antonio Equihua, sólo por mencionar algunos. Entre los nombres de quienes apoyaban al monstruoso *Apá* están el álter ego de Genaro García Luna, Edgar Eusebio Millán, así como el comandante Igor Labastida.

Sí, Joaquín Guzmán Loera había conseguido a los hombres perfectos para su guerra contra el cártel del Golfo y las otras que vendrían. En el fondo no eran muy distintos a *Los Zetas*: narcos, secuestradores y profundamente malvados. Esos hombres son los mismos que el presidente Felipe Calderón escogió como cabezas de su "guerra contra el narcotráfico".

Los ojos cerrados

En 2006, al final del sexenio de Vicente Fox, el saldo de la cruzada contra las drogas era muy claro: la DEA había abierto una investigación contra el presidente y su familia; el cártel de Tijuana estaba casi disuelto después del asesinato de Ramón Arellano Félix en febrero de 2002, de la detención de su hermano Benjamín al mes siguiente, y de los más de dos mil miembros de la organización detenidos ese mismo año; mientras tanto, en julio de 2003 se decapitó al cártel del Golfo mandando a prisión a su líder Osiel Cárdenas Guillén. En contraste, ninguno de los capos de *La Federación*, como *El Chapo*, *El Mayo*, *El Azul*, *El Viceroy*, *Nacho* Coronel o los hermanos Beltrán Leyva, había sido aprehendido.

El gobierno de Estados Unidos también había tenido su buena dosis de responsabilidad: el pánico y un diagnóstico erróneo —de forma deliberada o accidental— los hizo focalizar sus prioridades en el cártel del Golfo y sus temibles *Zetas*. Entre mayo de 2004 y mayo de 2005 se registraron en Nuevo Laredo 35 secuestros de ciudadanos norteamericanos presuntamente cometidos por *Los Zetas*: 23 víctimas fueron liberadas, nueve permanecieron desaparecidas y dos fueron asesinadas. En ese mismo periodo otras 26 personas fueron secuestradas en San Antonio, Texas, supuestamente por la misma organización.[74] Al dirigir sus prioridades al cártel del Golfo y *Los Zetas*, dejaron que *La Federación* —el otrora cártel del Pacífico, con quien habían trabajado en los tiempos del caso Irán-*contra*— creciera exponencialmente en sus narices y en su propio territorio, provocando que la guerra por el mercado estadounidense se volviera más encarnizada y sangrienta.

En pocos años, el mapa de la distribución de drogas en el vecino del norte se transformó vertiginosamente. El Centro de Inteligencia Nacional sobre Drogas (NDIC, por sus siglas en inglés) de Estados Unidos divide a ese país en siete regiones: Pacífico, Centro Oeste, Suroeste, Noroeste, Grandes Lagos, Noreste y Sureste. En 2004 todas las zonas estaban repartidas en proporciones similares entre narcotraficantes de México, Colombia, Jamaica y

[74] Informe del FBI elaborado por Criminal Investigative Division & San Antonio Field Intelligence Group, 15 de julio de 2005, del cual se tiene copia.

República Dominicana. Los capos colombianos dominaban los territorios de Nueva York y Miami, los dos más importantes en venta de cocaína; los cárteles mexicanos tenían preponderancia en ciudades como Atlanta y Houston, mientras que en Chicago y Los Ángeles el mercado lo compartían de forma muy pareja. El mercado de la distribución de metanfetaminas era ampliamente dominado por los mexicanos, aunque el primer lugar en fabricación lo ocupaba Estados Unidos.[75]

En enero de 2006 comenzaron a notarse las profundas repercusiones de la falsa guerra emprendida por Fox y la inexplicable pasividad del gobierno de Estados Unidos para combatir a *El Chapo* y sus socios. Las organizaciones mexicanas de narcotraficantes crecieron como si se nutrieran de la sangre; en ese año controlaban la distribución de cocaína y metanfetaminas en la mayor parte del territorio estadounidense. Los cárteles de México eran los principales distribuidores en cinco de las siete regiones: Grandes Lagos, Pacífico, Sureste, Suroeste y Centro Oeste. Si bien los grupos colombianos seguían dominando la zona de Florida y las regiones del Caribe, la actividad de los narcos mexicanos en la codiciada área iba en aumento; por lo menos en Nueva York, los grupos mexicanos ya habían suplantado a los colombianos como la principal fuente de venta y distribución de cocaína.[76]

Cuando Vicente Fox terminó su mandato, el saldo de la guerra de los narcos era de nueve mil muertos. Los ríos de sangre irían encontrando nuevos cauces destruyendo todo a su paso.

[75] "National Drug Threat Assessment", National Drug Intelligence Center, abril de 2004.

[76] "National Drug Threat Assessment", National Drug Intelligence Center, enero de 2006.

CAPÍTULO 10

La libertad no tiene precio

Corrían los primeros meses de 2008 y el general *X*,[1] disciplinado, perseverante y arriesgado como era, fue a los terrenos del más poderoso capo de México para hablar con él cara a cara. *El Chapo* Guzmán ya estaba preparado para recibir al mensajero de Los Pinos. El general *X*, de más de 65 años de edad, colaboraba con Juan Camilo Mouriño en la Presidencia de la República desde 2007, en una asesoría subrepticia como había sido prácticamente toda su tarea durante los 45 años que sirvió para el Ejército mexicano en la Brigada Blanca, la DFS y la Coordinación de Seguridad Nacional. El jefe de la Oficina de la Presidencia —el hombre más cercano a Calderón— le había encargado una misión imposible: poner en paz a los cárteles de la droga. En enero de 2008 Juan Camilo fue nombrado secretario de Gobernación, pero su encomienda seguía vigente.

Si el general que sabía más por viejo que por diablo no podía lograrlo es que entonces nadie lo haría. El militar estuvo preso durante casi siete años acusado de presuntos vínculos con Amado Carrillo Fuentes, *El Señor de los Cielos*. Hubo muchos testimonios en su contra, pero quedó el velo de la duda, como casi siempre ocurre en esos tortuosos procesos de la milicia. Le faltaban todavía otros siete años de cárcel pero en el primer año del gobierno de

[1] Por las implicaciones que tiene esta información narrada por fuentes vivas directas se decidió omitir el nombre del militar.

Felipe Calderón fue puesto en libertad. Su encarcelamiento fue un asunto político, dicen sus cercanos, y su liberación también.

Nueve meses después de haber salido de la cárcel, ante el azoro de sus compañeros, fue condecorado por el secretario de la Defensa Nacional, el general Guillermo Galván Galván, por su "patriotismo, lealtad y abnegación". El gobierno federal tenía que hacerlo visible y creíble ante sus interlocutores: los narcos. El general *X* ha dicho que el secretario de la Defensa Nacional también tenía conocimiento de la encomienda encargada por Mouriño.

Nunca fue remilgoso en las tareas difíciles que le encomendaron, en muchas de ellas había tenido que entablar relación con los diferentes grupos de narcotráfico, por lo que en 2008, cuando comenzó a tocar a la puerta de los protagonistas de la guerra entre los narcos, la gran mayoría se la abrió, como ocurrió con *El Chapo*.

"La libertad no tiene precio", le dijo Joaquín Guzmán Loera al militar en su encuentro. La declaración sonaba un poco cínica incluso viniendo de un cínico como *El Chapo*. La frase del capo obligó al general *X* a preguntarle cómo había logrado salir del penal de máxima seguridad de Puente Grande aquel 19 de enero de 2001. Guzmán Loera fue directo, lo habían comenzado a ayudar desde 1995, cuando lo trasladaron de la prisión de La Palma a Puente Grande, por órdenes de la Secretaría de Gobernación. Directamente de su "fuga" el capo responsabilizó a tres hombres, figuras de la política y seguridad pública en México.

Uno de ellos es el teniente coronel y ex gobernador de Quintana Roo, Joaquín Ernesto Hendricks Díaz. Dice *El Chapo* que él lo ayudó cuando trabajaba en la Secretaría de Gobernación. El único cargo que Hendricks tuvo en esa dependencia fue en el sexenio de Ernesto Zedillo como director de Ejecución de Sentencias en la Dirección General de Prevención y Readaptación (1996-1997), cuando Francisco Labastida era el titular de la dependencia.

En 1999 Hendricks Díaz se convirtió en el gobernador de uno de los estados con mayor desembarque de droga en México, y por ende, una de las principales bases de operaciones de la organización del Pacífico. Recibió el gobierno de manos de Mario Villanueva Madrid, *El Chueco*, extraditado en 2010 por sus presuntos vínculos con la organización de Amado Carrillo Fuentes, de la cual *El Chapo* fue integrante.

En febrero de 2001, a unos días de la "fuga" de Guzmán Loera y sin ninguna petición de explicación de por medio, el titular de la Unidad Especializada en Delincuencia Organizada (UEDO), José Trinidad Larrieta, afirmó que no estaba realizando ninguna investigación "respecto al presunto involucramiento del gobernador constitucional de Quintana Roo, Joaquín Hendricks Díaz, en el caso del narcotraficante Joaquín *El Chapo* Guzmán". "Ningún funcionario de la UEDO —precisó— realiza investigaciones al respecto en esa entidad federativa, ni en otro estado de la República".[2] Es hasta la confesión de *El Chapo* cuando ese boletín de la PGR toma su justa dimensión en un país como México, donde generalmente lo que niega la autoridad es la realidad. Tras su salida de Puente Grande, Guzmán Loera estuvo escondido principalmente en Nayarit y Quintana Roo.

Seis años después, alejado del servicio público, Trinidad Larrieta fue uno de los abogados contratados por la primera dama Marta Sahagún antes de que terminara el mandato de su esposo, para proteger a sus hijos Manuel y José Alberto Bribiesca Sahagún, así como a su hermano Guillermo Sahagún,[3] de todos sus oscuros enjuagues presuntamente relacionados con el narcotráfico, según investigaba la DEA.

El otro implicado en la fuga de *El Chapo*, que el propio narcotraficante le reveló al general *X*, fue el ex procurador general de

[2] Boletín núm. 058/01 de la PGR, 1° de febrero de 2001.

[3] Anabel Hernández, *Fin de fiesta en Los Pinos*, México, Grijalbo, 2006.

la República, Rafael Macedo de la Concha, quien —junto con Jorge Tello Peón— estuvo al frente del operativo realizado después de la evasión de Guzmán Loera, y le dio órdenes a Genaro García Luna de investigar la salida del capo del penal de máxima seguridad.

A principios de 2005, Macedo de la Concha renunció a su cargo de procurador y fue enviado por el presidente Vicente Fox como agregado militar de la embajada de México en Roma, donde el general permaneció en el exilio durante el resto del sexenio. Al inicio de la administración de Felipe Calderón, Macedo regresó a México y fue instalado como magistrado del Tribunal de Justicia Militar, desde donde se conduce con un riguroso bajo perfil.

El tercer nombre de sus principales cómplices, según contó *El Chapo*, fue Jorge Enrique Tello Peón, entonces subsecretario de la SSP federal, quien incluso el mismo día de la fuga de Guzmán Loera visitó el penal de máxima seguridad como si hubiera ido para ultimar los detalles de la salida del capo. Durante los últimos dos años (2008-2010) este hombre, a quien el narcotraficante acusa sin aspavientos de haberlo liberado, ha sido asesor de cabecera del presidente Felipe Calderón en materia de seguridad pública. Tello Peón fue el mentor de Genaro García Luna en el Cisen, él mismo lo impulsó ante Juan Camilo Mouriño para que se convirtiera en el titular de la SSP del gobierno de Felipe Calderón. A pesar de todas las malas referencias y pruebas que el Ejército mexicano le mostró a Mouriño sobre García Luna, éste ocupó el codiciado cargo.[4]

Enviado directamente por el presidente Calderón, Tello Peón trabajó con García Luna en la SSP federal como secretario ejecutivo del Sistema de Seguridad Nacional. En enero de 2010 se fue a la Secretaría Técnica del Consejo de Seguridad Nacional

[4] Anabel Hernández, *Los cómplices del presidente*, México, Grijalbo, 2008.

por supuestas diferencias con García Luna, quien ahora tenía más poder y quería demostrarle a su maestro que el alumno lo había superado. Tello Peón tampoco pudo sobrevivir en ese nuevo cargo y terminó únicamente como asesor del presidente Calderón.

No cabe duda de que *El Chapo* es un hombre perverso, vaya broma que le jugó al destino. El 9 de junio de 1993 el general Jorge Carrillo Olea, coordinador de Lucha Contra el Narcotráfico, recibió al prisionero Joaquín Guzmán Loera en la cajuela de una *pick up* medio destartalada, donde se encontraba amarrado como un cerdo, en un paraje de la carretera que va hacia Cacahoatán, Chiapas. Ocho años después, el álter ego de Carrillo Olea, su hechura, su hijo putativo, Jorge Enrique Tello Peón, presuntamente fue quien lo puso en libertad.

Guzmán Loera le dijo al general *X* que todas las "plazas" de México, es decir, los estados donde opera el crimen organizado, "están vendidas". Lo peor es que algunos funcionarios del gobierno federal y de algunos gobiernos locales las han vendido en más de una ocasión a diferentes grupos, provocando un caos dentro de las organizaciones criminales.

Cuando el emisario de Los Pinos se reunió con Guzmán Loera, el capo ya había comenzado una pelea frontal con los Beltrán Leyva, sus primos y ex socios. Quizás por eso *El Chapo* le reveló al general *X*, en tono de queja, que el propio Juan Camilo Mouriño y su entonces coordinador de asesores en la Segob les vendieron a los Beltrán Leyva la plaza del Estado de México en 10 millones de dólares, el pequeño detalle es que eso ocurrió *después* de que la operación en dicha entidad ya había sido comprometida con Guzmán Loera. Mouriño habría hecho la transacción persuadido por el ex presidente municipal panista de Tlalnepantla y actual senador del Estado de México, Ulises Ramírez, a quien *El Chapo* describió como "un pillo". "El senador debe de haberse quedado por lo menos con un millón", pensó para sus adentros el general *X*.

Actualmente Ulises Ramírez aspira a ser candidato del PAN a la gubernatura del Estado de México en las elecciones de 2011.

Fuentes de información vinculadas con Mouriño confirmaron la versión, pero aseguraron que supuestamente el secretario de Gobernación ignoraba el acuerdo que Ulises Ramírez había hecho a su nombre.

Guzmán Loera le contó al enviado de la Presidencia que él y su clan acordaron con el gobierno federal que éste combatiera a sus antiguos socios, los Beltrán Leyva. El general *X* debió de sentirse muy desconcertado ante las afirmaciones que el capo le hacía cara a cara. Entendió, quizás tarde, que Mouriño lo había mandado a encontrar un arreglo a su propia falla, metiéndolo a él mismo en un callejón sin salida.

Por razones obvias, la reunión del general *X* con el narcotraficante fue breve, y por su propia seguridad el militar no ha contado el lugar donde se llevó a cabo. Cuando se despidieron, el enviado de Los Pinos tuvo una certeza: *El Chapo* hacía lo que se le venía en gana y no estaba dispuesto a perder su libertad por nada, costara lo que costara. ¿Y quién podía criticarlo? Él había hecho un negocio con alguien que le había puesto precio al país, lo único que el capo tuvo que hacer fue pagarlo, como es uso y costumbre desde hace décadas en México.

La verdad incómoda

El 1° de diciembre de 2006 el segundo presidente emanado del PAN, Felipe Calderón Hinojosa, tomó posesión. En su primer discurso como jefe del Poder Ejecutivo, pronunciado en el Auditorio Nacional, escenario del espectáculo más selecto en México, anunció que la prioridad número uno de su gobierno sería restituir la seguridad pública. Cuatro días después declaró formalmente la "guerra" contra la delincuencia organizada, que se convertiría en el principal ariete de su gobierno para ganar la aceptación de una sociedad urgida de legalidad.

"Tengan la certeza de que mi Gobierno está trabajando fuertemente para ganar la guerra a la delincuencia, de que se aseguren y respeten los derechos de cada quien, los derechos de propiedad y de inversión, de que se combata sin tregua la corrupción y se resguarden los derechos patrimoniales, de vida y de libertad de todos",[5] afirmó Calderón enfático.

Lo que nadie se explicaba era por qué había decidió enfrentar a la delincuencia organizada con los servidores públicos que habían fracasado en esa tarea: Eduardo Medina Mora y Genaro García Luna.

El primero fue un secretario de Seguridad Pública gris en el último año de la administración foxista, y con Calderón sirvió como un tibio procurador general de la República que nunca supo zafarse de la opresión de García Luna, al grado de que los dos primeros años su policía ministerial, la AFI, estuvo bajo el control de Genaro y no del suyo.

El segundo funcionario tuvo un dudoso desempeño en la AFI, impugnado de principio a fin por su equipo corrupto durante el sexenio de Vicente Fox. Y al frente de la SSP, en cuatro años se convirtió en un temido secretario de Estado dentro del gabinete, cuestionado por su súbita fortuna personal que supera los 40 millones de pesos en propiedades en la ciudad de México y Morelos, sin que hasta el momento haya podido justificar el origen de esos recursos con sus ingresos como servidor público.[6] En una

[5] Presidencia de la República, comunicado, 4 de diciembre de 2006.

[6] La autora ha realizó una larga investigación sobre las propiedades de Genaro García Luna publicada en *Reporte Índigo* en 2009 y 2010, evidenciando el enriquecimiento inexplicable del servidor público. Esos reportajes provocaron la detención ilegal de dos periodistas de la compañía de televisión TVC en

misiva enviada al Congreso, agentes federales que trabajaron con él lo acusaron de estar relacionado con el narcotráfico y de haber recibido amenazas directas de capos como Marcos Arturo Beltrán Leyva para que cumpliera sus acuerdos.[7] Además, sobre él se escriben numerosas leyendas, como la existencia de cuartos repletos de dinero y fastuosas propiedades en República Dominicana.

Algunos de los inexplicables bienes de García Luna son dos restaurantes llamados Café Los Cedros, que operan con el registro federal de contribuyentes de su esposa Linda Cristina Pereyra Gálvez. Uno se ubica en la colonia Paseos del Sur en Xochimilco, y el otro en Cuernavaca, Morelos. Los establecimientos funcionan como centros de operaciones paralelos a sus actividades como servidor público. En 2010 Café Los Cedros estuvo reclutando poligrafistas para trabajar en toda la República, tarea que nada tiene que ver con la actividad restaurantera, y sí con la policiaca, ya que estos profesionistas son los responsables de aplicar costosos exámenes de control de confianza en áreas de trabajo muy sensibles, principalmente en tareas de inteligencia, o incluso en puestos financieros, como en el Banco de México.[8]

2009, y de tres empleados de *Reporte Índigo* en 2010. Para tratar de hacer creer que el origen de sus bienes era lícito, el funcionario dijo que iba a denunciar a *Reporte Índigo* y a la periodista, lo cual no hizo.

[7] Carta enviada el 18 de noviembre de 2008 por un grupo de elementos de la AFI al entonces presidente de la Comisión de Seguridad Pública de la Cámara de Diputados de la LX Legislatura y a 49 legisladores más. Entre esos funcionarios estaban la presidenta de la mesa directiva, Ruth Zavaleta, y los coordinadores de cada fracción parlamentaria: Héctor Larios Córdova (PAN), Javier González Garza (PRD), Emilio Gamboa Patrón (PRI), Gloria Lavara Mejía (PVEM), Alejandro Chanona Burguete (Convergencia), Ricardo Cantú Garza (PT), Silvia Luna Rodríguez (Nueva Alianza) y Aída Marina Arvizu Rivas (Alternativa). La carta fue firmada con nombre, apellido, cargo y rúbrica de más de 50 elementos de la agencia. Hoy la AFI tiene el nombre institucional de Policía Federal Ministerial.

[8] *Reporte Índigo*, núm. 175. Reportaje realizado por la autora.

Aunado a esas actividades, en la sucursal de Xochimilco algunos de los miembros del equipo más cercano de García Luna en la SSP reciben sus equipos de radiocomunicación, como su hombre de confianza Roberto Reyna Delgado, quien ocupa una plaza de "director general" en la PFP. ¿Por qué habría de recibir Reyna Delgado un equipo personal en un establecimiento de García Luna? ¿Qué actividades extras realizará para el secretario?

Fuentes del gobierno de Estados Unidos aseguran que su servi-cio de inteligencia ha monitoreado propiedades de García Luna y han realizado escaneos satelitales en busca de dinero; se afirma que en una de sus propiedades fueron localizados 15 millones de dólares.

Desde principios de la administración de Felipe Calderón, la expresión "guerra contra el narcotráfico" se convirtió en la más recurrente de sus discursos. El 11 de diciembre de 2006 inició el primer movimiento de tropas del gobierno federal, y se llevó a cabo el Operativo Conjunto Michoacán en el que se desplegaron siete mil elementos del Ejército, Marina, PFP y AFI en dicho estado, entonces controlado principalmente por el cártel del Golfo.

El mando militar de esa primera batalla fue el general Manuel García Ruiz, nombrado por el secretario de la Defensa Nacional, Guillermo Galván Galván. Por parte de las fuerzas civiles, el responsable del operativo fue Gerardo Garay Cadena, designado por García Luna. Un año después, Garay Cadena y otros altos mandos de la SSP federal fueron denunciados por aparecer en videos recibiendo instrucciones de miembros de la organización de *El Chapo* Guzmán.

Durante los meses subsiguientes al inicio de su gobierno, Calderón siguió declarando sobre el tema:

> He dicho y reitero, es un problema tan arraigado en nuestro país y tiene tan hondas raíces que requiere tiempo, tomará mucho tiempo,

> tomará recursos económicos, importantes recursos económicos, lo que toma una guerra de esta dimensión, costará, como ha venido costando desde hace dos años y seguirá haciéndolo, por desgracia, vidas humanas.
>
> Pero tengan la plena seguridad, amigas y amigos, que el Estado mexicano, su gobierno, están firmemente decididos a librar esa batalla y no descansar hasta que recuperemos las plazas, las calles y las ciudades para que sean de los mexicanos y de los ciudadanos.[9]

Hasta agosto de 2010, ese costo de vidas humanas al que se refería Calderón fue de 28 mil personas ejecutadas. Si se apilara el cuerpo de cada una de esas personas vejadas, torturadas y asesinadas se podrían construir 27 columnas del horror, con la misma altura del rascacielos más grande del mundo, el Burj Khalifa de Dubai, que mide 828 metros.

Durante sus cuatro años de gobierno, el presidente de México no ha estado dispuesto a cambiar en nada su estrategia contra el narcotráfico, lo cual, conociendo las entrañas de las operaciones, alienta todo tipo de sospechas en torno al mandatario. Cuando ha sido cuestionado sobre el rumbo que ha tomado su mentada "guerra", Calderón amaga: o se está con él de manera incondicional y sin cuestionamientos, o se está en su contra. Lo anterior prácticamente ubica a sus críticos en el estatus de antipatriotas.

Uno de los medios de comunicación que más información documentada proporcionó sobre la presunta colusión de funcionarios públicos federales con la organización de Guzmán Loera desde los primeros días del actual sexenio fue la revista electrónica *Reporte Índigo*, que dirige el periodista Ramón Alberto Garza.[10]

[9] Presidencia de la República, comunicado, 27 de abril de 2007.

[10] Desde diciembre de 2006, la autora lideró las investigaciones de la revista electrónica sobre los presuntos vínculos de la organización de *El Chapo* con altos funcionarios del gobierno de Felipe Calderón.

Quizás por eso en más de una ocasión han salido desde Los Pinos expresiones para "aniquilar" a la publicación.

La información de *Reporte Índigo* fue corroborada día tras día por los hechos cotidianos. A lo largo del sexenio han caído los enemigos de *El Chapo* y su clan más cercano, mientras él ha hecho prepotente gala de su impunidad.

El 24 de febrero de 2010, en una conferencia de prensa donde se le cuestionó si su gobierno ha protegido a Guzmán Loera, el presidente Calderón estalló: "¡Es absolutamente falso!", y se explicó en los siguientes términos:

> A todos hemos combatido. A todos les hemos causado golpes importantes en su estructura operacional, financiera y de liderazgo. Es más, esa falsa acusación dolosa, y no sé con qué intenciones, además, que se hace al gobierno, cae por su propio peso. Hemos golpeado por igual tanto a los cárteles vinculados al Golfo de México como al del Pacífico mexicano.
>
> Es más, los líderes, los grandes capos o los grandes líderes de organizaciones criminales han sido prácticamente iguales en número de un lado y de otro. Me parece increíble que cuando estamos atrapando criminales de la talla de *El Teo*, por ejemplo, que es del cártel de *El Chapo* Guzmán, que es del cártel del Pacífico, se diga que el gobierno está encubriendo ese cártel, cuando se está extraditando a alguien como Vicente Zambada, se diga que el gobierno encubre a ese cártel. Es simplemente desconocimiento, en el mejor de los casos.

Una vez más, el mandatario fue consistente con la serie de engaños en torno a la política de Estado que ha aplicado al combatir a los capos mexicanos. Su supuesta guerra contra el narcotráfico era tan "real" como la que hace 20 años emprendió el presidente estadounidense Ronald Reagan, con los resultados conocidos.

Desde el inicio de su gobierno, la estrategia de Calderón contra los capos fue diseñada para favorecer a *El Chapo* Guzmán y a sus principales socios: *El Mayo* Zambada, Ignacio Coronel Villarreal y Juan José Esparragoza Moreno.

Hay evidencia documental de que la guerra de Felipe Calderón ha sido dirigida no contra los "narcotraficantes" en general, sino contra los "narcotraficantes" que son enemigos de *El Chapo* o que representan un riesgo para su liderazgo en el jugoso negocio. Desde 2007, su gobierno tenía información precisa sobre los domicilios de los principales narcotraficantes de México y sus familiares. En algunos casos incluso números telefónicos y de radio, cuentas bancarias y otros datos valiosos para asestar golpes certeros. Así lo prueban las fichas de cada capo elaboradas por la SSP federal, con el apoyo del Cisen, cuyo titular es Guillermo Valdés Castellanos.[11] Pero por los muy escasos resultados de esa "guerra contra el narcotráfico" pareciera que esos datos fueron empleados sólo para dar golpes de inútil propaganda política en los momentos de mayor cuestionamiento al gobierno federal.

La SSP planteó la estrategia contra el narcotráfico basada en unas "líneas de investigación" que definieron las prioridades en el combate a los capos durante el sexenio de Calderón. Esas prioridades fueron avaladas en reuniones en la Secretaría de Gobernación y la PGR. De acuerdo con la información de esas fichas, la SSP determinó como "prioridad estratégica 1" capturar al líder del cártel del Golfo, Ezequiel Cárdenas Guillén —hermano de Osiel Cárdenas Guillen—, y a Jorge Eduardo Costilla Sánchez, *El Coss*, su segundo al mando. Los únicos capos de *La Federación* con "prioridad estratégica 1", señalados desde el inicio del sexenio,

[11] La autora tiene en su poder copia de las fichas elaboradas por las dos instituciones, las cuales, de acuerdo con las propiedades informáticas de los documentos, fueron hechas en el Cisen, la Segob y la SSP.

fueron: Alfredo Beltrán Leyva, *El Mochomo*, Marcos Arturo Beltrán Leyva, *El Barbas*, y Edgar Valdés Villarreal, *La Barbie*.

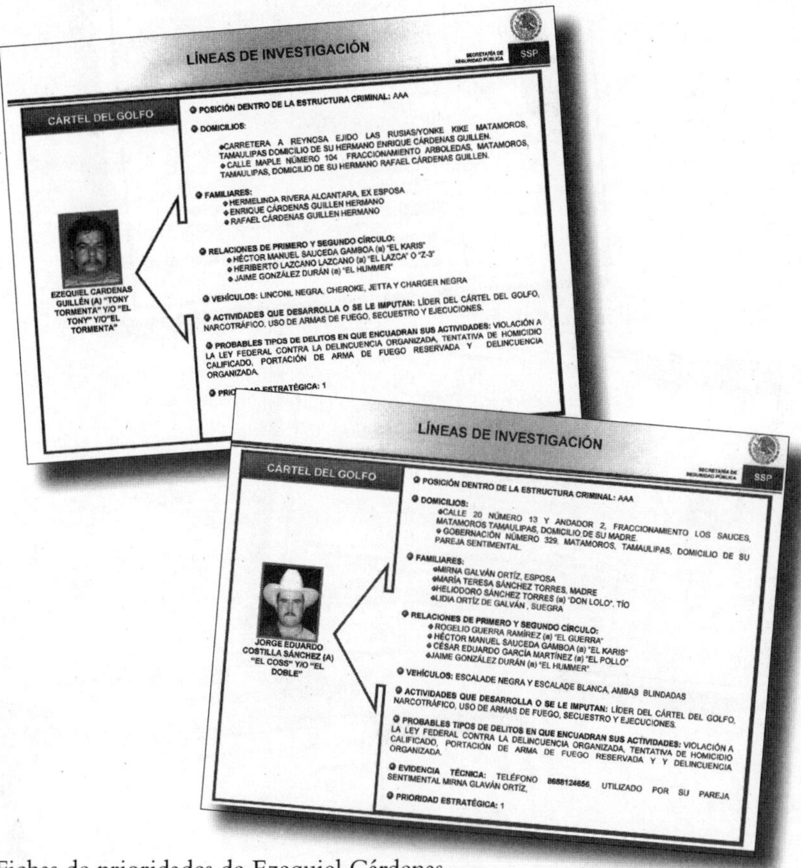

Fichas de prioridades de Ezequiel Cárdenas Guillén y Jorge Eduardo Costilla Sánchez.

En cuestión de poder, de todos sus socios el que representaba más riesgos para *El Chapo* era Marcos Arturo Beltrán Leyva y su grupo. *El Barbas* estaba comenzando a tener demasiada fuerza por cuenta propia. A Guzmán Loera tampoco le gustaba que las lealtades de su primo fueran más cercanas a Vicente Carrillo Fuentes que a él.

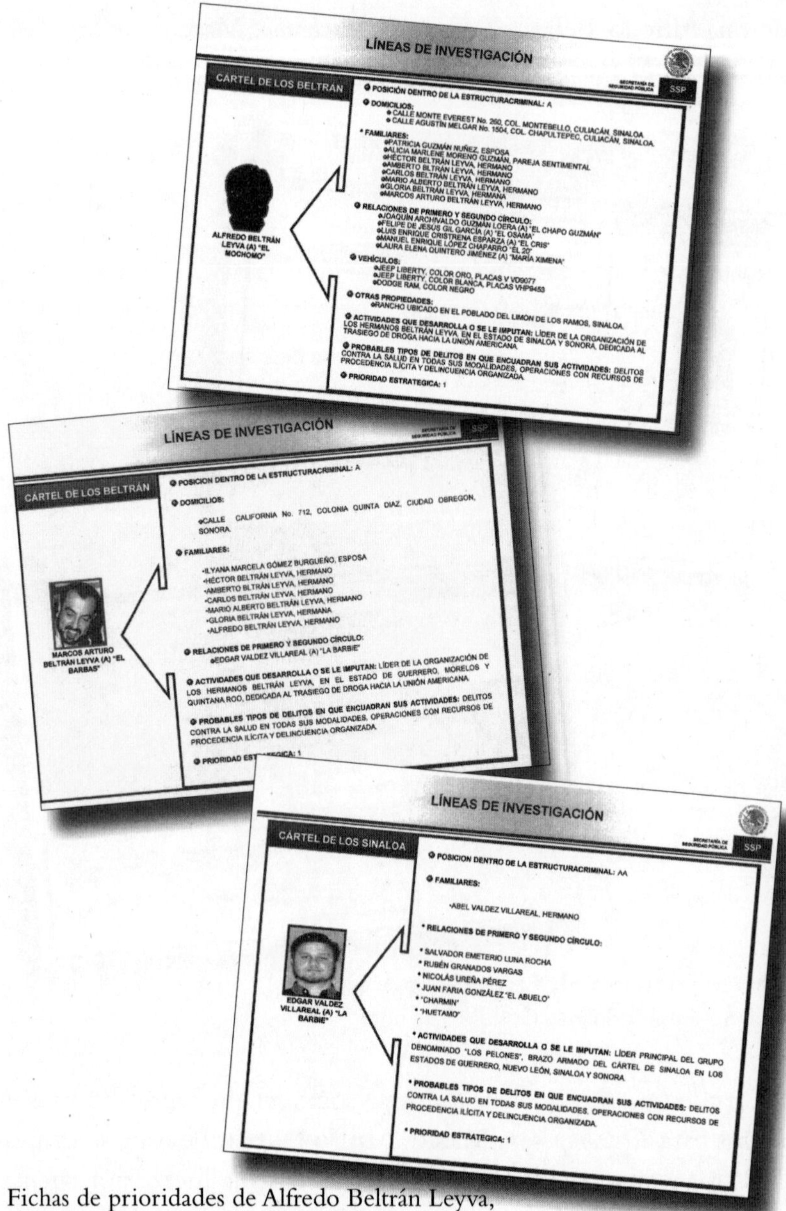

Fichas de prioridades de Alfredo Beltrán Leyva, Marcos Arturo Beltrán Leyva y Edgar Valdez Villarreal.

El asesinato de Rodolfo Carrillo Fuentes, ordenado por *El Mayo* Zambada y consentido por *El Chapo*, fue una herida que nunca cicatrizó. La relación de los líderes del cártel de Sinaloa con *El Viceroy* pendía de alfileres, y les daba temor la estrecha relación que *El Barbas* tenía con él. Aunque los Beltrán Leyva todavía eran parte de *La Federación* en 2007, todo indica que desde principios del sexenio de Calderón ya se olía la traición, sólo era cuestión de tiempo.

En contraste, Joaquín Guzmán Loera, Ismael Zambada García, Ignacio Coronel Villarreal y Juan José Esparragoza Moreno estaban catalogados como "prioridad estratégica 2", pese a que desde entonces ellos encabezaban a la organización de narcotráfico más poderosa del continente americano y con mayor presencia delictiva en Estados Unidos.

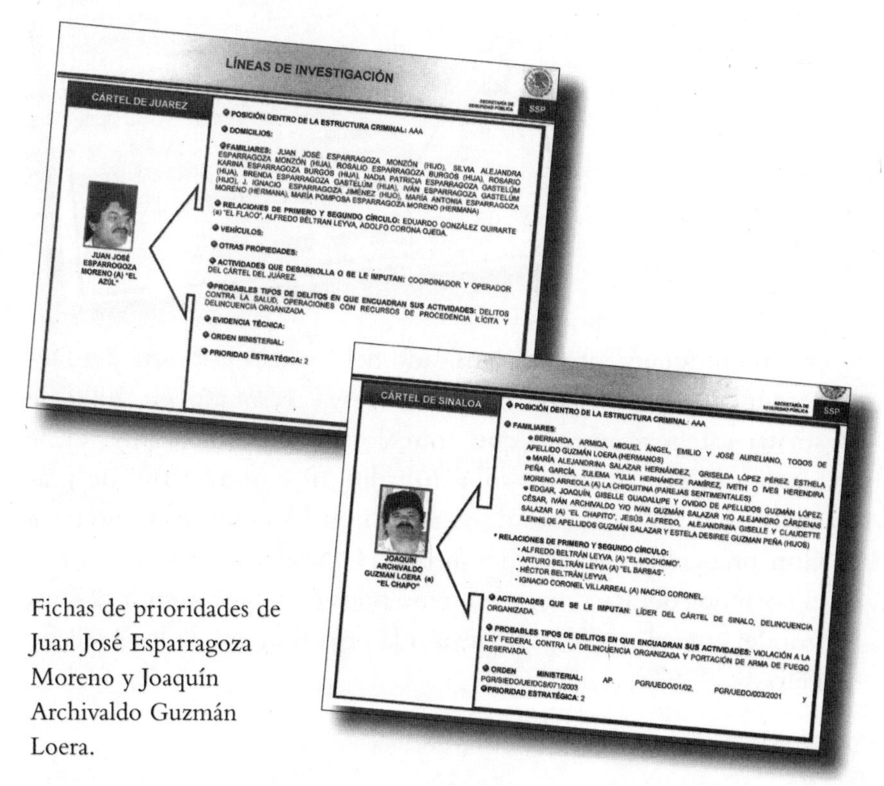

Fichas de prioridades de Juan José Esparragoza Moreno y Joaquín Archivaldo Guzmán Loera.

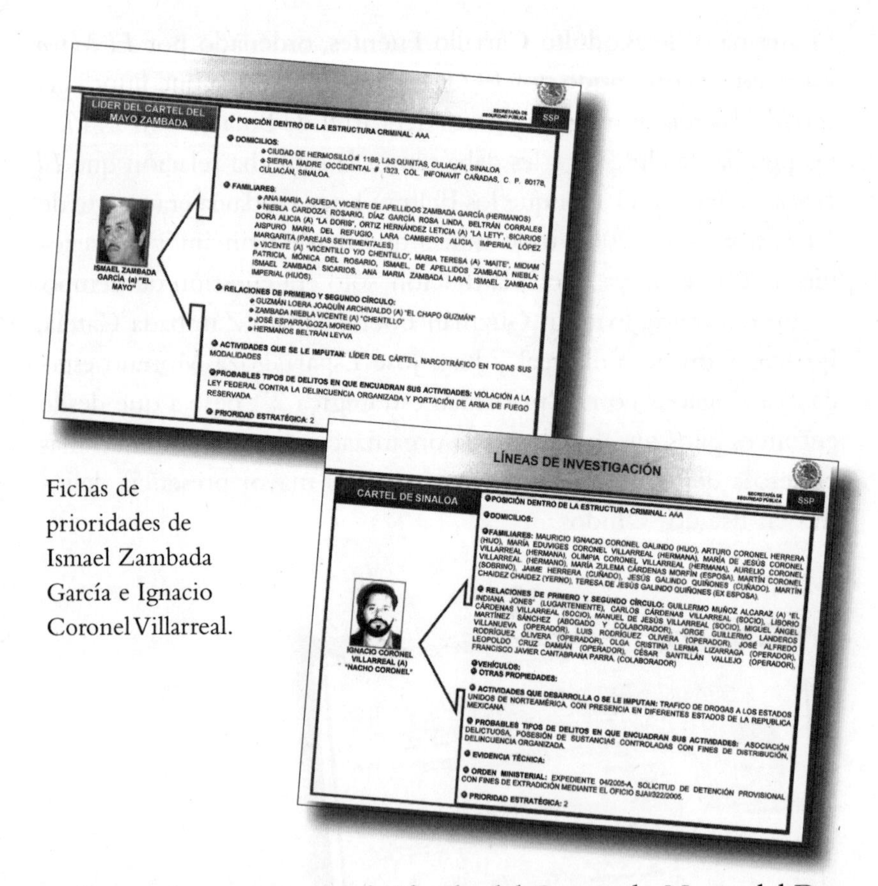
LIDER DEL CARTEL DEL MAYO ZAMBADA

SECRETARÍA DE SEGURIDAD PÚBLICA SSP

ISMAEL ZAMBADA GARCÍA (a) "EL MAYO"

- POSICIÓN DENTRO DE LA ESTRUCTURA CRIMINAL: AAA
- DOMICILIOS:
  - CIUDAD DE HERMOSILLO # 1168, LAS QUINTAS, CULIACÁN, SINALOA
  - SIERRA MADRE OCCIDENTAL # 1323, COL. INFONAVIT CAÑADAS, C. P. 80178, CULIACÁN, SINALOA
- FAMILIARES:
  - ANA MARIA, ÁGUEDA, VICENTE DE APELLIDOS ZAMBADA GARCÍA (HERMANOS)
  - NIEBLA CARDOZA ROSARIO, DÍAZ GARCÍA ROSA LINDA, BELTRÁN CORRALES DORA ALICIA (A) "LA DORIS", ORTIZ HERNÁNDEZ LETICIA (A) "LA LETY", SICARIOS AISPURO MARIA DEL REFUGIO, LARA CAMBEROS ALICIA, IMPERIAL LÓPEZ MARGARITA (PAREJAS SENTIMENTALES)
  - VICENTE (A) "VICENTILLO Y/O CHENTILLO", MARIA TERESA (A) "MAITE", MIDIAM PATRICIA, MÓNICA DEL ROSARIO, ISMAEL, DE APELLIDOS ZAMBADA NIEBLA; ISMAEL ZAMBADA SICARIOS, ANA MARIA ZAMBADA LARA, ISMAEL ZAMBADA IMPERIAL (HIJOS).
- RELACIONES DE PRIMERO Y SEGUNDO CÍRCULO:
  - GUZMÁN LOERA JOAQUÍN ARCHIVALDO (A) "EL CHAPO GUZMÁN"
  - ZAMBADA NIEBLA VICENTE (A) "CHENTILLO"
  - JOSÉ ESPARRAGOZA MORENO
  - HERMANOS BELTRÁN LEYVA
- ACTIVIDADES QUE SE LE IMPUTAN: LÍDER DEL CÁRTEL, NARCOTRÁFICO EN TODAS SUS MODALIDADES
- PROBABLES TIPOS DE DELITOS EN QUE ENCUADRAN SUS ACTIVIDADES: VIOLACIÓN A LA LEY FEDERAL CONTRA LA DELINCUENCIA ORGANIZADA Y PORTACIÓN DE ARMA DE FUEGO RESERVADA
- PRIORIDAD ESTRATÉGICA: 2

LÍNEAS DE INVESTIGACIÓN

CÁRTEL DE SINALOA

SECRETARÍA DE SEGURIDAD PÚBLICA SSP

IGNACIO CORONEL VILLARREAL (A) "NACHO CORONEL"

- POSICIÓN DENTRO DE LA ESTRUCTURA CRIMINAL: AAA
- DOMICILIOS:
- FAMILIARES: MAURICIO IGNACIO CORONEL GALINDO (HIJO), ARTURO CORONEL HERRERA (HIJO), MARÍA EDUVIGES CORONEL VILLARREAL (HERMANA), MARÍA DE JESÚS CORONEL VILLARREAL (HERMANA), OLIMPIA CORONEL VILLARREAL (HERMANA), AURELIO CORONEL VILLARREAL (HERMANO), MARÍA ZULEMA CÁRDENAS MORFÍN (ESPOSA), MARTÍN CORONEL (SOBRINO), JAIME HERRERA (CUÑADO), JESÚS GALINDO QUIÑONES (CUÑADO), MARTÍN CHAIDEZ CHAIDEZ (YERNO), TERESA DE JESÚS GALINDO QUIÑONES (EX ESPOSA).
- RELACIONES DE PRIMERO Y SEGUNDO CÍRCULO: GUILLERMO MUÑOZ ALCARAZ (A) "EL INDIANA JONES" (LUGARTENIENTE), CARLOS CÁRDENAS VILLARREAL (SOCIO), LIBORIO CÁRDENAS VILLARREAL (SOCIO), MANUEL DE JESÚS VILLARREAL (SOCIO), MIGUEL ÁNGEL MARTÍNEZ SÁNCHEZ (ABOGADO Y COLABORADOR), JORGE GUILLERMO LANDEROS VILLANUEVA (OPERADOR), LUIS RODRÍGUEZ OLIVERA (OPERADOR), JOSÉ ALFREDO RODRÍGUEZ OLIVERA (OPERADOR), OLGA CRISTINA LERMA LIZARRAGA (OPERADOR), LEOPOLDO CRUZ DAMIÁN (OPERADOR), CÉSAR SANTILLÁN VALLEJO (OPERADOR), FRANCISCO JAVIER CANTABRANA PARRA (COLABORADOR)
- VEHÍCULOS:
- OTRAS PROPIEDADES:
- ACTIVIDADES QUE DESARROLLA O SE LE IMPUTAN: TRAFICO DE DROGAS A LOS ESTADOS UNIDOS DE NORTEAMÉRICA, CON PRESENCIA EN DIFERENTES ESTADOS DE LA REPUBLICA MEXICANA
- PROBABLES TIPOS DE DELITOS EN QUE ENCUADRAN SUS ACTIVIDADES: ASOCIACIÓN DELICTUOSA, POSESIÓN DE SUSTANCIAS CONTROLADAS CON FINES DE DISTRIBUCIÓN, DELINCUENCIA ORGANIZADA.
- EVIDENCIA TÉCNICA:
- ORDEN MINISTERIAL: EXPEDIENTE 04/2005-A, SOLICITUD DE DETENCIÓN PROVISIONAL CON FINES DE EXTRADICIÓN MEDIANTE EL OFICIO SJAI/322/2005.
- PRIORIDAD ESTRATÉGICA: 2

Fichas de prioridades de Ismael Zambada García e Ignacio Coronel Villarreal.

En un documento desclasificado del Comando Norte del Departamento de Defensa estadounidense, elaborado en 2009, se afirma categóricamente que entre los cárteles mexicanos, el de Sinaloa es el más peligroso. Y lo califican como "cártel de granujas" que son la fuente de violencia en las ciudades fronterizas. Con preocupación advirtieron que el cártel de Sinaloa controla el corredor del Pacífico, y no tiene oposición para asumir el control del corredor que pertenecía a la organización de los Arellano Félix.[12]

[12] La autora tiene copia de dicho documento.

En consecuencia con la dudosa estrategia, la mayoría de los narcotraficantes detenidos por el gobierno federal son de bandos contrarios a la organización encabezada por Joaquín Guzmán Loera. Edgardo Buscaglia,[13] uno de los principales críticos de la guerra fallida del gobierno de Calderón, tiene las cifras claras: el experto en seguridad señala que de las 53 mil 174 detenciones realizadas durante los últimos cuatro años, ligadas ya sea con asociación delictuosa o delincuencia organizada, sólo 941 corresponden al cártel de *El Chapo* Guzmán.

Por si fuera poco, de esas detenciones, la mayoría de los casos se cae, o sea que la situación es aún peor, afirma Buscaglia: "Cuando dicen que detuvieron al hijo o al abuelo de *El Mayo* Zambada, o a quien sea, yo pregunto qué se deriva de esa detención. ¿Una sentencia condenatoria? ¿Un mapeo patrimonial de *El Chapo*, *El Mayo* o *El Azul* Esparragoza?" Los hechos avalan al incómodo asesor de la ONU. La protección del gobierno federal a Joaquín Guzmán Loera se palpa, se siente, y el mismo capo ha hecho alarde de esta situación.

Los primeros días de julio de 2007 *El Chapo* decidió "casarse" a plena luz del día, teniendo a elementos del Ejército mexicano como guaruras, y a narcos y políticos del PAN y el PRI como invitados.

La "boda" de *El Chapo*

Ese día de julio de 2007, en el municipio de Canelas, Durango, la banda Los Canelos calló. El rancho estaba rodeado de militares

[13] Edgardo Buscaglia, en su calidad de asesor de la ONU en materia de corrupción y delincuencia organizada, ha participado en misiones en Colombia, Italia y Afganistán. En febrero de 2010 concedió una entrevista exclusiva a la autora para la investigación en que se basa este libro.

con uniforme verde olivo. Durante unos segundos, la pareja que celebraba su unión con una fiesta donde imperó el derroche, pasó a un segundo término. Había llegado *El Rey del Cristal*, Ignacio Coronel Villarreal, el poderoso capo del lugar. El principal invitado de ese día en que la "realeza" oficiaba tan importante enlace.

El novio, de 53 años, era sin duda alguna el rey del narcotráfico en México. Ella, de apenas 18, era la más reciente reina de belleza de la Feria del Café y la Guayaba, que anualmente se celebra en el municipio de Canelas, un paradisiaco paraje rodeado por cascadas, ríos, bosques y toda clase de flores silvestres. Emma Coronel Aispuro, la más bonita de todas.[14]

Emma, el nuevo amor del capo, es hija de Blanca Estela Aispuro Aispuro e Inés Coronel Barrera. Su natural belleza, sin duda, la heredó de su joven madre. A lo largo de su vida, Guzmán Loera ha tenido una colección de mujeres: María Alejandrina, su primera esposa, Griselda Guadalupe, Yves Eréndira, la cocinera de Puente Grande, y la narcobelleza Zulema Yulia. Pero al parecer Emma es única a los ojos de *El Chapo*. Tras su coronación, el nombre que adoptó le va muy bien: Emma I. La joven con cara de niña es espigada, tiene cabello castaño oscuro medio rizado, hasta la media espalda, piel blanca, rostro ovalado, ojos melancólicos de color marrón, boca mediana y pómulos bien delineados.

El enlace no se trató propiamente de una boda, dice la hija de un viejo capo muy enterada del tema: "*El Chapo* no se puede casar porque nunca se ha divorciado de Alejandrina, su primera esposa". Lo que sí sucedió fue que el capo formalizó su unión y

[14] Desde principios de julio de 2007, la autora tuvo información proveniente de asistentes a la unión entre *El Chapo* Guzmán y Emma Coronel, quienes le narraron los detalles de lo que ahí ocurrió. Por su parte, la revista *Proceso* publicó el 3 de septiembre de 2007 un trabajo periodístico de Patricia Dávila sobre el mismo hecho. Las diferentes versiones presentan muchos puntos de coincidencia.

compromiso con Emma, quien es familiar de *Nacho* Coronel, uno de los socios más importantes de Joaquín Guzmán Loera en ese momento.

En cuanto *El Chapo* vio llegar a su socio y amigo, corrió a darle un fuerte abrazo de ésos que sólo se dan los hermanos. Era un día de fiesta. Hacía mucho tiempo que *El Chapo* no se sentía en paz, y no porque tuviera temor de que el gobierno federal lo pudiera detener, sino por la guerra iniciada por *La Federación* contra el cártel del Golfo hacía ya cinco años. Finalmente podía dedicarle unos momentos a su vida personal. Aunque ese día no todo fue celebración; la unión mucho tenía que ver con sus negocios.

El Chapo se manejaba a sus anchas en Canelas, donde el alcalde era el panista Francisco Javier Cárdenas Gamboa. En mayo de 2007, el funcionario se había visto envuelto en un escándalo, ya que los policías de su municipio fueron detenidos por el Ejército transportando varios kilos de goma de opio con un permiso firmado por él mismo.

Además del comensal estelar, *Nacho* Coronel, *El Chapo* invitó a su gente más cercana, al fin y al cabo debía celebrar en grande. No faltaron *El Mayo*, *El Azul*, los hermanos Beltrán Leyva y *La Barbie*. Enterados de la boda afirman que entre los políticos que acudieron a la fiesta se encontraba el senador del PAN Rodolfo Dorador, un joven cercano al presidente Felipe Calderón y ex candidato a la alcaldía de Durango en las elecciones de 2010 por la coalición Durango nos une, integrada por el PAN, el PRD y Convergencia, la cual por cierto perdió. Cuando le han preguntado a Dorador si es verdad que estuvo en la boda, el panista no lo niega, y si se lo reprocha alguien de su partido, suele responder enojado: "¿Y qué? Fox también se sentaba con *El Chapo*".

A la boda del capo también acudió el procurador general de Justicia de Sinaloa, Alfredo Higuera Bernal, quien después del reportaje publicado por *Proceso* convocó a una conferencia de prensa el 3 de septiembre de 2007 para negar el hecho, incluso aseveró que jamás había ido a Durango, sin embargo los asistentes al enlace aseguran que sí estuvo ahí.

Asimismo *El Chapo* invitó a Jesús Aguilar Padilla, gobernador de Sinaloa, quien no le hizo el desaire, como el gobernador de Durango, Ismael Hernández. Dicen que éste fue conminado al festejo pero que prefirió no ir para evitar controversias. En Durango se comenta que la relación es un poco masoquista, y que Guzmán Loera ha llegado a esperar a Hernández al interior de su casa sólo para regañarlo y recordarle que a él le tiene que contestar las llamadas cada vez que lo busque, que no se le olvide.

La fiesta duró hasta la noche, en tiempos de tregua el capo podía darse ese lujo. Sin embargo, no todo fue bien para el narcotraficante. Al poco tiempo, el evento se difundió públicamente, y eso lo enfureció. Las repercusiones por no haber cuidado que la información no se filtrara fueron brutales. Cárdenas Gamboa, quien terminó su periodo de gobierno el 31 de agosto de 2007, sufrió un atentado el 22 de septiembre de ese mismo año, a manos de dos tiradores, en plena capital de Durango. Al día siguiente fue levantado Reynaldo Jiménez García, el ex secretario del ayuntamiento de Canelas y dirigente del PAN en ese municipio, de quien no se supo más. En ese momento lo que menos necesitaba *El Chapo* eran los reflectores de los medios de comunicación. Apenas unas semanas antes de su unión con la reina de la Feria del Café y la Guayaba había acudido a un evento menos grato.

El pacto de Valle Hermoso

En junio de 2007 varios capos de *La Federación* y el cártel del Golfo celebraron una serie de reuniones en distintos puntos del país. El objetivo era determinar cómo demonios le pondrían fin a la guerra entre las dos organizaciones, que ya había durado casi cuatro años de forma ininterrumpida ocasionando miles de muertos.

Uno de los cónclaves se llevó a cabo en Tamaulipas, territorio de *Los Zetas*,[15] específicamente en una propiedad de Heriberto Lazcano, ubicada cerca del entronque de la carretera de Valle Hermoso con la carretera a Matamoros. Sólo un hato de locos se hubiera metido en la boca del león. Pues bien, *El Chapo* y compañía lo eran, pero además no había otra opción, ésa era una de las condiciones que se habían pactado: ya que los miembros de *La Federación* eran los "ofensores" y los del cártel del Golfo los "ofendidos", no había más que aguantar.

Había muchos resabios acumulados, pero para la mentalidad de *Los Zetas* el peor de todos era que mientras ellos se habían ganado su territorio "a sangre y fuego", *La Federación* contaba con "el apoyo del gobierno federal y de aquellos que los beneficiaron desde la cúpula de la AFI y la Secretaría Pública Federal".[16] El hecho de que no hubieran contado con "apoyo oficial" hacía que *Los Zetas* se sintieran invencibles, y con cierto dejo de ingenuidad llegaron a creer incluso que podían arrebatarle a la organización del Pacífico sus legendarios territorios de Jalisco y Sinaloa.

Por parte de *La Federación*, la reunión la encabezaron Joaquín Guzmán Loera, Vicente Carrillo Fuentes, Juan José Esparragoza Moreno, Ismael Zambada García, Ignacio Coronel Villarreal, Arturo y Héctor Beltrán Leyva, y su jefe de sicarios Edgar Valdez Villarreal, que por órdenes del cártel había iniciado la guerra en Nuevo Laredo.

[15] *Reporte Índigo*, 29 de junio de 2007. La autora tuvo acceso a fuentes de inteligencia vinculadas con el gobierno de Estados Unidos.

[16] Estos hechos fueron narrados por *Los Zetas* en una carta enviada a un alto funcionario del gobierno federal a principios del sexenio de Felipe Calderón, de la cual se tiene copia.

A pesar de que en 2002 *El Azul* les había sugerido a sus socios iniciar la guerra contra el cártel del Golfo, ahora por los altos costos para los dos grupos criminales él mismo había sido uno de los artífices del encuentro en Valle Hermoso, alentado, se dice, por un alto funcionario del gobierno federal, con la promesa de que no existiría persecución para nadie si había alto al fuego. A principios de 2007, *El Azul* ya había intentado lograr un pacto por medio de un agente del ministerio público federal[17] para llegar a una tregua, pero el cártel del Golfo, sobre todo el líder de *Los Zetas*, *El Verdugo*, se había mostrado reacio a firmar la paz. No confiaba ni un ápice en ellos, tampoco quería caer en el mismo error que había cometido su jefe, Osiel Cárdenas Guillén. "Con ellos nunca pactaremos", había respondido Lazcano. Finalmente, *El Verdugo* tuvo que sentarse a la mesa con sus enemigos, luego de que los hermanos Beltrán Leyva secuestraran a uno de sus primos. *El Azul* intervino para que le devolviera a su familiar sano y salvo antes del encuentro, como una señal de paz.

Por parte del cártel del Golfo asistieron Ezequiel Cárdenas Guillén y Heriberto Lazcano, quien fungió en el encuentro como una especie de portavoz. No estuvo presente Humberto García Ábrego, considerado un líder honorario del cártel del Golfo. Hacía mucho que el hermano de Juan García Ábrego no veía directamente los negocios del narcotráfico, sólo las ganancias.

La reunión de los principales líderes del narcotráfico en México, en medio de una de las guerras más cruentas de todos los tiempos, parecía algo impensable. Pero el negocio es el negocio. La beligerancia entre las organizaciones les estaba costando mucho dinero y muchas bajas; incluso los respectivos contactos de

[17] El 27 de abril de 2007 la autora reveló en *Reporte Índigo* información inédita sobre los intentos de negociación de una tregua entre los dos cárteles enemigos.

cada grupo en Colombia comenzaron a dudar si sus contrapartes mexicanas seguían siendo confiables. Según informes de inteligencia, en aquella época los envíos de cocaína de Colombia a México disminuyeron sensiblemente.

El momento del encuentro llegó. Era poco más del mediodía cuando Guzmán Loera arribó al lugar de la reunión. La tensión se expiraba por los poros. El cúmulo de afrentas mutuas era interminable. Los hombres estaban armados hasta el rabo pero sin el dedo en el gatillo. Cuando *El Chapo* estuvo frente a Heriberto Lazcano se hizo el silencio. "Si fuera puto, ya te hubiera cogido", dijo Guzmán Loera mirando al líder de *Los Zetas* con cierta sorpresa ante su juventud y figura atlética, y lo abrazó como sólo los hombres de la mafia son capaces de hacerlo con sus rivales. El hielo se había roto. Todos los presentes soltaron una sonora carcajada. No cabía duda de que por algo *El Chapo* era quien era, su *charming* para las relaciones públicas, incluso en los momentos de vida o muerte, resultaba aterradoramente notable.

El pacto inicial fue el cese a la violencia. Se acordó que se respetaría el territorio avanzado por cada cártel durante la guerra y que no se agrediría a las autoridades en los estados donde operaban. Así, el cártel del Golfo se quedaría con Tamaulipas, Coahuila, Veracruz, Tabasco, Campeche y Quintana Roo. Mientras que *La Federación* tendría Sonora, Sinaloa, Durango, Chihuahua, Nayarit, Jalisco, Guerrero, Guanajuato, Querétaro y Oaxaca. En entidades como Nuevo León, Michoacán, el Distrito Federal y el Estado de México, cada grupo se quedaría con la parte conquistada, compartiendo el territorio. Mientras que Aguascalientes, San Luis Potosí, Zacatecas y Puebla serían una especie de lugares neutrales. Además acordaron, a petición del gobierno federal, intentar acabar con el narcomenudeo y que la mayor parte de la droga saliera de México. De todos los acuerdos ése sería quizá el más difícil de cumplir. También convinieron que las dos organizaciones pagarían conjuntamente la protección del Estado, que a partir de entonces, se supone, sería para todos los bandos y ya no sólo para el clan de *El Chapo*.

El pacto de Valle Hermoso era en realidad un sueño guajiro. En la teoría de juegos de John Forbes Nash, premio Nobel de economía, un pacto de esta naturaleza es un asunto ilusorio. Era muy fácil que la tregua se rompiera debido a dos factores. El primero se relacionaba con el desgaste de compartir el territorio, sobre todo entre narcotraficantes que habían vivido una guerra de odio durante varios años. Una cosa era que los generales se pusieran de acuerdo y otra que la tropa obedeciera. El segundo factor era nada más y nada menos que al gobierno de Estados Unidos, le gusta hacer pactos, pero no que los demás los hagan a sus espaldas.

El encuentro en Valle Hermoso terminó en una bacanal, como suele ocurrir entre los narcos. Heriberto Lazcano se retiró del lugar con su acompañante, pero sus invitados se quedaron ahí ahogados en alcohol, música y prostitutas. Después de aquella reunión, se realizaron otras en Cuernavaca, y algunas más en la colonia Polanco de la ciudad de México para terminar de amarrar los acuerdos. Al poco tiempo se comenzó a respirar una frágil calma en las calles del territorio nacional. La cantidad de muertes disminuyó considerablemente: de diez ejecuciones al día se redujo a un promedio de ocho muertos a la semana.

La tregua no duraría mucho, la única palabra valedera entre los narcos es "traición". Si Guzmán Loera hubiera percibido que a la postre ese pacto significaría la peor de las guerras, jamás hubiera estrechado la mano de *El Verdugo*.

Heriberto Lazcano se entendió a las mil maravillas con Marcos Arturo Beltrán Leyva, su espíritu violento los hizo empatar a la perfección. Inclusive, se dice que en un accidente aéreo que tuvo *El Verdugo*, *El Barbas* llegó a rescatarlo en un helicóptero. Como signo de fraternidad, Marcos Arturo Beltrán Leyva comenzó a compartir con el líder de *Los Zetas* todo, hasta la protección de los funcionarios de la SSP que estaban al servicio de *La Federación*. Los que antes cazaban como perros a *Los Zetas*, ahora les pasaban la charola para recoger sus sobornos. Mientras tanto, el gobierno federal, corroído hasta lo más profundo, enaltecía una y otra vez en los discursos presidenciales la famosa "guerra contra el narcotráfico".

Con aroma de traición

Iniciaba el año 2008 y *El Mochomo* andaba alborotado. En general era un hombre prudente y muy precavido, pero ese día tenía la urgencia de ir a visitar a una de sus mujeres, la cual, se dice, era pariente de Guzmán Loera. Normalmente *El Mochomo* cargaba una Colt calibre .38, y se movía con un grupo de escoltas, pero para las cuestiones del amor prefería la privacidad. Su cita se llevaría a cabo en Culiacán, en la calle Juan de la Barrera número 1970 de la colonia Burócratas. Muy pocos sabían dónde se reuniría la pareja, mucho menos a qué hora.

El domingo 20 de enero de 2008 dos agentes de la AFI viajaron a la capital sinaloense para darle seguimiento a una supuesta llamada anónima, en la que se había revelado con suficiente tiempo de antelación dónde se encontraría *El Mochomo* ese día.

Desde 2007, la PGR y la SSP habían firmado un convenio de colaboración en el cual acordaron que la AFI estaría bajo las órdenes de la Secretaría de Seguridad, al igual que sus bienes, como armas, oficinas y bancos de información. Genaro García Luna tenía el proyecto de crear una corporación que conjuntara a la PFP con la AFI, bajo un solo mando: el suyo. El convenio firmado entre las dos dependencias representaba el primer paso hacia la nueva policía única, que llevaría el nombre de Policía Federal.

Los elementos de la AFI hicieron una inspección en el lugar a las 16:30 horas.[18] Estaban seguros de que ahí *El Mochomo* pasaría muchas horas de retozo, quizás las últimas en su vida. A las dos de la mañana los agentes regresaron acompañados por elementos del Ejército mexicano. Algo, o alguien, hizo que *El Mochomo* abandonara la casa de su amiga justamente a esa hora. Se abrió el portón eléctrico de la propiedad y Alfredo Beltrán Leyva salió a bordo de una camioneta BMW blanca, con sólo tres escoltas: José Wistecindo Barraza de 38 años, mandadero de *El Mochomo*; Flavio Manuel Castro León de 26 años, profesor de educación física, y Javier Hugo Urtiz, de 27 años, licenciado en ciencias de la comunicación

El narcotraficante, que iba sentado en la parte trasera del vehículo del lado del conductor, se quedó lívido cuando inmediatamente varios agentes les marcaron el alto. Estaban tan seguros de que aquello era una equivocación, que todos salieron del vehículo sin empuñar sus armas. El último en bajar fue Alfredo Beltrán Leyva, quien confiado dio su nombre real y ni siquiera estuvo tentado a usar su pistola. Debía de tratarse de un error o una pantomima de esas que armaban sin mayores consecuencias. Alfredo era el que pagaba los sobornos a los viejos jefes de la AFI, que ahora estaban en la SSP, pero que igual seguían mandando en la corporación.

Los agentes le mostraron una orden de presentación. *El Mochomo* no entendía lo que ocurría, en un instante todo se fue al diablo. Enseguida le incautaron un AK 47, cinco armas cortas, cartuchos y cargadores de diferentes calibres, un chaleco antibalas y tres maletas de viaje con 950 mil dólares —poco dinero para un capo de su envergadura—. Además, en el automóvil encontraron joyas por un valor de cinco millones de pesos, entre las que había 18 relojes

[18] Parte informativo del 21 de enero de 2008, causa penal 15/2008-IV, de la cual se tiene copia.

Rolex, Dior y Chopard de platino y oro con incrustaciones de piedras preciosas, anillos con esmeraldas y diamantes, y cinco espectaculares rosarios que le quitarían el aliento a cualquiera.

Los narcotraficantes suelen usar imágenes religiosas u objetos religiosos como si fueran patas de conejo de la buena suerte. Los rosarios que llevaba *El Mochomo* eran una auténtica obra de arte, unos eran de oro con perlas negras, otros con crucifijos de oro blanco e incrustaciones de diamantes; también había medallas con imágenes religiosas y crucifijos con brillantes. Entre todas las deslumbrantes joyas destacaba un sencillo escapulario negro, pero ese día no habría devoción ni oración que librara al capo de su condena.

Todo aquello olía a una sucia traición, el pan de cada día de los hombres de su clase. A los 37 años de edad, *El Mochomo* no imaginaba su vida tras las rejas. Las razones de su detención poco tenían que ver con la justicia y mucho con la envidia de su primo *El Chapo* Guzmán. Hecho que su hermano Marcos Arturo tardó poco en descubrir. Los Beltrán Leyva habían ido escalando posiciones dentro de *La Federación* hasta alcanzar un nivel tan alto que provocó recelos. Su ascenso se debió a que por medio de ellos la organización criminal había conseguido muchos contactos; de esta forma, los Beltrán Leyva establecieron una relación cada vez más frecuente con las autoridades municipales, estatales y federales de los lugares donde operaba el cártel. De alguna manera, *El Chapo* había sido desplazado y ya no era el único vehículo de acercamiento del cártel con el gobierno, como lo fue desde su fuga.

La tregua pactada en 2007 también había fortalecido a los Beltrán Leyva. Era Marcos Arturo el que tenía el contacto con *Los Zetas*, con quienes comenzaba a negociar sus propios cargamentos de droga sin avisarle a nadie. Esa relación hizo que *El Barbas* se sintiera más poderoso, y para demostrarlo incurrió en excesos. La gota que derramó el vaso fue un desacuerdo entre *El Chapo* y

El Barbas por el manejo del aeropuerto de la ciudad de México, donde gracias al equipo de García Luna tenían libertad para bajar por avión la droga y el dinero que quisieran.

Todo narco de la organización del Pacífico sabía que desde hacía mucho tiempo *El Mayo* Zambada manejaba el AICM, ése es su coto de poder, donde descansa una importante porción de su predominio en el cártel. En 2007 la plaza del Distrito Federal la operaba Reynaldo Zambada García, *El Rey*, hermano de *El Mayo*, con la ayuda de Marcos Arturo Beltrán Leyva y sus hermanos, así como de Sergio Villarreal, *El Grande*, quien se trasladó de Durango a la ciudad de México.

El Grande se volvió jefe operativo y empezó a ejecutar gente a diestra y siniestra. Hombre violento y de pocas palabras, ajusticiaba personalmente sin dar muchas explicaciones. En diciembre de 2007, cuando llegó al aeropuerto un embarque de seudoefedrina que le pertenecía a *El Chapo* Guzmán, Sergio Villarreal no le permitió sacarlo y le dijo que tenía que pedirle permiso a *El Barbas*. Guzmán Loera se molestó mucho y tuvo un encuentro en Culiacán con *El Mayo* Zambada y Marcos Arturo para poner las cosas en orden.

Curiosamente, *El Mayo* le dio la razón a Marcos Arturo y le dijo a Guzmán Loera que no había problema, sólo tenía que avisarle cuando quisiera pasar mercancía. El hermano mayor de los Beltrán le dijo a *El Chapo* que su gente no había identificado a su personal y que no podían dejar entrar a cualquiera, que le avisara antes de pasar algo y con mucho gusto lo ayudaba. *El Chapo* se sintió un idiota, se quedó muy molesto, pero como es su estilo se aguantó. El incidente trascendió entre los miembros de *La Federación* porque *El Mochomo* comenzó a presumir el evento. Pronto, *El Chapo* convenció a *El Mayo* de su error al apoyar a su primo, y entre los dos acordaron darle una lección a los Beltrán Leyva que sirviera como escarmiento a los demás integrantes de la organización.

El mismo día de la detención de *El Mochomo*, la PFP —dirigida por Genaro García Luna en su calidad de secretario de Seguridad— realizó sorpresivos cateos a tres casas de *El Barbas* en la ciudad de México: en San Ángel, en Romero de Terreros y en el Pedregal de San Ángel. Marcos Arturo se salvó de ser detenido gracias al maldito tráfico vehicular de la ciudad de México, si el personal de la SSP hubiera llegado antes lo habrían aprehendido. *El Barbas* no tardó mucho en entender que el autor de la detención de su hermano menor había sido *El Chapo*. Además de la rabia, algo más le habrá dolido a Marcos Arturo Beltrán Leyva, al parecer a su primo se le había olvidado que fue él quien durante años le había mandado dinero a Puente Grande, con el que se dio una vida de rey; también olvidó que se habían vuelto consuegros desde que una hija suya se casó con un hijo de Guzmán Loera.

"*El Chapo* es un gran traidor, si pudiera, traicionaría hasta a su madre", seguramente en la cabeza de *El Barbas* retumbaron las palabras que Pablo Tostado Félix había dicho desde el Centro de Readaptación Social de Irapuato en 2005. En ese momento de crisis y definición, la cabeza del clan de los Beltrán Leyva tuvo un aliado incondicional: Heriberto Lazcano Lazcano. De inmediato, *El Verdugo* le facilitó a Marcos Arturo a su abogado de mayor confianza para que llevara el caso de su hermano, eso terminó de sellar su hermandad. La fuerza de *Los Zetas* ayudó a *El Barbas* a tomar la drástica decisión: romper con *La Federación* y vengar la captura de su hermano menor.

Vicente Carrillo Fuentes, Sergio Villarreal, Edgar Valdez Villarreal y el cártel del Golfo se aliaron con el líder del clan de los Beltrán Leyva. Entendieron que si *El Chapo* y *El Mayo* fueron capaces de entregar a Alfredo y de intentar que cayera *El Barbas*, los que seguían eran ellos. *La Barbie* y *El Verdugo*, los dos brazos armados, nunca se entendieron del todo bien, pero quedaron juntos en una misma organización y con un mismo propósito: acabar con

Guzmán Loera y su clan. Así, se generaron dos grandes bandos de narcotraficantes en México: el cártel de Sinaloa, encabezado por *El Chapo* y *El Mayo*, y el cártel de los Beltrán Leyva, unidos al cártel de Juárez, al del Golfo y a lo que quedaba del cártel de Tijuana. La ruptura en el núcleo de *La Federación* traería una guerra nunca antes vista en el país, una sangrienta contienda sin cuartel, de la cual nadie estaría a salvo.[19]

El quiebre en el grupo que durante los últimos siete años había sido protegido por las principales instituciones federales de seguridad y justicia, Ejército, Marina, PGR, AFI y SSP federal, provocó otro quiebre igual de violento en el interior de esas dependencias. Los servidores públicos que trabajaban para los narcotraficantes, a nivel federal, estatal y municipal, tuvieron que pasar por la prueba del ácido. Eran como los hijos de un matrimonio que súbitamente había llegado a su fin e irremediablemente tenían que elegir si se quedaban con melón o con sandía. Muchos funcionarios públicos corruptos terminaron atrapados entre ambos bandos y no libraron las balas.

Las advertencias fueron explícitas. A finales de mayo de 2008, en Culiacán apareció una manta con una tétrica inscripción: "ESTO ES PARA TI AGUILAR PADILLA [el gobernador del estado], O TE COMPONES O TE COMPONGO. TODO ESE GOBIERNO DEL *MAYO* Y *EL CHAPO* SE VA A MORIR". Algunos días antes, el gobernador, a quien se le acusa de estar involucrado con la organización de *El Chapo* y *El Mayo*, había recibido una llamada anónima en la que le decían que supuestamente uno de sus hijos había sido asesinado. En las calles de la capital sinaloense, Marcos Arturo Beltrán Leyva empezó a dejar mantas por doquier que se convirtieron en una especie de periódico mural del crimen: "SOLDADITOS DE PLOMO, FEDERALES DE PAJA, ÉSTE ES TERRITORIO DE ARTURO BELTRÁN". Nadie hace más

[19] *Reporte Índigo*, 7 de febrero de 2008. Reportaje realizado por la autora.

daño de manera más certera que un amigo convertido en enemigo. La disputa entre *El Chapo* y *El Barbas* era a muerte. Los primeros golpes fueron para el equipo de Genaro García Luna.

Los dos Edgar

El 1° de mayo de 2008 Francisco Javier Hernández Zamorano, recién nombrado subdelegado de la AFI en Ciudad Victoria, Tamaulipas, fue levantado por un grupo de sujetos fuertemente armados y con uniformes de la AFI. Acababa de dejar el cargo de jefe regional de la AFI en Cancún, Quintana Roo. Al otro día su cuerpo fue encontrado ejecutado afuera del estadio Banorte en Culiacán, pero en el papeleo burocrático del Semefo, donde los muertos se cuentan por cientos, fue entregado a otra familia. Como sus parientes y las autoridades lo seguían buscando, siete días después alguien colocó una manta en la reja del estadio como si hubiera sido escrita por la víctima: "YA NO ME BUSQUEN EN TAMAULIPAS, PORQUE ME TRAICIONARON Y MATARON AFUERA DEL ESTADIO BANORTE DE CULIACÁN EL 2 DE MAYO".

Desde hacía por lo menos un año, Hernández Zamorano trabajaba para *La Federación* permitiendo el descenso de aviones cargados de droga o dinero en el aeropuerto internacional de Cancún, con la complicidad de su segundo de a bordo, José Luis Soledana Ortiz, quien ya había sido asesinado en noviembre de 2007, y Edgar Octavio Ramos Cervantes, agente de la AFI adscrito a Cancún. Era sólo el comienzo.

La madrugada del 8 de mayo de 2008 García Luna recibió un mensaje más directo. En la calle de Camelia número 132, en una vecindad del barrio de Tepito de la ciudad de México, fue ejecutado de nueve tiros su muy cercano amigo y uno de sus hombres de mayor confianza y poder: Edgar Eusebio Millán Gómez.

Además de ser supuestamente uno de los comandantes más preparados, tenía una especialización como observador policial para misiones de paz en las Naciones Unidas, y era el contacto de la SSP con el gobierno de Estados Unidos para realizar intercambios de información sensible. Días antes, Millán había sufrido un atentado en el edificio de la PFP de Periférico sur, perpetrado por un francotirador con mala puntería. No era un asunto menor, Millán ocupaba el tercer cargo en importancia de la SSP después del secretario García Luna y de Facundo Rosas, subsecretario de Inteligencia Policiaca, ya que era comisionado interino de la PFP y al mismo tiempo tenía el cargo de coordinador general regional.

En la colonia Guerrero, donde fue asesinado, Millán era conocido desde que su familia llegó a vivir ahí hacía más de 10 años. Cuando lo mataron, vecinos de Tepito comentaron que los hermanos del comandante "operan" —no se animaron a decir qué— en algunas cuadras del perímetro.[20] La calle de Camelia es una de las más calientes del barrio por la intensa venta de drogas al menudeo que ahí se lleva a cabo. Dicen que frente al inmueble donde los padres de Millán tenían algunos departamentos, hay una *tiendita* en la que se vende droga; a unas cuantas casas también hay un conocido prostíbulo. No obstante, el comisionado de la PFP era muy respetuoso con sus vecinos, y su frecuente presencia en el lugar no los desalentaba a seguir delinquiendo.

En medio de la tragedia, de las oficinas de Genaro García Luna se filtró a los medios de comunicación una información que rayaba en lo ridículo, ya que se empeñaron en hacer pasar a Millán como todo un *action hero* de carne y hueso.

Según el relato de uno de sus escoltas, el comisario Edgar Millán, a pesar de tener nueve impactos en el cuerpo, intentaba

[20] En su momento, la autora se reunió con líderes sociales y comerciantes del barrio para conocer los antecedentes de Edgar Eusebio Millán y su familia en la zona.

hablar por radio, y al ver sometido a su agresor se abalanzó contra él y le preguntó a gritos: "¿Quién te contrató? ¿Quién me mandó matar?" Aun malherido, supuestamente Millán abordó por su propio pie la ambulancia que lo llevó a recibir atención médica al hospital Metropolitano. Aunque García Luna quería que esa versión quedara en el expediente, Noé Ramírez Mandujano, el titular de la SIEDO, les rebotó el parte informativo a los compañeros de Millán y les dijo que escribieran algo real y creíble, no una "idiotez" como ésa.

Todos se encargaron de convertir al comandante Millán en un héroe. En sus condolencias públicas, la Presidencia de la República afirmó: "El gobierno de México expresa su más sentido pésame ante el cobarde asesinato de un funcionario ejemplar comprometido con la seguridad de las familias mexicanas, como lo fue Edgar Eusebio Millán". García Luna clamó por la muerte de su amigo y cómplice: "El país perdió a uno de sus más valiosos hombres, un profesional de la seguridad al servicio de la nación, quien era originario del Distrito Federal, egresado de la carrera de derecho por la Universidad del Valle de México. Descanse en paz, con el honor del deber cumplido, Edgar Millán Gómez".

Parecía que el deceso de Millán ameritaba luto nacional. El propio embajador de Estados Unidos en México, Tony Garza, no pudo abstenerse de la conmoción del evento, y en un comunicado expresó lo siguiente:

> Me entristece profundamente el asesinato de Edgar Millán Gómez, coordinador de Seguridad Regional de la Policía Federal Preventiva. Abatido por criminales en la plenitud de su vida, el señor Millán fue ejemplo de las normas más altas de profesionalismo y de una amplia dedicación al servicio público [...]
>
> México ha perdido a otro héroe. Se ha perdido otra vida y esto provoca indignación a todos los que admiramos y respetamos a los

miles de oficiales que sin egoísmo dedican sus vidas a mejorar su país.

Por lo señalado por las autoridades en torno a Millán, parecía que los reportes negativos sobre su persona, acusándolo de corrupción y complicidad con delincuentes, eran sólo habladurías. Ahora la sala de prensa de las oficinas de la SSP federal lleva el nombre de Edgar Eusebio Millán, emulando lo que hizo la DEA en el Centro de Inteligencia de El Paso (EPIC, por sus siglas en inglés) dedicándole las instalaciones de la dependencia a su agente caído en el combate a las drogas en 1985: Enrique Camarena Salazar. ¿En verdad tendrían tanto en común Edgar Millán y Enrique Camarena?

La reacción de la SSP ante el homicidio de Millán se dejó sentir. El 9 de mayo en el noticiero radiofónico de las 15:30 horas de Ciro Gómez Leyva —periodista cercano a García Luna— se informó que *El Mochomo* y dos personas más habían sido asesinadas en el interior del penal de máxima seguridad en Puente Grande, controlado por esa oficina gubernamental. La SSP desmintió públicamente la muerte de Alfredo Beltrán Leyva pero mantuvo en la zozobra a los familiares, quienes habían ido a pedir que los dejaran ver al preso o que les notificaran sobre su estado de salud. Después de unos días de hermetismo, a la SSP no le quedó más remedio que presentarlo a los parientes. Cuando eso sucedió las huellas de la golpiza que *El Mochomo* había recibido en el penal ya habían menguado.

El 8 de mayo de 2008, a las ocho de la noche, con fusiles AK 47 y una bazuca que destruyó 50 vehículos, según contaron las crónicas del suceso, fue ejecutado Edgar Guzmán López, de 22 años de edad, hijo de *El Chapo* y Griselda Guadalupe López, en el estacionamiento de la plaza comercial City Club en Culiacán. Con él murió Arturo Meza Cázares, hijo de Blanca Margarita Cázares Salazar, conocida como *La Emperatriz*, operadora financiera de *El Mayo* Zambada.

El cuerpo del joven aprendiz de capo quedó tendido bocabajo sobre el pavimento de la calle envuelto en un velo de sangre frente al Autocenter Bridgestone de la plaza comercial. Un mes después en ese mismo lugar fue erigida una cruz de hierro montada sobre otra cruz de cantera con pedestal del mismo material con la inscripción "SIEMPRE LOS AMAREMOS". El dolor de *El Chapo* Guzmán fue profundo. Y estaba seguro de que Marcos Arturo había ordenado la ejecución de su hijo para cobrar venganza.

Cuando Joaquín Guzmán Loera supo la verdad, ya no había nada que hacer. Según cuentan los que conocen desde adentro el clan de *El Mayo* Zambada, no fueron los Beltrán Leyva quienes asesinaron a Edgar Guzmán López, sino que su muerte fue producto de uno de esos típicos *topones*[21] que han cobrado muchas vidas de manera fortuita en los últimos años.

Dicen que la noche del 8 de mayo uno de los lugartenientes de Zambada García, conocido como *La Sombra*, estaba haciendo su acostumbrado rondín en Culiacán. La guerra desatada por los Beltrán Leyva y los Carrillo Fuentes contra el cártel de Sinaloa había puesto el ambiente muy tenso y existía la orden de *disuadir* sin previo aviso a cualquier grupo de hombres que se reuniera en las calles durante la noche.

La Sombra detectó a varios sujetos armados que lo vieron de manera sospechosa. En vez de aclarar las cosas, Edgar Guzmán López tomó una actitud de enfrentamiento y, junto con sus amigos, fue atacado por el lugarteniente de *El Mayo*, quien por supuesto no

[21] Término que se emplea en el argot de los narcotraficantes para referirse a los enfrentamientos callejeros provocados por asuntos fortuitos, como una mirada, una actitud o simplemente porque se cayeron mal.

sabía que se trataba del hijo de *El Chapo*. La aclaración, dicen, no provocó una ruptura entre *El Mayo* y su socio, eran gajes del oficio, pero tampoco detuvo la guerra campal contra Marcos Arturo Beltrán Leyva y sus aliados.

En aquellos días el gobierno de Estados Unidos estaba muy preocupado por la escalada de violencia en México, y le inquietaba que los grupos criminales atentaran contra funcionarios del gabinete de Felipe Calderón. Sus temores se harían realidad en unos meses.

El narcohéroe

El 9 de mayo de 2008 seis policías federales vestidos de azul marino cargaron el pesado féretro de Edgar Millán en la explanada de las lujosas oficinas de la SSP federal en la avenida Constituyentes de la ciudad de México. El ataúd fue envuelto con la bandera nacional como si se tratara de un héroe. El presidente Felipe Calderón; Genaro García Luna; el secretario de Gobernación, Juan Camilo Mouriño; el secretario de la Defensa Nacional, Guillermo Galván Galván; el secretario de Marina, Mariano Saynez Mendoza, y el procurador general de la República, Eduardo Medina Mora, montaron solemnes guardia de honor para el comandante caído. Esa imagen será recordada como una de las más emblemáticas de lo que realmente es la "guerra contra el narcotráfico" emprendida por el gobierno federal, un teatro donde *nada de lo que parece es*. La historia real sobre Millán estaba muy lejos de todos esos honores rendidos a su persona.

En junio de 2007 Marcos Arturo Beltrán Leyva mandó llamar a dos altos funcionarios de la SSP federal para darles instrucciones. La reunión se llevó a cabo en una de sus residencias de Cuernavaca, donde *El Barbas* pasaba la mayor parte del tiempo. Para su encuentro con los federales convocó a su hermano menor Alfredo. El propósito de la cita era notificarles sobre los nuevos acuerdos a los que recién había llegado *La Federación* y el cártel del Golfo en la tregua pactada. Joaquín Guzmán Loera y los integrantes del clan giraban nuevas órdenes a la SSP federal: que ya no capturaran a los integrantes del cártel del Golfo y que de entonces en adelante los protegieran de la misma forma en que lo habían hecho con ellos.

Marcos Arturo Beltrán Leyva grabó todo el encuentro en audio y video. En las cintas se distinguen claramente los rostros de Edgar Millán, que entonces era comisionado interino de la PFP y coordinador general de Seguridad Regional, y de Gerardo Garay Cadena, quien se desempeñaba como jefe de supervisión de la zona centro de la PFP, y según la SSP tenía "triple blindaje anticorrupción" al haber pasado los exámenes de confianza del Cisen, de la DEA y de la propia Policía Federal. Así lo expuso con contundencia el testigo protegido José Salvador Puga Quintanilla, ex integrante del cártel del Golfo al que la PGR le dio la clave *Pitufo* en su declaración ministerial realizada el 9 de marzo de 2009.

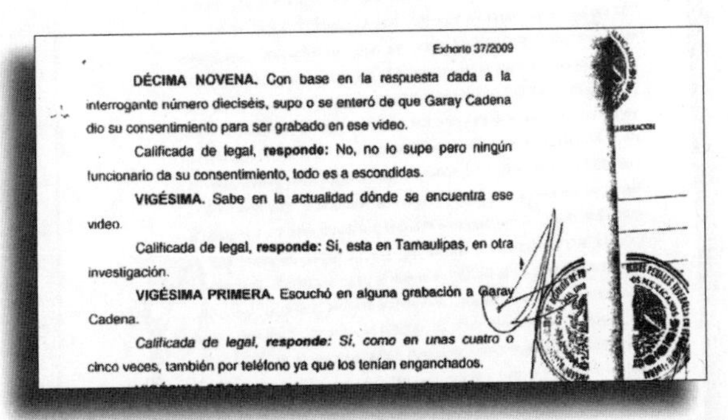

Exhorto 37/2009

DÉCIMA NOVENA. Con base en la respuesta dada a la interrogante número dieciséis, supo o se enteró de que Garay Cadena dio su consentimiento para ser grabado en ese video.

Calificada de legal, **responde:** No, no lo supe pero ningún funcionario da su consentimiento, todo es a escondidas.

VIGÉSIMA. Sabe en la actualidad dónde se encuentra ese video.

Calificada de legal, **responde:** Sí, esta en Tamaulipas, en otra investigación.

VIGÉSIMA PRIMERA. Escuchó en alguna grabación a Garay Cadena.

Calificada de legal, ***responde:*** *Sí, como en unas cuatro o* cinco veces, también por teléfono ya que los tenían enganchados.

Declaración ministerial de José Salvador Puga Quintanilla, testigo protegido con clave *Pitufo*, realizada ante el ministerio público el 9 de marzo de 2009. La parte correspondiente a la cita. El testigo protegido aseguró que el video se encuentra en Tamaulipas "en otra investigación".

Ni Millán ni Garay conocían la afición de *El Barbas* de tomar fotografías y hacer grabaciones de los encuentros con los funcionarios federales; desde 2005, Millán, Garay Cadena e Igor Labastida aparecían en videos, fotos y grabaciones recibiendo sobornos de la organización encabezada por Joaquín Guzmán Loera, detalló el testigo protegido. Por su parte, Sigifredo Talamantes Nájera, alias *El Canicón*, miembro de *Los Zetas*, realizó durante varios años tareas de inteligencia para conseguir pruebas sobre la protección del gobierno federal a la organización del Pacífico.

En su declaración ministerial, *Pitufo* afirmó:

> La gente de los tres niveles de policía, federales, municipales y estatales trabaja para diferentes organizaciones, pero siempre trabajaba más para una, como en este caso, en ese tiempo trabajaba más para lo que era el grupo de los Beltrán Leyva y *El Chapo* Guzmán, por eso

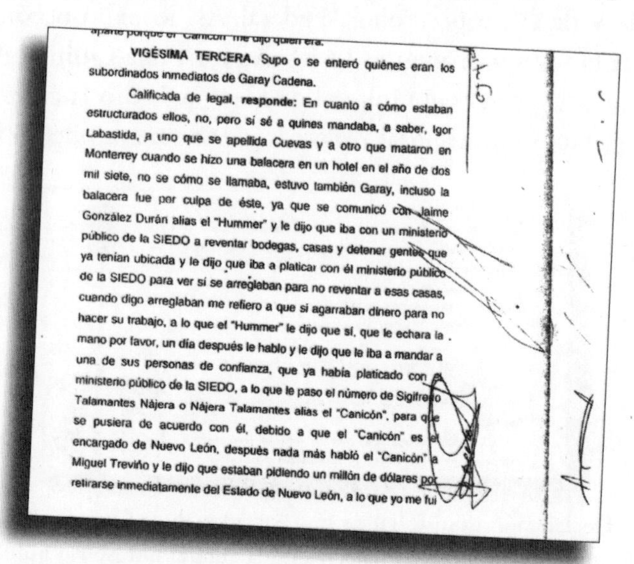

aparte porque el "Canicón" me dijo quién era.

VIGÉSIMA TERCERA. Supo o se enteró quiénes eran los subordinados inmediatos de Garay Cadena.

Calificada de legal, **responde:** En cuanto a cómo estaban estructurados ellos, no, pero sí sé a quines mandaba, a saber, Igor Labastida, a uno que se apellida Cuevas y a otro que mataron en Monterrey cuando se hizo una balacera en un hotel en el año de dos mil siete, no se cómo se llamaba, estuvo también Garay, incluso la balacera fue por culpa de éste, ya que se comunicó con Jaime González Durán alias el "Hummer" y le dijo que iba con un ministerio público de la SIEDO a reventar bodegas, casas y detener gentes que ya tenían ubicada y le dijo que iba a platicar con él ministerio público de la SIEDO para ver si se arreglaban para no reventar a esas casas, cuando digo arreglaban me refiero a que si agarraban dinero para no hacer su trabajo, a lo que el "Hummer" le dijo que sí, que le echara la mano por favor, un día después le hablo y le dijo que le iba a mandar a una de sus personas de confianza, que ya había platicado con el ministerio público de la SIEDO, a lo que le paso el número de Sigifredo Talamantes Nájera o Nájera Talamantes alias el "Canicón", para que se pusiera de acuerdo con él, debido a que el "Canicón" es el encargado de Nuevo León, después nada más habló el "Canicón" a Miguel Treviño y le dijo que estaban pidiendo un millón de dólares por retirarse inmediatamente del Estado de Nuevo León, a lo que yo me fui

Declaración ministerial de José Salvador Puga Quintanilla, testigo protegido con clave *Pitufo*, realizada ante el ministerio público el 9 de marzo de 2009. La parte correspondiente a los trabajos de *El Canicón*.

es que le tomaban fotos y videos, para que el día que se quisieran retractar de los acuerdos que habían hecho se exhibirían a los medios.

En 2007 las grabaciones de Millán y Garay negociando con miembros de *La Federación* cayeron en manos de *Los Zetas*. Lo anterior se debió no al trabajo que hacía *El Canicón*, sino a que el propio Marcos Arturo Beltrán Leyva le entregó el video a Miguel Treviño, *El Z40*, como prueba de que ya habían hablado con la SSP federal para que no los molestaran. Asimismo, *El Barbas* le proporcionó al cártel del Golfo copias de las credenciales de elector y de los gafetes de los servidores públicos para que no hubiera ningún error y supieran con claridad quiénes iban a ser los canales de comunicación.

Para el gobierno federal los dichos de *Pitufo* tienen toda credibilidad. Con sus acusaciones han encerrado en la cárcel a funcionarios de la PGR, e incluso al ex candidato del PRD, PT y Convergencia a la gubernatura de Quintana Roo, Gregorio Sánchez Martínez. El 25 de mayo de 2010, a nueve días de que se llevara a cabo la elección estatal en Quintana Roo, las acusaciones de *Pitufo* fueron suficientes para que Sánchez Martínez fuera detenido en el aeropuerto internacional de Cancún, acusado de tener vínculos con las organizaciones delictivas de los Beltrán Leyva y *Los Zetas*.

Todo indica que Edgar Millán realmente fue ejecutado no por su lucha contra el narcotráfico, sino por haber traicionado a los capos que había protegido y de quienes presuntamente había recibido millones de dólares en sobornos para él, sus compañeros y superiores. Él era jefe de la PFP cuando se orquestó el operativo de enero de 2008 para capturar a Marcos Arturo Beltrán Leyva.

Pese a que las contundentes declaraciones de *Pitufo* obran en expedientes de la PGR, la SSP conserva la imagen de Edgar Millán como la de un héroe caído en combate, y nunca se ha reconocido *su sucia trayectoria*.

De Monterrey al Desierto de los Leones

Garay Cadena llegó a Nuevo León en 2007 con la misión de proteger a los nuevos "amigos" de *La Federación*. En esos días supuestamente el ministerio público federal adscrito a la PGR iba a realizar un operativo para catear casas y bodegas, y aprehender a miembros del cártel del Golfo que ya estaban identificados. Fiel a sus órdenes, Garay Cadena se comunicó con Jaime González Durán, *El Hummer*, "uno de los principales colaboradores de Heriberto Lazcano y de Miguel Treviño", le adelantó lo que iba a ocurrir y le propuso un arreglo. Al narcotraficante le pareció una propuesta razonable y le dijo que se pusiera de acuerdo con *El Canicón*, a quien el comandante de la PFP con "triple blindaje anticorrupción" le pidió un millón de dólares. *El Canicón* solicitó permiso a Miguel Treviño para hacer el pago, y éste aceptó, no sin regañadientes: "Pinches federales", pensó *Pitufo*, quien entonces trabajaba para el cártel del Golfo y sería el responsable de entregar la dádiva.

Pitufo se reunió con el enviado de Garay Cadena en la estación de bomberos de Gonzalitos, en Monterrey, y le mostró el dinero, sólo que llevaba instrucciones de dárselo directamente al ministerio público con quien sería el arreglo. El *Z40* le había encargado a Puga Quintanilla que también aprovechara para pactar futuras operaciones con el jefe policiaco. La cita con el ministerio público supuestamente amarrado por Garay Cadena nunca se concretó. El empleado del comandante de la PFP tuvo que decirle a *Pitufo* que en realidad no había ningún arreglo, que eran cosas de su jefe.

De inmediato, *El Hummer* habló con Garay Cadena, y éste le explicó que el ministerio público se había echado para atrás, pero que igual le diera el dinero porque lo iba a repartir entre él y su gente, ya que no iban a acompañar al funcionario de la PGR a los cateos, "y ni modo que él vaya a detenerlos solos", dijo Garay

Cadena. Pero *El Hummer* no tenía ni un pelo de idiota y le ordenó a *El Canicón* que fueran por el comandante al hotel donde estaba hospedado y lo llevaran enseguida a Tampico. Garay Cadena no quiso salir y mandó a sus colaboradores a que le hicieran frente al comando. Fueron ejecutados. Dos de ellos fueron secuestrados y torturados hasta morir y los otros tres fueron asesinados en la puerta del mismo hotel.

No pasó mucho tiempo antes de que el teléfono de *El Canicón* comenzara a timbrar, era Garay Cadena muerto de miedo: "Por favor, perdóneme, no me vayan a matar, lo hice porque los muchachos me mintieron, me dijeron que eran bodegas y gente lo que iban a detener, y en realidad iban a investigar algo que no tenía importancia", chillaba el policía, quien era plenamente consciente de que había intentado engañar al cártel del Golfo cobrando un favor inexistente, y la maniobra había salido muy mal.

Después de la muerte de Edgar Millán en mayo de 2008, Genaro García Luna ungió a Garay Cadena como comisionado interino de la PFP, al fin y al cabo ya conocía las órdenes y quién las dictaba. Entre más impune era, el comandante se volvía más incontrolable.

Tras la ruptura de *La Federación*, Garay Cadena recibió una contraorden enviada por la organización de Guzmán Loera y *El Mayo* Zambada: debía dejar de proteger al cártel del Golfo y a los hermanos Beltrán Leyva, con quienes solía tratar desde 2005.

En octubre de 2008 el comisionado Garay Cadena, su subalterno el primer comandante Edgar Enrique Bayardo, y Francisco Navarro, director general de la Coordinación de las Fuerzas Federales de Apoyo de la PFP, encabezaron un operativo que los bañó de gloria, y luego de fango. La acción ocurrió la madrugada del 16 de octubre, en una mansión del Desierto de los Leones en la ciudad de México. Los mandos policiales irrumpieron en el extravagante inmueble —que contaba con un zoológico privado con tigres blancos, panteras, gorilas y leones— mientras se llevaba a cabo una fiesta organizada por el capo colombiano Harold Poveda, *El Conejo*, uno de los principales proveedores de cocaína de los Beltrán Leyva, y el principal blanco del operativo. *El Conejo* escapó, pero la policía logró capturar a 11 presuntos narcotraficantes, entre ellos, a Teodoro Mauricio Fino Restrepo, alias *El Gaviota*, presunto cabecilla del cártel de Cali.

El 19 de octubre de 2008 el subsecretario de Estrategia e Inteligencia Policial de la SSP, Facundo Rosas Rosas, anunció el "exitoso" operativo, y dijo que éste era el resultado de una tarea de inteligencia que había durado por lo menos dos años. Por su parte, Marisela Morales, la titular de la SIEDO, aseguró en conferencia de prensa que el operativo era uno de los más importantes realizados en los últimos tiempos.

Días después, por las oficinas de la propia SIEDO desfilarían varios de los principales colaboradores de García Luna acusados de presuntos vínculos con el narcotráfico. Entre ellos se encontraban Víctor Gerardo Garay Cadena, Francisco Navarro, Edgar Enrique Bayardo y Luis Cárdenas Palomino.[22]

Y es que el operativo en el Desierto de los Leones no había sido tan pulcro como se hizo creer. Los cuatro días que duró fueron una bacanal de sexo y corrupción. Gracias a las denuncias de dos mujeres colombianas detenidas, Ángela María Quintero Martínez[23] y Juliana López Aguirre, presunta pareja sentimental de Poveda, se destapó la cloaca de lo que ahí había ocurrido. Aquella noche Garay Cadena decidió olvidarse de sus funciones policiacas

[22] *Reporte Índigo*, 2 de octubre de 2008. La autora reveló en exclusiva la investigación abierta por la SIEDO contra estos funcionarios por presunta protección al cártel de Sinaloa.

[23] La abogada Raquenel Villanueva reveló a la autora la cercanía de Quintero Martínez, doctora cirujana, con el ex presidente colombiano Álvaro Uribe. Al parecer, la doctora desconocía que la fiesta era de narcos.

y escogió cuatro mujeres de entre 30 supuestas prostitutas que se encontraban en la mansión, pidió cocaína para ellas y se encerró en el jacuzzi. Mientras eso ocurría, Bayardo y Navarro torturaron a varios hombres asistentes a la fiesta golpeándolos y metiéndolos en una alberca con hielos; después, junto con otros elementos, se fueron a saquear los domicilios de cuatro de los detenidos, a quienes les robaron dinero y joyas.[24] Dicen los presentes que durante los cuatro días de desmán Luis Cárdenas Palomino llegó a pasar por la residencia, pero no hizo nada por detener los abusos de sus compañeros. Al final, del "botín de guerra" obtenido del robo a los narcos, desaparecieron 500 mil dólares que fueron motivo de disputa entre Garay Cadena y Bayardo, ya que se presume que los comandantes pensaban quedarse con el dinero.

El exterminio entre los ex integrantes de *La Federación* resultó mucho más eficaz que el del gobierno federal, tal vez porque era más auténtico. El operativo de la PFP se había llevado a cabo no por una tarea de inteligencia, como había dicho Rosas Rosas, sino por el pitazo que dio el clan de *El Chapo* y *El Mayo*. Con todo, lo más turbio del operativo de la narcomansión estaba por venir.

Como respuesta a la embestida contra los amigos y proveedores de los Beltrán Leyva, a la semana siguiente ocurrió un hecho que cambiaría para siempre la historia del narcotráfico en México.

Jaque al rey

Según la versión de los agentes de la AFI, todo inició con una llamada telefónica anónima a la PGR, en la cual se denunció que en la calle Wilfrido Massieu número 430 en la colonia San Bartolo

[24] *Reforma*, 13 de diciembre de 2008.

Atepehuacán del Distrito Federal, había personas armadas del grupo de *El Mayo* Zambada. Elementos de la AFI adscritos a la PGR acudieron para hacer una inspección. Cerca del lugar detectaron un Volkswagen Polo en el que viajaban dos sujetos con armas largas. Al marcarles el alto, el vehículo se metió en el domicilio que había sido reportado, y desde el interior comenzaron a disparar.

Hacía un mes, el 23 de septiembre de 2008, un grupo de elementos de la AFI se había manifestado en la calle en repudio a la unificación de las policías propuesta por García Luna. "FUERA MANDOS CORRUPTOS DE PF EN AFI"; "FUERA GENARO, FAVORECE A LOS DELINCUENTES", decían las mantas que los agentes portaban en su caminata por Paseo de la Reforma, la principal avenida de la ciudad de México. El secretario, en vez de explicar las razones de fondo de la protesta de los hombres que habían trabajado con él durante seis años, los enlodó, en muchos casos injustamente, señalando que se quejaban porque no querían someterse a los exámenes de confianza. García Luna jamás hubiera imaginado la forma en que los elementos se cobrarían la afrenta, al hacer que el pacto con *El Chapo* y su clan pendiera de un hilo.

En la refriega de San Bartolo Atepehuacán, los agentes federales repelieron la agresión y alcanzaron a detener a cuatro de los atacantes. El resto estaba a punto de escapar cuando llegaron policías de la SSP del Distrito Federal, tres de los cuales fueron heridos. El enfrentamiento continuó durante algún tiempo.

El capo que tenía su base de operaciones en aquella colonia de clase media no era Ismael Zambada García, pero era otro pez casi tan gordo como él: Jesús Reynaldo Zambada García, alias *El Rey*, su hermano menor, quien, como ya se ha señalado, controlaba el aeropuerto capitalino para el clan de *El Mayo* y *El Chapo*.

Los casquillos rebotaban por doquier. Durante una hora y media, los vecinos se mantuvieron aterrados adentro de sus casas. En el intercambio de proyectiles, era imposible distinguir quiénes eran los *buenos* y quiénes los *malos*. Por un lado, en la calle había agentes federales y policías de la SSP capitalina que pretendían detener al narcotraficante; por el otro, en la azotea de la casa, había elementos policiacos en la nómina del capo que protegían su huida y disparaban contra los otros policías.[25]

El Rey, desesperado ante la balacera, buscó ayuda: le llamó por teléfono al comandante Edgar Enrique Bayardo, quien unos días antes había participado en las pillerías de la casa del Desierto de los Leones. "Ya voy, padrino, ya llego", le respondió Bayardo haciéndole creer que iría a rescatarlo. Pero pasó el tiempo, y nada. Angustiado por su inminente captura, el hermano de *El Mayo* volvió a marcar suplicante:

—¿Qué pasó, ahijado? Ya nos estamos agarrando a chingadazos, nos están agarrando *los contra* —dijo el capo posiblemente refiriéndose a las autoridades no sobornadas por ellos o a las enviadas por los Beltrán Leyva.

—Ya voy, padrino, ya llego, ya llego... —respondía Bayardo.

El Rey y su hijo, Jesús Zambada Reyes, de 22 años de edad, se encontraban en la azotea de la residencia totalmente rodeados. El capo hizo una llamada más, esta vez a la SSP capitalina, y sin decir el nombre de la persona con la que hablaba instruyó: "Oiga, ahijado, por favor mándeme a la *pitufada*,[26] porque no sé si son *contras* o es el gobierno".

Aproximadamente ocho minutos después llegaron los *pitufos*, pero como ya había presencia de elementos de la misma corpo-

[25] En la escena hubo cuatro hombres que abrieron fuego para defender a los Zambada, eran policías en activo vinculados con la SSP federal y con el equipo cercano de Genaro García Luna: Marco Antonio Valadez Rico, subinspector de la PFP adscrito al AICM; Carlos Gerardo Castillo Ramírez, adscrito a la Dirección General de Despliegue Regional de la AFI; José Guillermo Báez Figueroa, subdelegado adscrito al área de Inteligencia, y Francisco Montaño Ochoa, policía ministerial del Estado de México adscrito a Tlalnepantla.

[26] Término para referirse a los elementos de la SSP del Distrito Federal.

ración en pleno combate, no pudieron ayudar al narcotraficante. "¡Márquele, que nos venga a ayudar!", presionaba su hijo Jesús Zambada oculto detrás del tinaco. *El Rey* llamó una vez más a Bayardo: "¿Qué pasó, ahijado? ¿Qué paso?", le preguntaba. Mientras un helicóptero sobrevolaba el lugar, totalmente fuera de sus cabales, el capo le dijo a Bayardo: "Ahí le encargo a mis ahijados, me la voy a rifar, yo no voy a dejar que me agarren, y si no me voy a matar". Entonces *El Rey* tomó su pistola y se apuntó a la cabeza, pero su hijo salió disparado de su escondite y logró impedir el suicidio de su padre.

"YA VOY PADRINO, YA LLEGO, YA LLEGO", y me imagino que mi papá presintió que no iba a llegar y le llamo a la Secretaría de Seguridad Pública del Distrito Federal, no sé a que persona, nosotros les decíamos "Los Pitufos", por lo que mi padre al llamar dijo "OIGA, AHIJADO, POR FAVOR MÁNDEME A LA PITUFADA, POR QUE NO SÉ SI SON CONTRAS O ES EL GOBIERNO" y como a los ocho minutos llegaron todos los "pitufos" y después volvió a marcarle a BAYARDO, esto cuando ya estábamos en el tinaco, y le dijo "QUE PASÓ AHIJADO, QUE PASÓ" y éste le dijo "YA LLEGO, YA LLEGO", y esto lo dijo porque yo estuve a lado de mi papá en todo el tiempo, y es más yo le decía que le marcara a BAYARDO, para que nos apoyara, y le decía "MÁRQUELE, QUE NOS VENGA AYUDAR", tirándosela por que mi papá le había dado mucho dinero en todo el tiempo que yo lo conocía, y cuando ya estaba cerca el "Buldo", es decir el helicóptero, él le dijo, creo que a BAYARDO, por como lo refirió "AHÍ LE ENCARGO A MIS AHIJADOS, ME LA VOY A RIFAR, YO NO VOY A DEJAR QUE ME AGARREN Y SI NO ME VOY A MATAR", y cuando yo escuché eso, salí de donde estaba, es decir, debajo de los tinacos, y me eché a correr para bajarle la pistola, ya que se estaba apuntando a la cabeza...".

Declaración ministerial del testigo protegido Jesús Zambada Reyes bajo el seudónimo de *Rambo III* (22/10/2008), quien amaneció ahorcado el 20 de noviembre de 2009 en la casa de seguridad donde se supone que era protegido por la PGR.

Finalmente, Jesús Zambada García fue detenido junto con su vástago, su hijastro Richard Arroyo Guízar —hijo de la colombiana Patricia Guízar, pareja del capo— y 13 integrantes más de la organización. Ese mismo día la PGR emitió un boletín donde informó sobre las 16 detenciones. José Murillo Romero, Mario Navarro Sánchez, Santiago Alfonso López Castelum y Sergio Quevedo Lugo, aprehendidos con cinco armas largas, cuatro cortas, diversos cartuchos y cargadores, fueron presentados ante la

SIEDO. El resto se encontraba en las instalaciones de seguridad media de la procuraduría capitalina. Ninguna de las dos instituciones dio a conocer que uno de los detenidos era Jesús Reynaldo Zambada García, sino que lo presentaron como Víctor Rosas Montes; tampoco dijeron que habían sido capturados sus hijos. Eran horas valiosas, mientras la opinión pública no supiera la envergadura del detenido, existía una posibilidad de que éste quedara en libertad. Se afirma que el gobierno de Estados Unidos ejerció presión para que se revelara que Rosas Montes era en realidad *El Rey* Zambada, uno de los más importantes traficantes de cocaína y metanfetaminas provenientes de Sudamérica.

El 22 de octubre, el procurador general de la República, Eduardo Medina Mora, comunicó oficialmente la detención del capo y su hijo. En la SSP federal se encendieron los focos rojos de alerta, y ese mismo día varios elementos de la PFP irrumpieron en una diligencia que realizaba la SIEDO en la casa de la colonia San Bartolo. Alrededor de las 14 horas, cinco patrullas tipo *pick up* —cada una con aproximadamente 10 policías a bordo— y tres vehículos particulares llegaron al lugar y traspasaron la línea perimetral que habían trazado los peritos.[27] De uno de los vehículos descendieron cuatro hombres armados e intentaron romper una reja, pero los elementos de la AFI adscritos a la SIEDO lo impidieron.

Un sujeto no identificado que vestía un chaleco antibalas y viajaba en un auto deportivo negro sin placas, se presentó como responsable del contingente y se entrevistó con una de las encargadas de la diligencia:

—Vengo por instrucciones superiores —dijo el hombre mientras se comunicaba con alguien a través de su radio Nextel.

—Yo necesito que me diga quién lo mandó —espetó la funcionaria de la PGR ante la intromisión.

[27] *Reforma*, 23 de septiembre de 2008.

En tres minutos, los policías federales se retiraron del lugar.

La guarida de *El Rey Zambada* escondía pruebas de su relación con altos mandos de la SSP federal, y a éstos no les convenía que cayeran en manos de la PGR.

La detención de *El Rey* Zambada hizo estallar las complicidades dentro del gobierno federal. El sábado 25 y el domingo 26 de octubre, en 10 estados de la República aparecieron mantas atribuidas al cártel del Golfo que pusieron el dedo en la llaga. Como dice el dicho, la verdad es la verdad aunque la diga un mentiroso. El mensaje decía textualmente:

> Con todo respeto a su investidura, señor presidente, le pedimos que abra los ojos y se dé cuenta la clase de personas que tiene la PFP. Nosotros sabemos que usted no tiene conocimiento de los arreglos que tienen Gerardo [*sic*] García Luna desde el sexenio de Fox con el cártel de Sinaloa que protege al *Mayo* Zambada, a Los Valencia, a *Nacho* Coronel y a *El Chapo*.
>
> Le pedimos como ciudadanos que ponga atención a las siguientes personas que nosotros estamos 100 por ciento seguros que protegen al narco: Luis Cárdenas Palomino, Edgar Enrique Bayardo del Villar, Gerardo Garay Cadena. Y pedimos que ponga en la corporación a personas que combatan al narco neutrales y no inclinen la balanza a un solo lado, le pedimos que investiguen con sus aparatos de inteligencia que son el Ejército mexicano y la PGR, que son independencias [*sic*] neutrales; usted tiene conocimiento que la PFP no participó en la detención del *Rey* Zambada, a que si hubiera tenido conocimiento, hubiera habido fuga de información.

El hijo y el hijastro de *El Rey* Zambada, jóvenes inexpertos y temerosos, soltaron pronto toda la información y comenzaron a delatar a todo el mundo. El primer naipe que cayó fue Edgar

Enrique Bayardo del Villar, a quien detuvieron el 29 de octubre junto con Jorge Cruz Méndez y Fidel Hernández García, ambos miembros de la PFP acusados de servir a *El Mayo*. Cruz Méndez había participado en el operativo del Desierto de los Leones y tenía una larga historia que contar.

Ahogada en su cloaca, la SSP emitió un comunicado donde se afirmaba que dichas acciones eran el resultado de las investigaciones contra el crimen organizado y en seguimiento a la detención de Jesús Reynaldo Zambada García. ¿Qué más podía decir?

Desde luego, Bayardo no estaba dispuesto a caer solo y arrastró consigo, entre otros, a Gerardo Garay Cadena, poniendo de relieve la corrupción de la SSP solapada por García Luna. Del 28 al 30 de octubre, Garay Cadena y Francisco Navarro Espinosa fueron citados a declarar en la SIEDO.

Algunos de los detenidos en el operativo contra *El Rey* Zambada ya habían declarado que tanto Bayardo como Garay Cadena recibían pagos mensuales de hasta 500 mil dólares a cambio de protección. Además, elementos bajo el mando del comisionado interino de la PFP, lo acusaron de que durante las acciones realizadas para aprehender a los enemigos del clan de *El Chapo* y *El Mayo*, él robaba dinero, joyas y armas —como cuernos de chivo con chapa de oro y diamantes—, las cuales le vendía a *El Rey* Zambada como trofeos de guerra.

El caso judicial contra Garay Cadena era muy serio, pues el funcionario sería directamente consignado. Esto tenía muy preocupado a Genaro García Luna y a Facundo Rosas Rosas, ambos eran los únicos mandos arriba de Garay Cadena. En consecuencia, el día 30 se convocó a una junta a las 14 horas en las oficinas de García Luna en la SSP, ubicadas en avenida Constituyentes, a un costado del club del Estado Mayor Presidencial. Estuvieron presentes el secretario, los cuatro subsecretarios y los coordinadores de las diferentes áreas de la secretaría.

En su intervención, el coordinador de seguridad regional, Ramón Pequeño, dijo que bajo ninguna circunstancia se debería permitir dicha consignación "porque independientemente de ser ciertos o no los hechos, causarían un daño irreparable al proyecto de la Policía Federal, y más en el momento en que en las Cámaras se está analizando la nueva ley de seguridad", para la que Genaro pedía la creación de la policía única. La mayoría estuvo de acuerdo con su punto de vista. Otro de los presentes advirtió que si se consignaba a Garay Cadena, la gente pensaría que el comisario Javier Herrera Valles tenía razón; desde febrero de 2008, Herrera Valles, ex coordinador de Seguridad Regional, había denunciado la corrupción dentro de la SSP. La reunión terminó a las cinco de la tarde.

García Luna fue a hablar con el procurador Medina Mora —con quien mantenía una muy mala relación desde hacía un tiempo— para pedirle su apoyo y que el caso se manejara de la manera más discreta posible. Como no obtuvo respuesta, fue a hablar con su amigo, el secretario de Gobernación Juan Camilo Mouriño, con quien logró negociar que Garay Cadena fuera liberado. El acuerdo consistía en que el jefe de la policía de la SSP renunciara al día siguiente a su cargo, para que después fuera acusado únicamente de robo y delitos menores, cargos de los que podría ser absuelto en muy poco tiempo. Con esa condición, Garay Cadena aceptó entregarse.

Garay Cadena fue súbitamente puesto en libertad por órdenes "superiores", lo que provocó una airada protesta de la PGR y la Sedena, que se quejaron de que no se podía proteger a Garay Cadena, ya que incluso la DEA tenía conocimiento de las fuertes acusaciones en su contra. El 31 de octubre de 2008, minutos antes de que Garay Cadena presentara su renuncia en una breve conferencia de prensa, elementos de la PFP filtraron que el subsecretario de Seguridad Pública, Facundo Rosas Rosas, había sufrido un atentado en las inmediaciones del área de Santa Fe, en Cuajimalpa. La SSP federal sufría un cisma casi imperceptible para el común denominador de los ciudadanos. Durante varios días, Rosas Rosas no se dejó ver en ningún acto público, y sus subordinados comentaban que no había ido a su oficina, afianzándose así el rumor del atentado presuntamente perpetrado por miembros de la organización delictiva liderada por *El Chapo* y *El Mayo*, en represalia porque sus "empleados" no habían cumplido con su trabajo.

Los infiltrados

El mismo día en que fueron detenidos Jesús Zambada Reyes, de 22 años de edad, y Richard Arroyo Guízar, de 31, comenzaron a contar historias dignas de un *thriller* policiaco donde los protagonistas eran los altos mandos de la SSP federal. Si las denuncias de los colombianos sobre los abusos de los elementos de esa dependencia eran la punta del iceberg negro, las declaraciones de los dos narcojúniors eran el resto de su masa flotante.

Jesús y Richard se acogieron al programa de testigos protegidos. El primero bajo el seudónimo de *Rambo III* y el segundo, que se encargaba de las tareas de inteligencia y de entregar sobornos a autoridades para que les brindaran protección para la organización de *El Rey* Zambada,[28] adoptó la clave de *María Fernanda*.

Uno de los principales incriminados en las declaraciones de los jóvenes narcotraficantes era Edgar Enrique Bayardo del Villar. El comandante de la Policía Federal intentó negar ante el ministerio público que conocía a *El Rey* Zambada y que había trabajado

[28] Declaración ministerial de Richard Arroyo Guízar, 28 de octubre de 2010, de la cual se tiene copia.

para él, pero ante la contundencia de las acusaciones en su contra, Bayardo del Villar optó por convertirse en testigo protegido bajo el sobrenombre de *Tigre*.[29] Sus testimonios, concordantes con los de *Pitufo*, desenmascararon la sistemática corrupción de los principales funcionarios de la SSP coludidos con el crimen organizado, específicamente con la organización de *El Chapo* y *El Mayo*. Sólo leyendo sus terribles declaraciones puede comprenderse por qué la corporación ha sido incapaz de combatir a la delincuencia de manera eficaz y por qué adonde quiera que van llevan una ola de desgracias.

Así inició *María Fernanda* su crudo relato el 22 de octubre de 2008:

> Hace dos años conocí a Edgar Bayardo del Villar, alias *El Jumex*, quien en ese tiempo se encontraba adscrito a la PGR sin poder precisar el cargo que tenía, y lo conocí por medio de *El Pelón*, quien, como ya lo dije, forma parte de la organización que dirige mi padre Jesús Zambada, aclarando que tanto mi padre como Bayardo ya se conocían de tiempo atrás, cuando trabajaron con Amado Carrillo Fuentes, sin poder precisar qué actividades realizaba Bayardo, pero se perdieron de vista.

En 2006 Bayardo había intentado restablecer su contacto con *El Rey* Zambada, con quien pactó un encuentro en la ciudad de México, de último momento el capo tuvo que salir de la capital y mandó a su hijastro a platicar en su nombre. Bayardo y Arroyo Guízar se vieron en un Subway del lujoso fraccionamiento de Bosques de las Lomas, donde *El Rey* Zambada tenía una de sus casas de seguridad.

[29] Declaración ministerial de Edgar Enrique Bayardo del Villar, 22 de octubre de 2008, de la cual se tiene copia.

> Ahí nos saludamos y se puso a la orden de la organización, desde entonces nosotros le íbamos dando dinero para que obtuviera puestos más altos dentro de la PGR y así sernos más útil. Quiero aclarar que la suma que entonces [2006] le dábamos era de 100 mil dólares cada vez que nos decía que iba a ascender de puesto en la PGR, pues el dinero serviría para el pago para las personas que lo estaban ayudando [...] Hace más o menos año y medio Bayardo ingresó a la Policía Federal Preventiva, por ello se le empezó a dar una mensualidad de 25 mil dólares a cambio de sus servicios, entre ellos información de cateos que se llevarían a cabo en cualquier domicilio.

Bayardo del Villar, a sus 41 años, ya era un viejo policía. De 1997 a 1999 trabajó en la PJF, donde conoció a *El Señor de los Cielos*, de

esta propia fecha, en la que indicó: "*...hace dos años conocí a EDGAR EDUARDO BAYARDO DEL VILLAR alias "El Jumex", quien en ese tiempo se encontraba adscrito a la PGR, sin poder precisar el cargo que tenía, y lo conocí por medio de "El Pelón" (el cual también fue detenido conmigo), quien como ya lo dije forma parte de la organización que dirige mi padre JESÚS ZAMBADA; aclarando tanto mi padre como BAYARDO, ya se conocían de tiempo atrás, cuando trabajaron con AMADO CARRILLO FUENTES, sin poder precisar que actividades realizaba BAYARDO; pero se perdieron de vista. Quiero precisar que "El Pelón" concertó la cita con mi papá, para que fuera a entrevistarse con BAYARDO, pero como él no se encontraba en la ciudad, me mandó a mí para que yo lo viera. En esa ocasión, nos quedamos de ver, BAYARDO, "El Pelón" y yo, en el Sub Way, que se localiza en Bosques de las Lomas, sin recordar la calle y colonia exacta; ahí nos saludamos y él se puso a la orden de la organización; desde entonces, nosotros le íbamos dando dinero para que obtuviera puestos más altos dentro de la PGR, y así sernos mas útil. Quiero aclarar, que la suma que, en ese entonces se le proporcionaba, era un aproximado de cien mil dólares cada vez que nos decía que iba a ascender de puesto en la PGR, pues el dinero serviría de pago para las personas que lo estaban ayudando a obtener dichos puestos, desconociendo quienes hayan sido; aproximadamente, hace más o menos año y medio, BAYARDO ingresó a la Policía Federal Preventiva, por ello se le empezó a dar una mensualidad de veinticinco mil dólares, a cambio de sus servicios, entre ellos, información de cateos que se llevaría a cabo en cualquier domicilio, es decir, cada que un juez libraba un cateo, el señor BAYARDO, entablaba comunicación por*

Sección de la declaración ministerial de *María Fernanda*, donde se menciona a Bayardo del Villar.

ahí se fue como subprocurador de Investigación Especializada en Delincuencia Organizada en el estado de Tlaxcala, cuando la entidad era gobernada por el perredista Alfonso Sánchez Anaya; y el 1° de julio de 2007 ingresó como subdirector de área en la PFP, fecha en la que Facundo Rosas Rosas se desempeñaba como comisionado interino de dicha corporación, por lo que tuvo responsabilidad en su nombramiento. Bajo sus órdenes, Bayardo tuvo un rápido ascenso.

A principios de 2008, al inicio de la guerra contra los Beltrán Leyva, *Tigre* le llevó más reclutas de la SSP a *El Rey* para que colaboraran en la obtención de información y en los operativos contra los bandos enemigos.

María Fernanda describió así el encuentro:

> Por otra parte a partir de noviembre del año pasado en que lo hicieron comisionado o inspector en jefe de la PFP empezó a darnos seguridad, siendo ésta puramente logística [...] además cuando hacíamos cateos en la casa de los contrarios, *Los Zetas*, Vicente Carrillo o los Beltrán Leyva, él nos acompañaba para brindarnos seguridad, pues llevaba gente de su corporación.
>
> En los meses de enero o febrero de 2008, Bayardo acudió a una casa de seguridad que se localiza en Las Lomas en compañía de dos personas que trabajaban en las mismas oficinas, es decir de la PFP, de nombres Jorge y Fidel [...] Jorge acudió en diversas ocasiones a los operativos, es decir, a reventar casas, pues tanto mi papá como yo le proporcionábamos los domicilios y él iba a revisarlas. En tanto que Fidel es el encargado dentro de las oficinas de la PFP de intervenir teléfonos de los enemigos y una vez que obtenía la información me hablaba directamente para decirme.

Jorge Cruz Méndez, a quien se refiere *María Fernanda* en sus declaraciones, no era un improvisado. Pertenecía al equipo de

García Luna desde los viejos tiempos del Cisen, ahí laboró en 1998. Ese mismo año, cuando García Luna se fue a la PFP con Wilfrido Robledo, le ofreció a Cruz Méndez la Dirección General de Secuestro y Robo. En noviembre de 2001 García Luna creó la AFI y lo volvió a invitar a trabajar como subdirector de análisis de información de la Dirección General de Análisis Táctico que encabezaba Facundo Rosas Rosas. Una vez que inició el sexenio de Calderón, Cruz Méndez llegó a ser el director general de la tercera sección del Estado Mayor de la PFP y le tocó trabajar con Millán, Garay Cadena y, otra vez, con Rosas Rosas.

Fidel Hernández García, el otro elemento de la PFP señalado por *María Fernanda*, trabajaba bajo las órdenes de Cruz Méndez. En noviembre de 2001 ingresó en la AFI como jefe de departamento en el área de Investigación de Delitos. En 2007 siguió al equipo a la SSP, donde fue nombrado director de área de la Coordinación de Inteligencia, que también manejaba Facundo Rosas Rosas, al mismo tiempo que estaba al frente de la PFP. Hernández García pasó a la tercera sección del Estado Mayor de la PFP en octubre de 2007.

Conforme a las declaraciones ministeriales del hijastro de *El Rey* Zambada, Bayardo, Cruz, Hernández y un tal Giovanni, a quien no se ha identificado plenamente, realizaron varios operativos para *El Mayo* contra Arturo Beltrán Leyva en Cuernavaca, Morelos, y en Huixquilucan, Estado de México. "Le caíamos a las casas de la organización de los Beltrán Leyva y si había gente adentro se detenía y se ponía a disposición", presumió *María Fernanda* en su relato, y veladamente señaló que Facundo Rosas Rosas, actual comisionado de la Policía Federal, estaba de acuerdo con ellos.

De la cantidad que se le entregaba mensualmente a Bayardo, siendo un total de 25 mil dólares, éste se encargaba de repartirlo entre sus ayudantes, entre ellos Fidel y Jorge, de los cuales también tengo conocimiento que le repartía al comandante Facundo. De dicha persona recuerdo que en los meses de mayo o junio Bayardo me mencionó que el comandante Facundo le estaba ayudando también en proporcionarnos información.

El único comandante Facundo con un grado superior a Bayardo era Rosas Rosas, entonces subsecretario de la SSP. Facundo era el jefe superior de Bayardo, Hernández y Cruz, y fue él quien los asignó en los puestos desde donde servían al clan de *El Mayo*, por lo que resultaría casi evidente que había un consentimiento tácito de Rosas Rosas de colaborar con la gente de Reynaldo Zambada García, como lo señaló su hijastro. Por una mención menos grave, en declaraciones de testigos protegidos en otros casos que lleva la PGR, se han girado órdenes de presentación, arraigo y consignación contra servidores públicos federales, estatales y municipales. Pese a todo, al parecer el comandante Facundo es intocable.

Por su parte, Bayardo señaló que comenzó a trabajar directamente con Garay Cadena desde que éste fue nombrado jefe de la División Antidrogas de la tercera sección de la PFP, en 2007. Garay Cadena le pidió que si en sus investigaciones se cruzaba algún dato donde se hablara específicamente de Marcos Arturo, o Héctor Beltrán Leyva, no le dijera a nadie más que a él y que se lo notificara directamente o por teléfono. "No era normal", pensaba Bayardo.[30] Eran los tiempos en que los Beltrán Leyva formaban parte de *La Federación* y la protección de la SSP le tocaba a todos los integrantes.

En su declaración ministerial, Bayardo reveló a la PGR que en un día él y otros dos policías tuvieron a la vista a *El Conejo* Poveda en

[30] Declaración ministerial de Edgar Enrique Bayardo del Villar, 9 de marzo de 2009.

Santa Fe. El narcotraficante colombiano, que entonces era proveedor de toda *La Federación*, iba acompañado de 20 o 30 personas con uniformes de la Agencia de Seguridad Estatal del Estado de México (ASE), por lo que solicitaron refuerzos. Garay Cadena le dijo que ya estaba enviando equipo que se encontraba cerca de la entrada de la carretera México-Toluca, por lo que no tardarían más de 10 minutos. El apoyo llegó tres horas y media después, cuando los sospechosos ya se habían ido.

En otra ocasión la embajada de Estados Unidos le proporcionó a Bayardo el dato de que *La Barbie* estaría a las afueras del Hospital Ángeles de Interlomas. Bayardo concentró a 150 elementos y un helicóptero Black Hawk, pero Garay Cadena les ordenó que no empezaran el operativo hasta que él llegara, lo cual ocurrió hasta las siete de la noche.

Horas después a Bayardo le pasaron la información —no se sabe si el clan de los Zambada o de la misma embajada— de que *La Barbie* y su gente aún se encontraban en las inmediaciones de Interlomas, pero Garay Cadena se negó a que se hiciera un recorrido aéreo y mandó a los elementos a sus casas.

La conducta de Garay Cadena se explicó en las declaraciones de *María Fernanda*. El 9 de marzo de 2009, el testigo protegido dio a entender que el funcionario de la SSP también estaba en la nómina de la organización de *El Mayo* Zambada, y que obedecía instrucciones para atacar a los nuevos enemigos del clan. Pero en marzo de 2008, después de unas vacaciones en Acapulco, Garay Cadena habría llegado a un arreglo con Marcos Arturo Beltrán Leyva para ya no atender los encargos del cártel de Sinaloa.

—¿Desde cuándo tuvo conocimiento que el comandante Garay Cadena estaba puesto con los Beltrán Leyva? —preguntó el fiscal en el interrogatorio hecho a *María Fernanda*.

—Supongo que después de las vacaciones de Acapulco arregló con Arturo Beltrán el trámite, ya que después del mes de marzo de 2008 se dificultaba más hacer los cateos o caerle a las casas de Arturo Beltrán.

—¿A qué se refiere cuando dice "arregló con Arturo Beltrán el trámite"?

—A que el comandante Garay desde esas fechas se puso de acuerdo con la organización de los Beltrán Leyva para ya no hacer efectivos los datos que les proporcionábamos por medio del comandante Bayardo.

Al final Garay Cadena se cuadró a las órdenes superiores, y en octubre de 2008 realizó el operativo contra el principal proveedor de cocaína de los Beltrán Leyva.

Bayardo del Villar tuvo su recompensa por toda la información que le dio a la PGR. Se le permitió estar en total libertad con una escolta, y que siguiera dándose la gran vida. No habitaba una casa de seguridad, como obligaba su situación de testigo protegido, sino que vivía en un lujoso edificio de la calle Tres Picos número 86, en la colonia Polanco. Aseguran que ahí tenía dos departamentos, cada uno con valor de 800 mil dólares, y que no contaba con un aparato de seguridad visible. Entre los distinguidos vecinos del narcofuncionario confeso estaban la secretaria de Relaciones Exteriores, Patricia Espinoza, y el ex canciller Jorge G. Castañeda.

El 1° de diciembre de 2009 Bayardo fue ejecutado a plena luz del día en un concurrido café Starbucks de la colonia Del Valle en la ciudad de México. Pasadas las 11 de la mañana, súbitamente una camioneta Isuzu verde se estacionó frente al negocio. Un sujeto se quedó en el interior del auto con el motor en marcha, y otro, armado con una ametralladora, irrumpió en el lugar y le disparó a Bayardo a quemarropa, sabía cuál era su blanco. Así como aparecieron se fueron, mientras que el testigo protegido quedó tendido en el suelo con el cuerpo ligeramente flexionado.

Nadie sabe qué enemigo era peor, si el clan de los Zambada que nada perdona, o el grupo de policías al que Bayardo estaba poniendo en un predicamento cada vez que rendía una nueva declaración ministerial.

El magnicidio de Juan Camilo Mouriño

Cuando se está tan cerca del fuego es fácil quemarse.

El domingo 10 de septiembre de 2006 Felipe Calderón estaba particularmente inspirado. En un acto llamado "Unidos somos México", celebraba que finalmente el Tribunal Federal Electoral le había dado la constancia de mayoría que lo ratificaba como presidente electo. Ante una copiosa audiencia en la Plaza México, Calderón arengaba:

> Sí se pudo y por eso mi felicitación y mi gratitud porque siempre creyeron ustedes en el triunfo, porque enfrentaron el desafío, porque soñaron, porque fueron casa por casa a explicar por qué nuestras propuestas son la mejor opción para México. Hoy, amigos, ganó el futuro, un futuro de esperanza, de civilidad frente a un pasado de violencia, de violencia que ha sido siempre la larga noche en la historia de México.
>
> Frente a ese pasado que desprecia la ley, frente a ese pasado que aborrece las instituciones, México ganó, el México del futuro es, precisamente, el México de la ley, el México de las instituciones; frente al México del caos, el 2 de julio ganó la democracia. Frente a la fuerza de quienes apuestan a la violencia, hoy ha ganado la fuerza de los pacíficos.

Al término de los discursos políticos, el festejo fue amenizado con las alegres canciones de Los Huracanes del Norte, que cerraron aquella mágica noche. Irónicamente, cuatro años después, en

2010, dos miembros de ese grupo musical fueron arraigados por la SIEDO por su presunta complicidad con el clan de los hermanos Beltrán Leyva, quienes en la época de aquel acto del presidente electo eran miembros activos, boyantes e influyentes de *La Federación* junto con *El Chapo*, *El Mayo*, *El Azul* y *Nacho* Coronel.

Los Huracanes del Norte fueron llevados al evento de la Plaza México por el panista de Baja California Edgardo Flores Campbell, amigo muy cercano del entonces candidato a senador por el Estado de México, Ulises Ramírez, y de Juan Camilo Mouriño. Flores Campbell, nombrado por el propio Mouriño, fungió como coordinador general de operaciones de la campaña de Felipe Calderón en 2006.

Tanto Flores Campbell como el ex alcalde de Tlalnepantla Ulises Ramírez (2003-2006), para quien trabajó como secretario de Seguridad Pública municipal, hicieron muchas aportaciones a la campaña presidencial panista. Se dice que consiguieron recursos económicos, helicópteros y aviones. También se les ha señalado como responsables de espiar y sabotear la campaña del candidato de la Alianza por el Bien de Todos, Andrés Manuel López Obrador, trabajos a los que después presuntamente se sumó el entonces titular de la AFI Genaro García Luna.

Desde hace tiempo, amigos panistas de Flores Campbell prefirieron poner distancia con él y con Ulises Ramírez, por sus amigos del *dark side*, solían decir. Gente cercana a Ramírez y a Campbell asegura que están relacionados con el crimen organizado y que una parte de los apoyos a la campaña de Calderón provino de *La Federación*. Será por eso que *El Barbas* sintió la confianza de hacer su propio pacto con Ulises Ramírez y Juan Camilo Mouriño, según se quejó *El Chapo* en 2008 con el general *X*.

Cuando el gobierno federal detuvo a *El Rey* Zambada, su hermano, *El Mayo*, se sintió traicionado, pues consideraba la acción como una puñalada en la espalda. El señor de la montaña, como también le gusta que le digan, se quejó con sus lugartenientes de que él ya había pagado el sexenio para poder trabajar tranquilamente, y "un pacto es un pacto".[31] Fuentes del gobierno de Estados Unidos informaron de manera extraoficial que después de la detención de *El Rey* Zambada se detectaron amenazas y advertencias a Los Pinos.[32] Se afirma incluso que *El Mayo* hizo llamadas a la Presidencia de la República exigiendo la liberación de su querido hermano; la respuesta fue que eso no era posible debido a que el gobierno estadounidense estaba presionando mucho. Pero Ismael Zambada García es un hombre de esos con los que no se juega, así que decidió no esperar más.

El martes 4 de noviembre de 2008, poco antes de las 19 horas, un Learjet 45 matrícula XC-VMC, proveniente de San Luis Potosí, se estrelló muy cerca del cruce de Periférico y Paseo de la Reforma, en la ciudad de México, a unos cuantos kilómetros de la residencia oficial de Los Pinos. En el avión viajaban Juan Camilo Mouriño, secretario de Gobernación, José Luis Santiago Vasconcelos, titular de la SIEDO, y siete personas más entre tripulantes y otros funcionarios públicos.

Muchos testimonios recolectados por los medios de comunicación, tanto la noche del suceso como al día siguiente, advierten que el avión ya venía incendiándose antes de estrellarse: "De repente vimos cómo una bola de fuego cayó del cielo destrozando todo lo que estaba en la calle", comentó el empresario Sergio Lebrija. Algunos testigos narraron que sintieron una onda expansiva, y otros que vieron un "hongo".[33]

[31] La autora tuvo acceso a fuentes vivas de información que son testigos de los hechos.

[32] La autora tuvo acceso a fuentes vivas de información relacionadas con el gobierno de Estados Unidos.

[33] *Reforma*, 5 de noviembre de 2008.

La escena era atroz: hombres y mujeres envueltos en llamas, corriendo o atrapados en el interior de sus coches, edificios semidestrozados, olor a combustible, humo, y pedazos de carne esparcidos por doquier. El cuerpo del subprocurador José Luis Santiago Vasconcelos quedó tendido en la sala de juntas del segundo piso de un edificio ubicado en Montes Urales y Monte Pelvoux. ¿Qué lo expulsó hasta allá? Esto es lo que cualquiera que vea las fotografías del levantamiento de su cadáver puede preguntarse. De Juan Camilo sólo quedaron algunos trozos, reconocieron su mano por el anillo de matrimonio que llevaba el nombre de Marigely, su esposa. El veredicto colectivo de aquella terrible noche apuntaba a que los culpables habían sido los narcos.

Ese día Felipe Calderón se encontraba en Atotonilco el Alto, Jalisco. Pasaban de las siete de la noche cuando el presidente bajaba del templete y daba por terminada una gira de trabajo. De pronto, su secretaria particular, Aitza Aguilar, se acercó a él con el rostro desencajado, pero Calderón no le dio mayor importancia, siguió caminando hacia el helicóptero que lo conduciría a la base aérea del Colegio del Aire, en Zapopan, donde finalmente abordaría el avión presidencial rumbo a la ciudad de México.

"Felipe, Juan Camilo está muerto", dijo finalmente Aitza. En un instante el rostro de Calderón se transfiguró por el dolor. El presidente de la República se cubrió la cara con una mano, vulnerable, impotente, humano al fin. Aitza pudo contarle brevemente cómo ocurrieron los hechos mientras él retomaba el paso. El tramo que aún faltaba para llegar a la aeronave y dar rienda suelta al llanto debió de parecerle eterno.

Aquella noche triste, Calderón pronunció un breve discurso al llegar al hangar presidencial: "El gobierno federal a mi cargo, en coordinación con las instancias competentes, realizará todas las investigaciones necesarias, a fin de averiguar a fondo las causas que originaron esta tragedia".

El jueves 6 de noviembre el presidente despidió a Juan Camilo rindiéndole honores en una ceremonia luctuosa de cuerpo presente en el Campo Marte. Sus dolidas palabras expresaban duelo y cariño para su amigo, pero su aspecto y su forma de caminar hablaban de algo más profundo, se percibía un halo de temor. En el mundo del narcotráfico se asegura que *El Mayo* se atribuyó la muerte de Juan Camilo Mouriño, y que se lo habría hecho saber al inquilino de Los Pinos. "No tengo la menor duda de ello", reveló una persona vinculada con el capo.

Miembros de la familia de Mouriño comentan que fue el crimen organizado quien mató al joven político con aspiraciones presidenciales. A pocos días del avionazo, Carlos Mouriño Terrazo, su hermano, acudió a la Presidencia de la República para recibir una explicación por parte del presidente: "Dinos quién mató a Juan Camilo, sólo queremos saber quién fue", le reclamó a Calderón con la confianza de haber sido el hermano de su mejor amigo.[34] El presidente habría sostenido la versión oficial difundida en los medios de comunicación: el percance fue provocado por la supuesta impericia de los pilotos. Según se supo después, los miembros de la tripulación eran, por decir lo menos, absolutamente profesionales y experimentados en su trabajo. Carlos Mouriño Terrazo abandonó el despacho presidencial muy molesto. Nunca más volvería ahí, ni él ni sus familiares, quienes jamás han creído que se trató de un accidente.

El 9 de noviembre de 2008 Carlos Mouriño Atanes, padre de Juan Camilo, tuvo el valor de retar el silencio presidencial. En los diarios de Campeche hizo pública una carta donde intrínsecamente señalaba que el avionazo había sido un atentado:

[34] La autora tuvo acceso a varias fuentes vivas de información que testificaron sobre la versión que el narcotraficante Ismael Zambada García difundió en su clan, y también conversó con un familiar del fallecido secretario de Gobernación.

> *Iván* [como lo llamaban en Campeche], tu accidente no puede cambiar el rumbo de las cosas. Nos debe quedar claro que la lucha tuya y de las autoridades tiene que continuar con tanta o más fuerza que hasta ahora, convencidos de que los vamos a derrotar, que hay un ejército ciudadano detrás de todos nosotros, del presidente, las Cámaras, los partidos, las autoridades e instituciones, que nos empuja con fuerza.
>
> Sabemos que en la dificultad está el empuje de miles de ciudadanos que han dicho basta, que cada vez somos más y más decididos. Que los vamos a acorralar, empujar al precipicio y con su derrota podamos sonreír y decir a todos los que lucharon por los mismos ideales. Misión cumplida. Podéis descansar en paz.

Posteriormente, en el primer aniversario luctuoso, el padre de Juan Camilo Mouriño fue invitado al CEN del PAN y se contempló que diera un discurso. Se afirma que don Carlos no quiso ser parte de lo que consideraba un engaño, y en aquella ocasión él prefirió guardar silencio.

La gente vinculada con *El Mayo* afirma que en el avión se habría colocado el potente explosivo C4. Por su parte, varios informantes de inteligencia militar aseguraron que detectaron "movimientos fuera de norma" dentro del aeropuerto de San Luis Potosí, donde permaneció la aeronave mientras Mouriño Terrazo firmaba un convenio de colaboración con el gobierno de esa entidad.

En 2009 ocurrieron dos detenciones con amplias implicaciones en el mundo del crimen organizado. El 18 de marzo el Ejército mexicano capturó en el fraccionamiento Lomas del Pedregal, en la ciudad de México, a Vicente Zambada Niebla, hijo de *El Mayo* Zambada. Este narco con cara de *yuppie* universitario del Tecnológico de Monterrey, era el brazo derecho de su padre y el heredero natural de su imperio. Se dice que había ido al Distrito Federal a una reunión de capos donde se intentaría concretar una tregua con los Beltrán Leyva. Unas semanas después, el 1° de abril fue detenido Vicente Carrillo Leyva, hijo de Amado Carrillo Fuentes. Aunque en 2007 los análisis de los centros de inteligencia del gobierno de México lo señalaban como miembro activo del cártel de Juárez, hay quienes afirman que ya estaba retirado del negocio.

La muerte de *El Barbas*

Ni siquiera la muerte de Juan Camilo cambió el fatal y absurdo rumbo de la supuesta guerra contra el narcotráfico. Tras su deceso, Genaro García Luna se convirtió en el hombre más cercano a Felipe Calderón. Todas las acciones contra el crimen organizado siguieron encaminadas a atacar a los enemigos de *El Chapo*, al precio que fuera.

Marcos Arturo Beltrán Leyva murió el 16 de diciembre de 2009. Su cuerpo quedó tendido en el suelo de mármol de un lujoso departamento en Cuernavaca, Morelos, ejecutado en un operativo realizado por la Secretaría de Marina en conjunto con el gobierno de Estados Unidos.

La Armada de México tenía la información —muchos creen que por traición de *La Barbie*— de que Beltrán Leyva se encontraba en el conjunto residencial Altitude, pero no sabían en qué departamento. Aproximadamente a las 17:30 horas la Armada comenzó a buscar en las torres, donde se aseguraron tres departamentos: el 201 y 202 de la torre cuatro y el 1001 de la torre cinco. El saldo del operativo fueron tres presuntos narcotraficantes detenidos y siete muertos, entre ellos, según el parte militar, Marcos Arturo Beltrán Leyva. Cabe señalar que algunas fotografías del interior del departamento donde *El Barbas* fue asesinado muestran una cama ensangrentada sin que en los reportes militares se haya señalado quién murió ahí.

Esa noche el poderoso capo cayó salvajemente acribillado, al grado de que el lado derecho de su pecho estaba deshecho y el brazo prácticamente lo tenía desprendido, como si le hubieran disparado con balas expansivas o en ráfagas que apuntaron al mismo blanco. Al otro día, las imágenes de su cuerpo ensangrentado fueron exhibidas en los principales medios de comunicación con los pantalones abajo, la camisa levantada y dólares manchados de sangre sobre su abultada figura. El cadáver había sido manipulado para crear la grotesca escena.

La autopsia practicada a los siete cadáveres de los narcotraficantes muertos en el operativo reveló que todos ellos se encontraban drogados o alcoholizados, por lo que es difícil suponer que realmente hayan podido reaccionar oportunamente ante el ataque de la Armada.

El cadáver de Marcos Arturo Beltrán Leyva, antes de ser manipulado para las fotografías del escarnio, fue encontrado con la camiseta arriba de los brazos y los pantalones abajo. Uno de los mecanismos aplicados para mantener inmóvil a un detenido es bajarle los pantalones y levantarle la camisa para sujetar piernas y brazos e impedirle la fuga o una acción violenta. Eso hizo que las autoridades encargadas de realizar la autopsia presumieran que en realidad el hombre buscado tanto por el gobierno de Estados Unidos como el mexicano ya estaba sometido en el momento de su muerte. A nadie convenía que *El Barbas* revelara, en caso de haber sido detenido, los secretos de los últimos 20 años del crimen organizado en México.

La inquietud de la ejecución sumaria fue planteada por el procurador general de la República, Arturo Chávez Chávez, en una reunión celebrada por el gabinete de seguridad nacional del gobierno federal días después del operativo. El funcionario hizo notar en voz alta que no estaba de acuerdo con las ejecuciones sumarias y lo que él pedía era que le entregaran a los presuntos delincuentes vivos para que pudieran ser juzgados.

El 18 de diciembre de 2009 el cuerpo de *El Barbas* fue reclamado por su hermana Felícitas Beltrán Leyva, Erika Dalila Beltrán Martínez, su media hermana, y Araceli Flores Corrales, una amiga de la familia. El 19 diciembre los restos del famoso capo fueron trasladados en avión a Culiacán, donde fue enterrado, entre múltiples coronas con cientos de rosas rojas, en el Panteón Jardines de Lumaya, al lado de su abuela materna. Su última trinchera.

Aun después de muerto *El Barbas* siguió causando problemas. Durante el cateo posterior al operativo se descubrió una narconómina de funcionarios de la delegación de la PGR en Morelos, de la SSP federal, de la SSP estatal, y mandos policiacos de cinco municipios de la entidad, incluyendo Cuernavaca. Según los archivos encontrados, los Beltrán Leyva pagan sobornos de cinco mil y 10 mil dólares mensuales a autoridades federales y estatales, así como 10 mil pesos mensuales a autoridades municipales.

El Ejército no fue la excepción, también estaba penetrado. En el informe consta que desde mediados de 2008 la comandancia de la Vigesimocuarta Zona Militar descubrió una red de elementos que colaboraban con la delincuencia organizada. Por esta causa actualmente hay 23 militares bajo proceso, siete de ellos con grado de tenientes.

De acuerdo con el sapo era la pedrada. Y también según el nivel del funcionario público corrompido se pagaban los sobornos en pesos o en dólares. Las listas encontradas en el operativo señalan que eran tres los funcionarios de la delegación de la PGR en Morelos, cuyo titular era Mauricio Saad Viveros, quienes recibían sobornos del cártel. Ninguno está identificado por su nombre sino por su clave. En la lista aparecía la clave *Yanqui* con 10 mil dólares. Ésa es la clave con la que se identifica al jefe regional de la Policía

Federal Ministerial de la PGR (antes AFI) en los estados. En esos días quien ocupaba ese puesto era Rubicel Zapata Cisneros, con año y medio en el cargo. También se leía "PGR, *X*, 10 mil dólares". Ésa es la clave con la que generalmente se identifica al segundo de a bordo de la jefatura regional de la hoy Policía Federal Ministerial, cargo que en ese tiempo detentaba Juan José Cabello Vázquez. En el documento asegurado a los Beltrán Leyva también aparece otro funcionario de la delegación con la clave *Camelia*, a quien se le entregan cinco mil dólares.

En la narconómina de *El Barbas* igualmente se hallaba un elemento de la PFP cuya clave es *Oficial*, además de un elemento de la PJE con la clave *Vale*, así como cinco elementos de la SSP del estado, tres de los cuales aparecen con las claves *Margarito*, *Chapito* y *Sapo*. Según la lista, a todos ellos les pagan cinco mil dólares mensuales.

Asimismo se descubrió que los Beltrán Leyva gastaban o gastan mensualmente en Morelos 1.8 millones de pesos en sobornos a medios de comunicación y periodistas. Y cuentan con una extensa nómina de informantes a los que se les paga la cantidad de dos mil pesos, sin especificar si son diarios, semanales o mensuales.

La información asegurada en el operativo reveló que *El Barbas* pretendía que Cuernavaca se convirtiera en "la Suiza de México, en donde haya un clima de tranquilidad y sus familias puedan vivir en paz, para lo cual ya habían comenzado con una limpia en el lugar similar a la que se realizaba en el municipio de San Pedro Garza García, Nuevo León". En los documentos asegurados también se encontró un inventario de armamento que registraba 96 armas largas, 16 armas cortas, cinco lanzacohetes y seis granadas. En total 112 piezas. Pero en el operativo sólo se logró asegurar 24 armas largas, tres armas cortas, 12 granadas de diferentes calibres, tres granadas cilíndricas y una granada tipo piña.[35]

[35] La autora obtuvo los reportes militares de dicho operativo, de los cuales se tiene copia.

NOMINA DE LAS AUTORIDADES FEDERAL, ESTATAL Y MUNICIPALES

AUTORIDADES.	DISTINTIVO.	CANTIDAD.
PGR	YANQUI	10000 DLLS
PGR	X	5000 DLLS
PGR	CAMELIA	5000 DLLS
PFP	OFICIAL	5000 DLLS
PJE	VALE	5000 DLLS
SSPE	MARGARITO	5000 DLLS
SSPE	CHAPITO	5000 DLLS
SSPE	SAPO	5000 DLLS
LOCAL TEMIXCO	SECRETARIO	5000 DLLS
LOCAL XOCHI	SECRETARIO	5000 DLLS
LOCAL ZAPATA	SECRETARIO	10000 M.N.
LOCAL JIUTEPEC	MAYA	10000 M.N.
MANDOS MEDIOS MUNICIPAL CUERNAVACA.		
SECTOR 2	ESTEVAN R2	10000 M.N.
SECTOR 3	ESTANISLAO R3	10000 M.N.
SECTOR 5	MARES R5	10000 M.N.
SECTOR 6	AGUAYO 6	10000 M.N.

Narconómina de los Beltrán Leyva encontrada en el operativo del 16 de diciembre de 2009.

A principios de 2008, el Ejército mexicano había realizado un operativo en el estado de Morelos con el fin de detener a integrantes de la organización criminal de los Beltrán Leyva. Eso puso al descubierto una red de corrupción de funcionarios públicos de la entidad gobernada por el panista Marco Antonio Adame. Entre ellos se encontraban dos ex coordinadores de la Policía Ministerial de Morelos sujetos a investigación por sus presuntos vínculos con el cártel de los Beltrán Leyva: Francisco Javier Espinoza Luna y Guillermo Vargas Rodríguez; ambos cobraban en tres nóminas y servían a tres jefes.[36] Oficialmente trabajaban para el gobierno de Morelos, pero paralelamente laboraban —cobraban

[36] *Reporte Índigo*, 22 de mayo de 2009. La autora entrevistó para la revista electrónica al gobernador Marco Antonio Adame.

mensualmente un sueldo— para la AFI y la SSP federal. Su tercera chamba estaba con los Beltrán Leyva.[37]

Todo esto no hacía más que levantar nuevas sospechas acerca de la actuación de la SSP federal. Además de que salió a la luz que el secretario de Seguridad Pública de Morelos, Luis Ángel Cabeza de Vaca, destituido del cargo y detenido por estar presuntamente ligado al narcotráfico, era muy cercano a Genaro García Luna, quien incluso tenía trabajando con él a su hermana, Gloria García Luna, como directora de área. En aquella ocasión el gobernador de Morelos explicó que Espinoza Luna, Vargas Rodríguez y Cabeza de Vaca fueron evaluados periódicamente por la SSP federal por medio de exámenes de confianza, y siempre los aprobaron, pese a que al final resultó que supuestamente estarían involucrados con los Beltrán Leyva.[38]

La caída de *El Barbas* trajo como consecuencia que se intensificara la violencia en la lucha de los cárteles mexicanos por el dominio del territorio. Su muerte causó un severo debilitamiento de la organización delictiva liderada por Vicente Carrillo Fuentes en Ciudad Juárez, quien poco a poco ha ido perdiendo fuerza interna y armada para defender sus plazas ante la embestida sin tregua del cártel de Sinaloa, el cual actúa con el permiso del gobierno federal para exterminar a los cárteles enemigos, según comentan "fuera de grabadora" gobernadores de los estados afectados por la disputa. Se dice que a principios de 2010 *El Viceroy* abandonó la plaza, y en su lugar se quedó Sergio Villarreal, *El Grande*, defendiendo el histórico y muy codiciado bastión del cártel de Juárez.

Por su parte, Edgar Valdez Villarreal, *La Barbie*, y Gerardo Álvarez, *El Indio*, dos de los principales ejecutores y operadores de Arturo Beltrán Leyva, querían formar su propia organización cri-

[37] *Ibid.*
[38] *Ibid.*

minal. *El Indio* tenía los contactos con Colombia y *La Barbie* poseía la fuerza bruta para iniciar su propio cártel.

Tras la muerte de *El Barbas*, el cártel de Sinaloa propuso a Vicente Carrillo Fuentes firmar la paz y establecer una nueva alianza; sin embargo *El Viceroy* se negó porque su familia no estaba dispuesta a perdonar el asesinato de su hermano Rodolfo. Y así mantuvo su alianza con Héctor Beltrán Leyva, quien quedó como heredero de la organización dirigida por su hermano mayor. Quienes sí firmaron la tregua fueron los capos del cártel del Golfo, que aliados con el cártel de Sinaloa, y con la presunta anuencia del gobierno federal, tienen como propósito principal eliminar a *Los Zetas*; éstos, según informes del gobierno de Estados Unidos, pasaron de ser un brazo armado del Golfo a constituirse como un nuevo cártel.

A raíz de todos estos reacomodos aumentó brutalmente la violencia en Chihuahua, Coahuila, Nuevo León, Tamaulipas, Michoacán, Guerrero y Morelos. En todos estos estados un día sí y otro también aparecen pedazos de cadáveres previamente torturados y mutilados.

Después de más de 20 años de dominio de los Carrillo Fuentes en Ciudad Juárez, y a casi 14 años de que *El Viceroy* heredó de su hermano, *El Señor de los Cielos*, la dirigencia del cártel de Juárez, *El Chapo* Guzmán ya tiene prácticamente el control del codiciado territorio; lo consiguió a costa de un incontenible baño de sangre: mil 500 personas ejecutadas en 2008, dos mil 660 en 2009, y en 2010 la cifra llega a más de dos mil personas asesinadas en la ciudad fronteriza.

Andrea Simmons, portavoz del FBI en El Paso, Texas, afirmó el 9 de abril de 2010 que tras dos años de guerra entre los narcos por el territorio de Juárez, el cártel de Sinaloa ya tenía prácticamente el control de la plaza. El anuncio del "triunfo" del cártel de Sinaloa coincidió irónicamente con la salida del Ejército mexicano y la entrada de la Policía Federal de la SSP a patrullar las calles de Ciudad Juárez. Tras la llegada de los elementos de Genaro García Luna, la violencia en esa zona del país creció a niveles nunca antes vistos. Las sospechas en torno a la complicidad entre las instituciones que ha dirigido este funcionario y el cártel de Sinaloa también hacen sospechar que la presencia de la Policía Federal en la ciudad fronteriza pudo haber tenido el propósito de respaldar las acciones de ese grupo criminal.

CAPÍTULO 11

Los señores del narco

Durante los últimos cuatro años, el gobierno federal ha asestado algunos golpes mediáticos a los integrantes del cártel de Sinaloa para intentar desviar la atención acerca de una serie de indicios que apuntan a una complicidad de fondo con esa organización. Sus acciones siempre han sido contra brazos operativos, pero no han dañado el corazón de ese cártel: sus negocios. Su arteria principal ubicada en el aeropuerto de la ciudad de México, permanece intacta y en plena operación, bombeando dinero a sus líderes, lo que finalmente les da su gran poderío y les permite continuar con su negocio criminal.

En el circuito interno del AICM, que conduce de la terminal uno a la dos, sobre la calle Fuerza Aérea Mexicana número 425, en el hangar nueve zona G, se encuentran las oficinas y el hangar de la empresa, Aviones S.A. de C.V., la cual oficialmente se dedica a la reparación de aeronaves. En la publicidad con que se anuncia esta compañía en internet se señala: "Aviones S.A de C.V. cuenta con la mejor ubicación dentro de las instalaciones del Aeropuerto Internacional de la Ciudad de México, donde cuenta con hangares, taller de mantenimiento, centro de partes y refacciones. Y dispone de 15 mil metros cuadrados de plataforma conectada a las pistas del aeropuerto, lo que facilita su uso".

Esta empresa también está instalada en los aeropuertos Jorge Jiménez Cantú, de Atizapán de Zaragoza en el Estado de México;

Hermanos Serdán, de Puebla; Aeropuerto Internacional de Cuernavaca General Mariano Matamoros, y el Aeropuerto Internacional de Toluca Adolfo López Mateos. Igualmente se dedica a la renta de aeronaves, como describe su publicidad: "En Aviones S.A. de C.V. estamos conscientes sobre las necesidades de nuestros clientes, para lo cual contamos con una división especializada que le permite resolver sus requerimientos de vuelos, ya sea privados o empresariales a través de la renta de la aeronave más conveniente para usted".[1]

Según reveló Richard Arroyo Guízar, *María Fernanda*, hijastro de *El Rey* Zambada, en sus declaraciones ministeriales en la PGR, realizadas en 2008, en el hangar que tiene esta compañía en el AICM se cargan y descargan cotidianamente droga y dinero de la organización que encabezan Ismael *El Mayo* Zambada y *El Chapo*. Estas afirmaciones fueron un misil contra la organización criminal a la que pertenecían él y su padrastro.

> [...] deseo manifestar que al lado de la terminal no. 2 del Aeropuerto Internacional de la ciudad de México, sin recordar el nombre y número de la calle, contamos con una compañía llamada Aviones la cual se encuentra pegada al hangar de AESA [ASESA], misma que tiene acceso directo al aeropuerto y que el nombre se puede ver desde afuera, que la fachada es de color blanco y el rótulo de color azul, que desde la calle se aprecian como oficinas que son de dos niveles que en ellas trabajan aproximadamente 30 personas.
>
> Para entrar al lugar hay una pluma que custodia un policía, en el interior se encuentra un avión de carga azul que nunca tuvimos oportunidad de mover pero se compró con dinero ilícito. Dicho avión casi lo pintan cada mes pero la última vez que lo vi estaba

[1] Información obtenida de la página oficial de dicha empresa: www.avionessa.net/index.

pintado de color azul, sin rótulos. En el mismo lugar contamos con dos helicópteros, uno de ellos lo rentamos al municipio de Ecatepec y el otro está en reparación porque se les averió una hélice, ambos helicópteros también los adquirimos con dinero ilícito, están pintados con azul y blanco y dicen Ecatepec, Estado de México, dichos helicópteros también los ocupábamos para ubicar las posiciones de los enemigos y para paseo, en el mismo lugar hay tres pipas de gasolina que nos pertenecen, dos pequeñas y una grande de color blanco y tienen rotulado en las puertas el nombre de "aviafuel". También deseo manifestar que el prestanombres de la empresa Aviones S.A. de C.V. se llama Raúl Marín, sin recordar su otro apellido y quien administra dicha empresa es un militar al que le decimos *El Raz*.

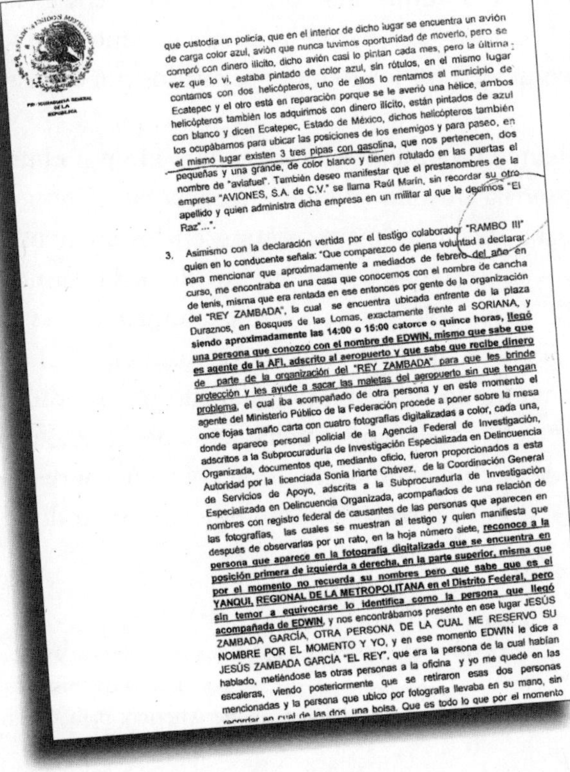

que custodia un policía, que en el interior de dicho lugar se encuentra un avión de carga color azul, avión que nunca tuvimos oportunidad de moverlo, pero se compró con dinero ilícito, dicho avión casi lo pintan cada mes, pero la última vez que lo vi, estaba pintado de color azul, sin rótulos, en el mismo lugar contamos con dos helicópteros, uno de ellos lo rentamos al municipio de Ecatepec y el otro está en reparación porque se le averió una hélice, ambos helicópteros también los adquirimos con dinero ilícito, están pintados de azul con blanco y dicen Ecatepec, Estado de México, dichos helicópteros también los ocupábamos para ubicar las posiciones de los enemigos y para paseo, en el mismo lugar existen 3 tres pipas con gasolina, que nos pertenecen, dos pequeñas y una grande, de color blanco y tienen rotulado en las puertas el nombre de "aviafuel". También deseo manifestar que el prestanombres de la empresa "AVIONES, S.A. de C.V." se llama Raúl Marín, sin recordar su otro apellido y quien administra dicha empresa en un militar al que le decimos "El Raz"...".

3. Asimismo con la declaración vertida por el testigo colaborador "RAMBO III" quien en lo conducente señala: "Que comparezco de plena voluntad a declarar para mencionar que aproximadamente a mediados de febrero del año en curso, me encontraba en una casa que conocemos con el nombre de cancha de tenis, misma que era rentada en ese entonces por gente de la organización del "REY ZAMBADA", la cual se encuentra ubicada enfrente de la plaza Duraznos, en Bosques de las Lomas, exactamente frente al SORIANA, y **siendo aproximadamente las 14:00 o 15:00 catorce o quince horas, llegó una persona que conozco con el nombre de EDWIN, mismo que sabe que es agente de la AFI, adscrito al aeropuerto y que sabe que recibe dinero de parte de la organización del "REY ZAMBADA" para que les brinde protección y les ayude a sacar las maletas del aeropuerto sin que tengan problema**, el cual iba acompañado de otra persona y en este momento el agente del Ministerio Público de la Federación procede a poner sobre la mesa once fojas tamaño carta con cuatro fotografías digitalizadas a color, cada una, donde aparece personal policial de la Agencia Federal de Investigación, adscritos a la Subprocuraduría de Investigación Especializada en Delincuencia Organizada, documentos que, mediante oficio, fueron proporcionados a esta Autoridad por la licenciada Sonia Iriarte Chávez, de la Coordinación General de Servicios de Apoyo, adscrita a la Subprocuraduría de Investigación Especializada en Delincuencia Organizada, acompañados de una relación de nombres con registro federal de causantes de las personas que aparecen en las fotografías, las cuales se muestran al testigo y quien manifiesta que después de observarlas por un rato, en la hoja número siete, **reconoce a la persona que aparece en la fotografía digitalizada que se encuentra en posición primera de izquierda a derecha, en la parte superior, misma que por el momento no recuerda su nombres pero que sabe que es el YANQUI, REGIONAL DE LA METROPOLITANA en el Distrito Federal, pero sin temor a equivocarse lo identifica como la persona que llegó acompañada de EDWIN**, y nos encontrábamos presente en ese lugar JESÚS ZAMBADA GARCÍA, OTRA PERSONA DE LA CUAL ME RESERVO SU NOMBRE POR EL MOMENTO Y YO, y en ese momento EDWIN le dice a JESÚS ZAMBADA GARCÍA "EL REY", que era la persona de la cual habían hablado, metiéndose las otras personas a la oficina y yo me quedé en las escaleras, viendo posteriormente que se retiraron esas dos personas mencionadas y la persona que ubico por fotografía llevaba en su mano, sin recordar en cual de las dos una bolsa. Que es todo lo que por el momento

Declaración ministerial de *María Fernanda* donde se refiere a *El Raz*.

La descripción que *María Fernanda* hizo de esta empresa y la forma de llegar a ella era exacta. Además, para la PGR no era el primer señalamiento contra esa compañía. En otra indagatoria (SIEDO/UEICCS/132/2008) se afirma que el 30 de marzo de 2008 agentes de la PFP —dirigida entonces por Edgar Eusebio Millán— escoltaron en vehículos oficiales un cargamento de precursores químicos a la zona del hangar de Aviones, S.A. de C.V. El contenedor traía 600 kilos de efedrina que había llegado procedente de Holanda en el vuelo KL685 de KLM.[2]

También resultó cierto que por lo menos uno de los helicópteros que usaba el municipio de Ecatepec en la administración 2006-2009 era rentado y se encontraba en el AICM. El ayuntamiento de ese municipio del Estado de México reconoció en octubre de 2009 que en la administración 2006-2009, encabezada por el perredista José Luis Gutiérrez Cureño, sí se rentó un helicóptero, lo cual coincide con los tiempos señalados por el testigo protegido.

Pero curiosamente el municipio, ahora gobernado por el priísta Eruviel Ávila, señala que no se sabe a ciencia cierta con qué empresa se alquilaba dicha aeronave, porque en los archivos del ayuntamiento "no existe copia" del contrato de arrendamiento. El gobierno de Ecatepec sólo sostiene que la compañía Servicios Aéreos de la Laguna, S.A. de C.V, reclama "verbalmente" el pago del servicio de renta de un helicóptero solicitado por la administración 2006-2009 y reconoce que dicha aeronave se encuentra en el aeropuerto de la ciudad de México, tal como había declarado el hijastro de *El Rey* Zambada. Pero no especifican en dónde.[3]

[2] *Reforma*, 15 de diciembre de 2008.

[3] Entre el 1° y 12 de octubre de 2009 la autora realizó solicitudes de información al ayuntamiento de Ecatepec de Morelos, por medio del Sistema de Control de Solicitudes de Información del Estado de México, para seguir el

AYUNTAMIENTO DE ECATEPEC DE MORELOS

Con fundamento en el artículo 46 de la Ley de Transparencia y Acceso a la Información Pública del Estado de México y Municipios, se le notifica por vía electrónica, a través del SICOSIEM, lo siguiente:

ECATEPEC DE MORELOS, México a 21 de Octubre de 2009

Nombre del solicitante: ANABEL HERNANDEZ GARCIA

Folio de la solicitud: 01287/ECATEPEC/IP/A/2009

En respuesta a la solicitud recibida, nos permitimos hacer de su conocimiento que con fundamento en el artículo 46 de la Ley de Transparencia y Acceso a la Información Pública del Estado de México y Municipios, le contestamos que:

La Tesoreria Municipal del H. Ayuntamiento de Ecatepec de Morelos, responde lo siguiente:

De acuerdo a los artículos 3,4,7, fracción IV, 12, capitulo IV 41 y 82 de la Ley de Transparencia y Acceso a la Información Publica, con respecto a la solicitud de proporcionarle copias del contrato de arrendamiento del helicóptero que el H. Ayuntamiento rentaba en la administración 2006-2009, cuanto duro dicho contrato, si fue licitación o adjudicación directa y si el contrato sigue vigente. Debo informarle que se realizo una búsqueda exhaustiva en los archivos de esta dependencia y no hay constancia documental (llámese CONTRATO) que presuma la renta de algún tipo de aeronave. Sin embargo la empresa Servicios Corporativos Aéreos de la Laguna S.A de C.V. reclama el pago por servicios de renta solicitados verbalmente por la administración 2006-2009. El helicóptero se encontraba resguardado en el Aeropuerto Internacional de la Ciudad de México.

ATENTAMENTE

ING. CARLOS AURIEL ESTEVEZ HERRERA

Responsable de la Unidad de Informacion

AYUNTAMIENTO DE ECATEPEC DE MORELOS

Documento de respuesta de solicitud Folio de la solicitud: 01287/ECATEPEC/IP/A/2009.

Entre los servicios ofrecidos en internet por Aviones, S.A. de C.V., se encuentra el de pintura a aeronaves, por lo que es también factible que el avión al que se refirió *María Fernanda* hubiera sido pintado periódicamente, como señaló. Y efectivamente, el hangar de esa compañía se localiza cerca del hangar de la empresa ASESA, Aeroservicios Especializados S.A. de C.V., ubicada asimismo en la zona G, pero hangar cinco. Y el 1° de diciembre de 2008 la PGR reconoció "que se cuenta con elementos suficientes para tener por cierto el hecho de que los inculpados [el clan de los Zambada] participaban activamente en operaciones tales como traficar drogas en el Aeropuerto Internacional de la Ciudad de México".

rastro de las declaraciones hechas por el testigo protegido *María Fernanda.* Después de evasivas, finalmente el ayuntamiento reconoció que sí se había rentado por lo menos un helicóptero.

relacionadas con la comisión de delitos de CONTRA LA SALUD, resultando ésta la
actividad principal de la organización criminal que se investiga, y dado que existen
elementos de prueba suficientes para tener por cierta la participación en los hechos
motivo de la presente investigación de más de tres personas, que se encuentran
organizadas en forma jerárquica y que en forma permanente y reiterada realizan su
actividad ilícita acreditándose con lo anterior la intervención y pertenencia de los ahora
indiciados, en la organización delictiva comandada por MARIO ISMAEL ZAMBADA
GARCÍA alias "EL MAYO ZAMBADA", derivándose además que se cuentan con
elementos suficientes para tener por cierto el hecho de que los inculpados
participaban activamente en operaciones tales como **traficar drogas** en el Aeropuerto
Internacional de la Ciudad de México, así como diversos servidores públicos que
brindan **protección a los miembros de dicha organización** criminal a fin de que
continúen con su *función principal relacionada* con el tráfico de drogas, así como otros
que se encuentran infiltrados en los organismos de procuración de justicia y dan
información que perjudica o va en contra de los intereses de la organización que se
investiga; así como otra célula encargada de **transportar y almacenar droga**, y otros
encargados de establecer contactos en Sudamérica para facilitar el tráfico de
estupefacientes; de ahí que resulte a juicio de esta Representación Social de la
Federación imprescindible separar las actuaciones señaladas con antelación a fin de
continuar con la investigación en indagatoria por separado de otros miembros de la
organización criminal encabezada por **MARIO ISMAEL ZAMBADA GARCÍA, alias
"EL MAYO ZAMBADA"**, para mantener la reserva legal en la presente y finalmente
estos sean glosados al triplicado abierto que resulte del ejercicio de la acción penal. - -
- - - En atención a los motivos esgrimidos, y con fundamento en lo dispuesto por los
artículos 21 y 102 Apartado "A" de la Constitución Política de los Estados Unidos
Mexicanos; 1°, fracción I, 2°, fracción I, 483 y 487 del Código Federal de
Procedimientos Penales; 1°, 2°, 3°, 4°, 5° y 6° del Código Penal Federal; 1°, 2°, 4° y 8°
de la Ley Federal contra la delincuencia Organizada 1°, 4°, fracción I, inciso A) y B) y
11 de la Ley Orgánica de la Procuraduría General de la República; 1°, 2° tercer y
décimo tercer rubros, 15 y 28 fracción I del reglamento interno que rige esta institución,
es de resolverse y se:- -

- **R E S U E L V E** -

- - - **ÚNICO.**- Proceda al desglose de actuaciones de los documentos citados, en el
presente acuerdo, en original y copia certificada como ha quedado precisado en el
capítulo de CONSIDERANDOS, a fin de continuar por cuerda separada la
investigación que nos ocupa en contra de otros miembros de la organización criminal
que se indaga y las actuaciones en original sean glosadas al triplicado abierto que
resulte del ejercicio de la acción penal. -

- - - **ASÍ LO ACORDÓ Y FIRMA LA SUSCRITA LICENCIADA SILVIA MÉNDEZ
MENDOZA, AGENTE DEL MINISTERIO PÚBLICO DE LA FEDERACIÓN,
ADSCRITA A LA SUBPROCURADURÍA DE INVESTIGACIÓN ESPECIALIZADA EN
DELINCUENCIA ORGANIZADA, QUIEN ACTÚA LEGALMENTE EN COMPAÑÍA DE
TESTIGOS DE ASISTENCIA QUE AL FINAL FIRMAN Y DAN FE.** - - - - - - - - - - - -

- **D A M O S F E** -

Documento de la PGR, 1° de diciembre de 2008.

Aviones, S.A. de C.V., fue constituida en 1948, en la ciudad de México. Formalmente sus dueños eran Héctor Mariscal, Benjamín Burillo (Pérez), Raúl Esponda y Aarón Sáenz (Garza), quienes entonces aparecían como los únicos accionistas. En la escritura constitutiva de ese año no se incluyen sus segundos apellidos. De acuerdo con el acta, el objeto social de la empresa es "el ejercicio de la industria y del comercio en el ramo de aviones, por lo que podrá adquirir y enajenar por cualquier título toda clase de aviones nuevos y usados, así como refacciones materiales y accesorios para su reparación. Proporcionar servicio mecánico para aviones, por lo que podrá adquirir y enajenar gasolina, combustibles, grasas, lubricantes y demás materias necesarias para estos fines".

Esa amplia gama de servicios pudo haber facilitado al clan de *El Mayo* Zambada la adquisición de aviones para su organización criminal de manera encubierta y, al mismo tiempo, contar con todo lo necesario para su servicio y mantenimiento. Asimismo pudo hacer factible que en el hangar de la empresa hubiera depósitos de combustible para surtir a las narconaves.

Presuntamente, Benjamín Burillo es tío de Alejandro Burillo Azcárraga, primo hermano de Emilio Azcárraga Jean. Otro de los socios, Aarón Sáenz Garza, fue político y militar, desempeñando cargos públicos en los gobiernos de Adolfo de la Huerta, Álvaro Obregón y Plutarco Elías Calles. Fue dos veces gobernador del estado de Nuevo León, fundador de empresas como Mexicana de Aviación, Banca Confía, Seguros Atlas y varios ingenios azucareros.

Con el paso del tiempo, los dueños fueron cambiando, aunque la empresa siguió en manos de las mismas familias. Actualmente los propietarios oficiales de esta compañía, que podría estar vinculada con *El Mayo* Zambada, son la empresa Consan, S.A. de C.V., socio mayoritario con 76 mil 800 acciones, Héctor Manuel Sáenz Couret con 40 mil 248, Aarón Sáenz Hirschfeld con dos mil 640, Arturo Estrada Flores con 288, y Benjamín Salmon Couret con 24.[4] Y en el Registro Público de la Propiedad se señala que Antonio Mariscal Sáenz es el presidente de Aviones, S.A. de C.V.

Al menos desde 1978 la empresa relacionada aparentemente con *El Mayo* Zambada ya operaba en el hoy Aeropuerto Internacional de la Ciudad de México. Cuando la compañía fue constituida se estipuló que tendría una duración de 20 años, pero esto se modificó para prorrogar su existencia hasta 2020.

[4] Escritura núm. 34 509, notario 109, 11 de junio de 1987.

Los accionistas de Consan —socia mayoritaria de Aviones, S.A. de C.V.— son prácticamente los mismos: Aarón Sáenz Couret (el accionista mayoritario, hijo de Aarón Sáenz Garza), Alicia Hirschfeld de Sáenz (esposa de Aarón Sáenz Couret), y sus hijos Aarón Sáenz Hirschfeld, Eduardo Sáenz Hirschfeld, Marcela Alejandra Sáenz Hirschfeld y Fernanda Sáenz de Simón, con un capital mínimo fijo de ocho millones y medio y un capital variable de poco más de 85 millones de pesos. Su ambiguo objeto social es "promover, construir, organizar y participar en el capital de sociedades mercantiles".

Sáenz Couret es conocido como el zar de otro polvo blanco: el azúcar. Hace décadas fue gerente de la empresa estatal Compañía Azucarera de Navolato, en Sinaloa, y es ahora el presidente de Grupo Azucarero Sáenz. En 2007 su hijo, Aarón Sáenz Hirschfeld, fue presidente de la Cámara Nacional de las Industrias Azucarera y Alcoholera, y como hombre de empresa está relacionado con varios ingenios azucareros. Sáenz Hirschfeld fue uno de los donadores para la campaña del PAN en 2006 cuando fue electo Felipe Calderón Hinojosa. Su nombre aparece en la cuenta "Aportaciones de Simpatizantes Campaña Federal", subcuenta "Nacional", como uno de los donantes del PAN (30 mil pesos).[5] Pero su donativo estuvo plagado de irregularidades. Según el reporte del Instituto Federal Electoral (IFE), el PAN nunca entregó el recibo original de su aportación y la copia que presentaron no estaba firmada por Aarón Sáenz Hirschfeld.

La historia empresarial de los dueños "oficiales" de Aviones, S.A. de C.V., es controvertida.

Aarón Sáenz Couret fue, junto con otros de sus familiares, propietario de Banca Confía, antes Banco Azucarero, hasta 1982, año en que fue nacionalizado. Héctor Manuel Sáenz Couret y Aarón

[5] www.ife.org.mx/documentos/PPP/ppp/2006/Resolutivos/res_PAN.pdf.

Sáenz Couret siguieron siendo parte de lo que quedó de Banca Confía antes de ser nacionalizada, ya que conservaron sus filiales Aseguradora Atlas y Arrendadora Atlas, de la cual Sáenz Couret es el presidente.[6] Aunque ya no eran dueños de Banca Confía siguieron obteniendo beneficios de esa institución, como créditos millonarios de hasta cien millones de pesos (1990).

Otro socio de la Arrendadora Atlas es Rolando Vega Íñiguez, cuñado de Aarón Sáenz Couret, quien entre 1961 y 1980 ocupó en tres ocasiones la presidencia de la Asociación de Banqueros de México. Fue antecesor del también banquero Arcadio Valenzuela Valenzuela, quien dirigía Banco del Pacífico, antes de su expropiación en 1982, y Banco Comermex. Valenzuela Valenzuela aparece en documentos de la DEA de 1985 acusado de lavar dinero para la organización delictiva del Pacífico.

Sáenz Couret y Sáenz Hirschfeld fueron también socios y parte del consejo de administración de Banco del Atlántico antes de ser nacionalizado en 1982. Banco del Atlántico fue uno de los bancos que quebraron en la década de 1990 por presuntos malos manejos administrativos, algunos de ellos probablemente relacionados con lavado de dinero. Dichas deudas, por cierto, fueron absorbidas por el gobierno federal a través del Fondo Bancario de Protección al Ahorro (Fobaproa). Sáenz Couret y Sáenz Hirschfeld también resultaron beneficiados por el rescate bancario, ya que habían recibido un supuesto préstamo por parte de Banco del Atlántico, Banca Confía y Bancomer en beneficio de la Arrendadora Atlas por cien millones de pesos, sin que tuvieran capacidad para pagarlo.

Es importante señalar que Banco del Atlántico fue una de las instituciones bancarias que el ex gobernador de Quintana Roo, Mario Villanueva Madrid, utilizó para lavar dinero procedente del

[6] Información obtenida de la Comisión Nacional para la Protección y Defensa de los Usuarios de Servicios Financieros (Condusef).

crimen organizado. Antonio Ibarra Salgado, secretario de Turismo del gobierno del estado de Sinaloa encabezado por Jesús Aguilar Padilla, fue funcionario de Banco del Atlántico de 1993 a 1997. Durante esa época Antonio Ibarra habría facilitado la entrada a cuentas bancarias de capitales pertenecientes al cártel de Sinaloa.[7] Ibarra Salgado, quien también era amigo del empresario Juan Vizcarra ex candidato a la gubernatura de Sinaloa, fue ejecutado en Culiacán el 22 de diciembre de 2009. En 2004 Banco del Atlántico desapareció formalmente cuando se fusionó con Grupo Financiero HSBC.

En 1997 Banca Confía, bajo la administración de Jorge Lankenau, fue intervenido por la Comisión Nacional Bancaria, y en 1998 se fusionó con Citibank México, institución con la que a su vez Banamex se fusionó en 2001.[8] Por su parte, Lankenau pasó ocho años en prisión acusado de otorgar créditos a empresas insolventes, de efectuar operaciones en paraísos fiscales y de delincuencia organizada. Uno de los casos controvertidos fueron los préstamos a Arrendadora Atlas.

Al analizar el rescate bancario, la Auditoría Superior de la Federación (ASF) hizo varias observaciones respecto a que el Fobaproa absorbió indebidamente una deuda de Arrendadora Atlas por cien millones de pesos, en contravención a la Ley de Instituciones de Crédito.[9]

En 1996 los socios de Aviones, S.A. de C.V., hicieron operaciones financieras con CBI Casa de Bolsa a través de Arrendadora Atlas, por un monto de 597 millones de pesos;[10] esto ocurrió

[7] *Río Doce*, 7 de febrero de 2010.

[8] Dirección del Registro y Análisis Financiero, perteneciente a la Dirección General de Análisis de Servicios y Productos Financieros de la Comisión Nacional Bancaria, 12 de enero de 2010.

[9] Auditoría Superior de la Federación, informe 2001, IPAB.

[10] Registro Público de la Propiedad del Distrito Federal, folio mercantil 31591.

unos días antes de que la Comisión Nacional Bancaria interviniera gerencialmente a su filial CBI Casa de Cambio, porque "fueron detectadas operaciones no autorizadas y/o que no se apegan a las sanas prácticas cambiarias". En pocas palabras, se detectó lavado de dinero.

En julio de 2008 Arrendadora Atlas empeñó unos bienes "sin transmisión de posesión" a favor de Banco Multiva, del Grupo Financiero Multiva, por 10 millones de pesos.[11] En 1992 esta empresa, propiedad de Olegario Vázquez Raña, se vio involucrada en la investigación judicial llevada a cabo por la PGR en torno al caso de los muertos de Iguala, aquel primer escándalo en el que salió a relucir el nombre de Joaquín Guzmán Loera. En la indagatoria resultó que el hangar que ocupaban Olegario y su hermano Mario era utilizado para guardar los aviones de los narcotraficantes Amado Carrillo Fuentes, Héctor Palma Salazar y *El Chapo*.

Complicidad y negligencia en el AICM

Además de la controvertida trayectoria empresarial de los socios "oficiales" de Aviones, S.A. de C.V., todo respecto a esta compañía es turbio y confuso. Habría que empezar por decir que el responsable de la administración del AICM es el director general del Grupo Aeroportuario de la Ciudad de México, Héctor Velázquez Corona, un hombre muy cercano al presidente Felipe Calderón.[12] Desde el 17 de enero de 2005, Velázquez Corona ocupa este puesto

[11] *Ibid.*

[12] Velázquez Corona se desempeñaba como secretario de Servicios Administrativos y Financieros de la LVIII Legislatura del Congreso, cuando Felipe Calderón era líder de la bancada panista. Más tarde, Velázquez Corona sería recordado como el funcionario que permitió el autopréstamo que se hizo Calderón como titular de Banobras, a pocas semanas de haber asumido el cargo, para comprarse su residencia en la colonia Las Águilas de la ciudad de México.

clave, y a pesar de los escándalos por la probable operación del cártel de Sinaloa en el aeropuerto, no ha sido removido de su cargo ni se sabe que exista alguna investigación en proceso.

Así pues, la administración del AICM se niega a rendir cuentas de cuándo, cómo y por qué la presunta compañía de *El Mayo* Zambada, Aviones, S.A. de C.V., tiene un hangar estratégico en el aeropuerto más importante del país. Por lo pronto se han resistido a entregar copia de los contratos que amparan la operación de dicha empresa, uno de los cuales data del 1° de agosto de 1994. Este último fue otorgado por el gobierno de Carlos Salinas de Gortari pocos meses antes de que concluyera su administración, y vencía el 31 de julio de 2008. Durante el sexenio de Vicente Fox, bajo la administración de Velázquez Corona, el aeropuerto firmó un convenio de modificación del contrato de arrendamiento con la compañía el 17 de noviembre de 2005. Lo único que la administración del aeropuerto aceptó informar es que Aviones, S.A. de C.V., paga al AICM, por concepto de renta del hangar, la módica cantidad de 41 mil 30 pesos más IVA. Una ridiculez si se compara con las ganancias en millones de dólares que le pueden arrojar sus operaciones en el lugar cada semana. Aunque la administración del aeropuerto reconoce que Aviones, S.A. de C.V., no tiene ya ningún contrato de arrendamiento vigente, no pueden o no quieren quitarle ese espacio estratégico a una empresa cuestionada y denunciada por su supuesta vinculación con el cártel de Sinaloa.

A pregunta expresa para esta investigación, la autoridad señaló tibiamente:

> [...] a la fecha la moral Aviones S.A. de C.V. no tiene celebrado contrato de arrendamiento para ocupar el hangar que ocupa, y el motivo por el cual se encuentra ocupando dicho espacio deriva de las acciones judiciales que han sido interpuestas en contra de la moral toda vez que este Aeropuerto no puede *motu proprio* privar de la

posesión a la arrendataria; no obstante lo anterior se informa que en el expediente se encuentra copia del contrato suscrito en su oportunidad con la moral, con vigencia de 1° de agosto de 1994 al 31 de julio de 2008 en que concluyó su vigencia, así como la copia del convenio modificatorio al contrato, firmado el 17 de noviembre de 2005.

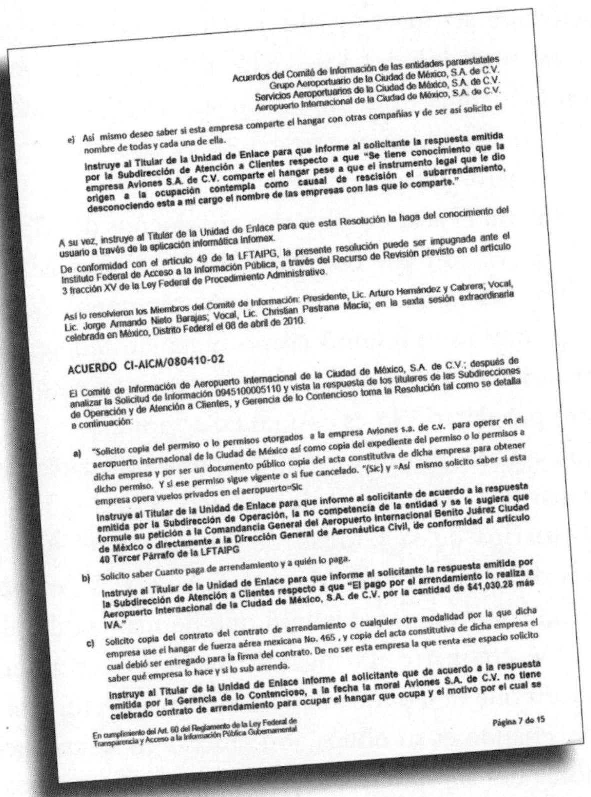

Acuerdos del Comité de Información de las entidades paraestatales
Grupo Aeroportuario de la Ciudad de México, S.A. de C.V.
Servicios Aeroportuarios de la Ciudad de México, S.A. de C.V.
Aeropuerto Internacional de la Ciudad de México, S.A. de C.V.

e) Así mismo deseo saber si esta empresa comparte el hangar con otras compañías y de ser así solicito el nombre de todas y cada una de ella.

Instruye al Titular de la Unidad de Enlace para que informe al solicitante la respuesta emitida por la Subdirección de Atención a Clientes respecto a que "Se tiene conocimiento que la empresa Aviones S.A. de C.V. comparte el hangar pese a que el instrumento legal que le dio origen a la ocupación contempla como causal de rescisión el subarrendamiento, desconociendo esta a mi cargo el nombre de las empresas con las que lo comparte."

A su vez, instruye al Titular de la Unidad de Enlace para que esta Resolución la haga del conocimiento del usuario a través de la aplicación informática Infomex.

De conformidad con el artículo 49 de la LFTAIPG, la presente resolución puede ser impugnada ante el Instituto Federal de Acceso a la Información Pública, a través del Recurso de Revisión previsto en el artículo 3 fracción XV de la Ley Federal de Procedimiento Administrativo.

Así lo resolvieron los Miembros del Comité de Información: Presidente, Lic. Arturo Hernández y Cabrera; Vocal, Lic. Jorge Armando Nieto Barajas; Vocal, Lic. Christian Pastrana Macía; en la sexta sesión extraordinaria celebrada en México, Distrito Federal el 08 de abril de 2010.

ACUERDO CI-AICM/080410-02

El Comité de Información de Aeropuerto Internacional de la Ciudad de México, S.A. de C.V.; después de analizar la Solicitud de Información 0945100005110 y vista la respuesta de los titulares de las Subdirecciones de Operación y de Atención a Clientes, y Gerencia de lo Contencioso toma la Resolución tal como se detalla a continuación:

a) "Solicito copia del permiso o lo permisos otorgados a la empresa Aviones s.a. de c.v. para operar en el aeropuerto internacional de la Ciudad de México así como copia del expediente del permiso o lo permisos a dicha empresa y por ser un documento público copia del acta constitutiva de dicha empresa para obtener dicho permiso. Y si ese permiso sigue vigente o si fue cancelado. "(Sic) y =Así mismo solicito saber si esta empresa opera vuelos privados en el aeropuerto=Sic

Instruye al Titular de la Unidad de Enlace para que informe al solicitante de acuerdo a la respuesta emitida por la Subdirección de Operación, la no competencia de la entidad y se le sugiera que formule su petición a la Comandancia General del Aeropuerto Internacional Benito Juárez Ciudad de México o directamente a la Dirección General de Aeronáutica Civil, de conformidad al artículo 40 Tercer Párrafo de la LFTAIPG

b) Solicito saber Cuanto paga de arrendamiento y a quién lo paga.

Instruye al Titular de la Unidad de Enlace para que informe al solicitante la respuesta emitida por la Subdirección de Atención a Clientes respecto a que "El pago por el arrendamiento lo realiza a Aeropuerto Internacional de la Ciudad de México, S.A. de C.V. por la cantidad de $41,030.28 más IVA."

c) Solicito copia del contrato del contrato de arrendamiento o cualquier otra modalidad por la que dicha empresa use el hangar de fuerza aérea mexicana No. 465 , y copia del acta constitutiva de dicha empresa el cual debió ser entregado para la firma del contrato. De no ser esta empresa la que renta ese espacio solicito saber qué empresa lo hace y si lo sub arrenda.

Instruye al Titular de la Unidad de Enlace informe al solicitante que de acuerdo a la respuesta emitida por la Gerencia de lo Contencioso, a la fecha la moral Aviones S.A. de C.V. no tiene celebrado contrato de arrendamiento para ocupar el hangar que ocupa y el motivo por el cual se

En cumplimiento del Art. 60 del Reglamento de la Ley Federal de Transparencia y Acceso a la Información Pública Gubernamental

Página 7 de 15

La autora presentó una solicitud de información donde pidió copia del contrato de arrendamiento por medio del cual Aviones, S.A. de C.V., ocupa un hangar en el aeropuerto; además solicitó copia del acta constitutiva entregada para conseguir dicho contrato, desde cuándo lo tenía y su vigencia. Toda la información le fue negada.

Otra grave irregularidad que por sí misma sería motivo para sacar a la empresa Aviones, S.A. de C.V., del hangar que ocupa es que con su anuencia opera en el mismo lugar la compañía MTC Aviación, S.A. de C.V., pese a que los lineamientos del AICM prohíben un procedimiento de este tipo. Esta otra compañía fue creada en 1997 con un capital de 50 mil pesos, también se dedica a la reparación de aeronaves y al servicio de taxi aéreo, aunque desde 1994 están prohibidos los vuelos privados en el AICM. Por alguna razón la medida no se aplica en su caso, y al parecer ellos son los únicos que pueden aterrizar y despegar aviones privados en el codiciado aeropuerto.

De acuerdo con el acta constitutiva, los dueños de MTC Aviación, S.A de C.V., son los hermanos Mario Tirzo Maldonado Carranza y José Maldonado Carranza. Al momento de crear la sociedad, el primero se presentó como ingeniero en aeronáutica, socio mayoritario de la empresa, con 45 acciones, y administrador único. El otro propietario lo es con cinco acciones.

La postura oficial respecto a esta empresa por parte de Grupo Aeroportuario de la Ciudad de México, S.A. de C.V., Servicios Aeroportuarios de la Ciudad de México, y el Aeropuerto Internacional de la Ciudad de México, S.A de C.V., es evasiva y delata complicidad. Aunque aseguran que de manera ilegal Aviones, S.A. de C.V., comparte el hangar de Avenida Fuerza Aérea número 465, dicen que desconocen cómo se llama la empresa con la que lo hacen, cuando es su obligación saberlo en su condición de administradores del aeropuerto. Y pese a que reconocen que esa razón es causal de rescisión del contrato, la compañía sigue operando sin problemas, y todo ello a dos años de las imputaciones directas del hijastro de *El Rey* Zambada. La administración del aeropuerto señala: "Se tiene conocimiento que la empresa Aviones S.A. de C.V. comparte el hangar pese a que el instrumento legal que le dio origen a la ocupación contempla como causal de rescisión el subarrendamiento como se cita en el punto anterior, desconociendo estar a mi cargo el nombre de las empresas con las que lo comparte".[13]

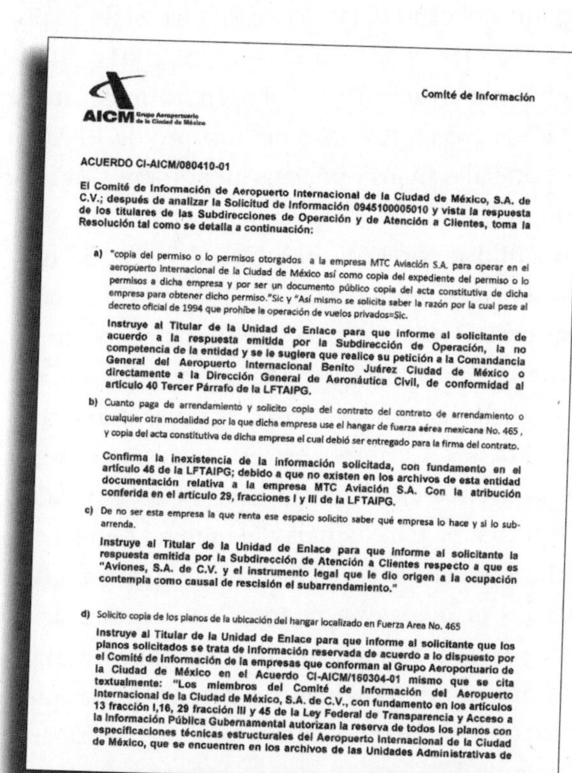

AICM Grupo Aeroportuario de la Ciudad de México

Comité de Información

ACUERDO CI-AICM/080410-01

El Comité de Información de Aeropuerto Internacional de la Ciudad de México, S.A. de C.V.; después de analizar la Solicitud de Información 0945100005010 y vista la respuesta de los titulares de las Subdirecciones de Operación y de Atención a Clientes, toma la Resolución tal como se detalla a continuación:

a) "copia del permiso o lo permisos otorgados a la empresa MTC Aviación S.A. para operar en el aeropuerto internacional de la Ciudad de México así como copia del expediente del permiso o lo permisos a dicha empresa y por ser un documento público copia del acta constitutiva de dicha empresa para obtener dicho permiso."Sic y "Así mismo se solicita saber la razón por la cual pese al decreto oficial de 1994 que prohíbe la operación de vuelos privados=Sic.

Instruye al Titular de la Unidad de Enlace para que informe al solicitante de acuerdo a la respuesta emitida por la Subdirección de Operación, la no competencia de la entidad y se le sugiera que realice su petición a la Comandancia General del Aeropuerto Internacional Benito Juárez Ciudad de México o directamente a la Dirección General de Aeronáutica Civil, de conformidad al artículo 40 Tercer Párrafo de la LFTAIPG.

b) Cuanto paga de arrendamiento y solicito copia del contrato del contrato de arrendamiento o cualquier otra modalidad por la que dicha empresa use el hangar de fuerza aérea mexicana No. 465 , y copia del acta constitutiva de dicha empresa el cual debió ser entregado para la firma del contrato.

Confirma la inexistencia de la información solicitada, con fundamento en el artículo 46 de la LFTAIPG; debido a que no existen en los archivos de esta entidad documentación relativa a la empresa MTC Aviación S.A. Con la atribución conferida en el artículo 29, fracciones I y III de la LFTAIPG.

c) De no ser esta empresa la que renta ese espacio solicito saber qué empresa lo hace y si lo subarrenda.

Instruye al Titular de la Unidad de Enlace para que informe al solicitante la respuesta emitida por la Subdirección de Atención a Clientes respecto a que es "Aviones, S.A. de C.V. y el instrumento legal que le dio origen a la ocupación contempla como causal de rescisión el subarrendamiento."

d) Solicito copia de los planos de la ubicación del hangar localizado en Fuerza Area No. 465

Instruye al Titular de la Unidad de Enlace para que informe al solicitante que los planos solicitados se trata de información reservada de acuerdo a lo dispuesto por el Comité de Información de la empresas que conforman al Grupo Aeroportuario de la Ciudad de México en el Acuerdo CI-AICM/160304-01 mismo que se cita textualmente: "Los miembros del Comité de Información del Aeropuerto Internacional de la Ciudad de México, S.A. de C.V., con fundamento en los artículos 13 fracción I,16, 29 fracción III y 45 de la Ley Federal de Transparencia y Acceso a la Información Pública Gubernamental autorizan la reserva de todos los planos con especificaciones técnicas estructurales del Aeropuerto Internacional de la Ciudad de México, que se encuentren en los archivos de las Unidades Administrativas de

Solicitud de información sobre la modalidad en que opera la empresa MTC Aviación, S.A. de C.V.

Si en verdad Aviones, S.A. de C.V., es una empresa propiedad de miembros del cártel de Sinaloa, como denunció el narcotraficante Richard Arroyo Guízar, se estaría sin duda ante el mayor escándalo de corrupción y colusión con el narcotráfico de las últimas décadas, en el que estarían implicadas autoridades de la Secretaría

[13] La autora presentó la solicitud de información sobre la modalidad en que opera Aviones, S.A. de C.V., en el AICM, cuánto paga de renta y con qué empresas comparte el hangar.

de Comunicaciones y Transportes, el Grupo Aeroportuario de la Ciudad de México, la SSP federal e incluso la Secretaría de la Defensa Nacional hasta el más alto nivel.

La supuesta compañía del capo del narcotráfico ha recibido por parte de la Sedena por lo menos 32 contratos entre 2001 y 2008, para darle mantenimiento a las aeronaves del Ejército mexicano y la Fuerza Aérea Mexicana. Según el dicho del sobrino de *El Mayo* Zambada, los aviones oficiales fueron puestos literalmente en manos del enemigo. ¿Enemigo?

De esos contratos adjudicados a Aviones, S.A. de C.V., 22 fueron firmados durante la administración de Vicente Fox, mientras que los otros 10 se suscribieron durante la presente, por los directores generales de Administración de la Sedena. Las adjudicaciones fueron otorgadas por los generales Fausto Manuel Zamorano Esparza, Rodrigo A. Arteaga Ocampo en el sexenio pasado, y Augusto Moisés García Ochoa en el actual; este último es uno de los hombres de mayor cercanía e influencia del general Guillermo Galván Galván, secretario de la Defensa Nacional. El general García Ochoa es uno de los principales aspirantes a ser titular de la Sedena en el siguiente sexenio, aunque su carrera ha sido cuestionada por acusaciones directas de boicotear la detención de integrantes de la organización del Pacífico, concretamente de Amado Carrillo Fuentes, ex jefe de *El Mayo*

El 29 de diciembre de 1999 el general Jesús Gutiérrez Rebollo, ex titular del Instituto Nacional de Combate a las Drogas, acusado de proteger a *El Señor de los Cielos*, declaró en su defensa que en varias ocasiones la Sedena estuvo a punto de detener al narcotraficante gracias a la información que se obtenía de informantes ligados con la organización de Amado Carrillo Fuentes. Cada vez que Gutiérrez Rebollo contaba con el lugar preciso donde estaría el capo del Pacífico, el secretario de la Defensa, Enrique Cervantes

Aguirre, enviaba a Augusto Moisés García Ochoa, titular del Centro de Inteligencia Antinarcóticos Nacional de la Sedena, acompañado del Grupo Aeromóvil de Fuerzas Especiales (GAFE), a realizar el operativo.

En por lo menos dos ocasiones, acusó Gutiérrez Rebollo, García Ochoa dejó escapar a Amado. La primera fue a finales de 1995 o principios de 1996, cuando consiguieron el dato preciso del momento en que *El Señor de los Cielos* iba a partir del domicilio que habitaba en la ciudad de México. Todo estaba listo, y cuando al fin el auto donde viajaba Amado salió escoltado por una patrulla de la Dirección de Seguridad del Distrito Federal, García Ochoa no realizó la aprehensión del capo "por razones desconocidas", dijo

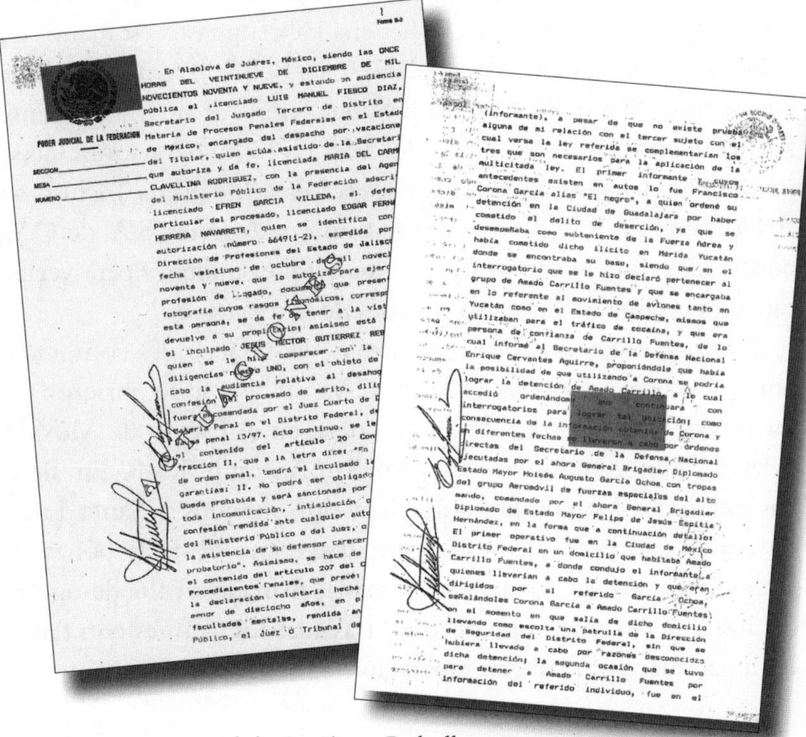

Forma B-2

PODER JUDICIAL DE LA FEDERACION

SECCION

MESA

NUMERO

En Almoloya de Juárez, México, siendo las ONCE
HORAS DEL VEINTINUEVE DE DICIEMBRE DE MIL
NOVECIENTOS NOVENTA Y NUEVE, y estando en audiencia
pública el licenciado LUIS MANUEL FIESCO DIAZ,
Secretario del Juzgado Tercero de Distrito en
Materia de Procesos Penales Federales en el Estado
de México, encargado del despacho por vacacione
del Titular, quien actúa asistido de la Secretari
que autoriza y da fe, licenciada MARIA DEL CARM
CLAVELLINA RODRIGUEZ, con la presencia del Agen
del Ministerio Público de la Federación adscri
licenciado EFREN GARCIA VILLEDA, el defen
particular del procesado, licenciado EDGAR FERN
HERRERA NAVARRETE, quien se identifica con
autorización número 6649(1-2), expedida por
Dirección de Profesiones del Estado de Jalisco
fecha veintiuno de octubre de mil noveci
noventa y nueve, que lo autoriza para ejerc
profesión de Licenciado, documento que presen
fotografía cuyos rasgos fisonómicos, correspo
esta persona, se da fe de tener a la vist
devuelve a su propietario; asimismo está
el inculpado JESUS HECTOR GUTIERREZ REB
quien se le hizo comparecer en la
diligencias número UNO, con el objeto de
cabo la audiencia relativa al desahog
confesión del procesado de mérito, dili
fuera encomendada por el Juez Cuarto de D
Materia Penal en el Distrito Federal, d
causa penal 13/97. Acto continuo, se le
el contenido del artículo 20 Con
fracción II, que a la letra dice: "En
de orden penal, tendrá el inculpado l
garantías: II. No podrá ser obligado
Queda prohibida y será sancionada por
toda incomunicación, intimidación o
confesión rendida ante cualquier auto
del Ministerio Público o del Juez, o
la asistencia de su defensor carecer
probatorio". Asimismo, se hace de
el contenido del artículo 207 del C
Procedimientos Penales, que prevé:
la declaración voluntaria hecha
menor de dieciocho años, en p
facultades mentales, rendida an
Público, el Juez o Tribunal de

(informante), a pesar de que no existe prueba
alguna de mi relación con el tercer sujeto con el
cual versa la ley referida se complementarían los
tres que son necesarios para la aplicación de la
multicitada ley. El primer informante y cuyos
antecedentes existen en autos lo fue Francisco
Corona García alias "El negro", a quien ordené su
detención en la Ciudad de Guadalajara por haber
cometido el delito de deserción, ya que se
desempeñaba como subteniente de la Fuerza Aérea y
había cometido dicho ilícito en Mérida Yucatán
donde se encontraba su base, siendo que en el
interrogatorio que se le hizo declaró pertenecer al
grupo de Amado Carrillo Fuentes y que se encargaba
en lo referente al movimiento de aviones tanto en
Yucatán como en el Estado de Campeche, mismos que
utilizaban para el tráfico de cocaína, y que era
persona de confianza de Carrillo Fuentes, de lo
cual informé al Secretario de la Defensa Nacional
Enrique Cervantes Aguirre, proponiéndole que había
la posibilidad de que utilizando a Corona se podría
lograr la detención de Amado Carrillo, a lo cual
accedió ordenándome que continuara con
interrogatorios para lograr tal ubicación; como
consecuencia de la información obtenida de Corona y
en diferentes fechas se llevaron a cabo por órdenes
directas del Secretario de la Defensa Nacional
ejecutadas por el ahora General Brigadier Diplomado
Estado Mayor Moisés Augusto García Ochoa con tropas
del grupo Aeromóvil de fuerzas especiales del alto
mando, comandado por el ahora General Brigadier
Diplomado de Estado Mayor Felipe de Jesús Espitia
Hernández, en la forma que a continuación detallo:
El primer operativo fue en la Ciudad de México
Distrito Federal en un domicilio que habitaba Amado
Carrillo Fuentes, a donde condujo el informante a
quienes llevarían a cabo la detención y que eran
dirigidos por el referido García Ochoa,
señalándoles Corona García a Amado Carrillo Fuentes
en el momento en que salía de dicho domicilio
llevando como escolta una patrulla de la Dirección
de Seguridad del Distrito Federal, sin que se
hubiera llevado a cabo por razones desconocidas
dicha detención; la segunda ocasión que se tuvo
para detener a Amado Carrillo Fuentes por
información del referido individuo, fue en el

Declaración ministerial de Gutiérrez Rebollo.

Gutiérrez Rebollo. La segunda vez ocurrió en la terminal aérea de Toluca. Las autoridades sabían a qué hora aterrizaría un avión que transportaba al capo, sin embargo, según el propio Gutiérrez Rebollo, no se logró la captura "debido a que el general García Ochoa ordenó una serie de movimientos dentro del aeropuerto que alertaron al esperado individuo trayendo como consecuencia que no arribara a dicho aeropuerto".

La gran mayoría de los contratos de la presunta narcoempresa fueron otorgados por adjudicación directa o por invitación a cuando menos tres personas; es decir, sin licitación pública de por medio. Los servicios contratados por la Sedena a Aviones, S.A. de C.V., van desde la adquisición de refacciones y reparaciones de componentes hasta el mantenimiento de aeronaves. De acuerdo con el contenido de esos contratos, la Sedena habría puesto en manos de la supuesta narcoempresa sus helicópteros Bell 206, aviones Cessna 206, aviones King Air C-90, un Super King Air 300, un Boeing 727-200, un Pilatus PC-7, un Hércules C-130 y 67 aviones Cessna 182S Skylane de cargo en la Fuerza Aérea Mexicana. Incluso en algunos contratos se tuvo contemplado que Aviones, S.A. de C.V., podría hacer vuelos de prueba de los aviones militares para verificar su buen funcionamiento después de la reparación.

Para la entrega de una gran parte de las refacciones compradas por la Sedena a Aviones, S.A. de C.V., incluso se le abrieron las puertas de la base aérea de Santa Lucía, en el Estado de México, o las de Lester Industries Inc., en San Antonio, Texas. En algunas ocasiones los componentes han sido llevados a Santa Lucía en contenedores.[14] En otros contratos, como el de la póliza de mantenimiento de 67 aviones Cessna, firmado el 26 de agosto de 2003, se permite al proveedor "trasladar los aviones con falla a un lugar adecuado para su reparación".

[14] Especificaciones del contrato FAM 973/2007.

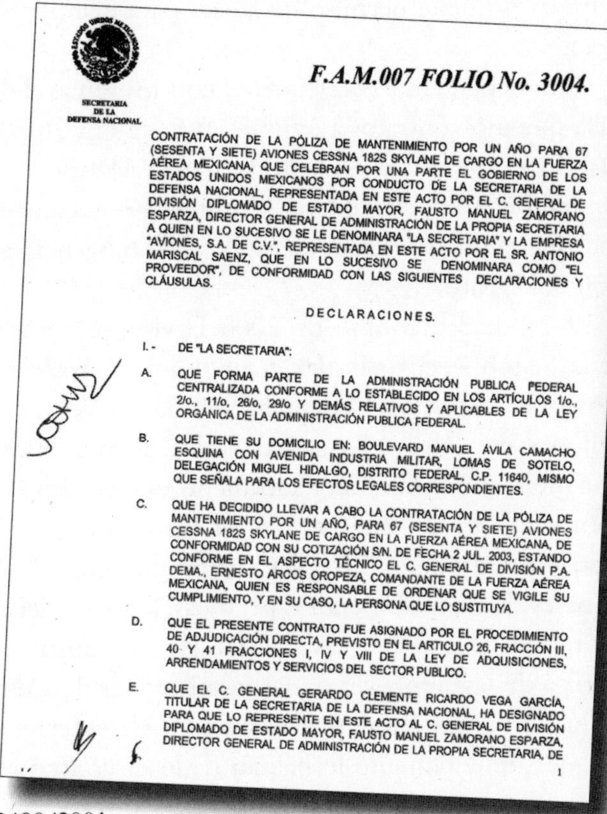

SECRETARIA DE LA DEFENSA NACIONAL

F.A.M.007 FOLIO No. 3004.

CONTRATACIÓN DE LA PÓLIZA DE MANTENIMIENTO POR UN AÑO PARA 67 (SESENTA Y SIETE) AVIONES CESSNA 182S SKYLANE DE CARGO EN LA FUERZA AÉREA MEXICANA, QUE CELEBRAN POR UNA PARTE EL GOBIERNO DE LOS ESTADOS UNIDOS MEXICANOS POR CONDUCTO DE LA SECRETARIA DE LA DEFENSA NACIONAL, REPRESENTADA EN ESTE ACTO POR EL C. GENERAL DE DIVISIÓN DIPLOMADO DE ESTADO MAYOR, FAUSTO MANUEL ZAMORANO ESPARZA, DIRECTOR GENERAL DE ADMINISTRACIÓN DE LA PROPIA SECRETARIA A QUIEN EN LO SUCESIVO SE LE DENOMINARA "LA SECRETARIA" Y LA EMPRESA "AVIONES, S.A. DE C.V.", REPRESENTADA EN ESTE ACTO POR EL SR. ANTONIO MARISCAL SAENZ, QUE EN LO SUCESIVO SE DENOMINARA COMO "EL PROVEEDOR", DE CONFORMIDAD CON LAS SIGUIENTES DECLARACIONES Y CLÁUSULAS.

DECLARACIONES.

I.- DE "LA SECRETARIA":

A. QUE FORMA PARTE DE LA ADMINISTRACIÓN PUBLICA FEDERAL CENTRALIZADA CONFORME A LO ESTABLECIDO EN LOS ARTÍCULOS 1/o., 2/o., 11/o, 26/o, 29/o Y DEMÁS RELATIVOS Y APLICABLES DE LA LEY ORGÁNICA DE LA ADMINISTRACIÓN PUBLICA FEDERAL.

B. QUE TIENE SU DOMICILIO EN: BOULEVARD MANUEL ÁVILA CAMACHO ESQUINA CON AVENIDA INDUSTRIA MILITAR, LOMAS DE SOTELO, DELEGACIÓN MIGUEL HIDALGO, DISTRITO FEDERAL, C.P. 11640, MISMO QUE SEÑALA PARA LOS EFECTOS LEGALES CORRESPONDIENTES.

C. QUE HA DECIDIDO LLEVAR A CABO LA CONTRATACIÓN DE LA PÓLIZA DE MANTENIMIENTO POR UN AÑO, PARA 67 (SESENTA Y SIETE) AVIONES CESSNA 182S SKYLANE DE CARGO EN LA FUERZA AÉREA MEXICANA, DE CONFORMIDAD CON SU COTIZACIÓN S/N. DE FECHA 2 JUL. 2003, ESTANDO CONFORME EN EL ASPECTO TÉCNICO EL C. GENERAL DE DIVISIÓN P.A. DEMA., ERNESTO ARCOS OROPEZA, COMANDANTE DE LA FUERZA AÉREA MEXICANA, QUIEN ES RESPONSABLE DE ORDENAR QUE SE VIGILE SU CUMPLIMIENTO, Y EN SU CASO, LA PERSONA QUE LO SUSTITUYA.

D. QUE EL PRESENTE CONTRATO FUE ASIGNADO POR EL PROCEDIMIENTO DE ADJUDICACIÓN DIRECTA, PREVISTO EN EL ARTICULO 26, FRACCIÓN III, 40 Y 41 FRACCIONES I, IV Y VIII DE LA LEY DE ADQUISICIONES, ARRENDAMIENTOS Y SERVICIOS DEL SECTOR PUBLICO.

E. QUE EL C. GENERAL GERARDO CLEMENTE RICARDO VEGA GARCÍA, TITULAR DE LA SECRETARIA DE LA DEFENSA NACIONAL, HA DESIGNADO PARA QUE LO REPRESENTE EN ESTE ACTO AL C. GENERAL DE DIVISIÓN DIPLOMADO DE ESTADO MAYOR, FAUSTO MANUEL ZAMORANO ESPARZA, DIRECTOR GENERAL DE ADMINISTRACIÓN DE LA PROPIA SECRETARIA, DE

1

Contrato núm. 2480/2001 o
el núm. 1929/2001.

En la mayoría de los contratos firma como representante de la empresa Antonio Federico Mariscal Sáenz, quien funge como director general de la empresa, función que combina con su actividad de consejero suplente de la Arrendadora Atlas.

En 2009 la Secretaría de Marina firmó con Aviones, S.A. de C.V., dos contratos para la compra de refacciones de aeronaves, y el Instituto Nacional de Geografía e Informática (INEGI) le ha otorgado 12 contratos de 2004 a 2009, 11 por reparación de sus aviones Cessna y uno por "transporte aéreo", pese a que dicha empresa no tiene permiso de la SCT para brindar ese tipo de servicio.

Otra dependencia relacionada con los temas de seguridad pública que dio contratos a Aviones, S.A. de C.V., fue la PFP en 1999, cuando su titular era Wilfrido Robledo Madrid —actual director general de la Policía Federal Ministerial— y Genaro García Luna ocupaba el puesto de coordinador de Inteligencia para la Prevención del Delito.

El 19 de septiembre de 2000 la PFP, que entonces dependía de la Segob —cuyo titular era Diódoro Carrasco—, le compró a Aviones, S.A. de C.V., cinco aeronaves Cessna 182s por 1.18 millones de dólares. La actual SSP se negó a informar qué área de aquella PFP había solicitado dicho equipo. En la revisión de la cuenta pública del año 2000, la ASF hizo observaciones al contrato otorgado a Aviones, S.A. de C.V., porque consideró que, aunque las bases de licitación eran específicas, la firma del contrato la PFP se amoldó a los intereses de la turbia compañía; incluyendo la entrega de las aeronaves en las instalaciones de Cessna Aircraft en la ciudad de Independence, Kansas. La ASF determinó que, a pesar de que supuestamente le habían dado el contrato a esa empresa porque era la de la oferta más barata, al final resultó más caro.[15]

Ayuda AFI y SSP a descargar droga en aeropuertos

Además de Aviones, S.A. de C.V., Richard Arroyo Guízar, *María Fernanda*, afirmó que desde 2007 contaban con toda una red de funcionarios de la SSP federal y de la AFI que les ayudaban a aterrizar aviones con droga en el AICM, y a sacar la mercancía. Cabe

[15] Auditoría Superior de la Federación, auditoría a la cuenta pública del ejercicio fiscal de 2000, tomo 2.

recordar que hasta principios de 2010 la AFI y la SSP eran controladas de forma simultánea por García Luna.

María Fernanda denunció específicamente al delegado regional de la AFI en la PGR metropolitana, Roberto Sánchez Alpízar, designado en ese cargo por García Luna. A él le pagaban 75 mil dólares mensuales de soborno para trabajar con el cártel de Sinaloa, de los cuales 50 eran para él y 25 para su segundo de a bordo identificado con la clave *X1*.[16]

De acuerdo con el testimonio del testigo protegido, en la red de complicidad con la organización criminal también trabajaba el agente de la AFI Edwin Said González Isais, quien estaba adscrito al aeropuerto por parte de la delegación metropolitana de la PGR; supuestamente él les ayudaba a introducir maletas con cocaína, servicio por el cual los narcos le pagaban 10 mil dólares mensuales. El policía de 37 años de edad entró en la PJF en 1995, cuando tenía 22 años, permaneciendo en su puesto en la AFI creada por García Luna. En 2002 estaba adscrito a Tabasco, y en 2008 al Distrito Federal.

"Hacía detenciones en el mismo aeropuerto para nosotros, ayudaba dándonos protección hasta la salida cuando bajábamos un avión con cocaína", reveló elocuente el sobrino de *El Mayo*.

Rambo III, el hijo de *El Rey* Zambada, también reconoció a Edwin como el policía que una tarde de febrero de 2008 fue a ver a su padre a una residencia de Bosques de las Lomas ubicada frente a plaza Duraznos. En esa ocasión el agente de la AFI no iba solo, según el delincuente, sino que iba acompañado del jefe regional de la agencia: Roberto Sánchez Alpízar en persona.

Por su parte, Bayardo recordó que Edwin reclutaba para la organización criminal "mulas" que transportaban droga o dinero,

[16] Declaración ministerial de Richard Arroyo Guízar, 21 de noviembre de 2008.

incluso a otros países. Describió que en una ocasión, antes de la ruptura entre los integrantes de *La Federación*, Sergio Villarreal, *El Grande*, quien operaba el aeropuerto para *El Mayo*, usó a una de las personas contratadas por Edwin para viajar a Venezuela, donde supuestamente fue recibido por autoridades del gobierno de aquel país —sin especificar sus nombres o cargos—, a quienes les entregó dinero de parte de los narcotraficantes.

Tras las declaraciones ministeriales en su contra, Edwin fue detenido el 13 de noviembre de 2008 cuando acudió a rendir su declaración. Tres días después fue liberado con las reservas de ley, por cambio de situación jurídica, así que se presume que actualmente es testigo protegido. Mientras tanto, Sánchez Alpízar, pese a las imputaciones directas en su contra, siguió laborando en el mismo cargo al menos hasta mayo de 2009.

Otro testigo de la PGR, con la clave *Jennifer*, quien afirma haber trabajado para Edgar Valdez Villarreal y su jefe *El Barbas*, reveló que el AICM no era el único aeropuerto usado por *La Federación* para el trasiego de droga, también estaba el de Cancún. Un agente de la AFI, Edgar Octavio Ramos Cervantes, *El Chuta*, sargento segundo, fue señalado como el contacto de la organización desde marzo de 2007. De acuerdo con *Jennifer*, Marcos Arturo Beltrán Leyva manejaba entonces el aeropuerto del Caribe para toda *La Federación*, por lo que había dado instrucciones para que todos los socios del cártel pudieran transportar su mercancía vía aérea como si fuera el director general de las pistas del aeropuerto. Por sus servicios, *El Chuta* recibía 50 mil dólares para repartirlos entre Nicolás Hernández, delegado de la PGR en Quintana Roo, y Vega Romero, el subdelegado. Por cada avión que aterrizaba se pagaban 450 mil dólares a la PFP, 200 mil dólares a José Luis Soledana Ortiz, ex director de aeronáutica civil en Cancún, 200 mil dólares a José Luis Ortiz Martínez, su segundo de a bordo, 100 mil más para militares, dinero que era entregado a un teniente del área de inteligencia y a los encargados del control canino. Asimismo le pagaban 100 mil dólares a Salvador Rocha Vargas, secretario de Seguridad Pública municipal, durante el gobierno de Gregorio Sánchez Martínez.

De marzo de 2007 a febrero de 2008, a cambio de poco más de 19 millones de dólares, *La Federación* habría bajado 13 aviones en el aeropuerto de Cancún, gracias a la complicidad de autoridades de todos los niveles.

La ruptura en *La Federación* obligó a los funcionarios públicos que trabajaban para la organización a negociar con uno de los bandos para salvar su vida. Cuando *La Chuta* supo que había pleito entre los jefes —explicó el testigo *María Fernanda*— fue a buscar a *El Rey* Zambada a la ciudad de México por medio de Edwin:

> El motivo de acercarse a la organización era con la finalidad de que no se tomara represalias en su contra por pertenecer a la organización de Beltrán Leyva, además dejó dicho que no iba a apoyar a Arturo Beltrán en contra nuestra [...]
>
> Se entrevistó con él a mediados del mes de julio de este año [2008] en una de las oficinas que se tienen localizadas en esta ciudad, en particular un inmueble que se ubica en la calle Río Bamba [...] en esa ocasión Jesús Zambada García le indicó que no iba a tomar represalias en su contra, simplemente que no se metiera con su organización acordando que ya no podría recibir mercancía de Arturo en el aeropuerto ya que esa zona ya la tenía controlada la organización de los Zambada.

Tiempo después, *La Chuta* fue cambiado a la ciudad de México, donde siguió ayudando a *El Mayo* y su clan. Ahora desde ahí trabajaba para el cártel de Sinaloa "bajando maletas de cocaína y subiendo dinero a los aviones junto con la Policía Federal Preventiva para Cancún, Quintana Roo", recordó pertinazmente el testigo protegido *Jennifer*.

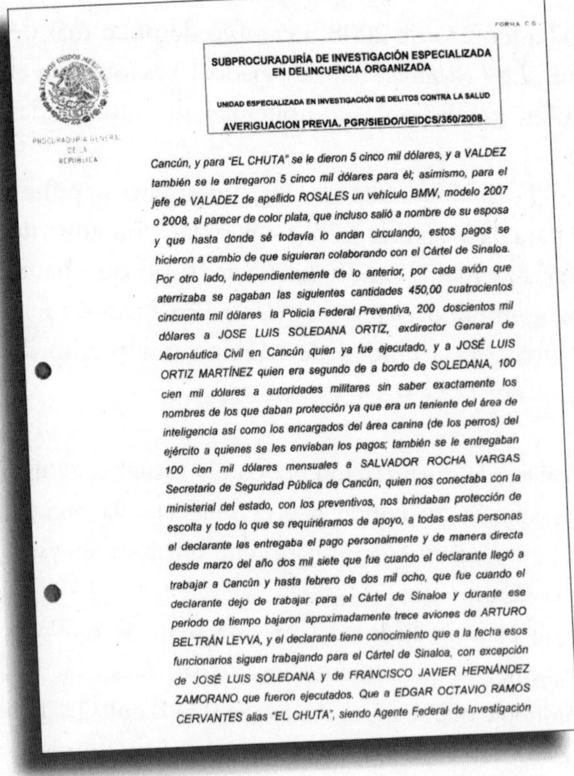

PROCURADURÍA GENERAL DE LA REPÚBLICA

SUBPROCURADURÍA DE INVESTIGACIÓN ESPECIALIZADA EN DELINCUENCIA ORGANIZADA

UNIDAD ESPECIALIZADA EN INVESTIGACIÓN DE DELITOS CONTRA LA SALUD

AVERIGUACION PREVIA. PGR/SIEDO/UEIDCS/350/2008.

Cancún, y para "EL CHUTA" se le dieron 5 cinco mil dólares, y a VALDEZ también se le entregaron 5 cinco mil dólares para él; asimismo, para el jefe de VALADEZ de apellido ROSALES un vehículo BMW, modelo 2007 o 2008, al parecer de color plata, que incluso salió a nombre de su esposa y que hasta donde sé todavía lo andan circulando, estos pagos se hicieron a cambio de que siguieran colaborando con el Cártel de Sinaloa. Por otro lado, independientemente de lo anterior, por cada avión que aterrizaba se pagaban las siguientes cantidades 450,00 cuatrocientos cincuenta mil dólares la Policía Federal Preventiva, 200 doscientos mil dólares a JOSE LUIS SOLEDANA ORTIZ, exdirector General de Aeronáutica Civil en Cancún quien ya fue ejecutado, y a JOSÉ LUIS ORTIZ MARTÍNEZ quien era segundo de a bordo de SOLEDANA, 100 cien mil dólares a autoridades militares sin saber exactamente los nombres de los que daban protección ya que era un teniente del área de inteligencia así como los encargados del área canina (de los perros) del ejército a quienes se les enviaban los pagos; también se le entregaban 100 cien mil dólares mensuales a SALVADOR ROCHA VARGAS Secretario de Seguridad Pública de Cancún, quien nos conectaba con la ministerial del estado, con los preventivos, nos brindaban protección de escolta y todo lo que se requiriéramos de apoyo, a todas estas personas el declarante les entregaba el pago personalmente y de manera directa desde marzo del año dos mil siete que fue cuando el declarante llegó a trabajar a Cancún y hasta febrero de dos mil ocho, que fue cuando el declarante dejo de trabajar para el Cártel de Sinaloa y durante ese periodo de tiempo bajaron aproximadamente trece aviones de ARTURO BELTRÁN LEYVA, y el declarante tiene conocimiento que a la fecha esos funcionarios siguen trabajando para el Cártel de Sinaloa, con excepción de JOSÉ LUIS SOLEDANA y de FRANCISCO JAVIER HERNÁNDEZ ZAMORANO que fueron ejecutados. Que a EDGAR OCTAVIO RAMOS CERVANTES alias "EL CHUTA", siendo Agente Federal de Investigación

Hoja 5 de declaración ministerial del testigo protegido *Jennifer* del 8 de noviembre de 2008.

Jesús Zambada Reyes, sobrino de *El Mayo*, falleció la madrugada del 20 de noviembre de 2009 en la casa ubicada en la calle de Xitle número 87, en Santa Úrsula en la ciudad de México. En el sitio, supuestamente custodiado por agentes federales ministeriales las 24 horas, encontraron colgado el cuerpo inmóvil de *Rambo III*. En el mundo del narcotráfico corre la negra historia de que fue el propio *Mayo*, con la anuencia de su hermano *El Rey*, quien dio la orden de matar al joven por haber testificado contra los suyos. El hijastro de *El Rey* Zambada, *María Fernanda*, fue enviado en 2010 a Estados Unidos en calidad de testigo protegido y desde allá sigue haciendo peligrosas declaraciones contra la organización de Sinaloa y sus cómplices.

Hasta ahora, los enemigos y traidores del cártel de Sinaloa han caído uno tras otro, y conforme eso sucede, más y más poder acumula esta organización criminal.

En la mente de un capo

Los capos son gente muy primitiva, casi analfabetas la mayoría de ellos. Tienen poca capacidad de reflexión, excepto cuando se trata del negocio y el dinero que éste habrá de reportarles. Para todo lo demás son gobernados por una voluptuosa agresividad que, según ellos, les permite sobrevivir en su medio.

En ese mundo en el que viven, por cierto, se admira a quienes llegan a tener educación a nivel de licenciatura, como si eso automáticamente fuera sinónimo de inteligencia. A este respecto se cuenta una anécdota que ejemplifica dicha actitud muy generalizada entre los narcos: en un reclusorio se reunieron a jugar volibol *pacíficos* y *golfos*, esos mismos que si se veían en las calles se acribillaban. De un lado quedó como capitán un viejo capo de Sinaloa y del otro un joven narco del cártel del Golfo. Al observar que el joven no podía hacer correctamente una jugada, el viejo hizo el siguiente comentario a uno de los integrantes de su equipo:

—¡Es increíble que este tipo juegue tan mal!

—¿Por qué es increíble? —le preguntó su interlocutor, sin saber bien a bien a qué se refería su amigo.

—¡Porque fue a la universidad y ahí les enseñan todo! —contestó suspirando profundamente el legendario jefe, ya retirado a fuerza.

Pero si alguien pone a un narco en posición de elegir entre inteligencia y lealtad, no dudará ni un instante en pronunciarse por la lealtad, una cualidad supuestamente invaluable para ellos (sobre todo en un entorno donde abundan las traiciones). Ahora intentan participar de ambas "virtudes" enviando a sus hijos a la universidad. Todavía habrán de transcurrir varias generaciones para que los amos del narcotráfico que se dedican a lidiar día a día con su ilegal mercancía sean hombres preparados, con algún tipo de formación profesional.

Quienes sí comprenden ese cambio generacional son *El Mayo* y *El Chapo*, por lo que prácticamente a todos sus hijos los han mandado a estudiar. Vicente Zambada Niebla, *El Mayito*, claro heredero del imperio de su padre, hizo una carrera en el Tecnológico de Monterrey, mientras que los hijos de *El Chapo* se han graduado de doctores o de licenciados en administración.

Respecto a los vástagos de *El Chapo*, muchos pensaron que Iván Archivaldo Guzmán Salazar, *El Chapito*, era el más cercano a su padre dentro del negocio, pero al parecer quien hasta ahora le sigue mejor sus pasos y se presenta como su pupilo más obediente es Alfredo Guzmán Salazar, *Alfredillo*, el menor de los hijos que tuvo en su matrimonio con Alejandrina. Cuando Guzmán Loera cayó en prisión, *Alfredillo* tenía apenas nueve años, ahora que tiene 24, el gobierno de Estados Unidos lo ha identificado como el coordinador logístico de la entrada de múltiples toneladas de cocaína y heroína a ese país.[17]

La única regla que impera en las luchas de los capos de la droga es la de la *vendetta*: "Si tú me haces algo, yo te hago el doble". Así, en el caso de que un grupo le descuartice un lugarteniente a otro, la respuesta del agredido será no descuartizar a uno, sino

[17] United States District Court, Northern District of Illinois Eastern Division, núm. 09 CR 383.

a dos. De este modo, la violencia avanza en una impulsiva espiral hasta que casi se olvida la forma en que todo empezó.

Se trata de gente muy volátil, con un agudo instinto de supervivencia, intuitivos y llenos de contradicciones; aunque hablen de lealtades, en realidad no son fieles a nada ni a nadie. La máxima que rige sus vidas es: "Yo gano y todos pierden". Su brutal consumo de droga y alcohol, o el propio estrés provocado por el mortal negocio, los vuelve paranoicos y entran en pánico con extrema facilidad; en un instante aquel con quien se están drogando o bebiendo deja de ser su compañero de juerga y se convierte en la peor amenaza, lo cual los conduce a actuar en consecuencia.

También tienen muy bien delimitados los roles que cada quien desempeña en su negocio. Para ellos los empresarios que les lavan el dinero son sus aliados, sus auténticos socios y, por ello, resultan capaces de verlos con respeto. Se trata de gente que "trabaja" como ellos y que "arriesga". No sólo estiran la mano como los políticos o los policías. Si alguien les pregunta quién busca a quién, su respuesta es: "Los empresarios nos buscan porque quieren nuestro dinero para hacer más dinero". Y por lo que ha trascendido acerca de sus transacciones, en muy contados casos hay reclamos acerca de un mal negocio entre ellos.

La coraza de acero que blinda los negocios del narcotráfico está constituida justamente por las redes urdidas con los empresarios, no con empresarios pequeños, sino con aquellos que han desarrollado grandes consorcios. Y si hay una organización criminal que a lo largo de su historia ha sabido manejarse en ese ámbito de poder en México, ésta ha sido la organización del Pacífico; siempre bajo el mando de sus grandes cabezas: desde Miguel Ángel Félix Gallardo y Amado Carrillo Fuentes hasta *El Mayo* y *El Chapo*.

Edgardo Buscaglia, el asesor de la ONU en materia de crimen organizado, ha comprendido bien esta parte de la historia, porque la ha estudiado aquí y en otros países concluyendo que el gobierno de México mantiene como intocables a los *señores del narcotráfico*, es decir, a los grandes empresarios vinculados con este negocio ilícito y criminal. Lo explica así:

> No se está haciendo lo principal: atacar el motivo fundamental por el que existen los grupos criminales organizados, que es el de expandir su patrimonio derivado de actividades ilícitas, para de alguna manera poder dedicarse a una *dolce vita*. El objetivo de esos grupos criminales es legalizar sus patrimonios, incorporarlos a la economía legal y pagar impuestos.
>
> Yo siempre les digo a mis amigos y colegas que el objetivo de *El Chapo* Guzmán es pagar impuestos. Al legalizar sus patrimonios —que se originan de 22 tipos de delitos— y pagar impuestos, los grupos criminales fijan su éxito. Su mayor conquista ocurre cuando logran esconderse en la economía legal y oficializar los recursos que han generado por medio de delitos que van desde la trata de seres humanos, el contrabando y la piratería, hasta la extorsión, el secuestro y el tráfico de drogas. De hecho, las drogas ocupan el segundo sitio de los delitos que generan un mayor flujo de capital; en el primero están la piratería y el contrabando.
>
> Es por eso que tenemos un problema de comprensión en la mente del presidente de la República, quien lamentablemente está muy mal asesorado. Los medios legales e institucionales que el gobierno federal mexicano ya posee para identificar y decomisar esos patrimonios en la economía legal, no son utilizados, por lo tanto la delincuencia organizada se sigue expandiendo: la mexicana y la de otros 12 países que operan en México.
>
> No olvidemos que la delincuencia organizada mexicana es la única en la que nos focalizamos, pero como México se ha convertido en un paraíso patrimonial para grupos de delincuentes internacionales, acá podemos ver a criminales chinos, japoneses, ucranianos o rusos, que compran propiedad inmobiliaria y generan retornos eco-

nómicos a través de inversiones en determinados sectores de la economía, como en la construcción, los fideicomisos o los químicos. Todo eso el gobierno federal no lo ha tocado.

Me refiero a que en México la probabilidad de que un grupo criminal sea identificado —lavando dinero y patrimonios—, investigado y procesado, es de menos de uno por ciento.

Durante los últimos años, la impunidad de los empresarios coludidos con narcotraficantes ha convertido a México en un paraíso no sólo para el crimen organizado nacional, sino también internacional. Continúa Buscaglia:

> México se ha transformado en un país muy atractivo para que los grupos criminales operen y laven su patrimonio. Obviamente, los empresarios legales, que son en parte los beneficiarios de este patrimonio, sienten que el flujo de dinero que los ha favorecido durante décadas les ha permitido expandirse y generar altos retornos en la economía legal.
>
> Por esa razón la élite empresarial mexicana —los empresarios legalmente constituidos, las entidades morales— se ha resistido a la aplicación de medidas de combate a la delincuencia organizada, medidas sin las cuales este cáncer de violencia y corrupción va a seguir aumentando. La compra de armas, la logística de transporte —camiones, barcos, submarinos—, se financian a través de estos patrimonios escondidos en la economía legal. Así que la mano que tira una granada contra soldados o contra ciudadanos mexicanos, la mano de ese sicario, de ese operativo, también es la del empresario legal que está financiando esas actividades. Por lo tanto tenemos que asignar responsabilidades penales y civiles a los empresarios legales que han sido identificados en algunos países; que están ligados a los principales grupos criminales nacionales y a los de los otros 12 países que operan en México.

Dentro del mundo del narcotráfico operan mecanismos bien aceitados para lavar dinero principalmente a través del sistema bancario mexicano, señalan fuentes directamente ligadas a esas actividades. Prácticamente cualquier banco acepta depósitos millonarios en efectivo, procedentes de aquí o de otras partes del mundo, a cambio de comisiones que oscilan entre tres y siete por ciento, pero que no se reportan en ningún lugar. Dependiendo de los montos es el nivel jerárquico del banco en el que se toman dichas decisiones, llegando incluso a los consejos de administración, afirman testigos de ese tipo de negociaciones. La medida tomada en 2010 por el gobierno de Felipe Calderón para gravar con mayor impuesto los depósitos en efectivo sólo provocará que ese porcentaje de comisión que se paga a los bancos aumente, pero no impedirá que el lavado de dinero continúe.

Para Buscaglia, la falta de actuación contra las grandes empresas que lavan dinero tiene también tintes políticos:

> La razón política es que muchas de estas empresas, de acuerdo con los casos que hemos investigado en el exterior, terminan siendo las empresas que financian precampañas y campañas políticas: por lo tanto los políticos, según su percepción, no se quieren pegar un tiro en el pie.
>
> La razón táctica es que las autoridades federales mexicanas piensan que si comienzan a atacar y desmantelar esas estructuras patrimoniales se les va a caer la economía formal.
>
> Ése es un gran error conceptual. Cuando uno habla con colegas de Hacienda, ellos parten de la base de que si empiezan a decomisar activos en la economía legal, el crecimiento económico se va a ver afectado negativamente. Yo siempre les digo que es al revés. Ya en este momento hay mucho capital que no llega a invertirse en México porque muchos inversionistas extranjeros tienen temor y terror de que sus capitales de fondos de pensiones y fondos mutuales se

vean mezclados con capitales criminales que han sido lavados. Sin duda el hecho de que no se limpie la economía legal como proponemos representa un efecto negativo. Por eso el presidente Calderón y su administración, como las anteriores, porque no podemos culpar a una sola administración, se han resistido a aplicar las medidas pertinentes.

Nos enteramos de que el gobierno mexicano envía cada vez más soldados y policías aquí y allá, pero los patrimonios criminales permanecen intactos. Por su parte, los grupos criminales no se quedan con los brazos cruzados, para defenderse reasignan más recursos a la corrupción y a la violencia. La única manera de destruir este círculo vicioso de más soldados, más policías, más violencia, más corrupción, es sacarles a los delincuentes miles de millones de dólares de la economía legal. Sólo así se podrán desarticular y desmantelar sus bases logísticas, de transporte y compraventa de armas. Y eso el gobierno de Calderón no lo está haciendo porque, insisto, en el mejor de los casos tienen la percepción equivocada de que eso afectará negativamente el crecimiento económico. En el peor de los casos le estarían pisando la cola a las empresas que financian campañas para los partidos políticos mexicanos.

A los políticos, policías, militares y funcionarios públicos, los narcos los ubican en otro apartado de su existencia. Los procuran, los seducen, les pagan campañas electorales o promociones en el gobierno, pero al final los consideran sus empleados y siempre los tratarán como tales; los usan, aunque saben que tarde o temprano los van a traicionar. Por eso cada vez más emplean el recurso de grabar sus conversaciones o cualquier encuentro que tengan con ellos, de esta forma evitan el homicidio o la tortura, y pueden chantajearlos con el fin de hacerlos cumplir. Luego de que estos personajes pagan un soborno y éste es aceptado de ninguna manera admitirán un *no* como respuesta.

Hay políticos, policías, militares y empresarios que han amasado inconmensurables fortunas haciendo mancuerna con los capos que hoy tienen en jaque al país. Su impunidad sólo garantiza la cadena de sangre. Sin esos pilares —empresarios, políticos y funcionarios públicos— simple y sencillamente el negocio de los capos de la droga no prosperaría. En este sentido el asesor de la ONU advierte:

> Uno de los pilares fundamentales de la expansión de los grupos criminales es la protección política. Colombia ya ha enfrentado este problema de corrupción [en determinado momento este país procesó judicialmente a 32 por ciento de sus legisladores], los jueces y fiscales italianos también, Estados Unidos, por supuesto, los países europeos en su gran mayoría, pero no vemos que México esté siguiendo ninguno de estos ejemplos; no hay un ataque a la corrupción en serio. Lo único que vemos son espasmos, como el "Michoacanazo", que más que un operativo sistemático nacional, fue un *show*, donde la mayoría de las causas se le terminaron cayendo a los fiscales debido a que no generan material probatorio adecuado, y confían en testigos protegidos de dudoso origen, que de alguna manera también comprometen a las autoridades.
>
> No hay salida fácil para la élite empresarial y política; tienen que combatir la corrupción en su propio ámbito, tienen que combatir el lavado patrimonial que ha alimentado los asesinatos de ciudadanos en este país. Tienen que combatir los capitales que les han generado una pachanga de décadas a los empresarios mexicanos de la élite más encumbrada. Los políticos tienen que empezar a combatir la cloaca criminal en su propio seno; deben impedir que el patrimonio criminal financie sus campañas y que los miembros de sus partidos colaboren con sindicalistas que le lavan dinero a los cárteles de Tijuana, Sinaloa, Juárez, del Golfo, o *Los Zetas*.
>
> Los tres pilares fundamentales que les han permitido a varios países contener la delincuencia organizada están ausentes de México y

> de cualquier funcionario mexicano, y lo desafío a que me pruebe lo contrario; no hay absolutamente nada hecho hasta hoy, en relación con esto. Hay un pacto político de impunidad y de corrupción que impide la implementación de estas medidas. No es por ignorancia, no es por falta de dinero, tampoco por falta de personal entrenado, es porque hay un pacto político de impunidad que permite que esta situación perdure. Y mientras tanto, como dije antes, la negligencia imperdonable está generando miles de homicidios al mes. Eso no lo va a perdonar la historia.

La enfermedad de la narcocracia mexicana (narcotraficantes, narcoempresarios y narcopolíticos) es contagiosa y comienza a generar focos de infección en otros puntos del continente. Buscaglia lo advierte así al preguntarle por qué México se ha convertido en un problema de seguridad para la región:

> Cuando grupos criminales mexicanos como *Los Zetas* pisan territorio guatemalteco y van a lugares como Zacapa, lo primero que hacen es comprar a las autoridades. Eso no es nuevo, lo hacen todos los grupos criminales del mundo, pero en este caso uno se entera de que, además de comprar a las autoridades locales, debido a que es un país con muy poca gobernabilidad política, llegan incluso hasta la oficina de Álvaro Colom [el presidente guatemalteco] para comprar a sus asesores y funcionarios cercanos; además colocan micrófonos en la oficina presidencial. Eso significa generar inestabilidad política. Al presidente Colom le han intentado hacer un golpe varias fuerzas políticas que fueron compradas por *Los Zetas* o alternativamente por Sinaloa, dos grupos que desde hace tiempo tienen una pugna en Guatemala.
>
> En Paraguay, un país con problemas de gobernabilidad y niveles de pobreza espantosos, peores que los de México, ya se han infiltrado en el Poder Legislativo y en algunos sectores empresariales legales,

> conjuntamente con empresas brasileñas y colombianas. También han estado financiando iniciativas políticas para hacerle un juicio político al presidente paraguayo Fernando Lugo, para sacarlo del poder y colocar a su títere.

Entre los narcotraficantes es común la siguiente expresión: "Los gringos te hacen y te deshacen. Ellos dicen cuándo eres y cuándo no eres". Quizás esta idea tiene que ver con el origen de todo esto. ¿Qué pensarían ahora los creadores del plan Irán-*contra* al observar a los narcos de aquellos años, con los que la CIA trabajó, convertidos en auténticos monstruos? Aquellos socios pequeños, minoritarios, de Pablo Escobar Gaviria, que en la década de 1980 le ayudaban a cruzar la droga a Estados Unidos, ahora se han transformado en una auténtica pesadilla.

El informe realizado por el Centro de Inteligencia Nacional de la Droga del Departamento de Justicia de Estados Unidos, llamado "Evaluación Nacional de la Amenaza de la Droga 2010", revela el tamaño del animal:

> Las organizaciones de tráfico de droga mexicanas siguen representando la mayor amenaza de tráfico de drogas a Estados Unidos. Las organizaciones de tráfico de droga mexicanas son ya los proveedores predominantes de drogas ilícitas en Estados Unidos y están ganando aún mayor fuerza en el mercado Este de las drogas por encima de las organizaciones criminales de Colombia [...] las organizaciones de tráfico de drogas mexicanas son las únicas que tienen presencia en cada región de Estados Unidos.[18]

Hoy por hoy, los cárteles mexicanos son los que controlan la mayor parte de la venta y distribución de cocaína, heroína, metan-

[18] Informe del Centro de Inteligencia Nacional de la Droga del Departamento de Justicia de Estados Unidos, febrero de 2010.

fetaminas y mariguana en el territorio norteamericano, muy por encima de los colombianos, la mafia china o la rusa, y son los únicos que tienen presencia en todas las regiones de la Unión Americana. El Departamento de Justicia de Estados Unidos tiene claramente identificado este crecimiento exponencial de los cárteles mexicanos en su país:

> [...] han ampliado su cooperación con la base callejera de Estados Unidos y con las bandas que se encuentran en prisión para la distribución de las drogas. En el año 2009 la distribución de drogas de los cárteles mexicanos de nivel medio y al menudeo en Estados Unidos estaba formada por más de 900 mil criminales aglutinados en alrededor de 20 mil pandillas en dos mil quinientas ciudades de ese país.

Todo un ejército de la *Mexican Mafia*, como suelen llamarlos. Y desde esta perspectiva, la llamada "guerra contra el narcotráfico" emprendida por Calderón parece ser exclusivamente verbal, declarativa. Como dirían algunos corresponsales extranjeros, "los funcionarios mexicanos creen que hablar, hablar y hablar es casi tan bueno como hacer". Y en México se hace bastante poco.

Aunque en público el presidente de México diga que ninguna batalla entre el gobierno y los narcos ha sido perdida, se dice que en eventos privados el atribulado jefe de gobierno ha reconocido desde hace más de un año que la guerra está perdida. Él lo sabe, lo demás es propaganda política.

Más allá de la mera propaganda discursiva, el hecho es que al crimen organizado en México no le han hecho ni una hendidura en su colosal aparato de negocios. De acuerdo con la "Evaluación Nacional de la Amenaza de la Droga 2010", las organizaciones mexicanas aumentaron los volúmenes de tráfico y venta de heroína, metanfetaminas y mariguana debido "principalmente a que aumentó la producción de esas drogas en México".

Por supuesto existen cifras que avalan estas afirmaciones. Al respecto, Buscaglia sostiene:

> Hay una cifra que vincula a la Confederación Nacional de Sinaloa con tres mil siete empresas legalmente constituidas, aquí y afuera del país, éstos son indicios, obviamente, pero que después está en manos de los fiscales investigar y procesar, pero las autoridades mexicanas no han hecho nada al respecto.
>
> En cualquier país avanzado y civilizado del planeta cuando tú detienes al miembro de un grupo criminal, normalmente ella o él provee material con potencial probatorio para que puedas identificar empresas de construcción, empresas cívicas, fideicomisos, cuentas bancarias. Acá en México eso no ocurre, la detención es un *show* de la Secretaría de Seguridad Pública federal. Y el *show* de la detención es simplemente un insumo.
>
> En el pacto de impunidad hay un trágico *show* protagonizado por funcionarios federales. Es un insulto al pueblo mexicano, al que se le quiere hacer creer que con detener a decenas de miles de personas la delincuencia organizada mexicana va a bajar; que con enviar a valerosos soldados, ya sea de la Marina o del Ejército, la violencia va a disminuir. No es así. Enviar soldados o policías sólo va a dar resultados cuando al mismo tiempo se desmantelen los patrimonios de miles de millones de dólares de los siete principales grupos criminales mexicanos; cuando los criminales se empiecen a preocupar de que sus empresas y sus fideicomisos están siendo decomisados, de que ya no tienen cómo financiar mayor corrupción y mayor violencia.

En los últimos años se ha gestado un fenómeno muy preocupante: de acuerdo con cifras oficiales, de 2004 a la fecha hay una tendencia en Estados Unidos a que el mercado de consumidores de drogas se estanque. Si bien aún no ha disminuido, tampoco ha aumentado. En contraste, en México la tendencia al consumo va a la alza, y eso está directamente vinculado con el crecimiento de la violencia.

De acuerdo con la información de las propias organizaciones criminales, muchas de las disputas en las calles mexicanas se deben a las peleas de las bandas narcomenudistas por el apetitoso mercado local. A ese nivel callejero muchos grupos ya cuentan con los recursos necesarios para comprar armamento de alto poder y han sido capaces de montar cierta estructura organizacional que les permite actuar.

La escalada de violencia aumenta cuando en esas disputas territoriales, de calle a calle, intervienen los narcotraficantes dedicados al medio mayoreo, quienes quieren que los narcomenudistas vendan su droga y no la del bando contrario. La combinación de esos factores que incrementan la violencia es lo que se ve día a día en muchas ciudades de México. Mientras el presidente Calderón lleva a cabo su "guerra", no existe una política social seria que vaya en contra del consumo de drogas, y mientras se carezca de una estrategia sólida en este sentido, el botín interno será cada vez más apetitoso para los narcotraficantes, en contraste con el mercado de Estados Unidos, que a pesar de tener una población mucho más grande, porcentualmente tiende a disminuir.

CONSUMO DE DROGAS EN MÉXICO

	2002	2008
Personas que han consumido drogas	3.5 millones	4.5 millones
Personas que han consumido mariguana	3.8%	4.4%
Personas que han consumido cocaína	1.3%	2.5%

Fuente: Encuesta Nacional de Adicciones 2008. Consejo Nacional contra las Adicciones.

Miles de millones de dólares que cruzan cada semana la frontera son producto de las ganancias de la venta de droga en Estados

Unidos por parte de los cárteles mexicanos. Concentran el dinero en Chicago, Los Ángeles, Atlanta, Nueva York y Carolina del Norte, lo preparan para su transportación y luego es introducido a México. Así se afirma en el reporte del Departamento de Justicia de Estados Unidos.

El crecimiento de los grupos de crimen organizado en Estados Unidos es un efecto de la impunidad con la que operan en México. Particularmente por lo que se refiere al cártel de Sinaloa. Por ello, tanto dentro de los cárteles como en las áreas de inteligencia mexicanas, hay quienes piensan que el gobierno norteamericano prefiere lidiar con una sola organización criminal. Sobre este punto, Edgardo Buscaglia considera:

> Las agencias norteamericanas piensan que siempre es más fácil combatir a una estructura criminal para imponer las reglas del juego, pero no van a negociar. Cuando esas agencias hablan de concentrar y consolidar el mercado criminal, consideran que siempre es mucho más factible controlar a una sola organización consolidada, que a cientos de átomos que no se vinculan muy bien entre sí y que se hallan en una situación caótica de inestabilidad. Ahora bien, en Estados Unidos nadie habla de negociar, sino de imponer las reglas del juego y darle salidas a estos grupos criminales a través de amnistías o beneficios procesales como los que consigue la ley federal mexicana contra la delincuencia organizada; darles salidas como la de Vladimir Putin en Rusia, donde hubo una imposición de reglas tácitas a grupos criminales para que se dejaran de cometer atropellos, pero nadie está hablando de negociar, siempre es bueno que se consolide uno, pero hay que imponerle las reglas del juego.

Sin embargo, la gran pregunta es si con la frágil gobernabilidad y la ausencia de democracia que prevalecen en México se puede hacer frente a la consolidación de un solo cártel y la "narcocracia" que podría acompañarla. Con base en su experiencia, el asesor de la ONU considera que esto no resulta posible:

> No, con este Estado débil se te colapsa institucionalmente el país y se transforma en una mafiocracia; por eso Estados Unidos no es un Estado colapsado, pretende imponer las reglas del juego. La expresión "imponer las reglas del juego" ya te está diciendo que el Estado no es disfuncional; en este momento México no está en condiciones de imponer nada. Por eso los personeros de la izquierda y la derecha de la élite mexicana, el PAN y el PRD, continúan hablando de negociar con la delincuencia organizada, porque quieren la salida fácil, y no se dan cuenta de que la salida fácil, la de [César] Gaviria o la de [Ernesto] Samper [ex presidentes de Colombia], va a llevar al colapso total del Estado mexicano.

No obstante, todas las acciones realizadas por el gobierno de México entre diciembre de 2009 y septiembre de 2010 parecieran ir encaminadas justo en esa dirección, el camino que un día siguieron los tristemente célebres mandatarios colombianos.

Mientras los señores del narco sigan teniendo millonarias ganancias a un muy bajo costo y riesgo el terrible negocio de las drogas no parará. Las cifras de sus márgenes de utilidad son abrumadoras. Hoy por hoy, señalan fuentes ligadas con ese negocio, un kilo de cocaína de buena calidad se compra en Colombia en dos mil 500 dólares, se vende en Nueva York en 28 mil dólares y en España en 33 mil euros. Eso hace que no sólo existan los grandes capos vendedores de droga, sino que éstos compartan el gran pastel con pequeños comerciantes que, moviendo un cuarto de tonelada de cocaína a la semana, obtienen enormes ganancias sin ser detectados por alguna autoridad. Doscientos cincuenta kilos de cocaína caben perfectamente, dicen, en un par de maletas, y de ese nivel de narcotraficantes hay cientos en nuestro país.

Los discursos van y vienen, pero en el momento de la verdad el gobierno federal suele fallar una y otra vez.

La "muerte" de *Nacho* Coronel

La tarde del 29 de julio de 2010 el general Édgar Luis Villegas, subjefe operativo del Estado Mayor de la Sedena, confirmó que Ignacio *Nacho* Coronel Villarreal había muerto durante un operativo realizado en Guadalajara, Jalisco. Sostuvo que lo mataron cuando el narcotraficante intentó evadir la acción para detenerlo.

Nacho Coronel vivía su mejor época como criminal, *El Rey del Cristal* controlaba ya todo el mercado de la metanfetamina y comenzaba a producirla en México. Sin embargo, en lo personal estaba "tocado". Hacía unas semanas, sicarios de Héctor Beltrán Leyva habían secuestrado y asesinado a su hijo de 16 años, dicen que el capo estaba destrozado anímicamente.

A las 5:30 horas del viernes 30 de julio, los militares pidieron la intervención del ministerio público del fuero común y del Instituto Jalisciense de Ciencias Forenses (IJCF) para el levantamiento del cadáver de Coronel Villarreal. Habían pasado casi 18 horas de los hechos de sangre. Al médico forense únicamente se le solicitó el levantamiento de cadáver, el dictamen de tiempo de evolución cadavérica, la práctica de necropsia, pruebas de alcohol y droga. La fijación del lugar de los hechos corrió a cargo de la SIEDO. En la misma casa donde dicen que el narcotraficante fue asesinado estaba el cuerpo de una mujer joven que también murió en el operativo, aunque sobre ella nunca hablaron las autoridades.

Quienes vieron el cadáver de *Nacho* Coronel aseguraron que su cuerpo estaba limpio, no presentaba huellas de tortura ni maltrato físico. Se trataba de un hombre blanco, mediano de estatura, delgado, quizás con un poco de gordura en el abdomen. La barba lucía bien recortada. Era una réplica de una fotografía que recientemente había publicado el semanario *Proceso*, y se suponía que era de sus años mozos. Pero poco o nada coincidía con otra fotografía, publicada por el mismo semanario, y en la cual Coronel se ve de mayor edad.

Su cuerpo tenía seis impactos de bala aparentemente producidos por un arma larga. De acuerdo con la ubicación de los tiros, el supuesto capo fue sorprendido entre dos fuegos, por el flanco derecho e izquierdo. De arriba hacia abajo, y por el costado, dos fueron mortales. Uno le entró por el cuello del lado derecho, le rompió el omóplato y bajó hasta perforar los pulmones; se afirma que esa bala se fragmentó provocando un daño letal. El otro le entró por el costado izquierdo, a la altura del intestino.

Aquel día el presidente Calderón fue bastante discreto en su reacción sobre la supuesta muerte del capo. No festinó, como sí lo hizo con motivo de otras detenciones pasadas, y más recientes, como la "captura" de Edgar Valdez Villarreal, *La Barbie*, la cual personalmente *tuiteó* a las redes sociales.

Mientras a nivel nacional los medios de comunicación publicaban distintas versiones sobre la muerte del socio de *El Mayo* Zambada y *El Chapo* Guzmán, la necropsia arrojaba resultados inquietantes: "Cadáver del sexo masculino cuya edad probable oscila entre los 40-45 años. Más cercana a la primera". Eso no podía ser. *Nacho* Coronel, de acuerdo con la propia ficha de la SSP, el Cisen y el FBI, nació el 1° de febrero de 1954. Sólo se difiere si eso ocurrió en Veracruz o en Durango, pero en la fecha todos coinciden. Eso significa que para julio de 2010 el buscado narcotraficante habría tenido 56 años. ¿Cómo podía entonces su cuerpo presentar la edad biológica de 40 años?

La identificación dactiloscópica arrojó "la fórmula dactilar: V/4443 V/1442, subfórmula 3/1334 3/134". No se encontró ninguna huella en el archivo dactiloscópico decadactilar del IJCF, así que la fórmula dactilar se envió al gobierno federal y supuestamente dio positivo en el sistema "AFIS" en el estado de Sinaloa, en la Procuraduría General de Justicia, "con el NCP 250000048045-R, con el nombre de Dagoberto Rodríguez Jiménez, de fecha 6 de diciembre del año 2000, con fecha de nacimiento 1° de enero de 1964, con clave de identificación 40507". Y también aparentemente resultó positivo en el registro criminal en la Policía Ministerial en Culiacán, "con el nombre de Dagoberto Rodríguez Jiménez, con fecha de nacimiento 31 de julio de 1964, clave de identificación 060111426P01, con el NCP 250601005631-F, situación de la persona".[19]

En el boletín número 492 de la PGR, con fecha del 17 de diciembre de 1993, se informó acerca de los avances en la investigación del asesinato del narcotraficante apodado *El Güero Jaibo.* En dicho informe se menciona por primera vez la existencia de un individuo con el nombre de Ignacio Coronel Villarreal. "El 21 de agosto de 1993, en Los Mochis, Sinaloa, la Policía Judicial del Estado acribilló en circunstancias poco claras a un sujeto llamado Juan Francisco Murillo Díaz (a) *El Güero Jaibo*, presunto gatillero de los hermanos Arellano Félix, que era perseguido en el estado de Sinaloa por diversos delitos, entre los que destacaba el homicidio calificado", dice textualmente el segundo párrafo del documento.

En ese mismo boletín se afirma que el 2 de noviembre de 1993 la Policía Judicial de Sinaloa capturó en Culiacán a una persona que se hacía llamar Dagoberto Rodríguez Jiménez, de 29 años, junto con 11 sospechosos armados que le escoltaban, entre los cuales, se supo después, había cinco comandantes y agentes de la PJF. La PGR identificó que Dagoberto Rodríguez era supuestamente Ignacio Coronel Villarreal. "Dagoberto Rodríguez portaba

[19] Información obtenida por la autora de fuentes vivas relacionadas directamente con el caso de la supuesta muerte de Coronel Villarreal.

una credencial de la Secretaría de la Defensa Nacional que lo acreditaba como teniente oficinista del Campo Militar número 1 y de la Policía Judicial Militar, de la que traía una cachucha puesta", señaló el boletín.

La información fue tomada como cierta y por eso perduró el nombre de Dagoberto como alias de *Nacho* Coronel en la ficha que la SSP federal hizo de él en 2007. Un día después de su presunta muerte, los periódicos *El Noroeste* de Culiacán y *La Jornada* hicieron un hallazgo importante. Efectivamente, *Nacho* Coronel sí había sido detenido con esas 11 personas en noviembre de 1993, cuando se trasladaba en un convoy de tres vehículos con un arsenal, pero en aquella época fue fichado con el seudónimo de César Arturo Barrios Romero, oriundo de Coatzacoalcos, Veracruz, no como Dagoberto Rodríguez Jiménez, quien por cierto sí estaba entre los detenidos con *Nacho* Coronel.[20] Si en Sinaloa o en algún otro banco de huellas hubieran estado las de Coronel, estás habrían quedado registradas bajo el nombre de Barrios Romero, no de Rodríguez Jiménez.

El 1° de agosto de 2010, el periodista Javier Valdés Cárdenas reveló en *La Jornada*:

> De acuerdo a la ficha 0601 00011426, los judiciales detuvieron a Coronel y a otras 11 personas, entre ellos varios agentes federales, cuando viajaban en tres vehículos y en posesión de un arsenal. Fueron enviados al penal estatal en Culiacán acusados de falsificación de documentos oficiales, delitos contra la administración de justicia, acopio de armas y asociación delictuosa.
>
> Los informes de la PGJE indican que *Nacho* Coronel, de barba cerrada y saco deportivo, se identificó como César Arturo Barrios Romero, de 40 años, quien se dedicaba a la agricultura. El resto de los entonces detenidos eran David Serratos Gutiérrez, Dagoberto

[20] *El Noroeste*, 31 de julio de 2010, y *La Jornada*, 1° de agosto de 2010.

> Rodríguez Jiménez, Jorge Zamora Gutiérrez y Alejandro Cháidez Villalobos, oriundos supuestamente de Guadalajara; José Luis Galeana Rosales, y los sinaloenses Armando Machado Coronel, de Guasave, y Jesús Antonio Rivera.

Lo anterior deja ver que el muerto del operativo del Ejército mexicano, a quien el gobierno federal pretendió identificar como *Nacho* Coronel, en realidad no era él. Así, la disyuntiva que nos queda es la siguiente: o no se analizó la fórmula dactilar, porque de antemano sabían que el cadáver era de otra persona, y sólo dieron el nombre de Dagoberto porque hacía años la PGR había cometido el error de identificar así a *Nacho* Coronel Villarreal, o el hombre que cayó acribillado era efectivamente Dagoberto Rodríguez Jiménez, cuya edad sí correspondería a la edad biológica del cadáver. De cualquier forma el difunto no era *El Rey del Cristal.* Gente cercana a la familia de Coronel aclaró al siguiente día de su supuesta muerte que todo estaba en orden.

Sin duda, México vive una oscura etapa en la cual parece que todo lo que sostiene el gobierno federal en materia de combate al narcotráfico debería ser interpretado en sentido inverso.

El pretendido cuerpo del narcotraficante pasó tres largos días arrumbado en la plancha fría del Semefo. Aparentemente, su hermana María de Jesús Coronel Villarreal fue a reclamar el cadáver *oficial* del capo y el de su sobrino, Mario Carrasco Coronel,[21] hasta el 1° de agosto; el de Ignacio Coronel se lo entregaron sin hacerle una prueba de ADN, porque la dispensó la PGR. El supuesto *Nacho* y su sobrino, luego de un muy modesto funeral, quedaron enterrados en el panteón Jardines del Humaya, en Culiacán, el mismo donde yacen los restos de Marcos Arturo Beltrán Leyva.

[21] El sobrino de Ignacio Coronel Villarreal, Mario Carrasco Coronel, *El Gallo,* fue abatido el 30 de julio de 2010, en un operativo que realizó el Ejército en la ciudad de Guadalajara al día siguiente de la muerte de *Nacho.*

EL MENSAJE DE *LOS ZETAS* Y EL JUICIO FINAL

Hoy *El Chapo*, *El Mayo* y *El Azul* están sentados en el trono de su imperio. Juntos han formado prácticamente un monopolio del narcotráfico en México y Estados Unidos, y lo han conseguido a costa de sangre, sudor y lágrimas. Su querido amigo y socio Ignacio Coronel Villarreal duerme el sueño del retiro o de la muerte. Ese misterio, como el de *El Señor de los Cielos*, quedará seguramente como una leyenda urbana más, sin que se tenga una certeza sobre lo que pasó aquella tarde en Zapopan, Jalisco.

A estas alturas de la "guerra contra la delincuencia", los hombres de los tres capos ya saben el precio de la traición o la deserción. En 10 años, *El Chapo*, *El Mayo* y *El Azul* han acabado con sus principales enemigos: los Arellano Félix, Osiel Cárdenas Guillén, Marcos Arturo Beltrán Leyva, Edgar Valdez Villarreal, Sergio Villarreal Barragán, entre otros.

Pero los capos aún no pueden cantar victoria, la guerra todavía cobrará muchas vidas más. Héctor Beltrán Leyva, *El Ingeniero*, reza a sus muertos y entregado a la santería, según afirman, hace sacrificios de sangre por ellos mientras somete su alma a unos santeros que le hacen creer que tienen la fórmula mágica para ganar la contienda. Mientras tanto, Heriberto Lazcano, *El Verdugo*, tampoco está dispuesto a dejarse aplastar.

Cumpliendo con la encomienda de Juan Camilo Mouriño de pacificar el país, el general *X* también buscó al cártel del Golfo. Su reunión con *Los Zetas* pudo concretarse hasta marzo de 2009. Cuando estuvo frente a Heriberto Lazcano Lazcano y a una escolta de capitanes desertores del Ejército, todos le hicieron un saludo militar, maniobra ridícula que enfadó sobremanera al general. *El Z3* y lo que quedaba de sus muchachos no lo hicieron con afán de sorna, sino que se trató de una especie de gesto desquiciado por parte de individuos que ya perdieron el umbral de lo que es correcto o incorrecto, pero que en el fondo siguen creyendo que son parte del Ejército mexicano.

"¿Por qué mataron al general Enrique Tello [torturado y asesinado el 3 de febrero de 2009] en Cancún?", fue una de las preguntas del general a *El Z3*. Entonces el interrogado mandó llamar al *zeta* encargado de esa plaza.

Tello Quiñones era asesor externo del ex alcalde del municipio de Benito Juárez, el perredista Gregorio Sánchez Martínez, hoy preso acusado de delincuencia organizada y complicidad con los cárteles de la droga. El general Tello fue ejecutado junto con Juan Ramírez Sánchez, sobrino del alcalde.

El responsable de la ejecución habría contestado: "Lo matamos porque no cumplió, pidió quinientos mil dólares porque dijo que iba a ser el nuevo secretario de seguridad, después cerró ocho tienditas y luego pidió más dinero. Cuando se suponía que iba a recibir más dinero, lo matamos".

Al general *X* le incomodó la respuesta del obediente subordinado de Lazcano y terminó pidiéndole que bajaran la violencia.

El Z3 reconoció la peor de las pesadillas: *Los Zetas* controlaban 22 estados, pero había muchos grupos "satélites" que él ya no controlaba. Ése era sin duda el peor de los escenarios.

Cuando el general *X* se despidió del militar convertido en narcoterrorista, éste le envió dos mensajes al presidente Felipe Calderón. El enviado de Los Pinos los transmitió y se supone que le iban a llegar al mandatario a través de un familiar cercano. Nadie sabe si los recibió.

De acuerdo con fuentes del gobierno de Estados Unidos, una agencia de ese país tiene grabado un video del revelador encuentro entre el general *X* y *El Z3* de varias horas de duración, presuntamente enviado por *Los Zetas* como prueba irrefutable, por lo ahí conversado, de la complicidad del gobierno de Felipe Calderón con el cártel de Sinaloa.

Tras la muerte de Juan Camilo Mouriño, el militar no volvió a ser recibido en Los Pinos ni en ninguna otra instancia de gobierno. El general Galván Galván nunca más le tomó la llamada. ¿Cuáles eran los mensajes del líder de *Los Zetas* al presidente Calderón? Acerca de eso el general *X* nunca habló.

Hoy por hoy Heriberto Lazcano sabe que sus antiguos jefes del cártel del Golfo y sus viejos enemigos del cártel de Sinaloa realizaron en los últimos días de septiembre de 2010 un nuevo concilio en la ciudad de México al que asistieron *El Mayo*, *El Chapo*, *El Azul* y representantes del cártel del Golfo. El tema central fue la necesidad de eliminarlo a él y a los incontrolables *Zetas*.

Felipe Calderón Hinojosa terminará su gobierno en diciembre de 2012. Su mandato quedará grabado en la memoria colectiva y en las hemerotecas como el sexenio de la muerte y la corrupción. Aún no está definido oficialmente quién será el temerario panista que quiera sucederlo, pero desde hace meses hay un hombre de toda su confianza que, pese a todo, suspira con esa posibilidad: Genaro García Luna, el oprobioso secretario de Seguridad Pública.

Se afirma que García Luna y sus muchachos ya no saben para dónde hacerse. El gobierno de Estados Unidos tiene la mira sobre ellos. Dicen que el secretario busca un refugio pero que no lo encuentra, ni siquiera con los empresarios a quienes tanto ayudó este sexenio, como la familia Slim, por lo que una posición política pudiera ser una excelente salida a sus compromisos y temores.

Un arma a su favor y en beneficio del presidente Calderón podría ser Edgar Valdez Villarreal, *La Barbie*, a quien antes la AFI ayudaba a cazar *Zetas*. Su captura ocurrió por un presunto acuerdo. El capo sería un trofeo del gobierno panista a cambio de que todos sus bienes y cuentas queden a salvo —lo que más le importa a los narcotraficantes—, que se salvaguarde su vida, y que su caso judicial sea lo suficientemente endeble para no preocuparse. Dicen que para garantizar el cumplimiento del trato *La Barbie* guardó y repartió celosamente pruebas fehacientes de la colusión del gobierno federal con un grupo de narcotraficantes.

La razón detrás del acuerdo era que *La Barbie* estaba profundamente debilitado sin el auxilio de su amigo *El Indio*. Se sentía ya muy acosado por sus enemigos, sobre todo por *Los Zetas*. Su trato con Heriberto Lazcano nunca fue bueno, y no había lugar para dos sicarios con similar fuerza en una misma organización. Marcos Arturo terminó eligiendo a *El Z3*. La relación de Valdez Villarreal con Héctor, *El Ingeniero*, tampoco estaba en buenos términos, además de que el tufo de la traición lo perseguía desde la muerte del mayor de los Beltrán Leyva.

Quienes conocen a *La Barbie* afirman que en las imágenes editadas que se transmitieron en los medios se le ve mucho más relajado que en sus últimos días de libertad, cuando se puso a arreglar algunos pendientes legales antes de su "captura". Su megalomanía fue satisfecha gracias a los buenos oficios de García Luna y su equipo, quienes se mostraron muy dispuestos a servir a un hombre al que se le atribuyen centenas, quizás miles de muertos.

Así, el gobierno federal consiguió su propia arma mortal, una especie de Carlos Ahumada pero versión narco. Dicen que el sicario podría ser utilizado como instrumento político contra el gobernador priísta del Estado de México, Enrique Peña Nieto, y contra el jefe de gobierno del Distrito Federal de extracción perredista, Marcelo Ebrard, con miras a las elecciones de 2012. Se afirma que *La Barbie* tiene información poderosa que delataría la complicidad de ambos gobiernos con la organización criminal a la que pertenecía.

¿Quién lo hubiera dicho? De la noche a la mañana pareciera que la *La Barbie* se convirtió en lo que nunca quiso ser: un soplón. En los últimos años, el sicario solía comentar que si alguien quería entender bien a bien el mundo del narcotráfico tenía que leer *El cártel de Los Sapos*, además era seguidor de la serie televisiva que produjo Telemundo basada en el libro. Se trata de una saga autobiográfica de Andrés López, miembro del cártel colombiano del Norte del Valle, cuyo eje es la historia de un niño casi adolescente que por ambición ingresa en el mundo del narcotráfico, donde adoptó el apodo de *El Fresa*. Ahí sufre traiciones de sus amigos, persecuciones de sus enemigos, y más tarde se ve implicado en las complicidades del gobierno. Una historia muy parecida a la de *La Barbie*, quizás por eso era fan.

El futuro es incierto. El gobierno de Estados Unidos tiene la alerta roja encendida por la creciente violencia que ya traspasa sus fronteras, mientras que el ex presidente Vicente Fox, empujado por una fuerza invisible, ha comenzado una extraña campaña en la que promueve directamente el "diálogo" con los criminales y la legalización de la producción, comercialización y distribución de las drogas hasta ahora ilícitas, quizás como parte de los compromisos adquiridos en su gobierno con el crimen organizado.

La era de *El Chapo* perdurará hasta que él quiera. En su clan se afirma que ya está arreglando su jubilación, por lo que no sería raro que súbitamente apareciera "muerto" en algún "exitoso" operativo como su amigo *Nacho*. O tal vez ahora, aunque no lo quiera, el negocio le exija quedarse más tiempo al frente de la empresa criminal, mientras su sucesor se gana la confianza de socios y cómplices de uno y otro lado de la frontera.

En las filas de la delincuencia se advierte que las reglas del juego se están volviendo más estrictas. Ahora los capos van a matar a sus esbirros ante el menor titubeo, previendo la traición, y habrá muchos funcionarios públicos muertos, dijeron en agosto de 2010, con pavoroso acierto, fuentes ligadas al crimen organizado.

En México se respira una tensa calma. Los hombres que se alimentan de dolor y sangre reacomodan sus fuerzas. Los números de ejecutados van a la baja, pero sólo de manera temporal, es probable que muy pronto regrese la tormentosa guerra que tiene al país sumido en una larga noche de corrupción e impunidad.

Sobre el combate al narcotráfico, Edgardo Buscaglia concluye de forma contundente:

> Yo no tengo ninguna prueba de que el presidente personalmente esté protegiendo a *El Chapo* Guzmán, pero el sistema que él preside sí lo está haciendo. Lamentablemente hay un problema de negligencia. Nadie está acusando al presidente y asignándole una responsabilidad penal por proteger a *El Chapo* Guzmán. Pero su sistema, la SSP federal, y una parte del Ejército que sigue contaminado por esta lucha mal concebida, sí están en una situación de proteger a ciertos grupos y de atacar más a otros.
>
> Por una u otra razón, el presidente y su política están causando, por omisión, las muertes de soldados, policías y ciudadanos. Todo debido a la negligencia de no aplicar las mejores prácticas que Colombia o Italia han ejercido. Y esa negligencia es imperdonable, la historia y el pueblo mexicano jamás se lo van a perdonar.

Esto tiene que parar, y los únicos que pueden cambiar el escenario son los ciudadanos. Mientras los señores del narco siguen sumando sus pingües ganancias en la sierra, en sus curules o en los bancos, en medio de este paisaje de desolación y muerte que sustituye poco a poco las estampas más bellas de nuestro país, alguien tiene que informarles que ellos por sí mismos no son invencibles, los hace invencibles su red de protección política y empresarial. La terrible situación puede llegar a su fin si la sociedad mexicana se une contra esa gran mafia venciendo el temor, la indiferencia, pero sobre todo la tácita aceptación de que las cosas no pueden ser distintas.

Los señores del narco
de Anabel Hernández
se terminó de imprimir en Octubre 2012 en
Drokerz Impresiones de México S.A. de C.V.
Venado Nº 104, Col. Los Olivos
C.P. 13210, México, D. F.